2022

国家统一法律职业资格考试

讲义版 ③

行政法·
行政诉讼法

万国专题讲座

李年清◎编著
万国深蓝法考研究中心◎组编

中国法制出版社
CHINA LEGAL PUBLISHING HOUSE

图书在版编目（CIP）数据

行政法·行政诉讼法 / 李年清编著；万国深蓝法考研究中心组编. —北京：中国法制出版社，2022.1

2022国家统一法律职业资格考试万国专题讲座：讲义版

ISBN 978-7-5216-2247-8

Ⅰ.①行… Ⅱ.①李… ②万… Ⅲ.①行政法—中国—资格考试—自学参考资料②行政诉讼法—中国—资格考试—自学参考资料 Ⅳ.①D922.1②D925.3

中国版本图书馆CIP数据核字（2021）第215224号

责任编辑：李连宇 封面设计：李 宁

行政法·行政诉讼法

XINGZHENGFA · XINGZHENGSUSONGFA

编著 / 李年清

组编 / 万国深蓝法考研究中心

经销 / 新华书店

印刷 / 保定市中画美凯印刷有限公司

开本 / 787毫米×1092毫米　16开　　　　　　印张 / 33.25　字数 / 768千

版次 / 2022年1月第1版　　　　　　　　　　2022年1月第1次印刷

中国法制出版社出版

书号 ISBN 978-7-5216-2247-8　　　　　　　　定价：89.00元

北京市西城区西便门西里甲16号西便门办公区

邮政编码：100053　　　　　　　　　　　　传真：010-63141852

网址：http://www.zgfzs.com　　　　　　　编辑部电话：010-63141811

市场营销部电话：010-63141612　　　　　　印务部电话：010-63141606

（如有印装质量问题，请与本社印务部联系。）

如有二维码使用问题，请与万国深蓝法考技术部联系。二维码使用有效期截至2022年12月31日。电话：400-155-1220

精准学习，锚定法考通关之路

丢掉考试中40%的分数仍可能通关，貌似宽松；但实际上，过往的法考（司考）每年通过率不到20%，八成以上考生被拒之门外。高容错率、低通过率，似乎是难题太多；而在历年考题中，高难度、易丢分的题目却又屈指可数。这就是法考（司考）的奇特属性，也是被蒙蔽了接近二十年的不解之谜。这一不解之谜所造成的痛苦达到二十年多之顶峰，也加剧了考生的无所适从（刚出考场就开始在网上吐槽）。

2018年，法考在诸多方面出现了划时代的重大变化——主观题、客观题分开考，主观题开卷考，机考方式改革，内容结构调整等；2019年，考试时间提前，客观题分两批次考试；2020年，考试延期，主观题考试实现全面机考，采用电子法条形式，并出现民法学科与商法学科、民法学科与民事诉讼法学科交叉考查的新形式；2021年，考试再度延期，考生们在延期等待中苦苦坚持、又在坚持中对将会出现的变化迷茫无措。我们不禁疑问，法考还会出现哪些变革？

在迷雾中，我们已经探索了二十多年，从传统的培训，到基于移动互联网的培训。我们现在确信：以往荒唐的备考方式，是真正的、唯一的谜底。

以往备考是这样的：买上摞起来差不多一米高的书，尽早开始，在两个月内将所有学科快速学完一遍，之后无限循环，在考前达到五轮甚至六轮以上的重复。这种备考方式可称为"消耗式学习"，它需要大量时间，透支备考者的体力、精力，但是否能真正掌握知识点，却是"混沌"的。

"消耗式学习"的另一个场景，是在时间超长的名师视频课件中点播，然后像网络追剧般看完每一个视频。视频课件中"名师"带来的微妙心理暗示，给备考者营造出最舒适的备考体验。然而视频即使全部看完，考题正确率却仍旧难以提升。

"消耗式学习"的失败，在于它试图通过机械式重复学习来谋求理解上的深入，只关注知识的"强行灌输"过程，甚少关注消化与否的结果；只关注知识的"输入"，甚少关注知识的"输出"（即在记忆、理解知识的基础上运用知识）；知识"输入"时只考虑到大多数考生的共性问题，甚少涉及每个考生的个性化问题。

彻底揭开不解之谜的谜底，让备考高效的解决之道应当是：在备战法考的全过程中，能始终对考生各知识掌握情况持续测量，之后全面评估考生的掌握程度分布，从而有针对性地安排接下来的学习重点。这样的路径在考生的个体维度独立建立，便意味着每个人都拥有了对自己而言效率最高且独一无二的备考过程。

万国，以此构建"深蓝法考"。

从2017年开始，深蓝法考APP开始帮助每年备考的考生们通过客观题，再通过主观题！实现了他们法考过关的梦想。"精准学习+个性化定制"的备考方式，让进入深蓝的考生们，无法再回到过去的备考模式中，深蓝把备考的一切装进考生的口袋，它是所向披靡的法考通关工具。深蓝成为那些没有非常充足时间、复习时间碎片化且亟需复习效率的在职备考人员的贴心人。

深蓝法考APP客观题备考学习阶段

进入深蓝法考APP的学习，第一步是对考生的实际学习需求进行测评，定制出个性化的学习计划，在此基础上，进入"基础学习+考前冲刺"的深蓝全程学习。学习模式包括：初阶的"学+测"；高阶的"学+测+补"。

随着学习内容及学习阶段的不断推进，深蓝及时安排考生完成与学习进度相同学科的测试卷。测试卷的作用是帮助考生查找学习薄弱环节；接下来，深蓝私教安排考生进入一对一的深蓝问诊课堂，通过课后定制的解决方案，帮助考生将学习中的薄弱环节学懂、掌握。深蓝在每个学习节点上，都推出法考多学科不同主题的直播授课。进入考前冲刺，深蓝问诊课是考生高效、精准学习的强大学习工具，确保考生对高频考点的全面掌握。

"基础学习+考前冲刺"的深蓝全程学习内容，全部都在考生各自的定制计划中以动态调整的形式不断完美实现，这就是考生们在深蓝法考APP的帮助下，顺利通过的重要原因。

深蓝法考APP主观题备考学习阶段

深蓝依据历年主观题考试内容，将攻克主观题所要具备的能力，归纳为通关核心三大能力，这三大能力是：（1）对主观题具体问题的定性与判断的知识能力；（2）答案定位于法条，确定法言法语关键词的能力；（3）知识答案+法言法语关键词形成表述的能力。

三大能力的学习与训练完美地体现在深蓝"精准学习+个性化定制"的法考主观题应试学习产品之中：首先，深蓝通过课前测试对考生学习需求进行初步归因和归类；其次，通过深蓝"学练测+问诊课"，定制出个性化的学习计划；再次，将考生在深蓝题库或学练测中所展示的学习薄弱点，关联到三大能力项下，进行数据整合，以周为单位推出考生主观题三大能力学习数据报告；最后，指导考生进行精准地查漏补缺学习。

同时，深蓝主观题的人工视频批改是目前法考主观题产品中成效显著、口碑极佳的学习通关工具，它的批改效果极大提高了考生对上述三大能力的掌握效率。

深蓝清晰而精准地记录了每一位深蓝考生客观题、主观题学习的全部过程，包括学习上的进步、学习中途的停滞，以及放弃学习之后的倒退等每一个细小环节，生成每一位深蓝考生的学习数据轨迹。这些学习数据迅速提供给深蓝教研团队，帮助他们不断开发新的法考学习产品，造福更多的考生通过考试，实现梦想！

北美冰球手韦恩·格雷茨基的一句话隐喻了远见，令我受益匪浅："我向冰球将要到达的地方滑去，而不是它曾经过的地方。"教育与技术深度结合形成了完美交集，我喜欢这个交集，也确信"深蓝法考"所做的一切已是个正确的开始。

2021 年 11 月

前言

我是福建龙岩人，生在革命老区，"古田会议旧址"就在我的老家。孩童时，顽劣无比，没少干坏事，下河摸鱼，上树敲板栗，在河边扒邻居家的地瓜烤着吃，造弹弓打小鸟，用竹竿把墙上两位姐姐的奖状全部捅个稀烂。少长，略懂事，也干过不少农活，拔兔草、割水稻、摘烟叶、挖烟梗、扛树木，始知人生之不易。

"读书能够改变命运"，我应该感谢这句教条的话。读高一时，给自己取了一个外号，叫高炮，立志要打响高考这一炮。我属于智商、情商都不高的人，唯有笨鸟先飞，方有机会。开始苦读，真的是苦读，早上5:30起床在学校的操场路灯下背新概念英语，晚上11:30睡觉，三年几乎天天如此。从来没有考过全校第一的我，在高考中，居然考了文科第一名。高炮，高炮，真的打响了高考这一炮。人世间的事，冥冥中真的是天注定。

我的高考志愿是我的高中老师帮我填的。念高中时数学不好，我问老师：大学里头读什么专业不用再学数学了？老师答：政治、历史、法学。我接着问：那我的分数可以报哪些学校？老师答：南开大学、中山大学、中国政法大学等。我再问：哪一个学校在北京？老师答：中国政法大学。我毫不犹豫地选择了去北京，中国政法大学，也就是法大。那时的我，一心想去外面最繁华的世界去经历经历。现在想来，那一刻的我像极了宝玉。

上了大学，开始谈恋爱，这似乎是亘古不变的规律。初恋是我暗恋已久的高中同学，结果第一次表白还被拒绝了。被拒绝的感觉非常糟糕，现在感觉还是很糟糕！后面在一起了，女友在杭州念大学，为了她，我大二上学期从法大交流到浙江大学法学院读了半年的书。杭州实在是适合谈恋爱的一个城市，花花草草、湖光山色，风光旖旎。那半年时光过得飞快，真是人生中的美妙时刻。如今，我儿女双全，老天爷对我不薄！感恩所有的赐予，我要好好做人，好好做事！

大三的时候，辅导员在马路上遇见我，给我来了一句"李年清，你再努力一下可以保研了"。被这句话一"诱惑"，后来我真的保研了，选择了行政法专业，导师是著名的公共知识分子何兵教授。记得第一次和导师吃饭时，老师问："年清，你酒量怎么样？"我答："老师，我也不知道我酒量是多少，没喝醉过。"老师说："没醉过！那酒量很牛啊，找一天在师门里面先测一下。"我这才知道，自己刚才的回答是多么的不谦虚！福建人的酒量，可想而知，能有多少两？！师门里面，不知是谁先起的哄，给我取了个外号，叫"李六两"，实际上我只能喝四两。关键是，久而久之，老师和师母真以为我能喝六两，每次师门聚会，先摆六两的量放我前面，结果就是还不到半程的样子，我第一个就趴下了，就没有下半场了！就连硕士毕业和博士毕业谢师宴，最后拍合照，我都是躺在椅子上合的影！老师还专门嘱咐拍照的人，一定把睡在椅子上的年清拍进去。

你和你的导师相处越久，你会越来越像你的导师。这句话我很赞同。老师是北大毕业，爱读书、喝酒、写文章。在校和老师一起六年，渐渐地也想过和老师一样的生活，读书、喝酒、写点文字就成了我此生的志业。在学生时代，对我影响最大的三本书是《红楼梦》《牡丹亭》《浮生六记》。《红楼梦》让我对官场心生恐惧，情商低，又想活出真性情，不宜走仕途。《牡丹亭》让我对美学和昆曲着了迷，"不到园林，怎知春色如许"！感谢这个人世，还能听到昆曲这么美妙的声音。《浮生六记》简直就是写给读书人看的一个回忆录，文字朴实无华，情真意切，读之能够感受到生命的温度。能够自由读书、喝酒、写文章，还有工资发的所在，大学就是一个好去处。法大博士毕业后，我入职福州大学法学院，成为一名法学教师。走向三尺讲台六年有余，开始有了自己的学生。我的导师爱请学生吃饭、喝酒，我当老师了也就爱请我的学生吃饭、喝酒，我和学生第一次吃饭见面，居然习惯性地也问："某某某，你酒量怎么样啊？"

因为一些机缘巧合，我从2011年开始加入司法考试培训行业，入行12年，我热爱这个行业，对这个行业仍然保持激情。2022年，我仍然会讲授行政法法考课程！

总体而言，2018~2021年的行政法试题，一如既往地体现了如下命题规律：

1.案例化

法考与过去司法考试相比，最大的变化在于增加了检验考生理论和实践相结合能力的考试内容和分值比重，主、客观题在命题上都更加突出检验考生在法律适用和事实认定等方面的法治实践水平。考试以案例为主，大幅度提高案例题的分值比重。

2.法条化

在2005年之前，由于行政法制尚不完善，出题人多以行政法理论为基础设计试题。但是2005年之后，一些重要的法律得以制定或修改，行政法制越来越健全。可以这么说，除行政法基本原则和一些基本概念以外，2018年至2021年行政法试题的设计都是基于法条，都有法条依据。

3.精细化

如上所述，由于多数的行政法试题是以法条为基础设计的，直接导致试题的考查呈现精细化的特征。精细化体现在两个方面：一是考查数字的试题增加；二是考查细微末节的试题增加，比如应当vs可以、书面vs口头、收费vs不收费等。

4.综合化

综合化表现在客观题已经不再局限于考查单个知识点，而是考查多个知识点。具体包括三种类型：第一类，一道客观题考查某个单行法内的多个知识点；第二类，一道客观题考查多个单行法的多个知识点；第三类，一道客观题考查跨学科多个单行法的知识点。

5.新法必考

新法必考是国家法律职业资格考试的规律。行政法新法必考，有两个特点：一是第一年新法考查的分值不高，往往是第二年考查时分值会占不少；二是第一年新法考查的难度不高，比较简单，基本熟悉法条规定即可得分。另外，新增考点一般也会在当年的试题中有所体现。

6.重者恒重

重者恒重也是所有考查科目试题命题的原则，行政法自然也不例外。重者恒重一般分为两种情况：第一种，每年必考；第二种，隔一两年必考。行政法重点主要包括行政行为三部曲（许可、处罚、强制）的设定与实施程序，行政诉讼之受案范围、被告的确定、管辖法院的确定、一审程序和一审判决种类的适用。

关键是，2022年行政法如何应对？我提三点建议，供各位学员参考，希望对大家的复习有所助益。

第一，复习要全面，对考点进行全面覆盖，切勿挑三拣四地复习。试题的综合化对于考点的覆盖面越来越广，不可"嫌肥爱瘦"。如果复习知识点不够全面，多项选择题和不定项选择题就要吃亏啊！由于科目众多、考点众多、法条众多，需要合理安排规划，持续均衡地进行复习。

第二，复习考点过程中，首先重在理解，其次在于精确记忆。为达到精确记忆，需要反复记忆，多轮复习，以便达到快、准、狠的境界。行政法要求较高，不单需要理解，还要在理解的基础上记住。本书针对某些知识点的记忆方式作了总结归纳，方便考生背诵记忆。

第三，由于近两年法条变动极大，对于新增的法条、新修改的法条要作归纳整理，并重点掌握这些"新"法条。单靠做真题、背教材，就想稳稳当当通过考试的时代已然一去不复返了。教材、法条、真题三结合是一次性通过考试的三大法宝。关于行政法的所有最新核心法条，我已经给各位学员总结归纳好，无需学员自己归纳总结，关注我的微博即可获得。

这本书，是我本人精心撰写的一本法考应试教材。与往年教材相比，最大的变化是将知识点由表格化形式呈现转换为文字形式呈现。之所以这样做，是因为近四年的法考与过去的司法考试相比，试题大规模的以案例形式出现，尤其是主观题的试题来自于法院司法实践中的判例，具有一定的理论难度。表格化的知识点呈现形式具有局限性，很多理论性的阐述不便于展开。因此，换成传统的一段段文字表述和丰富的案例更能详尽痛快地讲解知识点，帮助各位考生朋友扎牢基础，顺利应对2022年法考。本书新增了"案例提升""归纳总结"等栏目，就是在知识点讲解的深度上作出的努力。

2021年法考已结束，2022年法考已开启，让我们一起努力战斗！我的新浪微博是@行政法李年清，我的微信公众号是"跟李年清老师学行政法"。欢迎通过上述方式与我联系。广大学员在学习本书过程中发现的错误之处，或者有其他方面的建议、意见和批评，欢迎通过上述方式向我提出，感激不尽！

最后，送给可爱而努力的你们一句话：

"对个人而言，凡不能怀着激情去做的事情，都是没有意义的。"

李邰清

2021 年 12 月

福州旗山

编写说明

《万国专题讲座》是我们万国学校经过二十多年法考（司考）培训之摸索、锤炼，由我们优秀的授课老师和专业的研发中心人员共同创造出来的品牌，它已经成为国内法考培训领域中经典系列之一。

自2016年起，《万国专题讲座》引入互联网技术，打造完成"深蓝法考"学习平台，在传统图书培训环境中加入手机扫码，实现移动互联网式学习。《万国专题讲座》已经升级成为"会讲课""会刷题""会答疑"的全新法考学习通关模式。

《万国专题讲座·讲义版》由一线资深授课老师严格按照法考大纲的要求，全面系统编写而成。对于考生而言，是法考通关最基础的学习内容。本套书具有如下特点：

1.重要考点课程表

我们与授课老师反复沟通打磨，为广大考生全新呈现了"重要考点课程表"这一版块。

依托于"深蓝法考"APP的大数据学习模型，结合授课老师多年丰富授课经验，提炼历年司考真题及法考模拟题所涉高频考点，重要考点课程表归纳总结了法考学科的重要核心考点。同时，为助力考生全面系统学习，我们与授课老师一道，为重要考点课程表所涉考点配备了相应的视频（音频）课程。考生可通过扫描图书封面的二维码（一书一码），进入"深蓝法考"APP获取相关资源。

在"深蓝法考"APP上，考生可以获得个性化的定制学习：反复学习授课老师讲解的课件视频（音频）内容；就相关内容提出疑问，提交"深蓝"获取解答；在深蓝题库中刷题，检测自己的学习情况；在法条库中查找法条，初步建立起学科体系。

实现高效、精准学习，这就是深蓝法考2022年学习包讲义版相较同类品种的最大差异与优势。

2.知识体系图

在每一专题里，我们根据学科特点及授课老师的教学模式，以不同形式建立知识体系图。考生在这一知识体系图中可以清晰、直观地了解各个知识点（考点）之间的关系，同时还可以根据授课老师的讲解，在图上标注出重点、难点和自己需要反复学习的知识点，打造一份属于考生自己的法考学习笔记。

3.命题点拨

命题点拨包括三部分内容：本专题内考试大纲要求掌握的重点知识点（考点）、考试所出现的高频次考查内容以及对考试内容命题趋势的预测。

在此重点提醒考生，一定要仔细审读"命题点拨"的内容。在这一部分中，授课老师针对以上内容予以说明并给出复习建议，认真读懂这部分内容能帮助考生实现事半功倍的复习效果。

4.知识点详解

此部分为本书主干，是授课老师结合学科特点对各科内容的具体讲解。考生在学习初期，应先通读该部分内容，打好基础；继而根据授课老师针对重点知识点的考查角度、详细内容的讲解阐述，透彻理解掌握相关制度规则。

本部分有如下特点：一是授课老师将教学中考生所提出的疑难问题、易混淆问题进行集中讲解，配置详细的解析，帮助考生明晰哪些是重点考查的知识点，使考生在备考中能够做到明确重点、有的放矢；二是对于易混淆的知识点，我们设置了"注意"版块，从多视角进行解析，帮助考生绕开考点陷阱；三是对于需要重点记忆的内容，多以图表方式呈现，为考生记忆提供便利。

按照上述思路进行体系化学习后，考生可以清楚地将专题中的重点、易混淆、要背诵的知识点（考点）内容集中总结，按照学习计划从容备考。

5.经典考题

本书所收录的"经典考题"是近年来的司考真题及法考模拟题。遴选试题的标准是考点考查频次必须是2次以上；题目严谨，不能有较大歧义，同时要尽量方便考生查询。其作用是实现同步练习的目的。对于"经典考题"，我们在书中均给出了答案与解析，考生可以仔细阅读。

在此提醒考生，一定要及时刷题，找出学习中的漏洞；同时通过做题，体会重点考点、易混淆点、难点的内容，巩固并掌握知识点。

《万国专题讲座·讲义版》与《万国专题讲座·重点法条记忆版》《万国专题讲座·题库版》《万国专题讲座·精粹背诵版》组成超强的万国学习包提供给广大考生，祝福考生们心想事成，实现法考通关目标！

万国深蓝法考研究中心

2021 年 12 月

目录

◉ 重要考点课程表 ◉

序号	重要考点	序号	重要考点
1	行政法的基本原则	25	行政诉讼受案范围
2	中央国家行政机关	26	行政诉讼的法律适用
3	地方国家行政机关	27	行政诉讼管辖
4	公务员制度的基本规定	28	行政诉讼参加人概述与原告
5	公务员管理的基本制度	29	行政诉讼的被告与第三人
6	行政法规	30	共同诉讼
7	部门规章	31	行政诉讼证据
8	地方政府规章	32	起诉的条件
9	行政行为的概念	33	行政诉讼的受理
10	行政行为的成立和效力	34	行政诉讼的审理程序
11	行政许可的设定和具体规定	35	行政案件审理中的特殊制度
12	行政许可的实施	36	行政诉讼判决
13	行政许可的监督检查	37	行政复议范围
14	行政处罚的概述、种类与设定	38	行政复议参加人
15	行政处罚的实施机关、管辖与适用	39	行政复议机关
16	行政处罚的决定与执行	40	行政复议的申请与受理
17	治安管理处罚	41	行政复议的审理
18	行政强制的概述与种类	42	行政复议的决定和执行
19	行政机关实施强制执行	43	国家赔偿概述
20	申请法院强制执行	44	行政赔偿
21	强制措施的实施	45	司法赔偿的范围和义务机关
22	政府信息公开制度	46	司法赔偿程序
23	政府信息公开行政诉讼	47	赔偿项目、标准和支付
24	行政协议与行政协议诉讼		

◎ 知识体系总图 ◎

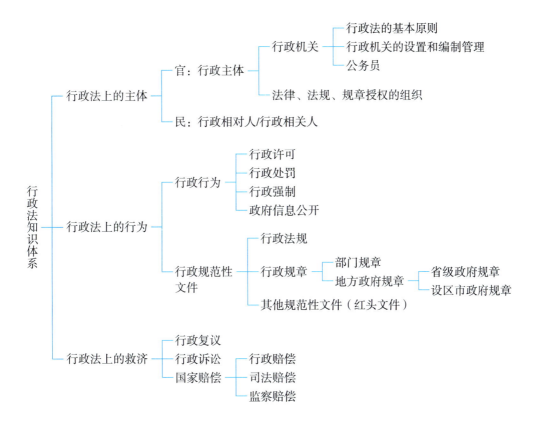

行政法知识体系
- 行政法上的主体
  - 官：行政主体
    - 行政机关
      - 行政法的基本原则
      - 行政机关的设置和编制管理
      - 公务员
    - 法律、法规、规章授权的组织
  - 民：行政相对人/行政相关人
- 行政法上的行为
  - 行政行为
    - 行政许可
    - 行政处罚
    - 行政强制
    - 政府信息公开
  - 行政规范性文件
    - 行政法规
    - 行政规章
      - 部门规章
      - 地方政府规章
        - 省级政府规章
        - 设区市政府规章
    - 其他规范性文件（红头文件）
- 行政法上的救济
  - 行政复议
  - 行政诉讼
  - 国家赔偿
    - 行政赔偿
    - 司法赔偿
    - 监察赔偿

行政法概述

命题点拨

（一）主要内容

本专题的主要内容包括：（1）行政法的概念与体系；（2）行政法的6个基本原则：合法行政原则、合理行政原则、程序正当原则、诚实守信原则、高效便民原则、权责一致原则。

（二）命题规律

行政法基本原则以考查一道选择题1~2分为主，偶尔会在主观题中设有一小问，作为撰写400字左右的小论述题考查。当然，行政法基本原则在主观题考试中也可以用来辅助判断被诉行政行为的合法性。行政法基本原则是每年必考考点，复习的重点是对六个基本原则要能够互相区别，精确掌握它们的子原则、子要求。

（三）重点难点

本专题难点有两部分：一为合理原则中比例原则的理解；二为诚实守信原则中信赖保护原则的理解。

知识体系图

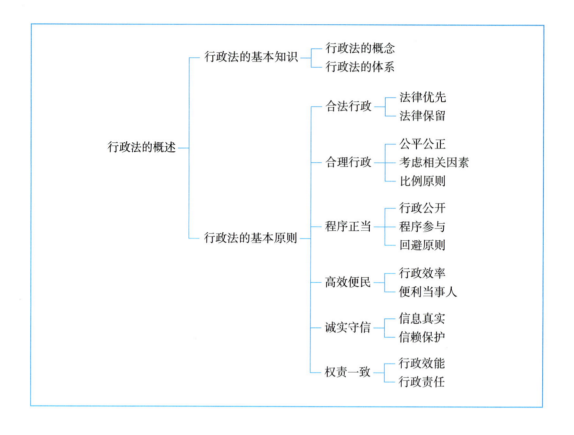

第一节　行政法的概念与体系

■ 本节作为行政法的背景知识，在法考中不考查，对行政法的精神和特点有所了解即可。

一、行政法的概念

行政法是关于公共行政的法律制度，是中国特色社会主义法治体系中的一个部门法。

公共行政是指国家通过行政机关或者授权的组织为实现社会共同体的公共福祉而进行的管理活动。

例如： 维多私自设置水泵，铺设消防水带，将养殖场化粪池内的养殖废水排放到清水河中，县生态环境局根据《环境保护法》和《水污染防治法》的相关规定给予其20万元罚款。县生态环境局查处生态环境违法行为，给予违法行为人制裁惩戒，属于公共行政的范畴。

行政法是调整行政权的分配、实施、责任和救济的法律规范的总称。我国行政法的成文法法律渊源包括宪法、法律、行政法规、地方性法规、民族自治条例和单行条例、行政规章、国际条约和协定、法律解释。

行政法的精神在于控制行政权，保护私权。

行政法具有如下三个特点：

1.没有统一完备的行政法法典。不同于民法有一部统一完备的《民法典》，行政法律规范不集中地规定于一个法典，而是分散在不同的单行法律文件中。行政法的形式包含法律、行政法规、地方性法规、行政规章等。

2.实体法规范和程序法规范相互交织。民法与民事诉讼法、刑法与刑事诉讼法，被分别视为实体法与程序法。行政法则不同，行政诉讼法是行政法的重要组成部分，不像民法与民事诉讼法一样分为独立的两个部门法。

3.行政法内容繁杂易变、数量众多。由于中国正处于社会转型期，社会生活日新月异，需要不断出台新法、修改旧法，行政法律规范的立、改、废非常频繁。伴随福利国家的兴起，国家职能的扩张，行政法律规范越来越多，形成了数量庞大的行政法律规范。

二、行政法的体系

行政法的体系分为三部分：行政组织法、行政行为法、行政救济法。

1.行政组织法：规定行政组织的法律地位，设立、撤销、合并，编制管理及其权限。

目前，主要的行政组织法包括《国务院行政机构设置和编制管理条例》《地方各级人民政府机构设置和编制管理条例》《公务员法》。

2.行政行为法：规定行政主体实施行政管理的权限来源、行为实施的程序和方式。目前，主要的行政行为法包括《行政法规制定程序条例》《规章制定程序条例》《行政许可法》《行政处罚法》《行政强制法》《政府信息公开条例》。

3.行政救济法：规定公民、法人或者其他组织不服行政主体实施的行政行为可以寻求的救济方式和救济程序。目前，主要的行政救济法包括《行政复议法》《行政诉讼法》《国家赔偿法》。

归纳总结 ★行政法的基本知识

概念	行政法是调整行政权的分配、实施、责任和救济的法律规范的总称
精神	行政法的精神在于控制行政权，保护私权
特点	①没有统一完备的行政法法典 ②实体法规范和程序法规范相互交织 ③行政法内容繁杂易变、数量众多
体系	①行政组织法：规定行政组织的法律地位，设立、撤销、合并，编制管理及其权限 ②行政行为法：规定行政主体实施行政管理的权限来源、行为实施的程序和方式 ③行政救济法：规定公民、法人或者其他组织不服行政行为可以寻求的救济方式和救济程序

第二节 行政法的基本原则

·考情分析·

■ 本节在法考客观题中属于必考内容，考查一个选择题的情形较为常见，偶尔会和其他知识点搭配在一起成为某个选择题中的一个选项。

■ 本节的重点在于合法行政、比例原则、程序正当、信赖保护和权责一致。

■ 考生对本节知识点的掌握，需要达到能够准确区分六个基本原则、十四个子原则的含义，不能张冠李戴，不能相互混淆。

■ 在客观题考试中，易错考点主要有：

（1）合法行政是形式法治的要求，要求有法可依；合理行政是实质法治的要求，要求良法善治。

（2）合法行政主要约束羁束行政行为；合理行政主要约束裁量行政行为。

（3）行政公开强调的是政府信息原则上应当以公开为常态，不公开为例外，侧重点在于政府信息能否公开的问题；信息真实强调的是已经公开的政府信息必须是真实的，而不是捏造的、虚假的，侧重点在于公开的政府信息的真假问题。

（4）行政效率强调的是行政机关从事行政活动不能拖拖拉拉，更不能不作为；行政效能强调的是为了行政机关更好地履职，应当赋予行政机关相应的执法手段。

（5）为了公共利益变更或者撤销行政机关已经作出的行政决定，对给公民、法人或者其他组织的合法权益造成的损失给予补偿，是信赖保护原则的体现；违法行使行政管理职权，对给公民、法人或者其他组织的合法权益造成的损失给予赔偿，是权责一致的体现。

- 在主观题中，行政法基本原则偶尔会设有一小问，作为撰写400字左右的小论述题考查。行政法基本原则也可以用来辅助判断主观题中被诉行政行为是否合法。行政行为的合法性判断与行政诉讼的结案，是主观题考查的重中之重。作为一个案例考查形式，其设计是围绕某一个行政行为为中心，编制案情，最终命题人会归结到行政行为是否合法、法院应当如何裁判的问题。当考生在答题时如果想不起具体某个法条可以用来证明被诉行政行为违法时，可以借助行政法的基本原则来判断。例如：违反比例原则的行政强制措施是不合法的；违反程序正当的行政处罚是不合法的。

行政法基本原则是指行政机关或者授权的组织从事行政活动应当遵守的最基本、最起码的准则。

行政法基本原则不只是学理上的原则，而且是行政法的重要组成部分，在行政法律规范的制定、实施以及适用中具有约束力和可适用性。

行政法基本原则具有如下三个方面的作用：

1. 统合性作用。行政法基本原则具有统揽行政法律规范的作用，借助基本原则可以将分散的行政法律规范统一为相互协调的整体。

2. 指导性作用。行政法基本原则具有指导和规范行政法律规范的制定、修改和完善，指导行政机关准确执行行政法律规范，指导行政法律规范的统一适用和解释的作用。

3. 弥补性作用。社会生活复杂多变、多元价值观的存在决定了行政法律规范不可能事无巨细地对所有公共行政问题作出周到细致的安排，基本原则在此时可以发挥弥补行政法律规范不足的作用。

行政法基本原则的构成：（1）合法行政；（2）合理行政；（3）程序正当；（4）高效便民；（5）诚实守信；（6）权责一致。

一、合法行政

（一）含义

合法行政是指政府从事行政活动应当按照法律办事。

合法行政是所有行政活动必须遵循的基本原则，构成行政法的首要原则，其他原则是这一原则的延伸。

（二）内容

合法行政包括以下两个方面的内容：

1.法律优先。

法律优先是指行政机关必须遵守现行有效的法律，即法有规定须遵守，法有规定不违反。

例1：鄂某持机动车行驶证、机动车交通事故责任强制保险单向某市公安局交通警察支队申请核发涉案车辆检验合格标志，某市公安局交通警察支队以涉案车辆存在道路交通违法行为未处理为由拒绝发放。那么，某市公安局交通警察支队的行为是否违反了合法行政原则？违反了合法行政原则。根据《道路交通安全法》第13条的规定，对提供机动车行驶证和机动车第三者责任强制保险单的，机动车安全技术检验机构应予以检验，任何单位不得附加其他条件。对符合机动车国家安全技术标准的，公安机关交通管理部门应当发给检验合格标志。本案，鄂某提供了机动车行驶证、机动车第三者责任强制保险单、机动车安全技术检验合格报告，具备了申请核发机动车检验合格标志的条件，但是交通警察支队在法律规定的条件之外附加条件，要求鄂某必须将交通违法行为处理完毕作为核发机动车检验合格标志的前提，违反了"法律优先"的原则，应当确认为违法。［参见鄂某诉某市公安局交通警察支队不履行法定职责案，（2020）鲁行再30号］

例2：孙某受他人胁迫而殴打他人致轻微伤，县公安局决定对孙某从轻处罚。县公安局作出的该决定违反了法律优先原则。因为根据《治安管理处罚法》第19条规定，出于他人胁迫实施违反治安管理秩序行为的，公安机关应当给予减轻或者不予处罚，而不是从轻处罚。

2.法律保留。

法律保留是指行政机关应当依照法律授权活动，即法有规定才可为，法无授权即禁止。

【注意】实行合法行政原则是行政活动区别于民事活动的主要标志。民事活动遵循法无禁止即自由，行政活动遵循法有规定才可为。

例1：2021年4月，为坚决遏制电信网络诈骗犯罪多发高发态势，保障广大人民群众生命财产安全，加大宣传效果，形成震慑效应，某镇政府大力攻坚，打出"狠招实招"，对涉赌涉诈被抓及拒不配合者，一律在其房子外墙喷涂"黑老鼠"，使其声名狼藉，起到"惩处一批、警告一片"的作用。6名赌博和诈骗人员的房屋外墙被镇政府工作人员喷涂"黑老鼠"图案。镇政府的行为违反了法律保留，因为"一人犯法，全家连坐"的这种处理方式没有任何法律依据。

例2：县政府自行决定征收永久基本农田35公顷。县政府的行为违反了法律保留。《土地管理法》第46条第1款规定："征收下列土地的，由国务院批准：（一）永久基本农田；（二）永久基本农田以外的耕地超过35公顷的；（三）其他土地超过70公顷的。"据此可见，有关永久基本农田的征收批准权限在国务院，县政府没有"自行"决定征收永久基本农田的权力。县政府没有权力征收基本农田却征收了，违背了法律保留原则，也就违反了"法无授权即禁止"的合法行政原则的要求。

例3：因蔬菜价格上涨，销路看好，某镇政府要求村民拔掉麦子改种蔬菜。镇政府的行为违反了合法行政原则。《民法典》第340条规定："土地经营权人有权在合同约定的期限内占有农村土地，自主开展农业生产经营并取得收益。"《农村土地承包法》第16条第1款第1项规定："承包方享有下列权利：……（一）依法享有承包地使用、收益的权利，有权自主组织生产经营和处置产品；……"可知，农民对于自己承包的土地有自主组织生产的权利。镇政府在没有任何法律、法规、规章授权的情况下，仅因蔬菜价格上涨，销路看好，即"要求"村民拔掉麦子改种蔬菜，影响了村民的自主组织生产的权利。因此，违背了行政机关应当依照法律授权活动的要求，违背了法律保留的原则。

二、合理行政

（一）含义

合理行政是指政府从事行政活动，尤其是根据自由裁量权作出的活动，应当客观、适度，符合最基本的、最起码的理性。

这里的理性是指行政决定应当具有一个有正常理智的普通人所能达到的合理与适当，并且能够符合科学公理和社会公德。

（二）内容

合理行政包括以下三个方面的内容：

1.公平公正。

行政机关要平等对待当事人，不偏私，不歧视。

例如：2021年10月，某国有企业和某民营企业均实施了超标准排放大气污染物行为，县生态环境局对该民营企业进行立案并给予行政处罚，对该国有企业则不予立案查处。县生态环境局的做法违反了公平公正原则。

2.考虑相关因素。

行政机关进行行政裁量和作出行政决定时，只能考虑符合立法授权目的的各种因素，不得考虑无关因素，要排除不相关因素的干扰。

例如：维多和利娅在同一路段违章停车，县公安局交通警察大队执法民警保罗因维多所驾车辆为劳斯莱斯而作出不予处罚决定，因利娅所驾车辆为面包车而作出记分和罚款的决定。县公安局交通警察大队的做法考虑了不相关因素，违反了考虑相关因素原则。

3.比例原则。

比例原则是指政府从事行政活动应当平衡和兼顾行政目标的实现和保护公民的利益，如果行政目标的实现可能对公民的利益造成不利的影响，则这种不利影响应该被限制在尽可能小的范围和限度之内，二者应当有适当的比例。

比例原则对于行政机关从事行政管理活动提出如下三个方面的要求：

（1）适当性。要求行政机关行使裁量权所采取的具体措施必须符合法律目的。

（2）必要性。要求在可以实现行政目的的各种措施中，行政机关应当选择对当事人合法权益影响最小的行政管理措施。

（3）均衡性。要求行政机关采取的措施带来的公共利益应当大于对老百姓带来的损害。

例1：维多在某镇沿街路边搭建小棚经营杂货，县建设局下发限期拆除通知后强制拆除，并对维多作出罚款2万元的处罚。维多提起行政诉讼，法院审理认为维多所建小棚未占用主干道，其违法行为没有严重到既需要拆除又需要实施顶格处罚的程度，判决将罚款改为1000元。本案法院的判决适用了比例原则。

例2：自然资源与规划局以张某未取得建筑工程规划许可证在其经营的商铺外侧加建小棚为由，作出责令立即停止建设通知书，同时，查封了违法建设施工现场和正在经营的商铺。该查封违反下列哪一原则？本案，张某的违法行为是"未取得建筑工程规划许可证在其经营的商铺外侧加建小棚"，根据《行政强制法》的规定，查封仅限于和违法行为有关的场所、设施和物品，故行政机关查封的对象应该仅限于违法建设施工现场，而正在经营的商铺属于合法经营，不得查封。但本案，自然资源与规划局同时查封建设施工现场和正在经营的商铺，不是对当事人合法权益损害最小的措施，违反了比例原则"必要性"的要求，也就违反了合理行政原则。

例3：2019年6月，孙某驾驶货车装载31头生猪，准备开到县城定点屠宰场宰杀，因撞坏道路设施被交警大队扣留车辆。孙某称生猪会因为受热而死亡，请求交警大队待其将货车开到屠宰厂卸下生猪后再行扣留，但是交警大队不予理会。后大部分生猪因过热而死，损失30万元。本案，按照比例原则的要求，扣押仅限于涉案的场所、设施或者财物，不得扣押与违法行为无关的场所、设施或者财物。生猪属于与违法行为无关的财物，不得扣押，交警大队扣押生猪的行为违反了比例原则"必要性"的要求。而且因担心天气炎热导致生猪死亡，孙某提出待其将车辆驾驶到屠宰场卸下生猪后再实施扣留，显然是对其损害更小的行政管理措施。交警大队在行政管理过程中本应当采取措施处理好31头生猪，而不是对孙某的请求不予理睬，放任生猪死亡，从而给孙某造成重大损失，交警大队的行为违反了比例原则。

（三）适用领域

合法行政是形式法治的要求，要求有法可依；合理行政是实质法治的要求，要求良法善治。

形式法治仅仅要求有法可依、有法必依、执法必严、违法必究。在形式法治面前，行政机关只要寻找到法律依据，行政活动就有正当性。实质法治不仅有上述要求，还要求良法善治，行政裁量要符合法律目的，行政活动要有善意理性。合理行政原则的主要含义是行政决定应当具有理性，属于实质行政法治的范畴。

合法行政主要约束羁束行政行为；合理行政主要约束裁量行政行为。

根据行政行为受到法律拘束程度的不同，行政行为可以区分为羁束行政行为和裁量行政行为。

1.羁束行政行为是指行政机关对行为涉及的事项没有自由选择的余地，必须严格依照法律规定实施的行政行为。

例如：《律师法》第49条第2款规定："律师因故意犯罪受到刑事处罚的，由省、自治区、直辖市人民政府司法行政部门吊销其律师执业证书。"可知，律师只要是故意犯罪受到刑事处罚的，省司法厅只能吊销该律师执业证书，不能以暂扣执业证书或者罚款取而代之。可见，行政机关只能依照法律的规定实施行政管理活动，这是合法行政的要求。

2.裁量行政行为是指行政机关可以在符合立法规定的原则、幅度等条件下，根据实际情况有选择地自主作出决定的行政行为。

例如：《治安管理处罚法》第66条第1款规定："卖淫、嫖娼的，处10日以上15日以下拘留，可以并处5000元以下罚款；情节较轻的，处5日以下拘留或者500元以下罚款。"可知，若孙某嫖娼，情节较轻的，可以拘留3日；情节较重的，可以拘留14日。虽然行政机关享有行政裁量权，但在行使裁量权时，要客观适度，不能任性，要有理性。

三、程序正当

（一）含义

程序正当是指政府从事行政活动应当遵守的方式、方法、步骤、时限和顺序。

行政法主要是程序法，程序的规定多于实体。在行政法律规范中，程序性规范占据着极大比例，因此程序正当也是法律上对行政活动提出的基本要求。

（二）内容

程序正当包括以下三个方面的内容：

1.行政公开。

要求行政机关履行行政管理职能过程中制作或者获取的政府信息以公开为常态，不公开为例外，以保障公民的知情权。

例如：镇政府主动定期向公众公开本镇农田水利工程建设运营情况，体现了行政公开原则的要求。

2.程序参与。

要求行政机关作出重要的决定时，应当听取公众意见；针对特定的行政相对人作出不利的行政决定，应当事前听取行政相对人的陈述、申辩。

例1：市政府召开座谈会听取群众对市政府二环路改扩建的意见，体现了程序参与原则的精神。

例2：市场监督管理局作出责令停业处罚决定前告知利娅享有要求举行听证的权利，体现了程序参与原则的要求。

3.回避原则。

行政机关工作人员履行职责，与管理事项存在利害关系时，应当回避。当行政机关工作人员与其处理的公务无利害关系，但由于其他原因可能影响客观中立时，也应回避。

例如：在县生态环境局实施环境影响评价许可听证程序中，参与了审查许可申请材料的工作人员作为听证主持人。该做法违反了程序正当之回避原则。因为参与了审查许可申请材料的工作人员已经对该案形成了固定看法，难以接受对立观点，因此，应当禁止其担任听证程序的主持人。基于同样理由，在行政处罚案件的听证中，之前参与了本案的调查人员也不得担任听证主持人。这些规定体现了回避原则的要求。

经典考题： 程序正当是当代行政法的基本原则，遵守程序是行政行为合法的要求之一。下列哪些做法违背了这一要求？（2014年卷二第77题，多选）[①]

A. 某环保局[②]对当事人的处罚听证，由本案的调查人员担任听证主持人

B. 某县政府自行决定征收永久基本农田35公顷

C. 某公安局拟给予甲拘留10日的治安处罚，告知其可以申请听证

D. 乙违反治安管理的事实清楚，某公安派出所当场对其作出罚款500元的处罚决定

四、高效便民

（一）含义

高效便民是指政府从事行政活动应当有比较高的效率，方便当事人。

（二）内容

高效便民包含以下两个方面的要求：

1.行政效率。

首先，要求行政机关从事行政活动应当积极履行法定职责，禁止不作为或者不完全作为。

其次，要求行政机关从事行政活动应当遵守法定时限，禁止超越法定时限或者不合理延迟。

例1：市场监督管理局要求所属机构提高办事效率，将原20个工作日办结事项减至15个工作日办结，体现了行政效率的精神。

例2：生态环境局简化内部环境影响评价许可的流程，体现了行政效率的精神。

2.便利当事人。

行政机关从事行政活动应当尽可能减少行政相对人的负担，提供便利。

例1：维多计划经营一家中餐馆，申请营业执照，市场监督管理局事后审查发现递交的申请材料不齐全，在5日内一次性告知维多需要补交的全部申请材料内容。"一次性告知补正的全部内容"体现了便利当事人原则的精神。

例2：自然资源与规划局安排工作人员主动为前来办事的人员提供咨询，体现了便利当事人原则的精神。

[①]【答案】AD。听证会是由行政机关指定的调查阶段工作人员以外的公务员来主持，本案的调查人员不能担任听证主持人。A选项违背了程序正当原则。永久基本农田的征收批准权限在国务院，县政府没有"自行"决定征收永久基本农田的权力。县政府没有权力征收基本农田却征收了，违背了法律保留原则，也就违反了"法无授权即禁止"的合法行政原则的要求。B选项违背了合法行政原则。对于公安机关作出吊销执照、2000元以上罚款之外的处罚决定，是否举行听证，公安机关自己享有行政裁量权，可以组织听证，也可以不组织听证。公安机关为保证自己的处罚决定更加靠谱，为慎重起见自愿告知被处罚人可以申请举行听证的，对被处罚人有利，并不违法。C选项没有违背程序正当原则。公安机关或者派出所能够适用简易程序当场作出处罚的范围是：处警告或者200元以下罚款。派出所不得当场作出罚款500元的处罚决定。D选项违背了程序正当原则。

[②] 国家机构改革后，环保局一般更名为生态环境局。

五、诚实守信

（一）含义

诚实守信是指政府从事行政活动应当说真话，不变卦，讲诚实、有信用。

（二）内容

诚实守信包括如下两个方面的要求：

1.信息真实。

要求行政机关公布的信息应当全面、准确、真实。

例如：市政府要求市卫健委在传染病疫情常态化防控期间不得漏报、谎报疫情信息，体现了信息真实原则的要求。

【注意】行政公开强调的是政府信息原则上应当以公开为常态，不公开为例外，侧重点在于政府信息能否公开的问题；信息真实强调的是已经公开的政府信息必须是真实的，而不是捏造的、虚假的，侧重点在于公开的政府信息的真假问题。

2.信赖保护。

要求行政机关的决定一旦作出，就不能轻易更改或者撤销。如果确因国家利益、公共利益的需要而必须更改或者撤销时，除了必须有充分的法律依据并遵循法定程序之外，还应当给予权益受损人补偿。

信赖保护原则在立法中的体现，比如《行政许可法》第8条第2款规定："行政许可所依据的法律、法规、规章修改或者废止，或者准予行政许可所依据的客观情况发生重大变化的，为了公共利益的需要，行政机关可以依法变更或者撤回已经生效的行政许可。由此给公民、法人或者其他组织造成财产损失的，行政机关应当依法给予补偿。"

例如：李某在金桥花园合法购买了一套450平方的别墅并取得不动产产权证书，后因修建高铁站需要拆迁，该商品房被征收，区政府依法给予李某一定的补偿金。本案，李某合法购房并取得了不动产产权证书，享有房屋所有权。由于修建高铁需要，国家征收李某合法购买的房屋，房屋所有权归国家了，这是行政机关为了实现公共利益，撤回已经颁发的房屋所有权证书，为了保护李某相信房屋是其合法购得的信赖利益，政府应当给予李某补偿金。所以政府征收李某合法房屋并给予补偿金的行为体现了信赖利益保护原则。

· 知识拓展 ·

行政允诺是指行政主体为实现特定的行政管理目的，向行政相对人公开作出的当行政相对人作出一定的行为即给予其利益回报的意思表示行为。行政允诺是行政主体在法律法规规定的基础上，在自身自由裁量权范围内作出的单方的授益性的行为。行政主体不仅要遵守法定义务，当特定的行政相对人作出了符合行政允诺事项的行为时，行政主体与行政相对人之间即成立具体的行政允诺法律关系，行政主体还应按照其承诺的内容履行相应的给付义务。诚信原则是行政允诺义务的客观基础，只要有承诺内容的产生，行政主体就要为社会公众因承诺的信任产生责任，并对此承诺负有法定履行义务，否则就构成违法的行政不作为。

■ 例如：县政府发布通知，对直接介绍外地企业到本县投资的单位和个人按照投资项目实际到位资金金额的千分之一奖励。经张某引荐，某外地企业到该县投资500万元，但县政府拒绝支付奖励金。本案，政府发布通知承诺奖励，但是对于符合奖励条件的张某却不予以奖励，相当于更改了之前的决定，拒绝履行行政允诺所设定的义务，这种做法违背了信赖保护原则。

六、权责一致

（一）含义

权责一致是指政府从事行政活动，既享有行政权力，也要承担相应的法律责任。

这一原则的基本要求是行政权力和法律责任的统一，即执法有保障、有权必有责、用权受监督、违法受追究、侵权须赔偿。

（二）内容

权责一致原则包括以下两个方面的要求：

1.行政效能。

为了保障行政机关能够更好地履行行政管理职责，法律、法规应当赋予行政机关相应的执法手段，并通过这些手段的运用排除其在职能实现过程中遇到的障碍。

例如：为了防范因酒驾导致的道路交通事故，县公安局交通警察大队开展集中整治酒驾的统一行动，给执法民警统一配备了执法记录仪和酒精检测仪，体现了行政效能原则的精神。

【注意】行政效率强调的是行政机关从事行政活动不能拖拖拉拉，更不能不作为；行政效能强调的是为了行政机关更好地履职，应当赋予行政机关相应的执法手段。

2.行政责任。

当行政机关违法或者不当行使职权时，行政机关应当依法承担法律责任，从而实现权力和责任的统一。

承担法律责任的表现形式主要有：对主管领导和直接负责的公务员进行纪律处分；给予权益受损人赔偿。

例1：建设局发现所作出的行政决定违法后，主动纠正错误并赔偿当事人损失，体现了行政责任原则的要求。

例2：县自然资源与规划局局长因违规征地受到行政记过处分，体现了行政责任原则的要求。

经典考题：某县政府发布通知，对直接介绍外地企业到本县投资的单位和个人按照投资项目实际到位资金金额的千分之一奖励。经张某引荐，某外地企业到该县投资500

万元，但县政府拒绝支付奖励金。县政府的行为不违反下列哪些原则或要求？（2013年卷二第78题，多选）①

　　A.比例原则　　　　　　B.行政公开　　　　　　C.程序正当　　　　　　D.权责一致

归纳总结　★★★**行政法的基本原则【依法行政】**

合法行政	法律优先	法有规定须遵守，法有规定不违反
	法律保留	法有规定才可为，法无授权即禁止
合理行政	公平公正	①公平：平等对待不歧视（同等情况，同等对待；不同情况，不同对待） ②公正：公道正派不偏私
	考虑相关因素	只考虑与法规范授权目的相关的各种因素，不考虑与授权目的不相关的因素
	比例原则	①合目的性：所采取的措施必须适合于实现法律所追求的目标 ②必要性：所采取的手段在诸种可供选择的手段中是最温和的、损害最小的 ③均衡性：行政管理所带来的负担不能超过所带来的公共福祉
程序正当	行政公开	实施行政管理一般应当信息公开，以实现公民的知情权
	程序参与	①行政机关作出重要决定应当听取公众的意见 ②行政机关作出对特定当事人不利的决定前，要听取其陈述和申辩
	回避原则	行政机关工作人员履行行政职责，与行政案件有利害关系时，应当回避
高效便民	行政效率	①积极履行法定职责，禁止不作为或完全不作为 ②遵守法定时限，禁止超越法定时限或者不合理迟延
	便利当事人	在行政过程中，尽量减轻当事人的负担，提供便利
诚实守信	信息真实	行政机关公布的信息应当全面、准确、真实，即政府要说真话
	信赖保护	已作出的行政决定不得随意更改撤销，以保护公众合理信赖利益。即政府说话要算数，为了公共利益确需更改或撤销行政决定给当事人造成损失的，给予合理补偿
权责一致	行政效能	职责VS职权：为了更好地履行管理职责，要赋予行政机关相应的执法手段
	行政责任	职权VS责任：行政机关违法或者不当行使职权，应当依法承担法律责任（赔偿、处分）

---

① 【答案】ABCD。政府发布通知承诺奖励，但是对于符合奖励条件的张某却不予以奖励，相当于更改了之前的决定，拒绝履行行政允诺所设定的义务。这种做法违背了信赖保护原则，而与比例原则、公开原则、程序正当原则、权责一致原则无关。本题答案为：ABCD。

行政主体

命题点拨

(一) 主要内容

本专题的主要内容包括:(1) 行政主体概述;(2) 中央行政机关;(3) 地方行政机关;(4) 实施行政职能的非政府组织。

(二) 命题规律

本专题的内容是法考每年必考的内容,考查一道选择题,分值1~2分。考试题型为单项选择题为主,多项选择题偶尔出现。考查的知识点比较琐细,考生要注意把握细节。本专题的内容,主观题不予考查。

(三) 重点难点

本专题的重点难点包括:(1) 行政主体的判断标准;(2) 国务院行政机构的设置程序;(3) 地方政府行政机构的设置程序;(4) 地方政府行政机构编制的管理;(5) 派出机构的职权。其中,国务院行政机构的设置程序和地方政府机构的设置程序每年必考其中一个知识点。行政主体的判断标准,考生必须重点掌握,因为该考点涉及行政诉讼中被告的确定。

知识体系图

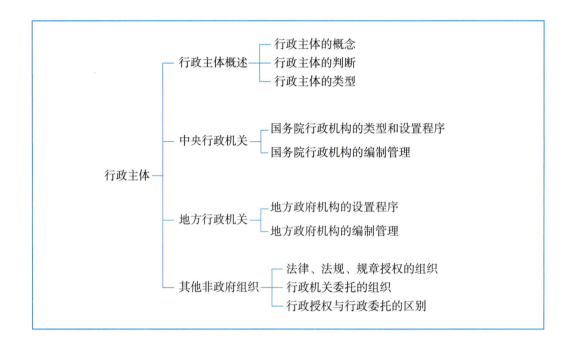

第一节　行政主体概述

·考情分析·

■ 本节知识点需要考生理解行政主体的概念，掌握行政主体的判断标准并懂得如何实际运用。

■ 在客观题考试中，本节知识点体现在每年必考的行政诉讼被告的判断中。

■ 本节知识点中需要了解的考点有：

（1）行政主体这个概念的价值在于确定谁可以成为行政诉讼中的被告、谁可以成为行政复议中的被申请人、谁可以成为国家赔偿中的行政赔偿义务机关。有行政主体资格的，可以当被告、当被申请人、当行政赔偿义务机关；没有行政主体资格的，不能当被告、不能当被申请人、不能当行政赔偿义务机关。

（2）行政主体的判断标准有三个："权""名""责"。

（3）"权"是指行政权，排除立法权、司法权、监察权。因此，行使立法权的人大及其常委会、行使司法权的检察院和法院、行使监察权的监察委均不属于行政主体。

（4）"名"是指以自己的名义对外实施行政活动。行政机关的内设机构、新组建的临时机构以自己的名义对外作出行政行为的，不能成为行政诉讼的被告，因为这些内设机构、新组建的临时机构没有获得法律法规规章的授权，没有独立对外作出行政行为的权力。

（5）"法律法规规章"授权的非政府组织有行政主体资格，可以当被告；规章以下（不含）的行政规范性文件授权的非政府组织没有行政主体资格，不能当被告。

■ 在主观题考试中，一般每2年就将考查一次行政诉讼被告的判断。重点考查经过复议、委托实施行政行为、新组建临时机构、行政机关被撤销或者职能发生转变、行政强制拆除等案件被告如何判断。这些考点将在"专题十二　行政诉讼的当事人"中学习。

一、行政主体的概念

行政主体是指独立拥有行政职权，能以自己的名义对外行使行政职权，并能独立承担法律责任的组织。

例如：维多嫖娼，县公安局根据《治安管理处罚法》的规定给予维多行政拘留10日并处罚款2000元的处罚。县公安局在本案中就是行政主体，独立拥有对外作出治安管理处罚的职权，能以县公安局的名义对外行使处罚权力，并能独立承担法律责任，可以成为本案行政诉讼的被告或者行政复议的被申请人。

二、行政主体的判断标准

从行政主体的概念出发，可得出判断行政主体资格的标准有三个：

（一）权

"权"指的是自己独立享有并行使行政职权。

这就可以排除作为行使立法权的人大及其常委会、作为行使司法权的检察院和人民法院、作为行使监察权的监察委作为行政主体的情况。

例如：某市卫生健康委员会主任李某被市监察委员会立案并采取留置措施，后经监察调查发现李某没有违法违纪问题。李某能否以市监察委员会错误对其采取留置措施提起行政诉讼？不能。市监察委员会履行监察职权，不是从事行政管理活动的行政机关，不能成为行政诉讼中的被告。

行政机关内设机构原则上没有独立的行政职权，一般无行政主体资格；如果法律法规规章明确授权内设机构有行政权的，则该内设机构原则上有行政主体资格。

例如：区市场监督管理局有独立对外作出行政处罚的权力；区市场监督管理局食品安全监督管理科作为内设机构无权独立对外作出行政处罚。

行政机关有行政职权，但没有动用这个行政职权从事活动的，也不是行政主体，可能是民事主体。

例如：市教育局租赁民营写字楼一层作为自己的临时办公室，一年租期届满后却不支付剩余租金。此时，市教育局没有动用行政权，而是以民事主体身份实施了一个民事法律行为。当承租人市教育局不履行租赁合同约定的租金支付义务时，出租人应当通过提起民事诉讼解决争议。

（二）名

"名"指的是以自己的名义独立对外实施行政活动。

有没有以自己的名义对外实施行政活动，以行政机关是否在行政决定书上署名、盖章为标准。

例如：2021年6月，区政府委托后湖指挥部负责后湖片区村庄整合房屋征收安置工作。孙某与后湖指挥部签订《房屋拆迁安置协议》，约定安置房面积为200平方米。后指挥部以孙某隐瞒在村庄整合中已享受安置房为由拒绝分配约定的房屋。孙某不服，提起行政诉讼，应当以区政府为被告。因为后湖指挥部受区政府委托负责房屋征收安置工作，受托人后湖指挥部只能以委托人区政府的名义而不能以自己的名义从事房屋征收安置工作。所以，委托实施行政行为的案件，"谁委托、谁被告"，本案应以区政府作为被告。

（三）责

"责"，是指能够独立承担行为的法律责任。

具体表现为：在行政诉讼中能够成为被告；在行政复议中能够成为被申请人；在行政赔偿中能够成为行政赔偿义务机关。

有权有名且能够独立对外承担法律责任的组织就是行政主体。

· 知识拓展 ·

■ 现实中常有行政机关自行设立某些行政机构，并擅自"赋予"这些机构以独立职权，允许其以自己名义实施行政活动，但它们对这些机构的设立与授权却没有足够的法律、法规或规章的依据。例如某县政府发布规范性文件成立一综合执法大队，便属这种情况。这样的机构不能成为法律后果的承担者，其行政活动所引起的法律后果应由设立它们的行政机关来承担。

三、行政主体相对应的概念：行政相对人和行政相关人

与行政主体相对应的概念，是行政相对人和行政相关人。

行政相对人是行政主体作出的行政行为直接针对的对象。

行政相关人是并非行政行为直接针对的对象，但其权利义务会受到行政行为影响的人。

例如：县自然资源与规划局准许维多在紧邻利娅的房屋周边建造一栋5层的房屋，利娅认为县自然资源与规划局的许可行为损害了自己的采光权。此时，县自然资源与规划局就是行政主体，维多是行政相对人，利娅是行政相关人。

四、行政主体的类型

（一）行政机关

行政机关包括中央行政机关和地方行政机关。

中央行政机关：国务院及其行政机构。

地方行政机关：省级、市级、县级、乡级人民政府；省市县人民政府的工作部门；派出机关；派出机构。

派出机关是由有权地方人民政府在一定行政区域内设立，代表设立机关管理该行政区域内各项行政事务的行政机关。派出机关有独立的行政职权，可以作为行政主体。

派出机关包括如下三类：

第一类：省、自治区人民政府设立的行政公署，设立要经国务院批准。

例如：大兴安岭地区行政公署，由黑龙江省人民政府设立。

第二类：县、自治县的人民政府设立的区公所，设立要经省、自治区、直辖市的人民政府批准。

例如：我国现仅存有2个区公所，分别是河北省张家口市涿鹿（zhuō lù）县的赵家蓬区公所和新疆喀什地区泽普县的奎依巴格区公所。

第三类：市辖区、不设区的市政府设立的街道办事处，设立要经上一级人民政府批准。

例如：幸福街道办事处，由山东省烟台市芝罘（zhī fú）区人民政府设立。

归纳总结 **地方政府的派出机关**

名称	设立机关	批准机关	设立条件
行政公署	省、自治区政府	国务院	必要时
区公所	县、自治县政府	省级政府	必要时
街道办事处	市辖区、不设区的市政府	上一级政府	

派出机构是指由政府的工作部门根据需要在一定行政区域内设立的，管理该行政区域内某一方面行政事务的行政机构。

常见的派出机构主要包括如下三类：

第一类：公安局设立的派出所。派出所可以作出警告、500元以下的罚款。

例1：幸福街道派出所，由山东省烟台市公安局芝罘区公安分局设立。

例2：蛟洋派出所，由福建省龙岩市上杭县公安局设立。

第二类：市场监督管理局设立的市场监督管理所。市场监督管理所可以对个体工商户作出处罚，但不能作出吊销营业执照的处罚。

第三类：税务局设立的税务所。税务所可以作出2000元以下的罚款。

派出机构是政府工作部门设立的，是否具有行政主体资格的判断遵循"幅度越权，自己是被告"和"种类越权，派出部门是被告"的规则。

例1：派出所给予维多罚款5000元，为幅度越权，行使的仍然是罚款的权力，派出所自己为被告。

例2：派出所给予利娅行政拘留10日，为种类越权，行使的是限制人身自由的处罚，公安局为被告。

归纳总结 **地方政府工作部门的派出机构**

名称	设立者	行政职权
派出所	公安局	警告、500元以下罚款
市场监督管理所	市场监督管理局	对个体工商户违法行为的处罚；处罚种类不包括吊销营业执照
税务所	税务局	2000元以下的罚款

（二）法律法规规章授权的组织

法律法规规章授权的组织是指根据法律、法规、规章的规定，在授权范围内可以自己的名义从事行政管理活动、参加行政复议和行政诉讼并承担法律责任的非政府组织。

根据《行政诉讼法》第26条的规定，行政诉讼的适格被告是行政机关。某些事业单位、社会团体、行业自治组织，虽然不具有行政机关的资格，但是法律、法规、规章赋予它行使一定的行政管理职权。这些事业单位、社会团体、行业自治组织与行政相对人之间不存在平等的民事关系，而是特殊的行政管理关系。他们之间因管理行为而发生的争议，不是民事诉讼，而是行政诉讼。例如：学校虽然不是国家行政机关，但学校属于法律、法规授权的履行部分教育行政管理职责的事业单位，学校在依法履行教育行政管理职权的活动中，具有行政诉讼的被告主体资格，因此可以作为行政诉讼的适格被告。高等学校对受教育者因违反校规、校纪而拒绝颁发学历证书、学位证书，受教育者不服的，可以将高等学校作为被告依法提起行政诉讼。

法律法规规章授权的组织的种类包括如下五类：

1.国有企业。

国有企业，是指国务院和地方人民政府分别代表国家履行出资人职责的国有独资企业、国有独资公司以及国有资本控股公司。

国有企业根据法律、法规、规章的规定，有权以自己的名义从事某些管理活动。

例如：《上海市轨道交通管理条例》规定，在轨道车辆上吸烟，随地吐痰、便溺，乱吐口香糖渣，乱扔纸屑等杂物，由轨道交通企业责令改正，处警告或者50元以上500元以下罚款。若维多在上海地铁2号线上吃泡椒凤爪，随地吐碎骨头，被上海地铁运营有限公司罚款200元。此时，维多就是行政相对人，上海地铁运营有限公司就是地方性法规授权实施行政处罚的行政主体。维多若不服罚款，可以向法院提起行政诉讼，被告就是上海地铁运营有限公司。

2.事业单位。

事业单位是指为了社会公益目的，由行政机关或者其他组织利用国有资产举办的，从事教育、科技、文化、卫生等活动的社会服务组织。例如：高等学校（大学）、博物馆、科学馆、文史馆等。

事业单位根据法律、法规、规章的规定，有权以自己的名义从事某些管理活动。

例如：《学位条例》第8条规定，博士学位，由国务院授权的高等学校和科研机构授予。第17条规定，学位授予单位对于已经授予的学位，如发现有舞弊作伪等严重违反本条例规定的情况，经学位评定委员会复议，可以撤销。于某系某大学历史学系毕业的博士，因为博士就读期间发表的学术论文构成严重抄袭，某大学作出《关于撤销于某博士学位的决定》。根据《学位条例》第8条和第17条的规定，某大学作为学位授予机构，依法具有撤销已授予学位的行政职权。于某不服该决定，可以向法院提起行政诉讼，被告就是某大学。

3.人民团体和社会团体。

人民团体是指各工商联、各级青联、工会、妇联、侨联、台联等人民群众团体。

社会团体是指为一定目的由一定人员组成的社会组织，如宗教、科技、文化、艺术、慈善事业等社会群众团体。人民团体和社会团体根据法律、法规、规章的规定，有权以自己的名义从事某些管理活动。

例如：《工会法》第2条规定，工会是职工自愿结合的工人阶级的群众组织。中华全国总工会及其各工会组织代表职工的利益，依法维护职工的合法权益。何某是某集团下属单位某县百货商场职工，由于县总工会认为其不能提供与用人单位的劳动合同为，没有将何某作为特困职工上报市总工会申领特困职工生活救助金。何某不服县总工会不履行上报职责向法院提起行政诉讼，被告如何确定？县总工会是被告。因为在特困职工调查申报工作中，县总工会负有对不特定的申报职工进行初审并决定是否上报审批的职权，该职权的行使对申报职工的权利义务产生实际影响，属于对公共事务的管理行为，县总工会可以作为行政诉讼的被告。

4.基层自治组织。

基层群众性自治组织是指在城市和农村按居民的居住地区建立起来的居民委员会或者村民委员会，是城市居民或农村村民自我管理、自我教育、自我服务的组织。

居民委员会或者村委会根据法律、法规、规章的规定，有权以自己的名义从事某些管理活动。

例如：《村民委员会组织法》第2条第2款规定，村民委员会办理本村的公共事务和公益事业，调解民间纠纷，协助维护社会治安，向人民政府反映村民的意见、要求和提出建议。李某南之母刘某系十九村居民，2001年12月20日与李某彪在县民政局登记结婚，婚后刘某的户口并未迁出。李某南出生后一直随母在十九村居住。2007年4月5日，刘某与十九村就李某南户口管理事宜达成协议，十九村村民委员会同意将李某南的户口落于本村，但只负责户籍管理，李某南不得享受今后日常生活中村民应享受的宅基地使用、土地分配和一切经济分配待遇。李某南户口于2007年4月27日因补报往年出生落户于十九村。2010年以来十九村村民委员会将村集体土地对外租赁收益分别以麦季口粮款、秋季口粮款的名义向村民每人发放集体经济收益款1010元、990元，因道路扩宽用地所得经济收益款向每人发放2500元。上述款项均未向李某南发放。李某南以未享受同等村民待遇为由，向法院提起行政诉讼，要求享有十九村村民同等待遇及相应的经济补偿。本案被告如何确定？十九村村民委员会为被告。因为根据《村民委员会组织法》规定，村民委员会享有办理本村公共事务的职权，村民委员会对本村集体收益进行管理和分配的行为，属于依据法律授权履行行政职责的行为。

5.行业自治组织

行业自治组织是指介于政府、企业之间，商品生产者与经营者之间，并为其服务、咨询、沟通、监督、公正、自律、协调的社会非营利性中介组织。常见的如中国足球协会、律师协会等。

行业自治组织根据法律、法规、规章的规定，有权以自己的名义从事某些管理活动。

例如：《律师法》第46条第5项规定，律师协会应当履行组织管理申请律师执业人员的实习活动，对实习人员进行考核的职责。2016年4月，王某向市律师协会提交实习证申请表，申请实习考核。2016年5月4日，市律协针对王某的申请，出具了《回复》：根据《市律师协会预备会员规则》第5条规定，申请实习人员需要提交与接受其实习的律师事务所签订的劳动合同及律师事务所依法为其缴纳社会保险的证明。你不符合申请律师执业人员申请条件，市律协不予受理。2016年10月，王某向法院提起行政诉讼，要求撤销《回复》，本案被告如何确定？市律师协会是被告。因为根据《律师法》的规定，律师协会享有组织管理申请律师执业人员的实习活动，对实习人员进行考核的管理职权。《最高人民法院关于适用行政诉讼法的解释》第24条第3款规定，当事人对高等学校等事业单位以及律师协会、注册会计师协会等行业协会依据法律、法规、规章的授权实施的行政行为不服提起诉讼的，以该事业单位、行业协会为被告。

归纳总结	★★行政主体	

概念	行政主体是指独立拥有行政职权，能以自己的名义对外行使行政职权，并能独立承担法律责任的组织	
判断标准	权	自己独立享有并行使行政职权
	名	以自己的名义对外实施行政活动
	责	必须能够独立承担因行政活动产生的法律责任
类型	行政机关	①中央行政机关：国务院及其工作部门 ②地方行政机关：省市县政府及其工作部门、乡镇政府、派出机关和派出机构
	法律法规规章授权组织	①国有企业 ②事业单位 ③人民团体、社会团体 ④基层自治组织：村委会、居委会 ⑤行业自治组织
相关概念	行政相对人	行政主体作出的行政行为直接针对的对象
	行政相关人	并非行政行为直接针对的对象，但其权利义务会受到行政行为影响的人

第二节　中央行政机关

·考情分析·

■ 本节知识点需要考生重点掌握国务院行政机构的设置程序。

■ 在客观题考试中，国务院行政机构的设置程序属于高频考点。

■ 本节重点考点和易错考点主要有：

（1）国务院行政机构的设置程序记忆法则为"排除法"：去掉一高一低。考生只需记住国务院行政机构中最有实权的国务院组成部门的设置由全国人大或者全国人大常委会决定和国务院行政机构中最没有实权的处级内设机构的设置由本行政机构决定，其他国务院行政机构的设置均为国务院决定。

（2）国务院行政机构中的司级内设机构的设置须由国务院批准，例如：交通运输部设立运输服务司，须由国务院审批；国务院行政机构中的处级内设机构的设置由本行政机构批准，例如：交通运输部设立法规处，由交通运输部自己决定就可以了。

（3）议事协调机构具有如下特点：①没有独立的编制；②不得设立司级、处级内设机构；③不对外承担管理职能；④除紧急情况经国务院同意的以外，一般也不能对外规定行政措施。

（4）在一届政府任期内，国务院的组成部门应当保持相对稳定。注意是国务院的组成部门保持稳定，而不是国务院的行政机关保持稳定，因为诸如国务院的议事协调机构就不需要在一届政府任期内保持稳定，协调工作结束后就可以解散。

■ 在主观题考试中，本节知识点不予考查。

一、国务院行政机构的类型及其设置程序

中央行政机关由国务院及国务院办公厅、国务院组成部门、国务院直属机构、国务院办事机构、国务院组成部门管理的国家行政机构（即部委管理的国家局）、国务院议事协调机构等机关或机构组成。

国务院作为中央人民政府，是全国最高行政机关，毫无疑问具备行政主体资格。

（一）国务院行政机构的类型

1.国务院组成部门

国务院组成部门，是在国务院领导下履行国务院的基本行政管理职能的机构。

国务院组成部门包括各部、各委员会、中国人民银行和国家审计署（简称部委行署）。

国务院组成部门均具备行政主体资格。

目前，国务院组成部门主要有：

（1）部：科学技术部，公安部，民政部，司法部，人力资源和社会保障部，自然资源部，生态环境部，住房和城乡建设部，交通运输部，农业农村部，应急管理部等。

（2）委：国家发展和改革委员会（国家发改委），国家卫生健康委员会（国家卫健委）等。

（3）行：中国人民银行。

（4）署：审计署。

2.国务院组成部门管理的国家行政机构

国务院组成部门管理的国家行政机构（简称部委管理的国家局），是由国务院组成部门管理，主管特定业务，行使行政管理职能的行政机构。

国务院组织部门管理的国家行政机构具有行政主体资格。

国务院组成部门管理的国家行政机构不是该主管部门的内设机构。

国务院组成部门管理的国家行政机构主要有：信访局（国办管），烟草专卖局（工信部管），邮政局（交通部管），药监局（市场监督管理总局管），中医药管理局（卫健委管），林业和草原局（自然资源部管）等。

【注意】部委管理的国家局无权制定部门规章。例如：国家邮政局无权制定部门规章。

3.国务院直属机构

国务院直属机构主管某项专门业务，一般具有独立的行政管理职能（国务院参事室除外），具备行政主体资格。

目前，国务院直属机构主要包括：海关总署，税务总局，市场监督管理总局（兼管国家药品监督管理局、知识产权局），广电总局，体育总局，国家统计局，国务院参事室，国家机关事务管理局，国际发展合作署，国家医疗保障局等。

【注意】国务院直属机构，例如国家市场监督管理总局，主管专门业务；国务院组成部门管理的国家局，例如国家邮政局，主管特定业务。

4.国务院办事机构

国务院办事机构协助国务院总理办理专门事项，不具有独立的行政管理职能，一般没有行政主体资格。

国务院办事机构包括：国务院港澳事务办公室，国务院研究室等。

5.国务院议事协调机构

国务院议事协调机构承担国务院行政机构重要业务工作的组织协调任务。国务院议事协调机构议定的事项，经过国务院同意，由有关的行政机构按照各自的职责负责办理，一般没有独立的行政职能，没有行政主体资格。但是，在特殊或者紧急的情况下，经国务院同意，国务院议事协调机构可以规定临时性的行政管理措施。

国务院议事协调机构包括：国家国防动员委员会，全国爱国卫生运动委员会，国务院学位委员会等。

6.国务院办公厅

国务院办公厅是协助国务院领导处理国务院日常工作的机构，没有独立的行政职权，一般没有行政主体资格。

依据《国务院组织法》的规定，国务院直接设立办公厅。

（二）国务院行政机构的设置程序

1.国务院组成部门

国务院组成部门的设立、撤销或者合并，由国务院机构编制管理机关提出方案，经国务院常务会议讨论通过后，由国务院总理提请全国人民代表大会决定。在全国人民代表大会闭会期间，提请全国人民代表大会常务委员会决定。

例如：2018年3月，为防范化解重特大安全风险，健全公共安全体系，整合优化应急力量和资源，推动形成统一指挥、专常兼备、反应灵敏、上下联动、平战结合的中国特色应急管理体制，提高防灾减灾救灾能力，确保人民群众生命财产安全和社会稳定，第十三届全国人民代表大会批准组建应急管理部，作为国务院组成部门。

2.国务院组成部门管理的国家行政机构（部委管理的国家局）

国务院组成部门管理的国家行政机构的设立、撤销和合并，由国务院机构编制管理部门提出方案，报国务院决定。

例1：2021年5月，国务院决定设立国家疾病预防控制局，作为国家卫生健康委员会管理的国家行政机构，负责制订传染病防控及公共卫生监督的政策，指导疾病预防控制体系建设，规划指导疫情监测预警体系建设，指导疾控科研体系建设，公共卫生监督管理、传染病防治监督等。

例2：国家能源局为国务院组成部门发展与改革委员会管理的国家局。国家能源局的设立由国务院决定。

3.国务院直属机构

国务院直属机构的设立、撤销和合并，由国务院决定。

例如：2018年3月，为加强市场的综合监督管理，国务院决定将国家工商行政管理总局的职责、国家质量监督检验检疫总局的职责、国家食品药品监督管理总局的职责等职责进行整合，组建国家市场监督管理总局，作为国务院直属机构。

4.国务院办事机构

国务院办事机构的设立、撤销和合并由国务院机构编制管理部门提出方案，报国务院决定。

例如：1978年8月，国务院决定成立国务院港澳办公室，作为协助国务院总理办理港澳事务的办事机构。1993年3月，更名为国务院港澳事务办公室。

5.国务院议事协调机构

国务院议事协调机构的设立、撤销和合并由国务院机构编制管理部门提出方案，报国务院决定。

例1：2003年10月，为加强对全国安全生产工作的统一领导，促进安全生产形势的稳定好转，保护国家财产和人民生命安全，国务院决定成立国务院安全生产委员会，作为国务院的议事协调机构。

例2：为加强金融监管协调、补齐监管短板，设立国务院议事协调机构金融稳定发展委员会。金融稳定发展委员会的设立由国务院决定。

【注意】国务院行政机构设立后，需要对职能进行调整的，由国务院机构编制管理部门提出方案，报国务院决定。

（三）国务院行政机构的内设机构及其设置程序

国务院办公厅、国务院组成部门、国务院直属机构、国务院办事机构在职能分解的基础上设立司、处两级内设机构。

国务院组成部门管理的国家行政机构（部委管理的国家局）根据工作需要可以设立司、处两级内设机构，也可以只设立处级内设机构。

国务院行政机构的司级内设机构的增设、撤销或者合并，经国务院机构编制管理机关审核方案，报国务院批准。

例如：若交通运输部拟设立政策法规司，应当由国务院机构编制管理机关审核方案，报国务院批准。

国务院行政机构的处级内设机构的设立、撤销或者合并，由国务院行政机构决定，按年度报国务院机构编制管理机关备案。

例如：若农业农村部拟设立法制监督处，应由农业农村部决定，报国务院机构编制管理机关备案。

归纳总结 国务院部门司级和处级内设机构的设立、撤销、合并程序

国务院部门内设机构	级　别	批准/决定主体
司级	高	国务院
处级	低	国务院部门

经典考题：国家海洋局为国务院组成部门管理的国家局。关于国家海洋局，下列哪一说法是正确的？（2013年卷二第44题，单选）①

A.有权制定规章

B.主管国务院的某项专门业务，具有独立的行政管理职能

C.该局的设立由国务院编制管理机关提出方案，报国务院决定

D.该局增设司级内设机构，由国务院编制管理机关审核批准

· 归纳总结 ·

■ 国务院行政机构设置的记忆法则为排除法："去掉一高一低"。

■ "去掉一高"：国务院行政机构中最有实权的国务院组成部门的设置由全国人大或者全国人大常委会决定。

■ "去掉一低"：国务院行政机构中最没有实权的处级内设机构的设置由本行政机构决定。

■ 其他国务院行政机构的设置均由国务院决定。

二、国务院行政机构的编制管理

国务院行政机构的编制，是对国务院行政机构人员的数量定额和领导职数的管理制度。国务院行政机构的编制，依据职能配置和职位分类实行精简的原则。

国务院行政机构编制的确定，在国务院行政机构设立时进行。

编制方案的内容是：

1.机构人员定额和人员结构比例；

2.机构领导职数和司级内设机构领导职数。

国务院行政机构编制的增加或减少，由国务院机构编制管理机关审核方案，报国务院批准。

例如：2018年3月，第十三届全国人民代表大会批准组建应急管理部，作为国务院组成部门。应急管理部设20个内设机构及政治部、机关党委、离退休干部局。机关行政编制565名。设部长1名，副部长4名，政治部主任1名，司局级领导职数95名。

经典考题：2018年3月，为加强市场的综合监督管理，将国家工商行政管理总局的职责、国家质量监督检验检疫总局的职责、国家食品药品监督管理总局的职责等职责进行整合，组建国家市场监督管理总局，作为国务院直属机构。关于国家市场监督管理总

---

① 【答案】C。国家海洋局是国务院组成部门管理的国家局，级别层级较低，无权制定规章，若需要制定规章，只能提请管理它的组成部门制定。A选项错误。国家海洋局主管特定业务，而非专门业务。B选项错误。部委管理的国家局的设立、撤销或者合并由国务院机构编制管理机关提出方案，报国务院决定。C选项正确。国务院行政机构的"司级"内设机构的增设、撤销或者合并，经国务院机构编制管理机关审核方案，报国务院批准。D选项错误。

局，下列哪一选项是正确的？（2020年考生回忆版卷一第1题，单选）①

A.由国务院机构编制管理机关提出方案，报全国人大常委会决定

B.主管特定业务，行使行政管理职能

C.在设立国家市场监督管理总局时，应当确定人员编制

D.无权制定部门规章

归纳总结　★国务院行政机构的编制管理

编制	【国务院行政机构的编制在国务院行政机构设立时确定】 ①人员的数量定额 ②领导职数
编制方案的内容	①机构人员定额和人员结构比例
	②机构领导职数和司级内设机构领导职数
编制增加或减少	由国编办审核方案，报国务院批准

第三节　地方行政机关

·考情分析·

本节知识点要求考生掌握地方政府行政机构的设置程序和编制管理。

■ 在客观题考试中，地方政府行政机构的设置程序属于高频考点。

■ 本节易错和高频考点包括：

（1）地方政府要设立、撤销或者合并行政机构的，由本级政府提出方案，报上一级政府批准。例如：若浙江省杭州市西湖区要设立互联网金融管理局，需要由西湖区人民政府提出方案，报杭州市人民政府批准。

（2）上级机构编制管理机关和下级机构编制管理机关的关系是指导与被指导关系，不是领导与被领导关系。

（3）地方各级政府行政机构应当使用行政编制，事业单位应当使用事业编制。行政编制和事业编制不得互相混用、挤占。

（4）地方各级政府的行政编制总额，由省级政府提出，经国编办审核后，报国

---

① 【答案】C。国家市场监督管理总局属于国务院直属机构，它的设立、撤销或者合并须报国务院决定。A选项错误。国家市场监督管理总局主管专门业务。B选项错误。国务院行政机构的编制在国务院行政机构设立时确定。C选项准确。部门规章的制定主体包括：①国务院组成部门；②国务院的直属机构（如海关总署、国家市场监督管理总局）；③国务院的部分直属事业单位（证监会、银保监会）。可知，国家市场监督管理总局作为国务院的直属机构有权制定部门规章。D选项错误。

务院批准。

（5）地方各级政府可以在行政编制总额内调整本级人民政府有关部门的行政编制。

（6）在同一个行政区域不同层级之间调配使用行政编制的，应当由省编办报国编办审批。

■ 在主观题考试中，本节知识点不予考查。

一、地方政府行政机构的设置程序

（一）地方政府行政机构的设置

地方各级人民政府行政机构的设立、撤销、合并或者变更规格、名称，由本级人民政府提出方案，经上一级人民政府机构编制管理机关审核后，报上一级人民政府批准。

县级以上地方各级人民政府行政机构的设立、撤销或者合并，还应当依法报本级人民代表大会常务委员会备案。

例如：某市拟撤销直属的城管局，应当由市人民政府提出方案，经省机构编制管理机关审核后，报省人民政府批准，同时，应当报市人民代表大会常务委员会备案。

【注意】在一届政府任期内，地方政府的工作部门应当保持相对稳定。

（二）地方政府议事协调机构的设置

地方各级人民政府有权自主设立议事协调机构。县级以上地方各级人民政府的议事协调机构不单独设立办事机构，具体工作由有关的行政机构承担。

例如：某市政府有权自己决定设立议事协调机构个人信息保护委员会。

（三）地方政府行政机构设立内设机构的程序

县级以上地方各级人民政府行政机构的内设机构的设立、撤销、合并或者变更规格、名称，由该行政机构报本级人民政府机构编制管理机关审批。

例如：某市生态环境局设立污染源管理处，由市生态环境局报市委机构编制委员会办公室审批。

（四）地方政府行政机构职责冲突的解决

行政机构之间对职责划分有异议的，应当通过协商解决，并报本级人民政府机构编制管理机关备案；协商不一致的，应当通过程序报本级人民政府决定。

例如：县生态环境局与县水利局对职责划分有异议，双方协商无法达成一致意见的，提请县政府机构编制管理机关提出协调意见，并由该机构编制管理机关报县政府决定。

（五）地方政府行政机构的领导原则

地方政府的各工作部门接受本级人民政府的统一领导（垂直管理机构除外），并受上级人民政府主管部门的业务指导或者领导。

例如：县生态环境局既要接受县政府的统一领导，也要接受市生态环境局的业务领导。

【注意】县级以上各级政府机构编制管理机关应当按照管理权限履行管理职责，并对下级机构编制工作进行业务指导和监督。即上级机构编制管理机关和下级机构编制管理机关之间的关系是指导关系，而非领导关系。

归纳总结 地方政府机构的设立、撤销、合并程序

地方政府机构	设立、撤销、合并批准主体
工作部门	上一级政府
议事协调机构	本级政府
工作部门的内设机构	本级政府编制管理机关

经典考题：甲省乙市政府拟将本市的规划局与自然资源局合并为自然资源与规划局，应当报下列哪一机关批准？（2019年考生回忆版卷一第3题，单选）①

A. 国务院　　　　　　　　　　　B. 乙市政府

C. 甲省政府　　　　　　　　　　D. 乙市人大常委会

二、地方政府机构的编制管理

地方各级人民政府行政机构应当使用行政编制，事业单位应当使用事业编制，不得混用、挤占、挪用或者自行设定其他类别的编制。

例如：省人民政府不得挪用、挤占大学的事业编制。

地方各级人民政府行政编制总额由省、自治区、直辖市人民政府提出，经国务院机构编制管理机关审核后，报国务院批准。

例如：甲市乙区人民政府的行政编制总额，由省人民政府提出，经国务院机构编制管理机关审核后，报国务院批准。

地方各级人民政府根据调整职责的需要，可以在行政编制总额内调整本级人民政府有关部门的行政编制。

例如：甲市乙区人民政府可以调整乙区生态环境保护局的编制。

在同一个行政区域不同层级之间调配使用行政编制的，应当由省、自治区、直辖市人民政府机构编制管理机关报国务院机构编制管理机关审批。

例如：甲市人民政府需要调配甲市乙区人民政府的部分编制，应由省人民政府编制管理机关报国务院编制管理机关审批。

地方各级人民政府议事协调机构不单独确定编制，所需要的编制由承担具体工作的行政机关解决。

例如：某市从自然资源与规划局、生态环境局、农业农村局、财政局、水务局、住房与城乡建设局抽调一些人员组建议事协调机构山水林田湖草生态保护修复工程项目工

---

① 【答案】C。本题，乙市政府拟将本市的规划局与自然资源局合并为自然资源与规划局，属于地方政府行政机构的合并，应当报上一级政府批准，乙市政府对应的上一级政府就是甲省政府。C选项正确。

作领导小组。这个工作领导小组本身没有独立的编制，小组成员的编制占用其所在单位的编制。

【注意】县级以上各级人民政府机构编制管理机关应当定期评估机构和编制的执行情况，并将评估结果作为调整机构编制的参考依据。评估的具体办法，由国务院机构编制管理机关制定。

归纳总结 地方政府机构的编制管理

编　　　制	提出方案	批准/决定
地方各级政府	省级政府	国务院
各级政府调整本级政府部门编制	/	本级政府
上级政府调配下级政府编制	省级编制管理机关	国务院编制管理机关

经典考题： 甲市为乙省政府所在地的市。关于甲市政府行政机构设置和编制管理，下列说法正确的是：（2011年卷二第98题，任选）①

A.在一届政府任期内，甲市政府的工作部门应保持相对稳定

B.乙省机构编制管理机关与甲市机构编制管理机关为上下级领导关系

C.甲市政府的行政编制总额，由甲市政府提出，报乙省政府批准

D.甲市政府根据调整职责的需要，可以在行政编制总额内调整市政府有关部门的行政编制

归纳总结

★★★地方政府的行政机构设置	
机　　　构	设置程序
地方政府行政机构	①设立、撤销、合并或变更规格、名称，由本级政府提出方案，报上一级政府批准 ②县级以上地方各级政府行政机构的设立、撤销、合并，报本级人大常务委员会备案
地方政府的议事协调机构	本级人民政府即可决定

---

① 【答案】AD。在一届政府任期内，地方各级政府的工作部门应当保持相对稳定。就如老子所言，"治大国若烹小鲜"，意为治理国家要像煎鱼一样。煎鱼，不能多加搅动，多搅则易烂，治理国家也不宜翻来覆去。A选项正确。上级机构编制管理机关和下级机构编制管理机关之间的关系是指导关系，而非领导关系。B选项错误。地方各级政府的行政编制总额，由省级政府提出，经国务院机构编制管理机关审核后，报国务院批准。C选项错误。地方各级政府根据调整职责的需要，可以在行政编制总额内调整本级政府有关部门的行政编制。D选项正确。

续　表

★★★地方政府的行政机构设置	
机　　构	设置程序
行政机构的内设机构	设立撤销合并或变更规格、名称，由该行政机构报本级政府机构编制管理机关审批
职责争议解决	两个行政机构主动协商解决；协商不一致的，报本级人民政府决定

★★地方各级政府机构的编制管理	
编制管理原则	①地方各级政府行政机构应当使用行政编制，事业单位应当使用事业编制 ②行政编制和事业编制不得互相混用、挤占 ③地方的事业单位机构和编制管理办法，由省编办拟定，报国编办审核，由省级政府发布
行政编制总额管理	地方各级政府的行政编制总额，由省级政府提出，经国编办审核后，报国务院批准
行政编制的调整	①地方各级政府可以在行政编制总额内调整本级人民政府有关部门的行政编制 ②在同一个行政区域不同层级之间调配使用行政编制的，应当由省编办报国编办审批

第四节　实施行政职能的非政府组织

· 考情分析 ·

■ 本节知识点要求考生学会区分行政授权与行政委托。
■ 本节易错和高频考点包括：
（1）法律法规规章授权的组织实施行政行为的，有行政主体资格，可以当被告。
（2）受托组织实施行政行为的，没有行政主体资格，不能当被告。
（3）"政府授权非政府组织""规章以下（不含）的行政规范性文件授权非政府组织"，这些"授权"属于"假授权、真委托"，以委托机关为被告。

一、法律、法规、规章授权的组织

（一）概念

　　法律、法规、规章授权的组织是指根据法律、法规、规章的规定，可以以自己的名义从事行政管理活动、参加行政复议和行政诉讼并承担相应法律责任的非政府组织。

（二）类型

　　法律、法规、规章授权组织的种类，在前文中已有详述，主要包括：国有企业、事业单位、人民团体、社会团体、基层自治组织以及行业自治组织。

例如：田某因为在期末考试时作弊，被某科技大学开除学籍。那么，田某不服某科技大学开除其学籍，向法院提起行政诉讼，被告如何确定？某科技大学有行政主体资格，是本案的适格被告。《最高人民法院关于适用行政诉讼法的解释》第24条第3款规定："当事人对高等学校等事业单位以及律师协会、注册会计师协会等行业协会依据法律、法规、规章的授权实施的行政行为不服提起诉讼的，以该事业单位、行业协会为被告。"《教育法》第23条规定："国家实行学位制度。学位授予单位依法对达到一定学术水平或者专业技术水平的人员授予相应的学位，颁发学位证书。"《教育法》第29条第1款规定的学校及其他教育机构行使的权利中，第4项明文规定："对受教育者进行学籍，实施奖励或者处分"。可知，高等学校某科技大学是获得法律的授权组织，对学生享有某些管理职能，具有行政主体资格，某科技大学可以作为本案的被告。

二、行政机关委托的组织

行政机关委托的组织，是以委托机关的名义在委托事项范围内从事行政管理活动的非政府组织。这类组织不能以自己的名义实施行政管理和对外承担法律后果，真正的行政主体仍然是原委托机关。所以，委托实施行政行为的案件，"谁委托，谁被告"。

一些法律对行政委托有明确的规范或限制，应当注意。典型如行政强制措施一律不得委托实施；行政许可实施的委托，只能依照法律、法规、规章的规定，委托给其他行政机关，而不得委托给事业单位、其他组织。

例如：法律职业资格证书由司法部委托地方市司法局向参加国家统一法律职业资格考试成绩合格的申请人发放。市司法局以司法部的名义向申请人颁发法律职业资格证书，这便是委托实施行政许可。

三、行政授权与行政委托的区别

行政授权与行政委托是一对重要概念，二者的区别尤其重要，主要在于：

1.对象不同。

行政授权的对象是本无行政职权的机构或组织。被授权的机构是行政机关的派出机构或内设机构；被授权的组织包括企业组织（主要是公用事业企业，如铁路、电信、邮政等），事业单位（如高等学校、防疫站），社会团体（主要是各种行业协会，如律师协会、注册会计师协会），基层群众自治组织（包括村委会与居委会）。

行政委托的对象则十分宽泛，既可以委托给某些机构和组织，还可以委托给个人，乃至委托给另外一个行政机关（常见的是上级机关委托下级机关）。

2.依据不同。

行政授权的权力来源是法律、法规或规章。

行政委托的权力来源是行政机关。

3.结果不同。

行政授权的结果是使被授权者获得了行政主体资格，能够独立承担法律责任。

行政委托的结果并不能使被委托者取得行政主体资格，其实施的行为在法律后果上仍属于委托者。

例如： 市城管执法局委托镇政府执法。镇政府认定刘某擅自建房违反城市管理秩序，予以强制拆除。刘某不服，提起行政诉讼。本案被告如何确定？由于本案已表明为"行政委托"，因此法律后果由委托机关承担。被告为市城管执法局。

归纳总结

区别要素	行政授权	行政委托
对象不同	①行政机关的派出机构或内设机构 ②非政府组织	①行政机关 ②行政机关的派出机构或内设机构 ③非政府组织 ④个人
依据不同	法律、法规、规章	行政机关
结果不同	被授权对象获得了行政主体资格	受委托对象没有获得行政主体资格

公务员

命题点拨

（一）主要内容

本专题的主要内容包括：（1）公务员的概述；（2）公职的取得；（3）公职的履行；（4）公职的退出；（5）纠纷的解决。

（二）命题规律

本专题的内容是法考客观题考试每年必考的内容，考查分值2分以内，题型为1个选择题或者1~2个选项，考点比较分散，复习难度较大。主观题考试对本专题内容不予考查。

（三）重点难点

本专题的重点难点包括：（1）公职的取得，尤其掌握录用委任制和聘任制的特点；（2）公务员履职中的交流、处分、回避；（3）普通公务员和聘任制公务员的不同纠纷解决机制。

知识体系图

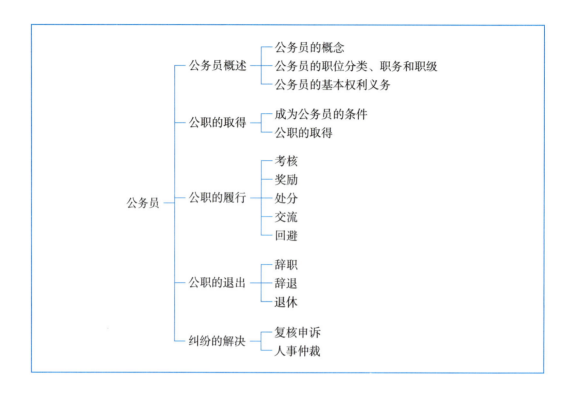

第一节 公务员概述

·考情分析·

■ 本节知识点需要考生掌握公务员职务和职级并行制度。

■ 在客观题考试中，本节内容不是重点考查对象。

■ 考生重点掌握如下4个考点即可：

（1）我国公务员职位目前主要有三个类别：综合管理类、专业技术类和行政执法类。

（2）国家实行公务员职务与职级并行制度，根据公务员职位类别和职责设置公务员领导职务、职级序列。

（3）根据工作需要和领导职务与职级的对应关系，公务员担任的领导职务和职级可以互相转任、兼任。

（4）公务员的领导职务、职级应当对应相应的级别。公务员的领导职务、职级与级别是确定公务员工资以及其他待遇的依据。

一、公务员的概念

公务员，是指依法履行公职、纳入国家行政编制、由国家财政负担工资福利的工作人员。

我国的公务员大致包括以下类型：行政机关的工作人员；人大机关的工作人员；政协机关的工作人员；司法机关的工作人员；监察机关的工作人员；中国共产党和各民主党派机关工作人员。

【注意】上述机关中的工勤人员不是公务员。因此，我国的公务员基本上可以理解为公职人员的同义词。

除此之外，根据《公务员法》的规定，法律、法规授权的具有公共事务管理职能的事业单位中除工勤人员以外的工作人员，经批准参照该法进行管理。这些人可以被称为"准公务员"。

归纳总结 ★**公务员的概念和范围**

概念	①依法履行公职 ②纳入国家行政编制 ③由国家财政负担工资福利的工作人员

范围	①行政机关工作人员 ②人大机关工作人员 ③政协机关工作人员 ④司法机关工作人员 ⑤监察机关工作人员 ⑥中国共产党和各民主党派机关工作人员

二、公务员的职位分类、职务和职级

（一）职位分类

我国公务员职位目前主要有三个类别：

1.综合管理类。例如：市生态环境局局长、县长等。

2.专业技术类。例如：县市场监督管理局的检疫员、鉴定员等。

3.行政执法类。例如：城管局的执法人员、综合执法局的执法人员等。

对于具有职位特殊性需要单独管理的，国务院可以增设其他职位类别。

（二）职务和职级

国家实行公务员职务与职级并行制度，根据公务员职位类别和职责设置公务员领导职务、职级序列。

领导职务层次分为：国家级正职、国家级副职、省部级正职、省部级副职、厅局级正职、厅局级副职、县处级正职、县处级副职、乡科级正职、乡科级副职。

公务员职级序列分为：一级巡视员、二级巡视员、一级调研员、二级调研员、三级调研员、四级调研员、一级主任科员、二级主任科员、三级主任科员、四级主任科员、一级科员、二级科员。

【注意1】公务员职级层次在厅局级以下设置。

【注意2】公务员领导职务实行选任制、委任制和聘任制。公务员职级实行委任制和聘任制。

例如：李某系甲县生态环境局三级主任科员。"李某的领导职务属于乡科级副职"，这种说法是错误的。因为李某是甲县生态环境局三级主任科员，属于职级序列的公务员，不属于领导职务系列的公务员。

根据工作需要和领导职务与职级的对应关系，公务员担任的领导职务和职级可以互相转任、兼任；符合规定资格条件的，可以晋升领导职务或者职级。

例1：李某是县生态环境局的三级主任科员，因为工作表现突出，可以转任为该县临城镇副镇长。

例2：李某现为甲市乙县副县长，若工作实绩突出，可以转任甲市乙县二级调研员。

公务员的领导职务、职级应当对应相应的级别。公务员的领导职务、职级与级别是确定公务员工资以及其他待遇的依据。

· 知识拓展 ·

■ 新《公务员法》取消了旧《公务员法》的"非领导职务"，新增了"职级"。因为领导职务毕竟数量极其有限，为了调动广大公务员工作的主观能动性和积极性，扩宽公务员尤其是基层公务员的职业发展空间，通过职级制度为工作积极、表现良好但一时又没有领导职务空缺的公务员开辟晋升的通道。

■ 过去，公务员基本上只能通过职务晋升来获得职业保障，由于领导职务岗位数量有限，经常面临"千军万马过独木桥"的窘境。现在，通过职务、职级相分离的设计，有利于基层公务员的晋升和发展。从过去的公务员运行体系来看，由于领导职务岗位数量极其有限，基层公务员上升空间受到一定限制，一旦触发天花板效应，有些基层公务员的心理防线就可能会动摇，产生"应付工作"的情绪。现在，职级和职务分开，职级与待遇挂钩，可以拓宽基层公务员上升途径和提高待遇，让基层公务员更加安心本职工作。

归纳总结 公务员的职务、职级与级别

晋升通道①：领导职务序列	对应级别	晋升通道②：职级序列♣	对应级别
国家级正职（如总理）	1	/	/
国家级副职（如副总理、国务委员）	2~4	/	/
省部级正职（如部长、省长）	4~8	/	/
省部级副职（如副部长、副省长）	6~10	/	/
厅局级正职（如司长、厅长、市长）	8~13	1级巡视员	8~13
厅局级副职（副司长、副厅长、副市长）	10~15	2级巡视员	10~15
县处级正职（县长、处长）	12~18	1~2级调研员	11~18
县处级副职（副县长、副处长）	14~20	3~4级调研员	13~20
乡科级正职（乡长、科长）	16~22	1~2级主任科员	15~22
乡科级副职（副乡长、副科长）	17~24	3~4级主任科员	17~24
/	/	1级科员	18~26
/	/	2级科员	19~27

经典考题: 关于公务员职务、职级,下列哪一说法是错误的? (2019年考生回忆版卷一第4题,单选)①

A.国家实行公务员职务与职级并行制度

B.公务员的职务、职级与级别是确定公务员工资福利待遇的依据

C.职级在县处级以下设置

D.公务员职级实行委任制和聘任制

三、公务员的基本权利义务

(一)公务员享有的基本权利

根据《公务员法》第15条的规定,公务员享有以下基本权利:

1.获得履行职责应当具有的工作条件;

2.非因法定事由、非经法定程序,不被免职、降职、辞退或者处分;

3.获得工资报酬,享受福利、保险待遇;

4.参加培训;

5.对机关工作和领导人员提出批评和建议;

6.提出申诉和控告;

7.申请辞职;

8.法律规定的其他权利。

(二)公务员应当履行的基本义务

根据《公务员法》第14条的规定,公务员应当履行下列义务:

1.忠于宪法,模范遵守、自觉维护宪法和法律,自觉接受中国共产党领导;

2.忠于国家,维护国家的安全、荣誉和利益;

3.忠于人民,全心全意为人民服务,接受人民监督;

4.忠于职守,勤勉尽责,服从和执行上级依法作出的决定和命令,按照规定的权限和程序履行职责,努力提高工作质量和效率;

5.保守国家秘密和工作秘密;

6.带头践行社会主义核心价值观,坚守法治,遵守纪律,恪守职业道德,模范遵守社会公德、家庭美德;

7.清正廉洁,公道正派等义务。

---

① 【答案】C。国家实行公务员职务与职级并行制度,根据公务员职位类别和职责设置"领导职务"与"职级"序列。A选项准确。C选项"职级在县处级以下设置"的说法是错误的。职级在厅局级以下设置。C选项错误。公务员的领导职务、职级与级别是确定公务员工资以及其他待遇的依据。B选项准确。公务员领导职务实行选任制、委任制和聘任制。公务员职级实行委任制和聘任制。D选项准确。

归纳总结	★公务员的基本权利义务

基本权利	①获得履行职责应当具有的工作条件
	②非因法定事由、非经法定程序，不被免职、降职、辞退或者处分
	③获得工资报酬，享受福利、保险待遇
	④参加培训
	⑤对机关工作和领导人员提出批评和建议
	⑥提出申诉和控告
	⑦申请辞职
	⑧法律规定的其他权利
基本义务	①忠于宪法，模范遵守、自觉维护宪法和法律，自觉接受中国共产党领导
	②忠于国家，维护国家的安全、荣誉和利益
	③忠于人民，全心全意为人民服务，接受人民监督
	④忠于职守，勤勉尽责，服从和执行上级依法作出的决定和命令，按照规定的权限和程序履行职责，努力提高工作质量和效率
	⑤保守国家秘密和工作秘密
	⑥带头践行社会主义核心价值观，坚守法治，遵守纪律，恪守职业道德，模范遵守社会公德、家庭美德
	⑦清正廉洁，公道正派等义务

第二节 公职的取得

· 考情分析 ·

■ 本节知识点需要考生重点掌握公职取得条件中的否定条件和公职取得方式中的录用委任制、聘任制、公开选拔。

■ 在客观题考试中，本节知识点属于高频考点。

■ 本节需要考生重点掌握的易错和高频考点有：

（1）曾因犯罪受过刑事处罚的，不得录用为公务员。这里的犯罪包括故意犯罪和过失犯罪；这里的刑事处罚包括受到实际羁押的有期徒刑和没有受到实际羁押的缓刑。

（2）被开除中国共产党党籍的，不得录用为公务员。但被开除民主党派党籍

> 的，不受此限制。受到留党察看处分的，由于党籍还在，符合其他录用条件的，可以被录用为公务员。
>
> （3）只要曾被开除公职的，不得录用为公务员。这里的公职包括：国家机关、国有企业、事业单位、人民团体中从事公务的职务。
>
> （4）考试录用的公务员有1年的试用期，不得提前转正，即使试用期内表现再优秀也不能提前转正。
>
> （5）聘任制的公务员合同期限为1~5年；聘任制公务员的试用期为1~12个月。
>
> （6）录用特殊职位的公务员，经省级以上公务员主管部门批准，可以简化程序或者采用其他测评办法。
>
> （7）只有本机关没有合适人选的，本单位厅局级正职以下的领导职务可以向社会公开选拔。

一、成为公务员的条件

成为公务员要满足肯定条件，并不得具有否定条件。

（一）肯定条件

1.具有中华人民共和国国籍。

2.年满18周岁。

3.拥护中华人民共和国宪法，拥护中国共产党领导和社会主义制度。

4.具有良好的政治素质和道德品行。

5.具有正常履行职责的身体条件和心理素质。

6.具有符合职位要求的文化程度和工作能力。

7.法律规定的其他条件。

（二）否定条件

下列人员不得录用为公务员：

1.曾因犯罪受过刑事处罚的。

2.曾被开除公职的。

3.被开除中国共产党党籍的。

4.被依法列为失信联合惩戒对象的。

【注意1】所谓因犯罪受过刑事处罚，是指无论是故意犯罪，还是过失犯罪，不管是否受到实际羁押，只要是犯罪了被判处刑罚就不得成为公务员。公务员与刑罚有着绝对排斥关系。如小张曾因犯罪受过刑罚，不得成为公务员；公务员小王受到刑罚，必须给予开除的处分，退出公务员队伍。

【注意2】曾被行政拘留，如果符合其他录用条件是可以录用为公务员的。行政拘留不属于刑事处罚。

【注意3】被开除中国共产党党籍的，不得录用为公务员。但被开除民主党派党籍的，不受此限制。

【注意4】受到留党察看处分的，由于党籍还在，符合其他录用条件的，可以被录用为公务员。

例1：孙某因交通肇事罪被判处有期徒刑2年缓刑3年的，不能被录用为公务员。

例2：民政局孟某被开除中国致公党党籍的，不能被录用为公务员。这种说法是错误的。只有被开除中国共产党党籍的，才不得被录用为公务员；被开除民主党派党籍的，则不受此限制。

归纳总结　★★★公务员的录用条件

积极条件	①具有中华人民共和国国籍 ②年满18周岁
消极条件	①曾因犯罪受过刑事处罚的 ②曾被开除公职的 ③被开除中国共产党党籍的 ④被依法列为失信联合惩戒对象的

二、公职的取得

成为公务员的途径有以下几种：

（一）录用委任制

担任一级主任科员以下公务员，采取录用方式，公开考试、严格考察、平等竞争、择优录取。

中央公务员的录用，由中央公务员主管部门（中共中央组织部、国家公务员局）组织。

地方公务员的录用，由省级（或其授权的地级市）公务员主管部门组织。

公务员录用考试采取笔试和面试等方式进行。招录机关根据考试成绩确定考察人选，并进行报考资格复审、考察和体检。体检的项目和标准根据职位要求确定。具体办法由中央公务员主管部门会同国务院卫生健康行政部门规定。

招录机关根据考试成绩、考察情况和体检结果，提出拟录用人员名单，并予以公示。公示期不少于5个工作日。公示期满，中央一级招录机关应当将拟录用人员名单报中央公务员主管部门备案；地方各级招录机关应当将拟录用人员名单报省级或者设区的市级公务员主管部门审批。

新录用的公务员试用期为1年。试用期满合格的，委任到某一职位；不合格的，取消录用。

例如：利娅2021年7月通过公务员考试进入市司法局工作，因表现突出于2022年1月转正。市司法局的做法错误。新录用的公务员试用期为1年，不得提前转正。

【注意】录用特殊职位的公务员，经省级以上公务员主管部门批准，可以简化程序或者采用其他测评办法。

（二）选任制

选任适用于领导职务，即通过人大及其常委会选举的方式任免领导职务公务员。选任制公务员在选举结果生效时即任当选职务，其任期届满不再连任的，或者任期内辞职、被罢免、被撤职的，所任职务同时终止。

【注意】公务员领导职务除了选任制这种方式外，也可以实行委任制和聘任制。而职级公务员实行委任制和聘任制。

（三）聘任制

经省级以上公务员主管部门批准，可以对专业性较强的职位和辅助性职位实行聘任制，但涉及国家秘密的职位除外。

例如：乙市市场监督管理局经甲省公务员主管部门批准，可以对检疫员的职位实行聘任制。

聘任制公务员通过书面聘任合同确定其与聘用机关间的权利义务，聘任合同的签订、变更或解除报同级公务员主管部门备案。

【注意】行政机关解除与公务员的聘任合同，无需报省级以上公务员主管部门批准。

聘任合同期限为1~5年；可约定1~12个月的试用期。

聘任制公务员实行协议工资制，具体办法由中央公务员主管部门制定。

聘任制公务员与所在机关之间因履行聘任合同发生争议的，可以自争议发生之日起60日内向人事争议委员会申请仲裁。

聘任制的特点是：签合同、定期限、议工资、走仲裁。

例如：县保密局聘任两名负责保密工作的计算机程序员、县财政局与所聘任的一名精算师实行协议工资制、市林业局聘任公务员的合同期限为10年、市建设局聘任公务员的试用期为24个月。上述做法正确的有？县财政局的做法正确。县保密局错在涉及国家秘密的工作岗位不能实行聘任制；市林业局错在聘任制合同期限只能是1~5年；市建设局错在聘任制公务员的试用期只能是1~12个月。

· 知识拓展 ·

■ 聘任制定位于满足党政机关短期、急需的高层次专业人才的需求，尊重高层次人才的吸引使用规律，通过合同管理、聘期管理与市场接轨，着力构建能进能出的管理机制，切实发挥聘任制灵活用人的优势，达到提高效率、降低成本的目的。所以，聘任制公务员的适用范围是特定的，主要针对高层次专业人才，它是拓宽公务员来源渠道的一种重要补充形式。

归纳总结 聘任制公务员的特点

	签合同	定期限	议工资	走仲裁
聘任制	须签订书面聘任合同	试用期为1~12个月 合同期为1~5年	实行协议工资 不是死工资	与单位发生争议， 申请人事仲裁委员会仲裁

（四）公开选拔

厅局级正职以下领导职务出现空缺且本机关没有合适人选的，可以通过适当方式面向社会选拔任职人选。

例如：某市市场监督管理局局长出现职位空缺时，可以向社会公开选拔。这种说法是错误的。并非本单位厅局级正职以下领导职务出现空缺，就面向社会公开选拔，根据新法，还得增加一个条件"且本单位没有合适人选的"。

归纳总结 ★★★公务员的任职

方式	适用职务
录用委任制	一级主任科员以下的职位。试用期1年，试用期满合格的，委任职位；不合格的，取消录用
选任制	领导职务（也可委任、聘任）
聘任制	①可以实行聘任制的岗位：专业性较强的职位和辅助性职位 ②不能实行聘任制的岗位：涉及国家秘密的职位 ③聘任制岗位的四个特征：签合同、定期限、议工资、走仲裁 ④批准实行聘任制的主体：省级以上公务员主管部门 ⑤聘任制合同要履行备案：向同级公务员主管部门备案 【备注1】聘任制公务员合同期限1~5年；试用期1~12个月 【备注2】聘任制公务员实行协议工资制，具体办法由中央公务员主管部门制定
公开选拔	厅局级正职以下领导职务出现空缺且本机关没有合适人选的

第三节　公职的履行

·考情分析·

■ 本节知识点要求考生重点掌握公务员的处分、交流、回避这三个制度。

■ 在客观题考试中，本节知识点属于高频考点。

■ 考生需要重点掌握如下易错和高频考点：

（1）非领导成员公务员的定期考核，先由个人进行总结，主管领导提出考核等次建议，由本机关负责人或者授权的考核委员会确定考核等次；对领导成员的考核，则由主管机关按照《党政领导干部考核工作条例》等有关规定办理。

（2）考核结果为基本称职和不称职的，没有年终奖金；考核结果为优秀或者称职的，才有年终奖金。

（3）必须连续2个年度考核结果为不称职的，才应当辞退。

（4）奖励实行精神奖励与物质奖励相结合、以精神奖励为主的原则。

（5）免职、责令引咎辞职不是公务员的纪律处分。

（6）公务员处分决定自作出之日起生效，而不是送达之日生效。

（7）公务员处分期满后，原则上自动解除处分，不再需要另行作出书面的解除处分决定。

（8）受警告处分的，可以晋升工资档次；受其他处分的，不得晋升工资档次。

（9）公务员交流中的调任是指从国家机关之外从事公务的人调到国家机关内担任公职，而且必须是担任领导职务或者四级调研员以上及其他相当层次的职级。

（10）公务员的交流方式仅限于两种：调任和转任。挂职锻炼不再是公务员的交流方式。

（11）近亲回避的情形：①不得在同一机关担任双方直接隶属于同一领导人员的职务；②不得在同一机关担任有直接上下级领导关系的职务；③不得在其中一方担任领导职务的机关从事组织、人事、纪检、监察、审计和财务工作；④不得在其配偶、子女及其配偶经营的企业、营利性组织的行业监管部门担任领导成员。

（12）原系领导成员、县处级以上的公务员在离职3年内，其他公务员在离职2年内，不得到与原工作业务直接相关的企业或其他营利性组织任职，不得从事与原工作业务直接相关的营利性活动。

一、考核

考核，是对公务员履行职务情况进行考察、核查并且作出评价的活动。

考核内容：有德、能、勤、绩、廉五个方面，其中重点是考核工作实绩和政治素质。

考核方式：平时考核、定期考核与专项考核。定期考核以平时考核、专项考核为基础。

考核主体：非领导的职级序列公务员的定期考核采取年度考核的方式。先由个人按照职位职责和有关要求进行总结，主管领导在听取群众意见后，提出考核等次建议，由本机关负责人或者授权的考核委员会确定考核等次。对领导成员的考核，由主管机关按照《党政领导干部考核工作条例》等有关规定办理。

例如：民警李某系公安局二级科员，对其定期考核可以采取年度考核的方式。

考核等次：定期考核的结果分为优秀、称职、基本称职和不称职四个等次。

定期考核的结果应当以书面形式通知公务员本人。

· 知识拓展 ·

- 考核的等次是四个等次，许多考生会想当然地错误认为考核只有三个等次：优秀、称职、不称职。
- 公务员在定期考核中被确定为优秀、称职的，按照国家规定享受年终奖金。定期考核结果被确定为基本称职和不称职的，不得享受年终奖金。
- 受处分公务员的年度考核，按下列规定办理：（1）受警告处分的当年，参加年度考核，不得确定为优秀等次；（2）受记过、记大过、降级、撤职处分的期间，参加年度考核，只写评语，不定等次。在解除处分的当年及以后，其年度考核不受原处分影响。也就是说，受警告处分的，在定期考核中被确认称职的，可以享受年终奖金；但是受到其他处分的，在处分期内不得享受年终奖金。

定期考核的结果是调整公务员职务、职级、级别、工资以及公务员奖励、培训和辞退的依据。

考核等次为不称职的后果：如果公务员在定期考核中被确定为不称职的，应按照规定程序降低一个职务层次或者职级任职，并且没有年终奖。连续2年定期考核结果不称职的，应当辞退。

例如：县财政局副局长孙某在2021年度考核中被确定为不称职等次，对孙某可以按照规定降低一个职务层次任职，没有年终奖金。对孙某的考核，由主管机关按照《党政领导干部考核工作条例》等有关规定办理。

经典考题：下列关于公务员的考核和录用，哪一说法是准确的？（2019年考生回忆版卷二第1题，单选）①

A.民警李某系公安局二级科员，对其定期考核可以采取年度考核的方式

B.孙某曾被行政拘留，不能被录用为公务员

C.民政局孟某专项考核结果为不称职的，应当降低一个职级任职

D.徐某在留党察看期间不能被录用为公务员

---

① 【答案】A。公安局民警李某属于职级序列公务员，李某的定期考核是以年终考核的方式进行。A选项准确。孙某曾被行政拘留，如果符合其他录用条件是可以录用为公务员的。行政拘留不属于刑事处罚。B选项错误。徐某尚在留党察看期间，其党籍尚在，若符合其他条件，是可以被录用为公务员的。D选项错误。年终考核结果为不称职的，才是降低一个职务或者职级任职。《公务员法》本身没有对专项考核的结果等次和后果作出明确规定，需要中共中央组织部和国家公务员局另行发文明确。C选项错误。

归纳总结	★★★公务员的考核
考核内容	德、能、勤、绩、廉，重点考核政治素质和工作实绩
考核方法	①平时考核；②专项考核；③定期考核（非领导成员公务员的定期考核采取年度考核的方式）
考核主体	①非领导成员公务员的定期考核：先由个人进行总结，主管领导提出考核等次建议，由本机关负责人或者授权的考核委员会确定考核等次 ②对领导成员的考核：由主管机关按照《党政领导干部考核工作条例》等有关规定办理
考核等次	①优秀；②称职；③基本称职；④不称职
备注	【不称职等次后果】 ①降低一个职务或者职级层次任职 ②不享受年终奖金 ③连续2年年度考核不称职的，应当辞退

二、奖励

奖励是对工作表现突出，有显著成绩和贡献，或者有其他突出事迹的公务员或者公务员集体的褒奖和鼓励。

奖励的对象：对公务员的奖励，既包括对公务员个人的奖励，也包括对某个单位公务员集体的奖励。

例如： 因参加疫情防控工作成绩突出，某市人民政府给予市公安局记二等功，给予市公安局副局长黄某嘉奖。

奖励的方式：及时奖励与定期奖励。

奖励的内容：精神奖励与物质奖励，以精神奖励为主。

奖励的等级分为：嘉奖、记三等功、记二等功、记一等功、授予荣誉称号；并给予一次性奖金或其他待遇。

【注意】 按照国家规定，可以向参与特定时期、特定领域重大工作的公务员颁发纪念证书或者纪念章。

例如： 某市遭特大暴雨袭击引发洪灾，市公安局忠于职守，积极工作，勇于担当，其中民警李某连续奋战2个昼夜，在抢险救灾过程中做出突出贡献。可以给予民警李某记三等功奖励，并给予2000元的一次性奖金。

归纳总结	★★★公务员的奖励
奖励对象	工作表现突出，有显著成绩和贡献，或有其他突出事迹的公务员或公务员集体
奖励原则	①定期奖励 与及时奖励 相结合 ②精神奖励与物质奖励相结合、以精神奖励为主
奖励等级	①嘉奖，②记三等功，③记二等功，④记一等功，⑤授予荣誉称号；并给予一次性奖金或其他待遇 【备注】可以向参与特定时期、特定领域重大工作的公务员颁发纪念证书或者纪念章

三、处分

公务员的处分是指对违反法律和纪律应当承担纪律责任的公务员所给予的处分。

公务员的处分的法律依据，除《公务员法》外，还有《行政机关公务员处分条例》。《行政机关公务员处分条例》适用于行政机关公务员，其他类型公务员的处分也可参照之。

（一）处分的事由

给予公务员处分的事由是违反法律或纪律。但公务员执行公务时，认为上级的决定或命令有错误的，可以向上级提出改正或撤销的意见；上级不改变或要求立即执行的，公务员应当执行，后果由上级负责，公务员不承担责任；但公务员执行明显违法的决定或者命令的，应当依法承担相应责任。

（二）处分的种类和期限

处分的种类和期限是：警告（6个月）、记过（12个月）、记大过（18个月）、降级（24个月）、撤职（24个月、同时降级）、开除（永久）。

> **·知识拓展·**
>
> ■ 免职并不是公务员处分。免职是指免去公务员所担任的职务。免职是中性词。公务员职务晋升、转任其他职务、退休或因不胜任现职的，须办理免职手续。

公务员受开除以外的处分，在受处分期间有悔改表现，并且没有再发生违纪违法行为的，处分期满后自动解除。

（三）处分的权限

1.一般原则：对行政机关公务员给予处分，由任免机关或者监察机关按照管理权限决定。

2.国务院组成人员：由国务院决定给予处分。

3.地方各级人民政府领导人员：由上一级人民政府决定给予处分。拟给予撤职、开除处分的，应当先由本级人民政府向同级人民代表大会提出罢免建议。罢免或者撤销职务前，上级人民政府可以决定暂停其履行职务。

4.各级人民政府工作部门正职领导人员：由本级人民政府决定给予处分。拟给予撤职、开除处分的，由本级人民政府向同级人民代表大会常务委员会提出免职建议。免去职务前，本级人民政府或者上级人民政府可以决定暂停其履行职务。

（四）处分的适用

公务员同时实施数个违法违纪行为时，会出现处分如何合并执行的问题。

1.在处分作出之前发现存在数个违纪行为的适用规则。

公务员同时有两种以上需要给予处分的行为的，应当分别确定其处分。

（1）处分种类不同的：采吸收原则，即执行其中最重的处分。

例如：县公安局民警维多同时实施两个违纪行为分别受到记过和撤职的处分，只对其执行撤职处分，记过处分则无须执行。

（2）处分种类相同的：采限制加重原则，即在一个处分期以上、多个处分期之和以下，决定处分期。

例如：市生态环境局二级科员利娅同时实施两个违纪行为应当都受到记大过处分，执行期限应当是18个月之上，36个月之下。

【注意】公务员的处分期最长不得超过48个月。

2.在受处分期间又实施违纪行为的适用规则。

公务员在受处分期间又实施应当给予处分的违纪行为的，按照"先减后并"的规则计算，即处分期为原处分期尚未执行的期限与新处分期限之和。

例如：县教育局三级主任科员保罗因为公车私用被记大过一次，执行8个月后，保罗又因在互联网发表不当言论被给予记大过处分，则处分期限应当是旧的尚未执行的10个月加上新处分的18个月，即再执行28个月。

3.从轻处分的情形。

有下列情形之一的，应当从轻处分：

（1）主动交代违法违纪行为的；

（2）主动采取措施，有效避免或者挽回损失的；

（3）检举他人重大违法违纪行为，情况属实的。

4.减轻处分的情形。

行政机关公务员主动交代违法违纪行为，并主动采取措施有效避免或者挽回损失的，应当减轻处分。

5.免于处分的情形。

公务员违纪行为情节轻微，经过批评教育后改正的，可以免予处分。

对同一违纪违法行为，监察机关已经作出政务处分决定的，公务员所在机关不再给予处分。

（五）处分的程序

1.立案调查。对公务员违法违纪案件进行调查，应当由2名以上办案人员进行。

2.陈述申辩。将调查认定的事实及拟给予处分的依据告知被调查的公务员本人，听取其陈述和申辩。

3.决定期限。自批准立案之日起6个月内作出处分决定；案情复杂需要延长的，不超过12个月。

4.决定作出。应当将处分决定以书面形式通知受处分的公务员本人，并在一定范围内宣布。

5.决定生效。公务员处分决定自作出之日起生效。

· 知识拓展 ·

■ 公务员违法违纪被立案调查，不宜继续履行职责的，任免机关可以决定暂停其履行职务。被调查的公务员在违法违纪案件立案调查期间，不得交流、出境、辞去公职或办理退休手续。

例1：市场监督管理局张某涉嫌违法违纪，在调查期间，欲办理提前退休手续，应当如何处理？张某在违法违纪案件立案调查期间，不得办理退休手续。待该案件处理完毕，才可启动退休手续的办理。

例2：市场监督管理局干部梁某违法应受到处分，但在作出处分决定之前其已办理退休手续，应当如何处理？对梁某不再给予处分；但是，依法应当给予降级、撤职、开除处分的，应当按照规定相应降低或者取消其享受的待遇。

（六）处分的效果

公务员受处分期间不得晋升职务和级别。

在警告期间，允许晋升工资档次，但在记过、记大过、降级、撤职处分期间的，不得晋升工资档次。

解除处分后，晋升工资档次、级别和职务不再受原处分的影响。但是，解除降级、撤职处分的，不视为恢复原级别、原职务、原职级。

例如：李某系区公安分局的主任科员，因违纪被记过。李某在受记过处分期内不能晋升职务、职级和级别，不能晋升工资档次。

经典考题：市监察委以市卫健委副主任温某在疫情期间玩忽职守给予其记大过处分。下列哪些说法是准确的？（2021年考生回忆版卷一第24题，多选）[①]

A.应当按照规定降低温某的级别

B.在记大过处分期间，可以晋升工资档次

C.市监察委已经对温某作出政务处分的，市卫健委不再给予处分

D.温某对记大过处分不服的，可以向同级公务员主管部门提出申诉

归纳总结 ★★★公务员的处分

处分种类与期限	①警告（6）；②记过（12）；③记大过（18）；④降级（24）；⑤撤职（24）；⑥开除（永久） 【备注】处分期满后，自动解除处分

① 【答案】CD。撤职处分的，按照规定降低级别。温某仅是受到记大过处分，并没有对其撤职，无需对温某作降级处理。A选项错误。受警告处分的，在处分期内是可以晋升工资档次的。但是受其他处分，在处分期内则不可以晋升工资档次。温某被记大过处分，在处分期内不得晋升工资档次。B选项错误。对同一违纪违法行为，监察机关已经作出政务处分决定的，公务员所在机关不再给予处分。C选项准确。温某对记大过处分不服的，可以向同级公务员主管部门提出申诉。D选项准确。

续　表

处分程序	①对公务员违法违纪案件进行调查，应当由2名以上办案人员进行 ②将调查认定的事实及拟给予处分的依据告知被调查的公务员本人，听取其陈述和申辩 ③自批准立案之日起6个月内作出处分决定；案情复杂需要延长的，不超过12个月 ④应当将处分决定以书面形式通知受处分的公务员本人，并在一定范围内宣布 ⑤处分决定自作出之日起生效
处分效果	①不管受何种处分，在受处分期间不得晋升职务、职级、级别 ②受撤职处分的，应当按照规定降低级别 ③受警告处分的，可以晋升工资档次；受其他处分的，不得晋升工资档次
处分解除的效果	①解除处分后，晋升工资档次、级别、职务、职级不再受原处分的影响 ②解除降级、撤职处分的，不视为恢复原级别、原职务、原职级

四、交流

国家实行公务员交流制度。

公务员既可以在公务员队伍内部交流，也可以与国有企业、事业单位、人民团体和群众团体中从事公务的人员交流。

公务员应当服从机关的交流决定。公务员本人申请交流的，按照管理权限审批。

交流的方式包括：调任和转任。

（一）调任

调任是指从国家机关之外从事公务的人调到国家机关内担任公职，而且必须是担任领导职务或者四级调研员以上及其他相当层次的职级。

调任是指从国家机关之外调入国家机关担任公务员，即由外到内的一种交流方式。

调任的公务员来源于国有企业、事业单位、人民团体和群众团体，调入机关后担任的是领导职务或四级调研员以上及其他相当层次的职级。

例1：甲系某大学副校长，调入国务院某部任副司长。

例2：乙系国有企业经理，调入某市国有资产管理委员会任处长。

例3：刘某系某高校行政人员，被聘为某区法院书记员。这种情形是否属于调任？这种情形不属于公务员交流中的调任。本案，虽然也是由外（高校）到内（法院）任职，但由于担任的是书记员，不是领导职务也不是四级以上调研员的职级，因此不属于调任。

（二）转任

转任是指公务员在国家机关内部的不同职位之间调动，即由内到内的一种交流方式。

转任这种交流方式使得公务员改变了原机关的人事管理关系，由其新单位对其进行人事管理。

例如：甲系市公安局一级主任科员，调入市教育局任一级主任科员。

·知识拓展·

■ 《公务员法》第72条规定，根据工作需要，机关可以采取挂职方式选派公务员承担重大工程、重大项目、重点任务或者其他专项工作。公务员在挂职期间，不改变与原机关的人事关系。

■ 根据《公务员法》的规定，挂职锻炼不再属于交流。挂职锻炼是指公务员在不改变与原机关人事关系的前提下实际担任其他职务。挂职锻炼的单位，可以是原单位的下级机关，也可以是其上级机关，或者是其他地区的机关，还可以是国有企事业单位。

归纳总结 调任/转任/挂职锻炼

制度	是否属于交流	方式	前提
调任	是	由外到内	长期，人事关系改变 担任领导职务或四级调研员以上职级
转任	是	由内到内	长期，人事关系改变
挂职锻炼	否	由内到内	临时，承担重大工程、重大项目、重点任务或专项工作；人事关系不变

经典考题： 下列哪些做法不属于公务员交流制度？（2009年卷二第42题，多选）[1]

A.沈某系某高校副校长，调入国务院某部任副司长

B.刘某系某高校行政人员，被聘为某区法院书记员

C.吴某系某国有企业经理，调入市国有资产管理委员会任处长

D.郑某系某部人事司副处长，到某市挂职担任市委组织部副部长

归纳总结 ★★★公务员的交流

调任	从国家机关之外调入国家机关担任公务员，即由外到内的交流
转任	公务员在国家机关内部不同职位间的调动，即由内到内的交流
备注	①可采取挂职方式选派公务员承担重大工程、重大项目、重点任务或者其他专项工作 ②在挂职期间，不改变与原机关的人事关系 【备注】根据新《公务员法》的规定，挂职不再属于交流

---

[1]【答案】BD。A选项由事业单位高校（外）到国家部委（内）担任副司长（厅局级副职），属于调任。C选项国有企业经理（外）到国有资产管理委员会（内）担任处长（县处级正职），属于调任；B选项虽然也是由外（高校）到内（法院）任职，但由于担任的是书记员，不是领导职务也不是四级以上调研员的职级，因此，不属于调任。D选项属于挂职锻炼，按照新《公务员法》的规定，不再属于公务员的交流方式。

五、回避

回避是为保证公正履行公务，限制公务员任职和执行公务条件的制度。

回避分为任职回避、公务回避和离职回避。

公务员有应当回避情形的，本人应当申请回避，利害关系人有权申请公务员回避。其他人员也可以向机关提供公务员需要回避的情况。机关根据公务员本人或者利害关系人的申请，经审查后作出是否回避的决定，也可以不经申请直接作出回避决定。

（一）任职回避

任职回避是指公务员在特定条件下不得担任某一职务的情况，包括：

1.近亲回避。

公务员之间有夫妻关系、直系血亲关系、三代以内旁系血亲关系以及近姻亲关系的：

（1）不得在同一机关担任双方直接隶属于同一领导人员的职务。

例如：双胞胎哥哥和弟弟，哥哥担任A街道派出所所长，弟弟担任同一个区B街道派出所所长，因为在同一个区，哥哥和弟弟均直接隶属于区公安分局局长领导，因此，违反了近亲回避。

（2）不得在同一机关担任有直接上下级领导关系的职务。

例1：双胞胎哥哥和弟弟，哥哥担任A街道派出所所长，弟弟担任这个区公安分局局长，双胞胎哥哥和弟弟有直接上下级领导关系，因此，违反了近亲回避。

例2：李某是公安局局长，其妻在公安局所属派出所担任户籍警察。本案是否违反《公务员法》有关近亲回避的规定？没有违反近亲回避的规定。尽管李某与其妻子都在公安系统工作，但公安局局长和户籍警察之间还间隔有派出所所长，不存在直接隶属关系，因此，李某与妻子不存在有直接上下级领导关系的职务的情形，所以本案没有违反近亲回避的规定。

（3）不得在其中一方担任领导职务的机关从事组织、人事、纪检、监察、审计和财务工作。

例1：双胞胎弟弟担任区公安分局局长，哥哥在该公安分局人事科担任科长，弟弟担任领导职务，哥哥在要害岗位人事科任职，违反了近亲回避。

例2：郑某系区不动产登记局局长，其侄子被录用为该局财务科科员，违反了近亲回避。

（4）公务员不得在其配偶、子女及其配偶经营的企业、营利性组织的行业监管或者主管部门担任领导成员。但在特殊情况下，经省级以上人事部门同意，上述规定可以变通。

例1：维多担任甲省生态环境厅的厅长，其儿子李某在该省担任环境影响评估公司总经理，违反了近亲回避。

例2：甲系证监会副主席，若其妻子在某民营证券公司任总经理，则违反近亲回避。

2.地域回避。

公务员担任乡级机关、县级机关、设区的市级机关及其有关部门主要领导职务的，应当实行地域回避，即不得在本人祖籍地和成长地所在乡镇、所在县、所在设区的市担任有关职务。法律另有规定的除外。

【注意】主要领导职务原则上包括：乡级、县级、市级党政领导干部的正职；组织部门、纪检部门（监察委）、法院、检察院、公安部门正职领导成员。

例如：李某祖籍地位于福建省龙岩市上杭县蛟洋乡，则李某不得担任蛟洋乡的乡长和乡党委书记、上杭县的县长和县党委书记、龙岩市的市长和市党委书记，也不得担任组织部长、公安局长、纪委书记（监察委主任）、法院院长、检察院检察长。

（二）公务回避

公务回避是指公务员在特定条件下不得执行某一项工作的情况。如果公务员在执行下列公务时，应当回避：

1. 涉及本人利害关系；

2. 涉及其配偶、直系血亲、三代以内旁系血亲、近姻亲的利害关系；

3. 涉及其他可能影响公正执行公务的情况。

例如：维多是税务局工作人员，参加调查一企业涉嫌偷漏税款案，其妻之弟任该企业的总经理助理。维多参与本案的调查违反了公务回避的要求。

（三）离职回避

公务员辞去公职或者退休的，原系领导成员、县处级以上领导职务的公务员在离职3年内，其他公务员在离职2年内，不得到与原工作业务直接相关的企业或者其他营利性组织任职，不得从事与原工作业务直接相关的营利性活动。

公务员辞去公职或者退休后有违反上述规定行为的，由其原所在机关的同级公务员主管部门责令限期改正；逾期不改正的，由县级以上市场监管部门没收该人员从业期间的违法所得，责令接收单位将该人员予以清退，并根据情节轻重，对接收单位处以被处罚人员违法所得1~5倍以下的罚款。

例如：维多原系甲市市场监督管理局局长，离职2年后到该市某食品公司任总经理。本案，维多属于领导成员，离职2年后到该市某食品公司任总经理，这种做法违反了从领导职务离职3年内不得到与原工作业务直接相关的企业或者其他营利性组织任职的规定。

· 知识拓展 ·

■ 公务员不得从事营利性的活动或到营利性的企业等组织去兼职；公务员因工作需要在机关外兼职，应当经有关机关批准，并不得领取兼职报酬。

归纳总结　★★★公务员的回避

| 任职回避 | 【近亲回避】
①不得在同一机关担任双方直接隶属于同一领导人员的职务
②不得在同一机关担任有直接上下级领导关系的职务
③不得在其中一方担任领导职务的机关从事组织、人事、纪检、监察、审计和财务工作
④不得在其配偶、子女及其配偶经营的企业、营利性组织的行业监管部门担任领导成员 |

续　表

任职回避	【地域回避】 原则：公务员不得在原籍担任乡级机关、县级机关和设区市及其有关部门的主要领导职务 例外：自治县县长和民族乡乡长由实行区域自治的民族的公民担任
公务回避	涉及本人或与本人有夫妻、直系血亲、三代以内旁系血亲以及近姻亲等利害关系的
离职回避	原系领导成员、县处级以上的公务员在离职3年内，其他公务员在离职2年内，不得到与原工作业务直接相关的企业或其他营利性组织任职，不得从事与原工作业务直接相关的营利性活动
备　注	①公务员不得从事营利性的活动或到营利性的企业等组织去兼职 ②公务员因工作需要在机关外兼职，应当经有关机关批准，并不得领取兼职报酬

第四节　公职的退出

·考情分析·

■ 本节知识点需要考生掌握引咎辞职的含义和应当辞退的情形。

■ 在客观题考试中，本节知识点不是必考考点和高频考点，了解即可。

■ 本节知识点中的易错考点有：

（1）重要公务尚未处理完毕的，可以辞职；只有重要公务尚未处理完毕且须由本人继续处理的，不得辞职。

（2）公务员正接受审计、纪律审查、涉嫌犯罪，司法程序未终结的，不得到其他单位交流任职。

（3）领导成员因工作严重失误、失职造成重大损失或者恶劣社会影响的，或者对重大事故负有领导责任的，应当引咎辞去的是领导职务，而不是辞去所有公职。

（4）因公致残，丧失或部分丧失工作能力，不得辞退；因私致残，丧失或部分丧失工作能力，可以辞退。

（5）不管是因公还是因私患病或负伤，在医疗期内的，不得辞退。

一、辞职

辞职分为辞去公职和辞去领导职务两种。

（一）辞去公职

辞去公职是公务员出于个人原因，申请并经任免机关批准退出国家公职，消灭公务员与机关之间公职关系的制度。辞去公职的程序是，首先向任免机关提出书面申请，再由任免机关在法定时间内予以审批。

公务员有下列情形之一的，不得辞去公职：

1.未满国家规定的最低服务年限的；

2.在涉及国家秘密等特殊职位任职或者离开上述职位不满国家规定的脱密期限的；

3.重要公务尚未处理完毕，<u>且须由本人继续处理的</u>；

4.正在接受审计、纪律审查，或者涉嫌犯罪，司法程序尚未终结的；

5.法律、行政法规规定的其他不得辞去公职的情形。

【注意】重要公务尚未处理完毕的，可以辞职；只有重要公务尚未处理完毕且须由本人继续处理的，不得辞职。

（二）辞去领导职务

辞去领导职务分为三种：

1.法定辞职，即因为工作变动依法需要辞去现任职务的，应当履行辞职手续。

2.个人辞职，即因个人原因或者其他原因自愿提出辞去领导职务。

3.引咎辞职，即因工作严重失误、失职造成重大损失或者恶劣社会影响，或者对重大事务负有领导责任应当引咎辞去领导职务。

· 知识拓展 ·

■ 领导成员因工作严重失误、失职造成重大损失或者恶劣社会影响的，或者对重大事故负有领导责任的，应当引咎辞去的是领导职务，而不是辞去所有公职。《党政领导干部选拔任用工作条例》第56条规定，引咎辞职、责令辞职和因问责被免职的党政领导干部，一年内不安排职务，两年内不得担任高于原任职务层次的职务。值得注意的是，免职、辞职不等同于撤职，引咎辞职的领导官员仍然具有公务员身份，而且除非另有处分，一般仍会保留原先的职级和待遇。

归纳总结 易混概念辨析

概念	含义	特征
开除	开除公务员的公职	属于对公务员最严重的处分；不再具有公务员身份
撤职	撤销公务员所担任的职务	属于对公务员的处分；处分期24个月；同时降低级别。但还具有公务员身份
免职	免去公务员所担任的职务	中性词；公务员职务晋升、转任其他职务、退休或因不胜任现职的，须办理免职手续
辞职	公务员主动辞去公职	中性词；主动离开公务员队伍，解除人事关系
引咎辞职	公务员主动辞去领导职务	因工作严重失误造成重大损失或者恶劣社会影响，主动承担政治责任；还具有公务员身份
责令引咎辞职	公务员被动辞去领导职务	任免机关责令工作重大失误的公务员辞去领导职务，承担政治责任；还具有公务员身份

二、辞退

辞退是指公务员担任公职存在缺陷，国家单方面解除公务员与机关之间公职关系的制度。

为了保证公务的正常履行，公务员享有身份保障权，非满足法定条件，不得辞退。

（一）应予辞退的情形

1.在年度考核中，连续2年被确定为不称职的；

2.不胜任现职工作，又不接受其他安排的；

3.因所在机关调整、撤销、合并或者缩减编制员额需要调整工作，本人拒绝合理安排的；

4.不履行公务员义务，不遵守公务员纪律，经教育仍无转变，不适合继续在机关工作，又不宜给予开除处分的；

5.旷工或者因公外出、请假期满无正当理由逾期不归连续超过15天，或者1年内累计超过30天的。

【注意】被辞退的公务员，可以领取辞退费或者根据国家有关规定享受失业保险。辞退决定应当以书面形式通知被辞退的公务员，并应当告知辞退依据和理由。

例如：县公安局法制科科员李某因2002年度和2004年度考核不称职被辞退。这种做法是否符合《公务员法》的规定？这种做法不符合公务员管理的法律规定。其原因是，在年度考核中，连续两年被确定为不称职的，才予以辞退。而李某虽然已经两年考核不称职，但并不连续。因此，不应辞退。当然，每次定期考核被确定为不称职，均应当按照规定程序降低一个职务层次或者职级任职。

（二）不得辞退的情形

对有下列情形之一的公务员，不得辞退：

1.因公致残，被确认丧失或者部分丧失工作能力的；

2.患病或者负伤，在规定的医疗期内的；

3.女性公务员在孕期、产假、哺乳期内的；

4.法律、行政法规规定的其他不得辞退的情形。

【注意1】因公致残，丧失或部分丧失工作能力，不得辞退；因私致残，丧失或部分丧失工作能力，可以辞退。

【注意2】不管是因公还是因私患病或负伤，在医疗期内的，不得辞退。

归纳总结 **不予录用/取消录用/予以辞退**

行为	对象	属性
不予录用	不符合录用条件被淘汰的考生	外部行政行为；可以复议；可以诉讼
取消录用	试用期内不合格的公务员	内部行为；不可复议、不可诉讼 可以内部复核、申诉
予以辞退	转正后能力不行或态度不好的公务员	内部行为；不可复议、不可诉讼 可以内部复核、申诉

经典考题：关于公务员的辞职和辞退，下列哪些说法是正确的？（2015年卷二第76题，多选）①

A.重要公务尚未处理完毕的公务员，不得辞去公职

B.领导成员对重大事故负有领导责任的，应引咎辞去公职

C.对患病且在规定的医疗期内的公务员，不得辞退

D.被辞退的公务员，可根据国家有关规定享受失业保险

三、退休

退休是因为客观原因或者条件的变化消灭公务员与国家之间公职关系的制度。所谓客观原因或者条件的变化，是指公务员达到国家规定的退休年龄或者完全丧失工作能力。

公务员达到退休年龄或者完全丧失工作能力的，应当退休。

符合下列条件之一的，公务员可以申请提前退休：

1.工作年限满30年的；

2.距国家规定的退休年龄不足5年，且工作年限满20年的；

3.符合国家规定的可以提前退休的其他情形。

公务员退休后从国家获得的待遇，是享受国家提供的退休金和其他待遇。

归纳总结 ★公职的退出

辞职	想辞而辞不了	①未满最低服务年限的 ②不满国家规定脱密期限的 ③重要公务尚未处理完毕且须由本人继续处理的 ④正接受审计、纪律审查、涉嫌犯罪，司法程序未终结的
	不愿辞必须辞	①引咎辞去领导职务 ②责令辞去领导职务

---

① 【答案】CD。本题AB选项错误率很高，这是考生对于知识点把握不够细致导致丢分。重要公务尚未处理完毕且必须由其本人处理的公务员，不得辞去公职。因此，只有同时符合两个构成要件，一是重要的公务尚未处理完毕，二是必须由该公务员本人进行处理的，公务员才不能辞职。A选项错误。领导成员因工作严重失误、失职造成重大损失或者恶劣社会影响的，或者对重大事故负有领导责任的，应当引咎辞去领导职务。注意：领导成员对重大事故负有领导责任的，应引咎辞去的仅限于领导职务，而不是辞去公务员身份，辞去领导职务以后其公务员身份尚在，且行政级别没有受到影响。B选项错误。从人道主义出发，对于患病或者负伤，在规定的医疗期内的公务员不得辞退。C选项正确。被辞退的公务员，可以领取辞退费或者根据国家有关规定享受失业保险。公务员和企业员工一样需要交纳包括失业保险金在内的社保费用，因此，被辞退以后也是享有失业保险金的。D选项正确。

续　表

辞退	应予辞退	①年度考核连续2年不称职 ②不胜任现职又不接受其他安排 ③因所在机关变动需调整工作，拒绝合理安排 ④不履行义务，不遵守纪律，经教育仍无转变，不适合继续工作，又不宜开除的 ⑤旷工连续超过15天或一年内累计超过30天的
	不得辞退	①因公致残，丧失或部分丧失工作能力 ②患病或负伤，在医疗期内 ③女性公务员在孕期、产假、哺乳期内
退休	应当退休	达到法定退休年龄或完全丧失工作能力的
	提前退休	①工作年限满30年的 ②工作年限满20年的，距国家规定退休年龄不足5年的

第五节　公务员与单位纠纷的处理

·考情分析·

■　本节知识点需要考生准确区分一般公务员与聘任制公务员纠纷解决机制的不同。

■　在客观题考试中，本节知识点每3~4年考查一次。

■　本节知识点中易错的考点有：

（1）受理公务员申诉的机关应当组成公务员申诉公正委员会，负责受理和审理公务员的申诉案件。

（2）一般公务员对人事处理决定不服的，可以先复核再申诉，也可以直接申诉。

（3）在复核、申诉期间不停止人事处理的执行。

（4）聘任制公务员的纠纷解决机制：实行人事争议仲裁委员会仲裁前置，即先仲裁后民事诉讼。

（5）省级以上公务员主管部门根据需要设立人事争议仲裁委员会。

处理公务员与所在机关或其他国家机关之间因人事管理而发生的各种纠纷，主要有以下制度：

一、复核申诉

一般公务员对处分，辞退，取消录用，降职，定期考核不称职，免职，申请辞职、提前退休未予批准，未按规定确定或者扣减工资、福利、保险待遇等人事管理行为不服的，可以自知道上述行为之日起30日内向原处理机关申请复核，复核期限为30日；对复核结果不服的可以自接到复核决定之日起15日内，向同级人事部门或原处理机关的上一级机关申诉。

　　例如： 县财政局二级科员维多对自己受到记大过处分不服，可以先向县财政局申请复核，对复核结果不服的，可以再选择向县政府、市财政局或者县人社局申诉。

　　也可以不经复核，自知道该行为之日起30日内直接申诉，申诉处理期限为60日，必要时可以延长不超过30日。

　　例如： 县财政局二级科员维多对自己受到记大过处分不服，可以直接向县政府、市财政局或者县人社局申诉。

　　对省级以下机关所作申诉处理决定不服的，还可以向作出该决定的上一级机关再申诉。

　　例如： 县财政局二级科员维多对自己受到记大过处分不服，可以直接向市财政局申诉，对市财政局的申诉处理决定不服的，还可以向省财政厅再申诉。

　　受理公务员申诉的机关应当组成公务员申诉公正委员会，负责受理和审理公务员的申诉案件。

　　复核、申诉期间不停止原人事处理的执行。

归纳总结 ★★公务员的申诉制度

申诉程序	【选择一：先复核再申诉】 第一步：自知道该人事处理之日起30日内向原处理机关申请复核 第二步：对复核结果不服的，15日内向同级公务员主管部门或作出该人事处理机关的上一级机关提出申诉 【选择二：不复核直接申诉】自知道该人事处理之日起30日内直接提出申诉 注意：对省级（不含）以下机关作出的申诉决定不服的，可以向作出处理决定的上一级机关提出再申诉 备注：受理公务员申诉的机关应当组成公务员申诉公正委员会，负责受理和审理公务员的申诉案件
期限	①作出复核决定的期限：30日 ②作出申诉决定的期限：60+30≤90日
效力	复核、申诉期间不停止人事处理的执行

二、人事仲裁

　　人事仲裁适用于聘任制公务员。

　　聘任制公务员与所在机关因履行聘任合同发生争议的，可以自争议发生之日起60日内向人事争议仲裁委员会申请仲裁。

　　省级以上公务员主管部门根据需要设立人事争议仲裁委员会。

　　人事争议仲裁委员会由公务员主管部门的代表、聘用机关的代表、聘任制公务员的代表以及法律专家组成。

当事人不服仲裁裁决的，可以向法院提起民事诉讼。

仲裁裁决可以申请法院强制执行。

归纳总结	★聘用制公务员人事仲裁制度

人事争议仲裁委员会	①省级以上公务员主管部门根据需要设立人事争议仲裁委员会 ②由公务员主管部门的代表、聘用机关的代表、聘任制公务员的代表以及法律专家组成
申请期限	自争议发生之日起60日内向人事争议仲裁委员会申请仲裁
救济途径	对仲裁裁决不服的，自接到仲裁裁决书之日起15日内向法院提起民事诉讼

专题四

行政行为

命题点拨

（一）主要内容

本专题的主要内容包括：（1）行政行为的概述；（2）行政行为的成立、生效和合法构成要件；（3）行政行为的效力内容；（4）行政行为效力的消灭。

（二）命题规律

本专题的内容虽然在法考客观题中直接命题较少，但是，却是考生理解掌握行政法与行政诉讼法最为关键的内容。考生应对该专题的内容作重点掌握，尤其是行政行为的概念和判断标准。直接考试分值1~2分，主观题考试分值6分左右。直接考试题型主要是单项选择题。主观题考试涉及行政行为与行政规范性文件的区别、行政行为与其他行为的区别、行政行为的合法性判断。

（三）重点难点

本专题的重点难点包括：（1）行政行为概念变迁和判断标准；（2）行政行为的效力，包括公定力、拘束力、确定力和执行力，在考试中要懂得四者的准确区分；（3）行政行为的无效、可撤销和废止。复习该部分内容重点在于理解，建议反复演练历年真题。

知识体系图

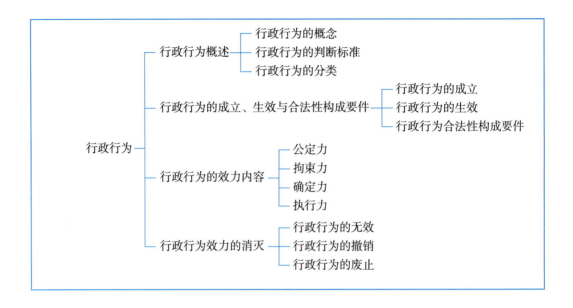

第一节　行政行为概述

·考情分析·

■ 本节需要考生掌握行政行为的概念和外延、行政行为的判断标准、行政行为的分类，重点掌握行政行为的判断标准。

■ 在客观题考试中，本节行政行为的判断标准常和行政诉讼的受案范围这一专题结合起来考查一个选择题。行政行为的分类偶尔考查一个选项。

■ 本节需要掌握的考点主要有：

（1）行政行为的判断标准有四个：行政性、处分性、特定性、外部性。重点掌握处分性和特定性的判断。

（2）处分性是指按照行政主体主观上的意思表示对行政相对人法律上的权利义务客观上进行了安排。

（3）处分性有两个层次，主观上行政行为的对外作出是行政机关自己的意愿，客观上行政行为的作出对当事人法律上的权利产生增加或者减损的效果。

（4）如果主观上行为的对外作出不是行政机关自己的意愿，虽然客观上行为的作出对当事人法律上的权利产生增加或者减损的效果，即主观条件不符合，客观条件符合，这样的行为不具有处分性，不属于行政行为。

（5）如果主观上行为的对外作出是行政机关自己的意愿，但是客观上行为的作出对当事人法律上的权利不会产生增加或者减损的效果，即主观条件符合，客观条件不符合，这样的行为不具有处分性，不属于行政行为。

（6）没有处分性的行政活动大部分属于事实行为。

（7）事实行为是不以建立、变更或者消灭当事人法律上权利义务为目的的行政活动。事实行为不发生法律效果，或者虽然发生法律效果但效果的发生并非基于行政机关的意思表示。例如：行政指导就是典型的事实行为。行政指导是指行政机关对行政相对人采取指导、劝告、建议、鼓励、倡议等不具有国家强制力的方式，引导行政相对人自愿配合而达到行政管理目的的行为。

（8）特定性是指行政行为必须是针对特定对象作出的，即行政行为作出之时想要约束的对象范围能够明确规定下来。

■ 在主观题考试中，除了需要注意区分行政行为和事实行为外，还需要区别行政行为与内部行为。

一、行政行为的概念

行政行为是指行政主体运用行政职权，针对外部特定对象作出的，具有法律上权利义务处分性的行为。

例如：县生态环境局在执法检查中发现金凤皮饰公司的配料车间未配套废气收集、处理系统，未采取密闭封盖措施，造成含挥发性有机物废气无组织排放。县生态环境局以该公司的环境违法行为违反了《大气污染防治法》为由，处以罚款5万元。本案，罚款5万元是县生态环境局运用生态环境行政管理职权，针对外部特定对象金凤皮饰公司作出的，减损其财产权益的行政行为。

> **· 知识拓展 ·**
>
> 行政行为的概念是由过去的具体行政行为演变而来的。旧《行政诉讼法》建立在"具体行政行为"和"抽象行政行为"之基础上。新《行政诉讼法》则建立在"行政行为"和"行政规范性文件"之基础上。即新《行政诉讼法》用"行政行为"替代了旧法的"具体行政行为"；用"行政规范性文件"替代了旧法的"抽象行政行为"。"行政行为"的概念和外延比"具体行政行为"宽泛，包括具体行政行为、行政协议和其他对当事人权利义务会产生影响的行政活动。"行政规范性文件"的概念和外延与"抽象行政行为"则大抵相同。

行政行为的外延主要包括：具体行政行为和行政协议。

1.具体行政行为。

具体行政行为是指行政机关运用行政职权针对外部特定的对象或者特定的事项作出的具有法律上权利义务处分性的单方行为。例如：行政处罚、行政强制措施、行政强制执行等。

具体行政行为的判断标准主要有两个：特定性和单方性。

特定性是指具体行政行为作出之时想要约束的对象范围是明确固定的。

单方性是指具体行政行为的成立、生效取决于行政主体单方的意思表示，无需行政相对人同意。

例如：幸福里小区涉及旧村改造，区政府经过一系列论证和听证，向该小区居民发布公告：自本公告发布之日起180日内，所有居民必须搬离本小区，并与政府签订安置补偿协议。该公告性质上属于具体行政行为。本案区政府的行为在作出之时针对的对象是特定的，即幸福里小区的所有居民。区政府基于行政管理的需要，单方面发布公告，给特定范围内的对象设定义务，属于具体行政行为。

2.行政协议。

行政协议是指行政机关为实现行政管理或公共服务目标，与公民、法人或者其他组织协商订立的具有行政法上权利义务内容的协议。

例如：县政府与某企业签订《城市污水处理特许经营协议》，协议约定由该企业负责融资兴建污水处理厂并运营30年，由政府支付相应的财政补贴，期限届满后移交政府。

《城市污水处理特许经营协议》就是县政府与企业为了实现公共产品的提供，在意思表示一致的基础上签订的，具有行政法上权利义务内容的行政协议。

二、行政行为的判断标准

行政行为具有以下四个特征，也就是行政行为的四个判断标准：

（一）行政性

行政性是行政主体行使行政管理职权的行为。

例如： 某市公安局交通警察支队给予酒后驾驶机动车的维多1500元罚款，属于行政主体行使交通行政管理职权的体现。

不是行使行政管理职权的行为，不是行政行为。

行政行为的行政性特征可以排除两类行为进入行政诉讼：行政机关以民事主体身份从事的民事行为和公务员的个人行为。

例1： 市教育局租赁民营写字楼一层作为自己的临时办公室，一年租期届满后却不支付剩余租金。此时，市教育局没有动用行政权，而是以民事主体身份实施了一个民事法律行为，即租赁行为。

例2： 区市场监督管理局执法人员维多在凤凰公司现场执法检查过程中发现公司CEO办公桌上有一块劳力士表，甚是喜爱，遂放入自己口袋，据为己有。维多将他人手表占为己有，属于公务员个人行为，实际上已经构成刑法上的盗窃罪。

公安机关根据刑事法律进行的侦查、刑事拘留、执行逮捕、预审、拘传、取保候审、监视居住、通缉、搜查、扣押物证书证、冻结存款等行为，由于行使的是司法性的职能，不属于行政行为。

例如： 方某在妻子失踪后向公安局报案要求立案侦查，公安局迟迟没有立案侦查，不属于怠于履行行政职责的情形。

国务院、国防部、外交部等根据宪法和法律的授权，以国家的名义实施的有关国防和外交事务的行为，以及经宪法和法律授权的国家机关宣布紧急状态、实施戒严和总动员等行为，其本质上行使的是政治性的职能，而不是日常的管理性活动，因而不是行政行为。

（二）处分性

处分性是指按照行政主体主观上的意思表示对行政相对人法律上的权利义务客观上进行了安排。

行政行为是行政机关对公民、法人或者其他组织作出的，以发生一定的法律后果，使行政法上的权利义务得以建立、变更或者消灭为目的的意思表示。

行政行为主观上体现了行政主体的意志，客观上对权利义务产生影响。

例如： 某明星因为在酒店嫖娼，被区公安分局处以行政拘留15日。该处罚决定主观上是区公安分局的意思表示，客观上对该明星一段期限内的人身自由产生了限制，具有处分性，是行政行为。

主观条件和客观条件同时符合才具有处分性，缺乏其中任何一个条件就没有处分性，没有处分性的行为属于事实行为。

事实行为，又称"行政事实行为"，是指不以建立、变更或者消灭当事人法律上权利义务为目的的行政活动。事实行为不发生法律效果，或者虽然发生法律效果但效果的发生并非基于行政机关的意思表示。

1.如果主观上行为的对外作出不是行政机关自己的意愿，虽然客观上行为的作出对当事人法律上的权利产生增加或者减损的效果，即主观条件不符合，客观条件符合，这样的行为不具有处分性，不属于行政行为。

例如：行政机关的工作人员在行使行政职权时殴打行政相对人致人身健康受到损害的行为，是事实行为。因为主观上并非是行政机关有致使行政相对人人身损害的意思表示。

2.如果主观上行为的对外作出是行政机关自己的意愿，但是客观上行为的作出对当事人法律上的权利不会产生增加或者减损的效果，即主观条件符合，客观条件不符合，这样的行为不具有处分性，不属于行政行为。

例1：某省人民政府建议广大农户种植蔬菜，不要种植苹果树了，种植蔬菜可以赚更多的钱。某省人民政府的行为属于无处分性的行政指导。所谓行政指导是指行政机关对行政相对人采取指导、劝告、建议、鼓励、倡议等不具有国家强制力的方式，引导行政相对人自愿配合而达到行政管理目的的行为。行政机关提出供公众参考的信息、建议或者指导，当事人可以接受，也可以不接受，不接受并不产生相应的法律责任。

例2：公安交管局在辖区内城市快速路入口处悬挂"危险路段，谨慎驾驶"的横幅。公安交管局的行为是否属于行政行为？不属于行政行为。公安交管局在辖区内城市快速路入口处悬挂"危险路段，谨慎驾驶"的横幅，该行为属于行政指导。行政指导虽然主观上是行政机关的意思表示，但客观上对行政相对人的权利义务并不产生有强制力的安排和影响。因此，行政指导不具有处分性，不属于行政行为。

过程性行为也属于事实行为。所谓过程性行为，又被称之为"阶段性行为"，是行政主体为最终作出有权利义务安排的行政行为而进行的准备性的、过程性的、中间性的、阶段性的行为。

例如：县公安局交警大队针对违章停车的利娅送达《交通处罚告知单》，告知其违法的事实、证据和拟作出的行政处罚决定内容、依据以及其享有陈述和申辩的权利。这种告知就是为了最终作出交通处罚决定书而实施的准备性行为，但它本身不直接产生权利义务，不构成独立完整的行政行为。

（三）特定性

特定性是指行政行为必须是针对特定对象作出的，即行政行为作出之时想要约束的对象范围能够明确规定下来。

特定性是行政行为区别于行政规范性文件的主要标志。比较而言，行政规范性文件是针对不特定对象作出的，可以反复适用的行政管理文件。

由此可见，判断一个行为是否属于行政行为，必须紧紧抓住行为对象能否特定这一点。

例1：为落实淘汰落后产能政策，某区政府发布通告：凡在本通告附件所列名单中的企业两年内关闭。提前关闭或者积极配合的给予一定补贴，逾期不履行的强制关闭。该通告的性质属于行政行为。因为通告在作出之时想要约束的对象范围是能够明确固定下来的，即约束的对象是附件所列名单中的企业。

例2：市政府发布通告，要求今后高考期间所有建筑施工单位暂停施工，违者罚款。该通告的性质属于行政规范性文件（过去称之为"抽象行政行为"）。因为通告是针对不特定的对象制定的可以反复适用的行政规范性文件。在这个通告作出之时，本市有多少建筑施工单位会在今年、明年、后年高考期间施工，这个范围没有办法特定，而且这个通告可以反复适用，今年高考期间、明年高考期间、后年高考期间施工的，都可以适用这个通告作出相应的处罚。

·知识拓展·

> ■ 需要注意的是，行政行为特定性的判断，与行为针对的对象数量是多是寡没有必然的关系，只要针对的对象在行为作出之时范围能够明确规定下来就可以；此外，行政行为特定性的判断，与行为的名字没有必然关系，行为的名称叫"通告"、"会议纪要"的，只要有特定性，就有可能是行政行为，不一定就是行政规范性文件。

归纳总结 行政行为与规范性文件的区别

行为类型	对象	能否反复适用
行政行为	特定	否
行政规范性文件	不特定	能

（四）外部性

行政行为是行政主体针对外部对象、外部事务作出的行为。

例如：区文体局执法队员在张某经营的网吧进行检查时，发现该网吧在营业场所入口处的显著位置未悬挂未成年人禁入标志。区文体局依据国务院制定的《互联网上网服务营业场所管理条例》的有关规定，给予张某罚款1200元的处罚。区文体局针对张某作出罚款1200元的行为，不仅具有行政性、处分性、特定性，而且具有外部性，属于行政行为。

行政行为是对公民、法人或者其他组织权利义务的安排，没有外部法律效力的行政决定不是行政行为。

行政机关对其公务员的奖惩任免、行政机关之间职责权限的调整不是行政行为；上下级行政机关之间单纯的公文往来，或者上级行政机关对隶属于它的下级行政机关或者行政机关人员发布有法律约束力的职务命令和指示，如果这种命令、指示没有规定可以直接影响外部公民、法人或者其他组织权利义务的内容，也不构成行政行为。

例1：县教育局三级主任科员保罗因为违反纪律被给予记过处分。县教育局作出的记过处分决定属于行政处分，系内部行为，不具有外部性，不属于行政行为。

例2：石某的房屋位于甲市乙县某小区。2018年6月，乙县政府对石某的房屋作出征收决定。石某对该征收决定不服向法院起诉，法院作出确认该征收决定违法的判决。

石某于2019年6月向甲市政府邮寄《对乙县政府违法征收房屋行为的查处申请书》，要求对违法征收直接责任人和其他责任人依法予以处分。甲市政府将该《查处申请书》批转乙县政府处理，乙县政府次日收到相关转办材料后即进行办理。甲市政府的行为是履行内部层级监督的行为，不属于行政行为，不可诉。

经典考题： 行政机关所实施的下列行为中，哪一选项属于具体行政行为？（2017年卷二第46题，单选）①

A.公安交管局在辖区内城市快速路入口处悬挂"危险路段，谨慎驾驶"的横幅

B.县公安局依照《刑事诉讼法》对李某进行拘留

C.区政府对王某作出房屋征收决定

D.因民间纠纷引起的打架斗殴双方经公安派出所调解达成的协议

归纳总结 公安机关的双重属性

属　　性	行为授权依据	行为目的
行政机关	治安管理处罚法	立案调查、制裁惩戒
司法机关	刑事诉讼法	立案侦查、追究犯罪

三、行政行为的分类

根据不同的标准，可以对行政行为进行分类。常见分类包括：

（一）羁束行政行为和裁量行政行为

羁束行政行为是指行政机关对行为涉及的事项没有自由选择的余地，必须严格依照法律规定实施的行政行为。

例如：《律师法》第49条第2款规定，律师因故意犯罪受到刑事处罚的，由省、自治区、直辖市人民政府司法行政部门吊销其律师执业证书。可知，律师故意犯罪受到刑事处罚的，省司法厅只能吊销该律师执业证书，不能以暂扣执业证书或者罚款取而代之。

裁量行政行为是指行政机关可以在符合立法规定的原则、幅度等条件下，根据实际情况有选择地自主作出决定的行政行为。

例如：《治安管理处罚法》第66条第1款规定，卖淫、嫖娼的，处10日以上15日以下拘留，可以并处5000元以下罚款；情节较轻的，处5日以下拘留或者500元以下罚款。可知，嫖多嫖娼，情节较轻的，可以拘留3日；情节较重的，可以拘留13日。

---

① 【答案】C。公安交管局的行为目的在于善意提醒机动车驾驶人注意行车安全，本身并不必然地导致权利义务的变动，不具有处分性，不属于具体行政行为，属于行政指导，是事实行为。A选项错误。县公安局依照《刑事诉讼法》对李某进行拘留，该行为属于刑事司法行为。B选项错误。区政府对王某作出房屋征收决定，属于行政征收，是具体行政行为。C选项正确。因民间纠纷引起的打架斗殴双方经公安派出所调解达成的协议，在性质上属于行政调解。行政调解基于双方平等民事主体自愿基础上达成，如果调解不成功，也还是双方民事主体之间自己的意思表示，不具有处分性，不是具体行政行为。D选项错误。

二者的区分关键在于行政行为受到法律拘束的程度与行政机关的裁量空间。

（二）授益行政行为和负担行政行为

授益行政行为是指增加当事人权利或者免除当事人义务的行为。

典型的授益行政行为：行政许可、行政奖励。

行政许可是指行政机关根据公民、法人或者其他组织的申请，经依法审查，准予其从事特定活动的行为。例如：维多通过了2021年度国家统一法律职业资格考试，市司法局受理维多的申请，对其进行资格审查，发现符合法定条件的，依法以司法部的名义向其颁发了法律职业资格证书。

行政奖励是指行政主体为了实现一定的行政目标，依法给予行政相对人一定的物质、精神或者其他特别的权益，从而鼓励、激励、引导行政相对人实施符合施政意图的行为。例如：利娅介绍某上市公司在某市投资设厂，该市政府给予利娅招商引资介绍奖10万元。

负担行政行为是指剥夺当事人权利或者增加当事人义务的行为。

典型的负担行政行为：行政处罚、行政强制措施。

行政处罚是指行政机关依法对违反行政管理秩序的公民、法人或者其他组织，以减损权益或者增加义务的方式予以惩戒的行为。例如：市公安局交通警察支队发现利娅实施机动车违反禁令标示指示的违法行为，依据《道路交通安全法》对其罚款200元。

行政强制措施是指行政机关在行政管理过程中，为制止违法行为、防止证据损毁、避免危害发生、控制危险扩大等情形，依法对行政相对人的人身或者财物实施暂时性限制或控制的行为。例如：市公安局交通警察支队发现利娅驾驶的机动车涉嫌伪造车牌，依据《道路交通安全法》对其所驾驶机动车予以扣押。

二者的区分关键在于行政行为与当事人之间的权益关系。

（三）依申请的行政行为和依职权的行政行为

依申请的行政行为是指需要经过当事人的申请，行政机关才能作出的行为。例如：行政许可。在授予法律职业资格证书的行政许可中，市司法局受理申领人的申请，对其进行资格审查，对符合法定条件的，依法以司法部的名义颁发法律职业资格证书。

依职权的行政行为是指行政机关不需要当事人的申请，直接依据职权作出的行为。例如：行政处罚。市公安局交通警察支队发现利娅实施机动车违反禁令标示指示的违法行为，依据《道路交通安全法》主动对其罚款200元。

二者的区分关键在于行政机关是否以当事人的申请作为启动行政行为的条件。

（四）要式行政行为与非要式行政行为

要式行政行为是指需要书面形式作为生效必要条件的行为。例如：行政许可。保罗计划经营一家中餐馆，申请营业执照，经过审核符合法定条件，县市场监督管理局向其颁发书面的《营业执照》。

非要式行政行为是指不需要具备书面文字或者其他特定意义符号就可以生效的行为。例如：依申请公开政府信息，申请人要求行政机关口头答复的，行政机关可以口头告知申请人政府信息的内容。

二者的区分关键在于行政行为是否需要具备法定形式。

（五）单方行政行为与双方行政行为

单方行政行为是指由行政机关单方面意思表示而无需行政相对人同意就可以使行为内容成立的行为。

例如： 行政处罚。行政相对人违反行政管理秩序，行政机关给予行政相对人处罚，无需与行政相对人就处罚内容协商一致。

双方行政行为是指行政机关与行政相对人经互相协商、意思表示一致才能成立的行为。

例如： 行政协议。行政协议是指行政机关为实现公共利益或者行政管理目标，在法定职责范围内，与公民、法人或者其他组织协商订立的具有行政法上权利义务内容的协议。

归纳总结　★★★行政行为的概念、判断标准与分类

概念	行政行为是指行政主体运用行政职权，对外作出的具有法律上权利义务处分性的行为
概念演变	【旧行政诉讼法】具体行政行为 VS 抽象行政行为 【新行政诉讼法】行政行为 VS 行政规范性文件
范围	行政行为＝具体行政行为＋双方行政行为（即行政协议）
判断	【行政性】行政行为是行政主体运用行政职权作出的行为
标准	【处分性】行政行为是按照行政主体主观上的意思表示对行政相对人法律上的权利义务客观上进行的安排 【特定性】行政行为是行政主体针对特定对象作出的行为 【外部性】行政行为是行政主体针对外部对象、外部事务作出的行为
分类	①以行为受法律拘束的程度：羁束行政行为/裁量行政行为 ②以行为对当事人权益的影响：授益性行政行为/负担性行政行为 ③以行为是否需要当事人申请：依申请行政行为/依职权行政行为 ④以行为是否需要法定的形式：要式行政行为/非要式的行政行为 ⑤以行为是否需要双方意思表示一致：单方行政行为/双方行政行为

第二节　行政行为的成立、生效和合法性构成要件

·考情分析·

■ 本节知识点需要考生了解行政行为的成立、生效和合法性构成要件的含义，重点掌握行政行为的合法性构成要件。

■ 在客观题考试中，往往行政行为的合法性判断会在某个选择题中考查一个选项。

■ 本节需要掌握的知识点主要有：

（1）行政行为合法，一般需要同时满足下列要件：①事实清楚，即行政决定

应当有确实可靠充分的证据。②正确适用法律法规。③符合法定程序。④不得超越职权。⑤不得滥用职权。⑥没有明显不当。

（2）不得滥用职权是指行政机关行使行政职权、实施行政行为时主观上应当客观、适度、符合理性，不能任性，不能抱着无所谓的态度，不能恶意。不得滥用职权是行政法上合理行政这个基本原则的精神要求。

（3）不得明显不当是指行使行政职权、给予行政相对人的最终处理在结果上不能明显不合理、明显不公正，要过罚相当，否则量变引起质变，等同于违法。

■ 在主观题考试中，需要掌握行政行为的合法性构成要件。

一、行政行为的成立

行政行为的成立是指行政行为在法律上存在了。

成立解决的是一个行政行为"存在与否"的事实判断问题，而不解决一个行政行为"合法与否"的价值判断问题。

行政行为成立的条件有三个：

（一）主体要件

在主体上，作出行政行为的是享有行政职权的行政主体，实施行政行为的工作人员意志健全具有行为能力。

例如：维多盗窃利娅华为笔记本电脑一台，区公安分局将维多刑事拘留。该刑事拘留是否成立行政行为？不成立。本案区公安分局是作为刑事司法主体实施的刑事司法行为，而不是作为行政主体实施的行政行为。

如果作出行政决定的不是执行国家职务、可以承担国家责任的国家机关或者其他合法的实施者，该决定不能发生法律上的效力，也无法按照行政法上的救济方式追究法律责任。

行为成立的要件与行为合法的要件并不相同。如果一个行政行为要达到合法，在主体上的要求将更加严格，不但行为的实施者必须是行政主体，还要求该行政主体必须在其自身的职权范围内实施该行为。而一个行政行为要成立，只需要其实施者是一个行政主体，至于该行政主体有无权力实施这一行为，并不影响行为的成立。

（二）内容要件

在内容上，向对方当事人作出具有法律效果意思的表示。即行政主体要求当事人应当做什么或者不准做什么的意思，以正确和可识别的方式清楚地表示出来，使当事人知道行政机关为其安排了什么样的权利义务。

例如：某县公安局向维多作出治安管理处罚，处罚决定书上只载明了四个字"我要罚你！"。由于对维多的权利义务安排不明确，该处罚决定不成立。

（三）程序要件

在程序上，行政行为进行送达，将行政行为的内容告知当事人。未经送达领受程序的行政行为，在法律上并不成立，故不能发生法律约束力。

例如：县生态环境局因凤凰公司超标准排放大气污染物，对其罚款10万元。但是，该处罚决定书盖章作出后，一直放置在局长办公室的抽屉里。由于没有将处罚决定书送达给凤凰公司，该处罚决定不成立。

二、行政行为的生效

行政行为的生效是指行政行为成立以后对当事人的权利义务会产生增加或者减损的后果。

一般来说，行政行为成立了就生效了，开始对行政相对人权利义务产生实际影响了。但是存在两个例外：

1.无效的行政行为自始无效。

无效的行政行为是指行政行为自作出之时，因存在明显重大的违法而自始不发生法律效力。

例如：区公安分局在未具备任何法定事由的情形下要求一个普通的市民维多将另外一个市民利娅拘禁起来。

2.附生效条件的行政行为待条件成就后生效。

附生效条件的行政行为是指某一事件发生后或者经过一段时间后才发生法律效力的行政行为。

例如：经维多引介，县政府与某企业签订了招商投资协议，该企业计划在该县投资1亿元。县政府向维多作出行政奖励决定，将根据实际到位的投资款1%支付奖金。该行政奖励决定是附生效条件的行政行为，什么时候投资款实际到位，什么时候向维多支付奖金。

三、行政行为的合法性构成要件

行政行为合法，一般需要同时满足下列要件：（1）事实清楚，即行政决定应当有确实可靠充分的证据。（2）正确适用法律法规。（3）符合法定程序。（4）不得超越职权。（5）不得滥用职权。（6）没有明显不当。

1.有确凿的事实证据。

一方面，作出行政决定首先要有事实，即存在需要行使行政职权的客观事实。事实是行使行政职权的第一个法定条件，一定事实要件是否存在，需要一系列的证据加以证明，没有充分的证据就不能行使国家行政职权，没有证据就是违法行使行政权力。事实和证据有约束和稳定行政活动的功能。另一方面，事实应当是确实充分的。只是有事实还不够，事实必须是客观的、合法的和与行政决定相关联的。证据应当是充分的，而不是零散的、残缺不全的，应能够足以证明采取行政行为是正确合法的。

例如：维多申请公开《关于同意梁河村委员会补办征地批复》，市自然资源与规划局作出《政府信息不存在告知书》。维多向法院起诉，市自然资源与规划局未向法院提供其已经尽到合理的检索、查找义务，仅简单告知经查并认定该信息不存在，而维多则向法院提交了政府信息存在的初步线索。法院遂以事实不清和证据不足为由撤销了市自然资源与规划局作出《政府信息不存在告知书》。

2.正确适用法律、法规。

行政管理是一种适用法律的国家活动。如果行政机关打算使自己的意志产生预定的法律效果，必须依法处理行政事务。在实践中，适用法律、法规错误的常见情形有：本应适用某个法律、法规，而适用了另外的法律、法规；本应适用法律、法规中的某个条文而适用了另外的条文；本应适用有效的法律、法规，而适用了已经失效或者尚未生效的法律、法规；本应适用上位法、特别法、新法，却适用了下位法、一般法、旧法；本应适用某一条款，却没有说明所依据的法律或者援引具体法律条文。[①]

【注意】行政机关作出行政行为时未引用具体法律条款，且在诉讼中不能证明该行政行为符合法律的具体规定，应当视为该行政行为没有法律依据，适用法律错误。

例如：宣某系浙江省衢（qú）州市府山中学教工宿舍楼的住户。2002年12月9日，衢州市发展计划委员会根据建设银行衢州分行的报告，经审查同意衢州分行在原有的营业综合大楼东南侧扩建营业用房建设项目。同日，衢州市规划局制定建设项目选址意见，衢州分行为扩大营业用房等，拟自行收购、拆除占地面积为205平方米的府山中学教工宿舍楼，改建为露天停车场，具体按规划详图实施。20日，衢州市规划局发出建设用地规划许可证。31日，衢州市国土局作出《收回国有土地使用权通知》。该《通知》说明了行政决定所依据的法律名称，但没有对所依据的具体法律条款予以说明。宣某不服，提起行政诉讼。法院经审理认为：衢州市国土局作出《通知》时，虽然说明了该通知所依据的法律名称，但并未引用具体法律条款，故其作出的行政行为没有明确的法律依据，属于适用法律错误。法院最终撤销衢州市国土资源局作出的衢市国土《收回国有土地使用权通知》。（参见宣懿成等诉浙江省衢州市国土资源局收回国有土地使用权案，最高人民法院指导案例41号）

3.符合法定程序。

行政活动应当遵循法定的方式、方法、步骤、顺序和时限。程序是实现行政管理目标过程中的行为方法和形式。法定程序赋予这些方法和形式以权利义务的法律属性，要求行政机关行使职权时必须遵守，成为判断行政行为是否正确合法的重要标准。

例如：利娅驾驶机动车违反交通信号灯通行，县公安局交通警察大队在未事先告知其拟作出的处罚内容及事实、理由、依据，也没有事先告知其享有陈述、申辩权利的情况下，就作出《道路交通安全违法行为处罚决定书》，给予记6分、罚款200元的处罚。该交通处罚决定不符合法定程序，构成违法。

4.不得超越职权。

不得超越职权，要求行政机关应当在法律授予的权限以内活动，不能以公共需要为理由对抗职责权限的要求，过于热心也会构成违法和侵权。作出行政行为的行政机关必须是享有事务和地域管辖权的行政机关。地域管辖权涉及交由主管部门的空间范围，事务管辖权涉及委托给主管部门的行政任务内容。

[①] 江必新、梁凤云主编：《行政诉讼法及司法解释关联理解与适用》，中国法制出版社2018年10月版，第675~676页。

例1：县体育局对违法经营的中餐馆作出吊销营业执照的行政处罚决定。县体育局的行为构成事务管辖越权。

例2：甲县税务局到乙县征收屠宰税。甲县税务局的行为构成地域管辖越权。

例3：街道派出所对随意殴打他人的保罗作出1000元罚款决定。街道派出所的行为属于幅度越权。

5.不得滥用职权。

不得滥用职权是指行政机关行使行政职权、实施行政行为时主观上应当客观、适度，符合理性，不能任性，不能抱着无所谓的态度，不能恶意。无滥用职权是行政法上合理行政这个基本原则的精神要求。

不得滥用职权是一个比较复杂的问题，表面上看行政机关没有明显违背法律的情形，但违反了授权法的立法目的，也构成滥用职权。行政机关在进行行政管理时，不只是机械和简单地按照有关法律和有关条款办事，而且还要执行法律的精神和立法目的，即主观上不得任性，不得抱着无所谓的态度，更不能恶意。

例如：交警大队以刘某的货车未经年检为由将该车扣留。刘某随后交验了该车的年检手续，并缴纳了罚款。交警大队在核实过程中发现该车的车架号码看不到，以此为由对该车继续扣留。后刘某虽提供了该车的来历证明、机动车行驶证、检验合格证以及更换发动机缸体、车架用钢板铆钉加固致使车架号码被遮盖等证明材料，但交警大队一直扣留该车，未出具书面扣留决定，也不积极调查核实车辆来历。交警大队的扣留行为构成滥用职权。本案刘某在穷尽了举证能力并且已经能够证明涉案车辆来历的情况下，交警大队既不返还机动车，又不及时主动调查核实车辆相关来历证明，而是反复要求刘某提供客观上已无法提供的其他合法来历证明，主观上任性，不理性，滥用了法律法规赋予的职权。（参见刘某诉山西省太原市公安局交通警察支队晋源一大队案，最高人民法院2017年第2期公报案例）

6.不得明显不当。

不得明显不当是指行使行政职权、给予行政相对人的最终处理在结果上不能明显不合理、明显不公正，要过罚相当，否则量变引起质变，等同于违法。

不得明显不当要求行政机关实施行政管理给予行政相对人的处理在客观上要适度，不要超过必要的限度，应当以事实为依据，与行政相对人的违法行为的事实、性质、情节以及社会危害程度相当；对行政相对人采取的措施、所科处罚种类和处罚幅度及其减免要与违法行为人的违法过错程度相适应。行政机关如果未考虑行为人主观上有无过错，侵权性质、行为和情节轻重，是否造成实际危害后果等因素，导致行政处理的结果与违法行为的社会危害程度之间明显不适当，其行政行为缺乏妥当性和必要性，应当认定属于明显不当，是违法的行政行为，人民法院有权依法判决变更或者撤销。

例如：某炒货店系核准经营字号的个体工商户，在店内墙壁张贴有自行设计和打印的广告"本店销售全国最佳、最优品质的燕山栗子"，该广告张贴3天后，被市场监督管理局在执法过程中发现。市场监督管理局根据《广告法》对其作出罚款20万元的处罚决定。某炒货店不服，提起行政诉讼。法院经审理认为某炒货店虽有违法行为，但罚款20万元明显不当，变更为罚款10万元。本案，市场监督管理局作出罚款20万元的处罚决定违反了"过罚相当"原则。过罚相当原则要求行政机关实施行政处罚必须以事实为依据，与受罚人的违法行为的事实、性质、情节以及社会危害程度相当；所科处罚种类和处罚幅度及其减免要与违法行为人的违法过错程度相适应。本案，行政相对人张贴违法广告持续时间比较短，既未在百度、今日头条、新浪微博等自媒体做广告，也没有在电视、电影、广播中植入广告，违法行为对其他市场主体的公平竞争权不构成重大损害，市场监督管理局罚款20万元与行政相对人违法行为的危害程度不相适应，也就构成明显不当，所以被法院判决变更为罚款10万元。

归纳总结　★★行政行为的成立、生效与合法要件

成立	主体	享有行政职权的行政主体作出
	内容	向行政相对人作出具有完整明确的效果意思表示
	程序	按照法律规定的时间和方式进行送达
生效	原则	原则上行政行为一经成立即生效
	例外	①若存在重大明显的违法情形，则自始无效 ②附生效条件的行政行为，待条件成就后发生效力
合法	要件	①事实清楚 ②适用法律法规正确 ③符合法定程序 ④无超越职权 ⑤无滥用职权 ⑥无明显不当

第三节　行政行为的效力

·考情分析·

■ 本节需要考生准确区分行政行为的公定力、拘束力、确定力、执行力。

■ 在客观题考试中，本节知识点偶尔在某个选择题中考查1个选项。

■ 本节知识点的易错考点有：

（1）公定力是指行政行为一经作出，除非存在明显且重大违法情形，即假定其合法有效，任何机关、组织和个人未经法定程序不得否定其效力。

（2）拘束力是指行政行为成立生效后，该行为的内容具有约束行政机关和行政相对人，使其遵守和服从该行政行为的法律效力。

（3）确定力是指在争议期过后，行政行为确定的权利义务具有不再争议、不得更改的法律效力。

（4）行政机关不得随意更改、撤销已作出的行政行为是拘束力的要求；行政行为不再争议、不得更改属于确定力的要求。

（5）争议期过后行政行为产生确定力，这个争议期一般是指申请行政复议的期限60日和提起行政诉讼的期限6个月。因为救济期限届满，当事人丧失了申请复议的权利、丧失了提起行政诉讼的权利，因此，行政行为不再争议、不再更改了，这是确定力的含义。

（6）原则上，行政诉讼期间并不停止行政行为的执行。因为行政行为确定的履行期过后就产生执行力，不管行政相对人是否起诉都可以强制执行了。

法律效力是行政行为法律制度中的核心因素。行政行为的效力一般包括：公定力、拘束力、执行力和确定力。

一、公定力

行政行为的公定力是指行政行为一经作出，除非存在明显且重大违法情形，即假定其合法有效，任何机关、组织和个人未经法定程序不得否定其效力。

例如：维多驾驶机动车违反交通指示信号灯通行，被县公安局交通警察大队罚款200元，记6分。该处罚决定一经作出，即推定合法有效，维多无权否定该行为的法律效力。

二、拘束力

行政行为的拘束力是指行政行为成立生效后，该行为的内容具有约束行政机关和行政相对人，使其遵守和服从该行政行为的法律效力。

拘束力的内容包括三个方面：

1.当事人和其他社会成员必须遵守。

2.行政机关自身要遵守，不得随意更改。

3.其他国家机关必须尊重，不得以相同的事实和理由再次受理和处理该同一案件。

例如：县文化旅游广电局对接纳未成年人进入营业场所的仙指魔琴网咖作出4500元罚款决定。该行政处罚决定生效后具有拘束力。首先，仙指魔琴网咖应当遵守该处罚决定，履行缴纳罚款的义务。其次，县文化旅游广电局不得随意更改已经生效的该处罚决定。最后，其他行政机关应当尊重该处罚决定，就仙指魔琴网咖的同一违法行为不得再次进行罚款。

三、确定力

行政行为的确定力是指在争议期过后，行政行为确定的权利义务具有不再争议、不得更改的法律效力。

行政行为在生效之后，产生的法律上的效力是可以通过一定的争议途径来推翻的。

但出于法律关系安定性的考虑，这种争议的时间不可能是没有期限的，这就产生了所谓的争议期，如行政复议的申请期限60日，行政诉讼的起诉期限6个月。一旦经过了这些争议期（即救济期限），仍然没有人对行政行为提出争议，则当事人丧失了申请行政复议、提起行政诉讼的权利，该行政行为所确定的权利义务内容也就从此不再变更了。

例1：市文化旅游广电局对未取得导游证从事导游活动的利娅作出1000元罚款决定。如果利娅对该罚款决定不服，可以在60日内申请复议或者在6个月起诉期限内提起行政诉讼。如果在60日内没有申请复议或者在6个月起诉期限内不提起行政诉讼的，那么救济期限已经届满，该罚款决定所确定的权利义务安排就不再更改了。

例2：市商务局不得随意改变或撤销已作出的行政允诺是确定力的体现。这种说法是错误的。市商务局不得随意改变或撤销已作出的行政允诺是拘束力的体现。

【设题陷阱与易犯错误】有相当一部分考生认为"行政主体非经法定程序不得任意改变或撤销行政行为"属于确定力的内容，这是错误的认识。（1）确定力的"不再争议"，强调的主体是利害关系人在救济期限届满后，丧失复议或者诉讼的权利，行政行为的内容明确固定下来。（2）拘束力的"不得任意改变"，强调的主体是行政机关对于自己作出的行政行为，非经法定程序和法定事由，不得任意改变或撤销。

四、执行力

行政行为的执行力是指使用国家强制力迫使当事人履行义务或者以其他方式实现行政行为权利义务安排的效力。

行政机关作出了行政行为，当事人主动履行，这是拘束力的体现；而当事人不履行，行政机关或人民法院强制执行其权利义务安排，则是执行力的体现。

例如：市税务局已查明郑某2019年至2020年未依法申报个人收入1.91亿元，偷税4000多万元，其他少缴税款2000多万元，并依法作出对郑某追缴税款、加收滞纳金并处罚款共计2.99亿元的处理决定。郑某逾期不履行，市税务局经加处滞纳金、催告后有权对其直接强制执行，如从其账户划拨相应款项。划拨就是行政行为执行力的体现。

经典考题：下列关于具体行政行为的表述，哪些选项是准确的？（2019年考生回忆版卷二第7题，多选）[1]

A.确定力是指具体行政行为一经生效，行政机关和相对人必须遵守

---

[1]【答案】BC。行政行为的概念是由过去的具体行政行为演变而来的。旧《行政诉讼法》建立在"具体行政行为"和"抽象行政行为"之基础上。新《行政诉讼法》则建立在"行政行为"和"行政规范性文件"之基础上。即新《行政诉讼法》用"行政行为"替代了旧法的"具体行政行为"，用"行政规范性文件"替代了旧法的"抽象行政行为"。B选项准确。具体行政行为一经生效，行政机关和相对人必须遵守，属于拘束力的表现。A选项错误。具体行政行为是指行政机关运用行政职权针对外部特定的对象或者特定的事项作出的具有法律上权利义务处分性的单方行为。C选项准确。授益性具体行政行为与负担性具体行政行为是相对应的；羁束性具体行政行为与裁量性具体行政行为是相对应的。D选项错误。

B. 2014年修改的行政诉讼法中并未出现"具体行政行为"这一用语

C. 具体行政行为是指对特定人或者特定事项的一次性处理

D. 授益性具体行政行为与裁量性具体行政行为是相对应的

归纳总结　★★行政行为的效力内容

公定力	一经作出即产生	除非存在明显且重大违法情形，行政行为一经作出即假定其有效，任何主体未经法定程序不得否定其效力
拘束力	一经生效即产生	①行政相对人应服从和遵守 ②行政主体不得随意改变或撤销 ③其他主体也应尊重
确定力	争议期过后产生	行政行为确定的权利义务具有不再争议、不得更改的效力
执行力	履行期过后产生	使用国家强制力实现行政行为确定的权利义务安排

第四节　行政行为效力的消灭

· 考情分析 ·

■ 本节需要考生准确理解行政行为的无效、可撤销、废止。

■ 在客观题考试中，每3年会考查1~2个选项。

■ 本节考生易错和高频考点有：

（1）对于无效的行政行为不是任何人都可以去法院起诉，必须与这个行政行为有法律上的利害关系的人，即有原告资格的人才可以起诉这个行政行为无效。

（2）利害关系人起诉2015年5月1日之后作出的无效行政行为，不受行政诉讼起诉期限的限制，随时可以向法院起诉。

（3）合法作出的行政行为，为了公共利益的需要，终止该行政行为效力的是行政行为的废止。废止行政行为给行政相对人造成损失的，是给予补偿，而不是赔偿。

（4）行政行为的无效针对的是明显且重大违法的行政行为。

（5）行政行为的可撤销针对的是一般违法的行政行为。

（6）行政行为的废止针对的是合法的行政行为。

（7）违法的行政行为被撤销前推定为有效，不可拒绝；撤销后溯及行为成立之日起自始无效。即恢复到行政行为作出之前的状态，也就是恢复原状。

■ 在主观题考试中，仅需掌握：起诉无效的行政行为，不受行政诉讼起诉期限的限制，随时可以向法院起诉。

行政行为的无效、撤销与废止，就是对其效力的消灭。三者的共同之处在于都能够消灭行为的效力；不同之处在于其构成条件有所差别，产生的具体效果不尽相同。

一、行政行为的无效

（一）概述

无效的行政行为是指行政行为自作出之时，因存在明显重大的违法而自始不发生法律效力。

行政行为明显重大违法，或者说存在严重合法性缺陷，构成无效。

所谓明显重大违法，是指该行为的违法性，严重到了一个理智正常的普通人都足以识别、断定的程度。

（二）常见情形

1.行政行为实施主体没有行政主体资格的。（主体无资格）

例如：消费者协会对某售假企业罚款2000万元。

2.减损权利或者增加义务的行政行为没有法律规范依据的。（行为无依据）

例如：区公安分局在未具备任何法定事由的情形下要求市民李某将肖某拘禁起来。

3.行政行为的内容客观上不可能实施。（内容不可能）

例如：县公安局要求孟某在今天晚上24:00前将月亮摘下来，否则对其拘留5日。

（三）后果

行政行为无效的后果，是使得该行为自始至终不存在任何法律效力，其效力的丧失并不是从有权机关宣布其无效时开始，而是自其作出之日起就从来没有产生过任何效力。因此，理论上当事人可以拒绝履行该行为所设定的义务，可以不受时间限制而主张其无效，或者要求有权机关宣告其无效；而有权机关也可以在任何时候宣告该行为无效。如果公民、法人或其他组织的合法权益因无效行政行为而遭受了损害，受害人向法院起诉无效行政行为的，不受起诉期限限制，并且受害人可以就此要求国家赔偿。

· 知识拓展 ·

对于无效的行政行为不是任何人都可以去法院起诉，必须与这个行政行为有法律上的利害关系的人，即有原告资格的人才可以起诉这个行政行为无效。此外，有利害关系的当事人可以在任何时候去法院起诉这个行政行为无效，不受行政诉讼6个月起诉期限的限制。

二、行政行为的撤销

（一）概述

行政行为的撤销是指行政行为因为存在一般违法之情形，由有权机关对已经发生效力的行政行为予以否定，使之丧失法律效力，恢复行为前的法律状态。

构成一般违法的行政行为，是可撤销的行政行为。

（二）后果

可撤销的行为必须经过法定程序，由有权机关作出撤销该行为的决定，才能否定其效力。

行政行为被撤销的后果，是使得该行为溯及其作出之日起丧失效力，也即恢复到行政行为实施之前的法律状态（恢复原状）。但是，当事人在撤销决定作出之前一直要受该行政行为的约束。

例如： 经甲公司申请，市建设局给其颁发建设工程规划许可证。后该局在复核中发现甲公司在申请时报送的企业法人营业执照已经超过有效期，遂依据《行政许可法》规定，撤销该公司的规划许可证。市建设局撤销该建设工程规划许可证的行为属于什么性质的行为？市建设局撤销该建设工程规划许可证的行为属于行政行为的撤销。撤销使得该规划许可证自作出之日起丧失效力。撤销如果造成了当事人的损失，可以要求国家赔偿。

三、行政行为的废止

（一）概述

行政行为的废止是指行政机关为了公共利益的需要或者基于其他法定的事由，对原本合法有效的行政行为消灭其效力的行为。

废止是行政机关依职权使行政行为丧失法律效力的行为。

废止的理由和条件是由于客观条件的变化，行政行为没有继续保持其效力的必要。

（二）常见情形

构成行政行为废止的常见情形包括：

1.行政行为所依据的法律、法规、规章、政策，已经为有权机关依法修改、废止或撤销。行政行为如果继续维持效力，将与法律、法规、规章、政策抵触，所以必须废止原行政行为。

2.行政行为所根据的客观事实已经发生重大变化或者已经不复存在。行政行为的继续存在已经没有事实根据，需要废止原来的行政行为。

3.行政行为所期望的法律效果已经实现，没有继续存在的必要。

例如： 维多，82周岁，系梁河村村民，无法定抚养义务人。经维多本人申请，经村民委员会同意，报镇政府审核，民政局审批后发给《农村五保供养证书》，维多享受五保待遇。维多死亡后，《农村五保供养证书》由民政局废止从而丧失法律效力。

（三）效果

行政行为被废止的效果，是使得该行为自废止之日起丧失效力，但其在废止之日前的效力仍然存在，它在废止之前所产生的法律关系或者法律利益，仍然得到承认。

如果公民、法人或其他组织的合法权益，因为行政行为的废止而受到了损失，则受损人可以要求的是国家补偿，而非国家赔偿。

例如： 凤凰公司获得《电力业务许可证（发电）》，运营小火电机组。2010年4月6日，国务院发布《国务院关于进一步加强淘汰落后产能工作的通知》，认为"当前我国一些行业落后产能比重大的问题仍然比较严重，已经成为提高工业整体水平、落实应对气候变化举措、完成节能减排任务、实现经济社会可持续发展的严重制约。各地区、各部门必须充分发挥市场的作用，采取更加有力的措施，综合运用法律、经济、技术及必要的行政手段，进一步建立健全淘汰落后产能的长效机制，确保按期实现淘汰落后产能的各项目标。"能源局据此于2010年6月废止了凤凰公司的《电力业务许可证（发电）》，要求停止发电生产。由于《电力业务许可证（发电）》所依据的客观情况发生了重大变化，为了公共利益的需要，能源局可以依法废止已经生效的行政许可。《电力业务许可证（发电）》自废止之日丧失法律效力，意味着凤凰公司自《电力业务许可证（发电）》被废止之日起不能继续发电生产；但是，之前因为发电而产生的利润，不需要收回。对于凤凰公司的损失，应给予合理的补偿。

　　经典考题： 有关具体行政行为的效力和合法性，下列说法正确的是：（2014年卷二第99题，任选）①

　　A.具体行政行为一经成立即生效

　　B.具体行政行为违法是导致其效力终止的唯一原因

　　C.行政机关的职权主要源自行政组织法和授权法的规定

　　D.滥用职权是具体行政行为构成违法的独立理由

归纳总结　**行政行为撤销与废止的区别**

项目	行政行为的撤销	行政行为的废止
原因不同	基于违法撤销	基于合法废止
溯及力不同	溯及既往，视为自始无效	无溯及力，废止之日起丧失法律效力
保护方式不同	造成损失的，给予赔偿	造成损失的，给予补偿

归纳总结　★★★**行政行为效力的消灭**

行政行为 的无效	适用	行政行为存在：明显重大违法
	情形	①行政行为实施主体没有行政主体资格的（主体无资格） ②减损权利或者增加义务的行政行为没有法律规范依据的（行为无依据） ③行政行为的内容客观上不可能实施（内容不可能）
	法律 后果	①实体法上：自发布之时自始就没有任何法律约束力，当事人可以拒绝，不负责任 ②程序法上：可在任何时候主张该行为无效，有权机关可在任何时候宣布该行为无效 ③造成损失的可获得赔偿

---

①【答案】CD。行政行为原则上一经成立即生效，但是附生效条件的行政行为、无效行政行为除外。A选项错误。合法作出的行政行为，由于法律、法规、规章的修改或者为了维护公共利益的需要，可以将其废止，效力同样可以终止。B选项错误。行政机关的职权范围主要由行政组织法和授权法规定。C选项正确。行政行为违法可以是事实认定不清、适用法律法规错误、程序违法、超越职权、滥用职权、明显不当，六者居其一即可。滥用职权可以导致行为违法。D选项正确。

行政行为的可撤销	适用	行政行为存在：一般违法
	法律后果	①在实体法上：撤销前推定为有效，不可拒绝；撤销后溯及行为成立之日起自始无效 （恢复原状，即恢复到行政行为作出之前的状态） ②在程序法上：须经过法定程序由国家有权机关作出撤销决定 ③造成损失的可获得赔偿
行政行为的废止	适用	合法的行政行为基于法定的事由需要终止其法律效力
	法律后果	①被废止的行政行为，自废止之日起丧失效力 ②原则上，行政行为废止之前给予当事人的利益、好处不再收回 ③造成损失的，给予必要的补偿

行政规范性文件

命题点拨

（一）主要内容

本专题的主要内容包括：（1）行政规范性文件概述；（2）行政法规；（3）行政规章；（4）各种立法文件的效力等级、适用规则与冲突解决规则。

（二）命题规律

本专题的内容属于每年必考内容，分值为2分，考查的题型以单项选择题、多项选择题为主。考查的难度较低，容易得分，复习该部分性价比较高。复习方法注重知识点细节，反复背诵，精确记忆。

（三）重点难点

本专题的重点难点包括：（1）行政规范性文件的判断标准；（2）行政法规的制定程序；（3）行政规章的制定程序。其中，行政法规的制定程序和行政规章的制定程序必考其一。另外，对于行政规范性文件和行政行为的区分必须掌握，这两个概念是行政法的核心概念，涉及行政诉讼法受案范围的掌握，在主观题考试中会考到。

知识体系图

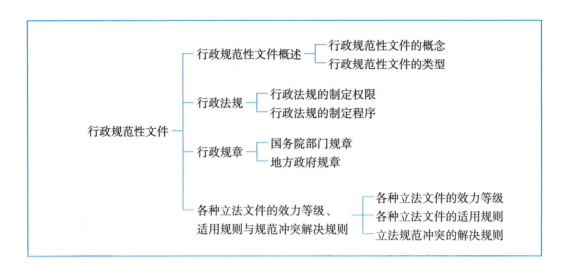

第一节　行政规范性文件概述

·考情分析·

■ 本节知识点需要考生了解行政规范性文件概念的由来、判断标准，尤其需要掌握行政行为与行政规范性文件的区别。

■ 在客观题考试中，本节知识点往往与专题四"行政行为"结合考查。

■ 本节需要考生掌握的知识点主要有：

（1）行政规范性文件与行政行为的最主要的区别在于行为是否具有"特定性"以及能否"反复适用"。

（2）行政规范性文件具有适用对象的不特定性，以及适用次数的反复适用性等特征。

（3）行政行为具有适用对象的特定性以及不能反复适用等特征。

■ 在主观题考试中，需要掌握行政行为与行政规范性文件的区别。

一、行政规范性文件的概念

行政规范性文件是指行政机关运用行政职权，针对不特定对象制定的，可以反复适用的行政管理文件。

在2014年修订的《行政诉讼法》实施后，用"行政规范性文件"的表述代替了过去"抽象行政行为"的概念。制定行政规范性文件作为一种制定规则的行为，不同于处理具体行政事务的行政行为。

行政规范性文件具有如下2个特征：

1.不特定性。行政规范性文件作出之时想要约束的对象范围不能够明确固定下来。

2.反复适用性。行政规范性文件针对同一情形可以反复适用，不是适用一次就没有效力了。

行政规范性文件不特定性的判断时间截点：行为作出之时去判断，看想要约束的对象范围是否没有明确固定下来。如果范围能够明确，有特定性；如果范围不能够明确固定下来，就没有特定性。

例1：某市政府发布文件称，行人闯红灯的，罚款10元；行人骑着非机动车闯红灯的，罚款20元。该规范性文件针对的对象具有不特定性，因为有多少行人会闯红灯在该文件发布之时不可能事先确定；此外，该规范性文件只要没有被废止就可以反复适用。因此，某市政府的行为属于行政规范性文件。

例2：某县公安局开展整治非法改装机动车的专项行动，向社会发布通知：禁止改装机动车，发现非法改装机动车的，除依法暂扣行驶证、驾驶证6个月外，机动车所有人须到指定场所学习交通法规5日并出具自行恢复原貌的书面保证，不自行恢复的予以强制恢复。某县公安局依此通知查处10辆机动车，要求其所有人到指定场所学习交通法规5日并出具自行恢复原貌的书面保证。县公安局发布的通知是否属于行政行为？不属于行政行为。县公安局发布的通知针对的是不特定的对象作出的，并且面向未来可以反复适用，不属于行政行为，属于行政规范性文件。

例3：某市公安交通管理局发布《关于对本市部分道路采取限制通行交通管理措施的通告》，决定于2021年7月20日至27日，工作日每日7时至9时、17时至19时，对部分路段采取限制通行措施。某交警大队根据交通技术监控设备记录认定李某驾驶货车在限制道路上行驶，决定给予李某罚款200元。本案，《通告》并没有想要对特定对象的权利直接作出安排。如果公民违反《通告》被处以罚款了，是罚款对相对人权利义务直接作出了安排，对罚款不服的，可以起诉。本案，《通告》在作出之时，想要约束的对象范围不能够明确固定下来（即通告发布之时有哪些车辆会在限行路段通行，这个对象范围不能够明确），而且该《通告》在有效期内可以反复适用，属于行政规范性文件。

二、行政规范性文件的类型

行政规范性文件的类型主要有三类：

1.行政法规、行政规章。

2.国务院发布的具有普遍约束力的决定和命令。

例如：2021年6月3日，为深化"证照分离"改革，进一步激发市场主体发展活力，国务院决定在全国范围内推行"证照分离"改革全覆盖，并在自由贸易试验区加大改革试点力度，对此，国务院专门发布《国务院关于深化"证照分离"改革进一步激发市场主体发展活力的通知》（国发〔2021〕7号）进行全面部署和推动。《国务院关于深化"证照分离"改革进一步激发市场主体发展活力的通知》在性质上属于国务院发布的具有普遍约束力的决定和命令。

3.国务院部门和地方政府及其部门制定的规范性文件，即规章（不含）以下的规范性文件，俗称红头文件。

【注意】规章以下（不含）的规范性文件（俗称红头文件）的制定程序参照《规章制定程序条例》执行。

归纳总结	★★★行政规范性文件

概念	是指行政机关运用行政职权，针对非特定对象制定的，可以反复适用的行政管理文件
特征	①适用对象不特定：作出之时想要约束的对象范围不能够明确固定下来
	②可以反复适用：针对同一情形可以反复适用，不是适用一次就没有效力了
种类	①行政立法：行政法规、行政规章
	②国务院发布的具有普遍约束力的决定和命令
	③国务院部门和地方政府及其部门制定的规范性文件
	【即规章（不含）以下的规范性文件，俗称红头文件】

第二节　行政法规

·考情分析·

■ 本节知识点需要考生了解行政法规的制定权限，重点掌握行政法规的制定程序，"立项、起草、审查、决定、公布、施行、备案"是高频考点。

■ 在客观题考试中，本节知识点一般每2年会考查一个选择题。

■ 本节易错和高频考点有：

（1）国务院法制机构（即司法部）拟订国务院年度立法工作计划，报党中央、国务院审批。

（2）起草专业性较强的行政法规，起草部门可以吸收相关领域的专家参与起草工作，或可以委托有关专家、教学科研单位、社会组织起草。注意：不是应当委托有关专家、教学科研单位、社会组织起草。

（3）行政法规草案及其说明应当向社会公布，征求意见，但是经国务院决定不公布的除外；向社会公布征求意见的期限一般不少于30日。

（4）起草行政法规草案，涉及重大利益调整事项的，应当进行论证咨询。

（5）几个部门起草的行政法规送审稿，由该几个部门主要负责人共同签署。

（6）若行政法规出台时机尚不成熟的，国务院法制机构可以缓办或者退回，而不是应当退回。

（7）行政法规在公布后的30日内由国务院办公厅报全国人大常委会备案，不是国务院法制机构去报备案。

　　行政法规是国务院为领导和管理国家各项行政工作，根据宪法和法律，按照有关程序制定发布的政治、经济、教育、科技、文化、外事等各类法规的总称。

　　行政法规以宪法和法律为依据，其效力高于地方性法规、规章和有普遍约束力的行政决定、命令。

一、制定权限

（一）制定事项范围

国务院制定行政法规的权限有3种情形：

1.执行具体法律规定事项。

为执行法律的规定需要制定行政法规的事项。**例如：**为执行《土地管理法》，国务院制定《土地管理法实施条例》。

2.实施宪法规定职权事项。

实施《宪法》第89条规定的国务院行政管理职权的事项。**例如：**为推动生态文明建设实现新进展，国务院制定《地下水管理条例》。

3.全国人大或其常委会授权事项。

（1）授权制定行政法规的范围。对于属于全国人大及其常务委员会的专属立法事项，国务院可以根据全国人民代表大会及其常务委员会的授权决定先制定行政法规。但是有关犯罪和刑罚、对公民政治权利的剥夺、限制人身自由的强制措施和处罚、司法制度等法律绝对保留事项不得授权。

（2）授权制定行政法规的要求。根据《立法法》的规定，授权决定应当明确授权的目的、事项、范围、期限以及原则等，且被授予的权力不得转授；授权期限不得超过5年，但是授权决定另有规定的除外；被授权机关应在期限届满的6个月以前报告实施情况，并提出制定有关法律或继续授权的意见。授权决定应当明确授权的目的和范围。对于授权法规，国务院应严格按照授权目的和范围行使授予的权力，不得将该权力转授给其他机关，如国务院不得将这一授权再转授给国务院组成部门制定部门规章，或再转授给地方人民政府制定地方政府规章。

【注意】根据《关于审理行政案件适用法律规范问题的座谈会纪要》（2004年5月18日最高人民法院发布），现行有效的行政法规有以下三种类型：（1）国务院制定并公布的行政法规。（2）《立法法》施行以前，按照当时有效的行政法规制定程序，经国务院批准、由国务院部门公布的行政法规。但在《立法法》施行以后，经国务院批准、由国务院部门公布的规范性文件，不再属于行政法规。（3）在清理行政法规时由国务院确认的其他行政法规。

例如：《外国人来华登山管理办法》于1991年7月31日经国务院批准，1991年8月29日由国家体育运动委员会发布施行。《外国人来华登山管理办法》的性质属于行政法规。

（二）行政法规的名称

一般情况下的行政法规："××条例""××办法""××规定"。

经授权制定的行政法规："××暂行条例""××暂行规定"。

【注意】规章的名称："××规定""××办法"。规章的名称不得叫"条例"。

二、制定程序

（一）立项

立项是决定进行行政法规制定工作的程序，它解决国务院是否应当就特定行政管理事项制定行政法规的问题。立项是行政法规制定程序的第一个环节。立项需要解决的问题是哪些事项需要制定行政法规，什么时间制定行政法规，需要对其必要性、可行性和及时性作出判断，以增加行政立法的科学性和正当性。

国务院有关部门有权报请立项。

例如：国务院水利部为了加强生态文明建设、保护地下水资源，可以报请国务院立项制定《地下水管理条例》。地方人民政府（例如安徽省人民政府）则没有报请国务院制定行政法规的立项资格。

国务院法制机构（2018年国务院机构改革后，国务院法制机构为司法部）应当向社会公开征集行政法规制定项目建议。

国务院法制机构（即司法部）负责拟订国务院年度立法工作计划，报党中央、国务院审批。

国务院年度立法工作计划在执行中可以根据实际情况予以调整。

（二）起草

1.起草主体。

国务院的一个或者几个部门承担具体起草工作，也可由国务院法制机构起草或者组织起草。

重要行政管理的行政法规草案由国务院法制机构组织起草。

起草专业性较强的行政法规，起草部门可以吸收相关领域的专家参与起草工作，或者可以委托有关专家、教学科研单位、社会组织起草。

【注意】起草专业性较强的行政法规，起草部门既可以吸收相关领域的专家参与起草工作，也可以委托有关专家、教学科研单位、社会组织起草，而不是应当委托有关专家、教学科研单位、社会组织起草。

例如：假如要制定《地上水管理条例》，可以由水利部起草，也可以交由水利部、农业农村部、国家卫生与健康委员会等共同起草，还可以交由国务院法制机构起草。《地上水管理条例》的起草涉及专业性比较强，既可以吸收科研院所的专家参与起草工作，也可以委托科研院所起草。

2.听取意见。

起草过程中，应当广泛听取有关机关、组织和公民的意见。听取意见可以采取座谈会、论证会、听证会等多种形式。

行政法规草案及其说明应当向社会公布，征求意见，但是经国务院决定不公布的除外；向社会公布征求意见的期限一般不少于30日。

3.论证咨询。

起草行政法规草案，涉及如下重大利益调整事项的，应当进行论证咨询：社会公众普遍关注的热点难点问题；经济社会发展遇到的突出矛盾；减损公民、法人和其他组织权利或增加其义务；对社会公众有重要影响的事项。

4.工作协调。

起草部门应当就涉及其他部门的职责，与有关部门充分协商；涉及部门职责分工、行政许可、财政支持、税收优惠政策的，应当征得机构编制、财政、税务等相关部门同意。

起草部门对涉及有关管理体制、方针政策等需要国务院决策的重大问题提出解决方案，报国务院决定。

5.送审稿的签署。

送审稿由起草部门主要负责人签署。几个部门共同起草的，由该几个部门主要负责人共同签署。

例如：假如国务院决定制定《食品安全风险评估实施条例》，该条例可以由市场监督管理总局、卫健委、农业农村部等部门联合起草。《食品安全风险评估实施条例》（送审稿）报请国务院法制机构审查时，应当由市场监督管理总局、国家卫健委、农业农村部等部门主要负责人共同签署。

（三）审查

1.审查机构及内容。

负责审查的机构是国务院法制机构（司法部）。审查内容有以下几个方面：是否符合宪法、法律的规定和国家的方针政策；是否符合起草要求；是否与有关行政法规协调、衔接；是否正确处理有关机关、组织和公民对送审稿主要问题的意见；其他需要审查的内容。

2.征求意见和协调意见。

国务院法制机构在审查行政法规草案时，应当发送国务院有关部门、地方政府、有关组织和专家等各方面征求意见；国务院法制机构应当深入基层进行实地调查研究，听取基层有关机关、组织和公民的意见；国务院法制机构可以将行政法规送审稿向社会公布，公开征求意见，一般不少于30日。

【注意】起草阶段是"应当"公布行政法规草案；审查阶段是"可以"公布行政法规送审稿。

行政法规送审稿涉及重大利益调整的，国务院法制机构应当进行论证咨询；论证咨询可以采取座谈会、论证会、听证会、委托研究等多种形式。

有如下情形的，国务院法制机构可以举行听证会，听取意见：行政法规送审稿涉及重大利益调整或存在重大意见分歧；对公民、法人或其他组织的权利义务有较大影响；人民群众普遍关注的。

国务院有关部门对送审稿有不同意见的，国务院法制机构应当进行协调；对有较大争议的重要立法事项，可以委托有关专家、教学科研单位、社会组织进行评估；不能达成一致意见的，应当报国务院领导协调或者国务院决定。

3.审查处理结果。

送审稿不符合条件的，国务院法制机构可以缓办或退回起草部门。例如：制定行政法规的基本条件不成熟的；有关部门对送审稿规定的主要制度存在较大争议的；起草部门与有关部门协商的；上报送审稿有程序缺陷的。

【注意】行政法规出台时机尚不成熟的，国务院法制机构可以缓办或者退回，而不是应当退回。

4.形成草案。

国务院法制机构向国务院提出审查报告和草案修改稿，审查报告应当对草案主要问题作出说明。

行政法规草案由国务院法制机构主要负责人提出提请国务院常务会议审议的建议；对调整范围单一、各方面意见一致或者依据法律制定的配套行政法规草案，可以采取传批方式，由国务院法制机构直接提请国务院审批。

（四）决定

行政法规草案由国务院常务会议审议，或者由国务院审批。

国务院常务会议审议行政法规时，由国务院法制机构或者起草部门作说明。

（五）公布

行政法规由总理签署国务院令公布施行。但是，有关国防建设的行政法规，可以由国务院总理、中央军事委员会主席共同签署，以国务院、中央军事委员会令公布。

例如：《保障中小企业款项支付条例》于2020年7月1日国务院第99次常务会议通过，2020年7月5日公布，自2020年9月1日起施行。该法规应当由总理签署总理令公布，这种说法是否准确？这种说法不准确。原则上，行政法规由总理签署国务院令公布。但有关国防建设的行政法规，可以由国务院总理、中央军事委员会主席共同签署国务院、中央军事委员会令公布。据此可见，行政法规由总理签署以"国务院令"的形式对社会公布，而不是以"总理令"的形式对社会公布。

行政法规签署公布后，应当及时在国务院公报、中国政府法制信息网、全国范围内发行的报纸上刊登。

行政法规的标准文本，是在国务院公报上刊登的文本。

（六）施行

行政法规应当自公布之日起30日后施行。但是涉及国家安全、外汇汇率、货币政策的确定以及公布后不立即施行将有碍行政法规施行的，可以自公布之日起施行。

（七）备案

行政法规在公布后的30日内由国务院办公厅报全国人民代表大会常务委员会备案。

【注意】行政法规由国务院办公厅报全国人大常委会备案，不是国务院法制机构去报备案。

（八）解释

行政法规的解释分为两种基本情形：

1.由国务院作出解释。

（1）适用情形：对于行政法规的规定需要进一步明确具体含义或者行政法规制定后出现新的情况，需要明确适用行政法规依据的解释。

（2）申请主体：有权向国务院提出行政法规解释要求的，是国务院各部门和省、自治区、直辖市人民政府。

（3）解释主体：国务院法制机构研究拟订行政法规解释草案，报国务院同意后，由国务院公布或者由国务院授权国务院有关部门公布。

（4）法律效力：行政法规的解释与行政法规具有同等效力。

例如：2002年5月，国家邮政局（隶属于交通运输部）向国务院提请《对〈国际货物运输代理业管理规定〉第17条"私人信函"作出解释的请示》，国务院答复：《国际货物运输代理业管理规定》第17条中的"私人信函"是指各类文件、通知以及非私人属性的单据、证件、有价证券、书稿、印刷品等以外的书信。

2.由国务院法制机构作出解释。

（1）适用情形：属于行政工作中具体应用行政法规的问题的解释。

（2）申请主体：省、自治区、直辖市人民政府法制机构（例如浙江省司法厅、北京市司法局）以及国务院有关部门法制机构。

（3）解释主体：国务院法制机构。涉及重大问题的，由国务院法制机构提出意见。报国务院同意后答复。

（4）法律效力：只适用于类似个案。

例如：2008年7月，安徽省人民政府法制办公室向国务院法制办公室报送《关于〈工伤保险条例〉第14条第6项适用问题的请示》，国务院法制办公室答复如下："请示中反映的职工李某从单位宿舍至其父母家的情形，属于《工伤保险条例》第14条第6项规定的'在上下班途中'。"①

归纳总结　行政法规的解释制度

适用情形	申请主体	拟定主体	解释主体	发布主体	效力
①明确条文具体含义 ②出现新情况	①国务院各部门 ②省级政府	国务院法制机构	国务院	国务院或授权的部门	等同行政法规
工作中个案具体应用	①部门法制机构 ②地方政府法制机构	国务院法制机构	国务院法制机构	无	只适用于类似个案

经典考题：《行政区划管理条例》于2017年11月22日国务院第193次常务会议通过，2018年10月10日公布，自2019年1月1日起施行。对于该行政法规，下列说法哪些是准确的？（2019年考生回忆版卷一第6题，多选）②

A.该法规应当由国务院总理签署总理令公布

B.该法规应当由国务院总理签署国务院令公布

C.该法规应当由国务院办公厅自2017年11月22日起30日内向全国人大常委会备案

D.该法规应当由国务院办公厅自2018年10月10日起30日内向全国人大常委会备案

（九）行政法规的暂时调整或暂停适用与立法后评估

1.暂时调整或暂停适用。

国务院可以就行政管理等领域的特定事项，决定在一定期限内在部分地方暂时调整或暂时停止适用行政法规的部分规定。

---

① 该案件基本情况：李某系六安市城区某公司职工，未婚。2007年6月18日晚，李某上夜班，6月19日凌晨3点多钟下班。李某下班后，先回单位为其安排的宿舍，因其6月19日白班轮休，单位又口头通知端午节放假半日，遂驾驶摩托车回六安市舒城县南岗镇父母家中（即李某户籍所在地）。19日凌晨4点多钟，在路途中，李某驾驶的摩托车与一小货车相撞，李某受重伤。经公安交警部门认定，货车驾驶员承担交通事故全责。2007年12月，李某向劳动保障部门申请工伤认定。2008年3月，劳动保障部门认定李某系下班途中遭受车祸，根据《工伤保险条例》第14条第6项之规定认定李某属于工伤。李某就职的某公司不服，申请行政复议，认为李某已回到单位为其安排的宿舍，其下班行为已经完成，下班后再回父母家，途中受到的伤害不应是在下班途中发生的伤害，不能认定为工伤。

② 【答案】BD。行政法规应由总理签署国务院令公布。A选项错误，B选项准确。行政法规在公布后的30日内由国务院办公厅报全国人民代表大会常务委员会备案。C选项错误，D选项准确。

2.行政法规立法后的评估。

国务院法制机构或国务院有关部门可以组织对有关行政法规或其中的有关规定进行立法后评估，并把评估结果作为修改、废止有关行政法规的重要参考。

归纳总结 ★★★**行政法规**

<table>
<tr><td rowspan="4">制定权限</td><td>制定机关</td><td colspan="2">国务院</td></tr>
<tr><td rowspan="2">权限范围</td><td colspan="2">①执行法律规定的事项
②《宪法》第89条规定的国务院行政管理职权的事项
③全国人大及其常务委员会授权的事项（法律绝对保留事项不得授权制定行政法规）</td></tr>
<tr><td colspan="2">【备注】
①授权决定应当明确授权的目的、事项、范围、期限以及原则等，且被授予的权力不得转授
②授权期限不得超过5年，但是授权决定另有规定的除外
③国务院应在期限届满的6个月以前报告实施情况，并提出是否制定有关法律或继续授权的意见</td></tr>
<tr><td>名称</td><td colspan="2">①一般情况下的行政法规："条例""办法""规定"
②经授权制定的行政法规："暂行条例""暂行规定"</td></tr>
<tr><td rowspan="5">制定程序</td><td>立项</td><td colspan="2">①国务院下属部门有权报请立项
②国务院法制机构（司法部）应当向社会公开征集行政法规制定项目建议
③国务院法制机构（司法部）拟订国务院年度立法工作计划，报党中央、国务院审批
④国务院年度立法工作计划在执行中可以根据实际情况予以调整</td></tr>
<tr><td rowspan="2">起草</td><td>起草主体</td><td>①由国务院组织起草；由国务院的一个部门或几个部门具体负责起草工作
②由国务院法制机构（司法部）起草或组织起草
③重要行政管理的行政法规草案由国务院法制机构（司法部）组织起草
④起草专业性较强的行政法规，起草部门可以吸收相关领域的专家参与起草工作，或委托有关专家、教学科研单位、社会组织起草</td></tr>
<tr><td>听取意见</td><td>①起草行政法规，应当听取有关机关、组织、人大代表和社会公众的意见
②听取意见可以采取召开座谈会、论证会、听证会等多种形式
③行政法规草案及其说明应当向社会公布，征求意见，但是经国务院决定不公布的除外
④向社会公布征求意见的期限一般不少于30日</td></tr>
</table>

制定程序	起草	咨询论证	起草行政法规草案，涉及如下重大利益调整事项的，应当进行论证咨询： ①社会公众普遍关注的热点难点问题 ②经济社会发展遇到的突出矛盾 ③减损公民、法人和其他组织权利或增加其义务 ④对社会公众有重要影响的事项
		工作协调	①起草部门应当就涉及其他部门的职责，与有关部门充分协商 ②涉及部门职责分工、行政许可、财政支持、税收优惠政策的，应当征得机构编制、财政、税务等相关部门同意
		送审稿的签署	①向国务院报送行政法规送审稿，由起草部门主要负责人签署 ②几个部门起草的行政法规送审稿，由该几个部门主要负责人共同签署
		报送	起草部门报送行政法规时，应当一并报送行政法规送审稿的说明和有关材料
	审查	审查主体	国务院法制机构（即司法部）
		征求意见	①应当发送国务院有关部门、地方政府、有关组织和专家等各方面征求意见 ②应当深入基层进行实地调查研究，听取基层有关机关、组织和公民的意见 ③可以将行政法规送审稿向社会公布，公开征求意见，一般不少于30日
		咨询论证	①行政法规送审稿涉及重大利益调整的，司法部应当进行论证咨询 ②论证咨询可以采取座谈会、论证会、听证会、委托研究等多种形式
		可以组织听证会	有如下情形的，司法部可以举行听证会，听取意见： ①行政法规送审稿涉及重大利益调整或存在重大意见分歧 ②对公民、法人或其他组织的权利义务有较大影响 ③人民群众普遍关注的
		协调意见	①国务院有关部门对送审稿有不同意见的，司法部应当进行协调；对有较大争议的重要立法事项，可以委托有关专家、教学科研单位、社会组织进行评估 ②不能达成一致意见的，应当报国务院领导协调或者国务院决定
		缓办或者退回	①时机尚不成熟 ②主要制度存在较大争议，未征得机构编制、财政、税务等相关部门同意的 ③未按照规定公开征求意见的 ④上报送审稿有程序缺陷
		形成报告	向国务院提出审查报告和草案修改稿，审查报告应当对草案主要问题作出说明

续　表

制定程序	决定	方式	①由国务院常务会议审议 ②由国务院审批（调整范围单一、各方面意见一致或配套性行政法规草案）	
		说明情况	国务院常务会议审议时，可以由国务院法制机构或起草部门进行说明	
	公布	签署	【原则上】国务院法制机构（司法部）根据国务院对行政法规草案的审议意见，对行政法规草案进行修改，形成草案修改稿，报请总理签署国务院令公布施行 【有例外】有关国防建设的行政法规，可以由国务院总理、中央军事委员会主席共同签署，以国务院、中央军事委员会令公布	
		应当公布的载体	①国务院公报 ②中国政府法制信息网 ③全国范围内发行的报纸	
		标准文本	在国务院公报刊登的行政法规文本为标准文本	
	施行	一般情形	自公布之日起30日后施行	
		特殊情形	涉及国家安全、外汇汇率、货币政策的确定以及公布后不立即施行将有碍行政法规施行的，可以自公布之日起施行	
	备案		在公布后的30日内由国务院办公厅报全国人大常委会备案	
	解释	国务院解释	适用情形	①行政法规的规定需要进一步明确具体含义的 ②行政法规制定后出现新的情况，需要明确适用行政法规依据的
			申请者	国务院各部门和省级人民政府
			解释主体	国务院
			效力	行政法规的解释与行政法规具有同等效力
		国务院法制机构解释	适用情形	属于行政工作中具体应用行政法规的问题
			申请者	国务院部门法制机构以及省级人民政府法制机构（司法厅/局）
			解释主体	国务院法制机构（司法部）
			效力	适用于行政工作中的具体问题
备注	暂时调整/暂停适用		国务院可以就行政管理等领域的特定事项，决定在一定期限内在部分地方暂时调整或暂时停止适用行政法规的部分规定	
	立法评估		国务院法制机构或国务院有关部门可以组织对有关行政法规或其中的有关规定进行立法后评估，并把评估结果作为修改、废止有关行政法规的重要参考	

第三节　行政规章

·考情分析·

■ 本节知识点需要考生了解行政规章的制定权限，重点掌握行政规章的制定程序。其中，行政法规的制定程序"立项、起草、审查、决定、公布、施行、备案"是高频考点。

■ 在客观题考试中，本节知识点一般每2年会考查一个选择题。

■ 本节易错和高频考点有：

（1）部门规章的制定权限遵循不得"损人利己"的规则：①无上位法依据，部门规章不得设定减损公民、法人和其他组织权利或增加其义务的规范；②无上位法依据，不得增加本部门的权力或减少本部门的法定职责。

（2）部门规章公布后30日内由制定机关的法制机构向国务院备案，而不是由制定机关的办公室去备案。

（3）设区市政府规章的制定权限只能是针对城乡建设与管理、环境保护、历史文化保护的事项。

（4）设区市政府规章备案的记忆规则：去掉一高一低。即设区市政府规章不向全国人大常委会和设区市政府自己备案，其他的人大常委会和设区市政府的上级政府均应当备案。

规章包括部门规章与地方政府规章两类，在内容上与行政法规的制定比较接近。本节主要关注其与行政法规的制定有所不同之处。

一、国务院部门规章

（一）制定机关

部门规章的制定主体包括：

1.国务院组成部门。例如：工业和信息化部制定《民用无人机生产制造若干规定》。

2.国务院直属机构（含直属特设机构：国资委）。例如：国家市场监督管理总局制定《禁止网络不正当竞争行为规定》。

3.具有行政主体资格的国务院直属事业单位，即证监会、银保监会。例如：证监会制定《科创板上市公司证券发行注册管理办法(试行)》。

经典考题：国务院扶贫开发领导小组办公室是国务院的议事协调机构。为了建立防止返贫的长效机制，保证脱贫成效持续稳定发展，2021年2月，在国务院扶贫开发领导小组办公室的基础上成立了国务院直属机构国家乡村振兴局。下列哪一选项是正确的？

（2021年考生回忆版卷一第25题，单选）①

A.国务院扶贫开发领导小组办公室有独立的人员编制

B.国务院扶贫开发领导小组办公室主管特定业务，行使行政管理职能

C.国家乡村振兴局的设立由国务院决定

D.国家乡村振兴局无权制定规章

（二）制定权限

部门规章规定的事项应当属于执行法律或者国务院的行政法规、决定、命令的事项。

此外，制定部门规章的主体，还因为单行法律的授权规定而出现。

例如：《证券法》授权国务院证券监督管理机构依法制定有关证券市场监督管理的规章，而行使国务院证券监督管理职权的机构是国务院的直属事业单位中国证券监督管理委员会。

无上位法依据，部门规章不得设定减损公民、法人和其他组织权利或增加其义务的规范。

无上位法依据，部门规章不得增加本部门的权力或减少本部门的法定职责。

涉及两个以上国务院部门职权范围的事项，若需要行政立法调整，有两种途径：一是提请国务院制定行政法规；二是由国务院有关部门联合制定规章。

【注意】 涉及两个以上国务院部门职权范围的事项，应当提请国务院制定行政法规或由有关部门联合制定规章，一个部门单独制定的规章无效。

（三）制定程序

1.立项。

立项决定权是享有部门规章制定权的国务院部门，由其部门内设机构或者其他机构提出立项报告。

2.起草。

起草由国务院部门组织，可以确定内设机构或者其他机构具体负责起草工作，也可以确定由其法制机构起草或者组织起草。

起草程序中的听取意见。起草规章应当广泛听取有关机关、组织和公民的意见。听取意见的形式有书面征求意见、座谈会、论证会、听证会等。起草的规章直接涉及公民、法人或者其他组织的切身利益，有关机关、组织或者公民对其有重大意见分歧的，应当向社会公布，征求社会各界的意见。起草单位也可以举行听证会。

起草部门规章，涉及国务院其他部门的职责或者与国务院其他部门关系紧密的，起草单位应当充分征求国务院其他部门的意见。

---

① 【答案】C。国务院议事协调机构承担跨国务院行政机构的重要业务工作的组织协调任务。议事协调机构一般不对外承担管理职能，一般也不能对外规定行政措施，没有独立的编制。AB选项错误。国家乡村振兴局属于国务院直属机构，既不是国家组成部门（去掉一高），也不是处级内设机构（去掉一低），它的设立、撤销或者合并须报国务院决定。C选项准确。国家乡村振兴局作为国务院的直属机构有权制定部门规章。D选项错误。

3.审查。

审查主体是规章制定部门的法制机构。法制机构在审查中应当就规章送审稿涉及的主要问题,听取基层有关机关、组织和公民的意见;涉及重大问题的,应当召开由有关单位、专家参加的座谈会、论证会,听取意见,研究论证;直接涉及公民、法人或者其他组织切身利益,有关机关、组织或者公民对其有重大意见分歧,起草单位在起草过程中未向社会公布,也未举行听证会的,法制机构经过本部门批准,可以向社会公布,也可以举行听证会。

4.决定。

部门规章应当由部门的部务会议或者委员会会议决定。

5.公布。

公布规章的命令,应当由部门首长署名。

部门规章签署公布后,及时在国务院公报或者部门公报、中国政府法制信息网、全国范围内发行的报纸上刊登。

在部门公报或者国务院公报上刊登的规章文本为标准文本。

6.施行。

部门规章应当自公布之日起30日后施行;但是,涉及国家安全、外汇汇率、货币政策的确定以及公布后不立即施行将有碍规章施行的,可以自公布之日起施行。

7.备案。

部门规章自公布之日起30日内,由制定机关的法制机构报国务院备案。

8.解释。

(1)解释情形:规章的规定需要进一步明确具体含义的;规章制定后出现新的情况,需要明确适用规章依据的。

(2)解释主体:规章解释权属于规章制定机关。

(3)解释程序:规章解释由规章制定机关的法制机构参照规章送审稿审查程序提出意见,报请制定机关批准后公布。

(4)解释效力:规章的解释同规章有同等效力。

二、地方政府规章

(一)制定机关

地方政府规章的制定机关包括两类:

1.省、自治区、直辖市的人民政府,即省级政府。**例如:** 湖南省人民政府有权制定《湖南省社会信用信息管理办法》。

2.设区的市、自治州的人民政府,即地级市政府。**例如:** 长沙市人民政府有权制定《长沙市城市市容和环境卫生管理办法》。

(二)制定权限

包括为执行法律、行政法规、地方性法规的规定需要制定规章的事项,以及属于本行政区域的具体行政管理事项。

设区的市、自治州的人民政府根据上述权限制定地方政府规章,限于城乡建设与管理、环境保护、历史文化保护等方面的事项。已经制定的地方政府规章，涉及上述事项范围以外的，继续有效。

例如： 甲省政府所在地的乙市政府制定规章《城市生活垃圾分类管理办法》规定，未分类投放垃圾的，由城市管理主管部门责令限期改正；逾期未改正的，对单位处以1000元以下罚款，对个人处以200元以下罚款。乙市政府是否超出了地方政府规章的立法事项范围？没有超出。垃圾分类属于城市管理中的"环境保护"事项，设区的市政府有权就此事项制定规章。

（三）制定程序

1.立项。

下列主体可以报请立项：

（1）省、自治区、直辖市的工作部门；

（2）设区市人民政府的工作部门；

（3）下级人民政府。

2.起草。

组织起草的是省、自治区、直辖市和设区市的人民政府。它们可以确定由其一个部门或者几个部门具体负责起草工作，也可以确定由其法制机构起草或者组织起草。

3.审查。

地方政府规章与国务院部门规章的审查程序基本一致。

4.决定。

地方政府规章应当经过政府常务会议或者全体会议决定。

5.公布。

法制机构根据有关会议审议意见对规章草案进行修改形成草案修改稿后，报请省长、自治区主席、市长签署命令予以公布。

地方政府规章签署公布后，本级人民政府公报、中国政府法制信息网、本行政区域范围内发行的报纸应当及时刊登。

地方人民政府公报刊登的规章文本为标准文本。

【注意】 凡是公报上刊登的立法文本均为标准文本。

例如： 某省会城市的市政府拟制定限制共享单车停放和通行的规章。"该规章应当在全省发行的报纸上刊载"，这种说法是错误的。省会城市的市政府，也就是设区市政府制定的规章需要在该设区市发行的报纸上刊载，不需要在全省发行的报纸上刊载。比如，兰州市政府规章需要在兰州市发行的报纸上（如《兰州日报》）刊载，不需要在甘肃省发行的报纸上（如《甘肃日报》）刊载。

6.施行。

地方政府规章应当自公布之日起30日后施行；但是，涉及国家安全、外汇汇率、货币政策的确定以及公布后不立即施行将有碍规章施行的，可以自公布之日起施行。

7.备案。

省级政府规章由省级政府的法制机构向本级人大常委会和国务院备案。

例如： 云南省政府规章应当报云南省人大常委会和国务院备案。

设区市政府规章由地方人民政府的法制机构分别报省级人大常委会、本级人大常委会、国务院和省级政府备案。

设区市政府规章备案的记忆规则：去掉一高一低。即设区市政府规章不向全国人大常委会和设区市政府自己备案，其他的人大常委会和设区市政府的上级政府均应备案。

例如： 昆明市政府规章应当报云南省人大常委会、昆明市人大常委会、国务院、云南省人民政府备案。

8.解释。

（1）解释情形：规章的规定需要进一步明确具体含义的；规章制定后出现新的情况，需要明确适用规章依据的。

（2）解释主体：规章解释权属于规章制定机关。

（3）解释程序：规章解释由规章制定机关的法制机构参照规章送审稿审查程序提出意见，报请制定机关批准后公布。

（4）解释效力：规章的解释同规章有同等效力。

归纳总结 **立法文件的公布方式**

立法类型	公布方式
法律	主席令
行政法规	①一般的行政法规：国务院令 ②涉及国防建设的行政法规：国务院和中央军事委员会令
部门规章	部门首长签署命令
地方政府规章	政府首长签署命令

归纳总结 **行政立法的公布载体**

立法类型	应当公布载体	标准文本
行政法规	①国务院公报 ②中国政府法制信息网 ③全国范围内发行的报纸	国务院公报
部门规章	①国务院公报或部门公报 ②中国政府法制信息网 ③全国范围内发行的报纸	国务院公报或部门公报
地方政府规章	①地方政府公报 ②中国政府法制信息网 ③本行政区域发行的报纸	地方政府公报

归纳总结 行政立法的备案

立法类型	报送期限	报送主体	备案主体
行政法规	公布后30日内	国务院办公厅	全国人大常委会
部门规章	公布后30日内	部门法制机构	国务院
地方政府规章	公布后30日内	地方政府法制机构	①省级政府规章：国务院+省级人大常委会 ②设区市政府规章：国务院+省级政府+省级人大常委会+设区市人大常委会

经典考题： 甲省政府所在地的乙市政府制定规章《城市生活垃圾分类管理办法》规定，未分类投放垃圾的，由城市管理主管部门责令限期改正；逾期未改正的，对单位处以1000元以下罚款，对个人处以200元以下罚款。关于该办法，下列选项哪些是正确的？（2020年考生回忆版卷一第15题，多选）①

A.超出了地方政府规章的立法事项范围

B.公布后应在中国政府法制信息网刊载

C.应当报甲省政府备案

D.设定的罚款不能超出该省人大常委会对政府规章规定的罚款限额

归纳总结 ★★行政规章

部门规章	制定机关	①国务院组成部门 ②直属机构（如海关总署、国家市场监督管理总局） ③部分直属事业单位（证监会、银保监会）
	制定权限	①无上位法依据，部门规章不得设定减损公民、法人和其他组织权利或增加其义务的规范 ②无上位法依据，部门规章不得增加本部门的权力或减少本部门的法定职责
	报请立项	部门工作机构
	决定	①部务会议（如工信部、司法部） ②委员会会议（如国家发改委、国家卫健委）
	应当公布的载体	①国务院公报或部门公报 ②中国政府法制信息网 ③全国范围内发行的报纸

---

① 【答案】BCD。垃圾分类属于城市管理中的"环境保护"事项，设区的市政府有权就此事项制定规章。A选项错误。地方政府规章签署公布后，应当及时在如下载体公布：（1）地方政府公报；（2）中国政府法制信息网；（3）本行政区域内发行的报纸。B选项准确。乙市政府的规章应当报备案的主体包括：甲省人大常委会、乙市人大常委会、国务院、甲省政府。C选项准确。省会市政府有权通过制定规章的形式设定警告、通报批评和一定数量的罚款；但是，罚款的限额应当由省级人大常委会规定。D选项准确。

续　表

部门规章	标准文本	①本部门公报 ②国务院公报
	备案	公布后30日内由制定机关的法制机构向国务院备案
地方政府规章	制定机关	①省级政府 ②设区的市政府（含自治州政府）
	制定权限	①设区市政府规章的立法权限：针对城乡建设与管理、环境保护、历史文化保护的事项 ②无上位法的依据，地方政府规章不得设定减损公民、法人和其他组织权利或增加其义务的规范
	报请立项	①政府部门 ②下级政府
	决定	①政府常务会议 ②政府全体会议
	应当公布的载体	①本级人民政府公报 ②中国政府法制信息网 ③本行政区域范围内发行的报纸
	标准文本	本级人民政府公报
	备案	①省级政府规章由省级政府的法制机构（司法厅/局）向本级人大常委会和国务院备案 ②设区市政府规章由司法局报省级人大常委会、本级人大常委会、国务院和省级政府备案

第四节　各种立法文件的效力等级、适用规则和冲突解决规则

· 考情分析 ·

■　本节知识点需要考生掌握不同立法文件的效力等级，了解不同立法文件的适用规则与冲突解决规则。

■　在客观题考试中，本节知识点一般不直接考查。

■　在主观题考试中，需要了解不同立法文件的效力等级与适用规则。

一、各种立法文件的效力等级

包括行政立法在内的各种立法文件，其效力等级如下：

1.宪法。

宪法具有至高无上的法律效力。

2.法律。

法律的效力仅次于宪法。

3.行政法规。

行政法规的效力低于宪法与法律，高于其他。注意，国务院根据授权制定的行政法规，效力实际略高于其他行政法规。这主要体现在：当此类行政法规与法律相抵触时，并不当然适用法律，而是由全国人大常委会作出裁决。即根据授权制定的行政法规，在效力上被认为是与法律同等的。

4.地方性法规。

地方性法规由省级或设区市的人大及其常委会制定，其效力低于宪法、法律、行政法规。如果是设区市的地方性法规，还低于所在地的省级地方性法规。如广州市地方性法规低于广东省地方性法规。

5.部门规章。

部门规章的效力低于宪法、法律、行政法规。注意，部门规章与地方性法规在效力上是平行的，并无高低之分。如果单独比较的话，部门规章的效力既与省级地方性法规平行，也与设区市的地方性法规平行。

6.地方政府规章。

地方政府规章的效力低于宪法、法律、行政法规、本级和本级以上地方性法规、上级地方政府规章。

例如： 青岛市人民政府制定的青岛市政府规章，其效力低于宪法、法律、行政法规、山东省地方性法规、青岛市地方性法规、山东省政府规章。同时，无论是山东省政府规章，还是青岛市政府规章，在效力上与商务部的部门规章都是平行的。比较立法文件的效力切忌等式替换的方式，只能将两类立法文件独立比较。如我们不能因为部门规章的效力等于省级政府规章，而省级政府规章的效力又高于设区市政府规章，推导出部门规章的效力高于设区市政府规章的结论，实际上它们的效力是相等的。

7.几类特殊的立法文件。

这些立法文件之所以特殊，在于它们可以根据法律规定或有权机关的授权，对上位法作出变通，并在一定区域内优先适用这些变通规定。这些立法文件包括自治条例、单行条例、经济特区法规。

自治条例与单行条例由民族自治地方（自治区、自治州、自治县、自治旗）的人大（不包括其常委会）制定，在地位上与地方性法规类似。但它们根据法律的规定，可以对上位法的内容加以变通，并在本区域或本民族中优先适用变通规定。

经济特区法规由经济特区所在省、市的人大及其常委会制定，在地位上也类似于地方性法规。但由于它们的制定源于全国人大的特别授权，可以在授权的范围内对上位法加以变通，并在经济特区范围内优先适用变通规定。

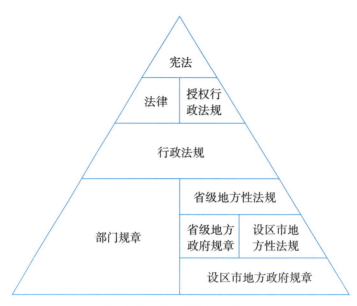

图：各种立法文件的效力等级图

【注意】

1.法律与全国人大常委会授权国务院制定的行政法规效力相同。

2.部门规章效力与地方性法规和地方政府规章效力相同。

3.省级政府规章和设区市地方性法规效力相同。

归纳总结	★★各种立法文件的效力等级

宪法	宪法具有至高无上的效力
法律	效力低于宪法
行政法规	效力低于宪法、法律
地方性法规	效力低于宪法、法律、行政法规
部门规章	效力低于宪法、法律、行政法规
地方政府规章	效力低于宪法、法律、行政法规、本级和本级以上地方性法规、上级地方政府规章

二、各种立法文件的适用规则

立法文件的适用，解决的是不同的立法文件对同一问题的规定发生冲突时，以哪一个为准的问题。可以区分为三类情况：

1.由同一机关制定的立法文件。

如果发生冲突的立法文件为同一机关所制定，它们在效力的位阶上自然是平行的，用以下规则确定其适用：

（1）特别法优于一般法。

当立法文件中特别规定与一般规定不一致时，适用特别规定。

（2）新法优于旧法，法不溯及既往，有利溯及除外。

当立法文件中新的规定与旧的规定不一致时，原则上适用新的规定。但同时应当遵循法不溯及既往的原则，即当旧事未结，新法已颁时，原则上不能将新法适用于旧事，否则将破坏公民对法律的信赖。当然，法不溯及既往的原则存在例外，即当溯及地适用新法将对公民、法人和其他组织更加有利时，仍适用新法。比如，刑法上的"从旧兼从轻"原则，实际上就是"法不溯及既往，有利溯及除外"这一原则在刑法上的具体体现。

（3）新的一般规定与旧的特殊规定相矛盾时，应当裁决。

立法文件中新的一般规定与旧的特殊规定相矛盾时，应当由有权机关作出裁决。谁是这里的"有权机关"呢？一般实行"谁制定，谁裁决"的原则，唯一的例外是当制定机关是某级人大时，由于人大不是常设机关，此时应由该级人大的常委会裁决。

2.由不同机关制定，且位阶不同的立法文件。

此时的规则较为简单，下位法服从上位法。

3.由不同机关制定，但位阶相同的立法文件。

这类情况的立法规范适用问题，包括以下情形：

（1）授权制定的法规与法律之间的冲突。

授权制定的法规有两种，一是国务院根据授权制定的行政法规，二是经济特区所在省、市的人大及其常委会根据授权制定的经济特区法规。这些法规在位阶上虽然低于法律，但由于它们的制定权来自于最高立法机关的授予，可以认为这些法规是因行使"准立法权"而制定的文件，具有"准法律"的地位，与一般的行政法规或地方性法规皆有不同。因此，当这些法规与法律之间发生了冲突，难以决定其适用时，应当由授权机关（全国人大常委会）裁决。

（2）地方性法规与部门规章之间的冲突。

地方性法规与部门规章之间的效力是平行的，当这两者发生冲突时，应当：

①首先由国务院处理，国务院认为应当适用地方性法规的，应当作出决定，适用地方性法规。

②如果国务院认为应当适用部门规章的，则无权自行作出决定，应当进一步提请全国人大常委会裁决。

（3）行政规章之间的冲突。

当效力平行的行政规章之间发生冲突时，无论是部门规章之间，还是部门规章与地方政府规章之间，都由国务院裁决。

（4）省级地方政府规章与设区市地方性法规之间的冲突由该省级人大常委会裁决。

归纳总结　★★★各种立法文件的适用规则

同一机关制定	①特别法优于一般法 ②新法优于旧法 ③新的一般规定与旧的特殊规定相矛盾时，"谁制定，谁裁决"

续　表

不同机关制定	位阶不同	上位法优于下位法，下位法服从上位法
	位阶相同	【部门规章VS地方性法规】一步到位：首先报请国务院处理，国务院认为应当适用地方性法规的，应当直接适用地方性法规；二步到位：如果国务院认为应当适用部门规章的，则应提请全国人大常委会作最终裁决 【部门规章VS地方政府规章】国务院裁决 【经授权制定的行政法规VS法律】全国人大常委会裁决

三、各种立法文件规范冲突的解决规则

为保证国家法制统一，必须对各种立法文件的制定加以监督，包括：（1）合法性监督，即审查其制定是否符合法定权限与程序，其内容是否符合上位法的规定。合法性审查的结果往往表现为对被审查立法文件的撤销。（2）适当性监督，即审查其内容是否妥当、合理。适当性审查的结果往往表现为对被审查立法文件的改变。

撤销或改变，是有权机关对立法文件加以审查之后的处理方式。可以总结为以下规律：

1.领导关系下的处理。

如果两个机关之间存在领导关系，则领导机关既有权撤销，也有权改变被领导机关的立法文件。所谓领导关系，存在于三类立法机关之间：（1）各级人大领导其常委会；（2）上级政府领导下级政府；（3）各级政府领导其所属部门。

例如：广东省人民政府既可以撤销广州市人民政府的规章，也有权改变广州市人民政府规章。

2.监督关系下的处理。

如果两个机关之间存在监督关系，则监督机关有权撤销，但无权改变被监督机关的立法文件。所谓监督关系，存在于两类立法机关之间：（1）各级国家权力机关（人大及其常委会）监督本级政府；（2）上级国家权力机关监督下级国家权力机关。

例如：广东省人大常委会可以撤销但不得改变广东省政府制定的规章。

3.授权关系下的处理。

如果两个机关之间存在立法授权关系，则授权机关有权撤销被授权机关的立法，乃至于撤销其授予的权限本身。立法授权关系存在于两类立法机关之间：（1）全国人大及其常委会授权国务院制定特殊的行政法规；（2）全国人大授权经济特区所在省、市的人大及其常委会制定经济特区法规。

例如：全国人大常委会可以撤销国务院根据授权制定的某一暂行条例，甚至可以撤销其授予的该权力。

4.批准关系下的处理。

如果某个立法文件是经过批准生效的，则在此可将其视为批准机关的立法来处理，处理的结果是撤销。即经批准的立法，视为批准者的立法。

例如：内蒙古自治区制定的自治条例、单行条例在经过全国人大常委会批准之后生

效，那么，可在此将其视为全国人大常委会自己制定的立法文件对待，此时只有全国人大可以撤销它。再如自治州、自治县制定的自治条例与单行条例，以及设区市制定的地方性法规，在经过所在地省级人大常委会批准之后生效，可在此将其视为省级人大常委会自己制定的立法文件对待，只有全国人大、全国人大常委会、省级人大有权撤销它。

归纳总结　★各种立法文件规范冲突的解决规则

既可撤销也可改变	两个机关是领导关系	①各级人大与其常委会 ②上下级政府 ③各级政府与其所属工作部门
只能撤销不能改变	两个机关是监督关系	①上下级人大 ②各级人大与其同级政府
	两个机关是批准关系	①自治条例和单行条例 ②设区市的地方性法规
	两个机关是授权立法关系	①授权性行政法规 ②经济特区法规

专题六

行政许可

命题点拨

（一）主要内容

本专题的主要内容为：（1）行政许可的概述；（2）行政许可的设定；（3）行政许可的实施；（4）行政许可的监督。

（二）命题规律

本专题客观题考试大致每年考查2～3分，1～2个选择题，考试题型以单项选择题和多项选择题为主。这一部分知识点要求考生对于常考的细节内容进行良好的记忆，比如收费、盖章、书面、期限、应当、可以等等。主观题潜在命题点在于行政许可的设定、行政许可的听证程序、行政许可的撤销规则和正当程序。

（三）重点难点

本专题的重点难点包括：（1）行政许可的创设和行政许可的规定；（2）行政许可的实施程序，重点是一般程序和听证程序；（3）行政许可的撤销、撤回、注销、吊销概念之间的区分。

知识体系图

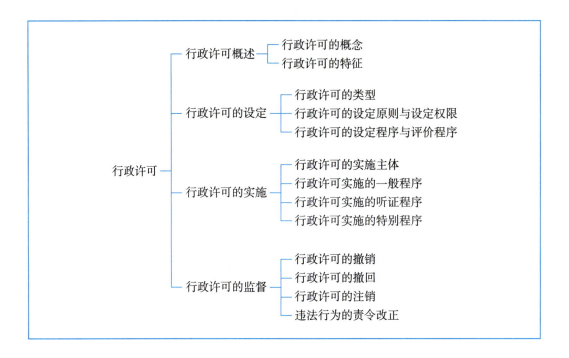

第一节　行政许可概述

·考情分析·

■ 本节知识点作为行政许可的背景知识，考生需要了解行政许可的概念和特征。
■ 在客观题考试中，本节知识点不是高频考点。
■ 行政许可属于依申请行政行为、依职权行政行为、要式行政行为。

一、行政许可的概念

行政许可是指行政机关根据公民、法人或者其他组织的申请，经依法审查，准予其从事特定活动的行为。

例如：维多参加2021年国家统一法律职业资格考试（以下简称"法考"），考试成绩合格，向某市司法局提交法律职业资格证书申请材料，某市司法局受司法部委托，经审查认定维多符合法律规定的条件，向维多颁发了《法律职业资格证书》。

二、行政许可的特征

（一）属于依申请的行政行为

行政许可决定的作出，必须以当事人的申请为前提。因为对于设定了行政许可的事项，一般人都负有未经批准不得从事特定活动的义务，而要解除这种义务从而获得从事特定活动的自由，就必须向行政机关提出申请。从理论上讲，行政机关只有在当事人提出申请时，才能够对申请人的条件、资格、能力等进行审查，并决定是否准予许可，而不能由行政机关依职权主动对当事人的上述事项加以审查，并作出许可决定。

例如：《法律职业资格证书》的颁发需要通过法考的考生向司法部提交申请材料，司法部委托地方各个设区市政府的司法局进行审查，符合条件的，予以颁发该证书。

（二）属于授益行政行为

行政机关一旦作出准予许可的决定，就意味着准许当事人从事某种特定活动，这本身就扩大了被许可人的行为自由。况且，从事这种活动完全是基于当事人的自愿申请，这说明当事人所希望从事的这种活动，是能够为其带来一定利益的，一个理性的当事人绝不可能申请行政机关来剥夺自己的利益或者加重自己的义务。因此，行政许可是一种授益行政行为。

例如：维多获得《法律职业资格证书》后就有了选择从事法律职业的权利。保罗未获得《法律职业资格证书》，不得从事律师、法官、检察官等法律职业。

（三）属于要式行政行为

由于许可决定事关当事人的行为自由，因此《行政许可法》规定，无论行政机关作出的是准予许可的决定,还是不准予许可的决定,都应当以书面形式作出。而当行政机关作出准予许可的决定时,往往还需要向被许可人发放加盖公章的证书,或者在特定物品上使用某种符号标记。其颁发的许可证书种类较为繁多,包括许可证、执照、资格证、资质证、批件、证明书等。而特定符号标记一般用于对特定产品、设施、设备进行检验、检测、检疫的情况,一般表现为加贴标签,加盖检验章、检测章、检疫章等。由此可见,行政许可是一种要式的行政行为,行政机关不得以口头等非要式方式作出许可决定。

例如: 考生通过法考后,司法部应当向符合法律职业资格许可条件的考生颁发书面的《法律职业资格证书》,不得口头作出。

归纳总结 ★行政许可的概念和特征

概念	行政许可是指行政机关根据公民、法人或者其他组织的申请,经依法审查,准予其从事特定活动的行为
特征	①授益性行政行为:增加当事人的权利,扩大了当事人的行为自由 ②依申请的行政行为:必须以当事人的申请为前提,行政机关不主动作出 ③要式行政行为:不管是准予许可的决定,还是不准予许可的决定,都应当以书面形式作出

第二节　行政许可的设定

·考情分析·

■ 本节知识点需要考生掌握行政许可的类型,理解行政许可的创设和规定,了解行政许可的评估程序。

■ 在客观题考试中,本节知识点一般是每3年考查一次。

■ 本节知识点易错考点有:

(1)法律、行政法规、地方性法规均有权创设经常性许可。

(2)国务院的决定有权创设非经常性许可。

(3)省级政府规章有权创设临时性的行政许可,实施期限不能超过1年。

(4)省级政府规章可以创设行政许可,部门规章和设区市政府规章不得创设行政许可。

(5)公民能够自主决定的事项,可以不设定为许可事项,但不是说就一定禁止设定为许可事项,有必要的,也可以把公民能够自主决定的事项设定为许可事项。

(6)下位法在创设行政许可时,不得违反上位法。也就是说,下位法不得违反上位法创设行政许可。

（7）省级政府报国务院批准后可在本区域停止实施行政法规设定的有关经济事务的行政许可。

（8）对于已设定的行政许可，设定机关应当定期评价；实施机关可以适时评价。

在主观题考试中，需要掌握行政许可的设定规则，尤其是下位法创设行政许可的规则："实行上位法优先的原则"，即尚未制定法律的，行政法规可以设定行政许可。如果作为上位法的法律已设定了某项许可，行政法规就不得再行设定，只能作出规定。同理，尚未制定法律、行政法规的，地方性法规可以设定行政许可；尚未制定法律、行政法规和地方性法规的，因行政管理的需要，确需立即实施行政许可的，省、自治区、直辖市人民政府规章可以设定临时性的行政许可。

一、行政许可的类型

（一）按照许可性质的分类

1. 一般许可。

一般许可是指直接涉及国家安全、公共安全、经济宏观调控、生态环境保护以及直接关系人身健康、生命财产安全等特定活动，需要按照法定条件予以批准的事项。

一般许可在行政许可中占有较大比例，行政机关的职责是审查申请人在实施特定行为时是否可能危害公共利益或他人利益，以避免因为行为人能力上的缺陷和瑕疵带来的危害，一般没有数量限制，只要申请人符合条件均能获得许可。

例如：驾驶执照、排污许可是典型的一般许可。

2. 特许。

特许是指有限自然资源开发利用、公共资源配置以及直接关系公共利益的特定行业的市场准入等，需要赋予特定权利的事项。

特许是行政机关代表国家向被许可人让渡某种资源权利的许可方式，这些资源权利在享有和使用上必然是排他的。因此，特许一定有数量上的限制。为了保证公平，特许一般采用招标、拍卖等公平竞争性方式来实施。

例如：采矿许可，航线使用许可，无线电频率使用许可，市政公用事业如水、电、公交、移动通信等经营权的许可，都是典型的特许。

3. 认可。

认可是指提供公众服务并且直接关系公共利益的职业、行业，需要确定具备特殊信誉、特殊条件或者特殊技能等资格、资质的事项。

认可这种行政许可活动的对象是"人"。行政机关对申请人认可的结果，是确认了申请人的从业权，一般来说不应当有数量限制，但不排除它在一定时期、一定条件下实行阶段性的数量控制。

针对公民的认可，一般需要组织国家考试，并由行政机关根据考试成绩和其他法定条件作出许可决定。

针对法人和其他组织的认可，一般需要进行考核，考核的内容包括申请人的专业人员构成、技术条件、经营业绩和管理水平等，并由行政机关根据考核结果作出许可决定。

例1：法律职业资格许可、医师执业许可等，是典型的"针对公民从事特定职业需要相应资格"的认可。

例2：建筑业企业资质证书、支付业务许可证等，是典型的"针对法人从事特定行业需要相应资质"的认可。

4.核准。

核准是指直接关系公共安全、人身健康、生命财产安全的重要设备、设施、产品、物品，需要按照技术标准、技术规范，通过检验、检测、检疫等方式进行审定的事项。

核准这种行政许可活动的对象是"物"，是直接关系公共安全、人身健康、生命财产安全的设备、设施、产品、物品等。

在核准事项中，行政机关所核实的是特定的设施、设备、产品、物品是否达到一定的技术标准，只要这些物品经过技术部门检测、检验、检疫达到了有关标准，就应准予许可，不应有数量上的限制。

例如：药品批文、特种设备制造许可证，是典型的核准。

5.登记。

登记是指企业或其他组织的设立等需要确定主体资格的事项。

由于企业和各种组织的设立，均由法律、法规设定了各种条件，而对于申请人是否具备这些条件的审查，就是通过各种登记来完成的。一般来讲，只要申请人具备了获得主体资格的条件，行政机关就必须给予登记，因此登记也没有数量限制。

例如：公司设立登记、社会团体登记等。

【注意】公司设立登记的性质是行政许可。公司变更登记的性质需要视具体情形而定，原则上属于行政确认。单行法规定公司变更登记事项需要经过审批的，这种变更登记为行政许可。例如，保险公司的股东变更登记属于行政许可。

（二）按照许可实施期限的分类

按照行政许可的实施有无时间上的限制，可分为经常性许可和非经常性许可。

1.经常性许可。

经常性许可是指许可事项一经设定，其实施没有期限限制的许可事项。只要设定许可的立法文件本身不被废止、修改或者撤销，这些许可事项就将一直实施下去。大部分许可都属于经常性许可。

例如：《道路交通安全法》第19条规定，驾驶机动车，应当依法取得机动车驾驶证。本条规定的内容创设了一个经常性许可：驾驶机动车应当获得"机动车驾驶证"这么一个许可。一个自然人想要在中国驾驶机动车，不管是2022年，还是2032年，只要《道路交通安全法》没有被废止或者修改，均须获得机动车驾驶证。

2.非经常性许可。

非经常性许可是指许可事项在设定后，其实施有一定期限限制的许可事项。非经常性许可的终止方式有二：

（1）到期终止。这种许可又称临时性许可，如《行政许可法》规定的省级地方政府规章所设定的许可就是临时性许可，其实施期限最长不得超过1年。

（2）转化终止。有些非经常性许可的实施期限虽无明确限制，但必须在条件成熟时由有权机关通过制定法律、法规的形式，将其转化为经常性许可，此时非经常性许可的实施也就自然终结。

例如：某省突然爆发大规模的非洲猪瘟疫情，该省政府制定省政府规章，要求对本省养殖的家猪每个月必须检疫一次，为期一年。省级政府规章创设的检疫许可就是临时性许可，该许可的最长实施期限为1年，超过1年后仍需继续实施的，应当报请该省人大或该省人大常委会制定地方性法规，将其转化为经常性行政许可。

二、行政许可的设定原则和设定权限

行政许可的"设定"，包括"创设"与"规定"两个层次。

第一，行政许可的创设（从无到有）。

行政许可的创设是指有权国家机关通过制定立法文件创设行政许可事项、赋予行政机关许可审批权力的立法活动。

例如：《道路交通安全法》第19条规定，驾驶机动车，应当依法取得机动车驾驶证。本条规定的内容创设了驾驶机动车应当获得"机动车行驶证"这么一个许可。

因此，行政许可的创设，即创造之意，是将一个本来并不存在的许可事项、许可权力创造出来交由行政机关实施的立法活动。

第二，行政许可的规定（从粗到细）。

行政许可的规定是指有权国家机关对一个已经存在的许可事项、许可权力通过制定下位法作出进一步的、具体化的规范。

例如：《道路交通安全法实施条例》第21条规定："公安机关交通管理部门应当对申请机动车驾驶证的人进行考试，对考试合格的，在5日内核发机动车驾驶证；对考试不合格的，书面说明理由。"行政法规的本条规定细化了上位法《道路交通安全法》第19条"机动车驾驶证"的规定，就"机动车驾驶证"的获得方式作出了进一步的明确。

因此，行政许可的规定，即规范之意，是对一个业已存在的许可事项作出进一步的、具体化的规范。

（一）行政许可的设定原则

一般性指导原则包括四个方面：遵循经济和社会发展规律；有利于发挥公民、法人和其他组织的积极性和主动性；维护公共利益和社会秩序；促进经济、社会和生态环境协调发展。

1.可以设定为许可的事项。

可以设定行政许可的事项，主要有《行政许可法》第12条规定的5个方面，即一般许可、特许、认可、核准、登记。这5个方面总结起来，是指公民、法人和其他组织从事的公共相关性特定活动。所谓公共相关性特定活动，主要是指那些可能对公共安全、宏观经济、生态环境和经济秩序造成不利影响或者危害的自由活动，或者开发利用自然资源、占用公共资源、进入特定行业市场的活动。

2.可不设定许可的事项。

如果通过实行以下原则能够解决行使自由权的公共相关性问题，就可以不设定行政许可：

（1）公民、法人或者其他组织自主决定。

（2）市场竞争机制有效调节。

（3）行业组织或者中介机构自律管理。

（4）行政机关可以采取事后监督等其他管理方式解决。

例1：维多和利娅一见钟情，坠入爱河，两人是否需要向民政局申领《恋爱许可证》后才能手拉手谈恋爱？不需要。因为公民能够自主决定恋爱对象，不需要民政局进行行政干预。

例2：某公司决定将每瓶300毫升的某品牌洗发水价格调整为1000元，是否需要物价局审批同意后才能上调价格？不需要。非垄断性商品的价格由市场竞争机制进行调节。当该品牌洗发水价格虚高了，消费者可以选择性价比更合适的其他品牌洗发水。当消费者都不买该品牌洗发水了，价格迟早要重新调整的。

归纳总结　★行政许可设定的事项范围

可以设定	①一般许可：从事直接涉及公共利益或个人重大利益的特殊活动 ②特许：有限自然资源的开发利用、公共资源的配置或特定行业的市场准入 ③认可：从事特定职业资格的确定或者从事特定行业资质的确定 ④核准：特定设备、设施、产品、物品的检验、检测、检疫 ⑤登记：企业或者其他组织的设立
可以不设定	①公民、法人或者其他组织能够自主决定的 ②市场能够有效调节的 ③中介组织、行业组织能够自律管理的 ④事后监督能够解决的

（二）行政许可的创设

1.经常性许可的创设。

法律、行政法规、地方性法规均有权创设经常性许可。

这些立法文件对许可的创设，实行上位法优先的原则，即只有在上位法对某一事项尚未创设许可的情况下，下位法才可以创设。

例如：尚未制定法律的，行政法规可以设定行政许可。如果作为上位法的法律已设定了某项许可，行政法规就不得再行设定，只能作出规定。同理，尚未制定法律、行政法规的，地方性法规可以设定行政许可；尚未制定法律、行政法规和地方性法规的，因行政管理的需要，确需立即实施行政许可的，省、自治区、直辖市人民政府规章可以设定临时性的行政许可。

·知识拓展·

■ 若某类事项尚未出台上位法进行调整，下位法首次就此类事项出台规范填补空白的，下位法可以把此类事项设定为许可事项，创设行政许可。若此类许可事项上位法已经出台，但上位法没有就此类事项设定许可的，下位法就不能设定这种许可。例如：我国已经制定出台的盐业管理的法律、行政法规没有设定工业盐准运证的行政许可，那么地方性法规或者地方政府规章就不能设定工业盐准运证这一新的行政许可。（参见鲁潍盐业进出口有限公司苏州分公司诉江苏省苏州市盐务管理局盐业行政处罚案，最高人民法院指导案例5号）

【注意】对于国务院行政法规设定的有关经济事务的行政许可，省级人民政府根据本行政区域经济和社会发展情况，认为通过市场经济能够解决的，报国务院批准后，可以在本行政区域内停止实施该行政许可。

2.非经常性许可的创设。

国务院的决定和省级政府规章可以创设非经常性许可。

【注意】部门规章和设区市政府规章不得创设行政许可。国务院部门的决定无权创设行政许可。

非经常性许可在实施一段时间之后，要么终止实施，要么由有权机关将其转化为经常性许可继续实施。非经常性许可的创设有两种情况：

（1）国务院在必要时采用决定的方式设定，该许可实施后，若属于临时性许可，则在其实施期限届至之后自然终止；若不属于临时性许可，则必须及时提请全国人大及其常委会制定法律，或由国务院自行制定行政法规，把它转化为经常性许可。

（2）省级政府在上位法尚未出台，但又确有必要的情况下，可以通过省政府规章形式设定临时性许可，这种临时性许可的实施期限最长不得超过1年，满1年需要继续实施的应当提请本级人大及其常委会制定地方性法规，把它转化为经常性许可。

归纳总结　★★★行政许可的创设（从无到有）

经常性 许可	创设主体	①法律 ②行政法规 ③地方性法规

续　表

非经常性许可	创设主体		①国务院的决定 ②省级政府规章
	创设规则	国务院创设	①临时性许可，在其实施期满后自然终止 ②一般性非经常性许可需要长期实施的，国务院应提请全国人大及其常委会制定法律，或自行制定行政法规，将其转化为经常性行政许可
		省级政府创设	①临时性许可，通常实施期限最长不超过1年 ②实施满1年需要继续实施的应当提请本级人大及其常委会制定地方性法规，将其转化为经常性行政许可

（三）行政许可的规定

行政法规、地方性法规、各种行政规章均可对上位法已创设的许可作出进一步的详细规定。

行政许可的规定必须遵循"不得违反上位法"的原则，既不能增设行政许可，也不能增设违反上位法的其他许可条件。

行政规章以下（不含行政规章）的其他规范性文件，既无许可创设权，也无许可规定权。

例如：《道路交通安全法》规定公民只有在取得驾驶证之后方能驾驶机动车上路行驶。如果某省人大制定地方性法规或省政府制定地方政府规章规定，本省公民必须取得驾驶证与紧急救护证方能驾车，这就属于增设行政许可；如该地方性法规或者地方政府规章规定，本省公民必须获得驾驶证满1年后方能驾车上路，就属于增设了违反上位法的许可条件。两种做法都是违法的。

归纳总结　★**行政许可的规定（从粗到细）**

规定规则	行政法规、地方性法规、各种行政规章均可对上位法已创设的许可作出进一步的详细规定 ①不得增设行政许可 ②不得增设违反上位法的其他条件

（四）禁止设定许可的事项

《行政许可法》禁止地方设定以下三种许可：

1.禁止设定全国统一的认可事项。

地方立法文件不得设定应当由国家统一确定的资格、资质许可。至于哪些认可事项应当由国家统一实施，应当由法律或者行政法规加以明确。一般来讲，如果这种资格、资质认可关系到公民就业权的实现，或关系到不同市场主体的公平竞争，就不应由地方设定。

例如：通过国家统一法律职业资格考试来实施的法律职业资格许可，就不能由各地分别设定。假设某省人大制定地方性法规要求在该省从事法律职业，除了通过国家统一法律职业资格考试外，还得通过省级法律职业资格考试，这就属于地方性法规设定了本应由国家统一确定的资格许可了，构成违法设定行政许可。

2.禁止设定企业或其他组织的设立登记及其前置性许可。

地方立法文件既不得设定企业设立登记事项，也不得设定这些企业设立登记事项的前置性许可。对前置性许可可以这样理解：如果C许可的申请必须以A许可的获得作为前提，A许可就是C许可的前置性许可。

例1：公民申请出租车营运执照，必须以获得驾驶证为必备条件，驾驶证就是出租车营运许可的前置性许可。

例2：根据《道路交通安全法》的规定，公民获得了驾驶证可以驾驶机动车进入道路行驶。某地方性法规规定在本行政区域申请驾驶证之前还得先获得紧急救护证才能申请驾驶证。该地方性法规设定了一项前置性许可"紧急救护证"，构成违法设定行政许可。

3.禁止设定限制外地的生产、经营、服务、商品进入本地的许可。

地方立法文件所设定的行政许可，不得限制其他地区的个人或者企业到本地区从事生产经营和提供服务，不得限制其他地区的商品进入本地区的市场。

例如：某地方性法规规定，外地人员到本地经营网吧，应当到本地电信管理部门注册并缴纳特别管理费。该地方性法规设定了一个地方保护主义许可，构成违法设定行政许可。

经典考题：关于行政许可的设定权限，下列哪些说法是不正确的？（2016年卷二第79题，多选）①

A.必要时省政府制定的规章可设定企业的设立登记及其前置性行政许可

B.地方性法规可设定应由国家统一确定的公民、法人或者其他组织的资格、资质的行政许可

C.必要时国务院部门可采用发布决定的方式设定临时性行政许可

D.省政府报国务院批准后可在本区域停止实施行政法规设定的有关经济事务的行政许可

归纳总结 ★★地方性法规和省级政府规章禁止设定的行政许可

①应当由国家统一确定资格、资质的行政许可
②企业或者其他组织的设立登记及其前置性行政许可
③限制外地个人或企业到本地区从事生产经营和提供服务，限制外地商品进入本地区市场

---

① 【答案】ABC。地方性法规不得设定应由国家统一确定的公民、法人或其他组织的资格、资质的行政许可，AB选项错误。必要时，国务院可以采用发布决定的方式设定行政许可。国务院部门没有权力通过发布决定的方式设定临时性行政许可。C选项错误。中国地大物博，每个省的实际情况各不相同，某些省市场经济比较发达，能够通过市场机制调节的，可以不通过许可审批的方式干预经济活动，可以由省政府报国务院批准后在本区域停止实施行政法规设定的有关经济事务的行政许可。D选项正确。

三、行政许可的设定程序与评价程序

行政许可的设定，是通过制定法律、行政法规、地方性法规、省政府规章等方式来实现的，因此，行政许可设定的程序就是制定这些立法文件的程序，大多规定于《立法法》及若干行政法规中，对此无须特别说明。但由于许可的设定事关国家对公民自由的干预与限制，需要格外慎重，因此《行政许可法》对许可的设定，又规定了一些特别程序。

（一）起草的特别程序

起草拟设定行政许可的法律、法规和规章，起草单位有两个重要程序义务：

1.应当采取听证会、论证会或者其他形式广泛听取公众的意见。

2.向制定机关作出说明，内容是设定该行政许可的必要性、对经济社会可能产生的影响、听取意见和采纳意见的情况。

（二）评价程序

这种设定后评价程序，包括三种机制：

1.设定机关的定期评价。

行政许可的设定机关应当定期对其设定的行政许可进行评价；对已设定的行政许可，认为已没必要将这些事项规定为许可事项的，应当对设定该行政许可的规定及时予以修改或者废止。

2.实施机关的适时评价。

行政许可的实施机关可以对已设定的行政许可的实施情况及存在的必要性适时进行评价，并将意见报告该行政许可的设定机关。

3.公民、法人或者其他组织提出意见和建议。

公民、法人或者其他组织针对已经设定的行政许可可以提出意见和建议。提出的内容包括行政许可的设定和实施，接受意见的是设定机关和实施机关。

归纳总结 ★**行政许可的设定与评价程序**

起草程序	听取意见	应当采取听证会、论证会等形式听取意见
评价程序	设定机关	应当定期对其设定的行政许可进行评价
	实施机关	可以对许可的实施情况及存在的必要性适时进行评价并将意见报告该许可的设定机关
	社会公众	可以向行政许可的设定机关和实施机关就行政许可的设定和实施提出意见和建议

第三节 行政许可的实施

· 考情分析 ·

■ 本节知识点需要考生了解行政许可的实施主体，重点掌握行政许可的实施程序。

■ 在客观题考试中，本节知识点属于每年必考，尤其是一般许可的实施程序、听证程序是高频考点。

■ 本节易错知识点和高频高点有：

（1）规章不得授权实施行政许可。

（2）委托实施行政许可，只能委托其他行政机关实施，不能委托非政府组织实施行政许可。

（3）"一个窗口对外"是"应当"有的便民制度；"一个机关对外""集中办理、联合办理""行政许可的集中实施"是"可以"有的便民制度。

（4）申请行政许可，只能书面，不能口头。

（5）申请行政许可要求按格式文本来填的，由行政机关提供格式文本，行政机关提供格式文本不得收费。

（6）申请材料不齐全，行政机关应当当场一次性告知申请人需要补正的全部内容；如果当场没有发现材料不齐全而是事后发现的，在5日内一次性告知申请人需要补正的全部内容。逾期不告知的，自收到申请材料之日起视为受理，但不是视为准予许可。

（7）行政许可是要式行政行为，必须作出书面决定书。准予行政许可的决定应当公开；不准予行政许可的决定可以不公开。

（8）实施行政许可和对行政许可事项进行监督检查，原则上不收取费用，法律、行政法规另有规定的除外。这就意味着地方性法规、地方政府规章不得作出实施行政许可收费的例外规定。

（9）行政许可听证会的申请期限为5日、组织期限为20日、告知期限为7日，这三个期限的记忆方法是：我（吾、5日）爱你（20日），老婆（妻子、7日），即"我爱你，老婆"。

（10）在听证之前已经参与审查该项许可事项的行政机关工作人员不能担任听证主持人，但是要参加听证会，在听证会上提供审查意见及证据理由。

（11）行政许可的听证笔录具有案卷排他效力。所谓案卷排他效力是指行政机关只能以案卷上已经载明的内容作为作出行政决定的全部依据，而不得对案卷中没有记载的因素加以考虑，强调行政机关应当根据听证笔录作出许可决定，不得在许可听证会之外搜集证据以作出许可决定。

（12）行政许可听证会的目的在于调查事实，以决定能不能准予许可。调查事实是行政机关的义务，因此听证会的费用由行政机关来承担，而不是申请人来承担。

■ 在主观题考试中，需要掌握行政许可实施程序中的"听证程序"。

一、行政许可的实施主体

（一）行政机关实施

行政许可原则上由行政机关实施。该机关应当具备许可实施权，并在其法定权限内实施。

例如：营业执照一般由市场监督管理局颁发；建设工程规划许可证由自然资源与规划局颁发；建设工程施工许可证由建设局颁发；排污许可证一般由生态环境局颁发；消防设施合格证由消防部门颁发；税务登记证由税务局颁发；医疗机构执业许可证由卫健委颁发。

（二）授权实施

某些获得法律、行政法规、地方性法规授权的社会公共组织，也可以在授权范围内以自己的名义实施许可。被授权组织实施行政许可，适用行政机关实施许可的规定。注意《行政许可法》明确规定，能够授权社会组织实施行政许可的依据必须是法律、行政法规、地方性法规。因此，规章授权社会公共组织实施行政许可的，无效。

例如：注册会计师协会根据《注册会计师法》的授权组织注册会计师考试并颁发证书，就属于行政许可的授权实施。

（三）委托实施

行政机关在其法定职权内，依照法律、法规、规章的规定，可以委托其他行政机关实施行政许可。委托实施的行政许可，委托者与被委托者都必须承担一定义务。委托者的义务在于应将受委托者与委托内容公告，并对受委托者实施许可的行为加以监督，同时对该行为引起的法律后果负责。被委托者的义务则在于必须以委托者的名义实施行政许可，且不得再将许可事务转委托于他人实施。

例如：法律职业资格证书是由司法部委托地方各个设区市政府的司法局向通过国家统一法律职业资格考试的考生颁发。考生获得的法律职业资格证书是由司法部部长署名、司法部盖章颁发的。

（四）办公方式改革

1.一个窗口对外：行政许可由一个行政机关内设的多个机构办理的，该行政机关应当确定一个机构统一受理行政许可申请，统一送达行政许可决定。

2.一个机关对外：行政许可由地方政府两个以上部门分别实施的，该级政府可以确定一个部门受理许可申请，并转告有关部门分别提出意见后统一办理。

3.联合办理或者集中办理：行政许可由地方政府两个以上部门分别实施的，该级政府可以组织有关部门联合办理、集中办理。

4.集中实施：经国务院批准，省级政府可以决定由一个行政机关行使多个行政机关的行政许可权，这就是行政许可的集中实施。其目的在于便利当事人，减轻其程序性负担，落实行政法上高效便民的基本原则。其实质是许可权在不同行政机关之间的重新配置，将本来分属多个机关的许可权集中地配属于其中的一个机关，或另外一个机关；原来的机关就此失去对该事项的许可实施权，如果再继续实施相关许可，其行为无效。

加上这些规定都是对行政许可办公方式的改革，改革的目的同样在于便利当事人，体现了高效便民的基本原则。

归纳总结 ★★★行政许可的实施机关（发证机关）

行政机关	由具有行政许可权的行政机关在其法定职权范围内实施
被授权组织	①授权依据：法律、法规（含行政法规、地方性法规） ②授权对象：具有管理公共事务职能的组织 ③实施名义：被授权组织以自己的名义实施行政许可 ④责任承担：对实施行政许可行为的后果独立承担法律责任（被授权组织自己是被告）
被委托机关	①委托依据：法律、法规、规章 ②受托对象：必须是其他行政机关 ③实施名义：受托机关以委托机关的名义实施行政许可 ④责任承担：委托机关对受托机关实施行政行可的后果承担法律责任（谁委托，谁被告） ⑤委托公告：委托机关应当将受托机关和受委托实施许可的内容予以公告
一个窗口对外	许可需某个行政机关内设的多个机构办理的，应当由一个机构统一受理，统一送达决定
一个机关对外	许可由地方政府两个以上行政机关分别实施的，本级政府可以确定一个机关受理许可申请并转告有关机关分别提出意见后统一办理
集中/联合办理	许可由地方政府两个以上行政机关分别实施的，本级政府可以组织有关机关联合办理、集中办理
集中实施	经国务院批准，省级政府可以决定一个行政机关行使有关行政机关的行政许可权（行政审批局）

二、行政许可实施的一般程序

一般程序，就是实施行政许可的一般过程，也是任何行政许可事项的实施都必经的过程。此外的其他特殊程序，要么是一般程序的延伸，要么是一般程序的变化。

一个行政许可事项的实施，必须经过申请、受理、审查、决定四个环节。

（一）申请

1.行政机关的义务。

（1）提供文本的义务。当事人申请行政许可需要采用格式文本的，行政机关应当向其提供，格式文本中不得包含与当事人所申请的行政许可事项没有直接关系的内容。提供格式文本不得收费。

（2）公示信息的义务。行政机关应当将法律、法规、规章规定的有关行政许可的事项、依据、条件、数量、程序、期限，当事人需要提交的全部材料的目录，以及申请书的范本等，在办公场所公示。

（3）解释说明的义务。申请人要求行政机关对公示内容予以说明、解释的，行政机关应当说明、解释，提供准确、可靠的信息。

（4）推行电子政务的义务。行政机关应当推行电子政务，在其网站上公布行政许可事项，方便申请人采取数据电文等方式提出申请，并应与其他行政机关共享行政许可的有关信息，提高办事效率。

2.申请人的权利和义务。

申请人的权利主要表现为灵活申请的权利，可以：

（1）委托代理人申请，但该许可事项依法应当由当事人亲自到场申请的除外。

（2）通过信函、电报、电传、传真、电子数据交换、电子邮件等书面方式提出申请。

申请人的义务主要表现为申请行政许可必须采取书面的方式，申请人对书面申请材料真实性负责。申请人应当如实向行政机关提交有关材料、反映真实情况，并对其申请材料实质内容的真实性负责。

［总结］在法考中，申请类的书面口头记忆规则为：去掉一高一低。一高：申请行政许可，只能书面申请；一低：申请复议，既可以书面，也可以口头；去掉一高一低，剩下的申请类，例如申请政府信息公开、提起行政诉讼、申请国家赔偿，有书写能力的，必须书面，没有书写能力的，才能口头提出。

例如：天龙房地产开发有限公司拟兴建天龙金湾小区项目，向市规划局申请办理建设工程规划许可证，并提交了相关材料。该公司应到市规划局办公场所提出申请，这种说法是否准确？这种说法不准确。申请行政许可，必须采取书面方式提交申请。为了提高行政效率、便捷申请人，这种书面方式包括信函、电报、电传、传真、电子数据交换和电子邮件等方式。本案，公司不是必须到市规划局办公场所提出申请，可以通过信函、传真、电子数据交换和电子邮件等非现场方式提出行政许可申请。

归纳总结　行政法中的书面VS口头

申请类	【只能书面】 申请行政许可 【既可书面，也可口头】 申请行政复议 【原则书面，例外口头】 ①申请政府信息公开 ②提起行政诉讼 ③申请国家赔偿

决定类	【只能书面】 ①受理或不受理行政许可决定 ②准许或不准许行政许可决定 ③行政处罚决定和治安管理处罚决定 ④查封、扣押、冻结等行政强制措施决定 ⑤代履行等行政强制执行决定 【原则书面，例外口头】 政府信息公开决定原则上书面作出答复，若申请人要求口头答复的，口头答复

（二）受理

行政机关对申请人提出的申请，根据不同情况，处理方式有三：

1.受理。

当事人的申请符合下列条件的，应予受理：申请事项确实需要获得行政许可；申请事项属于本机关职权范围；申请材料齐全并符合法定形式。

2.补正后受理。

当事人的申请出现下列情况的，行政机关应在其补充或更正有关材料后受理：（1）申请材料存在错误，但当场可以更正的，应当允许申请人当场更正之后受理其申请；（2）申请材料存在缺失或错误，当场发现的，应当当场一次性告知申请补正申请材料；事后发现材料缺失的，应当在5日内一次性告知申请人需要补正的全部内容，当事人依法补正有关材料的应予受理。若没有在5日内一次性告知补正申请材料的，视为自收到申请材料之日起已经受理。

3.不受理。

当事人的申请属于下列情况的，行政机关对其申请不予受理：

（1）申请事项依法不需要取得行政许可的；

（2）申请事项依法不属于本机关职权范围的（在决定不受理的同时应告知申请人向其他行政机关申请）；

（3）申请人的申请材料存在缺失或错误，在行政机关告知其补充更正后，仍未依法补充或更正的。

无论行政机关最后是否受理申请，都应当出具加盖本机关专用印章和注明日期的书面凭证。

（三）审查

在审查程序中，《行政许可法》规定的主要是行政机关的义务，包括：

1.核实义务。

行政机关对申请材料的审查有形式审查和实质审查之分。形式审查是指行政机关针对行政相对人提交的申请材料，只审查其是否"齐全"以及是否符合"法定形式"，符合这两个标准的，即予当场作出行政许可。实质审查是指行政机关针对行政相对人提交的申请材料，不仅要审查其是否"齐全"以及是否符合"法定形式"，还要审查这些材料的真实性，在此基础上方能作出行政许可。

如果行政机关需要对申请材料的实质内容进行核实的，应当指派2名以上工作人员进行核查；如果只作形式审查，如核实其是否齐全、是否正确，则核查人员并无人数要求，也可以指派1名工作人员进行核查。

2.报送义务。

需要跨级审查的许可事项，应当由下级行政机关先予审查，并在法定的期限内将初步审查意见和全部申请材料直接报送上级行政机关。上级行政机关不得要求申请人重复提供申请材料。如此规定，一是为了减轻当事人重复提供材料的负担；二是为了督促行政机关尽快作出许可决定，避免因上下级机关之间重复审查造成拖延。

3.告知义务。

行政机关对行政许可申请进行审查时，发现行政许可事项直接关系他人重大利益的，应当将其告知该利害关系人。申请人和利害关系人有权进行陈述和申辩，行政机关应当听取其意见。这一规定的目的在于避免因利害关系人在许可程序中"缺席"而遭受损害。

例如： 某市一电台向市政府申请在某一地点建设无线电发射塔，因发射塔所带来的辐射可能在一定范围内损害人体健康，则该地点周围的居民就是这一许可事项的利害关系人，行政机关就负有将此事告知周围居民的义务。对此，电台与居民可以向行政机关陈述各自意见，由行政机关在充分听取之后作出决定。

（四）决定

行政许可的决定，包括准予许可和不准予许可两种情况。《行政许可法》主要从以下几个方面对行政许可的决定程序作出了规范，包括：

1.决定的形式。

行政许可是要式行政行为，无论是准予许可，还是不准予许可的决定，都必须以书面形式作出。需要颁发许可证件的，应当向申请人颁发加盖许可机关印章的行政许可证件；行政机关实施检验、检测、检疫的，可以在检验、检测、检疫合格的设备、设施、产品、物品上加贴标签或者加盖检验、检测、检疫印章。

对于准予许可的决定还应当公开，以便公众查阅。

2.决定的时限。

许可的决定期限自许可申请受理之日起计算；以数据电文方式受理的，自数据电文进入行政机关指定的系统之日起计算；数据电文需要确认收讫的，自申请人收到收讫确认之日起计算。期限的规定包括几种情况：

（1）当场决定。申请人提交的申请材料齐全、符合法定形式，行政机关能够当场作出决定的，应当场作出书面的许可决定。

（2）一个主体实施许可的决定。对于不能当场作出决定的许可事项，如果是由一个机关单独实施的，该机关应当自受理之日起20日内作出许可决定。20日内不能作出决定的，经本机关负责人批准可以延长10日，并将延长期限的理由告知申请人。法律、法规作出例外规定的，从其规定。

例如： 孙某计划成为从事网约车服务的驾驶员，向市交通运输局申请《网络预约出租汽车运输证》。市交通运输局应当自受理该许可申请之日起20内作出许可决定，经市交通运输局负责人批准，可以延长10日。

（3）平级多个主体实施许可的决定。行政许可采取统一办理、联合办理、集中办理，即由多个主体一同实施的，应当自受理办理之日起45日内作出许可决定。45日内不能办结的，经本级政府负责人批准可以延长15日，并应当将延长期限的理由告知申请人。

（4）跨级多个主体实施许可的决定。对于需要跨级审查的许可事项，其最终作出许可决定的总时限仍依上述规定处理，并无特殊之处。但要注意，法律对下级机关提出初步审查意见的时限作出了规定，要求下级机关自其受理申请之日起20日内审查完毕。当然，法律、法规作出例外规定的，从其规定。

在掌握决定时限时，要注意不能与颁证时限相混淆。颁证时限是指自行政机关作出准予许可的决定时起，到向被许可人正式颁发许可凭证之间的时段。颁证时限与决定时限是相互衔接的关系，行政机关应当自作出决定之日起10日内向申请人颁发、送达行政许可证件，或加贴标签、加盖检验、检测、检疫印章。

当然，上述的各种时限只是一般情况下行政机关作出许可决定所需的时间。如果在许可实施过程中，依法需要听证、招标、拍卖、检验、检测、检疫、鉴定和专家评审的，此类特殊事项所耗费的时间另行计算，不计算在上述期限之内，但行政机关应当将所需时间书面告知申请人。

3.决定的效力。

行政许可的效力，主要是指空间效力，包括两种：

（1）全国有效。由法律和行政法规设定的行政许可，原则上在全国范围内有效。

（2）在一定地域内有效。地方性法规与省级政府规章设定的行政许可，一般只在本区域内有效；由法律和行政法规设定的行政许可，也可以规定仅在一定区域内生效。

4.许可决定的变更与延续程序。

行政机关对当事人变更或延续申请的处理，都经过类似于一般程序的申请、受理、审查与决定过程，并无特殊之处。《行政许可法》唯一强调的只是期限问题，且针对的仅是延续程序。规定被许可人延续行政许可的有效期的，应当在该有效期届满30日前向原决定机关提出申请。法律、法规、规章另有规定的，从其规定。行政机关应当在该行政许可有效期届满前作出是否准予延续的决定，逾期未作决定的，视为准予延续。

例如：2004年9月1日获得增值电信业务许可证（有效期为5年）的甲公司，于2009年5月依法向原发证机关某省通信管理局提出续办经营许可证的申请。某省通信管理局应在甲公司许可证有效期届满前作出是否准予延续的决定；如省通信管理局逾期未作决定的，则视为准予延续。

5.许可实施的费用承担。

行政机关提供行政许可申请书格式文本，不得收费。

行政机关实施行政许可和对许可事项进行监督检查，不得收取任何费用。但法律、行政法规另有规定的除外。

行政机关实施行政许可，依照法律、行政法规收取费用的，应当按照公布的法定项目和标准收费；所收取的费用必须全部上缴国库，任何机关或者个人不得以任何形式截留、挪用、私分或者变相私分。财政部门不得以任何形式向行政机关返还或者变相返还实施行政许可所收取的费用。

经典考题： 天龙房地产开发有限公司拟兴建天龙金湾小区项目，向市规划局申请办理建设工程规划许可证，并提交了相关材料。下列哪一说法是正确的？（2017年卷二第47题，单选）①

A.公司应到市规划局办公场所提出申请

B.公司应对其申请材料实质内容的真实性负责

C.公司的申请材料不齐全的，市规划局应作出不受理决定

D.市规划局为公司提供的申请格式文本可收取工本费

归纳总结　★★★行政许可实施的一般程序（一般许可的发证程序）

申请	申请方式	①可自己申请，也可委托代理人申请。但是，依法应当由申请人申请的除外 ②书面方式（含E-mail、传真、数据电文等方式）
受理	补正材料	①申请材料存在可以当场更正的错误的，应当允许申请人当场更正 ②申请材料不齐全，应当当场或者在5日内一次性告知申请人需要补正的全部内容 【注意】逾期不告知的，自收到申请材料之日起即为受理
	形式	受理或不予受理申请，应出具加盖本行政机关专用印章和注明日期的书面凭证
审查	审核材料	①形式审查（书面审）：指派1名工作人员进行核查 ②实质审查（当面审）：指派2名以上工作人员进行核查
	跨级审查	①下级机关应在法定期限内将初步审查意见和全部申请材料直接报送上级机关 ②上级行政机关不得要求申请人重复提供申请材料
决定	决定方式	①准予许可：作出书面准予许可决定，且准予许可的决定应当予以公开，公众有权查阅 ②不予许可：作出不予许可的书面决定，说明理由并告知申请人享有复议或诉讼的权利
	决定期限	当场决定：申请符合法定条件，能当场作出许可决定的，可当场作出
		单个主体：20日+10日即≤30日。但是法律、法规另有规定的除外
		多个主体：45日+15日即≤60日
		跨级主体：下级机关应当自其受理20日内审查完毕。但是法律、法规另有规定除外
		扣除期限：听证、招标、拍卖、检验、检测、检疫、鉴定和专家评审所需时间
		颁证期限：10日内颁发许可证或者盖章、盖戳、加贴标记物等
	决定地域效力	全国有效：法律、行政法规设定的许可，其适用范围一般没有地域限制
		区域有效：地方性法规与省级政府规章设定的许可，只在本区域内有效

---

① 【答案】B。公司不是必须到市规划局办公场所提出申请，也可以通过信函、传真、电子数据交换和电子邮件等非现场方式提出行政许可申请。A选项错误。申请人申请行政许可，应当如实向行政机关提交有关材料和反映真实情况，并对其申请材料实质内容的真实性负责。B选项正确。公司的申请材料不齐全的，市规划局应一次性告知该公司补正申请材料，而不是作出不受理决定。C选项错误。市规划局提供申请格式文本不可以收取工本费。D选项错误。

续　表

变更延续	申请期限	应在该许可有效期届满30日前提出申请。但是，法律、法规、规章另有规定的，依照其规定
	默示批准	许可机关应当在该许可有效期届满前作出决定；逾期未作决定的，视为准予延续
费用	禁止收费	①对于行政机关提供的行政许可申请书格式文本，一律不得收取费用 ②实施行政许可和对行政许可事项进行监督检查，原则上不收取费用
	例外	法律、行政法规另有规定的除外；所收取的费用全部上缴国库，不得向行政机关返还

三、行政许可的听证程序

行政听证制度，是行政程序法上的一项重要制度，是指行政机关在作出一项严重影响当事人权利义务的决定之前，通过听取当事人对有关事实与法律问题进行陈述、申辩、质证，从而保证其行政决定更加合法、合理、公正的制度。

《行政许可法》对听证的规定，主要规则有：

（一）听证的启动

行政许可听证程序的启动包括主动启动与被动启动。

主动启动的主体是行政机关。对于法律、法规、规章规定应当听证的事项，或行政机关认为因涉及公共利益而需要听证的重大许可事项，都应当向社会公告并举行听证。

例如：漳州市生态环境局实施《福建漳州核电厂1、2号机组环境影响评价许可》，需要主动组织听证会，并向社会公告。

被动启动的主体是许可事项申请人或利害关系人。行政许可直接涉及申请人与他人之间重大利益关系的，行政机关在作出行政许可决定前，应当告知申请人、利害关系人享有要求听证的权利。

例如：徐某系个体工商户，经营早餐店铺，主要经营炖盅、肠粉、汤粉、蒸米丝、粥等。2019年9月30日，徐某的《食品经营许可证》将到期，向区市场监督管理局申请延续。此前位于该早餐店铺的2楼住户刘某多次向区市场监督管理局投诉反映，该早餐店铺产生油烟、噪音，影响作息和健康，请求停止办理该早餐店铺的《食品经营许可证》。那么，刘某是否有权向区市场监督管理局申请举行听证会？有权申请。本案，《食品经营许可证》到期后是否准予延续，涉及利害关系人刘某的环境权，应当告知其有申请举行听证的权利，刘某有权要求举行听证会。

【注意】行政机关从事的行政执法事项涉及不特定多数人合法权益的，应当公告。

（二）听证的期限

1.申请期限：申请人、利害关系人应当在被告知听证权利之日起5日内提出听证申请。

2.组织期限：行政机关应当在20日内组织听证。

3.告知期限：行政机关应当于举行听证的7日前将举行听证的时间、地点通知申请人、利害关系人，必要时还需公告。

［总结］申请期限5日，组织期限20日，告知期限7日，这三个期限的记忆规则为：

我爱你老婆。"我"，5日；"爱你"，20日；"老婆"，7日。

（三）听证主持人的回避

行政机关在选择听证主持人时，应当按照程序正当原则的要求，实行公务回避。在听证程序中，能够引起公务回避的原因有二：一是实体原因；二是程序原因。

1.实体原因，是指听证主持人不能与许可事项存在直接利害关系，否则将造成其角色上的冲突，违反自然公正原则。行政许可的申请人或利害关系人如认为主持人与该行政许可事项有直接利害关系的，有权申请回避。

2.程序原因，是指在听证前已经参与审查该许可事项的行政机关工作人员不能担任听证主持人，而应当指定其他人员主持听证。这一规定绝非因为听证前的审查人员与许可事项本身存在实体法上的权利义务冲突，而仅仅是出于程序上的考虑。因为一个行政工作人员如果已经接触并参与了某一许可事项的审查，难免对此形成了某些固定看法，出于"先入为主"的心态，有可能影响他在主持听证过程中作出公正的判断。

（四）听证的内容

申请人、利害关系人可以提出证据，并进行申辩和质证。

行政机关审查该行政许可申请的工作人员应当提供审查意见（拟准予许可或不予许可）、证据、理由、依据。

（五）听证的形式

除了涉及国家秘密、商业秘密、个人隐私的，听证应当公开举行。

（六）听证笔录的效力

行政机关应当对听证过程制作笔录，听证笔录在交听证参加人确认无误后由其签字盖章。特别注意行政机关应当根据听证笔录作出许可决定，这一规定体现了行政程序法上的案卷排他原则。案卷排他，即行政机关只能以案卷上已经载明的内容、经过质证的材料作为作出行政决定的全部依据，而不得对案卷中没有记载的因素加以考虑，禁止在听证会结束后搜集证据来作为许可决定的依据使用。其意义在于强调案卷的权威性，避免听证程序走过场。值得一提的是，《行政许可法》《行政处罚法》都明确规定了案卷排他制度。

（七）听证的费用承担

申请人、利害关系人不承担行政机关组织听证的费用。组织听证的费用由行政机关承担。

【注意】行政许可听证会的目的在于调查事实，以决定能不能准予许可。调查事实是行政机关的义务，因此听证会的费用由行政机关来承担，而不是申请人来承担。

例如：四季公司向市生态环境局提交《建设项目环境影响申报表》，申请在景明新村17号楼及19号楼之间新建洗浴服务项目。夏某系17号楼二楼的房主，认为洗浴服务项目的浴池、噪音设备间、水泵房正位于其主卧下方，影响其生活。市生态环境局审批《建设项目环境影响申报表》，应当告知夏某享有要求举行听证的权利。夏某应当在被告知听证权利之日起5日内提出听证申请。市生态环境局应当在20日内组织听证。市生态环境局应当于举行听证的7日前将举行听证的时间、地点通知四季公司、夏某。审查《建设项目环境影响申报表》的工作人员应当参加听证，但不得作为主持人。听证组织费用由市生态环境局承担。

经典考题：刘某向卫生局申请在小区设立个体诊所，卫生局受理申请。小区居民陈某等人提出，诊所的医疗废物会造成环境污染，要求卫生局不予批准。对此，下列哪一选项符合《行政许可法》规定？（2010年卷二第43题，单选）①

A.刘某既可以书面也可以口头申请设立个体诊所

B.卫生局受理刘某申请后，应当向其出具加盖本机关专用印章和注明日期的书面凭证

C.如陈某等人提出听证要求，卫生局同意并听证的，组织听证的费用应由陈某承担

D.如卫生局拒绝刘某申请，原则上应作出书面决定，必要时口头告知即可

归纳总结 **行政法中的收费VS不收费**

不收费	①行政机关提供行政许可申请书格式文本
	②实施行政许可和对许可事项监督检查，不收费；但法律、行政法规另有规定的除外
	③行政许可听证
	④行政处罚听证
	⑤查封、扣押等行政强制措施
	⑥一般的政府信息公开
	⑦行政复议申请
	⑧国家赔偿申请
收费	①代履行（收合理成本费用）
	②高频申请政府信息公开（收信息处理费）
	③行政复议鉴定费用
	④行政诉讼案件受理费
	⑤行政诉讼中，证人因履行出庭作证义务而支出的交通、住宿、就餐等必要费用以及误工损失，由败诉一方当事人承担
	⑥行政诉讼原告和第三人申请法院责令被告提交证据所产生的费用，由申请人预付

归纳总结 **★★★行政许可实施之听证程序**

听证启动	主动启动	①法律、法规、规章规定实施许可应听证的事项，应向社会公告，并举行听证
		②涉及公共利益的重大许可事项，应当向社会公告，并举行听证
	被动启动	许可直接涉及申请人与他人之间重大利益关系的，应告知申请人、利害关系人有要求听证的权利；申请人、利害关系人要求听证的，行政机关应当举行听证

---

① 【答案】B。行政许可申请应以书面形式提出，不能以口头形式提出。A选项错误。行政机关受理或者不予受理行政许可申请，应当出具加盖本行政机关专用印章和注明日期的书面凭证。B选项正确。申请人、利害关系人不承担行政机关组织听证的费用。C选项错误。行政机关不予行政许可，应当作出书面决定，不能口头告知。D选项错误。

续　表

听证期限	申请期限	在被告知听证权利之日起5日内提出听证申请
	组织期限	在20日内组织听证
	告知期限	于举行听证的7日前将听证的时间地点通知申请人、利害关系人，必要时予以公告
	备　　注	【记忆规则】我爱你，老婆
主持人回避	实体回避	与该许可事项有直接利害关系的行政机关工作人员不得担任主持人
	程序回避	在听证之前已经参与审查该项许可事项的行政机关工作人员不能担任听证主持人
公开		除了涉及国家秘密、商业秘密、个人隐私的，听证应当公开举行
听证内容		①申请人、利害关系人：可以提出证据，并进行申辩和质证 ②行政机关：审查该行政许可申请的工作人员应当提供审查意见的证据、理由
听证笔录		①听证应当制作笔录，听证笔录应当交听证参加人确认无误后签字或者盖章 ②行政机关应当根据听证笔录，作出许可决定（案卷排他效力：许可决定必须依据听证笔录记载内容作出）
费用		听证费用由行政机关承担

四、行政许可实施的特别程序

行政许可按照其性质可以分为一般许可、特许、认可、核准、登记五类，除了一般许可无须作出特别规定，其他类型的许可事项都在一般程序的基础上适用一些特殊程序。

（一）针对特许的程序

特许就是有限自然资源的开发利用、公共资源的配置、特定行业的市场准入等许可事项。

有限资源的开发利用是指对土地、森林、草原、湖泊、水流、矿产、海域等在内的自然资源的开发利用。

公共资源的配置是指对公共运输线路和电信资源如无线电频谱、航空线路、公交线路等有限公共资源的配置。

特定行业的市场准入是指企业被许可进入电力、铁路、民航、通信、石油、烟草等行业从事相关经营活动。

由于特许在性质上是行政机关代表国家就一定的公共资源权利向被许可人作出的让渡，结果是使被许可人增加了其本来没有的权利，这类资源的排他性必将造成被许可人与其他人在权利上的不平等。既然实体的平等无法实现，法律就必须退而求其次来追求程序上的平等。因此，对特许事项原则上应当通过招标、拍卖等公平竞争的方式作出决定，按照招标、拍卖程序确定中标人、买受人后，行政机关应当作出准予行政许可的决定，依法向中标人、买受人颁发行政许可证件。

此外，自然资源、公共资源的有限性和稀缺性，公用事业的巨大市场以及国家对市场准入的限制，决定着这类许可经济价值巨大，通过招标、拍卖方式的公平竞争的方式作出许可决定，可以防止个别企业通过钱权交易的方式贿赂官员进行暗箱操作，更有利于资源的保护。行政机关违法不采用招标、拍卖方式，或违反招标、拍卖程序，损害申请人合法权益的，申请人可以通过行政复议或行政诉讼的方式寻求救济。

例如：2015年8月，五福公司参与某区自然资源局组织的海域使用权出让招投标，并通过投标与区自然资源局签订三份2015年《紫菜养殖海域使用权出让合同》，上述合同分别对应三、四、五标段，海域规定用途为紫菜养殖，合同确定的海域面积分别为145.099公顷、97.668公顷、142.991公顷。上述合同约定的海域使用权期限均为自2015年8月20日至2018年6月30日。此后，五福公司取得对应的三份《海域使用权证书》，证书写明的登记机关为某区自然资源局，发证机关为某区人民政府。证书载明的终止日期为2018年6月30日。

（二）针对认可的程序

认可就是赋予公民、法人或其他组织以从事特定行业、职业的资格、资质的许可，即认可针对"人"。由于认可在性质上是对申请人从业条件、能力的审查，需要通过一定形式来保证其审查结果的公正性。对此，《行政许可法》规定：

1.针对公民的认可，一般需要组织国家考试，并由行政机关根据考试成绩和其他法定条件作出许可决定。此类资格考试应由行政机关或行业组织实施，并公开举行。组织者应当事先公布考试的报名条件、报考办法、考试科目、考试大纲等，但不得组织强制性的考前培训，不得指定教材或者其他助考材料。

2.对于法人和其他组织的认可，一般需要进行考核，考核的内容包括申请人的专业人员构成、技术条件、经营业绩和管理水平等，并由行政机关根据考核结果作出许可决定。

例如：杨某系医科大学临床专业毕业生，向卫健委申请《临床医师执业证书》。《执业医师法》规定，执业医师需依法取得卫生行政主管部门发放的执业医师资格，并经注册后方能执业。那么，"该资格直接关系人身健康，需对杨某按照技术规范通过检验、检测确定其符合申请条件后颁发证书"，这种说法是否准确？这种说法不准确。行政许可的类型有：一般许可、特许、认可、核准、登记。认可是指提供公众服务并且直接关系公共利益的职业、行业，需要确定具备特殊信誉、特殊条件或者特殊技能等资格、资质的事项；核准是指直接关系公共安全、人身健康、生命财产安全的重要设备、设施、产品、物品，需要按照技术标准、技术规范，通过检验、检测、检疫等方式进行审定的事项。显然，执业医师资格属于提供公共服务且直接关系公共利益的职业，针对的是人，属于认可，而不是针对物的核准。自然人想要成为执业医师，应当参加考试，而不是通过检验、检测来确定。

（三）针对核准的程序

核准是指行政机关对特定产品、物品、设施、设备的检验、检测、检疫，即核准针对"物"。

《行政许可法》主要对核准的实施期限予以特别限制，规定行政机关对一定物品实施核准的，应当自受理申请之日起5日内指派2名以上工作人员按照技术标准、技术规范进行核准，不需要对核准结果作进一步技术分析即可得出结论的，应当场根据检验、检测、检疫的结果作出许可决定。

例如：海控机械制造公司计划生产制造电梯，向市场监督管理局申请《特种设备制造许可证》。那么，"市场监督管理局根据该公司的专业人员构成、技术条件、经营业绩和管理水平等的考核结果作出行政许可决定"，这种说法是否准确？不准确。本案，电梯是涉及公共安全、人身健康、生命财产安全的重要设备，应当通过技术检测来作出行政许可决定，而不是通过考核作出许可决定。

（四）针对登记的程序

登记是指企业或其他组织的设立等需要确定主体资格的事项。

行政机关对于登记事项主要是作形式上的审查，只要申请人提交的申请材料齐全、符合法定形式，行政机关就必须当场予以登记。特殊情况下，行政机关需要对申请材料的实质内容进行核实的，应当依法指派2名以上工作人员进行核查。

例如：维多从县公安局辞职创业，向市场监督管理局提交材料，申请注册一家名为金丰教育科技有限公司的企业。市场监督管理局受理后，经过对申请材料进行核实，予以登记。

（五）有数量限制的许可

除特许之外，其他类型的许可也可能存在数量限制。对此法律规定，有数量限制的行政许可，多个申请人均符合法定条件和标准的，行政机关应当根据受理行政许可申请的先后顺序作出准予行政许可的决定。但法律、行政法规另有规定的，从其例外。

例如：一小区已建有A幼儿园，为满足需要，某区人民政府拟在该小区内再建一所幼儿园。张某和李某均符合法定条件，先后向某区人民政府提出申请。本案例即属于一般有数量限制的行政许可，区政府应当按照受理申请的先后顺序作出许可。

归纳总结	★针对特定许可决定适用的特别程序
特许的决定程序	应当通过招标、拍卖等公平竞争的方式作出决定
认可的决定程序	①赋予公民特定的资格：根据考试成绩和其他法定条件作出许可决定 ②赋予单位特定的资质：根据考核结果作出许可决定
核准的决定程序	①应自受理申请之日起5日内指派2名以上工作人员进行核准 ②不需作进一步技术分析即可认定的，应当当场作出行政许可决定
登记的决定程序	申请人提交的申请材料齐全、符合法定形式的，应当当场予以登记
有数量限制的许可	多个申请人均符合条件的，根据受理申请的先后顺序作出许可决定

第四节　行政许可的监督检查

· 考情分析 ·

■ 本节知识点要求考生理解行政许可的撤销、撤回、注销，掌握与行政许可的吊销的区别，了解责令改正。在客观题考试中，本节知识点每2年考查一次。

■ 本节知识点中的易错和高频考点是：

（1）行政许可的撤销针对的是违法颁发的行政许可。

（2）行政许可的撤回针对的是合法颁发的行政许可。

（3）行政许可的注销针对的是已经失效的或者没有存在意义的行政许可。

（4）行政许可的吊销针对的是合法颁发的证，被许可人去干着违法的事儿，严重的要吊销。行政许可的吊销性质属于行政处罚。

（5）撤销被许可人以欺骗等不正当手段取得的行政许可，是对违法行为的纠正，性质不是行政处罚。

（6）违法发的证，除了原则上要撤销外，还要给予被许可人处罚，被许可人3年内不得再次申请该项许可。

（7）若申请人想通过违法手段申请许可，在申请阶段就被发现违法的，行政机关首先作出不予许可决定，还要给予申请人警告的处罚，并且申请人在1年内不得再次申请该许可。

（8）我国《行政许可法》并没有规定撤销行政许可的程序，即《行政许可法》并未规定行政机关撤销许可应当事前告知被许可人事实理由，并未规定撤销许可前应当听取被许可人的陈述申辩，那么，行政机关在撤销许可前未告知被许可人撤销许可的事实理由、未听取被许可人陈述申辩的，是否合法？不合法。

（9）行政许可的撤销属于行政行为的撤销。

（10）行政许可的撤回属于行政行为的废止。

（11）撤回行政许可，当事人有损失的，给予补偿，而不是赔偿。合法侵权，有损失的，补偿；违法侵权，有损失的，赔偿。

■ 在主观题考试中，需要掌握：行政许可的撤销性质不是行政处罚，是行政许可的一种监督措施；撤销违法的行政许可将损害重大公共利益、国家利害或者重大的信赖利益的，不得撤销。

　　在我国行政许可制度中设立监督检查，是为了解决行政机关"重许可轻监督"，影响行政许可有效实行的问题。

　　行政机关应当建立健全监督制度，通过核查反映被许可人从事行政许可事项活动情况的有关材料，履行监督责任。

行政机关可依法对被许可人生产经营的产品依法进行抽样检查、检验、检测，对其生产经营场所进行实地检查。检查时，行政机关可以依法查阅或者要求被许可人报送有关材料；被许可人应当如实提供有关情况和材料。行政机关依法对被许可人从事行政许可事项的活动进行监督检查时，应当将监督检查的情况和处理结果予以记录，由监督检查人员签字后归档。公众有权查阅行政机关监督检查记录。

行政机关实施监督检查时，不得妨碍被许可人正常的生产经营活动，不得索取或者收受被许可人的财物，不得谋取其他利益。

从监督检查的结果来看，可以分成对被许可人撤销许可、撤回许可、注销许可和责令改正4种情形。

一、撤销许可

（一）撤销许可的概念

行政许可的撤销是指在行政许可的授予过程中存在违法情形，由有权机关取消该行政许可的行为。

例如： 卫健委向韩某颁发《医疗机构执业许可证》，后经他人举报并经工作人员查验发现，韩某提交的申请材料存在虚假。卫健委随后作出撤销该《医疗机构执业许可证》的决定。

撤销许可是撤销准予行政许可的决定，是行政行为撤销的一种表现，其法律后果是使原有的许可决定自其作出之日起完全丧失效力。

撤销被许可人以欺骗等不正当手段取得的行政许可，是对违法行为的纠正，性质不是行政处罚，是行政许可的一种监督措施。

例如： 市场监督管理局向一药店发放药品经营许可证。后接举报称，该药店存在大量非法出售处方药的行为，该局在调查中发现药店的《药品经营许可证》系提供虚假材料欺骗所得。市场监督管理局有权撤销该许可。药店的药品经营许可证系提供虚假材料欺骗所得，不符合发证条件却颁发了许可证，属于违法授予的许可证，撤销该许可是对违法颁证的纠正，性质不属于行政处罚。

（二）撤销许可的原因

撤销行政许可的原因，在于该许可作出的过程存在某些违法行为，导致该许可行为成为"可撤销的行政行为"。撤销许可针对的是违法实施的行政许可。这些违法行为的实施者既有可能是被许可人，也有可能是行政机关的工作人员。

1.因行政机关工作人员的违法行为而撤销许可的情况包括：（1）滥用职权、玩忽职守；（2）超越职权；（3）违反法定程序；（4）对不具备申请资格或者不符合法定条件的申请人准予许可；（5）法律规定的其他情形。

2.因被许可人的违法行为而撤销许可的情况。这种相对简单，是指被许可人以欺骗、贿赂等不正当手段取得行政许可的情形。

（三）撤销许可的主体

原则上，撤销行政许可的主体既可以是作出许可决定的行政机关自己，也可以是其上级机关。

对于因行政机关超越自身职权作出的许可决定，被越权的机关（即本来有权实施这项许可的机关，权力被盗用机关）也可以将其撤销。

例如： 县市场监督管理局超越职权向保罗颁发河道采沙许可证，县水利局作为法定的发证机关，有权撤销县市场监督管理局颁发的河道采沙许可证。

（四）许可撤销后的处理

如果因行政机关工作人员的违法行为，而导致许可决定被撤销并造成被许可人合法权益损害的，行政机关应当依法给予赔偿。

如果因被许可人自己的违法行为，即因欺骗、贿赂而获得许可，导致许可决定被撤销并造成其损失的，国家对于这一损失不予赔偿。

（五）例外情形：虽违法但并不撤销

行政许可决定的作出虽有违法事由，但撤销该许可可能对公共利益造成重大损害的，不予撤销。

（六）撤销许可的法律责任

申请人隐瞒有关情况或提供虚假材料骗得许可的，面临的法律责任包括：

1.撤销许可。

2.行政机关依法给予行政处罚。

3.取得的行政许可直接关系公共安全、人身健康、生命财产安全事项的，申请人在3年内不得再次申请该行政许可；构成犯罪的追究刑事责任。

（七）申请人以欺骗、贿赂方式申请许可的法律责任

在行政许可的申请阶段，申请人隐瞒有关情况或提供虚假材料申请许可的，面临的法律责任包括：

1.行政机关不予受理或不予许可。

2.给予申请人警告处罚。

3.许可事项直接关系公共安全、人身健康、生命财产安全事项的，申请人在1年内不得再次申请该许可。

例如： 韩某向卫健委申请《医疗机构执业许可证》，经工作人员审查发现，韩某提交的申请材料存在虚假。卫健委随后作出不予许可、给予韩某警告、1年内不得再次申请该许可的决定。

· 知识拓展 ·

■《行政许可法》并未规定行政机关撤销许可的程序，即《行政许可法》未规定撤销许可应当事前告知被许可人事实理由，并未规定撤销许可前应当听取被许可人的陈述申辩，那么，行政机关在撤销许可前未告知被许可人撤销许可的事实理由、未听取被许可人陈述申辩的，是否合法？不合法。撤销许可应当遵循正当法律程序原则。正当法律程序原则的要义之一在于，行政机关作出任何对行政相对人或利害关系人不利的行政行为，都必须说明理由并听取

行政相对人或利害关系人的意见。即使《行政许可法》及特定监管领域有关行政许可的规定未明确要求行政机关在撤销许可时应通知利害关系人，行政机关亦应遵循正当程序原则的要求，在作出撤销行政许可决定书前，应当告知利害关系人撤销行政许可的理由并听取其陈述和申辩，使利害关系人真正参与到行政程序中，以确保行政机关全面把握案件事实，准确适用法律。[参见福建某投资有限公司不服中国银行保险监督管理委员会撤销许可决定案，（2018）京01行初1165号]

归纳总结　★★★行政许可的撤销

概念	行政许可的撤销是指在行政许可的授予过程中存在违法情形，由有权机关取消该行政许可的行为	
撤销缘由	①行政机关违法准予许可 ②被许可人违法取得许可 【注意】撤销被许可人以欺骗等不正当手段取得的行政许可，是对违法行为的纠正，性质不是行政处罚	
撤销主体	①许可机关自行撤销 ②许可机关的上级机关撤销 ③被越权的法定许可机关撤销	
撤销情形	许可机关违法	若撤销会损害重大信赖利益的，不得撤销；反之，则撤销。被许可人受到的损失应当赔偿
	被许可人违法	应当撤销；被许可人受到的损失不予赔偿
	共同违法	应当撤销；被许可人受到的损失不予赔偿
	例外情形	可能对公共利益造成重大损害的不予撤销
法律责任	被许可人违法取得许可后的责任： ①原则上撤销违法取得的许可证 ②应当依法给予行政处罚（例如罚款） ③被许可人在3年内不得再次申请该行政许可	
备注	如申请人通过违法手段申请许可，在申请阶段就被发现违法的，承担如下后果： ①不予许可 ②给予警告的处罚 ③申请人在1年内不得再次申请该许可	

二、撤回许可

行政许可的撤回是指行政许可所依据的法律、法规、规章修改或废止，或者准予行政许可所依据的客观情况发生重大变化时，为了公共利益的需要，行政机关废止已经生效的行政许可。

行政许可的撤回针对的是合法实施的许可，是行政行为废止的一种表现，其法律效果是被废止之日行政许可丧失法律效力。

撤回许可，给当事人造成财产损失的，行政机关应当依法给予补偿。

例如：利娅合法获得《摩托车驾驶许可证》，公安交通主管部门为了解决城市交通拥堵问题，提前废止该《摩托车驾驶许可证》的法律效力，应给予利娅合理的补偿。

（一）补偿程序

当事人因行政机关撤回许可而主张补偿的，应当先向行政机关提出申请，行政机关在法定期限或合理期限内不予答复，或当事人对行政机关作出的补偿决定不服的，可以依法提起行政诉讼。

（二）补偿标准

1.法定标准：法律、法规、规章或规范性文件对变更或撤回行政许可的补偿标准已有规定的，从其规定。

2.实际损失标准：上述文件对补偿标准未作规定的，一般在实际损失范围内确定补偿数额。

3.实际投入标准：被变更的许可事项属于特许的，一般按照当事人实际投入的损失确定补偿数额。

（三）对补偿的调解

行政许可补偿案件可以适用调解，参照行政赔偿案件调解的有关规定办理。

归纳总结	★行政许可的撤回	
撤回	概念	行政许可的撤回是指合法颁发的许可，基于法定的事由，撤回已经生效的许可，给被许可人造成损失的，给予补偿的制度
	补偿程序	①仅主张补偿的，应由行政机关先行处理。不予答复或不服补偿决定的可以复议或诉讼 ②法院审理行政许可补偿案件可以适用调解
	补偿标准	①法定标准：单行法对补偿标准已有规定的，从其规定 ②实际损失标准：单行法没有规定的，一般在实际损失范围内确定补偿数额 ③实际投入标准：特许被撤回的，一般按照当事人实际投入的损失确定补偿数额

三、注销许可

注销许可是指把一项曾经存在的许可在形式上完全消灭的手续。

注销许可针对的是丧失效力的许可或者没有必要继续存在的许可。

注销许可的原因包括以下几种：

1.因时间原因而消灭，是指行政许可的有效期届满之后，被许可人没有申请延续或申请延续但未被准许的；

2.因被许可人的原因而消灭，具体又有两种情形：一种是对公民的资格许可，被许可人死亡或丧失行为能力的；另一种是对法人和其他组织的许可，被许可人的主体资格依法终止的；

3.因违法等原因而消灭，是指许可依法被行政机关撤销、撤回或者吊销的；

4.因不可抗力而消灭，是指因不可抗力导致被许可事项客观上无法实施的。

例如： 某项采矿许可，被许可人获得许可之后该矿山因地震严重破坏而导致无法开采，行政机关应将该许可注销。

经典考题： 某县行政审批局向肖某颁发《林木采伐许可证》，后查明肖某在申请林木采伐许可证时提供了虚假材料，遂将之前颁发给肖某的《林木采伐许可证》予以撤销。下列说法哪些是准确的？（2019年考生回忆版卷一第7题）[①]

A.颁发《林木采伐许可证》不得收取费用

B.撤销《林木采伐许可证》的性质为行政处罚

C.作出撤销《林木采伐许可证》决定前，应当听取肖某的陈述和申辩

D.《林木采伐许可证》被撤销后，县行政审批局应当将其注销

归纳总结	★行政许可的注销	
注销	概念	行政许可的注销是指许可机关把一项曾经存在的许可在形式上完全消灭的手续
	情形	①许可期满未延续 ②丧失主体或能力 ③被撤销、撤回、吊销 ④发生不可抗力等

四、责令改正

责令改正是指责令被许可人改正其实施被许可行为时的一些违法事实。被许可人的这些违法事实，主要表现在违反了行政许可的附加义务。

行政许可可以分为单纯的行政许可和附义务的行政许可。

单纯的行政许可，当事人获得许可只意味着他获得了某项行为自由或享有了某种公共资源权利，对此只承担遵守一般法律的义务即可，没有因获得许可而增加了什么特别义务，法律也不需要设计专门的监督检查程序来落实这种义务。

[①]【答案】ACD。行政机关实施行政许可和对行政许可事项进行监督检查，不得收取任何费用。《森林法》《森林法实施条例》未规定颁发《林木采伐许可证》需要收费，故颁发《林木采伐许可证》不得收取任何费用。A选项准确。肖某本来不符合颁发《林木采伐许可证》的条件，但是肖某通过递交虚假材料骗得《林木采伐许可证》，县行政审批局撤销颁发给肖某的《林木采伐许可证》，属于恢复原状，并不以制裁惩戒为目的，因此，不属于行政处罚。B选项错误。在作出撤销行政许可决定书前，应当告知利害关系人撤销行政许可的理由并听取其陈述和申辩，使利害关系人真正参与到行政程序中，以确保行政机关全面把握案件事实，准确适用法律。C选项准确。肖某的《林木采伐许可证》被撤销后，《林木采伐许可证》已经丧失效力，因此应当给予注销。D选项准确。

附义务的行政许可则有所不同，被许可人在获得这种许可的同时，承担了某种附加的特别义务，这种义务是未获许可之人不需要承担的。对于被许可人到底是否履行了这种附加义务，就有加以专门监督检查的必要，主要通过责令改正的方式来实现，其情况有三：

1.对资源利用特许的责令改正。

获得资源利用特许的被许可人，如果没有依法履行开发利用自然资源的义务，或履行利用公共资源的义务，行政机关就应当责令其限期改正；而被许可人在规定期限内不改正的，行政机关应当对此依法处理。

例如：凤凰公司通过招投标并缴纳海域使用出让金后获得了海域使用许可证，但是未进行开发使用，自然资源与规划局应当责令其限期改正。

2.对市场准入特许的责令改正。

市场准入特许是指市政公用事业的特许经营，因特许而获准经营特定行业的被许可人，对其营业负有多项特殊义务，包括服务质量上的要求（应当为用户提供安全、方便、稳定的服务）、服务价格上的要求（只能收取合理的服务费用，价格不能过于高昂）、服务范围上的要求（必须普遍提供服务，即使向部分地区或部分对象提供服务无法获得较高利润，甚至无法获得利润，也需提供服务）、服务时间上的要求（必须提供持续的服务，不得擅自停业歇业）。如果被许可人不履行这些义务，行政机关应当责令其限期改正，或依法采取有效措施督促其履行。

例如：皇朝公司获得某县城市公共客运交通特许经营权出让许可，该公司排他性地运行该县公交车，应当提供安全、方便、稳定、普遍、持续的公交乘车服务，收取合理的费用。皇朝公司若在法定节假日不运营公交车或者在偏远小区没有安排公交车乘车服务的，交通运输局应当责令其限期改正。

3.对重要核准事项的责令改正。

对直接关系公共安全、人身健康、生命财产安全的重要设备、设施，是行政许可监督检查的重点内容。行政机关应当督促设计、建造、安装和使用单位建立相应的自检制度。同时，行政机关应当定期检验。对检验合格的，行政机关应当发给相应的证明文件。如以上设备、设施存在安全隐患，行政机关必须责令其停止建造、安装和使用，并责令有关单位立即改正。注意由于这些事项关系到公共安全、人身健康等重要因素，对其监督检查的结果表现为责令被许可人立即改正，这与上述两种的监督检查结果表现为责令被许可人限期改正不同。

例如：多鑫公司获得《特种设备制造许可证（电梯）》，在抽检过程中被发现存在技术安全隐患，市场监督管理局应当责令其立即改正。

归纳总结 ★行政许可的责令改正

责令改正	概念	责令改正是指责令被许可人改正其实施被许可行为时的一些违法事实
	情形	①对资源利用特许的责令改正 ②对市场准入特许的责令改正 ③对重要核准事项的责令改正 【备注】对①②责令被许可人限期改正，对③责令被许可人立即改正

行政处罚

命题点拨

（一）主要内容

本专题的主要内容为：（1）行政处罚的概述；（2）行政处罚的设定；（3）行政处罚的实施；（4）行政处罚的执行；（5）治安管理处罚。

（二）命题规律

相较于行政许可，本专题的重要概念理解与区分，如行政处罚与行政征收的区别、行政处罚与行政强制措施的区别成为了命题人青睐的常考考点。此外本专题的高频考点还包括：地方性法规的补充创设权、行政处罚权力下放、首违轻微者不处罚、无主观过错者不处罚、过时未罚者不处罚、一事不再罚、行政处罚的实施程序。本专题的大部分试题依然以纯粹记忆性的知识点为主，比如简易程序的适用范围、听证程序的适用范围和治安管理处罚的调查程序等。

（三）重点难点

本专题的重点难点在于：（1）行政处罚和行政征收两者的区别；（2）行政处罚的创设和规定；（3）地方性法规的补充创设权；（4）行政处罚权下放；（5）首违轻微者不处罚、无主观过错者不处罚、一事不再罚、过罚相当原则；（6）行政处罚的实施程序；（7）治安管理处罚的实施程序。

知识体系图

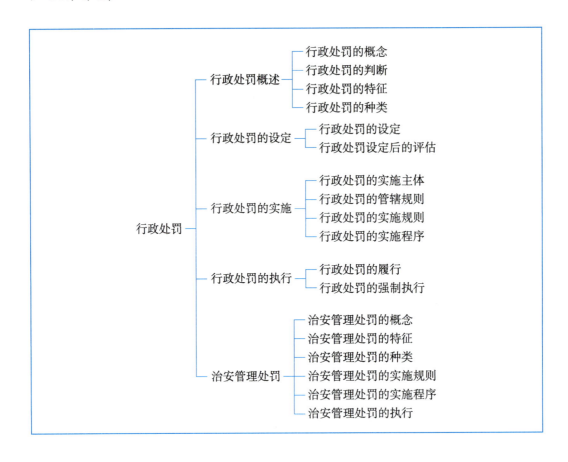

行政处罚
- 行政处罚概述
  - 行政处罚的概念
  - 行政处罚的判断
  - 行政处罚的特征
  - 行政处罚的种类
- 行政处罚的设定
  - 行政处罚的设定
  - 行政处罚设定后的评估
- 行政处罚的实施
  - 行政处罚的实施主体
  - 行政处罚的管辖规则
  - 行政处罚的实施规则
  - 行政处罚的实施程序
- 行政处罚的执行
  - 行政处罚的履行
  - 行政处罚的强制执行
- 治安管理处罚
  - 治安管理处罚的概念
  - 治安管理处罚的特征
  - 治安管理处罚的种类
  - 治安管理处罚的实施规则
  - 治安管理处罚的实施程序
  - 治安管理处罚的执行

第一节 行政处罚概述

· 考情分析 ·

■ 本节知识点要求考生准确理解行政处罚的概念，掌握行政处罚的判断标准，了解行政处罚的特征，熟悉行政处罚的种类。

■ 在客观题考试中，行政处罚的概念几乎每年必考，考查与行政征收、行政强制措施、行政命令等概念的区别。

■ 行政处罚的目的在于制裁、惩治违法行为人。

■ 行政处罚是行政机关对当事人实施的违法行为在法律责任上（权利义务）作出的最终的、确定的安排。像暂扣执照、行政拘留等行政处罚，在作出处罚决定时就应当明确处罚的期限，即必须附有明确的实施期限，如暂扣执照6个月、行政拘留15日。

■ 2021年修改的《行政处罚法》新增了5种行政处罚：通报批评、责令关闭、限制从业、限制生产经营、降低资质等级。

■ 在主观题考试中，需要准确区别行政处罚和行政强制措施。

一、行政处罚的概念

行政处罚是指行政机关依法对违反行政管理秩序的公民、法人或者其他组织，以减损权益或者增加义务的方式予以惩戒的行为。

例如：证监会查明某公司报送、披露的申请首次公开发行股票并上市相关文件存在虚假记载、未按规定披露关联交易等违法行为。甲系董事长和实际控制人，在上述违法事项中发挥了组织、策划、领导、实施作用，违法情节严重，证监会决定对甲采取终身证券市场禁入措施。证券市场禁入措施是证监会针对甲违法行为给予的最终权利义务安排，具有终局性，目的在于惩戒违法行为人，性质是行政处罚，属于处罚种类中的"限制从业"。

二、行政处罚的判断标准

（一）行政性

行政处罚是由行政机关作出的，针对的对象是违反行政管理秩序的行政相对人。

例如：维多因为嫖娼，违反了治安管理秩序，被县公安局给予行政拘留10日，属于行政处罚。

行政处罚是国家行政机关行使国家惩罚权的活动。相应地，不具有国家行政职能的个人、企业事业单位和其他组织，为维护内部工作生活秩序，按照组织章程或群众公约所采取的处罚措施，不属于行政处罚。

例如：皇朝公司对于上班迟到的利娅给予扣除季度奖金的处罚就不具有行政性，不属于行政处罚。

行政处罚是针对外部的公民、法人或者其他组织违法行为的管理活动，不同于行政机关对内部工作人员的行政处分。行政处分是调整国家行政职务关系的行政纪律措施。行政机关工作人员执行国家公务，负有专门的职权和职责，应当受国家法律法规和行政纪律的约束。行政处分和行政处罚既不应互相代替，也不能加以混淆。

例如：县生态环境局的二级科员保罗因为在互联网发表不当言论，被给予记过处分，不属于行政处罚。

（二）惩戒性

行政处罚的目的是惩戒违法，警戒和教育违法者并预防新的违法行为发生。

例1：国家市场监督管理总局经过调查发现某集团滥用市场支配地位，对平台内商家提出"二选一"要求，禁止平台内商家在其他竞争性平台开店或参加促销活动，构成《反垄断法》第17条第1款第4项禁止"没有正当理由，限定交易相对人只能与其进行交易"的滥用市场支配地位行为，遂依法对其作出罚款决定。该处罚决定就是对某集团滥用市场支配地位违法行为的制裁惩戒，属于行政处罚。

例2：2006年1月，维多和保罗违法生育第四胎，被要求缴纳3万元的社会抚养费[①]。该征收社会抚养费在性质上不属于行政处罚，属于行政征收。因为征收社会抚养费是为了缓解超生给社会公共资源带来的紧张压力，目的不在于制裁惩戒，因此，征收社会抚养费在性质上不属于行政处罚。

例3：县税务局要求皇朝公司缴纳2022年度排污税22万元。该征收排污税在性质上不属于行政处罚，属于行政征收。因为征收排污税是为了治理环境、恢复生态用的，目的不在于制裁惩戒，因此，征收排污税在性质上不属于行政处罚。

例4：生态环境局撤销已颁发的排污许可证、自然资源与规划局撤回已颁发的国有土地使用权证、市场监督管理局注销已吊销的营业执照，这些行为的性质均不属于行政处罚，属于独立的一类行政行为。

（三）终局性

行政处罚是行政机关对当事人实施的违法行为在法律责任上（权利义务）作出的最终的、确定的安排。像暂扣执照、行政拘留等行政处罚，在作出处罚决定时就应当明确处罚的期限，即必须附有明确的实施期限，如暂扣执照6个月、行政拘留15日。

例如：曼玲粥店因为厨房无防蝇措施、实测冰柜温度为13℃不符合标准以及食品原料随意堆放等违法行为，被市场监督管理局责令停业3个月。责令停业3个月，是在查明

[①] 2021年9月26日，国务院决定废止《计划生育技术服务管理条例》《社会抚养费征收管理办法》《流动人口计划生育工作条例》3部行政法规，征收社会抚养费已经被取消。

违法事实后对被处罚人法律责任作出的最终的、确定的安排，属于行政处罚。

三、行政处罚的特征

（一）属于负担行政行为

行政处罚会减损当事人的权利或者增加当事人的义务。

（二）属于依职权的行政行为

行政处罚不需要当事人申请，只要符合法定条件行政机关就可以主动对外作出。

（三）属于要式行政行为

行政处罚决定应当以书面形式作出，不得口头作出。

归纳总结	★★★行政处罚的概念、判断标准与特征

概念	行政处罚是指行政机关依法对违反行政管理秩序的公民、法人或者其他组织，以减损权益或者增加义务的方式予以惩戒的行为
判断标准	①行政性：行政处罚是由行政机关作出的，针对的对象是外部的公民、法人或其他组织 ②惩戒性：行政处罚的目的是制裁、惩戒 ③终局性：行政处罚是对当事人实施的违法行为在法律责任上（权利义务）作出的最终的、确定的安排。像暂扣许可证等行政处罚，在作出处罚决定时就应当附有明确的实施期限，如暂扣许可证6个月、行政拘留15日
特征	①负担性行政行为：行政处罚会减损当事人的权利或者增加当事人的义务 ②依职权的行政行为：不需要当事人申请，只要符合法定条件行政机关就可以主动作出 ③要式行政行为：行政处罚决定应当以书面形式作出，不得口头作出

四、行政处罚的种类

行政处罚的目的是剥夺或限制当事人的一定权利，而行政处罚种类划分标准的依据就是当事人被剥夺或限制的权利在类型上的不同。据此，行政处罚可以被划分为声誉罚、财产罚、行为罚、资格罚与人身罚。

（一）声誉罚

声誉罚，又称名誉罚，是指以降低被处罚人的社会评价为内容的行政处罚。

包括：警告、通报批评。

警告是行政机关对行政违法行为人的谴责和告诫。

通报批评是行政机关对行政违法行为人的违法行为在一定范围内予以公布，公开予以谴责，希望违法行为人或者其他人吸取教训、引以为戒的行为。

警告和通报批评的区别在于：警告处罚决定书仅需送达被处罚人自己；通报批评除处罚决定书须送达被处罚人外，还需要在一定范围内予以公开。

通报批评属于2021年修订后《行政处罚法》新增的处罚种类。

例如：《慈善法》第27条规定："广播、电视、报刊以及网络服务提供者、电信运营商，应当对利用其平台开展公开募捐的慈善组织的登记证书、公开募捐资格证书进行验证。"第101条第2款规定："广播、电视、报刊以及网络服务提供者、电信运营商未履行本法第27条规定的验证义务的，由其主管部门予以警告，责令限期改正；逾期不改正的，予以通报批评。"

（二）财产罚

财产罚是指以剥夺被处罚人一定数量的财产为内容的行政处罚。

包括：罚款、没收违法所得、没收非法财物。

罚款是指给予被处罚人施加缴纳一定金钱的处罚。

没收违法所得是指通过剥夺被处罚人实施违法行为所获得的款项。

【注意】行政处罚中的没收违法所得不扣除成本。

没收非法财物是指通过剥夺被处罚人从事非法活动所用财物或违禁品的处罚。

【注意】考生需要掌握违法所得和非法财物的区别。违法所得是指因被处罚人从事违法行为而获得的财产性利益；非法财物是指被处罚人为了实施违法行为而使用的资金或设备等财物。

例如：维多违法造假中华烟，其所出售假中华烟所获得的营业收入属于违法所得，用以造假烟的工具、设备、模具属于非法财物。

（三）行为罚

行为罚，是指以限制或剥夺被处罚人从事特定行为的能力为内容的行政处罚。

包括：责令停产停业、责令关闭、限制从业、限制开展生产经营活动。

责令停产停业是指以完全中止被处罚人生产经营活动的方式施加的处罚。

责令关闭是指永久性终止被处罚人从事生产经营活动的处罚。

例1：《大气污染防治法》第102条第1款规定："违反本法规定，煤矿未按照规定建设配套煤炭洗选设施的，由政府能源主管部门责令改正，处十万元以上一百万元以下的罚款；拒不改正的，报经有批准权的人民政府批准，责令停业、关闭。"

例2：区自然资源与规划局执法监察大队认为金泽公司的煤矿未按照规定建设配套煤炭洗选设施，违反了《大气污染防治法》，依据现场笔录、询问笔录等证据，作出责令关闭煤矿决定。责令关闭决定的性质属于行政处罚，还是属于行政强制措施？本案责令关闭决定的性质属于行政处罚。金泽公司的煤矿未按照规定建设配套煤炭洗选设施，区自然资源与规划局责令关闭煤矿是对金泽公司实施违法行为的制裁、惩戒，具有确定性和终局性，属于行政处罚。责令关闭不是对金泽公司暂时性的处理，所以不是行政强制措施。

限制从业是指通过限制或者剥夺被处罚人从事特定职业或者特定行业的处罚。

例1：《疫苗管理法》第82条规定："除本法另有规定的情形外，疫苗上市许可持有人或者其他单位违反药品相关质量管理规范的，由县级以上人民政府药品监督管理部门责令改正，给予警告；……情节严重的……责令停产停业整顿，直至吊销药品相关批准证明文件、药品生产许可证等，对法定代表人、主要负责人、直接负责的主管人员和关键岗位人员以及其他责任人员，没收违法行为发生期间自本单位所获收入，并处所获收入百分之五十以上五倍以下的罚款，十年内直至终身禁止从事药品生产经营活动。"

例2：证监会查明某上市公司报送、披露的申请首次公开发行股票并上市相关文件存在虚假记载、未按规定披露关联交易、未披露为其他公司提供担保事项的情况。甲系董事长和实际控制人，在上述违法事项中发挥了组织、策划、领导、实施作用，违法情节严重，证监会决定给予甲采取终身证券市场禁入措施。市场禁入措施就是限制从业的一种，在性质上属于行政处罚。

限制生产经营活动是指通过减少被处罚人生产经营活动自由的方式施加的处罚。

例如：根据《大气污染防治法》第99条规定，超过大气污染物排放标准的，可以由县级以上人民政府生态环境主管部门责令限制生产。

责令关闭、限制从业、限制开展生产经营活动均属于2021年修订后《行政处罚法》新增的处罚种类。

· 知识拓展 ·

■ 行政机关责令行政相对人拆除或关闭水源二级保护区内已建成排污建设项目的行为是什么性质的行为？《水污染防治法》第60条第1款规定："禁止在饮用水水源二级保护区内新建、改建、扩建排放污染物的建设项目；已建成的排放污染物的建设项目，由县级以上人民政府责令拆除或者关闭。"《水污染防治法》属于环境保护法律的范畴，从该规定内容来看，在饮用水水源二级保护区内不允许存在排放污染物的建设项目这一立法意图是明确的。关键在于"对已建成的排放污染物的建设项目，应当责令拆除或者关闭"的规定内容，是属于行政处罚、行政命令还是其他行政行为性质的认识问题。对此，应当视行政相对人的具体情况来认定"责令拆除或者关闭"的性质。如果一个生产项目，其在被划入水源保护区范围之前已经建成，且各项生产和环境评价手续齐全，只是由于后来被划入水源保护区范围，而不能够再继续生产，这种情况下，由于生产企业本身不存在违法情形，不应当把行政机关作出的"责令拆除或者关闭"的决定理解为行政处罚，而应当视为原来对行政相对人作出的行政许可，由于条件的变化而进行的许可撤回行为。但是，如果之前已经建成的项目，其生产或环境评价手续未办理即投入生产，由于企业自身存在违法行为，这种情况下行政机关作出的"责令拆除或者关闭"的决定应当视为行政处罚。

（四）资格罚

资格罚，是指以限制或剥夺被处罚人从事特定行为的资格为内容的行政处罚。

包括：降低资质等级、暂扣许可证、吊销许可证。

降低资质等级是指缩小被处罚人从事特定活动的资格。

降低资质等级属于2021年修订后《行政处罚法》新增的处罚种类。

例如：《城乡规范法》第63条规定："城乡规划编制单位取得资质证书后，不再符合相应的资质条件的，由原发证机关责令限期改正；逾期不改正的，降低资质等级或者吊销资质证书。"

暂扣许可证是指暂时中止被处罚人从事特定活动的资格。

例如：利娅酒后驾驶机动车，被市公安局交通警察支队暂扣驾驶证6个月。

吊销许可证是指取消被处罚人从事特定活动的资格。

（五）人身罚

人身罚，又称自由罚，是指以限制被处罚人的人身自由为内容的行政处罚。

包括：行政拘留、针对外国人的驱逐出境或限期出境。

【注意1】行政拘留在拘留所执行。单个行政拘留，最长不得超过15日；多个行政拘留合并执行的，最长不得超过20日。

例如：某外籍华人违反传染病疫情防控措施，不听劝阻，在家隔离天数未满便随意外出。某市公安局出入境管理局依据《出入境管理法》第81条第1款"外国人从事与停留居留事由不相符的活动，或者有其他违反中国法律、法规规定，不适宜在中国境内继续停留居留情形的，可以处限期出境"的规定，对其作出限期出境的处罚。

【注意2】除了《行政处罚法》明确列举的上述五种行政处罚种类外，法律、行政法规可以规定其他行政处罚。

例如：李某于2018年下半年取得假教师资格证书，并使用该假教师资格证在某小学从事语文、道德与法治学科教学工作，市教育局依据《教师资格条例》第19条第1项的规定，决定没收假教师资格证书、5年内不得重新申请认定教师资格的处罚决定。

归纳总结　行政拘留与刑事拘留的区别

区别	行政拘留	刑事拘留
行为性质不同	行政行为	刑事司法行为
法律依据不同	治安管理处罚法	刑事诉讼法
执行场所不同	拘留所	看守所
救济方式不同	行政复议/行政诉讼	不能行政复议；不能行政诉讼

归纳总结　★★★行政处罚的种类♣

声誉罚	①警告（训诫） ②通报批评（公开谴责、公示严重失信信息即公示黑名单）
财产罚	①罚款 ②没收违法所得、没收非法财物
资格罚	①降低资质等级 ②暂扣许可证件 ③吊销许可证件

续　表

行为罚	①责令停产停业、责令关闭 ②限制从业、限制开展生产经营活动 ③降低资质等级 ④暂扣许可证件、吊销许可证件、
人身罚	①行政拘留（单个不超过15日，合并执行不超过20日） ②驱逐出境（针对外国人）

第二节　行政处罚的设定

·考情分析·

■ 本节知识点要求理解行政处罚的创设和规定的含义、熟悉不同立法文件的处罚设定权的分配、掌握地方性立法文件的补充创设权。

■ 在客观题考试中，本节知识点每3年考查一次。

■ 本节易错和高频考点包括：

（1）行政处罚的创设是指有权国家机关通过制定立法文件的方式创设行政处罚事项、赋予行政机关处罚权力的立法活动。

（2）行政处罚的规定是指有权国家机关对一个已经存在的处罚事项、处罚权力通过制定下位法作出进一步的、具体化的规范。

（3）法律可以创设各种行政处罚，且限制人身自由的行政处罚只能由法律创设。

（4）行政法规可以创设除限制人身自由以外的行政处罚。

（5）地方性法规可以创设除限制人身自由、吊销营业执照以外的行政处罚。

（6）部门规章可以创设警告、通报批评或罚款，罚款限额由国务院规定。

（7）地方政府规章可以创设警告、通报批评或罚款，罚款限额由省级人大常委会规定。

（8）地方性法规不得设定吊销营业执照的行政处罚，但可以设定暂扣营业执照、吊销营业执照之外的许可证。

（9）地方政府规章可以设定一定数量的罚款，罚款限额是由省级人大常委会规定，而不是本级人大常委会规定。

（10）法律、行政法规规定了违法行为但没有规定违法行为的后果，地方性法规为实施法律、行政法规，可以补充设定行政处罚（补充规定实施违法行为的法律后果）。拟补充设定行政处罚的，应当通过听证会、论证会等形式广泛听取意见，且须向制定机关作出书面说明。

■ 在主观题考试中，需要掌握行政处罚的设定规则，尤其是下位法创设行政处罚的规则：实行上位法优先的原则，即若某类事项尚未出台上位法进行调整，

> 下位法首次就此类事项出台规范进行填补空白的，下位法可以把此类事项设定为处罚事项，创设行政处罚；若此类事项上位法已经出台规定，但上位法没有就此类事项设定处罚的（即上位法认为不需要给予处罚），下位法就此类事项不能设定行政处罚。

一、行政处罚的设定

（一）行政处罚的创设（从无到有）

行政处罚的创设是指有权国家机关通过制定规范性文件的方式创设行政处罚事项、赋予行政机关处罚权力的立法活动。

创设是行政处罚设定的第一个层次，主要解决处罚权在各个国家机关之间如何分配的问题。

1.法律。

法律可以创设各种类型的行政处罚，且限制人身自由的行政处罚只能由法律创设。行政法规、行政规章均无权创设限制人身自由的行政处罚。

2.行政法规。

行政法规可以创设除限制人身自由的以外的行政处罚。

3.地方性法规。

地方性法规可以创设除限制人身自由、吊销营业执照以外的行政处罚。

对"吊销营业执照"要作准确理解：

【注意1】这是吊销，如果是暂扣，地方性法规仍可创设。

【注意2】吊销营业执照地方性法规不得创设，如果吊销的是其他执照或许可证（例如排污许可证），地方性法规同样可以创设。

4.部门规章。

部门规章可以创设的处罚类型包括警告、通报批评、一定数量的罚款。罚款的限额，由国务院规定。

5.地方政府规章。

地方政府规章可以创设的处罚类型包括警告、通报批评、一定数量的罚款。罚款的限额，由省级人大常委会规定。

例如：为严格本地生猪屠宰市场管理，某县政府以文件形式规定，凡本县所有猪类屠宰单位和个人，须在规定期限内到生猪管理办公室申请办理生猪屠宰证，违者予以警告或500元以下罚款。这种做法是否合法？县政府的文件既无权设定许可，也无权设定处罚。因此县政府的文件关于许可和处罚的规定，均为违法。

・**知识拓展**・

■ 若某类事项尚未出台上位法进行调整，下位法首次就此类事项出台规范进行填补空白的，下位法可以把此类事项设定为处罚事项，创设行政处罚。若此类事项上位法已经出台，但上位法没有就此类事项设定处罚的，下位法就不能设定这种处罚。例如我国已经制定出台的盐业管理的法律、行政法规对盐业公司之外的其他企业经营盐的批发业务没有设定行政处罚，则地方政府规章不能对该行为设定行政处罚。［参见鲁潍（福建）盐业进出口有限公司苏州分公司诉江苏省苏州市盐务管理局盐业行政处罚案，最高人民法院指导案例5号］

归纳总结　★★**行政处罚的创设（从无到有）**

法律	可以创设各种行政处罚，且限制人身自由的行政处罚只能由法律创设
行政法规	可以创设除限制人身自由以外的行政处罚
地方性法规	可以创设除限制人身自由、吊销营业执照以外的行政处罚
部门规章	可以创设警告、通报批评或罚款。罚款的限额，由国务院规定
地方政府规章	可以创设警告、通报批评或罚款。罚款的限额，由省级人大常委会规定

（二）行政处罚的规定（从粗到细）

行政处罚的规定是指对已经创设出来的行政处罚作进一步的、具体的规范。

行政法规、地方性法规、规章都可以对上位法已经创设的处罚事项作出具体规定。但这种规定必须遵循上位法优先的原则，不得违反上位法规定的给予行政处罚的行为、种类和幅度。

对这一原则的全面、准确理解包括：

1.不得增加或者减少应予行政处罚的违法行为。

其要求是，不能改变行政处罚的适用对象，上位法规定了这种处罚是适用于何种违法行为的，下位法不能将其适用到别的行为上去。

例如：法律规定对酒后驾驶机动车的给予500元到1000元的处罚，作为下位法的行政法规在进行具体规定时，不能规定对疲劳驾驶机动车的也给予这个处罚。

2.不得增加或者减少行政处罚的种类。

指的是上位法一旦规定对某一行为给予什么种类的处罚，下位法就既不能增加也不能减少它，但在可能的情况下可以作出一定选择。

例如：若行政法规规定对集贸市场中的价格欺诈行为，可以罚款或暂扣半个月营业执照。如果部门规章进一步规定：对于这种行为，可以只给予警告，或者只给予罚款，或者只暂扣营业执照，这都违反了上位法所规定的处罚种类。当然，部门规章可以规定在哪些具体情况下罚款，哪些具体情况下暂扣营业执照。

3.不得上调或者下调行政处罚的幅度。

处罚幅度一般在罚款（如罚款50~100元）、拘留（如拘留5~10日）、暂扣许可证（如暂扣1~3个月）这几类处罚中可能出现，由一个上限和一个下限构成。不违反幅度，就是既不能改变其上限，也不能改变其下限，只能在这个幅度内区分具体情况规定其适用。

例如：我国《种子法》规定，违法经营、推广应当审定而未经审定通过的种子的，可处以2万元以上20万元以下罚款。某省人民政府在其制定的《种子法实施办法》（简称《实施办法》）中规定，违法经营、推广应当审定而未经审定通过的种子的，可处以5万元以上20万元以下罚款。由于上位法《种子法》规定的处罚幅度为2万~20万元，而下位法《实施办法》则规定为5万~20万元，属于改变了处罚幅度的下限，违背了有关行政处罚规定权分配的原则。因此，《实施办法》超越了《种子法》的规定，该条款无效。

归纳总结	★行政处罚的规定（从粗到细）
原　则	只能在上位法规定的给予行政处罚的行为、种类和幅度的范围内作出进一步、具体化的规定
具体要求	①行为：不得增加或者减少应予行政处罚的违法行为 ②种类：不得增加或者减少行政处罚的种类 ③幅度：不得上调或者下调行政处罚的幅度

（三）行政处罚的补充设定（从有到全）

在实践中有可能存在这样一种情形：上位法虽然对违法行为有规定，但是没有对行政相对人实施了违法行为的法律后果作出规定，这就需要下位法补充创设违法行为的法律后果。也就是说，上位法在立法时出现了漏洞，有规定什么是违法行为，但没有规定实施了违法行为将面临什么样的法律责任。这样的立法只会成为睡美人条款，无法执行。因此，需要下位法补充规定实施了上位法规定的违法行为将承担什么样的法律责任。

1.行政法规的补充创设权。

法律对违法行为未作出行政处罚规定（即规定了违法行为但没有规定违法行为的法律后果），行政法规为实施法律，可以补充设定行政处罚（补充规定违法行为的法律后果）。拟补充设定行政处罚的，应当通过听证会、论证会等形式广泛听取意见，并向制定机关作出书面说明。行政法规报送备案时，应当说明补充设定行政处罚的情况。

2.地方性法规的补充创设权。

法律、行政法规对违法行为未作出行政处罚规定（即规定了违法行为但没有规定违法行为的法律后果），地方性法规为实施法律、行政法规，可以补充设定行政处罚（补充规定违法行为的法律后果）。拟补充设定行政处罚的，应当通过听证会、论证会等形式广泛听取意见，并向制定机关作出书面说明。地方性法规报送备案时，应当说明补充设定行政处罚的情况。

归纳总结　行政处罚的创设/规定/补充创设的区别

区别	创设	规定	补充创设
含义	既对违法行为也对违法行为应给予何种行政处罚的法律后果皆无规定的情况下，某一立法文件率先作出规定	上位法既对违法行为也对违法行为应当给予何种行政处罚的法律后果都有规定的情况下，下位法作出进一步的、具体的规范	上位法虽然对违法行为作出了规定，但对违法行为应给予何种行政处罚的法律后果没有规定，下位法为了实施上位法，补充规定对该违法行为应给予的处罚后果，从而实现处罚规则的完整性，避免有违法行为规定却无行政处罚后果的"残缺"规则出现
性质	从无到有	从粗到细	从有到全/从残缺到补全
权能	最大	最小	居中

归纳总结　★★★行政法规和地方性法规的补充创设权♣（从有到全/从残缺到补全）

行政法规补充创设	①法律对违法行为未作出行政处罚规定（即规定了违法行为但没有规定违法行为的后果） ②行政法规为实施法律，可以补充创设行政处罚（补充规定实施违法行为后的法律责任） ③拟补充创设行政处罚的，应当通过听证会、论证会等形式广泛听取意见 ④须向制定机关作出书面说明
地方性法规补充创设	①法律、行政法规对违法行为未作出行政处罚规定（即规定了违法行为但没有规定违法行为的后果） ②地方性法规为实施法律、行政法规，可以补充设定行政处罚（补充规定实施违法行为后的法律责任） ③拟补充设定行政处罚的，应当通过听证会、论证会等形式广泛听取意见 ④须向制定机关作出书面说明

二、对行政处罚设定后的评估

1.评价主体：国务院部门、省级人民政府、省级人民政府有关部门。

2.评价方式：应当定期组织评估。

3.评估内容：评估行政处罚的实施情况和必要性，对不适当的行政处罚事项及种类、罚款数额等，应当提出修改或者废止的建议。

	归纳总结 ★★行政处罚的评价程序♣

主体	①国务院部门 ②省、自治区、直辖市人民政府 ③省、自治区、直辖市人民政府的有关部门
方式	应当定期组织
内容	①评估行政处罚的实施情况和必要性 ②对不适当的行政处罚事项及种类、罚款数额等，应当提出修改或者废止的建议

第三节　行政处罚的实施

·考情分析·

■ 本节知识点要求考生掌握行政处罚的实施主体、管辖规则、实施规则、实施程序。在实施主体部分，重点掌握综合执法机关、行政处罚权力的下放、授权实施行政处罚、委托实施行政处罚。在管辖规则部分，重点掌握行政处罚权力的下放。在实施规则部分，重点掌握首违轻微者不处罚、无主观过错者不处罚、过时未罚者不处罚、一事不再罚。在实施程序部分，重点掌握一般程序、简易程序和听证程序的细节。

■ 在客观题考试中，本节知识点属于每年必考的内容。本节易错和高频考点主要有：

（1）国务院可以决定一个机关行使有关机关的处罚权。

（2）省级政府可以决定一个机关行使有关机关的处罚权。

（3）两个以上行政机关都有管辖权的，由最先立案的行政机关管辖。

（4）行政处罚权力下放的构成要件：①决定主体：省、自治区、直辖市（省级政府或者省级人大及其常委会）；②下放权力：县级政府工作部门的行政处罚权；③承接主体：乡镇政府、街道办事处；④公布决定：省、自治区、直辖市决定下放处罚权的决定，应当向社会公布；⑤后续管理：定期评估，加强组织协调、业务指导、执法监督，建立健全行政处罚协调配合机制，完善评议、考核制度。

（5）授权实施行政处罚的，被授权组织是被告；委托实施行政处罚的，受托组织是被告。

（6）初违轻微者不处罚：初次违法且危害后果轻微并及时改正的，可以不予行政处罚。

（7）无主观过错者不处罚：行政相对人有证据足以证明没有主观过错的，不予行政处罚。法律、行政法规另有规定的，从其规定。

（8）过时未罚者不处罚：违法行为2年内未被发现的，不处罚。涉及公民生命健康安全、金融安全且有危害后果的，上述期限延长至5年。法律另有规定的除外。

（9）一事不再罚：对被管理人同一个违法行为，不得给予2次以上的罚款；同一个违法行为违反多个法律规范应当给予罚款处罚的，按照罚款数额高的规定处罚。

（10）过罚相当：实施行政处罚必须以事实为依据，与受罚人的违法行为的事实、性质、情节以及社会危害程度相当。

（11）行政处罚调查执法人员不得少于2人，且得具备行政执法资格，并出具执法证件。

（12）利用电子技术监控设备收集、固定违法事实的，应当经过法制和技术审核，确保符合标准、设置合理、标志明显，设置地点应当向社会公布。

（13）电子技术监控设备记录违法事实应当真实、清晰、完整、准确。行政机关应当审核记录内容是否符合要求；未经审核或者经审核不符合要求的，不得作为行政处罚的证据。

（14）作出下列处罚决定前，应当由从事行政处罚决定审核的人员进行审核：①涉及重大公共利益的；②直接关系当事人或者第三人重大权益，经过听证程序的；③案件情况疑难复杂、涉及多个法律关系的。

（15）行政机关应当自行政处罚案件立案之日起90日内作出行政处罚决定。

（16）当事人同意并签订确认书的，行政机关也可以采用传真、电子邮件等方式送达行政处罚决定书。

（17）对公民处以警告或者200元以下，对单位处3000元以下的罚款，行政机关可以适用简易程序（当场决定、当场送达）。

（18）行政机关作出下列行政处罚【记忆规则：吊这个大款，降资质限从业】，应当告知被处罚人享有要求组织听证的权利：①吊销许可证件；②责令停产停业、责令关闭；③较大数额罚款、没收较大数额违法所得、没收较大价值非法财物；④降低资质等级；⑤限制从业；⑥其他较重的行政处罚。

（19）行政处罚听证笔录有案卷排他效力，即听证结束后，行政机关应当根据听证笔录，作出处罚决定。

（20）行政处罚听证会的目的在于调查行政相对人有没有违法事实。调查违法事实是行政机关的义务，因此，听证的组织费用应当由行政机关来承担。

■ 在主观题考试中，需要掌握行政处罚权力的下放、无主观过错者不处罚、一事不再罚、利用电子监控设备收集违法事实的规则、听证程序等。

一、行政处罚的实施主体

（一）行政机关

实施处罚的行政机关包括两种情形：一是一般行政机关的实施；二是综合执法机关的实施。

1.一般行政机关。

行政机关可以在其职权范围内实施行政处罚。例如：公安局对于违反治安管理秩序的嫖客可以给予拘留；自然资源与规划局对于违反城乡规划的违章建筑可以责令拆除；市场监督管理局对于出售有毒有害食品的企业可以给予罚款。

2.综合执法机关。

综合执法制度是行政机关提高行政处罚效率、减少职权争议的重要制度。综合执法机关即集中行使行政处罚权的行政机关，在实践中名称一般为"行政综合执法局"。

行政处罚权的集中行使，就是将原来分散于多个行政机关手里的处罚权收归一个行政机关行使，实现了权力的集中和转移。原来的机关就此失去有关行政处罚权，这些机关如果再实施行政处罚，就是无效的。

国务院可以决定由一个行政机关行使多个行政机关的处罚权。

省级政府可以决定由一个行政机关行使多个行政机关的处罚权。

【注意】限制人身自由的行政处罚权，以及海关、税务、金融、外汇管理等中央垂直领导部门的行政处罚权不能被综合执法机关实施。

例如：省政府决定由行政综合执法局统一行使数个职能部门的行政处罚权。对此，行政综合执法局可以行使交通管理局的罚款权、环境保护局的罚款权，但不能行使公安局的行政拘留权。

目前，国家在城市管理、市场监管、生态环境、文化市场、交通运输、应急管理、农业等领域推行建立综合行政执法制度，相对集中行政处罚权。

（二）法律、法规授权的组织

法律、法规授权的具有管理公共事务职能的组织，可以在其授权范围内实施行政处罚。

例如：中国足球协会根据《体育法》的授权，可以对有违规行为的俱乐部或者球员实施处罚。

法律、法规授权的组织实施行政处罚的法律特征是：

1.授权依据：法律、法规（含行政法规、地方性法规）。

2.授权对象：具有管理公共事务职能的组织。

3.实施名义：被授权组织以自己的名义实施行政处罚。

4.责任承担：对实施行政处罚行为的后果独立承担法律责任。

（三）行政机关委托的组织

享有处罚权的行政主体，可以依照法律、法规、规章的规定，在其法定权限内书面委托依法成立并具有管理公共事务职能的组织实施行政处罚。基于行政委托的原理，受委托组织并非法律上的实施主体，其实施行政处罚的法律后果只能归属于委托者。从法律层面看，委托实施行政处罚的情形下，行政处罚的实施者依然是行政机关或被授权组织。

委托实施行政处罚的法律特征是：

1.委托依据：法律、法规、规章。

2.受托对象：依法成立的管理公共事务职能的组织。

3.委托形式：必须书面委托。

4.实施名义：受托组织以委托机关的名义实施行政处罚。

5.责任承担：委托机关对受托组织实施行政处罚的后果承担法律责任。

6.对外公布：委托书向社会公布。即委托书应当载明委托的具体事项、权限、期限等内容，委托行政机关和受委托组织应当将委托书向社会公布。

例如：某区食品药品监管中心所为事业单位，隶属于区市场监督管理局，按照区市场监督管理局的委托实施行政处罚。黄某、蒋某二人系区食品药品监管中心所的工作人员，具有行政执法资格。2020年12月21日，区市场监督管理局收到投诉举报信，举报赵某经营的眼镜店在未取得《医疗器械经营许可证》的情况下，出售第三类医疗器械，要求依法处理。区市场监督管理局委派区食品药品监管中心工作人员黄某、蒋某进行了现场检查，随后，黄某、蒋某以区市场监督管理局的名义对赵某作出行政处罚，加盖了单位的公章。赵某若不服处罚决定，应当以区市场监督管理局为被告，因为区食品药品监管中心是受委托实施行政处罚。

归纳总结　★★行政处罚的实施主体

行政机关	一般的行政机关	由违法行为发生地的行政机关管辖。法律、行政法规、部门规章另有规定的除外 【注意】"违法行为发生地"含违法行为结果发生地
	集中实施处罚权（综合执法局）	【决定主体】 ①国务院可以决定一个机关行使有关机关的处罚权 ②省级政府可以决定一个机关行使有关机关的处罚权 【例外】 ①中央垂直领导部门的处罚权只能由本部门行使（金融外汇海关税务国安） ②限制人身自由的行政处罚权只能由公安机关、国家安全机关行使
被授权组织		①授权依据：法律、法规规定处罚权可以授权实施 ②授权对象：具有管理公共事务职能的组织 ③实施名义：被授权组织以自己的名义实施行政处罚 ④责任承担：对实施行政处罚行为的后果独立承担法律责任（被授权组织自己是被告）
受委托组织		①委托依据：法律、法规、规章规定处罚权可以委托实施 ②受托对象：依法成立的管理公共事务职能的组织，有取得行政执法资格的工作人员 ③委托方式：必须书面委托，委托书应当载明委托的具体事项、权限、期限等内容 ④实施名义：受托组织以委托机关的名义实施行政处罚 ⑤责任承担：委托机关对受托组织实施行政处罚的后果承担法律责任（谁委托，谁被告） ⑥公开委托：委托机关和受委托组织应当将委托书向社会公布

二、行政处罚的管辖规则

管辖是关于行政机关处理行政处罚案件权限划分的制度。管辖规则决定了由哪一个级别、哪一个地方的行政机关主管特定行政处罚案件。管辖对于及时处理行政处罚案件，预防和解决行政机关之间权限冲突具有重要作用。

（一）级别管辖

行政处罚由县级以上地方政府具有行政处罚权的职能部门管辖，但法律、行政法规另有规定的除外。

2021年修改的《行政处罚法》对于行政处罚的管辖体制作出微调，新增"行政处罚权力的下放"制度。之所以下放，是为了解决"看得见的管不了""管得了却看不见"的难题。随着中国城镇化的发展，城市规模越来越大，许多街道办事处和乡镇人民政府管辖的人口规模很大。虽然街道办事处和乡镇人民政府身处违法行为的一线，但是却没有处罚权，即"看得见的管不了"。县级以上地方政府职能部门虽然有行政处罚权，但是却不在违法行为的一线，难以及时发现违法行为的存在，即"管得了却看不见"。因此，有必要将部分处罚权下放给基层行使，以适应当下中国城市管理的实际情况。

省、自治区、直辖市根据当地实际情况，可以决定将基层管理迫切需要的县级人民政府部门的行政处罚权交由能够有效承接的乡镇人民政府、街道办事处行使，并定期组织评估。决定应当公布。承接行政处罚权的乡镇人民政府、街道办事处应当加强执法能力建设，按照规定范围、依照法定程序实施行政处罚。有关地方人民政府及其部门应当加强组织协调、业务指导、执法监督，建立健全行政处罚协调配合机制，完善评议、考核制度。

行政处罚权力下放的构成要件总结如下：

1.决定主体：省、自治区、直辖市（省级政府或者省级人大及其常委会）。

2.下放权力：县级政府部门的行政处罚权。

3.承接主体：乡镇政府、街道办事处。

4.公布决定：省、自治区、直辖市下放处罚权的决定应当向社会公布。

5.后续管理：定期评估，加强组织协调、业务指导、执法监督，建立健全行政处罚协调配合机制，完善评议、考核制度。

【注意】有权决定下放处罚权的主体是省、自治区、直辖市，也即省一级，可以是省级人民政府，也可以是省级人大及其常委会。但是设区市人民政府和设区市人大及其常委会无权决定下放。

例1：某市将城市管理综合行政执法局行使的固体废物污染环境防治、生活垃圾管理、物业管理、燃气管理、建筑垃圾处置管理方面的18项行政处罚权下放至街道办事处和乡镇人民政府，并以街道办事处或乡镇人民政府的名义相对集中行使。

例2：某设区市政府决定将区市场监督管理局的行政处罚权交由街道办事处行使，构成违法。因为设区市政府无权将区市场监督管理局的处罚权力下放给街道办事处实施。

（二）地域管辖

行政处罚由违法行为发生地的行政机关管辖。法律、行政法规、部门规章另有规定的，从其规定。

"违法行为发生地"应作广义理解，不但包括主要违法行为实施地，还包括其相关行为的实施地，以及直接违法结果的发生地。

（三）管辖权争议的解决

两个以上行政机关都有管辖权的，由最先立案的行政机关管辖。

对管辖发生争议的，应当协商解决，协商不成的，报请共同的上一级行政机关指定管辖；也可以直接由共同的上一级行政机关指定管辖。

（四）行政协助

行政机关因实施行政处罚的需要，可以向有关机关提出协助请求。协助事项属于被请求机关职权范围内的，应当依法予以协助。

（五）行刑衔接

违法行为涉嫌犯罪的，行政机关应当及时将案件移送司法机关，依法追究刑事责任。对依法不需要追究刑事责任或者免予刑事处罚，但应当给予行政处罚的，司法机关应当及时将案件移送有关行政机关。

行政处罚实施机关与司法机关之间应当加强协调配合，建立健全案件移送制度，加强证据材料移交、接收衔接，完善案件处理信息通报机制。

归纳总结 ★★**行政处罚的管辖规则**

级别管辖	【原则】行政处罚由县级以上地方政府具有行政处罚权的行政机关管辖，法律、行政法规另有规定的除外 【例外】行政处罚权力下放给乡镇政府、街道办事处 ①决定主体：省、自治区、直辖市（省级政府或者省级人大及其常委会） ②下放权力：县级政府部门的行政处罚权 ③承接主体：乡镇政府、街道办事处 ④公布决定：省、自治区、直辖市下放处罚权的决定应当向社会公布 ⑤后续管理：定期评估，加强组织协调、业务指导、执法监督，建立健全行政处罚协调配合机制，完善评议、考核制度
地域管辖	由违法行为发生地的行政机关管辖。法律、行政法规、部门规章另有规定的除外 【注意】"违法行为发生地"含违法行为结果发生地
管辖权竞合	两个以上行政机关都有管辖权的，由最先立案的行政机关管辖
管辖权争议	①对管辖发生争议的，应当协商解决 ②协商不成的，报请共同的上一级行政机关指定管辖 ③也可以直接由共同的上一级行政机关指定管辖
行政协助	①行政机关因实施行政处罚的需要，可以向有关机关提出协助请求 ②协助事项属于被请求机关职权范围内的，应当依法予以协助
行刑衔接	①违法行为涉嫌犯罪的，行政机关应当及时将案件移送司法机关，依法追究刑事责任 ②对依法不需要追究刑事责任或者免予刑事处罚，但应当给予行政处罚的，司法机关应当及时将案件移送有关行政机关

三、行政处罚的实施规则

（一）不处罚情形

1.无责任能力者不处罚。

不满14周岁的未成年人、不能辨认或者不能控制自己行为的精神病人和智力残疾人是无行政责任能力人，这些人有违法行为时，依法不予处罚。但是，间歇性精神病人、智力残疾人在精神正常时仍然能够辨认和控制自己的行为，在精神正常时实施违法行为的，仍然应当给予行政处罚，但可以从轻或者减轻行政处罚。

2.情节轻微者不处罚。

当事人虽有违法行为，但其违法情节轻微并能及时纠正，并没有造成危害后果的，不予行政处罚。

3.首违轻微者不处罚。

初次违法且危害后果轻微并及时改正的，可以不予行政处罚。

例如： 维多未按照《税收征收管理法》及实施细则等有关规定将其全部银行账号向税务局报送，税务局调查发现维多系首次违法，遂责令其10日内补报银行账号。维多在指定期限内将剩余银行账号向税务局作了补报。税务局认定维多系首次违法且危害后果轻微并能及时改正，决定对其不予处罚。

【注意】 首违轻微者不处罚适用条件包括三个（同时满足）：①初次违法；②危害后果轻微；③及时改正。

4.无主观过错者不处罚。

当事人有证据足以证明没有主观过错的，不予行政处罚。法律、行政法规另有规定的，从其规定。

也即我国行政处罚实行过错推定原则：行政相对人只要实施了行政违法行为即可推定相对人主观上存在故意或者过失，若相对人没有证据证明其主观没有过错的，行政机关可以给予行政处罚。当然，如果法律、行政法规明确规定行政机关给予行政处罚得以行政相对人存在过错为前提的，行政机关在作出处罚决定前应当搜集行政相对人在实施违法行为时存在过错的证据。

例1： 区人社局认定希格公司于2021年7月1日至同年8月11日期间擅自招用未满16周岁的何某，违反了《禁止使用童工规定》的相关规定，给予其罚款6000元。本案，希格公司若有证据能够证明与何某签订劳动合同是由于何某伪造身份证、自己主观上没有过错的，不予处罚。

例2： 李某（男）在公共场所裸露身体，区公安分局给予其行政拘留5日。根据《治安管理处罚法》第44条规定，只有在公共场所故意裸露身体，情节恶劣的，才可以处5日以上10日以下拘留。因此，本案区公安分局在作出处罚决定前，应当收集李某公共场所裸露身体在主观上是故意的证据。

5.过时未罚者不处罚。

违法行为自发生之日起2年内未被发现的，不处罚。涉及公民生命健康安全、金融安全且有危害后果的，上述期限延长至5年。法律另有规定的除外。

追责期限，又称为"处罚时效"，从违法行为发生之日起计算；违法行为处于连续或者继续状态的，则从该行为终了之日起计算。所谓违法行为处于连续或者继续状态，是指两种较为接近但又不尽相同的情况。连续状态是指当事人连续实施多个同样的违法行为；而继续状态指的是当事人持续不断地实施同一个违法行为。

【注意】违法行为发生后，违法行为导致的危险状态具有连续性的，则只要该危险一直持续，行政机关就可以作出行政处罚。例如，未经自然资源与规划局许可搭建的违章建筑，只要违章建筑没有拆除，违法行为就没有终了，行政机关可以给予行政处罚。

行政处罚追责期限有一般期限与特殊期限之分，一般期限就是《行政处罚法》上规定的2年，特殊期限就是其他法律所规定的追责期限，如《治安管理处罚法》规定的治安处罚期限就只有6个月。如果其他法律对处罚期限另有规定时，应当适用其他法律的特别规定。

·案例提升·

案情：1997年5月，达万公司凭借一份虚假验资报告在某省工商局办理了增资的变更登记，此后连续4年通过了工商局的年检。2001年7月，工商局以办理变更登记时提供虚假验资报告为由对达万公司作出罚款1万元，责令提交真实验资报告的行政处罚决定。2002年4月，工商局又作出撤销公司变更登记，恢复到变更前状态的决定。2004年6月，工商局又就同一问题作出吊销营业执照的行政处罚决定。

问题：2001年7月工商局的处罚决定是否违反了行政处罚法关于时效的规定？

答案：违反了。本案的关键在于明确"违法行为的持续"与"违法行为后果的持续"这两者的区别。本案，达万公司的违法行为是提供"虚假验资报告"，违法后果是"办理了增资的变更登记"，该行为发生在1997年5月，那么，"此后4年连续通过了工商局的年检"是否就得出该违法行为有连续呢？答案是否定的。连续是指行政相对人的违法行为本身在连续的状态，而不是违法行为所产生后果的持续。本案，达万公司的违法行为不存在法律规定的连续或者继续状态，因为提供"虚假验资报告"这个违法行为自该行为实施完毕就结束了，结束时间就在1997年5月。"此后4年连续通过了工商局的年检"只不过是1997年5月违法行为所产生的后果的持续。所以，2001年7月以达万公司于1997年5月办理变更登记时提供虚假验资报告为由对其作出罚款1万元，已经超过了2年的追责期限，应不再给予行政处罚。

（二）应当从轻或者减轻处罚的情节

符合下列情形之一的，应当从轻或者减轻处罚：

1. 主动消除或者减轻违法行为危害后果的；
2. 受他人胁迫或者诱骗实施违法行为的；
3. 主动供述行政机关尚未掌握的违法行为的；

4.配合行政机关查处违法行为有立功表现的。

（三）一事不再罚

对同一个当事人的同一个违法行为，不得给予2次以上罚款的行政处罚。

同一个违法行为违反多个法律规范应当给予罚款处罚的，按照罚款数额高的规定处罚（择一重处罚）。

例1： 南湖公司未申请《建筑工程施工许可证》擅自施工，市住房和城乡建设局给予该公司3万元罚款，对该公司直接负责的经理孙某给予罚款1000元。市住房和城乡建设局的处罚决定没有违反一事不再罚。本案，对该公司和该公司的直接主管人员分别作出罚款，是针对不同主体作出的处罚决定。针对单位的某些违法行为，单位和单位负责人员均可能成为处罚的对象，即允许"双罚制"。

例2： 甲公司将承建的建筑工程承包给无特种作业操作资格证书的邓某，邓某在操作时引发事故。某省建设厅作出暂扣甲公司安全生产许可证3个月的决定，市安全监督管理局对甲公司罚款3万元。市安全监督管理局的罚款决定是否违反一事不再罚的要求？本案，省建设厅作出的是暂扣甲公司安全生产许可证的决定，所以市安全监督管理局的罚款决定并不违反一事不再罚的要求。

（四）处罚与刑罚的折抵

违法行为构成犯罪，人民法院判处拘役或者有期徒刑时，行政机关已经给予当事人行政拘留的，应当依法折抵相应刑期。

违法行为构成犯罪，人民法院判处罚金时，行政机关已经给予当事人罚款的，应当折抵相应罚金；行政机关尚未给予当事人罚款的，不再给予罚款。

也就是说，在一个行为同时构成行政违法和刑事犯罪，并受到行政处罚和刑事处罚的情况下，应当将行政拘留折抵相应的拘役和有期徒刑的刑期，或将行政罚款折抵相应的刑罚罚金。但是，行政处罚中的没收不能与刑罚上的没收相折抵。这是因为行政处罚中的没收针对的是与当事人违法行为有关的财产，而刑罚上的没收则针对当事人的各种财产，两者针对的对象并不相同。

（五）过罚相当

行政机关依法对行政相对人的违法行为实施行政处罚时，应遵循过罚相当原则行使自由裁量权。即行政机关实施行政处罚必须以事实为依据，与被处罚人所实施违法行为的事实、性质、情节以及社会危害程度相当；所科处罚种类和处罚幅度及其减免要与被处罚人的违法过错程度相适应。

也就是说，在保证行政管理目标实现的同时，兼顾保护行政相对人的合法权益，行政处罚以达到行政执法目的和目标为限，并尽可能使相对人的权益遭受最小的损害。行政机关如果未考虑行为人主观上有无过错，侵权性质、行为和情节轻重，是否造成实际危害后果等因素，导致行政处罚的结果与违法行为的社会危害程度之间明显不适当，其行政处罚缺乏妥当性和必要性，应当认定属于显失公正的行政处罚，是违法的行政行为，人民法院有权依法判决变更或者撤销。

（六）责令改正

行政机关实施行政处罚时，应当责令当事人立即改正或者限期改正违法行为。

（七）裁量基准

行政机关可以依法制定行政处罚裁量基准，规范行使行政处罚裁量权。行政处罚裁量基准应当向社会公布。

（八）无效的行政处罚

行政处罚没有依据或者实施主体不具有行政主体资格的，行政处罚无效。

<u>违反法定程序构成重大且明显违法的，行政处罚无效。</u>

（九）涉外案件

外国人、无国籍人、外国组织在中华人民共和国领域内有违法行为的，应当给予行政处罚。法律另有规定的除外。

经典考题： 方林富炒货店系核准经营字号的个体工商户，在店内墙壁张贴有自行设计和打印的广告"本店销售全国最佳、最优品质的燕山栗子"，该广告张贴3天后，被市场监督管理局在执法过程中发现。市场监督管理局根据《广告法》对其作出罚款20万元的处罚决定。方林富炒货店不服，提起行政诉讼。法院经审理认为方林富炒货店虽有违法行为，但罚款20万元明显不当，变更为罚款10万元。下列选项哪些是准确的？（2020年考生回忆版卷一第25题，多选）①

A.法院将罚款20万元变更为罚款10万元，体现了合理行政原则

B.市场监督管理局作出罚款决定前，需要与方林富炒货店协商一致

C.《广告法》属于行政法规

D.法院的判决体现了过罚相当

归纳总结　★★**行政处罚的实施规则**

不处罚	①无责任能力者不处罚：不满14周岁的未成年人、精神病人、智力残疾人 ②情节轻微者不处罚：违法行为轻微并及时纠正，没有造成危害后果的 ③初违轻微者不处罚：初次违法且危害后果轻微并及时改正的，可以不予行政处罚 ④无主观过错者不处罚：行政相对人有证据足以证明没有主观过错的，不予行政处罚。法律、行政法规另有规定的，从其规定（过错推定：行政相对人只要实施了行政违法行为即可推定相对人主观上存在故意或者过失，若相对人没有证据证明其主观没有过错的，行政机关可以给予行政处罚） ⑤过时未罚者不处罚：违法行为2年内未被发现的，不处罚。涉及公民生命健康安全、金融安全且有危害后果的，上述期限延长至5年。法律另有规定的除外 【备注】治安处罚是6个月，税收处罚是5年

---

① 【答案】AD。法院认为罚款20万元处罚违反过罚相当，制裁措施过重，不客观、不适度，将罚款调整为10万元，体现了比例原则的精神。A选项准确。罚款20万元属于单方行政行为，不需要意思表示一致作为成立的前提。B选项错误。行政法规的名称一般称为"条例""规定""办法"。行政法规的制定主体为国务院。《广告法》系法律。法律由全国人大或者全国人大常委会制定。C选项错误。市场监督管理局罚款20万元与行政相对人违法行为的危害程度不相适应，法院判决变更为罚款10万元，体现了过罚相当原则。D选项准确。

续　表

不重罚	①已满14周岁不满18周岁的人有违法行为的 ②主动消除或者减轻违法行为危害后果的 ③受他人胁迫或者被诱骗实施违法行为的 ④主动供述行政机关 尚未掌握的 违法行为的 ⑤配合行政机关查处违法行为，有立功表现的
不再罚	①一事不再罚：对被管理人 同一个 违法行为，不得给予两次以上的 罚款；同一个违法行为违反多个法律规范应当给予罚款处罚的，按照罚款数额高的规定处罚 ②处罚相折抵：行政拘留折抵拘役、有期徒刑；行政罚款折抵相应的刑罚罚金
不乱罚	①行政机关制定行政处罚裁量基准，规范行使行政处罚裁量权 ②行政处罚裁量基准应当向社会公布
过罚相当	实施行政处罚必须以事实为依据，与受罚人的违法行为的事实、性质、情节以及社会危害程度相当
从快从重处罚	发生重大传染病疫情等突发事件，为了控制、减轻和消除突发事件引起的社会危害，行政机关对违反突发事件应对措施的行为，依法快速、从重处罚

四、行政处罚的实施程序

行政处罚的实施程序，分为一般程序、简易程序与听证程序。一般程序是正常情况下适用的行政处罚程序，简易程序是一般程序的简便化，听证程序则是一般程序的复杂化。

（一）一般规则

1.先查证后处罚。

行政机关应当先查明违法事实才能给予行政处罚，即先查证，后处罚。

2.执法公示。

行政处罚的实施机关、立案依据、实施程序和救济渠道等信息应当公示。

3.正当程序。

行政机关在调查违法事实作出处罚决定时应当保障当事人的程序权利：

（1）作出处罚决定前告知当事人拟作出的行政处罚内容及事实、理由、依据。

（2）告知当事人享有陈述、申辩等权利；否则，不得作出处罚决定，当事人明确放弃陈述申辩权利的除外。

（3）采取信息化手段或者其他措施，为当事人查询、陈述和申辩提供便利。不得限制或者变相限制当事人享有的陈述权、申辩权。

（4）对当事人提出的事实、理由和证据，应当进行复核；成立的，行政机关应当采纳。

（5）不得因当事人陈述、申辩而给予更重的处罚。

4.回避规则。

执法人员应当公正文明执法，尊重和保护当事人的合法权益：

（1）主动回避：行政执法人员与案件有利害关系可能影响公正执法的，应当回避。

（2）申请回避：当事人认为执法人员与案件有利害关系可能影响公正执法的，有权申请回避。由行政机关负责人决定是否回避。决定作出之前，不停止调查。

归纳总结 ★★★**行政处罚实施程序之一般规定**♣

先查证 后处罚	先查明违法事实才能给予行政处罚，即先查证，后处罚
执法公示	行政处罚的实施机关、立案依据、实施程序和救济渠道等信息应当公示
正当程序	①作出处罚决定前告知当事人拟作出的行政处罚内容及事实、理由、依据 ②告知当事人享有陈述、申辩等权利；否则，不得作出处罚决定，当事人明确放弃陈述申辩权利的除外 ③对当事人提出的事实、理由和证据，应当进行复核；成立的，行政机关应当采纳 ④不得因当事人陈述、申辩而给予更重的处罚
回避规则	【主动回避】执法人员与案件有利害关系可能影响公正执法的，应当回避 【申请回避】当事人认为执法人员与案件有利害关系可能影响公正执法的，有权申请回避。由行政机关负责人决定是否回避。决定作出之前，不停止调查

（二）一般程序

行政处罚的一般程序适用于正常情况下的处罚案件，如果一个行政处罚案件既不符合简易程序，也不符合听证程序的适用条件，则必定适用一般程序。一般程序包括以下主要环节：

1.立案。

发现相对人有违反行政管理秩序的行为，符合立案标准的，行政机关应当及时立案。

2.调查。

调查是查明相对人违法事实的过程，对此法律规定了行政机关与行政相对人各自的权力、权利和义务。

（1）主体要求。由具有行政执法资格的执法人员实施。执法人员不得少于2人，法律另有规定的除外。执法人员在调查或者进行检查时，应当主动向当事人或者有关人员出示执法证件。当事人或者有关人员有权要求执法人员出示执法证件。执法人员不出示执法证件的，当事人或者有关人员有权拒绝接受调查或者检查。当事人或者有关人员应当如实回答询问，并协助调查或者检查，不得拒绝或者阻挠。询问或者检查应当制作笔录。

（2）取证方式。行政机关在收集证据时，可以采取抽样取证的方法。

（3）保存证据与证据的使用。行政机关在收集证据时，如遇证据可能灭失或者以后难以取得的情况，经行政机关负责人批准，可以先行登记保存，并在7日内及时作出处理决定。在此期间，当事人或有关人员不得销毁或转移证据。

【注意1】《行政处罚法》中"2日""3日""5日""7日"的规定是指工作日，不含法定节假日。

【注意2】先行登记保存，在性质上属于行政强制措施。

证据包括：①书证；②物证；③视听资料；④电子数据；⑤证人证言；⑥当事人的陈述；⑦鉴定意见；⑧勘验笔录、现场笔录。

证据必须经查证属实，方可作为认定案件事实的根据。以非法手段取得的证据，不得作为认定案件事实的根据。

（4）电子技术的运用。行政机关依照法律、行政法规规定利用电子技术监控设备收集、固定违法事实的，应当经过法制和技术审核，确保电子技术监控设备符合标准、设置合理、标志明显，设置地点应当向社会公布。电子技术监控设备记录违法事实应当真实、清晰、完整、准确。行政机关应当审核记录内容是否符合要求；未经审核或者经审核不符合要求的，不得作为行政处罚的证据。应当采取信息化手段或者其他措施，为当事人查询、陈述和申辩提供便利；不得限制或者变相限制当事人享有的陈述权、申辩权。

例如：某市政府公安局交通管理局更新了城市道路违章视频监控系统，新视频监控系统会自动识别没有遵守交通规则的车辆和人员，一旦发现违章行为，就会自动抓拍并生成《道路交通安全违法行为处理通知书》。该通知书会详细告知当事人拟作出的交通处罚的内容及事实、理由、依据，并告知当事人依法享有陈述、申辩、要求听证的权利。根据该通知书的内容，当事人如果对拟作出的交通处罚不服，可以通过下载市政府开发的手机APP，查找交通部门模块，在该部门模块内提交陈述申辩意见。如果在规定期限内没有提交陈述申辩意见的，系统将自动生成《道路交通安全违法行为处罚决定书》并通过短信送达给被处罚人。利娅（年纪稍长，不会使用智能手机）驾驶机动车闯红灯，收到短信发送的《道路交通安全违法行为处理通知书》和《道路交通安全违法行为处罚决定书》，被记6分，罚款200元。本案《道路交通安全违法行为处罚决定书》是否合法？不合法。本案涉及行政机关借助人工智能等科技设备自动化行政执法的程序控制问题。2021年修改的《行政处罚法》第41条第3款规定："行政机关应当及时告知当事人违法事实，并采取信息化手段或者其他措施，为当事人查询、陈述和申辩提供便利。不得限制或者变相限制当事人享有的陈述权、申辩权。"该市在通过自动化行政执法系统实施行政处罚时，尽管告知了被处罚人行政处罚内容及事实、理由、依据，并告知当事人依法享有的陈述、申辩、要求听证等权利，但规定被处罚人只能通过行政机关指定的APP相关模块提出不同意见，行使针对行政处罚的陈述权、申辩权，明显限制了当事人行使权利的形式，违反了《行政处罚法》第41条的规定。

3.审核。

有下列情形之一，在行政机关负责人作出行政处罚的决定之前，应当由从事行政处罚决定法制审核的人员进行法制审核；未经法制审核或者审核未通过的，不得作出决定：

（1）涉及重大公共利益的；

（2）直接关系当事人或者第三人重大权益，经过听证程序的；

（3）案件情况疑难复杂、涉及多个法律关系的；

（4）法律、法规规定应当进行法制审核的其他情形。

行政机关中初次从事行政处罚决定法制审核的人员，应当通过国家统一法律职业资格考试取得法律职业资格。

例如：市场监督管理局以利兴公司开展买房送汽车抽奖式有奖销售活动违反《反不

正当竞争法》为由，经过听证程序后作出7万元罚款决定。在市场监督管理局负责人作出决定之前，应当由从事行政处罚决定审核的人员进行审核。

4.决定。

决定环节，是行政机关根据已经查明的违法事实，适用法律作出处罚决定的过程。行政处罚的决定应当由行政机关的负责人作出，对于复杂、重大的处罚案件，需要由行政机关的负责人集体讨论作出决定。

实施行政处罚，适用违法行为发生时的法律、法规、规章的规定。但是，作出行政处罚决定时，法律、法规、规章已被修改或者废止，且新的规定处罚较轻或者不认为是违法的，适用新的规定（从旧兼从轻原则）。

行政处罚的决定包括以下三种情形：

（1）决定予以处罚，适用于当事人违法事实成立，且构成一定危害后果的情况。发生重大传染病疫情等突发事件，为了控制、减轻和消除突发事件引起的社会危害，行政机关对违反突发事件应对措施的行为，依法快速、从重处罚。

（2）决定不予处罚，适用于当事人违法事实不能成立，或违法事实虽然成立但情节轻微并未实际造成危害后果的情况。

（3）决定不予处罚并移送司法机关，适用于违法事实成立且已经构成犯罪的情况。

行政机关应当自行政处罚案件立案之日起90日内作出行政处罚决定。法律、法规、规章另有规定的，从其规定。

具有一定社会影响的行政处罚决定应当依法公开。

公开的行政处罚决定被依法变更、撤销、确认违法或者确认无效的，行政机关应当在3日内撤回行政处罚决定信息并公开说明理由。

5.送达。

行政机关决定给予行政处罚的，应当制作加盖本机关印章的处罚决定书，并向当事人送达。行政处罚决定书应当在宣告后当场交付当事人；当事人不在场的，应当在7日内依照民事诉讼法的有关规定送达。

当事人同意并签订确认书的，行政机关可以采用传真、电子邮件等方式，将行政处罚决定书等送达当事人。

6.记录归档

行政机关应当依法以文字、音像等形式，对行政处罚的启动、调查取证、审核、决定、送达、执行等进行全过程记录，归档保存。

归纳总结 ★★★行政处罚的普通程序♣

立案	发现相对人有违反行政管理秩序的行为，符合立案标准的，行政机关应当及时立案	
调查	执法人数	不得少于2人，且应当具有行政执法资格
	出示证件	在调查时，应当出示执法证件；否则，有权拒绝接受调查
	抽样取证	在收集证据时，可以采取抽样取证的方法（比例原则的体现）

续　表

调查	电子取证	①利用电子技术监控设备收集、固定违法事实的，应当经过法制和技术审核，确保符合标准、设置合理、标志明显，设置地点应当向社会公布 ②电子技术监控设备记录违法事实应当真实、清晰、完整、准确。行政机关应当审核记录内容是否符合要求；未经审核或者经审核不符合要求的，不得作为行政处罚的证据 ③行政机关应当及时告知当事人违法事实，并采取信息化手段或者其他措施，为当事人查询、陈述和申辩提供便利
	先行登记保存	前提：证据可能灭失或者以后难以取得的情况下 条件：经行政机关负责人批准 期限：7日 【说明】《行政处罚法》中"2日""3日""5日""7日"的规定是指工作日，不含法定节假日
审核	法制审核情形	作出下列处罚决定前，应当由从事行政处罚决定审核的人员进行审核： ①涉及重大公共利益的 ②直接关系当事人或者第三人重大权益，经过听证程序的 ③案件情况疑难复杂、涉及多个法律关系的 【备注】初次从事行政处罚决定审核的人员，应当通过国家统一法律职业资格考试
决定	决定主体	①原则：行政机关负责人决定 ②例外：对情节复杂或重大违法行为给予较重的处罚，行政机关负责人集体讨论决定
	决定依据	【原则】实施行政处罚，适用违法行为发生时的法律、法规、规章的规定 【例外】作出行政处罚决定时，法律、法规、规章已被修改或者废止，且新的规定处罚较轻或者不认为是违法的，适用新的规定（从旧兼从轻原则）
	决定形式	作出书面的行政处罚决定书
	决定期限	行政机关应当自行政处罚案件立案之日起90日内作出行政处罚决定。法律、法规、规章另有规定的，从其规定
	决定公开	①具有一定社会影响的行政处罚决定应当依法公开 ②公开的行政处罚决定被依法变更、撤销、确认违法或者确认无效的，行政机关应当在3日内撤回行政处罚决定信息并公开说明理由
送达		①当事人在场的，当场送达 ②当事人不在场的，应当在7日内按《民诉法》规定送达 ③当事人同意并签订确认书的，行政机关也可以采用传真、电子邮件等方式送达行政处罚决定书
备注		行政机关应当依法以文字、音像等形式，对行政处罚的启动、调查取证、审核、决定、送达、执行等进行全过程记录，归档保存

（三）简易程序

1.适用条件。

适用简易程序进行处罚，要求：

（1）违法事实确凿并有法定依据。

（2）处罚种类和幅度分别是：对公民处以200元以下，对法人或者其他组织处以3000元以下的罚款或者警告。

2.特殊规则。

（1）当场决定。

适用简易程序的行政处罚，其调查检查阶段与决定阶段在时间上是连续的，在主体上也是统一的。由执法人员在当场查明事实之后，无须报送行政机关的负责人，而是自己当场作出处罚决定。

（2）当场送达。

适用简易程序的行政处罚，执法人员不得少于2人，执法人员当场作出行政处罚决定的，应当向当事人出示执法证件，填写预定格式、编有号码的行政处罚决定书，并当场交付当事人。当事人拒绝签收的，应当在行政处罚决定书上注明。行政处罚决定书应当载明当事人的违法行为，行政处罚的种类和依据、罚款数额、时间、地点，申请行政复议、提起行政诉讼的途径和期限以及行政机关名称，并由执法人员签名或盖章。执法人员当场作出的行政处罚决定，应当报所属行政机关备案。

经典考题：某市公安交通管理局发布《关于对本市部分道路采取限制通行交通管理措施的通告》，决定于2021年7月20日至27日，工作日每日7时至9时、17时至19时，对部分路段采取限制通行措施。某交警大队根据交通技术监控设备记录认定李某驾驶货车在限制道路上行驶，决定给予李某罚款200元。李某向市公安交通管理局申请行政复议被维持。李某不服，提起行政诉讼，下列说法准确的是：（2021年考生回忆版卷一第2题，任选）①

A.市公安交通管理局和交警大队是共同被告

B.对李某的处罚可以适用简易程序

C.交通技术监控设备记录未经审核不得作为处罚决定的证据

D.市公安交通管理局发布通告的性质是行政行为

---

① 【答案】ABC。本题属于复议维持案件，交警大队和市公安交通管理局是共同被告。A选项准确。《道路交通安全法》第107条规定："对道路交通违法行为人予以警告、200元以下罚款，交通警察可以当场作出行政处罚决定，并出具行政处罚决定书。"可知，交通警察可以适用简易程序当场给予李某罚款200元。B选项准确。交警大队应当审核交通技术监控设备记录内容是否符合要求；未经审核或者经审核不符合要求的，不得作为行政处罚的证据。C选项准确。本题，《通告》在作出之时，想要约束的对象范围不能够明确固定下来（即通告发布之时有哪些车辆会在限行路段通行，这个对象范围不能够明确），而且该《通告》在有效期内可以反复适用。D选项错误。

归纳总结	★★★行政处罚的简易程序♣
特　征	当场决定、当场送达、事后备案
适用范围	①对公民处200元以下，对单位处3000元以下的罚款 ②警告

（四）听证程序

行政处罚的听证是指处罚机关在作出某些比较重的处罚决定前，通过听取当事人对有关事实与法律问题的陈述、申辩、质证，从而保证处罚决定更加合法、更加合理和更加公正的制度。行政处罚听证程序的主要规则有：

1.适用条件。

（1）适用范围。行政机关拟作出下列行政处罚决定，应当告知当事人有要求听证的权利，当事人要求听证的，行政机关应当组织听证：①吊销许可证件；②责令停产停业、责令关闭；③较大数额罚款、没收较大数额违法所得、没收较大价值非法财物；④降低资质等级；⑤限制从业；⑥其他较重的行政处罚。

归纳总结	行政处罚听证适用范围记忆规则

行政处罚听证程序的适用范围，可以用一句口诀记忆："吊这个大款，降资质限从业"。
①吊：吊销许可证
②这个（责令）：责令停产停业、责令关闭
③大款：较大数额罚款、没收较大数额违法所得、没收较大价值非法财物
④降资质：降低资质等级
⑤限从业：限制从业

（2）启动方式：被动启动，也就是依申请启动。行政机关将要作出"吊这个大款，降资质限从业"等行政处罚决定前，应当告知当事人有申请听证的权利。当事人在5日内依法提出听证要求的，行政机关应当举行听证会。当然，如果当事人在5日内没有提出听证要求的，行政机关可以不组织听证会。

【注意】行政机关作出"吊这个大款，降资质限从业"之外的处罚决定是否需要举行听证会，行政机关自己享有行政裁量权，行政机关可以组织听证会，也可以不组织听证会。

例1：市生态环境局对安溪养殖场进行现场检查时发现该养殖场未及时收集、贮存、利用或者处置养殖过程中产生的畜禽粪污等固体废物，且拒绝责令改正，在报经市政府批准后，责令该养殖场关闭。本案，市生态环境局作出责令关闭的处罚决定，应当事先告知安溪养殖场有要求举行听证的权利。安溪养殖场在5日内依法提出听证要求的，市生态环境局应当举行听证会。

例2：维多酒后驾车，县公安局交通警察大队决定对其驾驶证暂扣6个月。本案，交

通警察大队作出暂扣驾驶证6个月的处罚决定，可以组织听证会，也可以不组织听证会。

2.程序要求。

（1）期限。对于行政处罚的听证程序，《行政处罚法》主要规定了两个期限：

①申请期限：申请人、利害关系人，应当在被告知听证权利之日起5日内提出听证申请。

②告知期限：行政机关应当于举行听证的7日前将举行听证的时间、地点通知申请人。

[总结] 申请期限5日，告知期限7日，这两个期限的记忆规则为：我不爱你老婆。"我"，5日；"不爱你"，没有20日组织期限；"老婆"，7日。

· 知识拓展 ·

■ 行政处罚听证在时限问题上与行政许可听证有一明显不同之处，就是没有规定听证的组织期限，这是由行政处罚行为与行政许可行为的不同性质所决定的。因为行政许可是授益性行政行为，正是为了尽快使被许可人获得相关利益，因此法律上规定了行政机关的听证组织期限，以催促其尽快作出许可决定。而行政处罚属于负担行政行为，被处罚人的利益将因这一行为而受到限制或剥夺，对此法律便没有必要规定听证组织期限，以催促行政机关尽快剥夺或者限制当事人的有关利益。

（2）回避。行政处罚听证主持人的公务回避与行政许可听证类似，能够引起行政机关工作人员回避的原因是相同的：一是实体原因；二是程序原因。基于实体原因的回避，是指如果行政处罚的当事人认为主持人与该处罚案件有直接利害关系的，有权申请回避。基于程序原因的回避，是指在听证前已经参与处罚案件调查的工作人员不能担任听证主持人，因为参与处罚案件调查的工作人员已经了解了该案的初步事实，并很可能已对此形成了某些固定看法，为了避免因观念上的"先入为主"而造成行政处罚决定的不公，不能由其担任听证主持人。

（3）内容。调查人员提出当事人违法的事实、证据和行政处罚建议；当事人进行申辩和质证。

（4）代理。当事人既可以亲自参加听证，也可以委托1~2人代理。当事人及其代理人无正当理由拒不出席听证或者未经许可中途退出听证的，视为放弃听证权利，行政机关终止听证。

（5）笔录。听证应当制作笔录。笔录应当交当事人或者其代理人核对无误后签字或者盖章。当事人或者其代理人拒绝签字或者盖章的，由听证主持人在笔录中注明。听证结束后，行政机关应当根据听证笔录作出决定。行政处罚听证会笔录具有案卷排他效力。案卷排他，即行政机关只能以案卷上已经载明的内容、经过质证的材料作为作出行政决定的全部依据，而不得对案卷中没有记载的因素加以考虑，禁止在听证会结束后搜集证据来作为处罚决定的依据使用。其意义在于强调案卷的权威性，避免听证程序走过场。值得一提的是，《行政许可法》《行政处罚法》都明确规定了案卷排他制度。

（6）公开。除涉及国家秘密、商业秘密或个人隐私外，听证应当公开举行。

（7）费用。当事人不承担行政机关组织听证的费用，该费用由行政机关承担。

经典考题： 甲公司将承建的建筑工程承包给无特种作业操作资格证书的邓某，邓某在操作时引发事故。某省建设厅作出暂扣甲公司安全生产许可证三个月的决定，市安全监督管理局对甲公司罚款三万元。甲公司对市安全监督管理局罚款不服，向法院起诉。下列哪些选项是正确的？（2009-2-85题，多选）①

A. 如甲公司对某省建设厅的决定也不服，向同一法院起诉的，经当事人同意，法院可以决定合并审理

B. 市安全监督管理局不能适用简易程序作出罚款三万元的决定

C. 某省建设厅作出暂扣安全生产许可证决定前，应为甲公司组织听证

D. 因市安全监督管理局的罚款决定违反一事不再罚要求，法院应判决撤销

归纳总结	★★★行政处罚的听证程序♣
适用范围	①吊销许可证件 ②责令停产停业、责令关闭 ③较大数额罚款、没收较大数额违法所得、没收较大价值非法财物 ④降低资质等级 ⑤限制从业 ⑥其他较重的行政处罚 【记忆规则：吊这个大款，降资质限从业】
启动方式	①应当告知被处罚人有申请听证的权利 ②处罚机关不是应当主动组织听证程序 ③对于其他的行政处罚是否举行听证，行政机关有自由裁量权

---

① 【答案】AB。为了节省司法资源，提高审判效率，两个以上行政机关分别对同一事实作出行政行为，公民、法人或者其他组织不服向同一法院起诉，法院可以决定合并审理。A选项正确。一般处罚案件，违法事实确凿并有法定依据，对公民处以200元以下、对法人或者其他组织处以3000元以下罚款或者警告的行政处罚的，可以当场作出行政处罚决定。本题，市安全监督管理局不能适用简易程序作出罚款3万元的决定，B选项正确。C选项有部分考生对于行政处罚听证会适用范围和启动模式没有掌握，从而做错。行政处罚听证会的设题陷阱往往在于"应当组织听证"，实际上，行政机关作出"吊这个大款，降资质限从业"等比较重的处罚决定前，应当告知被处罚人有申请举行听证会的权利。也就是说，行政处罚的听证会一般是依申请启动，而不是主动启动。本题，暂扣安全生产许可证并不属于应当告知被处罚人可以申请听证的范围，而且C选项"应为甲公司组织听证"的说法也是错误的。一事不再罚原则中的"罚"是指罚款，本题，省建设厅作出的是暂扣甲公司安全生产许可证的决定，所以市安全监督管理局的罚款决定并不违反一事不再罚要求。D选项错误。

期限	①申请期限：当事人要求听证的，应当在行政机关告知后5日内提出 ②告知期限：应在听证的7日前告知当事人举行听证的时间、地点 【记忆规则：我不爱你老婆】
回避	①实体回避：与本案有直接利害关系的人不得担任主持人 ②程序回避：在听证之前参与该案调查程序的人不得担任主持人
公开	除涉及国家秘密、商业秘密或者个人隐私外，听证公开举行
代理	①当事人可以亲自参加听证，也可以委托1~2人代理 ②当事人及其代理人无正当理由拒不出席听证或者未经许可中途退出听证的，视为放弃听证权利，行政机关终止听证
内容	①调查人员提出当事人违法的事实、证据和行政处罚建议 ②当事人进行申辩和质证
笔录	①听证应当制作笔录，交当事人签字或者盖章 ②处罚听证笔录有案卷排他效力，即听证结束后，行政机关应当根据听证笔录，作出决定
费用	听证费用由行政机关承担

第四节　行政处罚的执行

·考情分析·

■ 本节知识点要求考生了解罚缴分离制度，掌握当场收缴的具体情形以及罚款的强制执行。

■ 在客观题考试中，本节知识点不是高频考点。考生重点掌握当场收缴的情形以及罚款的强制执行。

■ 本节易错知识点主要有：

（1）可以依法当场收缴罚款的情形主要有：①依法给予100元以下的罚款的；②不当场收缴事后难以执行的；③边远水上交通不便地区，当事人提出向指定的银行缴纳罚款有困难的。

（2）不是只要边远水上交通不便地区，执法人员就可以当场收缴罚款，而是被处罚人自己主动提出来当场缴纳的，才可以当场收缴。

（3）注意区分当场处罚和当场缴纳。当场处罚是行政处罚的实施方式；当场缴纳是行政处罚的执行方式。

（4）当事人到期不缴纳罚款的，行政机关可以每日按罚款数额的3%加处罚款。当事人对罚款不服，申请行政复议或者提起行政诉讼的，加处罚款的数额在行政复议或者行政诉讼期间不予计算。

　　行政处罚的执行要解决的是行政处罚决定所确定的权利义务如何实现的问题，包括当事人自觉将其实现，以及国家强制实现。相应地，行政处罚的执行包括两部分内容：一是行政处罚的履行；二是处罚的强制执行。

一、行政处罚的履行

　　《行政处罚法》所规定的行政处罚的履行，就是围绕罚款的收缴展开的。罚款的收缴，包括两个方面：

（一）罚缴分离的原则

　　罚缴分离，是指在罚款的收缴过程中，罚款的决定者、收缴者、所有者三者的分离，这是罚款收缴的基本原则。其中，所有者与其他二者的分离是绝对的，而决定者与收缴者的分离则是相对的，在特殊的情况下可能出现决定者自己收缴的例外。

　　1.决定者。罚款的决定者是作出处罚决定的行政主体。

　　2.收缴者。罚款的收缴者是银行。除了当场收缴的特殊情况外，作出行政处罚决定的行政机关及其执法人员不得自行收缴罚款，而应由当事人在收到行政处罚决定书之日起15日内到指定银行或者通过电子支付系统缴纳罚款。

　　3.所有者。罚款的所有者是国家，银行应当将收受的罚款直接上缴国库。罚款、没收的违法所得或者没收非法财物拍卖的款项，必须全部上缴国库，任何行政机关或者个人不得以任何形式截留、私分或者变相私分。罚款、没收的违法所得或者没收非法财物拍卖的款项，不得同作出行政处罚决定的行政机关及其工作人员的考核、考评直接或者变相挂钩。除依法应当退还、退赔的外，财政部门不得以任何形式向作出行政处罚决定的行政机关返还罚款、没收的违法所得或者没收非法财物拍卖的款项。

（二）当场收缴的情形

　　当场收缴是职权分离原则的例外。在当场收缴的情况下，行政处罚的决定者与收缴者是重合的。由于当场收缴制度是法律出于客观情况的需要而对职权分离原则的变通，因此受到了严格限制，仅适用于以下两种情况：

　　1.适用简易程序的当场收缴。行政机关如果适用简易程序作出处罚决定的，对以下两种情况可以当场收缴罚款：（1）100元以下的罚款；（2）不当场收缴事后难以执行的。这种做法一般适用于当事人事后难以被找到的情况。比如，自行车违章或行人违章，交警可以当场收缴罚款。

　　例如： 区人社局认定希格公司于2021年7月1日至同年8月11日期间擅自招用未满16周岁的何某，违反了《禁止使用童工规定》的相关规定，给予其罚款6000元。区人社局既不得当场作出6000元罚款决定，也不得当场收缴6000元罚款。

　　2.在特殊地区罚款的当场收缴。行政机关在边远、水上、交通不便地区作出罚款决定，且当事人向指定银行缴纳罚款确有困难的，经当事人提出，行政机关及其执法人员可以当场收缴罚款。这一规定主要是出于便利当事人的考虑，因为此时如果一定要坚持罚缴分离原则的话，将大大加重当事人的负担。

　　行政机关及其执法人员当场收缴罚款的，必须向当事人出具国务院财政部门或者省、自治区、直辖市人民政府财政部门统一制发的专用票据；不出具财政部门统一制发的专用票据的，当事人有权拒绝缴纳罚款。

对于执法人员当场收缴的罚款，应当自收缴罚款之日起2日内交至行政机关。在水上当场收缴的罚款，应当自抵岸之日起2日内交至行政机关，该行政机关应当在2日内将罚款缴付指定的银行。

二、行政处罚的强制执行

当事人对行政处罚决定不服，申请行政复议或者提起行政诉讼的，行政处罚不停止执行，法律另有规定的除外。

例如： 县生态环境局在执法检查中发现旺利源农牧发展有限公司在沙河镇租赁的养殖场产生的污水未经无害化处理，通过管道排入养殖场东墙、北墙外侧农灌水沟存放，以违反《环境保护法》为由，处以该公司罚款11500元。该公司不服处罚提起行政诉讼的，行政处罚在行政诉讼期间不暂停执行。

当事人对限制人身自由的行政处罚决定不服，申请行政复议或者提起行政诉讼的，可以向作出决定的机关提出暂缓执行申请。符合法律规定情形的，应当暂缓执行。

当事人逾期不履行行政处罚决定的情况下，国家通过强制手段实现处罚决定所确定的权利义务安排。

《行政处罚法》中所规定的行政强制执行措施（主要针对罚款的强制执行措施），包括：

1.执行罚。

执行罚是一种间接的强制执行措施，是通过对不履行义务的当事人按日加处一定的新的金钱给付义务，以迫使其尽快履行义务的执行措施。《行政处罚法》所规定的执行罚为每日按罚款数额的3%加处罚款。加处罚款的数额不得超过罚款本金。当事人申请行政复议或者提起行政诉讼的，加处罚款的数额在行政复议或者行政诉讼期间不予计算。

例如： 市生态环境局在执法中发现汇丽公司露天堆放废油桶18个，根据《危险废物贮存污染物控制标准》"危险废物堆要防风、防雨、防晒"等要求，认定该公司实施了未按照国家环境保护标准贮存危险废物的行为，给予罚款199000元。该公司逾期不缴纳罚款，市生态环境局决定每日按罚款数额的3%加处罚款。该公司不服处罚决定，提起行政诉讼。加处罚款的数额在行政诉讼期间不予计算。如果在诉讼期间仍加以计算的话，相当于变相针对提起行政诉讼的原告施加压力，而对行政行为不服提起诉讼是当事人正当的救济权利，应当鼓励当事人起诉不合法的行政行为，而不是胁迫当事人不提起行政诉讼。

2.行政强制执行。

行政机关直接通过强制力实现处罚决定所设定的权利义务，主要表现为将查封、扣押的财物拍卖，或将冻结的存款划拨用于抵缴罚款。能够采取直接行政强制执行措施的，必须是法律规定具有行政强制执行权的行政机关，目前主要包括税务局和海关。

3.申请法院执行。

申请法院强制执行处罚决定，由法院采用直接强制方法实现有关权利义务。法律没有规定行政机关享有行政强制执行权的，作出行政决定的行政机关应当申请人民法院强制执行。行政机关批准延期、分期缴纳罚款的，申请人民法院强制执行的期限，自暂缓或者分期缴纳罚款期限结束之日起计算。

归纳总结 ★行政处罚的执行

原则罚缴分离		①作出罚款决定的行政机关应当与收缴罚款的机构分离 ②当事人应当自收到处罚决定书之日起15日内，到指定的银行或者通过电子支付系统缴纳罚款 【备注】 ①罚款必须全部上缴国库，不得以任何形式截留、私分或者变相私分 ②罚款不得同行政机关工作人员的考核、考评直接或者变相挂钩 ③财政部门不得以任何形式向作出行政处罚决定的行政机关返还罚款
例外当场收缴	适用范围	①依法给予100元以下的罚款的 ②不当场收缴事后难以执行的 ③边远水上交通不便地区，当事人提出向指定的银行缴纳罚款有困难的
	出具收据	当场收缴罚款必须向当事人出具国务院财政部门或者省级财政部门统一制发的罚款专用票据；否则，有权拒绝缴纳
	罚款上缴	①当场收缴的罚款应当自收缴罚款之日起2日内交至行政机关 ②在水上当场收缴的罚款，应当自抵岸之日起2日内交至行政机关 ③行政机关应当在2日内将罚款缴付指定的银行
执行方式	自愿履行	当事人在处罚决定的期限内自愿予以履行
	强制执行	到期不缴纳罚款的，每日按罚款数额的3%加处罚款 【注意】当事人申请行政复议或者提起行政诉讼的，加处罚款的数额在行政复议或者行政诉讼期间不予计算

第五节　治安管理处罚

·考情分析·

■ 本节知识点要求考生了解治安管理处罚的概念，掌握派出所的处罚权限，熟悉治安管理处罚的程序和行政拘留暂缓执行的构成要件。

■ 在客观题考试中，本节知识点一般每2年考查一个选择题。

■ 本节易错和高频考点有：

（1）警告、500元以下罚款可以由派出所决定。

（2）现场发现违法行为人，可以口头传唤，但应在询问笔录中注明。

（3）询问查证时间不超过8小时；情况复杂，可能给予拘留的，不超过24小时。

（4）作出警告、200元以下的罚款可以适用简易程序（当场决定、当场送达）。

（5）作出吊销许可证、2000元以上罚款决定的，应当告知被处罚人享有要求组织听证会的权利。

（6）作出行政拘留处罚的，不是应当告知被处罚人享有要求举行听证的权利，被处罚人可以申请举行听证会，公安局可以组织听证会，也可以不组织听证会。

（7）治安管理处罚的听证程序原则上也是被动启动，即公安局不是应当主动组织听证会。

（8）行政拘留暂缓执行有多个构成要件必须同时符合，最重要的是两个：一是被处罚人对行政拘留不服，申请复议或者提起诉讼；二是要缴纳相应的保证金或者提出担保人。

（9）公安机关查处治安案件，对没有本人陈述，但有其他证据能够证明案件事实的，可以作出治安管理处罚决定。但是，只有本人陈述，没有其他证据证明的，不能作出治安管理处罚决定。

（10）对于因民间纠纷引起的打架斗殴或损毁他人财物等违反治安管理行为，情节较轻的，公安机关可以调解处理。经公安机关调解，当事人达成协议的，不予处罚。经调解未达成协议或者达成协议后不履行的，公安机关应当依照本法的规定对违反治安管理行为人给予处罚，并告知当事人可以就民事争议依法向人民法院提起民事诉讼。

一、治安管理处罚的概念

治安管理处罚是指公安机关对于违反治安管理秩序但尚未构成犯罪的公民、法人或其他组织实施行政制裁的行为。

例如： 在某国际车展上，张某因与某汽车公司有消费纠纷，在该公司展台区域肆意吵闹以表达不满，后不听劝阻站到展台内的汽车车顶上多次大喊"刹车失灵"。后张某被公安机关以违反《治安管理处罚法》扰乱公共秩序为由处以5日行政拘留。

二、治安管理处罚的特征

准确理解治安处罚的性质，我们可以通过比较治安处罚与其他法律责任形式来获得认识。

（一）治安处罚与刑罚的关系

我们可以将治安处罚看作是比较轻微的"刑罚"，它与刑罚的主要区别在于：

1.对当事人施以刑罚应通过司法程序进行，由司法机关判决；对当事人处以治安处罚则由公安机关进行，通过行政程序解决。

2.适用刑罚的犯罪行为，其情节与社会危害性较为严重；适用治安处罚的治安违法行为则情节与社会危害性相对轻微，够不上适用刑罚的程度。

3.刑罚的内容相对严厉；治安处罚的严厉程度尽管在行政处罚中相对较高，但与刑罚比起来就要低得多。

（二）治安处罚与民事侵权的关系

对于治安处罚与民事侵权之间的关系，主要应理解两者竞合的情况。在治安处罚当中，存在大量侵犯他人人身权或财产权的违法行为，这种行为一方面构成了民事侵权，另一方面又构成了治安违法。在这种情况下，如果行为人有责任能力的，应当接受治安处罚；同时，行为人或其监护人还应对受害人承担民事赔偿责任。特殊情况下，对于民间纠纷引起的打架斗殴或者损毁他人财物等治安违法行为，情节较为轻微的，公安机关可以调解处理。当事人经公安机关调解达成协议的不予处罚；经调解未达成协议或者达成协议后不履行的，公安机关再予处罚，并告知当事人仍可就民事争议提起民事诉讼。

例如：安某放的羊吃了朱某家的玉米秸，二人争执。安某殴打朱某，致其左眼部青紫、鼻骨骨折，朱某被鉴定为轻微伤。在公安分局的主持下，安某与朱某达成协议，由安某向朱某赔偿500元。安某与朱某达成协议后，公安机关对安某可以不予治安处罚。如安某不履行协议的，朱某可以提起民事诉讼解决争议，公安机关也要对安某进行治安处罚。

（三）治安处罚与行政处罚的关系

就其属性而言，治安处罚是行政处罚的一种。《治安管理处罚法》与《行政处罚法》是特别法与一般法的关系。治安处罚主要适用《治安管理处罚法》，而《治安管理处罚法》没有规定的，则适用《行政处罚法》的有关规定。

三、治安管理处罚的种类

与一般行政处罚相似，分为：

1.主罚种类：警告、罚款、行政拘留和吊销公安机关发放的许可证。

2.附加罚种类：针对外国人限期出境或者驱逐出境。

四、治安管理处罚的实施规则

（一）绝对不予处罚规则

下列违反治安管理的行为，公安机关不予处罚：

1.无责任能力者不处罚。

不满14周岁的人违反治安管理的，或精神病人在不能辨认或不能控制自己行为的时候违反治安管理的，公安机关不予处罚，但应责令其监护人严加管教或给予治疗。

已满14周岁不满18周岁的人违法的，应予处罚，但应从轻或减轻处罚；间歇性的精神病人在精神正常的时候违法的，给予正常处罚。以上规定与一般行政处罚的规则相同。

2.过时未处罚者不处罚。

治安处罚的追责期限（处罚时效）较之一般行政处罚要短，当事人违反治安管理行为在6个月内没有被公安机关发现的，不再处罚。

（二）从轻、减轻或者不予处罚规则

下列违反治安管理的行为，公安机关从轻、减轻或者不予处罚：

1.应当减轻乃至不予处罚的：

（1）情节特别轻微的；

（2）主动消除或者减轻违法后果，并取得被侵害人谅解的；

（3）出于他人胁迫或者诱骗的；

（4）主动投案，向公安机关如实陈述自己的违法行为的；

（5）有立功表现的。

2.可以从轻、减轻或者不予处罚的：盲人或又聋又哑的人违法的。

（三）从重处罚规则

对下列违反治安管理的行为，公安机关从重处罚：

1.有较严重后果的；

2.教唆、胁迫、诱骗他人违反治安管理的；

3.对报案人、控告人、举报人、证人打击报复的；

4.6个月内曾受过治安管理处罚的。

·知识拓展·

■ 对于行政机关公务员在履行职务时给行政相对人造成轻微伤的，是否应当给予治安管理处罚？ 2005年7月8日，原国务院法制办公室对《关于对国家行政机关工作人员执行职务过程中的违法行为能否给予治安处罚的请示》的复函〔国法秘函（2005）256号〕中明确：行政机关工作人员执行职务时的侵权行为，不属于治安管理处罚条例规定的违反治安管理的行为，不应当给予治安管理处罚。行政机关工作人员在执行职务时因故意或者重大过失侵犯公民合法权益造成损害的，一是承担民事责任，即承担部分或者全部的赔偿费用；二是承担行政责任，即由有关行政机关依法给予行政处分。同时，依照刑法规定，构成犯罪的，还应当承担刑事责任。因此，行政机关的公务员，在履行职务过程中致行政相对人轻微伤，不属于违反治安管理的行为，不应当给予治安管理处罚，应当由其所在的行政机关给予纪律处分（例如记大过）。

五、治安管理处罚的实施程序

（一）一般程序

1.调查。

在调查阶段，公安机关所遵循的基本程序与一般行政处罚相似。在此基础上，出于调查违法事实的需要，法律赋予了公安机关更多的调查手段，其中包括一些强制措施：

（1）传唤和询问。

经办案部门负责人批准，公安机关可以对需要接受调查人使用传唤证加以传唤；对现场发现的违法行为人经出示工作证件，可以口头传唤并在询问笔录中注明。

对违反治安管理的行为人，公安机关传唤后应当及时询问查证，时间不得超过8小时；情况复杂可能适用拘留的，不得超过24小时。

公安机关应当及时将传唤的原因和处所通知被传唤人家属。

询问不满16周岁的违法行为人，应当通知其父母或者其他监护人到场。

被询问人确认笔录无误后，应当签名或盖章，询问的警察也应当在笔录上签名。

被询问人也可以就被询问事项自行提供书面材料，必要时警察可以要求被询问人自行书写。

（2）检查。

公安机关对与违法行为有关的场所、物品、人身可以进行检查，检查人员不得少于2人，并应当出示工作证和县级以上公安机关的证明文件。确有必要立即进行检查的，经出示工作证件可以当场检查，但检查公民住所应当出示县级以上公安机关开具的证明文件。

检查妇女的身体，应当由女性工作人员进行。

检查的情况应当制作检查笔录，由检查人、被检查人和见证人签名或者盖章，被检查人拒绝签名的应当在笔录上注明。

（3）扣押。

公安机关办理治安案件，对与案件有关的需要作为证据的物品可以扣押。但是，对被侵害人或善意第三人合法占有的财产不得扣押，而应当予以登记；对与案件无关的物品不得扣押。经查明与案件无关的，应当及时退还；经核实属于他人合法财产的，应当登记后立即退还；满6个月无人对该财产主张权利或者无法查清权利人的，应当公开拍卖或者按照国家有关规定处理，所得款项上缴国库。

2.决定。

（1）决定的机关。

治安管理处罚一般由县级以上公安机关决定，警告、500元以下罚款可由公安派出所决定。

【注意】派出所有权以自己的名义作出500元的罚款。行政法中的"以上""以下"均包含本数。

（2）决定的证据。

公安机关决定给予治安处罚所依据的证据包括违法行为人的陈述与其他证据。

对于没有本人陈述但有其他证据能够证明案件事实的，可以作出处罚；但只有本人陈述而没有其他证据证明的，不能作出处罚。

（3）决定的期限。

公安机关办理治安案件，自受理之日起不得超过30日，案情重大复杂的，经上一级公安机关批准可以延长30日。但为查明案情进行鉴定的期间不计入上述期限之内。

3.送达。

公安机关应当向被处罚人宣告处罚决定书并当场交付，无法当场宣告的应在2日内送达被处罚人。决定给予拘留的还应及时通知被处罚人家属。有受害人的案件，还应将决定书副本向其抄送。

（二）听证程序

公安机关作出吊销许可证以及2000元以上罚款的处罚决定前，应当告知违法行为人有权申请听证，经行为人申请的应及时举行听证。

【注意1】行政拘留的处罚决定不属于应当告知被处罚人享有要求听证的权利范围。

【**注意2**】作出吊销许可证以及2000元以上罚款之外的处罚决定是否需要举行听证，公安机关享有行政裁量权，可以组织听证，也可以不组织听证。

［**总结归纳**］治安管理处罚听证程序的适用范围，可以借用一个服装品牌记忆："G2000"。G：形象记忆法，"吊"就是吊销执照，2000：罚款2000元以上。

例如：公安局以刘某故意干扰无线电业务正常进行为由对其处以15日拘留，并处3000元罚款。本案，公安局作出罚款3000元应当告知刘某有申请举行听证的权利，刘某申请听证的，应当组织听证。

（三）简易程序

违反治安管理行为事实清楚，证据确凿，应处警告、200元以下罚款的，可以当场决定处罚，并在24小时内报所属公安机关备案。

经典考题：刘某报警谎称家中1万元现金被盗，民警到刘某家中调查，经多番询问后，刘某承认自己醉酒谎报警情。县公安局对刘某作出行政拘留5日的处罚。刘某不服，提起行政诉讼。下列哪一选项是正确的？（2020年考生回忆版卷一第13题，单选）①

A.公安机关不能对刘某口头传唤

B.刘某的行为属于妨害公共安全行为

C.本案由中级人民法院管辖

D.只有刘某陈述而无其他证据证明其说谎，不能对其行政拘留

六、治安管理处罚的执行

主要应掌握罚款的执行与拘留的执行。

（一）罚款的执行

一般而言，受到罚款的被处罚人应当自收到处罚决定书之日起15日内到指定银行缴纳罚款。

下列三种情况均可以当场收缴罚款：

1.处50元以下罚款且被处罚人无异议的。

2.在边远、水上、交通不便地区作出罚款决定后，被处罚人向指定银行缴纳罚款确有困难并自愿提出当场缴纳的。

3.被处罚人在当地没有固定住所，不当场收缴事后难以执行的。

当场收缴的罚款应当在2日内交至所属公安机关，在水上、列车上当场收缴的罚款应当自抵岸或到站之日起2日内交至所属机关，所属机关应当在2日内将罚款缴付指定银行。

---

① 【答案】D。题干中有交代"民警到刘某家中"，现场发现刘某酒后报假警，公安局警察口头传唤刘某的，不构成违法。A选项错误。刘某酒后报假警并不会给不特定多数人的合法权益造成危害，但其行为会扰乱公共秩序。B选项错误。由于本案被告为县公安局，是县政府的组成部门，身份级别不高，应当由基层人民法院管辖。C选项错误。为了避免"重口供，轻物证"导致公安机关作出错误的治安管理处罚，只有本人陈述，没有其他证据证明的，不能作出治安管理处罚决定。D选项正确。

（二）拘留的执行

对被决定给予行政拘留处罚的人，由作出决定的公安机关送达拘留所执行。其特殊规则包括：

1.合并执行。

自然人犯有两种以上应受拘留的行为的，公安机关应分别决定处罚但合并执行，合并执行的拘留最长不超过20日。

2.不予执行拘留规则。

违法行为人有下列情形之一的，可以对其作出行政拘留处罚决定但不执行拘留：

（1）已满14周岁不满16周岁的；

（2）已满16周岁不满18周岁，初次违反治安管理的；

（3）70周岁以上的；

（4）怀孕或者哺乳自己不满1周岁婴儿的。

3.暂缓执行。

被处罚人不服拘留决定，可以向公安机关申请暂缓执行拘留。

申请暂缓执行行政拘留必须符合如下条件：

（1）被处罚人不服拘留处罚决定，申请复议或提起诉讼；

（2）提出暂缓执行拘留的申请；

（3）公安机关认为暂缓执行拘留不致发生社会危险；

（4）按每日拘留200元的标准交纳保证金，或由被处罚人或其近亲属提出担保人。

担保人应当符合下列条件：

（1）与本案无牵连；

（2）享有政治权利，人身自由未受到限制；

（3）在当地有常住户口和固定住所；

（4）有能力履行担保义务。

例如： 维多故意划破博物馆里的文物，区公安分局决定对其行政拘留10日并处款300元。维多不服，向法院提起诉讼。那么，应当暂缓执行维多的行政拘留处罚决定，这种说法是否准确？这种说法错误。本题，维多仅是提起了行政诉讼，只是符合行政拘留暂缓执行4个条件中的一个，还有其他3个条件未满足，其中，最重要的保证金没有交纳或者保证人没有提出。

归纳总结　★★★治安管理处罚

概念	是指公安机关或者派出所对于违反治安管理秩序，尚未构成刑事犯罪的行政相对人给予制裁的行为
处罚主体	①一般主体：县级以上公安机关 ②授权主体：警告、500元以下罚款可以由派出所决定
处罚种类	①警告；②罚款；③行政拘留；④吊销公安机关发放的许可证；⑤对外国人可以限期出境或驱逐出境

一般程序	调查	传唤	①需要传唤行为人接受调查的，使用传唤证传唤 ②现场发现违法行为人，可以口头传唤，但应在询问笔录中注明
		询问	①询问查证时间不超过8小时；情况复杂，可能给予拘留的，不超过24小时 ②应当将传唤的原因和处所通知被传唤人家属 ③询问不满16周岁的人，应当通知其父母或者其他监护人到场 ④询问受害人/证人：到其所在单位或住处进行；必要时，通知其到公安机关提供证言
		检查	①不得少于2人，应出示工作证件和县级以上政府公安机关开具的检查证明文件 ②对确有必要立即进行检查的，经出示工作证件，可以当场检查 【注意】检查公民住所应当出示县级以上政府公安机关开具的检查证明文件 ③检查妇女的身体，应当由女性工作人员进行
	决定	前提	只有本人陈述，没有其他证据证明的，不能作出治安处罚决定
		形式	①治安管理处罚决定书；不得口头 ②治安管理处罚决定书副本抄送给受害人
		期限	自受理之日起不超过30日；案情重大复杂的，上一级公安机关批准延长30日
	送达	时限	①当场宣告，当场送达 ②无法当场宣告，2日内送达
简易程序			①警告 ②200元以下罚款
听证程序			①吊销许可证 ②处2000元以上罚款 【记忆规则：G2000】
执行	可以当场收缴罚款的情形		①被处50元以下罚款，被处罚人对罚款无异议的 ②在边远水上交通不便地区，向指定银行缴纳罚款有困难，经被处罚人提出的 ③被处罚人在当地没有固定住所，不当场收缴事后难以执行的
	行政拘留不执行的对象		①14周岁≤年龄<16周岁 ②16周岁≤年龄<18周岁+初次违反治安管理 ③70周岁≤年龄 ④怀孕或者哺育自己不满1周岁婴儿的妇女 【备注】依法作出拘留处罚决定，但不送拘留所执行
	行政拘留暂缓执行的条件		①被处罚人不服拘留处罚决定，申请复议或提起诉讼 ②提出暂缓执行拘留的申请 ③公安机关认为暂缓执行拘留不致发生社会危险 ④按每日拘留200元的标准交纳保证金，或由被处罚人或其近亲属提出担保人

专题八

行政强制

命题点拨

(一) 主要内容

本专题的主要内容包括: (1) 行政强制措施与行政强制执行的概述; (2) 行政强制措施和行政强制执行的设定; (3) 行政强制措施的实施程序; (4) 行政强制执行的实施程序; (5) 申请人民法院强制执行的程序。

(二) 命题规律

本专题的内容, 客观题分值4分, 题型以单项选择题、多项选择题为主。在主观题中可能涉及查封扣押的实施程序、建筑物强制拆除的程序、金钱给付义务的实施程序。考试难度并不大, 须重点记忆知识点细节。

(三) 重点难点

本专题的重点难点包括: (1) 行政强制措施与行政处罚的概念区别; (2) 行政强制措施的实施程序细节; (3) 行政强制执行的实施程序细节; (4) 行政机关申请人民法院强制执行的前提条件。

知识体系图

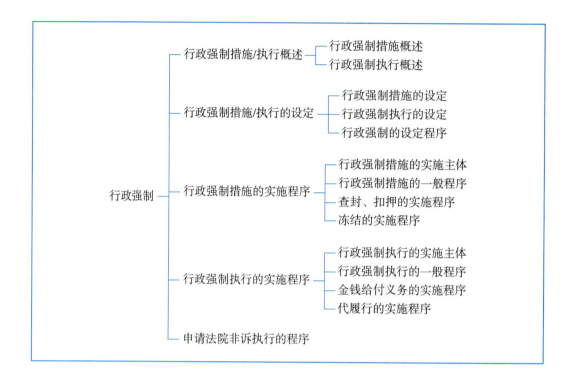

第一节　行政强制措施/执行概述

·考情分析·

- 本节知识点要求考生准确理解行政强制措施和行政强制执行的概念，尤其是要掌握行政强制措施与行政处罚的概念区别。另外也要求考生掌握在法考中哪些行政机关有直接强制执行权，哪些行政机关没有直接强制执行权。
- 在客观题考试中，本节知识点属于高频考点，经常会有一个选择题考查行政处罚、行政强制措施、行政征收、行政强制执行等概念的区别。
- 本节高频考点包括：
  （1）行政处罚的目的在于制裁、惩治违法行为；行政强制措施的目的在于预防、避免危害的发生。
  （2）行政处罚是在查明违法行为后对行政相对人法律责任最终的安排，具有终局性和确定性；行政强制措施往往是在调查违法事实过程中实施的对行政相对人权利义务暂时性的安排，具有暂时性和预防性。
  （3）在法考中，暂扣许可证、执照若附有期限，则为行政处罚；若没有附期限，则为行政强制措施。
  （4）在法考中，推定公安国安（对于拘留处罚）、税务海关（对于罚款）、人力资源和社会保障局（对于社会保险费）有直接强制执行权。
  （5）在法考中，推定所有的行政机关都有间接强制执行权，有权实施代履行或者执行罚。
- 在主观题考试中，需要掌握行政强制措施与行政处罚的区别。

一、行政强制措施概述

（一）行政强制措施的概念

行政强制措施是指行政机关在行政管理过程中，为制止违法行为、防止证据损毁、避免危害发生、控制危险扩大等情形，依法对公民的人身自由实施暂时性限制，或对公民、法人、其他组织的财物实施暂时性控制的行为。

可以发现，行政强制措施是一种预防性、暂时性、非惩罚性的行为。

例如：县卫健委对流行性传染病患者强制隔离属于行政强制措施。

（二）行政强制措施的判断标准

1.制止性和预防性。

行政强制措施，是为了制止违法行为、防止证据损毁、避免危害发生、控制危险扩大等情形而采取的。此时，违法行为或危险后果尚未发生，行政强制措施的采用正是为了阻止其发生，是一种面向未来的预防性的行为。因此，行政强制措施的目的在于制止正在发生的违法行为或者避免不好的结果发生。

例如： 县公安局民警对醉酒的利娅采取措施约束至酒醒。该行为属于行政强制措施，目的是为了避免醉酒的利娅发生危险，诸如被人强奸、猥亵或者摘取人体器官等。

2.暂时性。

行政强制措施是对人身或者财产的暂时性控制，一旦其目的实现，则一般应当解除，而非一直延续下去。行政强制措施一般不是对行政相对人法律责任（权利义务）的最终安排。这是行政强制措施与行政强制执行、行政处罚的关键性区别。

例如： 县公安局将瘾君子维多送到戒毒所强制隔离戒毒。该行为属于行政强制措施，对维多的人身自由的限制具有暂时性，如果维多在戒毒所成功戒毒了，戒毒所应当恢复维多的人身自由。

3.非惩罚性。

行政强制措施既然是对正在发生的违法行为进行的控制或者是对尚未发生的危险后果进行的预防，本身不具有惩罚性。这使得行政强制措施与行政处罚截然分开。

例如： 李某长期吸毒，多次自费戒毒均未成功。县公安局在一次检查中发现后，将李某送至强制隔离戒毒所进行强制隔离戒毒。强制隔离戒毒属于行政强制措施。强制隔离戒毒行为是公安局对李某人身的一种暂时性控制，其目的在于帮助李某戒毒，达到效果后就应当解除强制隔离。对瘾君子进行强制隔离就是为了防止不好的结果发生，防止瘾君子无钱购买毒品，扰乱社会治安，给社会安定带来巨大威胁。而且，吸毒对瘾君子自己身体的伤害也是巨大的。若强制隔离后成功戒毒的，要放人，恢复人身自由。强制隔离戒毒属于暂时性地限制人身自由的行政强制措施。

（三）行政强制措施的类型

根据行政强制措施的概念，可以将行政强制措施分为如下四种类型：

1.制止型的行政强制措施。**例如：** 对正在超标排放污染物的企业暂时实施限制供电。

2.防止型的行政强制措施。**例如：** 对涉嫌生产劣药的企业，进行查封、扣押。

3.避免型的行政强制措施。**例如：** 公安局民警对醉酒的公民采取约束至酒醒措施。

4.控制型的行政强制措施。**例如：** 防疫部门将传染性病毒密切接触者安排到指定酒店，强制隔离。

（四）行政强制措施的具体种类

根据行政强制法的列举，典型的行政强制措施主要有：

1.限制人身自由的强制措施：行政机关为了制止违法或避免危害发生，对公民人身自由实施暂时性限制。

2.查封：行政机关对行政相对人的场所或者物品进行就地封存，不准转移和处理的措施（外观表现形式为贴封条）。

3.扣押：行政机关将行政相对人的财物转移至别的场所加以扣留，不准其占有、使用和处分的措施。

4.冻结：行政机关限制行政相对人的金融资产流动的措施。

5.其他行政强制措施。

例如： 某县政府为保障水上交通安全，对辖区一水库库区内船舶清理整顿。因沈某的船舶未到港务监督机构进行登记，县政府发出通知，要求沈某将船只驶向指定地点，限期不得驶离。这一通知的性质，属于上述种类中的其他行政强制措施。本案，"县政府发出通知要求沈某将船只驶向指定地点并限期不得驶离"，在作出该通知之前并不存在一个要求沈某履行义务的基础决定，也即不存在一个先行行为要求沈某履行何种义务。故县政府的通知行为不属于行政强制执行。从给出的信息可以知道沈某的船舶未进行船舶登记。船舶登记一般包括颁发船舶国籍证书、核定船名及其呼号、决定船舶的船籍港。船舶未经登记，一般属于"三无船舶"。"三无船舶"是指无船名船号、无船舶证书〔无有效渔业船舶检验证书、船舶登记证书、捕捞许可证〕、无船籍港的"三无"渔业船舶。未经登记的船舶，会严重地妨碍水上或海上生产、运输的正常秩序，引发水上或海上通航事故。故县政府的通知要求沈某将船只驶向指定地点并限期不得驶离，该行为的主要目的在于预防危害的发生，属于行政强制措施。

（五）行政强制措施与行政处罚的区别

在法考中，每年均有一道客观题考查基本概念的掌握，要求考生区别行政处罚、行政强制措施、行政强制执行、行政征收、行政命令。其中，行政处罚与行政强制措施的概念判断具有一定的难度，许多考生在此处丢了分。行政强制措施与行政处罚在行为的目的、行为所处的阶段、行为的表现形式上是不同的。

1.目的不同。

行政处罚的目的在于对违法行为人的制裁、惩戒；行政强制措施的目的在于制止正在发生的违法行为或者预防一个不好的结果发生。行政处罚是一种处分性行政行为，更多地表现为对行政相对人权利的剥夺；行政强制措施是一种限权性行政行为，更多地表现为对行政相对人权利的限制。

例1：行政机关扣押一辆走私的车辆与没收一辆走私的车辆，最大的区别就是，前者只是对走私车辆使用权的限制，后者则是对走私车辆所有权的一种处分（即剥夺）；前者属于行政强制措施，后者属于行政处罚。

例2：市林业局接到关于孙某毁林采矿的举报，遂致函当地县政府，要求调查。县政府召开专题会议形成会议纪要：由县林业局、矿产资源管理局与安监局负责调查处理。经调查并与孙某沟通，三部门形成处理意见：要求孙某合法开采，如发现有毁林或安全事故，将依法查处。再次接到举报后，三部门共同发出责令孙某立即停止违法开采，对被破坏的生态进行整治的通知。那么，责令孙某立即停止违法开采是什么性质的行为？属于行政强制措施。三部门共同发出责令孙某立即停止违法开采是制止孙某的违法行为，属于行政强制措施，是预防性的，目的在于预防生态被破坏。本案不是责令停产停业的行政处罚，因为三部门共同发出责令孙某立即停止违法开采，仅是要求孙某不要继续采用"毁林"这种违法方式采矿，并没有要求他停止正常的生产经营，对于进行合法的、非毁林的采矿方式是允许进行的。而且，责令孙某立即停止违法开采，在题目中没有附有明确的期限，而责令停产停业的行政处罚必须附有期限。因为责令停产停业的行政处罚是对违法行为人权利义务（即法律责任）进行最终的、确定的安排，在作出该处罚决定时就必须附有明确的期限。

2.阶段不同。

行政处罚是对违法行为查处作出的最终处理，发生在行政程序之末端。也就是说，行政处罚作出之时当事人的违法事实已经查明，处罚是对当事人违法行为追究法律责任的安排；行政强制措施是在预防违法行为发生或者在调查是否存在违法行为过程中实施的行为，发生在行政程序之前端。也就是说，行政强制措施是在调查或者固定当事人违法行为的搜集取证过程中实施的，本身不是对当事人违法行为法律责任的最后安排。

例如：市场监督管理局接到举报，某公司涉嫌生产过期的鸡肉作为食品原材料。为了防止证据损毁，市场监督管理局扣押了相关鸡肉，查封了厂房，后抽样取证并经有关部门鉴定确实存在违法行为，最终作出300万元罚款和责令停产停业1年。本案，扣押和查封属于行政强制措施，在执法程序的前段；300万元罚款和责令停产停业1年属于行政处罚，在执法程序的末端。

3.表现不同。

行政处罚是行政机关对当事人实施的违法行为在法律责任上（权利义务）作出的最终的、确定的安排。像责令停产停业、暂扣执照、行政拘留等行政处罚，在作出处罚决定时就应当明确处罚的期限，即必须附有明确的实施期限，如责令停产停业12个月、暂扣执照6个月、行政拘留15日。行政强制措施一般不附有期限。比如，警察对醉酒的人约束到酒醒为止，这是一个预防性的行政强制措施，但相对人何时酒醒具有不确定性，那么解除行政强制措施的期限就具有不确定性。

例1：2020年5月6日，田某因驾驶货车载物超过核定载重30%以上、违反道路交通信号灯通过，被分别处以罚款1800元、记6分和罚款200元、记6分。2020年6月10日，某市交警支队以田某一个记分周期内有记满12分记录为由，扣留田某机动车驾驶证。本案，扣留田某机动车驾驶证的性质属于行政强制措施，不是行政处罚。对记分累计满12分的田某扣留其机动车驾驶证并非是对田某的终局性处理，主要目的也不在于对田某进行惩戒，而是为了预防危害的发生。因为田某因交通违法记分累计已达12分，说明田某对于交通法律法规等基本规则和相关交通知识没有掌握好，如果放任田某继续这样驾驶机动车（像超载和违反交通信号灯通行），极有可能引发交通事故，危害自身或者他人的人身、财产安全。为了避免田某发生危险后果，交通管理部门才作出了扣留其机动车驾驶证的决定，让田某接受交通法律法规和相关知识的"再教育"，重新考试合格后，发还机动车驾驶证。故扣留田某的机动车驾驶证具有"预防性""暂时性"的特征，属于行政强制措施。另外，扣留机动车驾驶证并没有附期限，不具有确定性和终局性，而行政处罚是对违法行为人给予的确定性的、最终的处理。故扣留机动车驾驶证不属于行政处罚。

例2：李某酒后驾车，公安局决定暂扣其机动车驾驶证6个月。该行为属于行政处罚。李某酒后驾车，违反了交通管理秩序，公安局暂扣其机动车驾驶证6个月，是对违反交通管理秩序的李某给予终局性的（非临时性）、明确性（附了期限6个月）的制裁和惩戒，性质为行政处罚。

归纳总结 行政处罚与行政强制措施的区别

区别	行政处罚	行政强制措施
目的	制裁、惩戒	制止违法行为，预防不好的结果发生
阶段	终局；对权利义务作出确定的最终安排	非终局；对权利义务作出临时性暂时性的安排
形式	责令停产停业、暂扣执照、行政拘留附有明确的期限	以达到行为目的为限，在作出决定之时，行为的实施期限具有不确定性

经典考题： 下列选项中，哪些行为属于行政强制措施？（2020年考生回忆版卷一第6题，多选）①

A.市场监督管理局发现张某销售未经检验检疫的猪肉，暂扣尚未出售的猪肉

B.李某酒后驾车，公安局决定暂扣其机动车驾驶证6个月

C.公安局民警发现吴某醉酒影响公共秩序，将其带离现场并约束至酒醒

D.税务稽查局认定某公司涉嫌转移财产逃税，扣押其价值相当于应纳税款的商品

归纳总结 ★★★行政强制措施的概念

概念	行政强制措施是指行政机关在行政管理过程中，为制止违法行为、防止证据损毁、避免危害发生、控制危险扩大等情形，依法对人身或对财物实施暂时性限制或控制的行为
特征	①预防性：目的为了预防一个不好的结果发生 ②临时性/非终局性：对行政相对人的权利义务没有最终作出一个处分
类型	①制止型的行政强制措施：对正在超标排放污染物的企业暂实施限制供电 ②防止型的行政强制措施：对涉嫌生产劣药的企业进行查封、扣押 ③避免型的行政强制措施：公安局民警对醉酒的公民采取约束至酒醒措施 ④控制型的行政强制措施：防疫部门将传染性病毒密切接触者安排到指定酒店强制隔离
种类	①限制人身自由的强制措施：行政机关为了制止违法或避免危害发生，对公民人身自由实施暂时性限制 ②查封：行政机关对行政相对人的场所或者物品进行就地封存，不准转移和处理的措施（贴封条） ③扣押：行政机关将行政相对人的财物转移至别的场所加以扣留，不准其占有、使用和处分的措施 ④冻结：行政机关限制行政相对人的金融资产流动的措施

① 【答案】ACD。市场监督管理局暂扣尚未出售的猪肉，属于"控制危险扩大"类型的行政强制措施，防止未经检验检疫的猪肉进一步流通到市场销售进而引起食品安全事件，目的具有预防性，属于行政强制措施。A选项准确。李某酒后驾车，违反了交通管理秩序，公安局暂扣其机动车驾驶证6个月，是对违反交通管理秩序的李某给予终局性（非临时性）、明确性（附了期限6个月）的制裁和惩戒，性质为行政处罚。B选项错误。公安局民警约束醉酒的吴某到酒醒为止属于"避免危害发生"类型的行政强制措施，防止醉酒的吴某产生危害后果。因为醉酒的人自我控制的意识能力下降，容易自伤或者伤人。C选项准确。税务稽查局扣押商品属于"制止违法行为"类型的行政强制措施，防止该公司继续转移财产逃避缴纳税款的法定义务，目的具有预防性。D选项准确。

二、行政强制执行概述

（一）行政强制执行的概念

行政强制执行是指行政机关或者行政机关申请法院对不履行行政决定的公民、法人或其他组织，依法强制其履行义务的行为。

行政强制执行的本质是国家运用强制手段实现另一行政行为（一般称为基础决定或先在行为）所确定的权利义务安排，适用于当事人对基础决定所确定的义务不予履行的情况。如作为基础决定的行政处罚确定了当事人缴纳罚款的义务，当事人逾期仍未缴纳，行政机关就通过拍卖其财物用于折抵罚款。又如作为基础决定的行政处罚确定了当事人拆除违法建筑的义务，如果当事人逾期未予拆除，行政机关便强行将其拆除。

例如：张某感染恶性传染病，拒绝住院治疗，卫生机关将其强制送入传染病医院治疗。本案，张某感染恶性传染病，拒绝住院治疗，说明卫生机关之前作出了一个基础决定要求患传染病的张某住院治疗，张某拒绝履行住院义务，卫生机关遂动用国家强制力将其强制送入传染病医院治疗（目的为了实现基础决定所设定的义务）。因此，强制送入传染病医院治疗的行为性质是行政强制执行。

（二）行政强制执行的判断标准

1.依附性。

当事人不履行基础决定所确定的权利义务安排，才有必要实施行政强制执行。因此，行政强制执行必须依附于基础决定而存在。换句话说，行政强制执行，是对业已作出的行政决定的执行。

2.目的性。

行政强制执行的目的是实现基础决定所确定的权利义务安排。一般地，基础决定的权利义务不获实现，行政强制执行则不罢休。这与行政强制措施的暂时性形成根本差异。

例如：县公安局开展整治非法改装机动车的专项行动，向社会发布通知：禁止改装机动车，发现非法改装机动车的，除依法暂扣行驶证、驾驶证6个月外，机动车所有人须到指定场所学习交通法规5日并出具自行恢复原貌的书面保证，不自行恢复的予以强制恢复。县公安局依此通知查处10辆机动车，要求其所有人到指定场所学习交通法规5日并出具自行恢复原貌的书面保证。那么，通知所指的强制恢复为行政强制措施，这种说法是否准确？不准确。强制恢复不是行政强制措施，属于行政强制执行。行政强制措施的特征主要在于预防性，预防一个不好的结果发生。本案违法结果已经发生，即已经非法改装机动车，通知其自行恢复（基础决定），不自行恢复的（不履行基础决定所确定的义务），强制恢复（动用强制力实现基础决定所确定的权利义务安排），因此，强制恢复属于行政强制执行。

经典考题：某交管局在检查中发现张某所驾驶货车无道路运输证，遂扣留了张某驾驶证和车载货物，要求张某缴纳罚款1万元。张某拒绝缴纳，交管局将车载货物拍卖抵

缴罚款。下列说法正确的是？（2012年卷二第99题，任选）①

A.扣留驾驶证的行为为行政强制措施

B.扣留车载货物的行为为行政强制措施

C.拍卖车载货物的行为为行政强制措施

D.拍卖车载货物的行为为行政强制执行

（三）行政强制执行的种类

1.直接强制执行。

直接强制执行是行政机关动用国家强制力直接实现基础决定所设定权利义务安排的行为，如划拨、拍卖等。

例如：市税务局查明甲2019年至2020年未依法申报个人收入1.91亿元，偷税4000多万元，其他少缴税款2000多万元，依法作出对甲追缴税款、加收滞纳金并处罚款共计2.99亿元的处理决定。甲逾期不履行，市税务局经加处滞纳金、催告后有权对其直接强制执行，如从其账户划拨相应款项。划拨就是直接强制执行措施。

在法考中，一般而言，法院是直接强制执行的主体，只有极少数行政机关享有直接强制执行权。例如：公安机关、国家安全机关对于拘留处罚，可以将被处罚人送拘留所执行；税务局、海关可以划拨纳税人在金融机构的存款以抵扣税款；人力资源和社会保障局可以作出划拨社会保险费的决定，书面通知其开户银行或者其他金融机构划拨社会保险费；县级以上地方政府可以责成有关部门强制拆除违建房屋。

例1：区市场监督管理局发现一公司生产劣质产品，查封了公司的生产厂房和设备，之后决定没收全部劣质产品、罚款10万元。该公司逾期不缴纳罚款。区市场监督管理局是否可以通知该公司的开户银行划拨其存款？不可以。划拨属于直接行政强制执行，一般要申请法院执行。原则上，行政强制执行以法院执行为主、行政机关自己执行为辅。除了推定公安国安（对于拘留处罚）、税务海关（对于税款追缴）、人力资源和社会保障局（对于社会保险费的追缴）、县级政府（对于违建房屋）有直接强制执行权外，其他行政机关应当申请法院执行。

例2：维多违反《土地管理法》等法律法规，擅自在集体土地上建设住宅8间，县农业农村局向其送达责令30日内自行拆除，恢复土地原状的行政决定。维多逾期未自行拆除，也没有在法定期限内申请复议或提起诉讼。此时，县农业农村局是否可以自行强制拆除？无权自行强制拆除，根据《土地管理法》的规定，只能申请法院强制执行。其理由是：行政强制执行权只有法律才能设定，县农业农村局并没有行政强制执行权。

---

① 【答案】ABD。无道路运输证若运输天然气、石油等物品的，会给公共安全造成极大威胁，扣留驾驶证的目的是制止正在发生的违法行为、避免危害的发生，因此属于行政强制措施。A选项正确。B选项的扣留车载货物也属于对财物暂时性的限制，而非对于财物所有权终局性的剥夺，属于行政强制措施。AB选项正确。拍卖车载货物是在当事人拒绝履行基础决定所设定义务的前提下，行政机关为实现基础决定（罚款1万元）对权利义务的安排（罚款1万元的缴纳义务）而动用国家强制力所采取的处理，属于行政强制执行。D选项正确，C选项错误。

归纳总结 直接强制执行主体

行政机关	授权条款	授权范围
公安局	《治安管理处罚法》第103条	将被拘留处罚的人，送拘留所执行
国安局	《国家安全法》《治安管理处罚法》第103条	将被拘留处罚的人，送拘留所执行
税务局	《税收征收管理法》第38条	划拨纳税人在金融机构的存款以抵扣税款
海关	《海关法》第60条	划拨纳税人在金融机构的存款以抵扣税款
人力资源和社会保障局	《社会保险法》第63条	作出划拨社会保险费的决定，书面通知其开户银行或者其他金融机构划拨社会保险费
县级以上地方政府	《城乡规划法》第68条	县级以上地方政府可以责成有关部门强制拆除违建房屋

2.间接强制执行。

间接强制执行是指行政机关通过间接手段迫使义务人履行其应当履行的法定义务或者达到与履行义务相同状态的措施。

间接强制执行包括执行罚与代履行。

执行罚是指对不履行义务的当事人按日加处一定的新的金钱给付义务，以迫使其尽快履行义务的措施。

例如：皇朝公司因为超标准排放大气污染物，被区生态环境局给予20万元罚款，逾期未交纳的，区生态环境局可以每日按20万元罚款的3%加处罚款，迫使其履行缴纳20万元罚款的义务。

代履行是指行政机关自己或委托他人代替义务人履行相应义务，并在履行后向义务人收取一定费用的强制方式。

例如：县生态环境局要求皇朝公司清理其排放到江河中的污染物，该公司逾期不履行，县生态环境局委托他人代为清除，并在清除后向皇朝公司收取合理的成本费用。

在法考中，原则上，行政机关均享有间接强制执行权，有权作出执行罚或者代履行决定书。

例如：某石油销售公司未经批准对一处加油站罩棚进行改造，住建局根据《城乡规划法》第64条规定要求限期15日内改正，并按工程造价的6%对该公司处以1万元罚款。若公司逾期不缴纳罚款，住建局有权每日按罚款的3%加处罚款，但加处的数额不得超过1万元。

（四）行政强制执行的方式

行政强制执行的方式是指有行政强制执行权的行政机关，为执行基础决定依法实施的手段和方法。由行政机关采取的强制执行方式，共有"5+1"种方式，由5种具体方式和1种作为兜底条款的"其他方式"组成。

1.加处罚款或者滞纳金。加处罚款是指行政相对人拒不履行基础决定所确定的义务时，行政机关依法通过给行政相对人设定或增加新的金钱给付义务，从而迫使行政相对人履行基础决定的执行行为。加收滞纳金是指当事人逾期不缴纳税款、规费的,行政机关依法向当事人征收一定的具有惩罚性的款项的执行行为。

2.划拨存款、汇款。划拨存款汇款是指行政机关对当事人拒不履行基础决定所确定的金钱给付义务的,依照法律规定,通过有关金融机构将义务人账户上的存款,直接划入权利人账户的执行方式。

3.拍卖或者依法处理查封、扣押的场所、设施或者财物。拍卖或者依法处理查封、扣押的场所、设施或者财物,是指行政机关对当事人拒不履行基础决定所确定的金钱给付义务的,依照法律规定,对当事人的已被依法查封、扣押的场所设施或者财物,通过变现方式实现当事人的金钱给付义务的执行方式。

4.排除妨碍、恢复原状。排除妨碍、恢复原状是指行政相对人的行为妨碍了社会管理秩序,行政机关责令其予以纠正,在行政相对人拒不纠正的情况下,行政机关依法直接排除妨碍的执行行为。

5.代履行。代履行是指行政机关自己或委托他人代替义务人履行相应义务,并在履行后向义务人收取一定费用的强制执行方式。

6.其他强制执行方式。

归纳总结 ★★★行政强制执行的概念

概念	行政强制执行是指行政机关对逾期不履行行政决定的当事人依法强制履行义务的行为
特征	①依附性:只有基础决定(先在的行政决定)确定了当事人义务但逾期不履行,才有行政强制执行的必要 ②目的性:行政强制执行的目的是为了实现基础决定所确定的权利义务安排
方式	①直接强制执行:是指义务人逾期拒不履行义务时,行政机关对其人身或财产直接施以强制力,以达到与义务主体履行义务相同状态的措施。例如:划拨、拍卖 ②间接强制执行:是指行政主体通过间接手段迫使义务人履行其应当履行的法定义务或者达到与履行义务相同状态的措施。例如:代履行、执行罚

第二节 行政强制措施/执行的设定

·考情分析·

■ 本节知识点要求考生准确记忆不同立法文件的行政强制措施的创设权,了解行政强制的评价程序。

■ 在客观题考试中,本节知识点每三年左右考查一次,往往与行政许可、行政处罚的设定结合考查。

■ 本节知识点中的高频考点有:

(1)冻结存款、汇款涉及重大的金融秩序,因此冻结存款汇款这种行政强制措施只能由法律设定。

（2）地方性法规只能创设查封和扣押这两种行政强制措施。

（3）规章不得设定行政强制措施；省级政府规章可以设定行政许可；部门规章和地方政府规章可以设定警告、通报批评和一定数量的罚款。

（4）行政强制的设定机关应当定期评价；行政强制的实施机关可以适时评价。

一、行政强制措施的设定

行政强制措施的设定，必须依照法定的权限、范围、条件和程序进行。

（一）行政强制措施的创设（从无到有）

行政强制措施的创设权限，由高到低依次分为以下层级：

1.法律。法律可以创设各类行政强制措施。其中，有三种行政强制措施只能由法律创设：（1）限制人身自由的行政强制措施；（2）冻结存款、汇款；（3）其他法律规定只能由法律创设的行政强制措施。

2.行政法规。尚未制定法律的，且属于国务院行政管理职权事项，行政法规可以创设除限制人身自由，冻结存款、汇款以及只能由法律创设的行政强制措施以外的各类行政强制措施。

3.地方性法规。尚未制定法律、行政法规的，且属于地方性事务的，地方性法规可以创设查封、扣押两种行政强制措施。这里应注意，此处两个条件均为必要。如果不属于地方性事务，或者已经制定上位法，则地方性法规均无权创设行政强制措施。

4.其他规范性文件禁止设定。法律、法规之外的规范性文件，一律不得创设行政强制措施，包括国务院部门规章、地方政府规章以及规范层次更低的规范性文件，都不得创设行政强制措施。

（二）行政强制措施的规定（从粗到细）

法律已经规定行政强制措施的，行政法规、地方性法规不得对其对象、条件、种类作出扩大规定。

法律、法规以外的各类规范性文件，包括国务院部门规章、地方政府规章以及规范层次更低的规范性文件，均不得对行政强制措施予以具体规定。

经典考题：有关部门规章的权限，下列哪些说法是准确的？（2021年考生回忆版卷一第15题，多选）[①]

[①]【答案】ABC。行政处罚由违法行为发生地的行政机关管辖。法律、行政法规、部门规章另有规定的，从其规定。A选项准确。当事人有违法所得，除依法应当退赔的外，应当予以没收。违法所得是指实施违法行为所取得的款项。法律、行政法规、部门规章对违法所得的计算另有规定的，从其规定。B选项准确。部门规章和地方政府规章均可以在上位法设定的行政许可事项范围内，对实施该行政许可作出具体规定。C选项准确。法律、法规以外的其他规范性文件一律不得设定行政强制措施，包括国务院部门规章、省级政府规章、设区市政府规章以及其他规范性文件，都无权设定行政强制措施（创设和规定都不行）。D选项错误。

A.可以对行政处罚的地域管辖作出特别规定

B.可以对违法所得的计算作出特别规定

C.在上位法设定的行政许可事项范围内，对实施该行政许可作出具体规定

D.法律对行政强制措施的对象、条件、种类作了规定的，可以对行政强制措施的种类、条件、方法作出具体规定

归纳总结　**行政强制措施的设定**

★★★行政强制措施的创设（从无到有）		
法律	创设种类	可以创设各种行政强制措施
	法律保留	①限制人身自由 ②冻结存款汇款 ③其他应由法律设定的事项
行政法规	√	①查封场所、设施或者财物 ②扣押财物 ③其他非应由法律设定的强制措施
	×	①限制公民人身自由 ②冻结存款、汇款 ③其他应当由法律设定的强制措施
地方性法规	创设种类	①查封场所、设施或者财物 ②扣押财物
备注	无权设定	法律、法规之外的规范性文件（如规章、红头文件等）一律不得设定行政强制措施

★行政强制措施的规定（从粗到细）	
规定规则	下位法不得对上位法所规定的行政强制措施的对象、条件、种类作出扩大规定

二、行政强制执行的设定

行政强制执行只能由法律设定。根据《行政强制法》的规定，法律以外的行政法规、地方性法规、部门规章和地方政府规章，以及其他各类规范性文件，均无权创设行政强制执行。

归纳总结　**行政行为设定**

行为种类	法律	行政法规	地方性法规	省级政府规章	设区市政府规章	部门规章
行政许可	经常性许可	经常性许可	经常性许可	临时性许可（实施期限不超过1年）	禁止设定	禁止设定

续　表

行为种类	法律	行政法规	地方性法规	省级政府规章	设区市政府规章	部门规章
行政处罚	所有种类	除限制人身自由以外的处罚	除限制人身自由、吊销营业执照以外的处罚	警告、通报批评和罚款（上限由省级人大常委会批准）	警告、通报批评和罚款（上限由省级人大常委会批准）	警告、通报批评和罚款（上限由国务院批准）
行政强制措施	所有种类	除限制人身自由的强制措施、冻结存款汇款、单行法限定须由法律设定的以外的强制措施	查封、扣押	禁止设定	禁止设定	禁止设定
行政强制执行	所有种类	禁止设定	禁止设定	禁止设定	禁止设定	禁止设定

经典考题：关于省、自治区、直辖市政府规章的设定权，下列说法哪些是准确的？（2019年考生回忆版卷二第6题，多选）①

A.可以设定临时性行政许可

B.可以设定一定数量的罚款

C.可以设定扣押财物的行政强制措施

D.可以设定划拨的行政强制执行

归纳总结　★★★行政强制执行的创设（从无到有）

总体原则	行政强制执行只能由法律创设

三、行政强制的设定程序

（一）听取意见程序

起草法律草案、法规草案，拟设定行政强制的，起草单位应当采取听证会、论证会等形式听取意见，并向制定机关说明设定该行政强制的必要性、可能产生的影响以及听取和采纳意见的情况。

（二）评价机制

包括设定机关的定期评价程序、实施机关的评价程序、公众的参与程序等。

---

① 【答案】AB。省、自治区、直辖市政府规章可以设定实施期限不超过1年的临时性行政许可。A选项准确。部门规章和地方政府规章可以设定警告、通报批评和一定数量的罚款。B选项准确。规章既不可以设定行政强制措施，也不得设定行政强制执行。因为不管是行政强制措施，还是行政强制执行，均属于行政强制，是依靠国家强制力为后盾的行为，对行政相对人损益很大，所以立法层级比较低的规章就没有权力设定了。CD选项错误。

1.设定机关的定期评价程序：行政强制的设定机关应当定期对其设定的行政强制进行评价，并对不适当的行政强制及时予以修改或者废止。

2.实施机关的评价程序：行政强制的实施机关可以对已设定的行政强制的实施情况及存在的必要性适时进行评价，并将意见报告该行政强制的设定机关。

【注意】设定机关的定期评价机制，是强制性的规则；而实施机关的评价机制，并非定期评价，也不是强制性的。

3.公众的参与程序：对行政强制的设定和实施，公民、法人或者其他组织可以向行政强制的设定机关和实施机关提出意见和建议。有关机关应当认真研究论证，并以适当方式予以反馈。

归纳总结　★行政强制的设定与评价程序

起草程序	听取意见	拟设定行政强制的，起草单位应当采取听证会、论证会等形式听取意见
	说明理由	向制定机关说明设定强制的必要性、可能产生的影响以及听取和采纳意见的情况
评价程序	设定机关	应当定期对其设定的行政强制进行评价，并对不适当的行政强制及时修改或者废止
	实施机关	可以对已设定的行政强制的实施情况及存在的必要性适时进行评价，并将意见报告该行政强制的设定机关
	社会公众	可以向行政强制的设定机关和实施机关就行政强制的设定和实施提出意见和建议 【注意】有关机关对此应当认真研究论证，并以适当方式予以反馈

第三节　行政强制措施的实施程序

·考情分析·

■ 本节知识点要求考生准确记忆行政强制措施的实施程序，尤其是查封、扣押的实施程序。

■ 在客观题考试中，本节知识点属于必考内容。

■ 本节易错和高频考点包括：

（1）法律、行政法规可以授权实施行政强制措施，地方性法规、规章不得授权实施行政强制措施。而法律、行政法规、地方性法规可以授权实施行政许可和行政处罚。

（2）行政强制措施一律禁止委托实施；行政许可只能委托其他行政机关实施；行政处罚可以委托非政府组织实施。

（3）非紧急情况下，实施行政强制措施前须向行政机关负责人报告并经批准。

（4）紧急情况针对财产实施行政强制措施的，24小时内补办批准手续；紧急情况针对人身实施行政强制措施的，立即补办批准手续。

（5）行政强制措施由2名以上具备执法资格的行政执法人员实施，不得单独实施。

（6）查封、扣押限于涉案的场所、设施或者财物。不得查封、扣押与违法行为无关的场所、设施或者财物。

（7）扣押要有清单，一式两份，当场交付，由当事人和行政机关分别保存。

（8）查封、扣押期间发生的保管财物的费用或者检测、检疫、鉴定的费用，由于是在调查违法行为过程中采取的，理应由行政机关承担，而不是行政相对人来承担这个费用。

（9）金融机构接到行政机关的冻结通知书后，应当立即予以冻结，而不是8个小时、24个小时内冻结。

（10）行政机关是先实施冻结行为，后向当事人交付冻结决定书。

（11）查封、扣押、冻结的最长期限原则上均不超过60日。

■ 在主观题考试中，需要掌握查封、扣押的实施程序。

一、行政强制措施的实施主体

（一）行政机关

包括实施机关和实施人员，两者均有法定要求。

1.机关法定。法律、法规规定的行政机关在法定职权范围内实施。但是，集中行政处罚权的行政机关，可以实施法律、法规规定的相关行政强制措施。目前，公安、交通、卫生、市场管理、税务、土地、环境、海关等行政机关是实施行政强制措施的基本主体。

2.人员法定。由行政机关具备资格的行政执法人员实施。

（二）法律、行政法规授权的组织

法律、行政法规授权的具有管理公共事务职能的组织在法定授权范围内，以自己的名义实施行政强制措施。

【注意】地方性法规不得授权非政府组织实施行政强制措施。

（三）禁止委托实施行政强制措施

行政强制措施权不得委托实施。由于行政强制措施是依靠国家强制力为后盾实施的行为，因此一律禁止委托实施。

例如：市场监督管理局委托城管执法局以涉嫌非法销售汽车为由扣押皇朝公司5辆汽车。本案扣押行为违法，因为行政强制措施禁止委托实施。

二、行政强制措施的一般程序

（一）一般规则

行政强制措施的一般程序是：报请行政机关负责人批准→2人以上表明身份→通知

当事人到场→告知权利→听取陈述、申辩→制作现场笔录→各方签名盖章。

1.报批。执法人员实施强制措施之前须向机关负责人报告并经批准。

2.表明身份。由2名以上执法人员实施，并出示执法证件。

3.通知当事人到场。

4.告知。当场告知当事人采取行政强制措施的理由、依据，以及当事人享有的陈述权、申辩权、复议权、起诉权等。

5.听取当事人陈述、申辩。

6.制作现场笔录。现场笔录主要是指对实施行政强制措施的过程的记录，包括：送达有关行政强制措施的行政决定及签收情况；告知当事人有关权利和当事人主张权益的情况；行政强制措施的实施情况等。现场笔录由当事人（当事人不到场的邀请见证人）和执法人员共同签名或盖章，当事人拒绝的应在笔录中予以注明。当事人不到场，邀请见证人到场，见证人需签名、盖章。

（二）特殊规则

1.紧急情况下当场实施行政强制措施的特殊规则，批准程序从事前变为事后。

2.情况紧急需要对财产当场实施行政强制措施的，可不经事先批准当场实施行政强制措施，执法人员应当在24小时内向负责人报告并补办批准手续。行政机关负责人认为不应当采取行政强制措施的，应当立即解除。

例如： 区公安分局以非经许可运输烟花爆竹为由，当场扣押维多杂货店的烟花爆竹100件。执法民警应当在24小时内向区公安分局负责人报告并补办手续。

3.情况紧急需要对人身当场实施行政强制措施的，可不经事先批准当场实施限制人身自由的行政强制措施，当场告知或实施强制措施后立即通知家属实施强制措施的行政机关、地点和期限；在返回行政机关后，立即向行政机关负责人报告并补办批准手续。

例1： 张某系严重精神疾病患者并肇事车祸，区卫健局将其送入指定医院强制治疗。这种强制治疗即为针对人身的行政强制措施，在强制治疗同时应当当场或实施后立即通知其家属。

例2： 甲市机场卫生防疫部门工作人员发现即将乘机前往乙市的赵某携带传染性病毒，遂对赵某采取了强制隔离措施。对赵某采取强制隔离的行为性质上属于行政强制措施，工作人员返回行政机关后应立即向负责人报告并补办批准程序，立即通知其家属实施行政强制措施的机关、地点和期限。

归纳总结 **紧急情况下的强制措施补办批准手续**

情　形	要　　求
针对人身	在返回行政机关后，立即向行政机关负责人报告，并补办批准手续
针对财产	在24小时内向行政机关负责人报告，并补办批准手续

归纳总结　**★★★行政强制措施的实施程序**

实施主体	有法定职权的行政机关	法律、行政法规、地方性法规规定的行政机关 【备注】行使相对集中行政处罚权的行政机关，可以实施法律、法规规定的与行政处罚权有关的行政强制措施
	非政府组织	法律、行政法规授权的组织（可以授权除限制人身自由、查封、扣押、冻结以外的行政强制措施）
	禁止委托实施强制措施	委托实施行政强制措施，一律禁止
一般程序	内部程序	【事前报批】实施行政强制措施前须向行政机关负责人报告并经批准
	外部程序	①由2名以上具备执法资格的行政执法人员实施 ②出示执法证件 ③通知当事人到场 ④当场告知当事人采取行政强制措施的理由、依据以及其享有的权利、救济途径 ⑤听取陈述和申辩 ⑥制作现场笔录 ⑦现场笔录由当事人和行政执法人员签名或盖章，当事人拒绝的，在笔录中予以注明 ⑧当事人不到场的，邀请见证人到场，由见证人和执法人员在现场笔录上签名或盖章
特殊规定	情况紧急针对财产	①当场实施行政强制措施的，执法人员应当在24小时内向负责人报告并补办批准手续 ②行政机关负责人认为不应当采取行政强制措施的，应当立即解除
	情况紧急针对人身	①当场告知或实施强制措施后立即通知家属实施强制措施的行政机关、地点和期限 ②在返回行政机关后，立即向行政机关负责人报告并补办批准手续

三、查封、扣押的实施程序

查封、扣押的实施，应当遵循行政强制措施的一般程序，同时应遵循《行政强制法》等法律规定的特殊规定。

（一）实施主体

查封、扣押应当由法律、法规规定的行政机关实施。相应的，其他任何行政机关或组织均不得实施。

归纳总结 行政许可/处罚/强制措施的委托实施

行为	能否委托	委托对象
行政处罚	能	其他行政机关或具有管理公共事务职能的事业单位
行政许可	能	其他行政机关
行政强制措施	否	禁止委托任何人实施

（二）适用对象

1.一般情形。查封、扣押限于涉案的场所、设施或者财物。不能查封、扣押与违法行为无关的场所、设施或者财物。

2.生存权保障。不得查封、扣押公民个人及其所扶养家属的生活必需品。

3.不得重复查封。当事人的场所、设施或者财物已被其他国家机关依法查封的，不得重复查封。

例如：公安交管局交通大队民警发现王某驾驶的电动三轮车未悬挂号牌，遂作出扣押的强制措施。公安交管局将三轮车及其车上的物品一并扣押，这种做法是否准确？不准确。扣押只能扣押与违法行为相关的财物，不能扣押合法的财物或者与违法行为无关的财物。因此，行政执法人员将三轮车及其车上的物品一并扣押的做法违反了行政强制法的规定。正确的做法是三轮车可以扣押，三轮车上的财物不能扣押。

（三）实施程序

实施查封、扣押时，应当履行行政强制措施的一般程序，制作并当场交付查封、扣押决定书及清单。查封、扣押清单一式二份，由当事人和行政机关分别保存。

【注意】扣押不属于过程性行为，属于有处分性的行政行为，性质是行政强制措施。扣押是将行政相对人的财物转移到行政机关能够控制的地方限制起来，相对人自己不能占有、使用和处分该部分财物，民法上的物权就受到了影响，因此，扣押是会对行政相对人权利义务产生影响的行政行为。

查封、扣押决定书应当载明：当事人的姓名或者名称、地址；查封、扣押的理由、依据和期限；查封、扣押场所、设施或者财物的名称、数量等；申请行政复议或者提起行政诉讼的途径和期限；行政机关的名称、印章和日期。

例如：交警大队以刘某的货车未经年检为由将该车扣留。刘某随后交验了该车的年检手续，并缴纳了罚款。交警大队在核实过程中发现该车的车架号码看不到，以此为由对该车继续扣留。后刘某虽提供了该车的来历证明、机动车行驶证、检验合格证以及更换发动机缸体、车架用钢板铆钉加固致使车架号码被遮盖等证明材料，但交警大队一直扣留该车，未出具书面扣留决定，也不积极调查核实车辆来历。本案，交警大队不出具书面扣留决定构成违法。此外，交警大队的扣留行为亦违反了比例原则，构成滥用职权。本案，交警大队如认为刘某已经提供相应的合法证明，则应及时返还机动车；如对刘某所提供的机动车来历证明仍有疑问，则应尽快调查核实；如认为刘某需要补办相应手续，也应依法明确告知补办手续的具体方式方法并依法提供必要的协助。刘某先后提供了车辆行驶证和相关年审手续、来历证明以及更换发动机缸体、车架用钢板铆钉加固致使车架号码被遮盖等证明材料，已经能够证明涉案车辆的来历。在此情况下，交警大队既不返还机动车，又不及时主动调查核实车辆相关来历证明，而是反复要求刘某提供客观上已无法提供的其他合法来历证明，违反了比例原则，滥用了法律法规赋予的职权。

（四）实施期限

查封、扣押的期限不得超过30日，情况复杂的经行政机关负责人批准可以延长，延长期限不得超过30日。但法律、行政法规另有规定的除外。

【注意】一般情况下，查封和扣押期限最长不超过60日。

延长查封、扣押的决定应及时书面告知当事人，并说明理由。

（五）财物保管

对查封、扣押的场所、设施或者财物，行政机关应当妥善保管，不得使用或者损毁；造成损失的，应当承担赔偿责任。

对查封的场所、设施或者财物，行政机关可以委托第三人保管，第三人不得损毁或者擅自转移、处置。因第三人的原因造成的损失，行政机关先行赔付后，有权向第三人追偿。

【注意】查封、扣押不得委托他人实施。但行政机关实施查封、扣押后可以委托第三人保管。

（六）费用承担

因查封、扣押发生的保管费用由行政机关承担。

对物品需要进行检测、检验、检疫或技术鉴定的，其所需时间另行计算，但应事先明确并书面告知当事人。因查封、扣押所发生的检测、检验、检疫、技术鉴定、保管等费用，由于是在调查违法事实过程中发生的费用，而调查违法事实是行政机关的义务，因此，这些费用均由行政机关承担。

例如：市场监督管理局接举报称利娅超范围经营，经现场调查取证初步认定举报属实，遂扣押与其经营相关物品，制作扣押财物决定及财物清单。那么，"对扣押物品发生的合理保管费用，由利娅承担"，这种说法是否准确？为什么？不准确。因查封、扣押发生的保管费用由行政机关承担。

（七）后续措施

查封、扣押作为行政强制措施，具有暂时性，不能长期延续下去。根据不同情况，行政机关应当在法定期限之内，对查封、扣押的对象作出如下两种处理：

1.没收或销毁。对违法事实清楚，依法应当没收的非法财物予以没收，依法应当销毁的予以销毁。

2.及时解除。当事人没有违法行为；查封、扣押的对象与违法行为无关；对违法行为已经作出处理，无需继续采取强制措施；查封、扣押期限已经届满的以及其他不再需要采取查封、扣押措施的情形，均应及时解除查封、扣押决定。

解除查封、扣押后应当立即退还财物，已将鲜活物品或其他不易保管的财物拍卖或变卖的应退还所得款项，变卖价格明显低于市场价格的应给予补偿。

例如：税务局扣押不缴纳税款的某企业价值200万元的商品。那么，税务局应当告知当事人有权要求听证，这种说法是否准确？这种说法错误。扣押属于行政强制措施，《行政强制法》对于所有的行政强制措施决定没有要求行政机关必须适用听证程序才能作出。

从法理上解释，行政强制措施与听证制度存在价值上的冲突，由于行政强制措施的实施在时间上具有紧迫性，例如对严重传染病患者进行强制隔离，这种限制人身自由的行政强制措施具有即时性，不可能事先组织听证会再采取强制隔离，否则，这类传染病就扩散了。更何况，行政强制措施是对当事人的人身或者财物进行的暂时性限制，不是终局性的处理，如果在实施行政强制措施这个阶段须组织听证会，后续若行政机关作出较大数额的罚款处罚，又要告知当事人有举行听证的权利，整个行政执法程序就组织了2次听证会，会导致行政效率大打折扣。所以，行政机关在实施行政强制措施之前无须组织听证会。

经典考题： 某工商局因陈某擅自设立互联网上网服务营业场所扣押其从事违法经营活动的电脑15台，后作出没收被扣电脑的决定。下列哪些说法是正确的？（2016年卷二第82题，多选）①

A. 工商局应制作并当场交付扣押决定书和扣押清单

B. 因扣押电脑数量较多，作出扣押决定前工商局应告知陈某享有要求听证的权利

C. 对扣押的电脑，工商局不得使用

D. 因扣押行为系过程性行政行为，陈某不能单独对扣押行为提起行政诉讼

归纳总结　行政法中的收费VS不收费

不收费	①行政机关提供行政许可申请书格式文本 ②实施行政许可和对许可事项监督检查，不收费；但法律、行政法规另有规定的除外 ③行政许可听证 ④行政处罚听证 ⑤查封、扣押等行政强制措施 ⑥一般的政府信息公开 ⑦行政复议申请 ⑧国家赔偿申请
收费	①代履行（收合理成本费用） ②高频申请政府信息公开（收信息处理费） ③行政复议鉴定费用 ④行政诉讼案件受理费 ⑤在行政诉讼中，证人因履行出庭作证义务而支出的交通、住宿、就餐等必要费用以及误工损失，由败诉一方当事人承担 ⑥行政诉讼原告和第三人申请法院责令被告提交证据所产生的费用，由申请人预付

---

① 【答案】AC。行政机关决定实施查封、扣押的，应当制作并当场交付查封、扣押决定书和清单。查封、扣押清单一式二份，由当事人和行政机关分别保存。A选项正确。《行政强制法》并没有规定实施行政强制措施需要举行听证的制度。B选项错误。对查封、扣押的场所、设施或者财物，行政机关应当妥善保管，不得使用或者损毁；造成损失的，应当承担赔偿责任。对查封的场所、设施或者财物，行政机关可以委托第三人保管，第三人不得损毁或者擅自转移、处置。C选项正确。扣押是将行政相对人的财物转移到行政机关能够控制的地方限制起来，相对人自己不能占有、使用和处分该部分财物，民法上的物权就受到了影响，因此，扣押是会对行政相对人权利义务产生影响的行政行为，属于行政诉讼的可诉范围。D选项错误。

归纳总结	★★★行政强制措施之查封、扣押程序	
实施主体	法律、行政法规、地方性法规规定的行政机关	
实施对象	√	查封、扣押限于涉案的场所、设施或者财物
	×	①不得查封、扣押与违法行为无关的场所、设施或者财物 ②不得查封、扣押公民个人及其所扶养家属的生活必需品 ③不得重复查封已被其他国家机关依法查封的场所、设施或者财物
形式要求	制作查封、扣押决定书以及一式两份清单，当场交付，分别保存	
实施期限	一般期限	30日+30日即≤60日；法律、行政法规另有规定的除外
	扣除期限	查封、扣押的期间不包括检测、检验、检疫或者技术鉴定的时间
实施费用	检测、检验、检疫或者技术鉴定的费用和因查封、扣押发生的保管费用都由行政机关承担	
财物保管	①行政机关保管 ②委托第三人保管。若因第三人的原因造成的损失，行政机关先行赔付后，有权向第三人追偿	
后续处置	①对违法事实清楚，依法应当没收的非法财物予以没收 ②应当销毁的，依法销毁 ③应当解除查封、扣押的，作出解除查封、扣押的决定 【备注】如解除查封、扣押，对于不易保管的财物已拍卖或变卖的，退还拍卖或者变卖所得款项；但是只有变卖价格明显低于市场价格，给当事人造成损失的，才应当给予补偿	

四、冻结的实施程序

冻结在各类行政强制措施中，因其对财产权的直接影响，具有一些特殊性：

（一）实施主体

冻结只能由法律设定，相应地，只有法律规定的行政机关才能实施冻结，其他任何行政机关或组织不得实施冻结。法律规定以外的行政机关或组织要求冻结当事人存款、汇款的，金融机构应当拒绝。

冻结不能委托其他行政机关或组织实施。

（二）针对对象

冻结的对象是与违法行为涉及的金额相当的存款、汇款。

已被其他国家机关依法冻结的不得重复冻结。

（三）实施程序

1.依法实施冻结的，应向行政机关负责人报告并经批准，由2名以上行政执法人员实施，出示执法身份证件，制作笔录，并向金融机构交付冻结通知书。

2.金融机构接到行政机关的冻结通知书后，<u>应当立即</u>予以冻结，不得拖延，不得在冻结前向当事人泄露信息。

3.送达冻结决定。作出冻结决定的行政机关应当在3日内向当事人交付冻结决定书。

冻结决定书应当载明：当事人的姓名或者名称、地址；冻结的理由、依据和期限；冻结的账号和数额；申请行政复议或者提起行政诉讼的途径和期限；行政机关的名称、印章和日期。

【注意】与其他行政强制措施不同，冻结是先实施冻结行为，后告知行政相对人事实、理由和依据。

（四）冻结期限

冻结的时间不得超过30日，情况复杂的经行政机关负责人批准可以再延长不超过30日的时间，但法律另有规定的除外。延长冻结的决定应当及时书面告知当事人，并说明理由。在该期限内行政机关应作出处理决定或作出解除冻结决定。

【注意】一般情况下，冻结期限最长不超过60日。

（五）后续措施

冻结作为行政强制措施之一种，具有暂时性。根据不同情况，行政机关应当在法定期限之内，对冻结的款项作出如下两种处理：

1.划拨。对违法事实清楚，且被冻结款项依法应当收缴的，予以划拨。

2.解除。当事人没有违法行为；或者冻结的款项与违法行为无关；或者对违法行为已经作出处理决定，不再需要冻结；或者冻结期限届满以及其他不再需要采取冻结措施的，行政机关均应当及时解除冻结。

行政机关逾期未作出处理决定或解除冻结的，金融机构应当自冻结期满之日起直接解除冻结。

归纳总结　★★行政强制措施之冻结程序

实施主体	法律规定的行政机关	
实施对象	√	冻结存款、汇款的数额应当<u>与违法行为涉及的金额相当</u>
	×	已被其他国家机关依法冻结的，<u>不得重复冻结</u>
实施期限	予以冻结的期限	金融机构接到行政机关的冻结通知书后，应当<u>立即</u>予以冻结
	送达冻结决定的期限	作出冻结决定的行政机关应当在3日内向当事人交付冻结决定书
	实施冻结的期限	30日+30日即≤60日；法律另有规定的除外
后续处置	划拨	
	解除冻结	①应当及时通知金融机构和当事人。金融机构接到通知后，应当立即解除冻结②逾期未作出处理或解除冻结决定的，金融机构自冻结期满之日起解除冻结

第四节　行政强制执行的实施程序

■ 本节知识点要求考生准确记忆行政强制执行的实施程序，尤其是金钱给付义务的实施程序。

■ 在客观题考试中，本节知识点属于必考内容。

■ 本节易错和高频考点包括：

（1）除紧急情况下，不得在夜间或者法定节假日实施行政强制执行。

（2）对居民生活不得采取停止供水、供电、供热、供燃气等方式迫使当事人履行行政决定，但对违法的企业生产经营则可以采取停止供水、供电、供热、供燃气等方式迫使企业履行行政决定。

（3）强制拆除违法的建筑物、构筑物、设施的时间原则上应当是在行政诉讼起诉期限6个月届满后实施。即行政相对人在法定期限内不复议、不诉讼、不拆除的，行政机关才可以依法强制拆除。

（4）当事人采取补救措施的，可以减免的是加处的罚款或者滞纳金，而不是减免罚款本金。

（5）金钱给付义务的执行程序总体上是先间接强制执行，后直接强制执行。具体程序是：先执行罚＋满30日后＋催告＋直接强制执行（如行政机关自己没有直接强制执行权的，申请人民法院执行）。

（6）执行罚在性质上不是行政处罚，是行政强制执行中的间接强制执行措施。

（7）无直接强制执行权的行政机关可以将查封、扣押的财物拍卖抵缴罚款的前提是起诉期限6个月已经届满。

（8）不是所有的义务不履行都可以成为代履行的标的。只有排除妨碍、恢复原状、清除污染物、清除遗碍物等义务不履行的，才可以代履行；人身性义务和金钱给付义务不履行的，不得代履行。

（9）实施代履行前送达代履行决定书；实施代履行3日前，催告当事人履行义务。

（10）代履行的费用按照成本合理确定，由不履行义务的当事人承担。不是所有的费用都是由不履行义务的当事人承担。

（11）一般的代履行实施前，需要催告当事人履行义务；紧急情况下的代履行实施前，可以不经催告直接实施代履行。

■ 在主观题考试中，需要掌握行政强制执行之"时间、手段、标的、方式"的限制以及金钱给付义务的执行程序。

一、行政强制执行的实施主体

具有直接强制执行权的机关，应当自己实施强制执行；没有直接强制执行权的机关，只能申请法院强制执行。

但是，依法拥有查封、扣押权的行政机关，对财产实施查封、扣押后，此后又需要拍卖该财产用于实现当事人金钱缴纳义务的，在当事人不复议也不诉讼的情况下，经催告后可以进行拍卖。事实上，这些机关就等于间接地拥有了一部分直接强制执行的权力，即拍卖权。

例1：李某违反《土地管理法》等法律法规，擅自在集体土地上建设住宅8间，自然资源局向其送达责令30日内自行拆除，恢复土地原状的行政决定。李某逾期未自行拆除，也没有在法定期限内申请复议或提起诉讼。此时，自然资源局仍不得自行强制执行拆除，只能申请法院强制执行。其理由是：行政强制执行权只有法律才能设定，自然资源局并没有行政强制执行权。

例2：市场监督管理局发现皇朝公司生产劣质产品，扣押了该公司的生产设备，之后决定没收全部劣质产品、罚款10万元。该公司逾期不缴纳罚款，在法定期限内又不申请行政复议，也不提起行政诉讼，市场监督管理局可以将之前扣押的设备拍卖以抵缴罚款。

如果法律规定行政机关既可以自己强制执行，也规定了行政机关可以申请法院强制执行的，行政机关可以自己强制执行，也可以申请法院强制执行。

例1：《税收征收管理法》第88条第3款规定"当事人对税务机关的处罚决定逾期不申请行政复议也不向人民法院起诉、又不履行的，作出处罚决定的税务机关可以采取本法第四十条规定的强制执行措施，或者申请人民法院强制执行。"

例2：《海关法》第93条规定"当事人逾期不履行海关的处罚决定又不申请复议或者向人民法院提起诉讼的，作出处罚决定的海关可以将其保证金抵缴或者将其被扣留的货物、物品、运输工具依法变价抵缴，也可以申请人民法院强制执行。"

二、行政强制执行的一般程序

（一）一般程序

行政机关的强制执行，一般按照如下程序展开：

1.启动。

行政机关作出行政决定后，当事人在履行期限内不履行义务的，具有行政强制执行权的行政机关可以启动实施行政强制执行。

2.书面催告。

行政机关作出行政强制执行决定之前，应当事先书面催告当事人履行义务。催告应载明履行义务的期限、方式，以及当事人的陈述、申辩权利。如果涉及金钱给付的，催告应有明确的金额和给付方式。

3.听取陈述、申辩。

当事人收到催告书后可以进行陈述、申辩，行政机关应当充分听取当事人意见并进行记录、复核。当事人提出的事实、理由、证据成立的，行政机关应当采纳。

4.作出书面强制执行决定书并送达。

经催告当事人逾期无正当理由仍不履行的，行政机关可以作出行政强制执行决定书。

行政强制执行决定应当以书面形式作出，载明当事人的姓名（名称）、地址，强制执行的理由和依据，方式和时间，复议、诉讼的途径和期限，行政机关的名称、印章和日期。

在催告期间，有证据证明当事人有转移或隐匿财物迹象的，行政机关可以立即作出强制执行决定。

催告书和行政强制执行决定书均应直接送达当事人，当事人拒绝接收或无法直接送达的，按照《民事诉讼法》有关规定送达。

5.采取行政强制执行措施。

行政机关根据执行内容、标的等不同，分别采取不同的执行方式，并遵守不同的程序规定。

6.中止执行。

有下列情形之一的，应当中止执行：

（1）当事人履行确有困难或暂无履行能力的；

（2）第三人对执行标的主张权利确有理由的；

（3）执行可能造成难以弥补的损失，且中止执行不损害公共利益的；

（4）行政机关认为需要中止执行的其他情形。

中止执行的情形消失后，行政机关应当恢复执行。对没有明显社会危害，当事人确无能力履行，中止执行满3年未恢复执行的，不再执行。

7.终结执行。

有下列情形之一的，终结执行：

（1）公民死亡，无遗产可供执行又无义务承受人的；

（2）法人或其他组织终止，无财产可供执行又无义务承受人的；

（3）执行标的灭失的；

（4）据以执行的行政决定被撤销的；

（5）行政机关认为需要终结执行的其他情形。

8.执行回转。

在执行中或执行完毕后，据以执行的行政决定被撤销、变更或执行错误的，应当恢复原状或返还财物，不能恢复或返还的给予赔偿。

（二）行政强制执行的特殊规则

1.时间限制。

行政机关不得在夜间或者法定节假日实施行政强制执行。但是，情况紧急的除外。

【注意】行政强制执行不得在夜间或者法定节假日实施；行政强制措施确有必要的可以在夜间或者法定节假日实施。

例如：联东菜市场依法不允许流动摊贩占道经营。县综合行政执法局发现鲍某推着人力三轮车占道经营，在多次劝导未果后，扣押了人力三轮车及车上的物品。那么，扣押不得在夜间或者法定节假日实施，这种说法是否准确？不准确。本案，扣押属于行政强制措施，不属于行政强制执行。行政强制措施是一种预防性的行为，对于正在实施的违法行为进行制止具有时间上的紧迫性，尤其是本案鲍某占道经营，若菜市场发生火灾，既可能因占道经营阻塞群众逃生道路，也可能因占道经营影响消防救援的成功率。所以，行政强制措施的实施具有紧迫性，为了避免危害发生或者危险扩大，可以在夜间或者法定节假日实施。

2.手段限制。

行政机关不得对居民生活采取停止供水、供电、供热、供燃气等方式迫使当事人履行相关行政决定。

【注意】不得采取停止供水、供电、供热、供燃气等方式，只是针对居民，而不包括法人和其他组织。对违法生产经营的企业，为了督促其履行行政决定所确定的义务，可以采取停止提供诸如电力、自来水、天然气等公共产品的方式。

3.标的的限制。

对违法的建筑物、构筑物、设施等强制拆除应遵循：

（1）先由行政机关予以公告，限期当事人自行拆除。

（2）在法定期限内不复议、不诉讼、不拆除的，行政机关可以依法强制拆除。

[总结归纳]违法建筑的强制拆除程序：（1）行政机关作出《限期拆除违法建筑物事先告知书》（过程性行为），告知行政相对人事实、理由和依据，以及享有陈述和申辩权。（2）行政机关听取行政相对人陈述、申辩后，作出《限期拆除违法建筑物决定书》（主流观点认为是行政处罚），要求行政相对人在指定期限内自行拆除违法建筑物，同时应当告知其不服该决定书可以申请行政复议或者提起行政诉讼的期限和途径。（3）行政相对人在指定期限内未拆除违法建筑物的，行政机关向其作出《责令限期拆除违法建筑物通知书》（性质为行政强制执行决定书作出之前的催告），再给行政相对人一定期限自行拆除违法建筑物。（4）行政相对人逾期仍不拆除，在法定期限内又未申请行政复议、未提起行政诉讼的，行政机关作出《强制拆除违法建筑的决定书》（性质为行政强制执行），同时张贴公告，决定于某一日期对行政相对人的违法建筑物强制拆除，并告知其有申请行政复议和提起行政诉讼的权利。（5）到了指定日期，组织人员和设备实施强制拆除行为（事实行为）。实施行政强制拆除行为原则上不得在夜间或者法定节假日进行，对于屋内合法的物品要及时清点造册、妥善保管和移交给行政相对人。

归纳总结　行政法上的建筑物强制拆除

法律条文	事实	决定主体	处理决定	执行主体
《城乡规划法》第68条	搭建的建筑物违反规划	城乡规划主管部门	限期拆除的决定	政府责成有关部门拆除
《土地管理法》第74、77条	违反土地利用总体规划擅自将农用地改为建设用地	县级以上政府自然资源主管部门	限期拆除在非法占用的土地上新建的建筑物和其他设施	申请法院执行

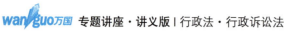
续　表

法律条文	事实	决定主体	处理决定	执行主体
《土地管理法》第78、83条	非法占用土地建住宅	县级以上政府农业农村主管部门	限期拆除新建的房屋	申请法院执行
《国有土地上房屋征收与补偿条例》第25、26、28条	征收相对人合法的房屋	县级以上政府	补偿协议或补偿决定	申请法院执行

· 知识拓展 ·

■ 责令拆除违法建筑物在性质上属于哪一类行政行为？在学理上尚有争议。目前，个别立法和实务中的法院认为属于行政处罚。《土地管理法》第83条规定："依照本法规定，责令限期拆除在非法占用的土地上新建的建筑物和其他设施的，建设单位或者个人必须立即停止施工，自行拆除；对继续施工的，作出处罚决定的机关有权制止。建设单位或者个人对责令限期拆除的行政处罚决定不服的，可以在接到责令限期拆除决定之日起十五日内，向人民法院起诉；期满不起诉又不自行拆除的，由作出处罚决定的机关依法申请人民法院强制执行，费用由违法者承担。"可知，根据《土地管理法》第83条规定，建设单位或者个人对责令限期拆除的行政处罚决定不服的，可以在接到责令限期拆除决定之日起15日内，向人民法院起诉。责令限期拆除在非法占用的土地上新建的建筑物，行为性质界定为行政处罚。那么，在其他单行法上，责令拆除违法建筑的通知属于什么性质的行为？在学理上尚有争议，存在观点展示。有观点认为属于行政命令，也有一部分观点认为属于行政处罚，少数观点认为属于行政强制措施。法考命题人对责令拆除违法建筑的行为性质并未明确表态，总之是属于行政行为。在主张行政命令的学者看来，责令限期拆除违法建筑物是对行政相对人实施违法行为的纠正，不是以制裁惩戒为目的，因此，不属于行政处罚，属于行政命令。《责令限期拆除违法建筑物通知》要求当事人限期拆除房屋，设定了当事人的义务，属于可诉的行政行为，在性质上属于行政命令。行政命令，是指行政主体要求行政相对人为或不为一定行为（作为或不作为）的意思表示，是行政行为的一种形式。

例如：2018年5月23日，县规划局以所建房屋未经批准为由，向李某下发《责令限期拆除违法建筑物通知》（以下简称《通知》），要求李某于2018年5月30日前拆除违法建筑。5月31日，李某未在规定期限内拆除房屋，县综合执法局强制拆除了该房屋。本案强制拆除行为是否违法？违法。本案，县综合执法局在复议期限60日、起诉期限6个月尚未届满就拆除房屋的行为违法。

4.方式限制。

实施行政强制执行，行政机关可以在不损害公共利益和他人合法权益的情况下，与当事人达成执行协议。

执行协议可以约定分阶段履行；当事人采取补救措施的，可以减免加处的罚款或者滞纳金。

【注意】当事人采取补救措施的，可以减免的是加处的罚款，而不是减免罚款本金。

执行协议应当履行。当事人不履行执行协议的，行政机关应当恢复强制执行。

例如：皇朝公司因为出售不符合食品安全标准的食品被市场监督管理局给予罚款20万元。在执行阶段，双方达成执行协议，在6个月内分3期缴纳罚款，但是该公司在缴纳第一期款项后就不再履行执行协议了。对此，市场监督管理局可以恢复强制执行。

归纳总结　★★★行政强制执行之一般程序（行政机关强制执行）

启动	行政机关依法作出行政决定后，当事人逾期不履行义务
催告	①时间：作出行政强制执行决定之前 ②形式：应当以书面形式作出 ③内容：载明履行义务的期限，履行义务的方式，涉及金钱给付义务的应有明确的金额和给付方式，当事人依法享有的陈述权和申辩权
陈述申辩	当事人收到催告书后有权进行陈述和申辩
作出行政强制决定	①经催告，当事人逾期仍不履行行政决定，且无正当理由的，作出行政强制执行决定 ②行政强制执行决定应当以书面形式作出，并送达当事人
采取强制执行措施	行政机关根据执行内容、标的等不同，分别采取不同的执行方式，并遵守不同的程序规定
小结	行政强制执行程序＝先催告＋听取陈述申辩＋作出强制执行决定和送达＋采取强制执行措施
★★★行政强制执行在时间、手段、标的和方式上的限制	
时间限制	不得在夜间或者法定节假日实施行政强制执行。【但是，情况紧急的除外】
手段限制	不得对居民生活采取停止供水、供电、供热、供燃气等方式迫使当事人履行行政决定
标的限制	对违法的建筑物、构筑物、设施等强制拆除应遵循： ①首先由行政机关予以公告，限期当事人自行拆除 ②在法定期限内不复议、不诉讼、不拆除的，行政机关可以依法强制拆除
方式限制	与当事人达成执行协议（即执行和解）： ①可约定分阶段履行 ②当事人采取补救措施的减免其加处的罚款/滞纳金 ③当事人不履行执行协议的，行政机关应当恢复强制执行

续　表

★中止执行、终结执行和执行回转		
中止执行	条件	①当事人履行行政决定确有困难或暂无履行能力的 ②第三人对执行标的主张权利，确有理由的 ③执行可能造成难以弥补的损失且中止执行不损害公共利益的
	恢复执行	中止执行的情形消失后，行政机关应当恢复执行
	不再执行	对没有明显危害，确无能力履行，中止执行满3年未恢复执行的，不再执行
终结执行	条件	①被执行对象死亡或消灭，无财产可供执行，又无义务承受人的 ②执行标的灭失的 ③据以执行的行政决定被撤销的
执行回转	方式	应当恢复原状或者退还财物；不能恢复原状或者退还财物的，依法给予赔偿

三、金钱给付义务的实施程序

金钱给付义务如纳税、收费、缴纳罚款等，均按照先间接、后直接的方式强制执行，即先处以执行罚，仍不履行的对财产予以划拨或拍卖。具体程序是：先执行罚＋满30日后＋催告＋直接强制执行（如行政机关自己没有直接强制执行权的，申请人民法院执行）。

（一）先执行罚

行政机关依法作出金钱给付义务的决定，当事人逾期不履行的，行政机关可以依法加处罚款或滞纳金。

加处罚款或滞纳金的标准应当告知当事人。

加处罚款或滞纳金的数额不得超出金钱给付义务的数额。

（二）划拨或拍卖

加处罚款或滞纳金超过30日，经催告当事人仍不履行的，具有行政强制执行权的机关可以直接划拨款项或拍卖财产用于抵缴。

划拨的款项和拍卖所得的款项，应当上缴国库或划入财政专户，行政机关或个人不得以任何形式截留、私分或变相私分。

划拨存款、汇款应当由法律规定的行政机关决定，并书面通知金融机构。金融机构接到行政机关依法作出划拨存款、汇款的决定后，应当立即划拨。法律规定以外的行政机关或者组织要求划拨当事人存款、汇款的，金融机构应当拒绝。

依法拍卖财物，由行政机关委托拍卖机构依照《拍卖法》的规定办理。

【注意】没有直接强制执行权的行政机关应当申请法院划拨当事人的存款、拍卖当事人的财物抵缴罚款。但是，无直接强制执行权的行政机关若在实施行政管理过程中已经采取查封、扣押措施，且当事人对罚款在法定期限内不复议、不诉讼、经催告仍不履行的，可以将之前查封、扣押的财物依法拍卖以抵缴罚款，而不需要申请法院执行。

经典考题：市场监督管理局在执法过程中现场发现利来超市售卖超过保质期的火腿，当场扣押了这些火腿，后作出没收火腿并处1万元罚款的决定。下列哪些说法是准确的？（2019年考生回忆版卷二第11题，多选）①

A.扣押火腿应当通知当事人到场

B.逾期不缴纳罚款的，市场监督管理局可以每日按罚款数额的3%加处罚款

C.可以将没收的火腿拍卖，所获得款项抵缴罚款

D.罚款不可以分期缴纳

归纳总结 ★★★金钱给付义务的执行

先执行罚	前提	①行政机关依法作出金钱给付义务的行政决定 ②当事人逾期不履行
	内容	依法加处罚款或者滞纳金
	要求	①加处罚款或者滞纳金的标准应当告知当事人 ②加处罚款或者滞纳金的数额不得超出金钱给付义务的数额
后划拨/拍卖	前提	实施加处罚款或者滞纳金超过30日，经催告当事人仍不履行的
	要求	①有直接强制执行权的行政机关可以直接划拨款项、拍卖财物 ②没有强制执行权的行政机关申请法院划拨当事人的存款、拍卖当事人的财物抵缴罚款
	例外	无直接强制执行权的行政机关可以将查封扣押的财物依法拍卖抵缴罚款的构成要件： ①在实施行政管理过程中已经采取查封、扣押措施 ②当事人在法定期限内不复议、不诉讼、经催告仍不履行的

四、代履行的实施程序

代履行适用于排除妨碍、恢复原状义务的强制执行，如清除障碍物、清除污染物等。

（一）适用情形

行政机关作出要求当事人排除妨碍、恢复原状的行政决定，当事人逾期不履行，经

---

① 【答案】AB。实施扣押等行政强制措施应当通知当事人到场。行政机关事先通知了当事人到场，当事人不到现场的，并不影响行政机关行政强制措施的实施。A选项准确。加处罚款为执行罚，性质上属于间接强制执行措施，在法考中，推定所有的行政机关都有间接强制执行权。市场监督管理局对于逾期不缴纳罚款的，可以按日加处3%的罚金。B选项准确。火腿已经超过保质期，禁止出售，依法应当销毁，不能用于拍卖抵缴罚款。C选项错误。实行行政强制执行，行政机关可以在不损害公共利益和他人合法权益的情况下，与当事人达成执行协议，分期缴纳罚款。D选项错误。

催告仍不履行，其后果已经或将危害交通安全、造成环境污染或破坏自然资源的，行政机关可以代履行，或委托没有利害关系的第三人代履行。代履行不得采用暴力、胁迫以及其他非法方式。

（二）一般程序

1.送达。代履行前送达代履行决定书。

2.催告。代履行3日前再催告当事人履行，当事人履行的即停止代履行。

3.派员监督。代履行时行政机关应当派员到场监督。

4.签章确认。代履行完毕，行政机关到场监督的工作人员、代履行人和当事人或见证人应当在执行文书上签名或盖章。

5.收费。代履行的费用按照成本合理确定，由当事人承担，法律另有规定的除外。

例如： 某医院未将医疗废物按照类别分置于专用包装物或者容器，存放于露天仓库。卫健委责令医院清除这些医疗废物，医院拒绝清除。则卫健委自己可以代履行，或者可以委托没有利害关系的第三人实施代履行，合理的成本费用由不履行义务的医院承担。

（三）特殊规则

有些情形，需要立即实施代履行的，其适用对象和程序如下：

1.适用对象。需要立即清除道路、河道、航道或公共场所的遗洒物、障碍物或污染物，而当事人不能清除。

2.程序。行政机关可不经过催告，直接立即实施代履行。当事人不在场的，行政机关应事后立即通知当事人。

例1： 维多驾驶一辆载着数百箱眼镜王蛇的货车在高速公路隧道里发生侧翻，所有行车道均被堵塞，数万条眼镜王蛇在隧道内爬行，引起司机乘客惊吓和恐慌。道路交通安全主管部门认为需要立即清除眼镜王蛇，维多无法清除。道路交通安全主管部门可以决定立即实施代履行。

例2： 林某在河道内修建了"农家乐"休闲旅社，在紧急防汛期，防汛指挥机构认为需要立即清除该建筑物，林某无法清除。防汛指挥机构可决定立即实施代履行。在法定节假日，防汛指挥机构也可强制清除。

归纳总结　行政行为的听证

行为种类	启动模式	适用范围
行政许可	主动启动	①法律、法规、规章规定应当听证的许可事项 ②涉及公共利益的重大许可事项
	被动启动	涉及他人重大利益的许可事项
行政处罚	法定告知听证	①吊销许可证件 ②责令停产停业、责令关闭 ③较大数额罚款、没收较大数额违法所得、没收较大价值非法财物

续 表

行为种类	启动模式	适用范围
行政处罚	法定告知听证	④降低资质等级 ⑤限制从业 ⑥其他较重的行政处罚 【记忆规则】吊这个大款，降资质限从业
	合意告知听证	除"吊这个大款，降资质限从业"以外的处罚决定
治安管理处罚	法定告知听证	吊销执照、2000元以上的罚款（G2000）
	合意告知听证	G2000以外的处罚决定
行政强制措施	无听证程序	
行政强制执行	无听证程序	
行政复议	原则	书面审理
	例外	重大复杂案件可听证审理

经典考题：林某在河道内修建了"农家乐"休闲旅社，在紧急防汛期，防汛指挥机构认为需要立即清除该建筑物，林某无法清除。对此，下列哪些说法是正确的？（2017年卷二第81题，多选）①

A.防汛指挥机构可决定立即实施代履行

B.如林某提起行政诉讼，防汛指挥机构应暂停强制清除

C.在法定节假日，防汛指挥机构也可强制清除

D.防汛指挥机构可与林某签订执行协议约定分阶段清除

归纳总结 代履行

	★★★一般的代履行
适用条件	①行政机关依法作出要求当事人履行排除妨碍、恢复原状等义务的行政决定 ②当事人逾期不履行 ③经催告仍不履行 ④后果已经或者将危害交通安全、造成环境污染或者破坏自然资源的
实施主体	①行政机关委托的没有利害关系的第三人 ②行政机关

① 【答案】AC。需要立即清除道路、河道、航道或者公共场所的遗洒物、障碍物或者污染物，当事人不能清除的，行政机关可以决定立即实施代履行。A选项正确。为了保证行政管理的效率，在行政诉讼期间，原则上行政行为不停止执行。防汛指挥机构不能暂停强制清除。B选项错误。紧急情况下，是可以在夜间或者法定节假日实施行政强制执行的。C选项正确。在紧急防汛期，如果与当事人达成执行协议分阶段履行的，可能会影响抗洪防汛，损害公益，因此，不存在分阶段履行的时间条件。D选项错误。

续　表

		★★★一般的代履行
适用程序	送达	实施代履行前送达代履行决定书
	催告	实施代履行3日前，催告当事人履行，当事人履行的，停止代履行
	派员监督	代履行时，作出决定的行政机关应当派员到场监督
	签章确认	到场监督的工作人员、代履行人和当事人或见证人在执行文书上签名或盖章
费用承担		代履行的费用按照成本合理确定，由当事人承担。但是，法律另有规定的除外。
		★紧急状态下的代履行
适用条件		①需要立即清除道路、河道、航道或者公共场所的遗洒物、障碍物或者污染物 ②当事人不能清除的
实施程序		①立即实施代履行中没有催告程序 ②行政机关可以决定立即实施代履行；当事人不在场的，在事后立即通知当事人

第五节　申请法院强制执行的程序

·考情分析·

■ 本节知识点需要考生了解申请法院强制执行的实施程序，尤其是申请法院强制执行的条件。

■ 在客观题考试中，本节知识点考查频次不高。

■ 本节易错和高频考点包括：

（1）申请法院强制执行的条件有三个：①主体条件：行政机关自己没有强制执行权；②时间条件：当事人不复议、不诉讼、不履行义务的，自起诉期限届满之日起3个月内申请；③程序条件：申请法院强制执行前催告履行义务，催告书送达10日后仍未履行义务。

（2）行政机关申请法院强制执行，不缴纳申请费。

（3）法院强制执行的费用由被执行人承担。

　　申请法院强制执行，又称为"法院非诉执行"，是指对于一个并未进入行政诉讼程序的行政行为，行政相对人既不及时起诉，也不履行相应义务时，法院根据作出该行为的行政机关的申请，强制执行该行为的活动。

　　法院的非诉执行，实际上是行政强制执行的一部分，是法院根据行政机关的申请，经审查后通过强制手段实现行政行为所确定之权利义务的行为。由法院实施的非诉执行，与由行政机关自己实施的强制执行，在目的、方式与内容上并无差异，都是为了强制实现行政行为所确定的权利义务，只不过实施主体是法院，需要经过法院的审查、裁决程序。

非诉执行的法律依据包括《行政诉讼法》及其司法解释，以及《行政强制法》相关规定。

一、申请

1.申请条件。

行政机关申请法院执行有关行政行为，必须同时符合以下条件：

（1）主体条件：行政机关自己没有强制执行权。

（2）时间条件：当事人不复议、不诉讼、不履行义务的，自起诉期限届满之日起3个月内申请。

（3）程序条件：申请法院强制执行前催告履行义务。催告书送达10日后仍未履行义务。

【注意】当事人在行政决定所确定的履行期限届满后仍未履行义务的，行政机关即可催告当事人履行义务。行政机关既可以在行政复议和行政诉讼期限届满后实施催告，也可以在行政复议和行政诉讼期限届满之前实施催告。[《最高人民法院关于行政机关申请人民法院强制执行前催告当事人履行义务的时间问题的答复》（2019）最高法行他48号]。

例如：市自然资源与规划局发现有违章建筑违反规划、消防等要求，作出限期拆除决定，要求该建筑的所有人张某收到决定之日起15日内自行拆除。张某逾期并未拆除，也未起诉。经查，并无法律规定市自然资源与规划局有行政强制执行权力，但该市所在省人大制定的地方性法规规定此种情况下市自然资源与规划局可以强制拆除。那么，市自然资源与规划局应如何处理，申请法院强制执行还是予以拆除？根据《行政强制法》第13条，行政强制执行由法律设定；法律没有规定行政机关强制执行的，作出行政决定的行政机关应当申请人民法院强制执行。地方性法规无权创设强制执行，因此，市自然资源与规划局应当向该违章建筑所在地的法院申请强制执行。

2.非诉执行的管辖。

向行政机关所在地有管辖权的基层法院申请强制执行。

执行对象是不动产的，向不动产所在地的基层法院申请强制执行。

基层法院认为执行确有困难的，可以报请上级法院执行；上级法院可以决定由其执行，也可以决定由下级法院执行。

3.提交材料。

行政机关申请人民法院非诉执行应当提交如下材料：

（1）强制执行申请书。

（2）行政决定书及作出决定的事实、理由和依据。

（3）当事人的意见及行政机关催告情况。

（4）申请强制执行标的情况。

二、受理

法院收到行政机关的强制执行申请，应当在5日内决定是否受理。

行政机关对法院不予受理的裁定有异议的，可15日内向上一级法院申请复议，上一级法院应在收到复议申请之日起15日内作出是否受理的裁定。

三、审查

法院受理行政机关申请执行其行政行为的案件后，应当由行政庭组成合议庭对行政行为的合法性进行审查，并就是否准予强制执行作出裁定。

四、裁定

法院对强制执行申请进行书面审查，对符合法定条件且具备法定执行效力的，法院应当自受理之日起7日内作出执行裁定。

对于行政行为明显缺乏事实根据，或明显缺乏法律、法规依据，或有其他明显违法并损害被执行人合法权益情况的，法院可以听取被执行人和行政机关的意见后，30日内作出是否执行的裁定。如果法院裁定不予执行，行政机关对法院不予执行的裁定有异议的，可以自收到裁定之日起15日内向上一级法院申请复议，上一级法院应自收到复议申请之日起30日内作出是否执行的裁定。

五、其他制度

1. 申请法院立即执行的程序。

因情况紧急，为保障公共安全，行政机关可以申请人民法院立即执行。经人民法院院长批准，人民法院应当自作出执行裁定之日起5日内执行。

2. 申请执行的费用。

申请人民法院强制执行，行政机关不缴纳申请费。强制执行的费用由被执行人承担。如法院以划拨、拍卖方式强制执行的，可以在划拨、拍卖后将强制执行的费用扣除；依法拍卖财物，则由法院委托拍卖机构依照《拍卖法》的规定办理。

经典考题：河务局认定某公司在河滩区违法存放工程废土，决定对其罚款10万元。该公司没有在法定期限内申请行政复议或者提起行政诉讼，也没有在指定期限内缴纳罚款。河务局向法院申请强制执行。下列哪些说法是准确的？（2021年考生回忆版卷一第11题，多选）①

---

① 【答案】AC。河务局对于罚款决定自己没有划拨的权力，需要申请法院强制执行。申请法院强制执行，需要提前催告当事人履行义务。A选项准确。行政机关申请法院强制执行的，行政审判庭负责合法性审查，执行庭负责采取强制执行措施。B选项错误。行政机关申请法院强制执行其行政行为的，由申请人所在地的基层人民法院受理。C选项准确。行政机关向法院申请执行其行政行为，法院的行政审判庭经过审查该行政行为合法的，作出准予执行裁定。D选项"判决准予执行"表述错误，准确的表述应当是"裁定准予执行"。D选项错误。

A.申请法院强制执行前，河务局应当催告该公司履行义务
B.应当由法院执行庭对罚款决定的合法性进行审查
C.应当向该公司所在地的基层人民法院申请强制执行
D.如法院经审查后认为符合执行条件的，判决准予执行

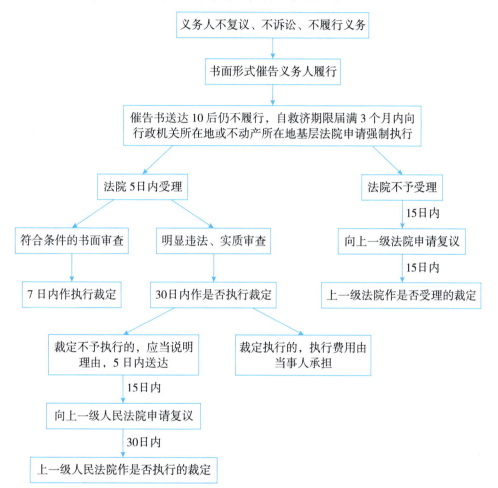

人民法院非诉执行程序图

归纳总结　★★**申请法院强制执行（法院的非诉执行）**

申请	申请条件	①主体条件：行政机关自己没有强制执行权 ②时间条件：当事人不复议、不诉讼、不履行义务的，自起诉期限届满之日起3个月内申请 ③程序条件：申请法院强制执行前催告履行义务。催告书送达10日后仍未履行义务
	管辖法院	①向行政机关所在地有管辖权的基层法院申请强制执行 ②执行对象是不动产的，向不动产所在地的基层法院申请强制执行 ③基层法院认为执行确有困难的，可以报请上级法院执行；上级法院可以决定由其执行，也可以决定由下级法院执行

续　表

申请	提交材料	①强制执行申请书 ②行政决定书及作出决定的事实、理由和依据 ③当事人的意见及行政机关催告情况 ④申请强制执行标的情况
受理	受理期限	应当在5日内作出受理或者不受理的决定
	不予受理 的救济	①可以在15日内向上一级法院申请复议 ②上一级法院应当自收到复议申请之日起15日内作出是否受理的裁定
审查	形式审查	法院对申请进行书面审查
	实质审查	①明显缺乏事实根据 ②明显缺乏法律、法规依据 ③其他明显违法并损害被执行人合法权益的
裁定	形式审查	自受理之日起7日内作出执行裁定
	实质审查	自受理之日起30日内作出是否执行的裁定
送达	实质审查	裁定不予执行的应当说明理由并在5日内将不予执行的裁定送达行政机关
	不予执行 的救济	①对法院不予执行的裁定有异议的，可自收到裁定之日起15日内向上一级法院申请复议 ②上一级法院应自收到复议申请之日起30日内作出裁定
费用	申请免费	行政机关申请法院强制执行，不缴纳申请费
	执行费用	强制执行的费用由被执行人承担
	费用扣除	法院以划拨、拍卖方式强制执行的，可在划拨、拍卖后将强制执行的费用扣除
例外	紧急情况	因情况紧急，为保障公共安全，行政机关可以申请法院立即执行 经法院院长批准，法院应当自作出执行裁定之日起5日内执行

专题九

政府信息公开

命题点拨

（一）主要内容

本专题的主要内容包括：（1）政府信息公开概述；（2）政府信息公开的范围；（3）政府信息公开的主体；（4）政府信息公开的程序；（5）政府信息公开的监督与救济。

（二）命题规律

本专题的内容是法考每年必考内容，客观题考查分值2分，考试题型以单项选择题和多项选择题为主。主观题每3~5年考查一两个小问。

（三）重点难点

本专题的重点难点包括：（1）不予公开的政府信息范围；（2）政府信息公开的主体；（3）政府信息依申请公开的程序。

知识体系图

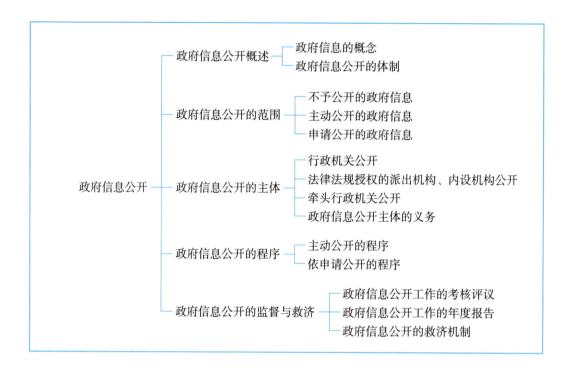

第一节　政府信息公开概述

·考情分析·

- 本节知识点考生需要了解政府信息的概念，区别政府信息公开的领导机关、主管部门、工作机构。
- 在客观题考试中，本节知识点考查频次不高。
- 本节易错和高频考点包括：

（1）政府信息可以是行政机关在履行行政管理职能过程中自己制作的，也可以是行政机关在履行行政管理职能过程中从公民、法人或者其他组织处获取的。

（2）党务信息不属于政府信息。

（3）国务院办公厅是全国政府信息公开工作的主管部门。

（4）县级以上地方政府办公厅（室）是本行政区域的政府信息公开工作主管部门。

（5）政府信息公开工作机构负责本单位政府信息公开的日常工作。

一、政府信息的概念

政府信息是指行政机关在履行行政管理职能过程中制作或获取的，以一定形式记录、保存的信息。

【注意】行政机关或经法律法规授权管理公共事务的组织有关信息的公开适用《政府信息公开条例》的规定，而党组织制作的党务信息以及党组织制发的党政联合文件一般不适用《政府信息公开条例》的规定。因此，党务信息不属于政府信息。

二、政府信息公开的体制

（一）领导机关

各级政府是政府信息公开工作的领导机关，从总体上领导本行政区域内的政府信息公开工作。

例如：南京市人民政府是南京市政府信息公开工作的领导机关。

（二）主管部门

各级政府对信息公开工作的领导需要借助特定的部门来实施，以推进、指导、协调、监督本行政区域内的政府信息公开工作。负责这些工作的部门就是所谓的主管部门。

在中央政府，主管部门是国务院办公厅。

在县级以上地方政府，主管部门是政府的办公厅（室）。

例如：南京市人民政府办公厅是南京市政府信息公开工作的主管部门。

（三）工作机构

各类公开主体都应当建立健全本单位的政府信息公开工作制度，并指定机构负责本单位政府信息公开的日常工作。这样的机构就是政府信息公开工作机构。

政府信息公开工作机构的具体职责是：

1.办理本行政机关的政府信息公开事宜。

2.维护和更新本行政机关公开的政府信息。

3.组织编制本行政机关的政府信息公开指南、政府信息公开目录和政府信息公开工作年度报告。

4.组织开展对拟公开政府信息的审查。

5.本行政机关规定的与政府信息公开有关的其他职能。

例如： 甲市人民政府的政府信息公开工作机构是市政府办公厅信息公开办公室。

归纳总结　★★政府信息公开概述

概念	政府信息是指行政机关在履行行政管理职能过程中制作或获取的，以一定形式记录、保存的信息
主管部门	①国务院办公厅是全国政府信息公开工作的主管部门 ②县级以上地方政府办公厅（室）是本行政区域的政府信息公开工作主管部门 ③实行垂直领导的部门的办公厅（室）主管本系统的政府信息公开工作
工作机构	政府及其部门指定的政府信息公开工作机构负责本行政机关政府信息公开的日常工作（可作被告）
备注	①法律、法规授权的管理公共事务职能的组织公开政府信息的活动，也适用政府信息公开条例的规定 ②公共企业事业单位，公开在提供社会公共服务过程中制作、获取的信息，依照相关法律、法规和国务院有关主管部门或者机构的规定执行

第二节　政府信息公开的范围

·考情分析·

■ 本节知识点要求考生重点掌握不予公开的范围和依申请公开的政府信息，了解主动公开的范围。

■ 在客观题考试中，本节知识点每年必考一个选择题。

■ 本节易错和高频考点包括：

（1）涉及商业秘密、个人隐私的政府信息不是说权利人不同意公开就不公开，如果不公开会可能对公共利益造成重大影响的，权利人不同意公开的也可以公开。

（2）政府信息不予公开的范围：绝对不予公开、相对不予公开、可以不予公开。

（3）内部事务信息、过程性信息、行政执法案卷信息，行政机关可以不予公开。

（4）内部事务信息可以不予公开是因为内部事务信息不具有外部性，对公众的权利义务不产生直接影响。

（5）过程性信息可以不予公开是因为过程性信息处于讨论、研究或者审查过程中，不具有确定性。

（6）若最终的行政决定、行政决策已经作出，之前为了作出行政决定、行政决策而实施的准备性材料、请示报告属于确定性的信息，应当公开。

（7）行政执法案卷信息可以不予公开是因为行政执法案卷信息与当事人、利害关系人之外的其他主体没有直接利害关系，且通常涉及相关主体的商业秘密和个人隐私。

（8）政府信息要不要公开，在法考实战中，适用排除法规则。只要是不属于不予公开的范围，就是应当公开的政府信息，要么是行政机关自己主动公开，要么是公民、法人或者其他组织申请公开。

（9）计划生育信息不再是乡镇政府应当重点公开的政府信息了。

（10）申请人申请政府信息公开，无须告知政府用途。

（11）申请人申请政府信息公开，无须与申请公开的政府信息有法律上的利害关系。新的《政府信息公开条例》已经废除了申请政府信息公开"三需要"（生产、生活、科研）的规定。

■ 在主观题考试中，需要掌握"相对不予公开"和"可以不予公开"的政府信息。

一、不予公开的政府信息

政府信息不予公开的范围，可以从以下几个层次来分析：

1.绝对不公开的政府信息范围。绝对不公开的政府信息范围包括如下：

（1）依法确定为国家秘密的政府信息。

（2）法律、行政法规禁止公开的政府信息。

（3）公开后可能危及国家安全、公共安全、经济安全、社会稳定的政府信息。

2.相对不予公开的政府信息。

涉及商业秘密、个人隐私等公开会对第三方合法权益造成损害的政府信息，行政机关不得公开。但是，第三方同意公开或者行政机关认为不公开会对公共利益造成重大影响的，予以公开。

相对不予公开的政府信息是否公开，一般遵循如下三个步骤：

（1）行政机关初判。行政机关初步判断，该信息涉及商业秘密或个人隐私的，可以直接决定不予公开；如决定公开，需要继续第二步。

（2）征求权利人意见。涉及商业秘密或个人隐私的政府信息需要公开的，应当征得权利人同意。权利人应当自收到征求意见书15个工作日内提出意见。同意公开的，行政机关可以公开；权利人不同意公开或者逾期未提出意见的，需要继续第三步。

（3）行政机关权衡。涉及商业秘密或个人隐私的政府信息与公共利益相关，不公开可能对公共利益造成重大影响的，即使权利人不同意，行政机关也可以决定公开。如行政机关认为此类信息无关公共利益，权利人不同意公开且有合理理由的，不予公开。

例如：吴某向区税务局申请公开某房屋拆迁公司的财务印鉴、企业印鉴和公司电话号码，区税务局认为这些信息涉及商业秘密，遂向某公司发出意见征询单。某公司答复不同意提供该信息。区税务局遂不予公开该项信息。区税务局以吴某申请公开的信息含有商业秘密为由拒绝公开的答复是否合法？为什么？不合法。关于商业秘密的认定，根据《反不正当竞争法》第9条第4款的规定，商业秘密是指不为公众所知悉、具有商业价值并经权利人采取相应保密措施的技术信息、经营信息等商业信息。公司电话号码作为联系方式是公司开展经营活动的条件之一，财务印鉴、企业印鉴是公司在经营活动中进行意思表示的一种确认形式，三者通过对外公开或出示，发挥其基础作用，不符合商业秘密不为公众所知悉的特征，不属于商业秘密。

3.可以不公开的政府信息。

下列政府信息，行政机关可以不予公开：

（1）行政机关的内部事务信息，包括人事管理、后勤管理、内部工作流程等方面的信息，可以不予公开。内部事务信息可以不予公开是因为内部事务信息不具有外部性，对公众的权利义务不产生直接影响。

例如：马某向市政府申请公开"刘某被评为G20先进工作者并嘉奖的上报材料"。马某所申请公开的信息属于行政机关在履行人事管理职责过程中形成的内部事务信息，市政府可以不予公开。

（2）行政机关在履行行政管理职能过程中形成的讨论记录、过程稿、磋商信函、请示报告等过程性信息可以不予公开。过程性信息可以不予公开是因为过程性信息处于讨论、研究或者审查过程中，不具有确定性。

例1：秦某向县政府申请公开2019年9月26日作出的《研究蒋某西环路8亩土地报批问题的专题会议纪要》的政府信息申请，申请内容包括：研究蒋某西环路8亩土地报建报批问题的专题会议纪要；参会人员姓名、职务、联系方式；参加会议的人员亲笔签名的签到表；作出会议纪要事实依据和法律、行政法规等依据；会议纪要依据的县住建局的规划方案；蒋某补交已取得的8亩土地出让金的法律、行政法规或规范性文件等依据。专题会议纪要是行政机关在履行行政管理职能过程中形成的讨论记录，属于过程性信息，县政府可以不予公开。

例2：孟某于2019年7月10日向甲市政府现场提交政府信息公开申请表，申请获取：甲市市长对孟某于2019年5月15日邮寄的《控告举报投诉书》所作出的批示或转办的通知或记录。甲市政府于2019年8月25日作出告知书，告知其：你申请获取的信息不属于《政府信息公开条例》所指应公开的政府信息，并告知救济途径。本案，市政府主要领导作出的批示属于过程性信息，过程性信息尚处于讨论、研究或者审查过程中，不具有确定性，公开后可能会误导公众，也可能干扰行政机关公正、合理地作出决策，可以不予公开。

【注意】若最终的行政决定、行政决策已经作出，之前为了作出行政决定、行政决策而实施的准备性材料、请示报告属于确定性的信息，不再属于过程性信息，应当公开。

例如：甲市司法局向甲市政府提交2020［25］号《关于潘家村拆迁行政裁决相关问题的请示报告》（以下简称25号《报告》），甲市政府作出2020［102］号《关于潘家村城中村改造行政裁决有关问题的批复》（以下简称102号《批复》），内容为：经2020年8月13日市政府专题会议研究，同意市司法局25号《报告》，将已核发房屋拆迁许可证项目遗留问题，继续由市征收办负责处理。甲市征收办依据102号《批复》对李某作出了拆迁安置裁决。李某随后向甲市司法局申请公开25号《报告》。本案中25号《报告》不属于过程性信息，因为李某提出信息公开申请时，甲市政府已在该报告的基础上作出了批复。据此，25号《报告》属于"过程已既往"，具有确定性了，并非"处于讨论、研究或者审查中"的过程性文件，应当公开。

（3）行政执法案卷信息，可以不予公开。法律、法规、规章规定上述信息应当公开的，从其规定。行政执法案卷信息可以不予公开是因为行政执法案卷信息与当事人、利害关系人之外的其他主体没有直接利害关系，且通常涉及相关主体的商业秘密和个人隐私。

例如：曹某向某区公安分局提出政府信息公开申请，要求公开该局特警于5月26日在其住处聚集的目的及该次警务活动的批准人和批准文件。区公安分局向曹某作出告知书："您要获取的相关信息系我局民警办理行政案件中传唤违法嫌疑人，公安机关已根据《治安管理处罚法》第82条之规定，履行了相关义务，不予提供。"本案，曹某以政府信息公开名义申请区公安分局公开行政执法案卷材料，不属于政府信息应当公开的范围。

· 知识拓展 ·

从世界范围来看，内部信息、过程信息通常被列为可以不公开的情形。这些信息普遍具有"内部性"和"非终极性"的特点，属于"意思形成"的信息，一旦过早公开，可能会引起误解和混乱，或者妨害率直的意见交换以及正常的意思形成，妨害决策过程的完整性，最终妨害行政事务的有效处理。行政机关在日常工作中制作或者获取的内部管理信息以及处于讨论、研究或者审查中的过程性信息，可以不予公开。这一做法符合国际通例，也有利于兼顾公开与效率的平衡。但过程性信息不应是绝对的例外，当决策、决定完成后，此前处于调查、讨论、处理中的信息即不再是过程性信息，应当公开。

经典考题： 某镇政府向县政府提交《关于征收李家河村集体土地有关问题的请示》，村民李某以 EMS 邮政快递的方式向镇政府申请公开该请示，镇政府以该信息属于内部事务信息为由拒绝公开。下列哪一选项是准确的？（2020年考生回忆版卷一第4题，单选）①

A. 李某申请公开该请示，应当是根据自身生产、生活、科研等特殊需要

B. 镇政府收到政府信息公开申请的时间为李某和镇政府双方确认之日

C. 镇政府拒绝公开的理由合法

D. 李某若不服镇政府拒绝公开的决定，申请复议的期限为 60 日

归纳总结　不予公开的政府信息

绝对不公开	①依法确定为国家秘密的政府信息 ②法律、行政法规禁止公开的政府信息 ③公开后可能危及国家安全、公共安全、经济安全、社会稳定的政府信息
相对不公开	①涉及商业秘密、个人隐私的政府信息一般不予公开 ②但是，经权利人同意的可以公开 ③不公开可能对公共利益造成重大影响的，即使权利人不同意公开的仍然可以予以公开
可以不予公开	①行政机关的内部事务信息：人事管理、后勤管理、内部工作流程等 ②行政机关在履职过程中形成的过程性信息：讨论记录、过程稿、磋商信函、请示报告等 ③行政执法案卷信息 【备注】法律、法规、规章规定上述信息应当公开的，从其规定

二、主动公开的政府信息

政府信息以公开为常态，以不公开为例外。除了以上各类不予公开的政府信息，其他信息都属于公开的内容，要么行政机关主动公开，要么公众申请政府公开。对于主动公开的范围，《政府信息公开条例》采取了"一般规定+重点列举"的方式。

（一）一般规定

应主动公开的政府信息是：

1. 涉及公众利益调整的；

---

① 【答案】D。2019年《政府信息公开条例》取消了申请政府信息公开"三需要"原则，即申请人所申请公开的信息不再需要基于"自身生产、生活、科研等特殊需要"（三需要）。因此，申请政府信息公开，不需要与之有利害关系，不需要告知行政机关用途。A选项错误。李某是以EMS邮政快递的方式申请政府信息公开，应当以行政机关签收之日作为收到政府信息公开的时间。B选项错误。镇政府就土地征收向县政府报送请示，正处于讨论研究过程中，属于过程性的信息。C选项错误。行政相对人不服行政行为申请复议的，复议期限为60日。D选项准确。

2.需要公众广泛知晓或者参与的；

3.其他依照法律、法规和国家有关规定应当主动公开的。

（二）明确列举

在上述主动公开的内容中，不同的行政机关、各级政府按其职责重点不同，分别应主动公开下列内容：

1.行政机关应主动公开本机关的政府信息有：

（1）行政法规、规章和规范性文件；

（2）机关职能、机构设置、办公地址、办公时间、联系方式、负责人姓名；

（3）办理行政许可和其他对外管理服务事项的依据、条件、程序以及办理结果；

（4）实施行政处罚、行政强制的依据、条件、程序以及本行政机关认为具有一定社会影响的行政处罚决定；

（5）行政事业性收费项目及其依据、标准；

（6）政府集中采购项目的目录、标准及实施情况；

（7）重大建设项目的批准和实施情况；

（8）突发公共事件的应急预案、预警信息及应对情况；

（9）环境保护、公共卫生、安全生产、食品药品、产品质量的监督检查情况；

（10）公务员招考的职位、名额、报考条件等事项以及录用结果。

例如：罗某是兴运2号船的船主，在乌江流域从事航运、采砂等业务。2019年6月，罗某向海事局邮寄政府信息公开申请书，申请公开海事局的设立、主要职责、内设机构和人员编制的文件。海事局对罗某的上述申请作出《答复》，内容为："经审核，你申请获取的信息属于内部管理信息，不属于应当公开的政府信息，故本机关决定不予提供。"海事局的答复是否合法？不合法。为了方便人民群众办事方便，行政机关应当主动公开"机关职能、机构设置、办公地址、办公时间、联系方式、负责人姓名"等信息，这些信息并不是内部管理信息。一般而言，行政机关单纯履行内部管理职责时所产生的信息属于内部管理信息。从法理上解释，政府信息具备以下三个条件时可认定为内部管理信息：（1）记载或反映纯粹内部事务，对内外行政决策或决定的作出不产生直接影响；（2）不公开对公民监督行政机关不会造成不利影响；（3）公开对公民生产、生活和科研等活动没有利用价值。

2.设区的市级、县级政府及其部门应当主动公开的政府信息有：涉及市政建设、公共服务、公益事业、土地征收、房屋征收、治安管理、社会救助等方面的政府信息。

3.乡镇政府应主动公开的政府信息有：贯彻落实农业农村政策、农田水利工程建设运营、农村土地承包经营权流转、宅基地使用情况审核、土地征收、房屋征收、筹资筹劳、社会救助等方面的政府信息。

【注意】乡镇政府已经不再需要主动公开计划生育信息了。

三、申请公开的信息

除行政机关主动公开的政府信息外，公民、法人或者其他组织可以向地方各级人民政府及其职能部门、派出机构、授权的内设机构申请获取相关政府信息。

　　2019年《政府信息公开条例》取消了申请政府信息公开"三需要"原则，即申请人所申请的信息应当基于"自身生产、生活、科研等特殊需要"（三需要）已经取消了，申请人申请政府信息公开不需要告知政府用途。立法之所以这样修改，是因为政府信息本身具有公共性，是以公开为常态，不公开为例外的。如果申请公开的信息不属于公开范围的，是政府应该向申请人说明为什么不予公开，而不是申请人还得告诉政府申请政府信息拿来干什么用。所以，申请政府信息公开不需要与所申请公开的政府信息有利害关系，不需要告知用途。

　　例1：吴某向区政府申请公开"关于第一道路绿化隔离区城市化建设试点项目的会议记录内容"。区政府作出答复告知书，告知吴某所申请信息属于过程性信息，不予公开。吴某申请信息公开，是否应当说明用途？区政府不予公开的答复是否合法？不需要说明用途。不予公开合法。会议纪要系适用于记载会议主要情况和议定事项的一种公文类型，因此会议纪要通常属于行政机关内部公文，有过程性和决策性的特点，其记载的信息属于"意思形成"的信息，一旦过早公开，可能会引起误解和混乱，或者妨碍坦率的意见交换以及正常的意思形成，从而降低政府效率。因此，《会议纪要》属于过程性信息，区政府可以不予公开。

　　例2：田某为在校大学生，以从事研究为由向市场监督管理局提出申请，要求公开该局2021年度作出的所有行政处罚决定书，该局拒绝公开。那么，"因田某不具有申请人资格，拒绝公开合法"，这种说法是否准确？不准确。申请政府信息公开不需要与所申请公开的政府信息有利害关系，也不需要说明用途。

归纳总结　★★★公开的范围

不予公开	绝对不公开	①依法确定为国家秘密的政府信息 ②法律、行政法规禁止公开的政府信息 ③公开后可能危及国家安全、公共安全、经济安全、社会稳定的政府信息 【记忆规则：安静的蜜蜂】
	相对不公开	①涉及商业秘密、个人隐私的政府信息一般不予公开 ②但是，经权利人同意的可以公开 ③不公开可能对公共利益造成重大影响的，即使权利人不同意的仍然可以予以公开
	可以不予公开	①行政机关的内部事务信息：人事管理、后勤管理、内部工作流程等 ②行政机关在履职过程中形成的过程性信息：讨论记录、过程稿、磋商信函、请示报告等 ③行政执法案卷信息 【备注】法律、法规、规章规定上述信息应当公开的，从其规定
主动公开	主动公开	①涉及公众利益调整的 ②需要公众广泛知晓或者参与的 ③其他依照法律、法规和国家有关规定应当主动公开的

续　表

主动公开	行政机关主动公开	①行政法规、规章和规范性文件 ②机关职能、机构设置、办公地址、办公时间、联系方式、负责人姓名 ③办理行政许可和其他对外管理服务事项的依据、条件、程序以及办理结果 ④实施行政处罚、行政强制的依据、条件、程序以及本行政机关认为具有一定社会影响的行政处罚决定 ⑤行政事业性收费项目及其依据、标准 ⑥政府集中采购项目的目录、标准及实施情况 ⑦重大建设项目的批准和实施情况 ⑧突发公共事件的应急预案、预警信息及应对情况 ⑨环境保护、公共卫生、安全生产、食品药品、产品质量的监督检查情况 ⑩公务员招考的职位、名额、报考条件等事项以及录用结果
	设区的市级、县级政府及其部门主动公开	涉及市政建设、公共服务、公益事业、土地征收、房屋征收、治安管理、社会救助等方面的政府信息
	乡镇政府主动公开	贯彻落实农业农村政策、农田水利工程建设运营、农村土地承包经营权流转、宅基地使用情况审核、土地征收、房屋征收、筹资筹劳、社会救助等方面的政府信息
申请公开	适用情形	除不予公开的政府信息，其他政府信息要么主动公开，要么公民、法人申请公开
动态调整机制	走向更多的主动公开	①行政机关应当对本机关不予公开的政府信息进行定期评估审查，对因情势变化可以公开的政府信息应当公开 ②行政机关可以将多个申请人申请公开的政府信息纳入主动公开的范围，申请人也可以建议行政机关将依申请公开的政府信息纳入主动公开的范围

第三节　政府信息公开的主体

·考情分析·

■ 本节知识点要求考生重点掌握"谁制作，谁公开""谁保存，谁公开"和牵头机关公开，了解法律法规授权的派出机构、内设机构公开。

■ 在客观题考试中，本节知识点每2年必考一个选项。

■ 本节易错和高频考点包括：

（1）谁制作，谁公开：政府信息来源于行政机关履行职责过程中制作的，谁制作谁才有公开义务，不是制作该政府信息的行政机关，虽保存了该政府信息，也没有公开的义务，而是告知申请人向制作机关申请公开。由制作该政府信息的行政机关公开，最具有权威性。

（2）谁保存，谁公开：政府信息来源于公民、法人或者其他组织，谁保存了该信息谁都有公开义务，不得互相推诿。

（3）各级人民政府应当在国家档案馆、公共图书馆、政务服务场所设置政府信息查阅场所。

▇ 在主观题考试中，需要理解"谁制作，谁公开"和"谁保存，谁公开"。

一、行政机关公开

政府信息包含两类：一是政府自己制作的信息，如行政机关发布的各种决定、命令，"谁制作、谁公开"；二是政府获取的他人信息，如行政机关保存的个人纳税信息、社保信息、医疗信息，"谁保存、谁公开"。因此，行政机关负责公开政府信息的类型有两类：

1.谁制作，谁公开：政府信息来源于行政机关履行职责过程中制作的，谁制作谁才有公开义务，不是制作该政府信息的行政机关，虽保存了该政府信息，也没有公开的义务，而是告知申请人向制作机关申请公开。由制作该政府信息的行政机关公开，最具有权威性。

[适用前提] 政府信息来源于行政机关制作的。

· 知识拓展 ·

▇ 政府信息来源于行政机关履行职责过程中制作的，谁制作谁才有公开义务。这是为了保障政府信息公开的有效审查及公开准确性，所以政府信息公开应当由对信息具有处分权的行政机关负责公开。由于在一般情况下，对政府信息具有处分权的行政机关是该信息的制作机关，因此应当由政府信息制作机关负责公开。

例1：区房管局向某公司发放房屋拆迁许可证。被拆迁人维多向区房管局提出申请，要求公开该公司办理拆迁许可证时所提交的建设用地规划许可证，区房管局作出拒绝公开的答复，告知维多向自然资源与规划局申请公开。本案，建设用地规划许可证不是房管局制作的，该信息的公开不属于区房管局的职责范围，因此，区房管局以此为由拒绝维多的申请是正确的。当事人应该向建设用地规划许可证的制作机关自然资源与规划局申请公开。

例2：孟某计划在甲县汽车站旁经营烟草专卖店，向县市场监督管理局申请营业执照。隔壁店铺的个体户李某提出反对，并向县市场监督管理局提出申请，要求公开孟某办理营业执照时所提交的烟草专卖零售许可证，县市场监督管理局作出拒绝公开的答复，告知李某向县烟草专卖局申请公开。县市场监督管理局拒绝公开的答复是否违法？不违法。本案，烟草专卖零售许可证是烟草专卖局制作的，公开的主体应当是制作机关烟草专卖局，市场监督管理局并不是制作烟草专卖零售许可证的主体，没有该政府信息的处分权，由其公开不具有权威性，因其并不知悉该烟草专卖零售许可证的真假，因此，拒绝公开的做法是正确的。同时，《行政许可法》第40条规定，行政机关作出的准予行政许可决定，应当予以公开，公众有权查阅。这也说明烟草专卖零售许可证的公开机关应当是作出烟草专卖零售许可决定的机关。所以，县市场监督管理局作出拒绝公开的答复，告知李某向县烟草专卖局申请公开，这种做法是合法的。

2.谁保存，谁公开：政府信息来源于公民、法人或者其他组织，谁保存了该信息谁都有公开义务，不得互相推诿。

[适用前提] 政府信息来源于民间。

例如：利娅在上海市某区购买一套280平方米的大平层，与开发商签订了4份合同原件。有一份合同原件提交区房屋交易管理中心做房屋预告登记时使用，另一份合同提交给区房管局备案。2年后，利娅自己保留的合同原件丢失，遂向区房管局申请公开自己的购房合同并要求复印一份。区房管局作出拒绝公开的答复，告知利娅向区房屋交易管理中心申请公开。本案，区房管局保存的该份购房合同来自于利娅和开发商，具有公开义务，拒绝公开答复构成违法。

二、法律法规授权的派出机构、内设机构公开

行政机关设立的派出机构、内设机构依照法律、法规对外以自己名义履行行政管理职能的，可以由该派出机构、内设机构负责与所履行行政管理职能有关的政府信息公开工作。

三、牵头行政机关公开

两个以上行政机关共同制作的政府信息，由牵头制作的行政机关负责公开。

牵头制作的行政机关收到政府信息公开申请后可以征求相关行政机关的意见，被征求意见机关应当自收到征求意见书之日起15个工作日内提出意见，逾期未提出意见的视为同意公开。

例如：为了打击非法上访、缠访、闹访，维护行政机关正常的办公秩序，甲省公安厅牵头省司法厅联合制定和下发《省公安厅省司法厅关于规范信访秩序依法打击非法上访行为的通告》（以下简称《通告》）。孙某因为多次越级上访，被甲省乙市公安局依据《通告》认定为非法上访，给予行政拘留10日。孙某向甲省公安厅申请公开《通告》的内容。本案，《通告》的内容应由甲省公安厅负责公开。

四、政府信息公开主体的义务

（一）发布真实信息的义务
公开主体应当及时、准确地公开政府信息。
（二）澄清错误信息的义务
公开主体发现影响或可能影响社会稳定、扰乱社会管理秩序的虚假或不完整信息的，

应当在其职责范围内发布准确的政府信息予以澄清。

（三）协调信息发布的义务

公开主体应当建立健全政府信息发布协调机制，发布政府信息涉及其他行政机关的，应当与有关行政机关进行沟通、确认，保证行政机关发布的政府信息准确一致。

归纳总结　★★政府信息主动公开的主体♣

一般主体	①**谁制作，谁公开**：政府信息来源于行政机关履行职责过程中制作的，谁制作谁才有公开义务 ②**谁保存，谁公开**：政府信息来源于公民、法人或者其他组织，谁保存了该信息谁就有公开义务 ③行政机关获取的其他行政机关的政府信息，由制作或者最初获取该政府信息的行政机关负责公开 ④例外：法律、法规另有规定的，从其规定
特殊主体	①**派出机构、内设机构公开**：在自己履责范围内履行政府信息公开工作 ②**牵头制作机关公开**：两个以上行政机关共同制作的政府信息，由牵头制作的行政机关负责公开

第四节　政府信息公开的程序

·考情分析·

■ 本节知识点要求考生重点掌握依申请公开政府信息的程序，了解主动公开政府信息的程序。

■ 在客观题考试中，本节知识点每年必考一个选择题。

■ 本节易错和高频考点包括：

（1）2019年《政府信息公开条例》要求所有公民、法人或者其他组织向行政机关申请政府信息公开，均应当出示有效身份证明。

（2）申请书内容不明确的，不是拒绝公开，而是应当给予指导和释明，并自收到申请之日起7个工作日内一次性告知申请人作出补正，说明需要补正的事项和合理的补正期限。

（3）申请政府信息公开，需要行政机关对现有政府信息进行加工、分析的，行政机关可以不予提供。

（4）依申请公开政府信息，答复期限最长是40个工作日；主动公开的政府信息，自该政府信息形成或者变更之日起20个工作日内公开。

（5）申请公开的政府信息中含有不应当公开或者不属于政府信息的内容，但能区分处理的（例如打上马赛克），应当向申请人提供可以公开的信息内容。
（6）行政机关依申请提供政府信息，不收取费用。但是，滥用申请权的当事人，可以收取信息处理费。所谓滥用申请权的当事人是指申请公开政府信息的数量、频次明显超过合理范围的申请人。

■ 在主观题考试中，需要掌握依申请公开的程序。

一、主动公开的程序

政府信息公开的方式和场所，主要是针对主动公开而言的。

（一）主动公开的期限

自该政府信息形成或者变更之日起20个工作日内公开；法律法规另有规定的除外。

（二）主动公开的方式

主动公开的方式，是指向社会公众主动传播政府信息的途径和载体。

行政机关将主动公开的政府信息，可以通过政府公报、政府网站或其他互联网政务媒体、新闻发布会以及报刊、广播、电视等途径予以公开。

各级人民政府应当加强依托政府门户网站公开政府信息的工作，利用统一的政府信息公开平台集中发布主动公开的政府信息。政府信息公开平台应当具备信息检索、查阅、下载等功能。

（三）主动公开的场所

主动公开的场所，指的是向社会公众集中提供信息公开服务的地点。包括：

1.必须设置的场所。

包括各级国家档案馆、公共图书馆、政务服务场所。各级政府应当在"两馆"、政府服务场所设置政府信息查阅场所，并配备相应的设施、设备，行政机关应当及时向国家档案馆、公共图书馆、政务服务场所提供主动公开的政府信息。

2.可以设置的场所。

行政机关可以根据需要设立公共查阅室、资料索取点、信息公告栏、电子信息屏等场所设施，公开政府信息。

归纳总结　★★★主动公开的程序

公开期限		自该政府信息形成或者变更之日起20个工作日内公开；法律法规另有规定的除外
公开方式		通过政府公报、政府网站或其他互联网政务媒体、新闻发布会以及报刊、广播、电视等途径予以公开
公开场所	必须设置	应当在国家档案馆、公共图书馆、政务服务场所设置政府信息查阅场所，配备相应设施设备，为公众获取政府信息提供便利
	可以设置	可以根据需要设立公共查阅室、资料索取点、信息公告栏、电子信息屏等场所设施，公开政府信息

二、依申请公开的程序

（一）申请

1.申请方式：申请政府信息公开应当以书面形式为原则，如果以书面形式申请确有困难的可以口头申请，由行政机关代填。书面形式包括信件、数据电文等形式。

2.申请书的内容：填写内容包括申请人的姓名或名称、身份证明、联系方式；申请公开的政府信息的名称、文号或者便于行政机关查询的其他特征性描述；申请公开的政府信息形式要求，包括获取政府信息的方式、途径等。

【注意】之所以2019年《政府信息公开条例》要求所有申请人应当提交身份证明，是因为在过去的政府信息公开实践中，某些申请人滥用申请权，反复多次提起琐碎的、轻率的、相同的或者类似的政府信息公开申请，其真实目的并非为了获取和了解所申请的信息，而是借此表达不满情绪，并向行政机关施加答复、行政复议和行政诉讼的压力，以实现其他方面的目的，让自己利益最大化。为了制止这些滥用申请权从而进行恶意诉讼、无理缠诉的申请人，要求申请人申请政府信息公开时提交身份证明，是一种有效的法律规制。预防同一个申请人长期、反复提起大量政府信息公开申请，滋扰行政机关，扰乱诉讼秩序。要求其提交身份证明，是吸取了政府信息公开实践中的良好经验，具有合理性。

例如：因一高压线路经过某居民小区，该小区居民李某向市自然资源与规划局申请公开高压线路图。李某提交书面申请时应提交本人有效身份证明，这种说法是否准确？准确。2019年《政府信息公开条例》要求所有申请政府信息公开的申请人均需要提交身份证明。

（二）审核

政府信息公开申请内容不明确的：

1.行政机关应当给予指导和释明，并自收到申请之日起7个工作日内一次性告知申请人作出补正，说明需要补正的事项和合理的补正期限；

2.申请人无正当理由逾期不补正的，视为放弃申请，行政机关不再处理该申请。

归纳总结　申请补正材料

申请许可	当场或者5日内一次性通知补正材料
申请行政赔偿	当场或者5日内一次性通知补正材料
申请复议	5日内通知补正材料
申请政府信息公开	7个工作日内一次性告知补正材料

（三）办理

1.若申请公开的政府信息公开会损害第三方合法权益的：

（1）行政机关应当书面征求第三方的意见。

（2）第三方应当自收到征求意见书之日起15个工作日内提出意见。未在此期间提出意见的，视为不同意。

（3）第三方不同意公开且有合理理由的，行政机关不予公开。

（4）行政机关认为不公开可能对公共利益造成重大影响的，可以决定予以公开，并将决定公开的政府信息内容和理由书面告知第三方。

2.申请人申请公开政府信息的数量、频次明显超过合理范围：

（1）行政机关可以要求申请人说明理由。

（2）申请理由不合理的，告知申请人不予处理。

（3）申请理由合理，但无法在法定期限内答复的，可以确定延迟答复的合理期限并告知申请人。

3.申请人申请政府信息公开需要行政机关对现有政府信息进行加工、分析的，行政机关可以不予提供。

4.申请人以政府信息公开申请的形式进行信访、投诉、举报等活动的，行政机关应当告知申请人不作为政府信息公开申请处理并可以告知通过相应渠道提出。

5.申请人提出的申请内容为要求行政机关提供政府公报、报刊、书籍等公开出版物的，行政机关可以告知获取的途径。

6.申请公开的政府信息由两个以上行政机关共同制作的：

（1）牵头制作的行政机关收到政府信息公开申请后可以征求相关行政机关的意见。

（2）被征求意见机关应当自收到征求意见书之日起15个工作日内提出意见。

（3）逾期未提出意见的视为同意公开。

（四）答复

行政机关收到政府信息公开申请，能够当场答复的当场答复；不能当场答复的自收到申请之日起20个工作日内答复；需要延长期限的经政府信息公开工作机构负责人同意并告知申请人，可以延长不超过20个工作日。即依申请政府信息公开，自收到申请之日起最迟不得超过40个工作日答复。那么，何为收到申请之日？

行政机关收到政府信息公开申请的时间，按照下列规定确定：

第一，申请人当面提交政府信息公开申请的，以提交之日为收到申请之日；

第二，申请人以邮寄方式提交政府信息公开申请的，以行政机关签收之日为收到申请之日；以平常信函等无需签收的邮寄方式提交政府信息公开申请的，政府信息公开工作机构应当于收到申请的当日与申请人确认，确认之日为收到申请之日；

第三，申请人通过互联网渠道或者政府信息公开工作机构的传真提交政府信息公开申请的，以双方确认之日为收到申请之日。

例如：杨某向市房产管理局申请廉租房，因其家庭人均居住面积不符合条件，未能获得批准。2019年6月1日，杨某申请公开经适房、廉租房的分配信息并公开所有享受该住房住户的审查资料信息，包括户籍、家庭人均收入和家庭人均居住面积等。市房产管理局于2019年7月15日向杨某出具了《书面答复》，以申请公开的信息涉及公民的个人隐私为由，不予公开。本案，市房产管理局的答复是否超过法定期限？市房产管理局拒绝公开是否违法？答复并未超过法定期限，拒绝公开是违法的。本案从6月1日提出申请，7月15日作出答复，扣除周末后，并未超出40个工作日。我国《廉租住房保障办法》《经济适用住房管理办法》均确立了保障性住房分配的公示制度。当涉及公众利益的知情权和监督权与保障性住房申请人一定范围内的个人隐私相冲突时，应首先考量保障性住房的公共属性，使获得这一公共资源的公民让渡部分个人信息，既符合比例原则，又利于社会的监督和住房保障制度的良性发展。

经典考题： 中荷公司附近居民沈某认为该公司超标排放污水，向区生态环境局申请公开该公司的环境影响评估报告。该局向中荷公司征求意见，该公司以评估报告中涉及商业秘密为由不同意公开。区生态环境局遂以中荷公司不同意公开为由作出拒绝公开答复。下列选项哪些是错误的？（2020年考生回忆版卷一第11题，多选）①

A. 沈某通过互联网提交申请，以其提交之日为区生态环境局收到申请的时间

B. 区生态环境局向中荷公司征求意见，公司逾期未提意见的，视为同意公开

C. 区生态环境局答复违法

D. 沈某如果对区生态环境局的答复不服，应经过行政复议后才能向法院起诉

行政机关视情况不同，可以作出的答复类型包括：

1. 已经主动公开的，告知申请人获取该政府信息的方式、途径。

2. 可以公开的，向申请人提供该政府信息，或者告知申请人获取该政府信息的方式、途径和时间。

3. 不予公开的，告知申请人不予公开并说明理由。

4. 经检索没有所申请公开信息的，告知申请人该政府信息不存在。

【注意】 在政府信息公开案件中，被告以政府信息不存在为由答复原告的，法院应审查被告是否已经尽到充分合理的查找、检索义务。原告提交了该政府信息系由被告制作或保存的相关线索等初步证据后，若被告不能提供相反证据，并举证证明已尽到充分合理的查找、检索义务的，法院不予支持被告有关政府信息不存在的主张。（参见罗元昌诉重庆市彭水苗族土家族自治县地方海事处政府信息公开案，最高人民法院指导案例101号）

5. 不属于本行政机关负责公开的，告知申请人并说明理由；能够确定负责公开该政府信息的行政机关的，告知申请人该行政机关的名称、联系方式。

6. 行政机关已就申请人提出的政府信息公开申请作出答复、申请人重复申请公开相同政府信息的，告知申请人不予重复处理。

7. 所申请公开信息属于工商、不动产登记资料等信息，有关法律、行政法规对信息的获取有特别规定的，告知申请人依照有关法律、行政法规的规定办理。

经典考题： 吴某通过电子邮件的形式向区政府申请书面公开作出对违法建筑强拆决定的《会议纪要》，区政府作出《答复》：经查你所申请的政府信息本机关未制作，该政府

---

① **【答案】** ABD。沈某是以互联网渠道申请政府信息公开，应当以双方确认之日作为收到政府信息公开的时间。A选项错误。区生态环境局向中荷公司征求意见，公司逾期未提意见的，视为不同意公开。B选项错误。申请公开的政府信息中含有不应当公开内容的，不是绝对的不予公开，而是看能不能区分处理。能区分处理的，提供可以公开部分的信息内容；不能够区分处理的（即不能够切割提供的），才是不予公开。C选项准确。政府信息公开案件并不属于复议前置的案件，沈某可以直接提起行政诉讼。D选项错误。

信息客观不存在。吴某不服，向法院提起行政诉讼。下列哪些说法是错误的？（2020年考生回忆版卷一第10题，多选）①

A.《会议纪要》属于内部事务信息，即使区政府已制作也可以不予公开

B.区政府收到政府信息公开申请的时间为收到电子邮件的日期

C.区政府应承担举证责任证明已尽合理的检索、查找义务

D.若吴某能提供证据证明该会议纪要存在或由区政府制作，法院应当判决区政府在一定期限内公开

归纳总结 行政行为的决定期限

行为种类	决定期限
行政许可	①单个主体：20日+10日，最长不得超过30日作出许可决定。但是法律、法规另有规定的除外 ②多个主体：多个行政机关联合办理集中办理的，45日+15日，最长不得超过60日作出许可决定
行政处罚	行政机关应当自行政处罚案件立案之日起90日内作出行政处罚决定。法律、法规、规章另有规定的，从其规定
治安管理处罚	自受理之日起30日+30日，最长不得超过60日作出治安管理处罚决定
查封、扣押、冻结（实施期限）	30日+30日，最长不得超过60日；法律、行政法规另有规定的除外
政府信息公开	①主动公开：自该政府信息形成或者变更之日起20个工作日内公开；法律、法规另有规定的除外 ②申请公开：20日+20日，最长不得超过40个工作日答复
行政复议	60日+30日，最长不得超过90日答复，但是法律规定的行政复议期限少于60日的除外

行政机关向申请人公开政府信息时，应注意以下几点：

1.分割提供信息。

申请公开的政府信息中含有不应当公开的内容，但是能够作区分处理的（例如打上马赛克，采取一些技术遮蔽手段），行政机关应当向申请人提供可以公开的那部分信息内容，并对不予公开的内容说明理由。

---

① 【答案】ABD。《会议纪要》涉及拆除吴某违法建筑，不完全是行政机关内部事务信息，是行政机关履行行政管理职能过程中形成的讨论记录，故属于过程性信息，而不是内部事务信息。A选项错误。吴某是以电子邮件这种互联网渠道申请政府信息公开，应当以双方确认之日作为收到政府信息公开的时间。B选项错误。在政府信息公开案件中，被告以政府信息不存在为由答复原告的，法院应审查被告是否已经尽到充分合理的查找、检索义务。C选项准确。本题即使原告所申请公开的政府信息存在，法院也不是判决区政府公开，而是判决被告重新调查、裁量后在一定期限内重新作出答复。D选项错误。

2.变通提供信息。

行政机关依申请公开政府信息，应当按照申请人要求的形式予以提供；无法按照申请人要求的形式提供的，可以通过电子数据以及其他适当方式提供或者安排申请人查阅相关资料、提供复制件。

3.错误信息的更正。

申请人有证据证明行政机关提供的与其自身相关的政府信息记录不准确的，有权要求该行政机关予以更正。该行政机关无权更正的，应当转送有权更正的行政机关处理或告知申请人向有权更正的行政机关提出。

（五）费用

1.原则：行政机关依申请提供政府信息，不收取费用。

2.例外：申请人申请公开政府信息的数量、频次明显超过合理范围的，行政机关可以收取信息处理费。行政机关收取信息处理费的具体办法由国务院价格主管部门会同国务院财政部门、全国政府信息公开工作主管部门制定。

【注意】信息处理费的具体办法由3个单位共同制定，而不是2个单位！

例1：自2019年3月开始，维多连续55次向镇政府申请公开抗险救灾的信息，2019年6月又向镇政府申请领导干部抗险救灾信息。镇政府是否可以收取维多相应的信息处理费？可以。依申请提供政府信息，原则上是不得收费的。但是，为了防止有一部分人滥用政府信息公开制度，对于大量反复高频申请政府信息公开的申请人，可以收取信息处理费。本案，维多55次申请同类政府信息公开，很显然频次超过了合理范围，行政机关可以收取维多相应的信息处理费。

例2：因一污水管网经过某居民小区，该小区居民李某向某市生态环境局申请公开污水管网线路图。市生态环境局公开信息时，不得向李某收取信息处理费。

归纳总结 行政法中的收费VS不收费

不收费	①行政机关提供行政许可申请书格式文本 ②实施行政许可和对许可事项监督检查，不收费；但法律、行政法规另有规定的除外 ③行政许可听证 ④行政处罚听证 ⑤查封、扣押等行政强制措施 ⑥一般的政府信息公开 ⑦行政复议申请 ⑧国家赔偿申请
收费	①代履行（收合理成本费用） ②高频申请政府信息公开（收信息处理费） ③行政复议鉴定费用 ④行政诉讼案件受理费 ⑤在行政诉讼中，证人因履行出庭作证义务而支出的交通、住宿、就餐等必要费用以及误工损失，由败诉一方当事人承担 ⑥行政诉讼原告和第三人申请法院责令被告提交证据所产生的费用，由申请人预付

归纳总结 ★★★**依申请公开的程序**

申请	方式	①应当采用书面形式（包含信件、数据电文等形式） ②采用书面形式有困难的可口头提出，由受理机关代为填写
	申请书内容	①申请人的姓名或者名称、身份证明、联系方式 ②申请公开的政府信息的名称、文号或便于行政机关查询的其他特征性描述 ③申请公开的政府信息形式要求，包括获取政府信息的方式、途径等
审核	申请内容不明确的	①行政机关应当给予指导和释明，并自收到申请之日起7个工作日内一次性告知申请人作出补正，说明需要补正的事项和合理的补正期限 ②申请人无正当理由逾期不补正的，视为放弃申请，行政机关不再处理该申请
办理	涉及第三方合法权益的	【依申请公开的政府信息公开会损害第三方合法权益的】 ①行政机关应当书面征求第三方的意见 ②第三方应当自收到征求意见书之日起15个工作日内提出意见 ③第三方不同意公开且有合理理由的，行政机关不予公开 ④行政机关认为不公开可能对公共利益造成重大影响的，可以决定予以公开，并将决定公开的政府信息内容和理由书面告知第三方
	滥用申请权	【申请人申请公开政府信息的数量、频次明显超过合理范围】 ①行政机关可以要求申请人说明理由 ②申请理由不合理的，告知申请人不予处理 ③申请理由合理，但无法在法定期限内答复的，可以确定延迟答复的合理期限并告知申请人
	要求加工分析的	需要行政机关对现有政府信息进行加工、分析的，行政机关可以不予提供
	申请动机不单纯的	【申请人以政府信息公开申请的形式进行信访、投诉、举报等活动】 行政机关应当告知申请人不作为政府信息公开申请处理并可以告知通过相应渠道提出
	多机关制作的信息	【申请公开的政府信息由两个以上行政机关共同制作的】 ①牵头制作的行政机关收到政府信息公开申请后可以征求相关行政机关的意见 ②被征求意见机关应当自收到征求意见书之日起15个工作日内提出意见 ③逾期未提出意见的视为同意公开
答复	处理类型	①已经主动公开的，告知申请人获取该政府信息的方式、途径 ②属于公开范围的，提供该政府信息，或者告知申请人获取政府信息的方式、途径和时间 ③属于不予公开范围的，告知申请人不予公开并说明理由 ④经检索没有所申请公开信息的，告知申请人该政府信息不存在（被告应当举证证明自己尽到了合理的检索、查找义务） ⑤不属于本机关负责公开的，告知申请人并说明理由；能够确定负责公开该政府信息的行政机关的，告知申请人该行政机关的名称、联系方式 ⑥已就申请人提出的政府信息公开申请作出答复、申请人重复申请公开相同政府信息的，告知申请人不予重复处理 ⑦所申请公开信息属于工商、不动产登记资料等信息，有关法律、行政法规对信息的获取有特别规定的，告知申请人依照有关法律、行政法规的规定办理

续　表

答复	期限	①能够当场答复的，应当当场予以答复 ②20日+20日，即≤40个工作日
	起算点	行政机关收到政府信息公开申请的时间，按照下列规定确定： ①申请人当面提交政府信息公开申请的，以提交之日为收到申请之日 ②申请人以邮寄方式提交政府信息公开申请的，以行政机关签收之日为收到申请之日；以平常信函等无需签收的邮寄方式提交政府信息公开申请的，政府信息公开工作机构应当于收到申请的当日与申请人确认，确认之日为收到申请之日 ③申请人通过互联网渠道或者传真提交政府信息公开申请的，以政府信息公开工作机构和申请人双方确认之日为收到申请之日
公开注意事项	区分处理	申请公开的政府信息中含有不应当公开或者不属于政府信息的内容，但能区分处理的，应当向申请人提供可以公开的信息内容
	公开形式	①行政机关依申请公开政府信息，应当按照申请人要求的形式予以提供 ②按照申请人要求的形式提供政府信息，可能危及政府信息载体安全或公开成本过高的，可以通过提供电子数据或安排申请人查阅、复制等其他形式提供
	信息更正	【有证据证明行政机关提供的与其自身相关的政府信息记录不准确的】 ①公民、法人或者其他组织可以要求行政机关更正 ②有权更正的行政机关审核属实的，应当予以更正并告知申请人 ③不属于本机关职能范围的，可以转送有权更正的机关处理并告知申请人，或告知申请人向有权更正的机关提出
费用	收不收费	【原则】行政机关依申请提供政府信息，不收取费用 【例外】申请人申请公开政府信息的数量、频次明显超过合理范围的，可以收取信息处理费
	标准	行政机关收取信息处理费的具体办法由国务院价格主管部门会同国务院财政部门、全国政府信息公开工作主管部门制定

第五节　政府信息公开的监督与救济

·考情分析·

■ 本节知识点要求考生了解政府信息公开工作的考核评议，掌握政府信息公开年度报告的时间节点和内容。

■ 在客观题考试中，本节知识点每5年考查一个选项。

■ 本节易错和高频考点包括：

（1）政府的工作部门应当在每年1月31日前向社会公开本机关上一年度政府信息公开工作年度报告。

（2）县级以上地方政府的信息公开工作主管部门应当在每年3月31日前向社会公布本级政府上一年度政府信息公开工作年度报告。

一、政府信息公开工作的考核与评议

各级人民政府应当建立健全政府信息公开工作考核制度、社会评议制度和责任追究制度，定期对政府信息公开工作进行考核、评议。

二、政府信息工作年度报告

县级以上政府部门应当在每年1月31日前向本级政府信息公开工作主管部门提交本机关上一年度政府信息公开工作年度报告并向社会公布。

例如： 区生态环境局应当在每年1月31日前向社会公布本机关上一年度政府信息公开工作年度报告。

县级以上地方政府的政府信息公开工作主管部门应当在每年3月31日前向社会公布本级政府上一年度政府信息公开工作年度报告。

例如： 区政府应当在每年3月31日前向社会公布本级政府上一年度政府信息公开工作年度报告。

政府信息年度报告包括：

1.主动公开政府信息的情况；

2.依申请公开政府信息和不予公开政府信息的情况；

3.政府信息公开的收费及减免情况；

4.因政府信息公开申请行政复议、提起行政诉讼的情况；

5.政府信息公开工作存在的主要问题及改进情况；

6.其他需要报告的事项。

三、政府信息公开的救济机制

行政机关在政府信息公开工作中的行政行为，如果侵犯公民、法人和其他组织合法权益的，受害者可以申请行政复议或提起行政诉讼。

1.一般来说，政府信息公开中的下列行为比较容易引发行政复议和行政诉讼，属于行政诉讼的受案范围：

（1）行政机关应当主动公开政府信息而没有主动公开，经申请后仍未公开或对答复不服的；

（2）行政机关公开政府信息，侵犯商业秘密、个人隐私或其他合法权益的；

（3）向行政机关申请公开政府信息，行政机关不予答复或（部分）拒绝公开的；

（4）向行政机关申请公开政府信息，行政机关没有按其要求的形式提供的；

（5）申请人认为行政机关提供的与其自身相关的政府信息记录不准确，要求行政机关予以更正，行政机关拒绝更正、逾期不予答复或者不予转送有权机关处理的。

2.对以下行为不服的，不属于行政诉讼的受案范围，法院不予立案：

（1）因申请内容不明确，行政机关要求申请人作出更改、补充且对申请人权利义务不产生实际影响的告知行为；

（2）要求行政机关提供政府公报、报纸、杂志、书籍等公开出版物，行政机关予以拒绝的；

（3）要求行政机关为其制作、搜集政府信息，或者对若干政府信息进行汇总、分析、加工，行政机关予以拒绝的；

（4）行政程序中的当事人、利害关系人以政府信息公开名义申请查阅案卷材料，行政机关告知其应当按照相关法律、法规的规定办理的。

3.根据最高人民法院《关于审理政府信息公开行政案件若干问题的规定》第1条第2款的规定，主张政府信息公开行政行为侵犯其合法权益造成损害的，当事人可以一并或单独提起行政赔偿诉讼。

此外，公民、法人或者其他组织认为行政机关不依法履行政府信息公开义务的，可以向上级行政机关、监察机关或者政府信息公开工作主管部门举报。

归纳总结　★★政府信息公开的监督

考核评议		①各级政府应当建立健全政府信息公开工作考核制度、社会评议制度和责任追究制度 ②定期对政府信息公开工作进行考核、评议
政府信息公开工作报告	期限	①县级以上政府部门应当在每年1月31日前向本级政府信息公开工作主管部门提交本机关上一年度政府信息公开工作年度报告并向社会公布 ②县级以上地方政府的政府信息公开工作主管部门应当在每年3月31日前向社会公布本级政府上一年度政府信息公开工作年度报告
	内容	①行政机关主动公开政府信息的情况 ②行政机关收到和处理政府信息公开申请的情况 ③因政府信息公开工作被申请行政复议、提起行政诉讼的情况 ④政府信息公开工作存在的主要问题及改进情况，各级人民政府的政府信息公开工作年度报告还应当包括工作考核、社会评议和责任追究结果情况
	格式	全国政府信息公开工作主管部门应当公布政府信息公开工作年度报告统一格式，并适时更新
知情权受损的救济途径		①可以向上一级行政机关或政府信息公开工作主管部门投诉、举报 ②可以依法申请行政复议或提起行政诉讼

专题十

其他行政行为

命题点拨

（一）主要内容

本专题的主要内容包括：行政征收、行政征用、行政确认、行政给付、行政奖励、行政裁决。

（二）命题规律

以考查选择题为主，分值为1~2分。主要考查基本概念的判断。

（三）重点难点

本专题的重点难点包括：（1）行政确认与行政许可的区别判断；（2）行政裁决的判断；（3）行政征收与行政处罚的区别。

知识体系图

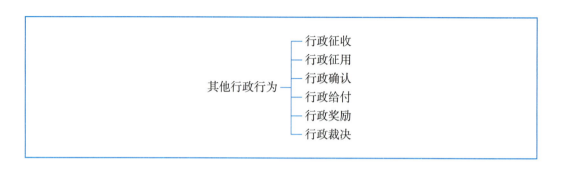

· 考情分析 ·

- 本专题知识点要求考生重点掌握行政确认、行政裁决的概念，了解行政征收、行政征用、行政给付、行政奖励的含义。
- 在客观题考试中，本专题知识点每2年考查一个选项。
- 本专题易错和高频考点包括：

（1）行政确认是指行政机关对行政相对人业已存在的特定法律事实、法律关系、法律地位或者法律状态进行具有法律效力的认定、证明，并以法定形式对外予以宣告的行政行为。

常见的行政确认主要有：工伤认定、结婚登记、离婚登记、不动产物权变动登记、不动产预告登记、户籍登记、出生证明、居民身份证明、学历学位证明、建设工程消防验收备案结果通知等。

（3）行政裁决是指行政机关在其法定职权范围内，对平等主体之间发生的民事纠纷作出的、具有强制力的处理。

- 在主观题考试中，需要掌握行政许可与行政确认、行政裁决的区别。

一、行政征收

1.行政征收的概念。

行政征收是指行政机关依法向行政相对人强制性地收取税费或者私有财产的行政行为。

2.行政征收的类型。

（1）税费征收：税的征收（例如排污税、个人所得税等）；费的征收（例如车辆购置附加费、教育附加费、城市基础设施配套费、人防建设费等）。税费征收，国家不予补偿。

（2）公益征收：房屋征收、土地征收。公益征收，国家应当给予补偿。

3.行政征收的特征。

（1）处分性：对行政相对人财产所有权进行处分，转移为国家所有。

（2）强制性：基于法定或者公共利益行使征收权，是国家单方面意志体现，行政相对人必须服从。

二、行政征用

1.行政征用的概念。

行政征用是指行政主体根据法律规定，出于公共利益的需要，强制性地使用行政相对人的财产并给予国家补偿的行政行为。

2.行政征用的类型。

（1）对房屋、场地与设施的征用。例如：在疫情防控过程中，征用党校、宾馆、酒店等用于隔离密切接触者。

（2）对劳力的征用。例如：在疫情防控过程中，征用医疗救护人员前往疫区进行支援，并支付一定的报酬。

（3）对交通工具与通信设备的征用。

3.行政征用的特点。

（1）限制性：对行政相对人财产使用权在一段时期内进行限制，并不转移所有权给国家。

（2）强制性：基于公共利益行使征用权，是国家单方面意志体现，行政相对人必须服从。

（3）补偿性：国家应当向行政相对人支付合理的补偿。

4.行政征收与行政征用的区别。

行政征收与行政征用都是行政主体从行政相对人处获得一定金钱、财物或其他利益的行为，在形式上比较接近，其差别在于国家从行政相对人那里取得的财产权属性的不同。征收行为取得的是行政相对人财产的所有权，可能是无偿的，如征收税费，也可能是有偿的，如征收农村集体土地；征用行为取得的则是行政相对人财产的使用权，是要给予一定补偿的，如政府在应对突发自然灾害的过程中征用私家车用于运送救援人员。

无论行政征收与行政征用二者存在什么差别，在性质上都属于行政行为，当事人如果认为这些行为违法或者对补偿决定不服的，都可以提起行政诉讼。

归纳总结　行政征收与行政征用的区别

区　　别	行政征收	行政征用
国家是否取得所有权	取得，所有权转移给国家	不取得，所有权仍归相对人
国家是否给予补偿	征收税费，不予补偿 征税房屋土地，应当补偿	应当补偿

三、行政确认

1.行政确认的概念。

行政确认是指行政机关对行政相对人业已存在的特定法律事实、法律关系、法律地位或者法律状态进行具有法律效力的认定、证明，并以法定形式对外予以宣告的行政行为。

例如：甲在上班途中遭遇车祸身亡，公司申请市人力资源和社会保障局进行工伤认定，市人力资源与社会保障局认定为工伤。工伤认定属于行政机关对劳动者是否构成工伤这一法律地位的认定，属于行政确认。

行政确认所认定和证明的是具有法律意义的关系和事实，它是由享有行政确认权的行政主体，依照法定权限、程序、标准、形式作出的行政行为，具有法律效力，是行政相对人据以主张权利和对抗第三人的基础根据。

常见的行政确认主要有：工伤认定、结婚登记、离婚登记、不动产物权变动登记、不动产预告登记、户籍登记、船舶登记、出生医学证明、居民身份证明、学历学位证明、建设工程消防验收备案结果通知等。

【注意】不管是结婚登记，还是离婚登记，均属于行政确认，不属于行政许可。因为当事人享有结婚和离婚自由，不需要民政局同意，仅需男女双方当事人意思表示一致，在不违反法禁止性规定的情形下，民政局应当给予结婚登记或离婚登记。所以，民政局所作的结婚登记或者离婚登记，是对男女双方是否构成夫妻法律关系的证明。

行政确认一般需要采取证书、标志、登记、备案等法定形式予以告示，对外宣告确认结果，所以，行政确认是要式行政行为。根据《行政诉讼法》第12条第4项的规定，当事人对行政机关作出的关于确认土地、矿藏、水流、森林、山岭、草原、荒地、滩涂、海域等自然资源的所有权或者使用权的决定不服的，由于该确认行为会影响当事人的权利义务，可以提起行政诉讼。

行政确认的主要表现形式有：确定、认可、证明、登记、签证、行政鉴定、备案。

2.行政确认的分类。

（1）以确认内容为标准，可划分为对身份的确认和对事实的确认。

对身份的确认是指对行政相对人在法律关系中的地位的确认。例如：颁发居民身份证、结婚证等。

对事实的确认是指对公民法人或其他组织的某种实体权利的确认。例如：对专利权、商标权的确认等。

（2）以确认形式为标准，可划分为认定、证明、登记、鉴定等。

认定是指对行政相对人已有法律地位、权利义务或者法定事项是否符合法律要求进行判定和确认。例如：产品质量认证、驰名商标认定、工伤医疗事故责任认定等。

证明是指对行政相对人的法律关系存在状态或者法律地位、特定事实的真实性和合法性进行明确的肯定和确认。例如：学历和学位证明、无违法犯罪记录证明等。

登记是指在政府有关登记簿册中记载法定事项，依法明确某种法律事实或者确认某种法律关系的存在、变更、消灭，并依法予以宣告。例如：部分工商企业股东变更登记、婚姻登记等。

鉴定是指对特定的法律事实或客体的性质、状态、质量等进行的客观评价。例如：纳税鉴定、审计鉴定、会计鉴定等。

3.行政确认与行政许可的区别。

（1）行为的对象不同。行政确认是对行政相对人既有的身份、关系和事实的确认；行政许可是许可行政相对人获得实施某种行为的权利或资格。

（2）行为的法律性质不同。行政确认是对行政相对人既有法律事实、身份、关系的确认，不赋予行政相对人权利，因此，行政确认的内容具有"中立性"，它并不直接为当事人设定权利或义务，对当事人是有利还是不利，取决于确认时原已存在的法律状态或事实状态。行政许可是赋予行政相对人某种权利、资格，具有赋权性质。因此，行政许可是一种授益性行政行为，它直接为申请人授益。

（3）行为的法律效果不同。行政确认是对既有的身份、事实的确定和认可，其法律效果是总结过去，具有前溯性。行政许可是准许行政相对人今后可以为某种行为，其法律效果面对未来，具有后及性。

归纳总结 行政许可与行政确认的区别

区　别	行政许可	行政确认
法律效果	准许行政相对人今后可以为某种行为，其法律效果面对未来，具有后及性	对既有的事实、关系、状态的认定和证明，其法律效果是总结过去，具有前溯性
法律性质	赋予行政相对人某种权利、资格，具有赋权性质，是授益行政行为	对既有的事实、关系、状态的认定和证明，不赋予行政相对人权利，因此，具有"中立性"

·知识拓展·

■ 行政机关对业主委员会的备案行为，实际是物业行政管理部门对业主委员会是否依法成立、是否具备主体资格等一系列事实及法定要件的确认，其结果会对业主或其他利害关系人的权利义务产生切实影响，属于可诉行政行为。[参见杨某诉某市某区管理委员会物业管理备案登记案，（2010）三亚行终字第10号]

·知识拓展·

■ 在消防设施工程竣工验收备案行为中，消防部门并非仅仅是简单地接受建设单位向其报送的相关资料，还要对备案资料进行审查，完成工程检查。消防部门实施的建设工程消防备案、抽查的行为能产生行政法上的拘束力。对建设单位而言，在工程竣工验收后应当到消防部门进行验收备案，否则，应当承担相应的行政责任，消防设施经依法抽查不合格的，应当停止使用，并组织整改；对消防部门而言，备案结果中有抽查是否合格的评定，实质上是一种行政确认行为，是消防部门作出的行政行为。故备案行为是可诉的行政行为，法院可以对其进行司法审查。（参见戴世华诉济南市公安消防支队消防验收纠纷案，最高人民法院指导案例59号）

例如：2019年2月10日，区生态环境局以浩腾皮革公司超标排放水污染物为由作出《限期治理决定书》，责令该公司于2019年4月10日之前自行采取具体措施完成治理任务：排放水污染物不得超过《制革及毛皮加工工业水污染物排放标准》，逾期未完成治理任务的，责令停产整治。后区生态环境局对该公司的治理作出《验收不合格决定书》，同时作出责令该公司停产整治的决定。《验收不合格决定书》不属于行政诉讼受案范围，这种说法是否准确？本案《验收不合格决定书》是区生态环境局对于浩腾皮草公司是否限期完成超标准排放水污染物的治理任务作出的有法律效力的认定，对浩腾皮草公司而言，在限期治理后验收不合格的，必将面临被责令停产整治；对区生态环境局而言，限制治理验收是否合格的评定，实质上是一种行政确认行为，因此，属于行政诉讼的受案范围。

四、行政给付

1.行政给付的概念。

行政给付是指行政机关根据行政相对人的申请，在符合法定条件下，无偿给予一定财物的行为。

行政给付是依申请的行政行为。

例如：维多，82周岁，系丰华村村民，无法定抚养义务人。经维多本人申请，村民委员会审核，并报镇政府审核，民政局审批后发给《农村五保供养证书》，维多享受发放五保救济金的待遇。

2.行政给付的类型。

（1）确保生活保障：发放抚恤金、社会保险金、五保户救济金、最低生活保障待遇（低保金）等。

（2）促进经济发展：对大学生自主创业的财政经费支持、对企业科技开发的财政经费支持。

如果当事人已经符合获得给付的条件，而行政机关没有给付或没有足额、及时给付，当事人便可提起行政诉讼。

常见的争议情形有：（1）不按法定标准发放；（2）扣减；（3）不按期限发放。

五、行政奖励

行政奖励是指行政主体为了实现一定的行政目标，依法给予行政相对人一定的物质、精神或者其他特别的权益，从而鼓励、激励、引导行政相对人实施符合施政意图的行为。

行政奖励的常见情形有：见义勇为奖、国家最高科学技术奖、招商引资奖等。

六、行政裁决

1.行政裁决的概念。

行政裁决是指行政机关在其法定职权范围内，对平等主体之间发生的民事纠纷作出的具有强制力的处理。

行政裁决是行政行为的一种，属于行政诉讼的受案范围。

《土地管理法》第14条第1~3款规定："土地所有权和使用权争议，由当事人协商解决；协商不成的，由人民政府处理。单位之间的争议，由县级以上人民政府处理；个人之间、个人与单位之间的争议，由乡级人民政府或者县级以上人民政府处理。当事人对有关人民政府的处理决定不服的，可以自接到处理决定通知之日起三十日内，向人民法院起诉。"

例如：甲村、乙村对相邻的集体土地所有权产生争议，县政府将集体土地裁决给甲村所有。县政府的裁决行为属于行政裁决。

2.行政裁决与行政确认的区别。

行政裁决一般涉及三方法律关系：客观中立的行政机关；一方民事主体；另一方民事主体（与前一方民事主体是立场对立的）。

例如：甲村、乙村针对相邻的山林权归属产生争议，双方协商不成找县政府处理，县政府裁决该山林权归甲村。县政府的行为性质为行政裁决，涉及三方：县政府作为客观中立的第三方；一方民事主体甲村；另一方民事主体乙村。

行政确认一般涉及双方的法律关系，行使行政管理职权的行政机关和行政相对人。工伤认定就是典型的行政确认，一方为人力资源和社会保障局，根据《工伤保险条例》的授权行使工伤认定的行政管理职权，另一方为申请人劳动者。

专题十一

行政诉讼的受案范围

命题点拨

（一）主要内容

本专题的主要内容包括：（1）行政诉讼的受案范围：行为标准、肯定列举案件、否定列举案件；（2）行政规范性文件的附带审查；（3）行政复议与行政诉讼的衔接关系。

（二）命题规律

本专题在整个行政诉讼中居于首要地位，年均考查约8分。这8分在单项选择题、多项选择题、任选题和主观题均有考查，命题一般都是直接针对行政行为与其他行为的区别判断，难度比较大。

（三）重点难点

本专题的重点难点包括：（1）行为标准中行政行为的判断标准；（2）肯定列举案件中，行政确认、行政裁决、行政协议的可诉性判断；（3）否定列举的案件类型，例如行政指导、过程性行为、内部行为、信访办理行为、重复处理行为、刑事司法行为；（4）行政规范性文件中红头文件的附带审查；（5）行政复议与行政诉讼衔接关系中，复议前置但不终局的情形。上述重点中，行政行为的判断，是行政法的头号考点，为必考内容，考生应当注重理解掌握。

知识体系图

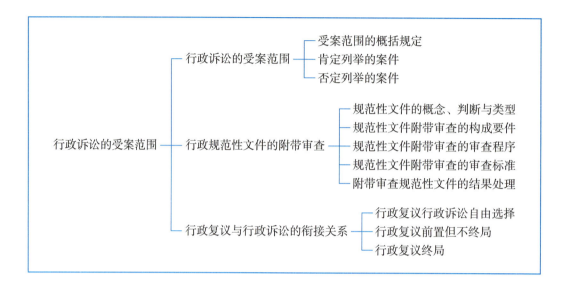

第一节　行政诉讼的受案范围

■ 本节知识点要求考生理解行政行为的判断，尤其是掌握行政行为的处分性与特定性。在否定列举案件中，重点掌握履行公务过程中执法人员殴打行为、协助法院执行行为、过程性行为、行政指导、仲裁行为等行为不能诉。在肯定列举案件中，重点掌握行政裁决、行政协议等行为可诉。

■ 在客观题考试中，本节知识点属于每年必考的内容。

■ 本节知识点易错和高频考点主要有：

（1）行政诉讼只审查行政行为的合法性，不审查合理性；行政复议，既审查行政行为的合法性，也审查行政行为的合理性（适当性）。

（2）可诉的行政确认包括：工伤认定、结婚登记、离婚登记、不动产物权变动登记、不动产预告登记、户籍登记、出生医学证明、居民身份证明、学历学位证明、建设工程消防验收备案结果通知等。不可诉的行政确认包括：交通事故认定书、火灾事故认定书、交通事故证明。

（3）行政裁决是对当事人之间的民事争议作出的有强制力的处理；行政调解是对当事人之间的民事争议作出的没有强制力的处理。因此，行政裁决可诉；行政调解不可诉。

（4）行政指导是指行政机关对行政相对人采取指导、劝告、建议、鼓励、倡议等不具有国家强制力的方式，引导行政相对人自愿配合而达到行政管理目的的行为。

（5）行政命令是指行政主体要求行政相对人为或不为一定行为（作为或不作为）的意思表示，是行政行为的一种形式。例如：市场监督管理局责令甲企业召回已上市销售的不符合药品安全标准的药品；市场监督管理局责令销售不合格产品的乙企业支付消费者3倍赔偿金。

（6）过程性行为不可诉。过程性行为是指行政机关为了最终作出一个有权利义务处分性的行政行为而实施的准备性的、中间性的、临时性的、过程性的行为。

（7）重复处理行为不可诉。重复处理行为是指行政机关在行政行为争议期过后根据行政相对人的申诉，对原有已经生效的行政行为作出的在内容上没有任何改变的二次决定。

（8）协助法院执行行为不可诉。可诉的行政行为须是行政机关基于自身意思表示作出的行为。行政机关依照法院生效裁判作出的执行行为，本质上属于履行生效裁判的行为，并非行政机关自身依职权主动作出的行为，不属于可诉的行为。

（9）信访办理行为不可诉。信访办理行为是指行政机关针对信访事项作出的登记、受理、交办、转送、承办、协调处理、监督检查、指导信访事项等行为。信访办理行为对信访人不具有强制力，对信访人的实体权利义务不产生实质影响，因此不具有可诉性。

（10）内部行为不可诉。行政机关的内部沟通、会签意见、内部报批等行为，并不对外发生法律效力，不对公民、法人或者其他组织合法权益产生影响，因此不属于可诉的行为。

（11）内部层级监督行为不可诉。内部层级监督属于行政机关上下级之间管理的内部事务。法律法规规定的内部层级监督，并不直接设定当事人新的权利义务关系，因此，该类行为属于不可诉的行为。

（12）内部行为外部化可诉。内部行为的外部化是指内部行为作出的本意是不对外产生法律效力，但其实施对行政机关以外的行政相对人产生了实际影响，其效力超出了机关内部的范围。内部行为外部化以后，内部行为被付诸实施，对行政相对人权利义务产生了实际影响，行政相对人有权提起行政诉讼实现权利救济。

（13）要求行政机关提供政府公报、报纸、杂志、书籍等公开出版物，行政机关予以拒绝而起诉的，不属于行政诉讼的受案范围。

（14）要求行政机关为其制作、搜集政府信息，或者对若干政府信息进行汇总、分析、加工，行政机关予以拒绝而起诉的，不属于行政诉讼的受案范围。

（15）行政协议案件只允许"民告官"，不允许"官告民"。

（16）政府投资的保障性住房的租赁、买卖等协议属于行政协议，而不是民事协议。

（17）行政协议约定仲裁条款的，法院应当确认仲裁条款无效，而不是整个行政协议无效。

（18）法院审理行政协议案件，可以参照适用民事法律规范关于民事合同的相关规定。

（19）行政协议案件的起诉期限：①诉行政机关单方变更、解除行政协议的案件：适用行政诉讼法及其司法解释关于起诉期限的规定；②诉行政机关除单方变更、解除行政协议之外的案件：参照民事法律规范关于诉讼时效的规定（例如：诉行政机关不履行、不按照约定履行行政协议的；诉行政机关未依法与其订立行政协议的；向法院起诉要求撤销、解除行政协议的等）；③诉行政协议无效的：不受行政诉讼起诉期限的限制，利害关系人任何时候均可以起诉。

■ 在主观题考试中，需要掌握行政协议、事实行为、协助法院执行行为、过程性行为、内部层级监督行为、内部行为外部化等知识点。

一、受案范围的概括规定

判断一个行政争议是否能够进入行政诉讼的受案范围，主要看被诉行为是否是行政行为。

被诉行为是行政行为的，可诉；被诉行为不是行政行为的，不可诉。

（一）行政行为

行政行为是指行政主体运用行政职权，针对外部特定对象，作出的具有法律上权利义务处分性的行为。

行政行为标准包括三个层次：

1.只有行政行为引起的争议才能提起行政诉讼。

2.行政诉讼只审查对行政行为合法性的争议，不审查对行政行为合理性的争议。

3.规章以下的行政规范性文件（国务院部门和地方人民政府及其部门制定的行政规范性文件，俗称红头文件）不能单独起诉，必须附带于行政行为一并起诉。

· 知识拓展 ·

■ 2014年修改后的《行政诉讼法》将原来的"具体行政行为"概念统一替换为"行政行为"，并在第2条第1款将行政诉讼受案范围的总括性规定调整为："公民、法人或者其他组织认为行政机关和行政机关工作人员的行政行为侵犯其合法权益，有权依照本法向人民法院提起诉讼。"作出这一修改的目的，是为了使行政不作为、双方行政行为等能够纳入受案范围，而原来所使用的"具体行政行为"的概念显然因为欠缺包容性和开放性而给受理这些案件制造了障碍。但不能认为，"具体行政行为"的概念就从此寿终正寝。事实上，除去涉及行政不作为、双方行政行为的场合，在撤销之诉中，"行政行为"的概念仍然应当理解为原来意义上的"具体行政行为"。其确切的含义应当是指：行政机关针对具体事件、单方面作出的、具有外部效果的、行政法上的、处理行为。那些决定作出之前的准备行为和过程性行为、那些不具有外部效果的纯内部行为、那些不是针对具体事件的普遍的调整行为，仍然属于不可诉的行为。

（二）行政行为的判断标准

行政行为具有四个基本特征：行政性、处分性、特定性、外部性。

1.行政性。

行政性强调行政行为是行政主体履行行政管理职能作出的行为。

例1：杜某和温某在某酒店开房，酒店前台工作人员王某在办理入住登记时，未按规定执行住宿实名登记制度，只登记了杜某的身份信息，没有登记温某的身份信息。区公安分局某派出所按照《治安管理处罚法》第56条第1款"旅馆业的工作人员对住宿的旅客不按规定登记姓名、身份证件种类和号码的……处200元以上500元以下罚款"的规定，决定对王某罚款500元。该处罚决定是公安派出所在履行治安管理职能过程中给予违法行为人的制裁，属于行政行为。

例2： 市教育局与皇朝公司签订《租赁协议》，租赁皇朝公司的写字楼二层共计3000平方米，每平方米按月支付租金120元，合同期限为2年。市教育局租赁行为是以民事主体身份实施的民事法律行为，不是履行行政管理职能的行为，不属于行政行为。

行政行为的行政性特征可以排除五类行为进入行政诉讼：行政机关以民事主体身份从事的民事行为、公务员的个人行为、行政机关实施的高度政治性的国家行为、行政机关根据《刑事诉讼法》授权实施的立案侦查追究犯罪的刑事司法行为、法律等规定的一些仲裁机构实施的仲裁行为。

· 知识拓展 ·

■ 公证机构实施的公证行为不属于行政行为。2006年3月1日实施的《公证法》将公证机构的性质定位于独立承担民事责任的证明机构，明确公证行为系依照法定程序对民事法律行为、有法律意义的事实和文书的真实性、合法性予以证明的活动。公证内容的争议属于民事争议，应当通过民事诉讼途径解决，因公证行为造成损害的，公证机构及其公证员承担民事赔偿责任。故《公证法》实施后，已明确公证行为不属于行政行为，不属于行政诉讼受案范围。因此，无论在《公证法》实施之前，还是实施之后，公证机构作出的公证行为，属于一般证明性质，在诉讼中仅作为一种证据来对待。

2.处分性。

处分性即在法律上产生处分效力的意思。其包括两个层次：

（1）主观上：行政主体主观上有建立、变更或消灭某种行政法上权利义务关系的意思表示（行政行为的对外实施确实是行政主体的意愿）。

（2）客观上：行政行为的对外实施确实对当事人的权利义务产生增加或者减损的变动效果。

只有主客观相一致，它才可能属于行政行为。

例如： 某医院超过许可排放浓度和排放量排放污染物，市生态环境局依据《排污许可管理条例》第34条第1项给予其罚款21万元。本案罚款决定主观上是市生态环境局的意思表示，客观上对某医院的财产作出不利安排，主观条件和客观条件同时符合，具有处分性，是行政行为。

行政活动根据是否通过意思表示来处分当事人的权利义务而分为行政行为和事实行为。行政行为是行政主体对公民、法人或者其他组织作出的，以发生一定法律后果，使行政法上权利义务得以建立、变更或者消灭为目的的意思表示。它是体现了行政主体的意志，并有法律约束力的处理。而事实行为是不以建立、变更或者消灭当事人法律上权利义务为目的的行政活动。它可能是一种没有法律约束力的意思表示，例如提出供公众参考的信息、建议或者指导，当事人可以接受，也可以不接受，不接受并不产生相应的法律责任。也可能是客观上对当事人产生了影响，但这种影响并非行政主体主观上通过适用法律而设定当事人法律上的地位。

例1：区城管局以甲摆摊卖"麻辣烫"影响环境为由，将其从事经营的小推车等物品扣押。在实施扣押过程中，城管执法人员李某将甲打伤。城管执法人员李某将甲打伤属于什么性质的行为？属于事实行为。事实行为不发生法律效果，或者虽然发生法律效果但效果的发生并非基于行政机关的意思表示。本案，行政机关及其工作人员在行使行政职权时造成相对人人身或财产损害的行为，因为主观上并非是行政机关有致使行政相对人人身或者财物损害的意思表示，因此属于行政事实行为。

例2：某省政府向省内养殖户建议养猪可以获利。该省养殖大户郭某信以为真，养了10万头猪，结果当年非洲猪瘟爆发，郭某巨亏。郭某是否可以起诉省政府的行为？不可以。省政府的行为属于事实行为中的行政指导。省政府仅是提出供公众参考的信息、建议或者指导，当事人可以接受，也可以不接受，不接受并不产生相应的法律责任，不具有处分性，不是行政行为。

3.特定性。

特定性强调行政行为必须是针对特定对象作出的。

行政行为特定性的判断时间节点：行为作出之时去判断，看想要约束的对象范围是否能够明确固定下来。如果行为作出之时想要约束的对象范围能够明确，不管人多人少，具有特定性；如果行为作出之时想要约束的对象范围不能够明确固定下来，就没有特定性。

【注意】行政规范性文件适用的对象是不特定的。在法考中，区分一个行为是行政行为还是行政规范性文件，不能只看行为对象的多寡、行为的名称，而应该重点分析行为的对象是否特定。

例1：市政府发出通知，要求非本地生产乳制品须经本市技术监督部门检验合格方可在本地销售，违者予以处罚。该通知针对的对象是外地不特定的乳制品生产商，且可以反复适用，属于行政规范性文件，不属于行政诉讼的受案范围。

例2：为落实淘汰落后产能政策，某区政府发布通告：凡在本通告附件所列名单中的企业须在两年内关闭。提前关闭或者积极配合的给予一定补贴，逾期不履行的强制关闭。关于通告的性质，是行政规范性文件，还是行政行为？该通告的性质是行政行为。因为通告这个行为作出之时想要约束的对象是能够明确固定的，就是通告附件所列名单中的企业，具有特定性。

例3：市政府发布《关于建立房地产市场平稳健康发展城市主体责任制的通知》，要求自文件印发之日起新出让土地建设的商品住房实行现房销售。利来公司不服提起行政诉讼，是否属于受案范围？本案，市政府出台的《关于建立房地产市场平稳健康发展城市主体责任制的通知》，从其内容分析，该文件是针对不特定的对象制定的并且可以反复适用的行政规范性文件。从文件的名称"通知"可以得知该文件属于规章（不含）以下的规范性文件，只能附带提起行政诉讼，不能单独起诉。

4.外部性。

外部性强调行政行为是行政主体针对外部对象、外部事务而作出的行为。

对外性是可诉的行政行为的重要特征之一。行政机关的内部行为是不产生外部法律效力的行为。内部行为是指行政机关在内部行政组织管理过程中实施的只对行政组织内部产生法律效力，不影响外部公民权利义务的自我管理行为。行政机关在行政程序内部所作的行为，比如行政机关的内部沟通、会签意见、内部报批等行为，并不对外发生法律效力，不对公民、法人或者其他组织合法权益产生影响，因此不属于可诉的行为。行政机关对其公务员的奖惩任免、行政机关之间职责权限的调整不是行政行为；上下级行政机关之间单纯的公文往来或者上级对隶属于它的下级行政机关或者行政机关人员发布有法律约束力的职务命令和指示，不构成行政行为。

例如：石某的房屋位于甲市乙县某小区。2021年6月，乙县政府对石某的房屋作出征收决定。石某对该征收决定不服向法院起诉。法院作出确认该征收决定违法的判决。石某于2022年5月向甲市邮寄《对乙县政府违法征收房屋行为的查处申请书》，要求对违法征收直接责任人和其他责任人依法予以处分。甲市政府将该《查处申请书》批转乙县政府处理，乙县政府次日收到相关转办材料后即进行办理。甲市政府的行为是履行内部层级监督的行为，不属于行政诉讼的受案范围。

· 知识拓展 ·

> ■ 可诉的行政行为必须具有法效性，即行为直接对外发生法律效果。所谓"直接"，是指法律效果必须直接对相对人发生，导致法律关系的发生、变更或消灭。所谓"对外"，是指行政行为对于行政主体之外的人发生法律效果，行政机关之间或行政机关内部的请示报告等内部行为因欠缺对外性而不具有可诉性。换言之，如果行政行为的效力仅停留在行政内部领域，并未对公民、法人或者其他组织的权利义务产生直接影响，则不具有可诉性。

但是，若内部行为外化的，则可以提起行政诉讼。所谓内部行为外化是指内部行为的效力不再局限于行政机关内部，而是对外部公民、法人或者其他组织的合法权益产生了实际影响。例如内部行为抄送给了行政相对人、内部行为直接对外付诸实施等。

因此，若上级对下级的命令、指示和批复规定了可以直接影响外部公民、法人或者其他组织权利义务的内容，并且相关命令、指示和批复已向外部公民、法人或者其他组织公示或送达，则命令、指示和批复行为具有可诉性。

· 知识拓展 ·

> ■ 地方人民政府对其所属行政管理部门的请示作出的批复，一般属于内部行政行为，不可对此提起诉讼。但行政管理部门直接将该批复付诸实施并对行政相对人的权利义务产生了实际影响，行政相对人对该批复不服提起诉讼的，人民法院应当依法立案。

例如：2010年8月31日，安徽省来安县国土资源和房产管理局向来安县人民政府报送《关于收回国有土地使用权的请示》，请求收回该县永阳东路与塔山中路部分地块土地使用权。9月6日，来安县人民政府作出《关于同意收回永阳东路与塔山中路部分地块国有土地使用权的批复》（以下简称《批复》）。来安县国土资源和房产管理局收到该批复后，没有依法制作并向原土地使用权人送达收回土地使用权决定，而直接交由来安县土地储备中心付诸实施。魏永高、陈守志的房屋位于被收回使用权的土地范围内，其对来安县人民政府收回国有土地使用权批复不服，申请行政复议。2011年9月20日，滁州市人民政府作出《行政复议决定书》，维持来安县人民政府的批复。魏永高、陈守志仍不服，提起行政诉讼，请求人民法院撤销来安县人民政府上述批复。魏永高、陈守志不服来安县人民政府9月6日作出的《批复》起诉的，是否可以申请行政复议或者提起行政诉讼？可以申请行政复议和提起行政诉讼。来安县国土资源与房产管理局在来安县人民政府作出批准收回国有土地使用权方案批复后，应当向原土地使用权人送达对外发生法律效力的收回国有土地使用权通知。来安县人民政府的批复属于内部行为，不向相对人送达，对相对人的权利义务尚未产生实际影响，一般不属于行政诉讼的受案范围。但本案中，来安县人民政府作出批复后，来安县国土资源与房产管理局没有制作并送达对外发生效力的法律文书，即直接交来安县土地储备中心根据该批复实施拆迁补偿安置行为，对原土地使用权人的权利义务产生了实际影响，该批复已实际执行并外化为对外发生法律效力的行政行为。因此，对该批复不服提起行政诉讼的，人民法院应当依法受理。（参见魏永高、陈守志诉来安县人民政府收回土地使用权批复案，最高人民法院指导案例22号）

归纳总结 ★★★**行政行为的概念、判断标准与分类**

概念	行政行为是指行政主体运用行政职权，对外作出的具有法律上权利义务处分性的行为
概念演变	【旧行政诉讼法】具体行政行为 VS 抽象行政行为 【新行政诉讼法】行政行为 VS 行政规范性文件
范围	行政行为＝具体行政行为＋双方行政行为（即行政协议）
判断标准	【行政性】行政行为是行政主体运用行政职权作出的行为 【处分性】行政行为是按照行政主体主观上的意思表示对行政相对人法律上的权利义务客观上进行的安排 【特定性】行政行为是行政主体针对特定对象作出的行为 【外部性】行政行为是行政主体针对外部对象、外部事务作出的行为

二、肯定列举的案件

（一）行政许可

行政许可是指行政机关应公民、法人或者其他组织的申请，经依法审查后，允许其从事某种特定活动的行为。行政许可实施过程中发生的各种行政行为，都具有可诉性。包括：

1.公民、法人或者其他组织认为行政机关作出的行政许可决定、不予许可决定以及相应的不作为，或者行政机关就行政许可的变更、延续、撤回、注销、撤销等事项作出的有关行政行为及其相应的不作为侵犯其合法权益提起行政诉讼的，属于行政诉讼的受案范围。

例1： 造纸厂向市水利局申请发放取水许可证，市水利局作出不予许可决定，该厂不服起诉，属于行政诉讼的受案范围。

例2： 某市政府以建设"绿色城市"为由，依法撤回摩托车的机动车号牌和驾驶证。市民李某不服撤回其号牌和驾驶证的行政决定，是否可以针对"撤回许可"提起行政诉讼？可以。撤回许可是行政机关针对外部特定的对象作出的有权利义务处分性的行政管理行为，属于行政行为，可诉。

2.公民、法人或者其他组织认为行政机关未公开行政许可决定或者未提供行政许可监督检查记录侵犯其合法权益提起行政诉讼的，属于行政诉讼的受案范围。

例如： 造纸厂附近居民要求生态环境局提供对该厂排污许可证监督检查记录，遭到拒绝后起诉的，属于行政诉讼的受案范围。

3.公民、法人或者其他组织仅就行政许可过程中的告知补正申请材料、听证等通知行为提起行政诉讼的，一般不予受理；但导致许可程序对上述主体事实上终止的，属于行政诉讼的受案范围。

例如： 卫健委向申请公共场所卫生许可证的李某告知补正申请材料的通知，李某不服通知起诉。由于该通知是过程性行为，不属于行政诉讼的受案范围。

4.行政许可依法须经下级行政机关或者管理公共事务的组织初步审查并上报，公民、法人或者其他组织对下级行政机关或者管理公共事务的组织不予初步审查或者不予上报提起行政诉讼的，属于行政诉讼的受案范围。

（二）行政处罚

行政处罚是行政机关依法对违反行政管理秩序的公民、法人或者其他组织，以减损权益或者增加义务的方式予以惩戒的行为。

例如： 警告、通报批评、罚款、没收违法所得、没收非法财物、责令停产停业、责令关闭、限制从业、限制生产经营活动、降低资质等级、暂扣或吊销许可证、行政拘留。

（三）行政强制措施和行政强制执行

1.行政强制措施是指行政机关在行政管理过程中，为制止违法行为、防止证据损毁、避免危害发生、控制危险扩大等情形，依法对人身或者对财物实施暂时性限制或控制的行为。包括：（1）对人身的行政强制措施：留置盘问、强制扣留、强制隔离等；（2）对财产的行政强制措施：查封、扣押、冻结等。

2.行政强制执行是指行政机关对不履行行政决定的当事人依法强制履行义务的行为。行政强制执行具有可诉性，是因为行政机关在采取执行措施时，并没有合法地执行行政决定的内容，而是在执行过程中实施了违法行为。

例如： 徐某闯红灯，依法被处以10元处罚。徐某拒绝缴纳罚款，行政机关从其银行账户划拨了20元。徐某不服划拨这个行政强制执行行为，是否可以提起行政诉讼？可以起诉。因为这种情况下的行政强制执行行为，已经超越了基础决定（10元处罚）所确定的义务，它的实施已经引起了当事人权利义务上的新变动，具备了处分性，转化为一个行政行为。

（四）行政确认

行政确认是指行政机关对行政相对人业已存在的特定法律事实、法律关系或者法律状态进行具有法律效力的认定、证明，并以法定形式对外予以宣告的行政行为。

行政确认的主要表现形式有：确定、认可、证明、登记、签证、行政鉴定、备案。

可诉的行政确认主要有：工伤认定、结婚登记、离婚登记、不动产物权变动登记、不动产预告登记、户籍登记、船舶登记、出生证明、居民身份证明、高新技术企业认定、学历学位证明、建设工程消防验收备案结果通知等。

例1：张某和吕某不服派出所拒绝为其女儿登记姓名为"北雁云依"向法院起诉的，属于行政诉讼的受案范围。

例2：2019年2月10日，区生态环境局以浩腾皮草公司排放超标水污染物为由作出《限期治理决定书》，责令该公司于2019年4月10日之前自行采取具体措施完成治理任务：排放水污染物不得超过《制革及毛皮加工工业水污染物排放标准》，逾期未完成治理任务的，责令停产整治。后区生态环境局对该公司的治理作出《验收不合格决定书》，同时作出责令该公司停产整治的决定。《验收不合格决定书》不属于行政诉讼受案范围，这种说法是否准确？本案《验收不合格决定书》是区生态环境局对于浩腾皮草公司是否限期完成超标准排放水污染物的治理任务作出的有法律效力的认定，对浩腾皮草公司而言，在限期治理后验收不合格的，必将面临被责令停产整治。对区生态环境局而言，限制治理验收是否合格的评定，实质上是一种行政确认行为，因此，属于行政诉讼的受案范围。

·**知识拓展**·

■ 行政机关对业主委员会的备案行为，实际是物业行政管理部门对业主委员会是否依法成立、是否具备主体资格等一系列事实及法定要件的确认，其结果会对业主或其他利害关系人的权利义务产生其实影响，属于可诉行政行为。［参见杨某诉某市某区管理委员会物业管理备案登记案，（2010）三亚行终字第10号］

·**知识拓展**·

■ 在消防设施工程竣工验收备案行为中，公安机关消防机构并非仅仅是简单地接受建设单位向其报送的相关资料，还要对备案资料进行审查，完成工程检查。消防机构实施的建设工程消防备案、抽查的行为能产生行政法上的拘束力。对建设单位而言，在工程竣工验收后应当到公安机关消防机构进行验收备案，否则，应当承担相应的行政责任，消防设施经依法抽查不合格的，应当停止使用，并组织整改；对公安机关消防机构而言，备案结果中有抽查是否合格的评定，实质上是一种行政确认行为，是公安机关消防机构作出的行政行为。故备案行为是可诉的行政行为，人民法院可以对其进行司法审查。（参见戴世华诉济南市公安消防支队消防验收纠纷案，最高人民法院指导案例59号）

不可诉的行政确认主要有：交通事故责任认定书、火灾事故责任认定书、交通事故证明。

·知识拓展·

■ 道路交通事故责任认定行为不属于行政行为，因此，对道路交通事故责任认定行为不服起诉的，不属于行政诉讼的受案范围。根据《道路交通安全法》第73条、《道路交通事故处理程序规定》第67条的规定，交通事故认定是公安机关根据当事人的行为对发生道路交通事故所起的作用以及过错和严重程度，确定当事人有无责任以及责任大小的行为。这种责任认定只是对事故成因率的判断，完全属于一个事实认定的问题。因此，法律规定道路交通事故认定书是处理交通事故的证据。而对于一个证据是否合法、是否采信的问题，通常只能在一个特定的案件处理中决定是否采信（即交通事故责任认定书在交通事故赔偿的民事诉讼中作为证据使用），没有必要通过一个独立的诉讼来解决（没有必要针对交通事故责任认定书提起行政诉讼）。正是因为如此，道路交通事故责任认定行为不属于行政诉讼的受案范围已经成为一个通常的认识。

（五）行政征收、征用及其补偿决定

行政征收是指行政机关依法向行政相对人强制性地收取税费或者私有财产的行政行为。

例如：土地征收、房屋征收、税的征收（例如排污税、个人所得税等）、费的征收（如车辆购置附加费、城市基础设施配套费、人防建设费等）。

行政征用是指行政主体根据法律规定，出于公共利益的需要，强制性地使用行政相对人的财产并给予国家补偿的行政行为。

例如：对房屋、场地与设施的征用、对劳力的征用、对交通工具与通信设备的征用等。

无论行政征收与行政征用二者存在什么差别，在性质上都属于行政行为，当事人如果认为这些行为违法或者对补偿决定不服的，都可以提起行政诉讼。

（六）不履行法定职责的行为

当事人申请行政机关履行保护人身权、财产权等合法权益的法定职责，行政机关拒绝履行或者不予答复的案件。

起诉不履行法定职责案件，一般必须具备两个基本条件：

1.必须以当事人向行政机关提出保护其权益的申请为前提。如果当事人并未向行政机关提出申请，行政机关无从知晓当事人面临着某种危险而有加以特别保护的必要，当事人据此起诉，法院不能立案。

注意有两种例外：

（1）有的情况下行政机关履行某些职责是无需以当事人的申请为条件，而是需要依职权主动实施的。如巡警见到街头发生斗殴就必须主动制止，此时虽无当事人申请，如果行政机关没有履行职责的话，当事人仍然可以起诉。

（2）虽无当事人的申请，但行政机关已经通过别的途径得知相关情况了，也应履行职责。一旦没有履行，当事人也可以起诉。如受到违法行为侵害的当事人虽然没有报案，但已有他人向行政机关告发了这种违法行为，此时行政机关就应当履行职责，而不应等待当事人自己来申请保护。

2.当事人要求行政机关实施的行为，属于该机关的法定职责。如果当事人对行政机关提出超出其职权范围的要求，比如向农业农村局申请保护其人身安全，对此类要求行政机关根本无法给予满足。当事人据此起诉的，法院不予立案。

例如：因造纸厂排污影响李某的鱼塘，李某要求市生态环境局履行监督职责遭拒绝。李某不服，可以向法院提起行政诉讼。因为治理污染是市生态环境局承担的职责，李某也提出了申请，市生态环境局不履行法定职责的，李某有权起诉。

（七）行政给付

行政给付是指行政机关根据行政相对人的申请，在符合法定条件下，无偿给予一定财物的行为。

行政给付的类型：

1.确保生活保障：抚恤金、低保金、五保户救济金、遭遇自然灾害的生活救济金。

2.促进经济发展：对大学生自主创业的财政经费支持、对企业科技开发的财政经费支持。

行政给付是一种依申请的行政行为。如果当事人已经符合获得给付的条件，而行政机关没有给付或没有足额、及时给付，当事人便可提起行政诉讼。

常见的争议情形有：（1）不按法定标准发放；（2）扣减；（3）不按期限发放。

例如：民政局未按时发放抚恤金的行为，孙某不服向法院起诉的，属于行政诉讼的受案范围。

（八）行政裁决

行政裁决是指行政机关在其法定职权范围内，对平等主体之间发生的民事纠纷作出的、具有强制力的处理，是行政行为的一种，属于行政诉讼的受案范围。

《土地管理法》第14条第1~3款规定："土地所有权和使用权争议，由当事人协商解决；协商不成的，由人民政府处理。单位之间的争议，由县级以上人民政府处理；个人之间、个人与单位之间的争议，由乡级人民政府或者县级以上人民政府处理。当事人对有关人民政府的处理决定不服的，可以自接到处理决定通知之日起30日内，向人民法院起诉。"

（九）行政协议

1.概念。

行政协议是指行政机关为实现行政管理或公共服务目标，与公民、法人或者其他组织协商订立的具有行政法上权利义务内容的协议。

2.行政协议的识别标准。

（1）主体要素：行政协议必须一方当事人为行政机关。

（2）目的要素：行政协议必须是为了实现行政管理或者公共服务目标。

（3）内容要素：协议内容必须具有行政法上的权利义务内容。

（4）意思要素：行政协议双方当事人必须协商一致。

例如：2013年7月，甲县为落实上级党委、政府要求，淘汰高耗能、高污染产业，实现节能减排的目标，出台了《关于研究永佳公司处置方案会议纪要》（以下简称《会议纪要》），决定对甲县造纸企业永佳公司进行关停征收。根据《会议纪要》，甲县政府安排乙镇政府于2013年9月6日与永佳公司签订了《资产转让协议书》，永佳公司关停退出造纸行业，乙镇政府受让永佳公司资产并支付对价。协议签订后，永佳公司依约定履行了大部分义务，乙镇政府接受了永佳公司的厂房等资产后，于2014年4月4日前由甲县政府、乙镇政府共计支付了永佳公司补偿金322.4万元，之后经多次催收未再履行后续付款义务，永佳公司认为其与乙镇政府签订的《资产转让协议书》系合法有效的行政合同，甲县政府、乙镇政府应当按约定履行付款义务。故诉至法院请求判令甲县政府、乙镇政府支付永佳公司转让费人民币894.6万元及相应利息。那么，《资产转让协议书》的性质是行政协议，还是民事合同？为什么？属于行政协议。本案《资产转让协议书》系甲县政府为履行环境保护治理法定职责，由甲县政府通过乙镇政府与永佳公司订立协议替代行政决定，其意在通过受让涉污企业永佳公司资产，让永佳公司退出造纸行业，以实现节能减排和环境保护的行政管理目标，维护公共利益，符合行政协议的四个要素，系行政协议。[参见某纸业有限公司与四川省某县人民政府不履行行政协议纠纷案，（2017）最高法行申195号]

3.特征。

行政协议具有双重属性：

（1）公法特征：行政性。签订行政协议的目的是行政机关在行政管理过程中为了实现公共利益；在协议履行过程中，行政机关享有行政优益权，可以为了保证公共利益的需要，单方变更、单方解除行政协议，同时给行政相对人造成损失的，需要给予合理的补偿。

（2）私法特征：合意性。行政协议的签订建立在行政主体与公民、法人或其他组织双方意思表示一致的基础上。

·知识拓展·

■ 行政优益权是指当行政机关继续履行协议会影响公共利益或者行政管理目标实现时，行政机关享有单方变更、解除行政协议的权力，不必经过双方意思表示一致。行政协议是以实现公共利益为根本目的，在履行过程中必然存在公共利益和个人利益的冲突。为了解决两者的冲突，维护公共利益，行政机关必须享有能有效解决冲突的权力，这就是行政优益权。基于行政协议和行政管理的公共利益目的，应当赋予行政机关一定的单方变更权或解除权，但这种行政优益权的行使，通常须受到严格限制。首先，必须是为了防止或除去对于公共利益的重大危害，也就是说行政机关只有在协议订立后由于实现公共利益或者行政管理目标的需要、法律政策的重大调整或者协议基础事实发生变化，必须变更或者解除时，才能行使单方变更、解除权。其次，当作出单方调整或者单方解除时，应当对公共利益的具体情形作出释明，也就是要求行政机关行使优益权应当有效保障程序规范和公开透明，行政机关对行政协议作出单方解除，对行政相对人享有的权益将产生重大影响，行政机关作出单方解除前应告知行政相对人享有陈述、申辩的权利，充分听取其意见，否则违反正当程序原则。再次，单方调整须符合比例原则，将由此带来的副作用降到最低。最后，应当对相对人由此造成的损失依法或者依约给予相应补偿。作为国家机关，维护公共利益是行政机关的重要职责，在公共利益与私人利益发生矛盾时，应优先考虑公共利益的实现，但是承认公共利益优先并不否认个人利益的存在及实现。行政机关出于公共利益的需要，单方变更、解除协议，必须对相对人进行公平且合理补偿。总之，行政机关行使行政优益权就要具备为了公共利益或者存在其他法定事由的前提条件，具备事实根据，履行正当程序，公开透明，保障相对人的陈述、申辩等程序权利，遵守比例原则，并给予行政相对人合理补偿。

　　例1：孙某与南张街道办事处签订《房屋征收补偿安置协议》后，经审计局审计，发现对被征收人房屋补偿面积认定存在重大偏差，导致对孙某的房屋补偿面积计算方法有误，补偿安置标准超过其应得补偿标准。南张街道办事处随后单方变更了《房屋征收补偿安置协议》有关补偿面积认定的相关内容。那么，房屋征收主管部门是否有权对房屋征收补偿协议进行调整和变更？有权进行调整和变更。一般认为，行政机关对协议内容的单方变更、解除权只能在国家法律政策和协议基础事实发生变化，履行协议会给国家利益或者社会公共利益带来重大损失这一特定情形下才能行使。也就是说，行政机关单方变更、解除协议必须基于行政优益权，从而最大程度维护行政协议的稳定及行政机关的公信力。房屋征收主管部门基于公共利益需要，有权向被征收人作出关于变更涉案房屋征收补偿安置协议内容的决定。房屋征收主管部门为公平公正执行拆迁补偿安置政策，基于公共利益需要，对被征收人作出关于变更涉案房屋征收补偿安置协议相关内容的决定，是行政机关正当行使优益权作出的行政行为，符合法律规定，并无不当。[参见宋某、吕某与某市某区人民政府南张街道办事处及第三人某房屋征收服务有限公司房屋征收补偿安置协议纠纷案，（2019）鲁行申953号]

例2： 2014年7月，某设区的市政府与昆仑公司签订《天然气综合利用项目合作协议》，约定由昆仑公司在该市从事天然气特许经营，期限为30年。协议签订后，昆仑公司进行了开工建设，但一直未能完工。2017年7月，市政府发出催告通知，告知昆仑公司项目未按约完工，影响了用户及时用气。昆仑公司应在收到通知后抓紧项目建设，办理天然气经营许可手续，否则将收回燃气授权经营区域。2019年4月，市政府决定单方解除特许经营协议。

4.种类。

（1）肯定列举。

下列协议属于行政协议：

①政府特许经营协议。**例如：** 市政府和华润公司签订的《城市管道燃气特许经营协议》。

②土地、房屋等征收征用补偿协议。**例如：** 区政府与李某签订的《房屋拆迁安置补偿协议》。

③矿业权等国有自然资源使用权出让协议。**例如：** 市自然资源与规划局与徐某签订的《河道采沙权出让协议》。

④政府投资的保障性住房的租赁、买卖等协议。**例如：** 市房管局与郭某签订的《廉租房租赁协议》。

⑤政府与社会资本合作协议。**例如：** 市政府与皇朝公司签订的PPP（Public–Private Partnership）协议。

（2）否定列举。

下列协议不属于行政协议：

①行政机关之间因公务协助等事由而订立的协议。**例如：** 国家发展和改革委员会、广东省人民政府、香港特别行政区政府、澳门特别行政区政府共同签订的《深化粤港澳合作 推进大湾区建设框架协议》，属于内部协议，不是行政协议。

②行政机关与其工作人员订立的劳动人事协议。**例如：** 市房管局与编外人员温某签订的《劳动合同书》，不是行政协议。

5.诉讼类型。

因行政协议的订立、履行、变更、终止等产生的各类行政协议纠纷，均可以向法院提起行政诉讼。

因行政协议引发的诉讼类型主要有：

（1）请求判决撤销行政机关变更、解除行政协议的行政行为。

（2）请求判决行政机关依法履行或者按照行政协议约定履行义务。

（3）请求判决确认行政协议的效力。

（4）请求判决行政机关依法或者按照约定订立行政协议。

（5）请求判决撤销、解除行政协议。

（6）请求判决行政机关赔偿或者补偿。

例如：2016年7月12日，蒋某不服其与某市高新技术产业开发区征地服务中心签订的《征地拆迁补偿安置协议》，以某市高新区管委会为被告向市中级人民法院提起诉讼，请求撤销征地服务中心于2015年12月25日与其签订的《征地拆迁补偿安置协议》。经市中级人民法院一审，高级人民法院二审认为，根据《行政诉讼法》第12条第1款第11项规定，诉行政机关不履行、未按照约定履行或者违法变更、解除行政协议提起的诉讼属于受案范围。蒋某起诉请求撤销《征地拆迁补偿安置协议》，其起诉状中所诉理由均系对签订协议时主体、程序以及协议约定和适用法律所提出的异议，不属于行政机关不依法履行、未按照约定履行或者违法变更、解除协议内容的范畴，遂以蒋某的起诉不属于人民法院行政诉讼受案范围为由裁定驳回蒋某的起诉。蒋某的起诉是否属于行政诉讼的受案范围？属于行政诉讼的受案范围。因行政协议的订立、履行、变更、终止等产生的各类行政协议纠纷均属于人民法院行政诉讼受案范围。具体包括：行政机关不履行行政协议、单方变更解除行政协议，协议订立时的缔约过失，协议成立与否，协议有效无效，撤销、终止行政协议，请求继续履行行政协议，采取相应的补救措施，请求行政赔偿和行政补偿责任，以及行政机关监督、指挥、解释等行为产生的行政争议。

6.行政协议案件适格的原告。

与行政协议有利害关系的公民、法人或者其他组织，因行政协议的订立、履行、变更、终止等发生的争议，均可以向法院提起行政诉讼。

下列与行政协议有利害关系的公民、法人或者其他组织提起行政诉讼的，法院应当依法受理：

（1）参与招标、拍卖、挂牌等竞争性活动的公平竞争权人。

（2）被征收征用土地、房屋等不动产的用益物权人、公房承租人。

（3）其他认为行政协议的订立、履行、变更、终止等行为损害其合法权益的人。

例如：某市政府与昆仑公司签订《天然气综合利用项目合作协议》，约定由昆仑公司在该市从事天然气特许经营，期限为30年。若华恒公司认为市政府与昆仑公司签订《天然气综合利用项目合作协议》损害其公平竞争权的，可以向法院起诉。

7.被告不得反诉。

行政诉讼属于"民告官"的制度，而不是"官告民"的制度。因此，法院受理行政协议案件后，被告就该协议的订立、履行、变更、终止等提起反诉的，人民法院不予准许。

作为行政协议的一方当事人行政相对人若不履行行政协议所约定的义务时，行政机关可以视具体情形作出如下处理：

（1）行政相对人不履行协议，经催告后不履行，行政机关可以作出要求其履行协议的书面决定。相对人对该书面决定在法定期限内不复议、不诉讼，且仍不履行的，行政机关可以向法院申请强制执行。

（2）法律、行政法规规定行政机关对行政协议享有监督协议履行的职权，行政相对人未按照约定履行义务，经催告后不履行，行政机关可以依法作出处理决定。行政相对人在收到该处理决定后在法定期限内不复议、不诉讼，且仍不履行的，行政机关可以向法院申请强制执行。

　　例如： 李某与房屋征收主管部门签订国有土地上的房屋征收补偿安置协议，后李某不履行协议，房屋征收主管部门向法院提起行政诉讼。本案是否属于行政诉讼的受案范围？不属于行政诉讼的受案范围。行政诉讼只有"民告官"，没有"官告民"的行政诉讼。我国行政诉讼奉行被告恒定原则，即被告恒定为实施行政行为的行政机关或者法律法规规章授权的组织。在相对人不履行行政协议约定义务，行政机关又不能起诉行政相对人的情况下，行政机关可以通过申请法院非诉执行或者自己强制执行实现对协议的救济。行政机关可以作出要求相对人履行义务的决定，经催告后，相对人拒不履行，又不复议不诉讼的，行政机关可以该决定为执行依据向人民法院申请强制执行或者自己强制执行。

　　8.管辖法院。

　　当事人有权通过书面协议约定选择与争议有实际联系地点的法院，作为行政协议纠纷解决的管辖法院。

　　当事人可以书面约定选择如下法院作为管辖法院：（1）被告所在地；（2）原告所在地；（3）协议履行地；（4）协议签订地；（5）标的物所在地。

　　9.推定管辖。

　　向法院提起民事诉讼，法院以涉案协议属于行政协议为由裁定不予立案或驳回起诉，当事人又提起行政诉讼的，法院应当依法受理。

· 知识拓展 ·

　　■　行政协议既有行政性的一面，也有合意性的一面，这就导致法院在界定和区分行政协议和民事合同当中会存在困难。个别法院对于一些界定不明、合同属性不清的协议案件出现了"民事推行政、行政推民事"的现象，这种现象是不利于保障当事人诉讼权利的，同时也不利于法院良好形象的树立。因此，行政协议案件适用推定管辖制度。这个制度是一个新型的诉讼制度，基于我国审理民事合同案件和行政协议案件都是一般由普通法院来审理，普通法院里有民事审判庭和行政审判庭，如果民事审判庭生效的裁定、生效的法律文书认为涉案的协议属于行政协议不予立案、驳回起诉的，当事人再次向人民法院提起诉讼，怎么办？行政审判庭不能再以涉案协议是一个民事合同为由裁定不予立案。如果生效的民事裁定，以涉案协议不属于民事合同为由，裁定不予受理或者驳回起诉的，法院行政审判庭应当依法立案，从而大大减少法院不同的审判部门之间"踢皮球"的情况。（参见梁凤云法官在《最高人民法院关于审理行政协议案件若干问题的规定》新闻发布会答记者问。）

10.起诉期限。

行政协议案件的起诉期限分为如下三种情形：

（1）诉行政机关违法变更、解除行政协议的：适用《行政诉讼法》及其司法解释关于起诉期限的规定。

（2）诉行政机关除违法变更、解除行政协议之外的案件：参照民事法律规范关于诉讼时效的规定。如诉行政机关不履行或不按照行政协议约定履行的；起诉要求解除或者撤销行政协议的等。

（3）诉行政协议无效的，不受起诉期限的限制，原告随时可以向法院起诉。

例1：孙某与南张街道办事处签订《房屋征收补偿安置协议》后，经审计局审计，发现对被征收人房屋补偿面积认定存在重大偏差，导致对孙某的房屋补偿面积计算方法有误，补偿安置标准超过其应得补偿标准。南张街道办事处随后单方变更了《房屋征收补偿安置协议》有关补偿面积认定的相关内容。孙某不服，向法院起诉。孙某应当按照《行政诉讼法》及其司法解释关于起诉期限的规定提起行政诉讼。

例2：2020年8月，某县政府为淘汰高耗能、高污染产业，决定对永佳公司进行关停征收。县政府与永佳公司签订了《资产转让协议书》，永佳公司关停退出造纸行业，县政府受让永佳公司资产并支付对价。协议签订后，永佳公司依约定履行了大部分义务，县政府接受了永佳公司的厂房等资产后，共计支付永佳公司补偿金322万元，之后经多次催收未再履行后续付款义务。永佳公司诉至法院。该公司应当参照民事法律规范关于诉讼时效的规定提起行政诉讼。

例3：杨某以县水利局与其签订的《采沙权出让协议》无效为由向法院起诉的，不受起诉期限的限制，随时可以起诉。

· 知识拓展 ·

■ 重大且明显违法的行政行为即无效行政行为，自始、绝对无效，不因时间推移而具有合法效力。当事人对2015年5月1日之后作出的行政行为（行政协议也是行政行为）可以随时提起确认无效请求，不受起诉期限限制。同时，为避免出现当事人滥用确认无效诉讼请求以规避起诉期限制度的情况，原告一方应当对被诉行政行为属于无效情形举证，被告一方亦可提出证据否定对方主张。人民法院应当对行政行为是否属于无效情形进行审查，认为行政行为属于无效情形的，则不受起诉期限限制；认为行政行为不属于无效情形的，人民法院应当向原告予以释明。经释明，原告变更请求撤销行政行为的，人民法院应当继续审理并审查是否符合撤销之诉的起诉期限规定，超过法定起诉期限的，裁定驳回起诉；原告拒绝变更诉讼请求的，判决驳回其诉讼请求。
［参见王某诉吉林省某市某区人民政府确认征补协议无效纠纷案，（2020）最高法行再341号］

经典考题： 黄某房屋位于某拆迁规划范围内，甲县政府与黄某签订《房屋拆迁补偿协议》，约定拆迁补偿款为100万元，后甲县政府发现对黄某房屋补偿面积认定存在重大偏差，导致对黄某的房屋补偿面积计算方法有误，补偿安置标准超过其应得补偿标准，遂将协议约定的拆迁补偿款单方变更为80万元。黄某不服，提起行政诉讼。下列说法哪些是错误的？（2021年考生回忆版卷一第4题，多选）[①]

A.黄某起诉期限适用《行政诉讼法》及其司法解释关于起诉期限的规定

B.县政府单方变更拆迁补偿款违反职权法定原则，构成违法

C.黄某应当先申请行政复议才能提起行政诉讼

D.若黄某不履行协议约定的搬迁义务，县政府可以向法院提起反诉

11.法律适用。

法院审理行政协议的案件，在程序法上和实体法上遵守如下规则：

（1）程序法适用。

法院审理行政协议案件，应当适用行政诉讼法的规定；行政诉讼法没有规定的，参照适用民事诉讼法的规定。

（2）实体法适用。

法院审理行政协议案件，可以参照适用民事法律规范关于民事合同的相关规定。

12.可以调解。

法院审理行政协议案件，可以依法进行调解。

调解应当遵循自愿、合法原则，不得损害国家利益、社会公共利益和他人合法权益。

13.审理原则。

法院审理行政协议案件，遵循"全面审查"原则，既要审查行政机关行为的合法性，又要审查行政机关行为的合约性。

（1）合法性审查。

对行政机关是否具有法定职权、是否滥用职权、适用法律法规是否正确、是否遵守法定程序、是否明显不当、是否履行相应法定职责进行合法性审查。

（2）合约性审查。

原告诉行政机关未按照约定履行行政协议的，法院对行政机关是否具有相应义务或者履行相应义务等进行合约性审查。

14.举证责任的分配。

（1）被告的举证责任。

[①]【答案】BCD。本题属于诉行政机关单方变更协议，适用《行政诉讼法》及其司法解释关于起诉期限的规定。A选项准确。本题，县政府基于公共利益和为公平公正执行拆迁补偿安置政策的需要，对被征收人黄某作出变更《房屋拆迁补偿协议》约定的拆迁补偿款内容的决定，这是行政机关正当行使行政优益权作出的行政行为，符合法律规定，并无不当。B选项错误。行政协议案件并不属于复议前置的案件，黄某无须先复议才能提起诉讼，可以直接提起行政诉讼。C选项错误。行政诉讼是"民告官"的行政诉讼，没有"官告民"的行政诉讼。行政诉讼案件（含行政协议案件），被告不得提出反诉。D选项错误。

行政协议案件，由被告承担举证责任的情形主要有如下四种：

①具有法定职权。

②履行法定程序。

③履行相应法定职责。

④订立、履行、变更、解除行政协议等行为的合法性。

（2）原告的举证责任。

行政协议案件，由原告承担举证责任的情形：原告主张撤销、解除行政协议的，对撤销、解除行政协议的事由承担举证责任。

例如：为改善农民居住环境，推进城乡一体化建设，8月15日早晨，市政府委托的拆迁公司工作人员一行到王某家中商谈搬迁补偿事宜，8月16日凌晨约1点30分，王某在《房屋搬迁协议》上签字。8月16日凌晨5点20分，王某被送至医院直至8月26日出院，入院诊断为"多处软组织挫伤；……"。王某于9月3日向法院提起诉讼，以受到殴打为由，要求撤销《房屋搬迁协议》。本案，应当由王某对撤销协议的事由承担举证责任。

（3）"对行政协议是否履行"这一事实举证责任的分配。

对行政协议是否履行发生争议的，由负有履行义务的当事人承担举证责任。

15.判决类型。

（1）诉行政机关违约的判决。

被告未依法履行、未按照约定履行行政协议，判决被告继续履行，并明确继续履行的具体内容。

被告无法履行或继续履行无实际意义的，判决被告采取相应的补救措施；给原告造成损失的，判决被告予以赔偿；原告要求按照约定的违约金条款或定金条款予以赔偿的，法院应予支持。

被告明确表示或以自己的行为表明不履行行政协议，原告在履行期限届满之前向法院起诉请求其承担违约责任的，法院应予支持。

（2）诉行政机关单方变更、解除行政协议的判决。

为防止严重损害国家利益、社会公共利益，被告作出变更、解除协议后，原告请求撤销该行为，法院经审理认为该行为合法的，判决驳回原告诉讼请求；给原告造成损失的，判决被告予以补偿。

被告单方变更、解除协议违法，判决撤销或部分撤销，并可以责令被告重新作出行政行为。

被告变更、解除行政协议的行政行为违法，判决被告继续履行协议、采取补救措施；给原告造成损失的，判决被告予以赔偿。

【注意】被告或其他行政机关因国家利益、社会公共利益的需要依法行使行政职权，导致原告履行不能、履行费用明显增加或遭受损失，原告请求判令被告给予补偿的，法院应予支持。

（3）诉行政协议法律效力的判决。

行政协议存在重大且明显违法情形的，判决确认协议无效。

行政协议无效的原因在一审法庭辩论终结前消除的，确认行政协议有效。

法律、行政法规规定应当经过其他机关批准等程序后生效的行政协议，在一审法庭辩论终结前未获得批准的，确认该协议未生效。

【注意】行政协议案件的诉讼转换：原告以被告违约为由请求法院判令其承担违约责任，法院认为行政协议无效的，应当向原告释明，并根据原告变更后的诉讼请求判决确认行政协议无效；因被告的行为造成行政协议无效的，判决被告承担赔偿责任。原告经释明后拒绝变更诉讼请求的，判决驳回原告的诉讼请求。

（4）诉行政协议订立或者终止的判决。

原告认为行政协议存在胁迫、欺诈、重大误解、显失公平而请求撤销，经查实的，判决撤销该协议。

原告请求解除行政协议，法院认为符合约定或法定解除情形且不损害他益的，判决解除该协议。

【注意】行政协议无效、被撤销或确定不发生效力后，当事人因行政协议取得的财产，法院应当判决予以返还；不能返还的，判决折价补偿。因被告的原因导致行政协议被确认无效或被撤销，可以同时判决责令被告采取补救措施；给原告造成损失的，法院应当判决被告予以赔偿。

经典考题：2020年6月，某区政府委托后湖指挥部负责后湖片区村庄整合房屋征收安置工作。孙某与指挥部签订《房屋拆迁安置协议》，约定安置房面积为200平方米。后指挥部以孙某隐瞒在村庄整合中已享受安置房为由拒绝分配约定的房屋。孙某不服，提起行政诉讼，请求法院判决确认协议有效，并判令被告继续履行协议。下列选项正确的是：（2020年考生回忆版新疆延考第31题，任选）①

A.《房屋拆迁安置协议》为行政协议

B.后湖指挥部为本案被告

C.被告可以请求法院判令孙某退还安置房

D.本案的诉讼时效参照民事法律规范确定

例如：为加快特色小镇项目建设，改善农民居住环境，推进城乡一体化建设和旅游产业的发展，2017年，某市旅游度假区管理办公室决定对包括金山村在内的部分民居实施协议搬迁，王某（年龄近70岁）所有的房屋在本次搬迁范围内。2017年8月4日早晨，该市仪诚房屋拆迁服务有限公司工作人员一行到王某家中商谈搬迁补偿安置事宜。2017年8月5日凌晨约1点30分，王某在本案被诉的《体育建设特色镇项目房屋搬迁协议》上签字，同时在《房屋拆除通知单》上签字。2017年8月5日凌晨5点20分，王某被送至

---

① 【答案】AD。本题，《房屋拆迁安置协议》是"官"和"民"为了公共利益签订的具有行政法上行政征收权力义务关系的行政协议。A选项准确。《房屋拆迁安置协议》是区政府委托后湖指挥部与孙某签订的，根据"谁委托，谁被告"的规则，本案被告为区政府。B选项错误。行政诉讼是"民告官"的行政诉讼，没有"官告民"的行政诉讼。行政诉讼中（含行政协议案件）被告不得提出反诉。C选项错误。孙某诉行政机关不履行行政协议，诉讼时效适用民事法律规范确定。D选项准确。

医院直至 8 月 21 日出院，入院诊断为"1.多处软组织挫伤；……"。因认为签订协议时遭到了胁迫，王某于 2017 年 9 月 19 日向市中级人民法院提起诉讼要求撤销所签订的搬迁协议。本案法院如何判决？法院可以判决撤销《体育建设特色镇项目房屋搬迁协议》。行政协议兼具单方意思与协商一致的双重属性，对行政协议的效力审查自然应当包含合法性和合约性两个方面。一方以欺诈、胁迫的手段或者乘人之危，使对方在违背真实意思的情况下订立的行政协议，受损害方有权请求人民法院或者仲裁机构予以变更或撤销。在签订本案被诉的搬迁协议过程中，虽无直接证据证明相关拆迁人员对王某采用了暴力、胁迫等手段，但考虑到协商的时间正处于盛夏的 8 月 4 日，王某的年龄已近 70 岁，协商的时间跨度从早晨一直延续至第二日凌晨 1 点 30 分等，综合以上因素，难以肯定王某签订搬迁协议系其真实意思表示。据此，应判决撤销本案被诉的房屋搬迁协议。

归纳总结　★★★行政协议（本表均为"民告官"的行政诉讼）

概念定义	是指行政机关为实现行政管理或公共服务目标，与公民、法人或者其他组织协商订立的具有行政法上权利义务内容的协议
识别标准	①【**主体要素**】行政协议必须一方当事人为行政机关 ②【**目的要素**】行政协议必须是为了实现行政管理或者公共服务目标 ③【**内容要素**】协议内容必须具有行政法上的权利义务内容 ④【**意思要素**】行政协议双方当事人必须协商一致
双重属性	①【**公法特征：行政性**】签订行政协议的目的是行政机关在行政管理过程中为了实现公共利益；行政机关在协议履行过程中，行政机关享有行政优益权，可以为了保证公共利益的需要，单方变更、单方解除行政协议，给行政相对人补偿即可 ②【**私法特征：合意性**】行政协议由行政主体与行政相对人双方意思表示一致签订
协议类型 肯定列举	①政府特许经营协议 ②土地、房屋等征收征用补偿协议 ③矿业权等国有自然资源使用权出让协议 ④政府投资的保障性住房的租赁、买卖等协议 ⑤政府与社会资本合作协议
协议类型 否定列举	①行政机关之间因公务协助等事由而订立的协议 ②行政机关与其工作人员订立的劳动人事协议
可诉范围	【因行政协议的订立、履行、变更、终止等发生的争议】 ①请求判决撤销行政机关变更、解除行政协议的行政行为 ②请求判决行政机关依法履行或者按照行政协议约定履行义务 ③请求判决确认行政协议的效力 ④请求判决行政机关依法或者按照约定订立行政协议 ⑤请求判决撤销、解除行政协议 ⑥请求判决行政机关赔偿或者补偿

适格原告	**【与行政协议有利害关系的公民、法人或者其他组织】** ①签订行政协议的公民、法人或者其他组织 ②参与招标、拍卖、挂牌等竞争性活动的公平竞争权人 ③被征收征用土地、房屋等不动产的用益物权人、公房承租人
行政机关 不得反诉	行政机关就行政协议的订立、履行、变更、终止等不得提起反诉
相对人不 履行协议 的处理	①行政相对人不履行协议，经催告后不履行，行政机关可以作出要求其履行协议的书面决定。相对人对该书面决定在法定期限内不复议、不诉讼，且仍不履行，行政机关可以向法院申请强制执行 ②法律、行政法规规定行政机关对行政协议享有监督协议履行的职权，行政相对人未按照约定履行义务，经催告后不履行，行政机关可以依法作出处理决定。行政相对人在收到该处理决定后在法定期限内不复议、不诉讼，且仍不履行，行政机关可以向法院申请强制执行
管辖法院	**【选择管辖：当事人可以书面协议约定选择与争议有实际联系地点的法院作为管辖法院，但是当事人书面约定管辖法院的，不得违反级别管辖和专属管辖的规定】** ①被告所在地 ②原告所在地 ③协议签订地 ④协议履行地 ⑤标的物所在地
推定管辖	向法院提起民事诉讼，法院以涉案协议属于行政协议为由裁定不予立案或驳回起诉，当事人又提起行政诉讼的，法院应当依法受理
能否仲裁	行政协议约定仲裁条款的，法院应当确认该条款无效（注意不是整个行政协议无效），但法律、行政法规或者我国缔结、参加的国际条约另有规定的除外
起诉期限	①诉行政机关单方变更、解除行政协议的案件：适用《行政诉讼法》及其司法解释关于起诉期限的规定 ②诉行政机关除单方变更、解除行政协议之外的案件：参照民事法律规范关于诉讼时效的规定 （例如：诉行政机关不履行、不按照约定履行行政协议的；诉行政机关未依法与其订立行政协议的；向法院起诉要求撤销、解除行政协议的等） ③诉行政协议无效的：不受行政诉讼起诉期限的限制，任何时候均可以起诉
适用法律	**【程序法适用】** ①法院审理行政协议案件，应当适用行政诉讼法的规定 ②行政诉讼法没有规定的，参照适用民事诉讼法的规定 **【实体法适用】** 法院审理行政协议案件，可以参照适用民事法律规范关于民事合同的相关规定
可以调解	①法院审理行政协议案件，可以依法进行调解 ②调解应当遵循自愿、合法原则，不得损害国家利益、社会公共利益和他人合法权益

审查标准 全面审查	①【合法性审查】对行政机关是否具有法定职权、是否滥用职权、适用法律法规是否正确、是否遵守法定程序、是否明显不当、是否履行相应法定职责进行合法性审查 ②【合约性审查】原告诉行政机关未按照约定履行行政协议的，法院对行政机关是否具有相应义务或者履行相应义务等进行合约性审查
举证责任 的分配	【由被告承担举证责任的情形】 ①具有法定职权 ②履行法定程序 ③履行相应法定职责 ④订立、履行、变更、解除行政协议等行为的合法性 【由原告承担举证责任的情形】 原告主张撤销、解除行政协议的，对撤销、解除行政协议的事由承担举证责任 【"行政协议是否履行"的举证责任】 对行政协议是否履行发生争议的，由负有履行义务的当事人承担举证责任
判决类型	【诉行政机关违约的判决】 ①被告未依法履行、未按照约定履行行政协议，判决被告继续履行，并明确继续履行的具体内容 ②被告无法履行或继续履行无实际意义的，判决被告采取相应的补救措施；给原告造成损失的，判决被告予以赔偿；原告要求按照约定的违约金条款或定金条款予以赔偿的，法院应予支持 ③被告明确表示或以自己的行为表明不履行行政协议，原告在履行期限届满之前向法院起诉请求其承担违约责任的，法院应予支持 【诉行政机关单方变更、解除行政协议的判决】 （1）若单方变更、解除行政协议合法的： ①为防止严重损害国家利益、社会公共利益，被告作出变更、解除协议后，原告请求撤销该行为，法院经审理认为该行为合法的，判决驳回原告诉讼请求；给原告造成损失的，判决被告予以补偿 ②被告或其他行政机关因国家利益、社会公共利益的需要依法行使行政职权，导致原告履行不能、履行费用明显增加或遭受损失，原告请求判令被告给予补偿的，法院应予支持 （2）若单方变更、解除行政协议违法的： ①被告单方变更、解除协议违法，判决撤销或部分撤销，并可以责令被告重新作出行政行为 ②被告变更、解除行政协议的行政行为违法，判决被告继续履行协议、采取补救措施；给原告造成损失的，判决被告予以赔偿 【诉行政协议法律效力的判决】 ①行政协议存在重大且明显违法情形的，判决确认协议无效 ②原告以被告违约为由请求法院判令其承担违约责任，法院认为行政协议无效的，应当向原告释明，并根据原告变更后的诉讼请求判决确认行政协议无效；因被告的行为

续　表

判决类型	造成行政协议无效的，判决被告承担赔偿责任。原告经释明后拒绝变更诉讼请求的，判决驳回原告的诉讼请求 ③行政协议无效的原因在一审法庭辩论终结前消除的，确认行政协议有效 ④法律、行政法规规定应当经过其他机关批准等程序后生效的行政协议，在一审法庭辩论终结前未获得批准的，确认该协议未生效 【诉行政协议订立的判决】 ①原告认为行政协议存在胁迫、欺诈、重大误解、显失公平而请求撤销，经查实的，判决撤销该协议 ②原告请求解除行政协议，法院认为符合约定或法定解除情形且不损害他益的，判决解除该协议 【备注】 ①行政协议无效、被撤销或确定不发生效力后，当事人因行政协议取得的财产，法院应当判决予以返还；不能返还的，判决折价补偿 ②因被告的原因导致行政协议被确认无效或被撤销，可以同时判决责令被告采取补救措施；给原告造成损失的，法院应当判决被告予以赔偿

（十）侵犯经营自主权、农村土地承包经营权、农村土地经营权的行为

经营自主权是指自然人或者企业对自身的机构、人员、财产、原材料供应、生产、销售等各方面事务自主管理经营的权利。

农村土地承包经营权是指农村集体经济组织成员依法对其承包经营的耕地、林地、草地等享有占有、使用和收益的权利。

农村土地经营权是指公民、法人或者其他组织根据合同通过流转的方式获得的耕地、林地、草地，对其享有占有、使用和收益的权利。

根据《行政诉讼法》第12条第7项规定，行政机关侵犯经营自主权、农村土地承包经营权、农村土地经营权的行为，当事人不服的，属于行政诉讼受案范围。

例如：某市的玄武岩石材企业，其生产用原料都由玄武石材有限公司供应，而且供应数量有限。2021年3月13日，市人民政府为了促进本市的玄武岩石材企业上规模、产品上档次，下发《市工业领导小组办公室关于2021年玄武岩石板材加工企业扶优扶强的意见》。该文件中，确定2021年在全市扶持具有一定生产规模的31家石板材企业。文件规定，玄武石材有限公司要为年销售收入1000万元以上的10家企业，每家全年增加供应玄武岩荒料500立方米；要为年销售收入500万元以上的21家企业，每家全年增加供应玄武岩荒料300立方米。玄武石材有限公司向法院提起行政诉讼。本案，市人民政府属于干预企业自主经营管理的行为，属于行政诉讼的受案范围。

（十一）侵犯公平竞争权的案件

公平竞争权是指当事人为从事一定行为、获得一定权益而参加平等竞争的资格与条件，是宪法上平等权的具体体现。根据《行政诉讼法》第12条第8项规定，行政机关滥用行政权力排除或者限制竞争的，当事人不服的，属于受案范围。

"排除或者限制"公平竞争的行政行为主要表现在：

1.限制销售外地商品或者销售外地商品必须搭售本地产品。

2.只能销售指定企业的商品。

3.以明示或者暗示要求购买者必须到与政府及其所属部门有挂靠关系的企业购买商品。

4.明文规定在本行政辖区内不得销售外地商品，或对外地商品的销售数量范围进行界定。

5.其他滥用行政权力限制公平竞争的行为。

例如：市公安局发布《会议纪要》指定金丰公司统一负责全市新型防伪印章系统软件的开发建设，软件开发商凤凰公司不服《会议纪要》向法院起诉的，属于行政诉讼的受案范围。市公安局的行为属于排除竞争的行政行为。

· 知识拓展 ·

■ 最高人民法院在《关于广东省教育厅、广联达公司与斯维尔公司侵犯公平竞争权行政纠纷一案的请示》中批复如下：法院在行政诉讼中查明，行政机关在履行职责过程中，未经公开公平的竞争性选择程序且无国家安全需要、保守国家秘密、突发事件应对等正当理由，使用其指定的经营者免费提供的商品，使该经营者在商品市场声誉、用户使用习惯等方面受益，进而损害市场公平竞争秩序的，应当认定上述行为构成《反垄断法》第8条和第32条规定的"滥用行政权力，排除、限制竞争"的行为；行政机关仅以上级机关在履行相关职责过程中先行使用相同商品为由提出抗辩，法院不予支持。

（十二）违法要求履行义务的行为

行政机关违法要求公民履行的义务可能是财产义务，也可能是行为义务。

常见情况有：

1.当事人依法并不负有某种义务，而行政机关仍然要求其履行义务。

2.当事人虽然负有某种义务，但行政机关违反法定程序要求其履行。

这一规定主要针对"三乱"行为，即乱罚款、乱收费、乱摊派。2014年修改的《行政诉讼法》在受案范围中明确增加了行政机关违法集资、摊派费用或者违法要求履行其他义务。

（十三）行政命令

行政命令是指行政主体要求行政相对人为或不为一定行为（作为或不作为）的意思表示，是行政行为的一种形式。

例1：市场监督管理局责令销售不合格产品的丁企业支付消费者3倍赔偿金。

例2：省药品监督管理局责令乙企业召回已上市销售的不符合药品安全标准的药品。那么，省药品监督管理局的行为是否属于行政处罚？不属于行政处罚。责令召回不符合药品安全标准的药品目的是为了避免危害的发生或者控制危险的扩大，不在于制裁和惩戒，因此不属于行政处罚。责令召回由于不是对行政相对人进行的暂时性或者临时性的处理，所以也不属于行政强制措施。责令召回在性质上属于行政命令。所谓行政命令，是指行政主体要求行政相对人为或不为一定行为（作为或不作为）的意思表示，是行政行为的一种形式。

对属于"行政行为"的行政命令而言，其主要具有以下两个方面的法律效果：

1. 设定义务或者规则。行政命令的实质是为相对人设定作为义务或不作为义务，也可以为相对人设定具体行为规则。但需要注意的是，行政命令虽然可以为相对人设定义务，但不能直接处分该义务，而只能通过相对人实现。这也是行政命令与其他的行政行为如处罚、强制等行为的区别之一。

2. 不遵守行政命令可能导致对相对人不利的法律后果。具体言之，行政相对人违反行政命令，行政主体可以依法对其进行行政处罚或采取行政强制执行，以保证行政命令的实现。

【注意】行政命令是一种具有"兜底性"的行政行为，只有特定行政活动不属于行政处罚、行政强制措施、行政强制执行、行政征收、行政征用等行政行为类型之时，才能将其考虑为行政命令。

三、否定列举的案件

（一）行为不具有行政性的案件

某些行为虽然由行政机关实施，但性质上不属于行政活动，就不可能被纳入行政诉讼的受案范围。主要包括：

1. 公务员的个人行为。

公务员实施的个人行为，由于不是在履行行政管理职能过程中实施的行为，不具有行政性，其法律后果由公务员个人承担。

例如：区市场监督管理局执法人员维多在凤凰公司现场执法检查过程中发现公司CEO办公桌上有一块劳力士表，甚是喜爱，趁没人注意时放入自己口袋，据为己有。维多将他人手表占为己有，属于公务员个人行为，实际上已经构成刑法上的盗窃罪。

2. 行政机关实施的民事活动。

行政机关以平等民事主体身份从事的民事行为，由于不是在履行行政管理职能，因此，在性质上属于民事法律行为，而不是行政行为。若由于行政机关实施的民事法律行为产生争议的，也是民事争议，通过民事诉讼程序解决。

例如：县教育局租赁民营写字楼的一层作为办公室，租期届满后拒绝支付剩余租金。县教育局的行为属于民事租赁行为，不按照租赁协议履行系违约行为，当事人应当通过提起民事诉讼解决。

3. 国家行为。

国家行为是指行政机关根据宪法和法律的授权以国家名义实施的具有高度政治性的行为。这些行为具有高度政治性，而非行政性，不在行政法的调整范围之内。例如：国防行为、外交行为、宣告紧急状态的行为、实施戒严的行为、宣布总动员的行为等，不具有行政性，对这些行为不服，不能提起行政诉讼。

4.刑事司法行为。

刑事司法行为是指公安、国安等特定行政机关根据《刑事诉讼法》的授权实施的立案侦查追究犯罪的活动。这些行为虽然由行政机关实施，但性质上却是刑事诉讼活动的一个组成部分，也不属于行政活动，同样不被列入行政诉讼的受案范围。

例如：维多在妻子利娅失踪后向公安局报案要求立案侦查，遭拒绝后向法院起诉要求确认公安局行为违法。公安局的行为属于刑事司法行为，不属于行政诉讼的受案范围。

· 知识拓展 ·

■ 并非所有由行政机关实施的、与立案侦查追究犯罪有关的行为都不能纳入行政诉讼。对此应把握"根据《刑事诉讼法》明确授权"这一基准，只有根据《刑事诉讼法》明确授权实施的行为才是不可诉的，如果是根据其他法律如《人民警察法》授权而实施的行为，仍然属于可诉的行政行为。应注意的是，现实中承担刑事侦查职能的行政机关（尤其是公安机关）若假借刑事侦查之名，行干预经济纠纷之实，这种行为已经违背了《刑事诉讼法》授权的目的，不应将其视为刑事侦查行为，当事人不服的，仍可提起行政诉讼。

例如：甲公司与乙公司签订建设工程施工合同，甲公司向乙公司支付工程保证金30万元。后由于情况发生变化，原合同约定的工程项目被取消，乙公司也无资金退还甲公司，甲公司向县公安局报案称被乙公司法定代表人王某诈骗30万元。公安机关立案后，将王某传唤到公安局，要求王某与甲公司签订了还款协议书，并将扣押的乙公司和王某的财产移交给甲公司后将王某释放。乙公司不服公安局的扣押财产行为，是否可以提起行政诉讼？可以。本案中县公安局的行为是典型的"假刑事"案件，其真正目的是干预两公司之间的民事债务纠纷，仍应属于行政诉讼的受案范围。因此，乙公司有权提起行政诉讼并请求国家赔偿，法院应当受理。

归纳总结 公安机关的双重属性

属性	行为授权依据	行为目的
行政机关	治安管理处罚法	立案调查、制裁惩戒
司法机关	刑事诉讼法	立案侦查、追究犯罪

5.法律等规定的仲裁行为。

仲裁机构作出的仲裁决定不能提起行政诉讼。

例如：劳动争议仲裁委员会针对劳动者与用人单位的劳动争议作出的仲裁裁决不可诉。由于劳动争议仲裁委员会是一个纠纷解决机构，不是一个履行行政管理职能的机构，因此，仲裁行为不具有行政性，不能提起行政诉讼。劳动者或者用人单位对仲裁结果不服的，就劳动争议可提起民事诉讼解决。

（二）行为不具备处分性的案件

如果一个行为不具备处分性的特征，就不属于行政行为，不能被纳入行政诉讼。没有处分性的行为包含两种情形：（1）主观上行为的对外实施不是行政主体的本意，虽然客观上行为的对外实施对当事人的权利义务产生了影响；（2）行为的对外实施虽然主观上是行政主体的本意，但是客观上行为的对外实施并没有对当事人权利义务产生影响。

1.协助法院执行行为。

可诉的行政行为须是行政机关基于自身意思表示作出的行为。行政机关依照法院生效裁判作出的执行行为，本质上属于履行生效裁判的行为，并非行政机关自身依职权主动作出的行为，不属于可诉的行为。行政机关实施的协助法院执行行为，由于体现的是人民法院的法律判断，是依照人民法院生效裁判作出的行为，并非行政机关基于其本身意志主动作出的行为，不属于行政诉讼的受案范围。

例1： 郭某不服不动产登记局协助法院将其房屋产权转移登记给刘某的行为向法院起诉。由于不动产登记局的行为是协助法院执行行为，不属于行政诉讼的受案范围。

例2： 市国土局作出《关于温某限期交付土地的决定》，责令温某腾空并交付土地，逾期不履行将依法申请人民法院强制执行。温某在法定期限内不复议、不诉讼，也没有履行搬迁义务，市国土局向法院申请强制执行。法院作出裁定，准予强制执行，由市政府组织实施。市政府对温某的房屋、大棚及附属设施予以强制拆除。温某不服，向法院提起诉讼，请求确认市政府强制拆除行为违法。温某之诉是否属于行政诉讼的受案范围？不属于。行政机关根据人民法院的协助执行通知书实施的行为，是行政机关必须履行的法定协助义务，属于行政机关执行人民法院生效裁定的行为，不属于行政诉讼的受案范围。

· 知识拓展 ·

■ 根据《最高人民法院关于适用行政诉讼法的解释》第1条第2款第7项的规定，行政机关根据人民法院的生效裁判、协助执行通知书作出的执行行为不属于人民法院行政诉讼的受案范围。这是因为：第一，行政机关根据人民法院的生效裁判、协助执行通知书作出的执行行为，属于履行法律规定的协助义务，不是行政机关的自主行政行为。第二，行政机关作出的协助执行行为在性质上属于人民法院司法行为的延伸和实现，当事人要求对行政机关协助执行人民法院生效裁判的行为进行合法性审查，事实上就是要求人民法院对已被生效裁判羁束的争议进行审查，因而不能得到准许。如果当事人认为行政机关的协助执行行为侵犯其合法权益，应当针对人民法院生效裁判通过审判监督程序寻求救济。《最高人民法院关于适用行政诉讼法的解释》第1条第2款第7项规定了一种例外情形，即"行政机关扩大执行范围或者采取违法方式实施的除外"。这种情况下，行政机关的执行行为属于行政诉讼受案范围，是因为行政机关的此种行为已经失去了人民法院裁判文书的依托，超出了人民法院协助执行通知书的范围和本意，在性质上不再属于实施司法协助的执行行为，应当受到司法审查并独立承担法律责任。

例如： 区法院作出生效民事判决书载明杜某名下位于花园小区的别墅所有权应当是李某的，杜某拒绝履行该判决书。区房屋交易管理中心在协助法院执行过程中将杜某名下的别墅、复式公寓、260平米的大平层全部转移登记到李某名下。房屋交易管理中心的转移登记行为超越了法院生效裁判文书的范围，侵犯了杜某的合法权益。杜某不服区房屋交易管理中心的转移登记行为提起行政诉讼的，属于行政诉讼的受案范围。

2.行政调解。

行政调解是行政机关在其职权范围内，就平等民事主体之间发生的民事纠纷劝导其自愿达成协议的一种行为。虽然行政机关的调解方案在客观上对平等民事主体的权利义务作出了安排，但是主观上这种权利义务安排（协议）是否最终达成，取决于平等民事主体自己的意愿。当事人愿意调解的，协议的达成是当事人自己的意愿；当事人不愿意调解的，协议未能达成还是当事人自己的意愿。当事人如对调解结果不服，不能对其提起行政诉讼，应当就原有的民事纠纷提起民事诉讼。

例如： 安某放的羊吃了朱某家的玉米秸，二人争执。安某殴打朱某，致其左眼部青紫、鼻骨骨折，朱某被鉴定为轻微伤。在公安分局的主持下，安某与朱某达成协议，由安某向朱某赔偿500元。如果安某拒不履行协议，朱某是否可以向法院提起行政诉讼？不可以。因为公安局的行为是对平等民事主体发生的民事纠纷作出的非强制性处理，当事人不履行的，可以提起民事诉讼。

3.行政指导。

行政指导是指行政机关向相对人采取建议、鼓励、劝告、倡议等不具有国家强制力的方式，引导相对人自愿配合而达到行政管理目的的行为。这是一种没有强制力的行为，其目的的实现取决于当事人对指导意见的自愿听取，行政机关无权强行要求当事人听取其意见。因此，行政指导的作出并不会直接引起当事人权利义务的变动，对其不能提起行政诉讼。

· 知识拓展 ·

■ 行政机关在作出行政指导的同时，还通过某些强制手段来实现其指导目标，这种"行政指导"就名不副实，当然属于行政诉讼的受案范围。

例如： 因蔬菜价格上涨、销路看好，镇政府建议村民拔掉麦子改种蔬菜。若最终蔬菜不好卖，菜农亏本能否提起行政诉讼，起诉镇政府？不能。因为镇政府的行为属于行政指导，是对菜农的生产经营进行建议、劝告，不具有强制性，菜农可以听取也可以不听取，不听取镇政府的建议并不会产生不利后果，不具有处分性。

4.重复处理行为。

重复处理行为是指行政机关根据行政相对人的申诉，对原有生效的行政行为作出的在内容上没有任何改变的二次决定。如行政机关对于某件事情已经作出决定，由于某种原因过了一段时间又作出一个新的决定，对前一个决定的内容加以明确、强调或解释，就是重复处理行为。又如行政机关作出一个决定之后，当事人通过来信、来访等方式申诉，行政机关经审查后驳回了当事人的申诉，重新肯定了原决定，这也属于重复处理行为。对于重复处理行为，当事人不能提起行政诉讼，因为这些行为的作出并没有引起权利义务关系的丝毫变化，只不过重复了原来的权利义务内容而已，同样属于不具有处分效力的行为。当事人如果提起行政诉讼，应当在起诉期限内以行政机关第一次确定权利义务的行为为对象提起行政诉讼。

由于重复处理行为是行政机关所作出的没有改变原有行政法律关系、没有对当事人的权利义务产生新的影响的行为，因此没有处分性，不可诉。法律上规定重复处理行为不可诉，可以避免当事人通过不断申诉，再就驳回申诉的处理决定去起诉，从而规避行政诉讼起诉期限的做法。

例1： 某区房屋租赁管理办公室向甲公司颁发了房屋租赁许可证，乙公司以此证办理程序不合法为由要求该办公室撤销许可证被拒绝。后乙公司又致函该办公室要求撤销许可证，办公室作出"许可证有效，不予撤销"的书面答复。乙公司向法院起诉要求撤销书面答复。该书面答复是否可诉？不能。该书面答复即为典型的重复处理行为，是对在先的拒绝撤销许可证行为的重复，因此不属于行政诉讼的受案范围。

例2： 刘某在起诉期限届满后对生效的行政行为不服，向作出行政行为的行政机关提出申诉被维持，该维持决定属于重复处理行为，不属于行政诉讼的受案范围。

5.过程性行为。

过程性行为，又称之为"阶段性行为"，是指行政机关为最终作出具有权利义务安排的行政行为而进行的中间性的、准备性的、过程性的、阶段性的行为。此时行政行为尚未最终完成，不可能对当事人产生任何效力，当事人也就不能对其提起行政诉讼了，只有在该行政行为最终完成之后，才能对最后的决定提起行政诉讼。

过程性行为在实践中十分常见，如在适用听证程序的行政处罚中，行政机关经过初步调查会形成一个初步的处罚意见，将此意见告知当事人并告知其有申请听证的权利，这种文书通常被称作行政处罚告知书。但行政处罚告知书并不等于最后的处罚决定，最后的处罚决定只有等到听证结束之后才作出，而这个决定完全有可能改变告知书中的初步处罚意见。因此，当事人不能因为行政机关告知有对其实施处罚的可能性，就提起行政诉讼。

行政机关在作出某项重大的行政决定之前，可能向其上级行政机关请示，而上级机关对该请示作出的答复、批复、意见等也属于过程性行为，同样不能提起行政诉讼。只有在下级机关根据这些答复、批复、意见作出最终的处理决定之后，当事人才能起诉该决定。

例1：市场监督管理局向申请餐饮服务许可证的李某告知补正申请材料的通知，李某认为通知内容违法而起诉。李某是否可以起诉该通知行为？不可以。因为该通知行为属于过程性行为，通知行为本身并不会给李某带来权利义务关系的变动，不具有处分性，不能起诉。

例2：某区政府作出《关于建筑设计院片区基础设施落后的认定》，并据此公布了建筑设计院片区旧城区改建项目国有土地上房屋征收范围图，李某不服向法院提起行政诉讼。李某之诉是否属于行政诉讼的受案范围？不属于行政诉讼的受案范围。区政府的认定行为及结果是区政府最终是否对该区域国有土地上房屋作出征收决定的必要条件但非充分条件。仅范围的确定和基础设施论证行为及结果并不导致李某房屋被征收。是否征收还需视其他法定条件是否具备而定。即使最终李某房屋被征收，其权益如何被影响也取决于征收决定、补偿决定等。针对征收、补偿行为，被征收人可以申请行政复议或者提起行政诉讼。涉案的规划范围和基础设施是否落后的认定只是征收前的工作环节，并不直接改变公民、法人和其他组织的权利和义务，系过程性行为，不对外产生效力，不属于行政诉讼的受案范围。

·知识拓展·

■ 行政机关为作出行政行为而实施的准备、论证、研究、层报、咨询等过程性行为，不属于行政诉讼的受案范围。行政行为通常是指行政主体行使行政职权或履行职责过程中所作出的具有法律意义的行为，最终性和成熟性是可诉的行政行为最为重要的判断标准。之所以将最终性和成熟性作为判断行政行为是否具有可诉性的标准，主要是考虑到行政权与审判权之间存在各自的界限，避免司法权过早、过度介入行政执法领域。所谓最终性和成熟性有两个方面的含义，一是行政程序已经完结，存在着一个最终的结论行为；二是该结论行为已经确定了权利义务或者将会导致法律后果。由此可以确定，对于行政程序进行中的阶段性、过程性行为，通常不属于行政诉讼的受案范围。当事人如果认为阶段性、过程性行为侵犯了自己的合法权益，应当以吸收了阶段性、过程性行为的最终行政行为为对象提起诉讼。

【注意】行政主体程序性行为、过程性行为，通常不能单独申请行政复议或提起行政诉讼，除非该程序性行为具有事实上的最终性，并影响公民、法人或者其他组织的合法权益。因此，需要注意区分在某些情况下，过程性行为有可能对当事人的权利义务产生事实上的影响，实际上已经等同于一个行政行为。假设在行政许可程序中，申请人递交的申请材料错误或缺漏的，行政机关在5日内一次全部告知，这种告知行为本属阶段性行为，但如果由于行政机关没有及时告知或错误告知，事实上就会导致许可程序终止，申请人的合法权利受到损害。此时，应当认定告知行为已经构成行政行为，可以提起行政诉讼。

例如： 王某系嘉宝公司职工，在下班途中驾驶摩托车发生事故死亡。交通管理部门经过多次调查仍不能查清事故成因，遂出具《道路交通事故证明书》，载明情况及事发地点。嘉宝公司就其职工王某因交通事故死亡向人力资源与社会保障局（以下简称人社局）申请工伤认定，人社局以交通管理部门尚未对本案事故作出交通事故认定书为由作出《工伤认定中止通知书》。王某之子向人社局申请恢复认定，该局不予处理，王某之子遂提起行政诉讼，请求法院撤销该中止通知书。王某之子提起的诉讼是否属于行政诉讼的受案范围？属于行政诉讼的受案范围。本案，被告作出《工伤认定中止通知书》，属于工伤认定程序中的过程性行为，如果该行为不涉及终局性问题，对行政相对人的权利义务没有实质影响的，属于不成熟的行为，不具有可诉性，行政相对人提起行政诉讼的，不属于行政诉讼的受案范围。但如果该过程性行为具有终局性，对行政相对人权利义务产生实质影响，并且无法通过提起针对相关的实体性行政行为的诉讼获得救济的，则属于可诉行为，相对人提起行政诉讼的，属于行政诉讼的受案范围。根据《道路交通安全法》第73条的规定："公安机关交通管理部门应当根据交通事故现场勘验、检查、调查情况和有关的检验、鉴定结论，及时制作交通事故认定书，作为处理交通事故的证据。交通事故认定书应当载明交通事故的基本事实、成因和当事人的责任，并送达当事人。"但是，在现实中，也存在因道路交通事故成因确实无法查清，公安机关交通管理部门不能作出交通事故认定书的情况。对此，《道路交通事故处理程序规定》第67条规定："道路交通事故基本事实无法查清、成因无法判定的，公安机关交通管理部门应当出具道路交通事故证明，载明道路交通事故发生的时间、地点、当事人情况及调查得到的事实，分别送达当事人，并告知申请复核、调解和提起民事诉讼的权利、期限。"就本案而言，被告就王某因交通事故死亡，依据所调查的事故情况，只能依法作出《道路交通事故证明》，而无法作出《交通事故认定书》。因此，本案中《道路交通事故证明》已经是公安机关交通管理部门依据《道路交通事故处理程序规定》就事故作出的结论，也就是《工伤保险条例》第20条第3款中规定的工伤认定决定需要的"司法机关或者有关行政主管部门的结论"。除非出现新事实或者法定理由，否则公安机关交通管理部门不会就本案涉及的交通事故作出其他结论。而本案被告在第二人申请认定工伤时已经提交了相关《道路交通事故证明》的情况下，仍然作出《工伤认定中止通知书》，拒绝恢复对王某死亡是否属于工伤的认定程序。由此可见，虽然被告作出《工伤认定中止通知书》是工伤认定中的一种过程性行为，但该行为将导致原告的合法权益长期乃至永久得不到依法救济，直接影响了原告的合法权益，对其权利义务产生实质影响，并且原告也无法通过对相关实体性行政行为提起诉讼以获得救济。因此，被告作出《工伤认定中止通知书》，属于可诉行政行为，法院应当依法立案。

6.信访办理行为。

信访办理行为是指行政机关针对信访事项作出的登记、受理、交办、转送、承办、协调处理、监督检查、指导信访事项等行为。信访办理行为不是行政机关行使"首次判断权"的行为。根据《信访条例》的规定，信访工作机构依据《信访条例》作出的登记、受理、交办、转送、承办、协调处理、监督检查、指导信访事项等行为，对信访人不具有强制力，对信访人的实体权利义务不产生实质影响，因此不具有可诉性。

·知识拓展·

■ 信访事项不可诉，原因在于行政机关曾经就同一事项已经作出过处理，当事人通过信访途径请求再次处理，行政机关作出的信访答复意见、复查意见或者复核意见，未改变原先的处理，属于重复处理行为，对当事人的权利义务没有产生新的实际影响，所以不可诉。

例如：李某不服信访局将其信访材料转送生态环境局处理，向法院起诉的，不属于行政诉讼的受案范围。

7.公务员在履行公务过程中殴打行政相对人的行为。

公务员在履行公务过程中殴打行政相对人的行为，由于主观上不是行政机关的意思表示，不具有处分性，该暴力殴打行为不具有可诉性。行政相对人就其人身伤害损失可以申请国家赔偿获得救济。

例如：郭某不服区城管局执法队员在履行公务过程中对其实施的殴打行为向法院起诉的，不属于行政诉讼的受案范围。

（三）行为不具备特定性的案件

行政规范性文件，过去又被称为"抽象行政行为"，是行政行为的对立概念。

行政规范性文件是指行政机关运用行政职权，针对不特定对象制定的，可以反复适用的行政管理文件的行为。行政规范性文件不具备特定性的要件，不属于行政诉讼的受案范围。因为行政规范性文件所适用的对象是不特定的，只有经过行政行为的实施，才可能对特定对象产生权利义务上的实际影响，因此不能对行政规范性文件提起诉讼。

【注意1】最高人民法院办公厅《关于印发〈行政审判办案指南（一）〉的通知》（法办〔2014〕17号）规定，行政机关发布的具有普遍约束力的规范性文件不可诉，但包含行政行为内容的，该部分内容具有可诉性。

例1：市政府发出通知，要求非本地生产的乳制品须经本市技术监督部门检验合格方可在本地销售，违者予以处罚。某外地乳制品企业是否可以对该通知提起诉讼？不可以。该通知行为属于行政规范性文件，适用的对象具有不确定性，即到底有多少外地乳制品企业计划在本地销售乳制品范围不能确定。

例2：县政府发布全县征地补偿安置标准的文件，村民万某以文件确定的补偿标准过低为由向法院起诉，不属于行政诉讼的受案范围。县政府发布的全县征地补偿安置标准的文件是针对不特定对象制定的、可以反复适用的规范性文件，它只能在行政诉讼中"附带"提起，而不能对其直接提起行政诉讼。

【注意2】判断一个行为的性质是行政行为，还是行政规范性文件，不能看该行为的名字和外在表现形式，而是看该行为的内容和实质，即是否具有处分性、特定性，是否能够反复适用。

例如：市公安局发布《会议纪要》指定金丰公司统一负责全市新型防伪印章系统软

件的开发建设，软件开发商皇朝公司不服《会议纪要》向法院起诉，是否属于行政诉讼的受案范围？属于行政诉讼的受案范围。尽管《会议纪要》从名称上看像是行政规范性文件（抽象行政行为），但从内容上看，市公安局发布《会议纪要》是针对外部的特定对象（金丰公司）、特定事项（防伪印章系统软件的开发建设）作出的单方行政行为。市公安局发布《会议纪要》的行为属于典型的行政机关滥用行政权力排除或者限制竞争的行政行为，作为软件开发商皇朝公司可以基于公平竞争权受到损害向法院提起行政诉讼。

（四）行为不具备外部性的案件

不具备外部性特征的行为，即内部行为，不属于行政诉讼的受案范围。所谓内部行为包括针对内部组织的行为和针对内部个人的行为。

1.针对内部组织的行为。

针对内部组织的行为，如行政主体对其下属机构设立、增加、减少、合并的行为，或对下属机构的权力加以配置、划定、调整的行为，或者上级行政机关对下级行政机关的层级监督行为，以及行政机关内部公文函件往来的行为。内部层级监督属于行政机关上下级之间管理的内部事务，法律法规规定的内部层级监督，并不直接设定当事人新的权利义务关系，因此，该类行为属于不可诉的行为。

例如：孟某以市政府不督促市生态环境局履行法定职责为由向法院起诉。该行为属于内部层级监督行为，不属于行政诉讼的受案范围。

2.针对内部个人的行为。

针对内部个人的行为主要表现为对人事关系的处理，如对公务员的奖惩、任免。

内部行为不可诉，很重要的一个原因是，如果法院对行政机关内部行为进行审查，不利于保证行政管理的效率，也不利于保障行政机关首长对工作人员的监督，不利于保证行政首长负责制的实现。公务员对其个人的人事处理，现有的行政系统具有专门的救济通道，公务员可以复核或申诉，不需要通过行政诉讼的途径来解决。

例1：财政局工作人员维多对定期考核为不称职不服向法院起诉的，该行为属于内部行为，不属于行政诉讼的受案范围。

例2：生态环境局给予工作人员田某记过处分、财政局对工作人员黄某提出的辞职申请不予批准、公安局以新录用的公务员孙某试用期不合格为由取消录用、人力资源与社会保障局以李某体检不合格为由取消其公务员录用资格，田某、黄某、孙某、李某不服的，是否可以提起行政诉讼？田某、黄某、孙某不可以，李某可以。因为田某、黄某和孙某是公务员，行政机关对其作出的内部人事处理决定，属于内部行为，不能提起行政诉讼。而李某还未被录用为公务员，对其取消录用行为不是内部行为，而是外部行为，可以提起行政诉讼。

例3：石某的房屋被县政府违法征收。石某向市政府邮寄《查处申请书》，要求市政府依法责令县政府立即停止违法行为，并通报批评，对违法征收直接责任人和其他责任人依法予以处分。市政府将该《查处申请书》批转县政府处理。石某以市政府未履行法定职责为由向法院提起行政诉讼。石某之诉是否属于行政诉讼的受案范围？不属于。人民政府不履行层级监督职责的行为，一般不设定当事人新的权利义务，不是行政行为，不属于行政诉讼的受案范围。

　　例4：市林业局接到关于孙某毁林采矿的举报，遂致函当地县政府，要求调查。县政府召开专题会议形成会议纪要：由县林业局、矿产资源管理局与安监局负责调查处理。经调查并与孙某沟通，三部门形成处理意见：要求孙某合法开采，如发现有毁林或安全事故，将依法查处。再次接到举报后，三部门共同发出责令孙某立即停止违法开采，对被破坏的生态进行整治的通知。市林业局的致函是否具有可诉性？县政府的会议纪要是否具有可诉性？市林业局的致函和县政府的会议纪要均是内部行为，不属于行政诉讼的受案范围。

归纳总结　行政活动的类型划分

行政活动	行政行为	具体行政行为	①行政许可 ②行政处罚 ③行政强制措施 ④行政强制执行 ⑤政府信息公开 ⑥行政确认 ⑦行政征收、征用及其补偿决定 ⑧行政裁决 ⑨行政给付、行政奖励 ⑩行政命令
		双方行政行为	行政协议
	行政规范性文件	行政法规	
		行政规章	①部门规章 ②地方政府规章
		其他规范性文件	①国务院发布的具有普遍约束力的决定和命令 ②国务院部门制定的规范性文件 ③地方政府制定的规范性文件 ④地方政府工作部门制定的规范性文件
	事实行为	①行政指导 ②行政调解 ③协助法院执行行为 ④过程性行为 ⑤重复处理行为 ⑥信访办理行为 ⑦公务员在实施执法活动过程中殴打行政相对人的行为（不可诉，但可申请国家赔偿）	

归纳总结	★★★行政诉讼的受案范围	
行为标准	【审查强度】只审查被诉行政行为的合法性（行政行为明显不当的，构成违法）	
肯定列举	①行政许可、行政处罚、行政强制措施、行政强制执行；②不履行法定职责；③行政确认；④行政征收、行政征用及其行政补偿决定；⑤行政给付；⑥行政裁决；⑦行政奖励；⑧行政命令；⑨行政协议	
否定列举♣	无行政性	①个人行为 ②民事行为 ③国家行为 ④刑事司法行为 ⑤法律规定的仲裁行为
	无处分性	①公务员在实施执法活动过程中殴打行政相对人的行为（不可诉，但可申请国家赔偿） ②协助法院执行行为（但扩大执行范围、采取违法方式实施的则可诉） ③行政调解 ④行政指导 ⑤重复处理行为 ⑥过程性行为（阶段性行为） ⑦信访办理行为
	无特定性	行政规范性文件［规章（不含）以下的规范性文件可以附带提请审查］
	无外部性	【内部行为不可诉】 ①对公务员的奖惩任免等人事处理决定 ②上下级行政机关之间的内部层级监督行为
	【备注】法定最终裁决行为也不可诉（即复议终局之三种情形）	

第二节　行政规范性文件的附带审查

·考情分析·

■ 本节知识点要求考生掌握规章与规章以下的规范性文件的区别，理解规章以下的规范性文件附带审查的构成要件，掌握法院对不合法规范性文件的最终处理。

■ 在客观题考试中，行政诉讼中规章以下（不含）的行政规范性文件的附带审查一般考一个选项。

■ 本节知识点易错和高频考点是：

（1）对规章（不含）以下的行政规范性文件，俗称红头文件，可以附带提起行政诉讼。对规章不得附带提起行政诉讼。

（2）对红头文件可以附带提起行政诉讼的前提是：行政行为是依据该红头文件作出的。也就是说，如果该红头文件不是作为行政行为的依据，无法附带提起行政诉讼。

（3）作为被诉行政行为的依据是指规章以下的规范性文件作为被诉行政行为的事实依据、程序依据、结果依据或者裁量依据。

（4）对红头文件不得单独提起行政诉讼，必须附带行政行为提起审查。

（5）若法院认为红头文件违法的，应当听取制定机关的意见。若制定机关拒绝陈述意见的，不阻碍法院对文件进行审查。

（6）若红头文件违法的，法院不得直接撤销红头文件。

（7）若红头文件违法的，作出生效裁判的法院应当向规范性文件的制定机关提出处理建议，可以抄送制定机关的同级人民政府、上一级行政机关、监察机关、规范性文件的备案机关。

（8）法院认为规范性文件不合法的，应当在裁判生效后报送上一级法院进行备案。

（9）涉及国务院部门制定的规范性文件，司法建议还应当层报最高法院备案。

（10）涉及省级行政机关制定的规范性文件，司法建议还应当层报高级法院备案。

（11）对规章（不含）以下的行政规范性文件，俗称红头文件，既可以附带提起行政诉讼，也可以附带提请行政复议。

■ 在主观题考试中，需要掌握规章与规章以下的规范性文件的区别，熟记规章以下的规范性文件附带审查的构成要件以及法院对不合法规范性文件的最终处理。

一、行政规范性文件的概念、判断与类型

（一）概念与判断标准

行政规范性文件，过去又被称之为"抽象行政行为"，是指行政机关运用行政职权，针对不特定对象制定的，可以反复适用的行政管理文件。

行政规范性文件的判断标准主要有两个：

1.不特定性。行政规范性文件作出之时想要约束的对象范围不能够明确固定下来。

2.反复适用性。行政规范性文件针对同一情形可以反复适用，不是适用一次就没有效力了。

（二）行政规范性文件的类型

行政规范性文件的类型主要有：

1.行政立法：行政法规、行政规章。

2.国务院发布的具有普遍约束力的决定和命令。

3.国务院部门和地方政府及其部门制定的行政规范性文件。

（三）行政诉讼附带审查行政规范性文件的范围

可以附带行政行为提起行政诉讼的行政规范性文件，即规章（不含）以下的规范性文件，俗称红头文件，主要包括如下三类：

1.国务院部门制定的行政规范性文件。

2.地方人民政府制定的行政规范性文件。

3.地方人民政府部门制定的行政规范性文件。

·知识拓展·

■ 行政规章与红头文件的区别：

①名称不同（规章：规定、办法等；红头文件：会议纪要、通知、操作指南、指示等），即规章的名称一般为"规定"或"办法"，而红头文件的名字则较为多元，可以称为"会议纪要""通告""裁量基准""规范""操作指南""通知"等。

②制定主体不同（地方政府规章：省级政府、设区的市政府；红头文件：各级政府或其工作部门），即地方政府规章的制定主体要么是省级政府，要么是设区的市政府；而地方政府的工作部门不能制定规章，其只能制定红头文件。此外，县政府、区政府、乡镇政府发布的文件也只能是红头文件，不能制定规章。

③制定程序不同（规章：立项、起草、审查、决定、发布、施行、备案；红头文件：政府会议，参照规章制定程序），即行政规章的制定程序需要经历"立项、起草、审查、决定、发布、施行、备案"这些步骤，程序比较繁琐，而红头文件一般是由政府召开会议制定。

　　例如： 某县政府发布《征地补偿安置标准》，村民万某以文件确定的补偿标准过低为由向法院提起行政诉讼。《征地补偿安置标准》是规章，还是规章以下的行政规范性文件？属于规章以下的行政规范性文件。首先，从名称上判断，由于规章的名称为"××规定""××办法"，所以《征地补偿安置标准》只能属于规章以下的行政规范性文件。其次，从制定主体判断，县政府无权制定规章，所以《征地补偿安置标准》只能属于规章以下的行政规范性文件。

二、行政诉讼附带审查行政规范性文件的构成要件、审查程序与审查标准

（一）行政诉讼附带审查行政规范性文件的构成要件

行政诉讼附带审查行政规范性文件应同时满足下列构成要件：

1.诉的对象：作为行政行为依据的规章（不含）以下的行政规范性文件。

2.诉的方式：附带于行政行为提请审查，不得单独起诉行政规范性文件。

3.诉的时间：应当是一审开庭审理前提出；有正当理由的，在法庭调查中提出。

例1：某县公安局以方某经营的出租房未按要求配置逃生用口罩、报警哨、手电筒、逃生绳等，不符合《省居住出租房屋消防安全要求》（省公安厅发布，以下简称《消防安全要求》）的相关规定为由，根据《治安管理处罚法》第39条规定，对方某作出3日拘留处罚决定。方某不服拘留处罚决定提起行政诉讼，要求附带审查《消防安全要求》。方某是否可以提出附带审查《消防安全要求》？可以。《消防安全要求》系规章以下的规范性文件，又是作为行政行为认定违法事实的依据，因此可以附带提起行政诉讼。

例2：2019年2月，国务院发布《关于在市场监管领域全面推行部门联合"双随机 一公开"监管的意见》（以下简称《意见》），决定在监管过程中随机抽取检查对象，随机选派执法检查人员，抽查情况及查处结果及时向社会公开。并且提出要打造综合监督平台，减轻企业负担，提高执法效率。那么，"该《意见》不能成为法院在行政诉讼中附带审查的对象"，这种说法是否准确？准确。本案，《关于在市场监管领域全面推行部门联合"双随机 一公开"监管的意见》属于国务院的决定、命令，不是规章以下的行政规范性文件，不能在行政诉讼中附带提起审查。

·知识拓展·

■ 对行政规范性文件可以附带提起行政诉讼的前提是：行政行为是依据该行政规范性文件作出的。也就是说，如果该规范性文件不是作为行政行为的依据，无法附带提起行政诉讼。当然，原告有权请求人民法院一并审查的作为被诉行政行为依据的规范性文件不仅包括行政机关作出处理决定所明确援引的规范性文件，也包括行政机关取得职权、认定事实、选择程序、解释法律、进行裁量时实际上作为依据却未予以明确援引的规范性文件。确有必要时，人民法院可以对规范性文件是否合法进行全面审查。

■ 行政规范性文件经制定、发布、公布、施行，具备作为实施行政行为依据的行政法律效力。是否报送备案并非行政规范性文件的生效要件；行政规范性文件应当报备而未报备的，该问题应通过行政机关内部督促检查的法定途径予以解决。

（二）法院审查行政规范性文件的程序

1.审查中发现规范性文件可能不合法的，法院应当听取规范性文件制定机关的意见。

2.制定机关申请出庭陈述意见的，法院应当准许。

3.行政机关未陈述意见或未提供相关证明材料的，不能阻止法院对规范性文件进行审查。

（三）法院审查行政规范性文件的标准

1.制定机关是否超越权限。

2.制定机关是否违反法定程序。

3.制定机关作出行政行为所依据的条款以及相关条款。

4.制定机关是否违法增加当事人义务或者减损当事人合法权益。

三、行政诉讼附带审查行政规范性文件的处理

（一）行政规范性文件不合法的情形

1.与法律、法规、规章等上位法的规定相抵触的。

2.超越制定机关的法定职权或者超越法律、法规、规章的授权范围的。

3.没有法律、法规、规章依据，违法增加当事人义务或者减损当事人合法权益的。

4.未履行法定批准程序、公开发布程序，严重违反制定程序的。

（二）法院对行政规范性文件的处理

1.规范性文件合法的：经审查认为行政行为所依据的规范性文件合法的，应当作为认定行政行为合法的依据。

2.规范性文件违法的：

（1）经审查认为规范性文件不合法的，不作为法院认定行政行为合法的依据，并在裁判理由中予以阐明。

（2）作出生效裁判的法院在裁判生效之日起3个月内向规范性文件的制定机关提出处理建议，并可以抄送制定机关的同级人民政府、上一级行政机关、监察机关、规范性文件的备案机关。

（3）规范性文件由多个部门联合制定的，法院可以向该规范性文件的主办机关或者共同上一级行政机关发送司法建议。接收司法建议的行政机关应当在收到司法建议之日起60日内予以书面答复。情况紧急的，法院可以建议制定机关或其上一级行政机关立即停止执行该规范性文件。

（4）法院认为规范性文件不合法的，应当在裁判生效后报送上一级法院进行备案；涉及国务院部门制定的规范性文件，司法建议还应当层报最高法院备案；涉及省级行政机关制定的规范性文件，司法建议还应当层报高级法院备案。

例如： 区司法局依据省司法厅和省公安厅联合制定的《关于加强律师队伍管理工作的意见》（以下简称《律师管理意见》）对律师刘某罚款5000元，刘某不服向法院提起行政诉讼，并请求法院附带审查《律师管理意见》。"《律师管理意见》不合法的，法院可以宣布无效"，这种说法是否准确？这种说法错误。对于不合法的规范性文件，法院可以不予适用，但不能宣布其无效。因为行政权和司法权是相互独立、各有分工的，目前我国宪法并未授权法院具有违宪审查权。所以，对于不合法的规范性文件，除了在个案中不予适用外，为了从根源上解决违法行政行为的源头，可以向制定机关提出修改或者废止规范性文件的处理建议，同时抄送给相关机关。

经典考题： 为了全面推进生态文明建设，加快自然保护区内工矿企业有序退出，某县政府开会形成了《关于自然保护区内工矿企业退出方案的会议纪要》（以下简称《会议纪要》）。县自然资源与规划局根据《会议纪要》和君林公司签订了《矿业权退出补偿协议》，根据该协议君林公司退出自然保护区内的矿石开采，县自然资源与规划局一次性补偿该公司30万元。协议签订后，君林公司认为补偿数额过低，以协议显失公平为由，

提起行政诉讼，请求法院撤销该协议。下列说法哪些是准确的？（2020年考生回忆版卷一第26题，多选）①

　　A.本案起诉期限依照行政诉讼法及其司法解释确定

　　B.《矿业权退出补偿协议》可以约定因协议产生的纠纷由中级人民法院管辖

　　C.君林公司在起诉时可以要求一并审查《会议纪要》

　　D.本案应当由君林公司就撤销的事由承担举证责任

| 归纳总结 | ★★★行政规范性文件的附带审查 |

概念	行政规范性文件，是指行政机关运用行政职权，针对非特定对象制定的，可以反复适用的行政规范性文件的行为
种类	①行政立法：行政法规、行政规章【受立法法调整，属于立法行为，不可诉】 ②国务院发布的具有普遍约束力的决定和命令【不可诉】 ③国务院部门和地方政府及其部门制定的行政规范性文件【即规章以下的规范性文件，可附带诉】
部分可附带提请审查的规范性文件	【规章（不含）以下的行政规范性文件，俗称红头文件】 ①国务院部门制定的行政规范性文件 ②地方人民政府制定的行政规范性文件 ③地方人民政府部门制定的行政规范性文件 【规章与红头文件的区别】 ①名称不同（规章：规定、办法、细则；红头文件：会议纪要、通知、操作指南、指示等） ②制定主体不同（地方政府规章：省级政府、设区的市政府；红头文件：各级政府或其工作部门） ③制定程序不同（规章：立项、起草、审查、决定、发布、备案；红头文件：政府会议，参照规章制定程序）
提起诉讼的条件	①诉的对象：作为行政行为依据的规章（不含）以下的行政规范性文件（红头文件） ②诉的方式：附带提起审查，不得单独起诉 ③诉的时间：应当在一审开庭审理前提出；有正当理由的，在法庭调查中提出

① 【答案】CD。君林公司起诉要求撤销行政协议，诉讼时效适用民事法律规范确定。A选项错误。本题被告是县自然资源与规划局，为县政府的组成部门，身份级别不高，只能由基层法院管辖。B选项错误。《会议纪要》是县政府制作的规章以下的规范性文件，且作为行政协议的依据，君林公司在起诉撤销行政协议这一行政行为时可以同时要求法院一并对其审查。C选项准确。行政协议案件中涉及行政机关权力合法性的举证责任，由被告承担；其他事项，一般同民诉"谁主张，谁举证"。例如原告认为自己并非自愿签订行政协议，要求撤销已签订的行政协议，则由原告对具有撤销行政协议的事由承担举证责任。D选项准确。

续　表

听取意见	①审查中发现规范性文件可能不合法的，法院应当听取规范性文件制定机关的意见 ②制定机关申请出庭陈述意见的，法院应当准许 ③行政机关未陈述意见或未提供相关证明材料的，不能阻止法院对规范性文件进行审查
审查标准	①制定机关是否超越权限 ②制定机关是否违反法定程序 ③制定机关作出行政行为所依据的条款以及相关条款 ④制定机关是否违法增加当事人义务或减损当事人合法权益
规范性文件 不合法 之情形	①超越制定机关的法定职权或者超越法律、法规、规章的授权范围的 ②与法律、法规、规章等上位法的规定相抵触的 ③没有法律、法规、规章依据，违法增加当事人义务或者减损当事人合法权益的 ④未履行法定批准程序、公开发布程序，严重违反制定程序的
法院处理	【规范性文件合法的】 经审查认为行政行为所依据的规范性文件合法的，应当作为认定行政行为合法的依据 【规范性文件违法的】 ①经审查认为规范性文件不合法的，不作为法院认定行政行为合法的依据，并在裁判理由中予以阐明 ②作出生效裁判的法院在裁判生效之日起3个月内应当向规范性文件的制定机关提出处理建议，并可以抄送制定机关的同级人民政府、上一级行政机关、监察机关、规范性文件的备案机关 ③规范性文件由多个部门联合制定的，法院可以向该规范性文件的主办机关或者共同上一级行政机关发送司法建议 【备注：对司法建议的处理】 ①接收司法建议的行政机关应当在收到司法建议之日起60日内予以书面答复 ②情况紧急的，法院可以建议制定机关或其上一级行政机关立即停止执行该规范性文件
备案	①法院认为规范性文件不合法的，应当在裁判生效后报送上一级法院进行备案 ②涉及国务院部门制定的规范性文件，司法建议还应当层报最高法院备案 ③涉及省级行政机关制定的规范性文件，司法建议还应当层报高级法院备案
再审	①各级法院院长对本院规范性文件合法性认定有错误，认为需要再审的，应当提交审判委员会讨论 ②最高法院、上级法院对下级法院，发现规范性文件合法性认定错误的，有权提审或指令再审

第三节　行政复议与行政诉讼的衔接关系

· 考情分析 ·

■ 本节知识点要求考生掌握行政复议与行政诉讼的衔接关系，尤其是复议前置但不终局。

■ 在客观题考试中，行政复议与行政诉讼的衔接关系每年考一个选项，一般是考查复议前置但不终局的情形居多。

■ 本节易错和高频考点主要是：

（1）对行政行为不服，当事人既提起行政诉讼又申请行政复议的，由先立案的机关管辖；同时立案的，由公民、法人或者其他组织选择。

（2）对行政行为不服，当事人已经申请行政复议，在法定复议期间内又向法院提起诉讼的，法院裁定不予立案。

（3）有关纳税的交不交、交多少、谁来交、怎么算等行政行为，应当先申请行政复议才能提起行政诉讼。

（4）有关纳税的行政处罚、行政强制措施、行政强制执行措施如加处罚款或者滞纳金，可以不经过复议程序直接提起行政诉讼。

（5）对于自然资源所有权或者使用权的行政确权行为可以直接提起行政诉讼；但是，自然资源所有权或者使用权的行政确权行为侵犯别人已经取得的自然资源权利的，应当先申请行政复议，对复议结果不服的，才能提起行政诉讼。"已经取得的"是指当事人主观上认为自己已经取得，并不是客观上就真的已经取得。

（6）对出入境公安机关针对外国人或境外人实施的继续盘问、拘留审查、限制活动范围、遣送出境措施不服的，只能申请复议，不能提起诉讼，而且申请了行政复议就终局，对行政复议结果不服的，不能再提起行政诉讼。

■ 在主观题考试中，需要掌握复议前置但不终局的具体情形。

行政诉讼与行政复议之间的衔接关系，可概括为三种基本类型：

一、行政复议行政诉讼自由选择

这是当事人选择救济程序的一般模式，适用于绝大部分行政争议。如果一个案件同时属于行政诉讼与行政复议受案范围，当事人既可以直接选择向法院起诉，也可以选择先向复议机关申请复议，对复议决定仍不服再提起行政诉讼。对此着重理解几点：

1.已经诉讼，不得复议。

当事人已经对某一行政纠纷提起诉讼的，一旦法院受理，无论法院是否已经作出判决，当事人都不得再就同一争议申请行政复议。因为根据司法最终的原理，只可能出现复议在先诉讼在后的情况，绝不可能颠倒过来。当然，如果原告在起诉之后又撤诉了，可以当作他从来没有起诉过，如果此时尚在行政复议的申请期限之内，则当事人仍可申请复议，不受此限。

例如： 维多于2018年下半年取得假教师资格证，并使用该假教师资格证在小学从事语文教学工作，市教育局决定给予维多没收假教师资格证书、5年内不得重新申请认定教师资格的处罚决定。维多不服该处罚决定向法院提起行政诉讼，法院予以立案。法院立案后，针对该处罚决定，维多就不能申请行政复议了。

2.已经复议，暂缓诉讼。

当事人如果就同一争议同时提起行政诉讼又申请行政复议的，应由先由立案的机关管辖；如果两机关同时受理的，则由当事人任选其一。如当事人已经申请行政复议的，则在复议期间不得再就同一争议向法院起诉。在法定复议期间提起行政诉讼的，法院裁定不予立案。

例如： 利娅因卖淫被县公安局给予行政拘留15日，向县政府申请行政复议。在行政复议期间，利娅针对行政拘留处罚向县法院提起行政诉讼的，法院应当裁定不予立案。

3.复后再诉，时间受限。

如果当事人经过复议之后仍然不服，继续向法院起诉的，受到期限上的限制。这种期限原则上是15日，如果其他法律另有规定的，从其规定。这一期限的起算有两种方式：复议机关作出复议决定的，从当事人收到复议决定书之日起算；复议机关逾期不作出复议决定的，从复议审理期满之日起算。

例如： 保罗因为嫖娼被县公安局给予行政拘留10日，向县政府申请行政复议。县政府作出维持决定，保罗不服复议决定向法院提起行政诉讼的，应当在收到复议决定书之日起15日内起诉。

4.一事一议，不得重复。

原则上，复议机关只对同一行政争议处理一次，当事人如对复议机关的处理决定不服，可以依法提起行政诉讼，不能再就此事向原来的复议机关或其他复议机关申请重新复议。"一事一议"存在例外，就是对于省部级行政单位的行为，在申请原机关一次复议失败之后，仍可选择向国务院申请二次复议（法律上称为裁决）。

例1： 杨某摆地摊出售各种"六合彩"宣传资料共计29本，被市文体局执法人员先行登记保存，随后，市文体局以发行非法出版物为由给予杨某没收非法出版物29本的处罚决定。杨某不服该处罚决定，向市政府申请行政复议，市政府作出维持决定。杨某不服市政府维持决定，是否还可以向省政府申请行政复议？不能。原则上，对行政行为不服的，只能申请复议一次，对复议机关的处理决定不服的，不能再申请行政复议了。

例2： 多鑫公司不服省政府对其作出的10万元罚款，向省政府申请行政复议，省政府作出维持决定。多鑫公司对省政府的维持决定不服的，还可以向国务院申请裁决，国务院作出的裁决具有终局性。

二、行政复议前置但不终局

除上述自由选择关系之外，其他情况均属复议与诉讼关系的例外。最常见的，就是复议前置但并不终局的情况（简称复议前置）。在这种关系中，当事人对特定的行政争议不服的，必须先行申请复议；对复议决定仍然不服，再行提起行政诉讼。当事人就此类争议直接提起行政诉讼的，法院不予受理。复议前置案件，常见的是如下几类：

1.有关纳税争议的行政行为案件。

根据《税收征收管理法》与《海关法》的规定，当事人就部分纳税问题与税务机关发生争议时，应当先申请复议，对复议决定不服的再提起行政诉讼。

这里的"纳税争议"范围是特定的，并非泛指所有与税收有关的争议，而是特指围绕纳税问题展开的争议。何为"纳税"争议，法律上所列举的种类十分复杂，可以概括为12个字，即"交不交、谁来交、交多少、怎么算"。此外的其他税收争议，包括当事人对税务机关的处罚决定、强制执行措施或税收保全措施不服的，既可以申请复议，也可以直接提起行政诉讼。

例如：市税务局将个体户沈某的纳税由定额缴税变更为自行申报，并在认定沈某申报税额低于过去纳税额后，要求沈某缴纳相应税款、滞纳金，并处以罚款。沈某不服，对税务机关上述哪些行为可以直接向法院提起行政诉讼？要求缴纳滞纳金的决定和罚款决定，对这两个行为不服可以直接提起行政诉讼。要求缴纳滞纳金的决定属于强制执行措施，可以直接起诉；罚款决定属于税务机关的处罚决定，可以直接起诉。由定额缴税变更为自行申报的决定和要求缴纳税款的决定，对这两个行为不服的，不能直接提起行政诉讼。定额缴税变更为自行申报的决定涉及"交多少"，要求缴纳税款的决定涉及"交不交"，都必须复议前置。

2.行政行为侵犯既得自然资源权利案件。

根据《行政复议法》第30条第1款的规定，当事人认为行政机关的行政行为侵犯其已经依法取得的自然资源所有权或使用权的，应当先申请行政复议，对复议决定不服再提起行政诉讼。

对于这一规定，最高人民法院又专门于2003年作出了司法解释，指出上述条款所规定的行政行为，必须是确认自然资源所有权或使用权的行政行为；而对于涉及自然资源权利的行政处罚、行政强制措施等其他行为提起行政诉讼的，无须复议前置。

注意：只有同时满足两个条件才需要复议前置：

（1）侵犯的是他人认为自己已经取得的自然资源权利。

（2）被复议的行为确认了该自然资源权利。注意这里的"确认"二字应作广义理解，即无论何种行政行为，只要这种行为作出后将该自然资源权利的归属确定了下来，利益受到损害的人不服的就需要先经复议方能诉讼。这种确认自然资源权利的行为，可以是行政确认行为，也可以是行政许可、行政裁决等其他行为，不局限于狭义的行政确认。

例1：县政府为维多颁发集体土地使用证，利娅认为该行为侵犯了自己已有的集体土地使用权，应当先向市政府申请行政复议，对复议决定不服的，才能提起行政诉讼。

例2：段某拥有两块山场的山林权证。林改期间，王某认为该山场是自家的土改山，要求段某返还。经村委会协调，段某同意把部分山场给予王某，并签订了协议。事后，段某反悔，对协议提出异议。王某请镇政府调处，镇政府依王某提交的协议书复印件，向王某发放了山林权证。对镇政府的行为，段某能不能直接向法院提起行政诉讼？不能。镇政府将山林权确认给了王某，侵犯了已经取得山林权证的段某的自然资源权利，应当复议前置，不能直接提起行政诉讼。

3.禁止或限制经营者集中的行为。

根据《反垄断法》规定，不服反垄断执法机构禁止或限制经营者集中的行为，也需要先经复议之后才能诉讼。所谓经营者集中，主要是企业间的收购、并购行为，为了防止这些行为导致垄断，行政机关采取的禁止性或限制性措施，如果当事人对其不服，就属于复议前置的范畴。

例如：多鑫公司不服反垄断执法机构禁止其与皇朝公司合并的决定，应当先申请行政复议，对复议决定不服的，再提起行政诉讼。

· 知识拓展 ·

■ 复议前置案件经过复议程序实体处理，才能视为经过复议。复议机关对复议申请不予答复，或作出程序性驳回复议申请的决定，不能视为已经经过复议，未经复议当然不能直接对原行政行为提起行政诉讼。行政复议前置案件，复议机关不予答复、作出程序性驳回复议申请决定，当事人只能对复议机关的不予答复、不予受理行为依法提起行政诉讼，无权直接起诉原行政行为。直接起诉原行政行为的，法院裁定不予立案；已经立案的，法院裁定驳回起诉。
[参见吴某诉某县政府、某市政府土地确权行政裁决案，（2019）最高法行申11288号]

三、行政复议终局

复议终局的含义是：当事人如对特定行政争议不服，可以申请行政复议，而一旦申请了行政复议，复议机关的决定就具有终局的效力，对该决定当事人不得再行提起行政诉讼。这包括三种情况：

1.出入境公安机关作出的处罚决定。

出入境公安机关针对外国人或者境外人实施继续盘问、拘留审查、限制活动范围、遣送出境措施，当事人不服的，可以依法申请行政复议，该行政复议决定为最终决定。

2.省部级单位对自身行为的复议决定。

根据《行政复议法》规定，当事人不服省部级行政机关行政行为时，其救济途径有两种：一是直接起诉，二是向原机关申请行政复议。如果当事人选择行政复议的，对其复议决定不服仍有两种选择：一是起诉，二是申请国务院作出裁决。在这里，国务院的裁决实际上就是一种二次复议决定。当事人如果选择国务院裁决，则该裁决具有终局效力，不得再对其提起行政诉讼。这一规定的目的，是要避免国务院成为行政诉讼的被告。

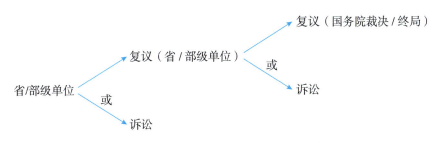

图11-1 省部级单位实施的行政行为救济图

例如：若甲村不服省人民政府的土地裁决行为，向省人民政府申请复议，省人民政府作出维持决定，甲村对维持决定仍不服，向国务院申请二次复议，国务院作出裁决。那么，国务院作出的裁决是否终局？具有终局效力。

3.根据国务院或者省级政府对行政区划的勘定、调整或征用土地的决定，省级政府确认自然资源的所有权或者使用权的行政复议决定为最终裁决。

此类案件只有一种，即同时满足《行政复议法》第30条两款规定的情况。掌握此类案件，首先需要明确这一法条两款间的关系：第2款是第1款的特例，是以满足第1款的条件为前提的。这类案件必须首先满足第1款的规定，而这一款的规定指的是侵犯既得自然资源权利的案件，此类案件是需要复议前置的。在此基础上，如果某个案件同时还满足第2款的话，就意味着不仅需要复议前置，同时还是复议终局的。

该条第2款的规定是：省级政府根据国务院或者省级政府对行政区划的勘定、调整或征用土地的决定，确认自然资源所有权或使用权的行政复议决定为最终裁决。如果当事人仅仅是不服一个侵犯其既得自然资源权利的行政裁决行为，需要先申请复议。但在一般情况下，他如果对复议决定不服，还可以到法院起诉。不过，如果同时出现下面两个条件的话，他对复议机关的决定就不能再起诉了：（1）复议决定是省级政府作出的；（2）复议决定作出的依据是国务院或省级政府勘定、调整行政区划或征用土地的决定。

【注意】必须同时符合四个构成要件，才能产生复议终局：（1）行为主体：省级政府；（2）行为性质：复议决定；（3）行为内容：确认自然资源所有权或使用权；（4）行为依据：根据国务院或者省级政府对行政区划的勘定、调整或征用土地的决定。对此四个构成要件，必须同时具备，否则复议不终局。

例如：某市A、B相邻两村就某一土地所有权发生争执，该地历史上归B村所有，最后两村申请市政府解决。市政府作出了争议土地归A村的决定，B村不服向省政府申请复议。省政府根据几年前其作出的有关行政区划勘定的决定，改变了市政府的裁决，将争议的土地裁决给B村。A村是否能提起行政诉讼？此案同时符合《行政复议法》第30条两款规定的情形，此时，省政府的裁决已经具有终局效力，足以排除司法救济。即使A村不服复议决定，也不能提起行政诉讼。

归纳总结	★★行政复议与行政诉讼的衔接关系
复议诉讼 自由选择	除非法律法规规定必须先申请行政复议的，当事人可以自由选择申请复议还是提起诉讼 【备注】 ①既提起诉讼又申请行政复议的，由先立案的机关管辖；同时立案的，由当事人选择 ②已经申请行政复议，在法定复议期间内又向法院提起诉讼的，法院裁定不予立案
复议前置 但不终局	①有关纳税争议的行政行为案件【交不交、谁来交、交多少、怎么算】 ②行政确权侵犯其他主体已经取得的自然资源权利【行政确权：许可、裁决、确认】 ③涉及禁止和限制经营者集中的行政行为
复议终局	①《出入境管理法》第64条：出入境公安机关针对外国人作出的相关决定 出入境公安机关针对外国人/境外人实施的继续盘问、拘留审查、限制活动范围、遣送出境措施不服的，可以依法申请行政复议，该行政复议决定为最终决定 ②《行政复议法》第14条：国务院的复议决定 对省部级单位作出的行政行为不服，可以选择复议或诉讼，若复议，向原机关申请；复议后仍不服的，可以诉讼，也可以向国务院申请裁决，该裁决为最终决定 ③《行政复议法》第30条第2款：省级人民政府的自然资源权属复议决定 根据国务院或省级政府对行政区划的勘定、调整或征用土地的决定，省级政府确认自然资源的所有权或者使用权的行政复议决定为最终裁决 【行为主体、行为性质、行为内容、行为依据】

专题十二

行政诉讼的当事人

命题点拨

"

（一）主要内容

本专题的主要内容包括：（1）行政诉讼中的原告；（2）行政诉讼中的被告；（3）行政诉讼中的第三人；（4）共同诉讼的当事人；（5）诉讼代理人。

（二）命题规律

本专题是法考必考内容，尤其是经过复议案件被告的判断会在每一年的试卷中考查。本专题分值为6分左右，考查的形式以单项选择题、多项选择题、任选题为主。主观题常有一小问。

（三）重点难点

本专题的重点难点包括：（1）原告判断中，"与被诉的行政行为具有利害关系"的理解；（2）被告判断中，行政行为经过复议案件被告的确认；（3）第三人判断中，原告型第三人的理解；（4）必要共同诉讼和普通共同诉讼的区别。考生复习时要注意复议维持与复议改变的区别、复议维持与复议不作为的区别。此外，考生在复习行政诉讼当事人专题时，应当结合行政诉讼的管辖部分一起复习，效果更佳。同时，应当对历年真题反复练习，行政诉讼当事人的真题重复率高，注意把握。

知识体系图

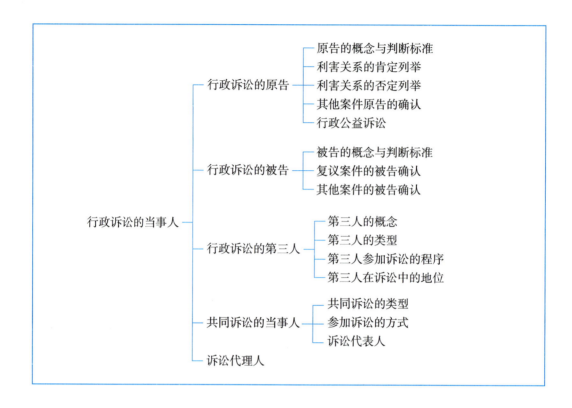

第一节 行政诉讼中的原告

·考情分析·

■ 本节知识点要求考生掌握原告资格的判断，尤其是掌握肯定列举利害关系中的公平竞争权关系、投诉举报关系，否定列举关系中的债权债务关系。

■ 在客观题考试中，行政诉讼原告资格的判断一般每3年左右考查一次。

■ 本节易错和高频考点是：

（1）与被诉行政行为具有利害关系是指被诉行政行为作出后增加了原告的义务或者减损了原告的合法权益。

（2）行政诉讼的原告必须是"自己的"合法权益受到行政行为影响的人。

（3）自益型投诉举报人有原告资格；公益型投诉举报人没有原告资格。

（4）职业打假人向行政机关投诉举报，对于行政机关的处理不服的，没有原告资格。其真实的目的在于假借行政机关之手实现惩罚性赔偿金。

（5）在债权债务关系中，行政机关针对债务人作出的行政行为，原则上债权人不具有原告资格。因为债具有相对性，债权人应当向债务人主张债权，而不是向行政机关主张债权，更何况针对债务人作出的行政行为并不必然会减损债权人的合法权益。

（6）如果行政机关针对债务人作出的行政行为会直接减损债权人合法权益的，债权人可以起诉该行政行为，具有原告资格。例如：行政机关以经销商出售的商品产品质量有问题为由对经销商作出罚款决定的，该商品制造商有原告资格。

（7）有权提起诉讼的公民死亡的，近亲属可以自己的名义提起诉讼。

（8）公民被限制人身自由期间，近亲属可以依该公民口头或者书面委托以该公民的名义提起诉讼。没有被限制人身自由期间必须书面委托诉讼代理人。

（9）事业单位、社会团体、基金会、社会服务机构等非营利法人的案件，非营利法人的法定代表人可以起诉；非营利法人的出资人、设立人也可以自己的名义提起诉讼。

（10）涉及社区类案件，业主委员会对于涉及业主共有利益的行政行为，可以自己的名义提起诉讼；业主委员会不起诉的，专有部分占建筑物总面积过半数或占总户数过半数的业主可以提起诉讼。注意：只有当业主委员会不起诉时，过半数的业主才可以提起行政诉讼。

（11）合伙企业和个体工商户案件，有字号的，字号为原告；无字号的，合伙企业全体合伙人为原告，个体工商户经营者为原告。

（12）股份制企业案件，法定代表人、股东大会、股东会、董事会可以企业名义提起行政诉讼。但是股东没有原告资格，因为股东出资后和公司是两个独立法律人格的主体。

（13）联营企业、中外合资、合作企业案件，联营、合资、合作各方可以自己的名义而不是企业的名义提起行政诉讼。

（14）检察院提起行政公益诉讼的重要前提有两个：①行政机关违法履职或者不作为致使国家利益或社会公共利益受到侵害；②检察院向行政机关提出检察建议，经检察院督促行政机关仍不依法履行职责。

（15）检察院不服一审裁判的，可以上诉。

■ 在主观题考试中，需要掌握自益型投诉举报人有原告资格；公益型投诉举报人没有原告资格。职业打假人投诉举报的，没有原告资格。

一、原告的概念与判断标准

（一）原告的概念

原告是指与被诉行政行为具有利害关系，认为被诉行政行为违法侵犯其合法权益，以自己的名义向法院提起诉讼的公民、法人或者其他组织。

应注意的是，行政行为是否实际上违法，"合法权益"是否确实受到了侵害，不是起诉的前提。这里的关键是原告的主观认识，只要"认为"受到了行政行为的侵犯就可以依照《行政诉讼法》提起诉讼。在法院作出生效判决之前，原告的实体权益没有最终确认。

（二）原告的类型

行政诉讼原告的类型有两类：

1.行政相对人：行政行为直接针对的对象。

2.行政相关人：并非行政行为直接针对的对象，但其权利义务会受到行政行为影响的人。

（三）原告的判断标准

行政诉讼原告的判断标准是与被诉行政行为有利害关系。所谓有利害关系是指行政行为作出后会增加或者减损起诉人的人身权、财产权等合法权益。

一般而言，要有原告资格应当符合如下要求：

1.起诉时主张"自己的"权益受到影响。也就是说，没有"私利"则没有"利害关系"。因为目前可以提起行政公益诉讼的主体仅限于检察院，公民个人不得向法院主张维护公共利益。因此，有利害关系的含义是指，作为行政诉讼的原告，必须主张一项属于他自己的权利，并且该权利可能受到了被诉行政行为的侵害。如果公民个人主张的是公众的权利，则没有诉权，即使他可能属于公众的一部分。

2.所主张的权益处于法律能够保护的范围。主张成文法明显所不认可的利益的没有原告资格。

3.自己法律上的权益受到行政行为确实的影响或者受到限制，即行政行为已经作出。

二、利害关系的肯定列举

（一）相邻权人

侵害相邻他人的采光、通风、通行、排水等权利的，相邻权人有利害关系，享有原告资格。

例如： 某公司向区自然资源与规划局交纳了一定费用后获得了该局发放的建设用地规划许可证。刘某的房屋紧邻该许可规划用地，刘某认为建筑工程完成后将遮挡其房屋采光，向法院起诉请求撤销该许可决定。区自然资源与规划局辩称，因刘某不是该许可的相对人，不具有原告资格，请求法院驳回起诉。那么，刘某是否具有原告资格？具有原告资格。该建筑影响刘某的采光权利，受到影响的刘某可以提起行政诉讼。

（二）人身侵权关系中的受害人

要求行政机关追究加害人责任的，受害人有利害关系，可以当原告。在人身侵权案件中存在一个"受害人"的角色，主要是行政处罚案件。此时，事件中存在着一个加害人和一个受害人，加害人因其加害行为受到行政机关的处罚，对处罚不服当然可以提起行政诉讼。那受害人能不能也提起行政诉讼呢？答案是肯定的，如果受害人认为行政机关对加害人的处罚存在违法之处，一般表现为受害人认为处罚过轻，也可以提起行政诉讼要求法院撤销行政机关作出的行政处罚，并判决行政机关重新作出一个对加害人更重的处罚。

例如： 维多扇了利娅5个耳光，县公安局给予维多200元罚款，利娅认为处罚过轻，可以向法院起诉县公安局的处罚决定，要求法院判决撤销并责令县公安局重新作出行政处罚决定。

（三）公平竞争权人

行政机关违反公平竞争程序作出的行为，公平竞争权受侵害的当事人有利害关系，可以当原告。

公平竞争权是指当事人为从事一定行为、获得一定权益而参加平等竞争的资格与条件。在此类案件中，公平竞争权受到损害的人，也可能不是行政行为的相对人，而是行政相关人。

例1： 一小区已建有A幼儿园，为满足需要，区政府拟在该小区内再建一所幼儿园。张某向区政府提出申请，张某获批准建设B幼儿园，并且区政府指定只有B幼儿园可以接收本区机关人员子女入园。那么，A幼儿园是否有原告资格起诉区政府？答案：可以。区政府指定B幼儿园垄断接收机关子女的入园，损害了A幼儿园的公平竞争权益，A幼儿园具有公平竞争权人的原告资格，有权起诉。

例2： 市公安局发布《会议纪要》指定金丰公司统一负责全市新型防伪印章系统软件的开发建设，软件开发商凤凰公司不服《会议纪要》向法院提起行政诉讼。那么，本案凤凰公司是否享有原告资格？享有原告资格。尽管《会议纪要》从名称上看像是行政规范性文件（抽象行政行为），但从内容上看，市公安局发布《会议纪要》是针对外部特定对象（全丰公司）与特定事项（防伪印章系统软件的开发建设）作出的单方行政行为。市公安局发布《会议纪要》的行为属于典型的行政机关滥用行政权力排除或者限制竞争的行政行为，作为软件开发商的凤凰公司的公平竞争权受到减损，享有原告资格，可以向法院提起行政诉讼。

（四）行政程序中的第三人

在行政复议等行政程序中被追加为第三人的，第三人享有原告资格。

例如： 甲村认为县政府将某地块土地所有权确权给乙村侵犯了自己已经取得的集体土地所有权，向市政府申请复议。市政府通知乙村作为第三人参加复议。市政府最终撤销了县政府的行政确权行为。乙村不服市政府的复议决定，可以提起行政诉讼。

（五）信赖利益人

撤销或变更行政行为涉及当事人合法权益的，该当事人可以作为原告起诉。

例如： 县公安局对维多作出行政拘留15日的处罚决定后，发现事实认定存在错误，决定撤销该处罚决定。该案的被侵害人利娅据此可以提起行政诉讼。

（六）自益型投诉人

1.自益型投诉举报人，有原告资格。

为维护自身合法权益向行政机关投诉，具有处理投诉职责的行政机关作出或未作出处理的，投诉人有原告资格，即自益型投诉人有原告资格。

[总结归纳] 自益型投诉举报人，有原告资格。

例如： 罗某在办理手机号码时，电信公司收取了其20元卡费。罗某认为收取卡费违反了《集成电路卡应用和收费管理办法》中不得向用户单独收费的禁止性规定，向市物价局申诉，并要求查处。市物价局作出《答复》，内容为："我局收到您反映电信公司新办手机卡向用户收取20元手机卡卡费的申诉书后，非常重视，及时进行调查，经调查核实：省通管局和省发改委联合下发的《关于电信全业务套餐资费优化方案的批复》规定：UIM卡收费上限标准：入网50元/张，补卡、换卡：30元/张。我局非常感谢您对物价工作的支持和帮助。"罗某不服，提起行政诉讼。那么，罗某不服市物价局的书面答复函，是否具有原告资格提起行政诉讼？享有原告资格。本案，罗某为维护自身合法权益向市物价局投诉，市物价局未作出处理，罗某属于自益型投诉举报人，有原告资格。

2.公益型投诉举报人，没有原告资格。

为维护公共利益向行政机关投诉，具有处理投诉职责的行政机关作出或未作出处理的，投诉人没有原告资格，即公益型投诉人没有原告资格。

[总结归纳] 公益型投诉举报人，没有原告资格。

例如： 赵某发现某省国有煤炭企业在改制过程中存在国有资产流失的现象，遂向省国资委实名举报要求查处，但省国资委没有查处，也没有对赵某的举报进行答复。赵某认为省国资委没有履行法定职责，向法院提起行政诉讼。本案，赵某是否具有原告资格向法院提起行政诉讼？没有。很显然，赵某是因为国有资产流失这一公共利益受到损失去投诉举报，而不是为了维护自己个体的利益投诉举报，属于公益型投诉举报人，没有原告资格。

3.职业打假人投诉举报的，没有原告资格。

职业打假人向行政机关投诉举报的，具有处理投诉职责的行政机关作出或未作出处理的，职业打假人没有原告资格。因为职业打假人的投诉举报，与行政机关作出的最终处理没有利害关系。职业打假人投诉举报的真实目的是假借行政机关之手实现惩罚性赔偿金，具有不正当性，若其认为自己的权益受到侵害，应通过民事诉讼解决。

[总结归纳] 职业打假人投诉举报的，没有原告资格。

例如：任某明知某公司出售的绞股蓝不符合相关法律规定，不仅自己大量购买，还介绍自己的朋友吴某、王某大量购买，随后向区市场监督管理局投诉举报。区市场监督管理局作出《当场行政处罚决定书》，决定对该公司处以警告以及责令立即改正的处罚。任某对于区市场监督管理局作出的《当场行政处罚决定书》不服，向法院提起行政诉讼。那么，任某是否具有提起本案行政诉讼的原告资格？没有。行政诉讼首先要以救济原告合法权利为目的，"利害关系"应限于法律上的利害关系。同时，行政诉讼乃公法上的诉讼，上述法律上的利害关系，一般也仅指公法上的利害关系，除特殊情形或法律另有规定，一般不包括私法上的利害关系。任某明知绞股蓝不符合相关法律规定而大量购买，作为涉案绞股蓝的购买人和投诉人，投诉目的为获取惩罚性赔偿金，且显然属于私法上的利害关系，并不属于被告作出行政行为时需要考虑和保护的法律上的利益，故任某诉称的被侵害利益应选择民事诉讼途径解决。且本案被诉行政行为系被告对第三人某公司作出的行政处罚决定，该行为产生实体影响的利害关系人是第三人某公司，对原告的合法权益并不产生直接影响。因此，原告与被诉行政行为不具有法律上的利害关系，不具有原告资格。

· 知识拓展 ·

■《最高人民法院关于举报人对行政机关就举报事项作出的处理或者不作为行为不服是否具有行政复议申请人资格问题的答复》[（2013）行他字第14号]规定，根据《行政复议法》第9条第1款、《行政复议法实施条例》第28条第2项规定，举报人为维护自身合法权益而举报相关违法行为人，要求行政机关查处，对行政机关就举报事项作出的处理或者不作为行为不服申请行政复议的，具有行政复议申请人资格。也就是说，消费者、服务的接受者、受害人、竞争权人等利益主体，为了自身合法权益，对相关经营单位、竞争对手的违法行为进行举报，要求具有法定查处行政职权的行政机关予以查处，对行政机关就其举报事项作出的处理或者不处理行为，有权申请行政复议。反过来说，如果举报人仅仅是以公民身份，行使法律赋予的检举控告权利，举报经营单位的违法行为，并非是为了自身利益，与行政机关就其举报事项作出的处理或者不处理行为没有利害关系，则不具有行政复议申请人资格。

三、利害关系的否定列举

行政诉讼中没有利害关系的类型主要有：

（一）近亲属关系

行政机关针对行政相对人作出行政行为的，行政相对人的近亲属不具有原告资格。因为行政行为是针对行政相对人作出的，并没有减损其近亲属的合法权益，故行政相对人的近亲属与该行政行为为没有利害关系。

例如： 张某当街辱骂黄某的妻子宋某，黄某殴打张某致轻微伤。县公安局决定对黄某行政拘留10日。宋某不服县公安局给予其丈夫黄某行政拘留10日的决定向法院提起行政诉讼的，是否具有原告资格？不具有原告资格。因为县公安局的行政行为是针对黄某实施的，并没有减损宋某的人身自由。宋某与被诉行政拘留没有法律上的利害关系，不具有原告资格。

（二）债权债务关系

行政机关针对债务人实施的行政行为，债权人无权起诉。根据《最高人民法院关于适用行政诉讼法的解释》第13条的规定，仅具有债权债务关系的，原则上债权人不具有原告资格。债的相对性决定了债权的实现应当向债务人提出，而非向包括行政机关在内的第三方提出。换言之，因为债具有相对性，债权人应当借助民事诉讼向债务人主张债权，而不是通过行政诉讼去诉行政机关。

例1： 甲公司与乙公司签订食品原材料订购合同，向乙公司订购3000吨冷冻鸡肉，价款3600万元已经支付给乙公司。乙公司正准备交付之际，被群众举报涉嫌用超过保质期的鸡肉作为原材料供应给采购商，区市场监督管理局对3000吨冷冻鸡肉全部扣押。那么，甲公司针对区市场监督管理局的扣押行为不服，是否可以提起行政诉讼？甲公司没有原告资格。本案，扣押的是乙公司的物品（动产尚未交付），乙公司作为行政相对人享有原告资格；甲公司在本案中是乙公司的债权人，但本身与市场监督管理局扣押乙公司的物品没有利害关系，扣押行为本身并不必然地减损甲公司的法律权利。如果乙公司无法按时交付合同标的物的，甲公司可以向法院提起民事诉讼。

例2： 县农业农村局将甲村10亩土地转移登记到乙村，李某系该10亩土地的承租人。那么，李某作为承租人是否与土地转移登记行为具有利害关系？没有利害关系。从《土地管理法》及有关规定上看，对于办理土地转移登记及颁发国有土地使用证当中行政机关是否考虑原租赁权意见的问题，并无要求。结合合同相对性原理，租赁权人可以基于租赁合同要求对方履行合同或者追究其违约责任，但不能对抗原权利人处分土地的权利，亦不能阻止买受人获得土地使用权，行政机关基于上述处分作出转移登记时当然也无须考虑租赁人的意见。因此，租赁人与土地转移登记之间并无法律上的利害关系。

例3： 市政府批准国有企业甲公司将60%股权转移登记给乙公司，丙公司是甲公司的债权人。那么，丙公司作为甲公司的普通债权人与行政机关批准甲公司股权转让的行为是否具有利害关系？没有利害关系。行政机关批准公司股权转让的行为，会导致甲公司内部股东变更、股东持股比例的变动，但不影响丙公司作为债权人的债权利益，甲公司作为独立企业法人以其全部财产对外承担债务的民事主体资格不会发生变更或者消灭。行政机关批准甲公司部分股权转让的行为，并未对丙公司作为普通债权人的权利义务产生直接影响。

例4：在由交通肇事引发的债权债务关系中，债务人将肇事车辆转让他人，行政机关为其办理了转移登记，债权人与该转移登记行为不具有法律上利害关系，不具有起诉该登记行为的原告资格。［参见吕某诉山东省某市公安局交通警察支队车辆行政登记案，（2010）烟行终字第193号］

【注意】如果行政机关针对债务人作出的行政行为会直接减损债权人合法权益的，债权人可以起诉。实践中经常发生的情形就是：行政机关以经销商出售的商品质量有问题作出罚款决定的，该商品制造商有原告资格。

例如：安某从嘉吉公司购进10吨"肥肥"牌含氯复混肥后直接销售给陈某。该批化肥用于土豆种植后导致减产，陈某向某市市场监督管理局投诉称该批化肥有质量问题。市场监督管理局进行抽样取证，检验结论为"不合格"。市场监督管理局以安某"擅自销售不合格的"由嘉吉公司生产的"肥肥"牌复混肥为由，对安某作出了罚款2万元的行政处罚决定。那么，嘉吉公司不服市场监督管理局对安某作出罚款2万元行政处罚决定的，是否享有原告资格？享有原告资格。市场监督管理局以销售者销售不合格产品为由对其实施行政处罚时，如果在行政处罚决定中作出了不合格产品系某生产者生产的认定，则该生产者具有对处罚决定的撤销请求权。

归纳总结　行政诉讼利害关系的类型

利害关系肯定列举	①被诉的行政行为涉及当事人相邻权的 ②要求行政机关依法追究加害人法律责任的 ③被诉的行政行为涉及当事人公平竞争权的 ④在复议等行政程序中被追加为第三人的 ⑤撤销变更行政行为涉及当事人合法权益的 ⑥为维护自身合法权益向行政机关投诉，具有处理投诉职责的行政机关作出或未作出处理的
利害关系否定列举	①仅具有亲属关系的，亲属不具有原告资格 ②仅具有债权债务关系的，债权人不具有原告资格。但作出行政行为时依法应予考虑的除外

归纳总结 ★★★原告（民）

原告概念	是指与被诉行政行为具有利害关系，以自己的名义，向法院提起诉讼寻求权利保护的人
主要类型	与被诉的行政行为有利害关系的公民、法人或者其他组织 ①行政相对人：行政行为直接针对的对象 ②行政相关人：并非行政行为直接针对的对象但其权利义务会受到行政行为影响的人
判断标准	①起诉时主张"自己的"权益受到影响 ②所主张的权益处于法律能够保护的范围 ③自己法律上的权益受到行政行为确实的影响或者受到限制
利害关系肯定列举	①被诉的行政行为涉及当事人相邻权的 ②要求行政机关依法追究加害人法律责任的 ③被诉的行政行为涉及当事人公平竞争权的 ④在行政复议等行政程序中被追加为第三人的 ⑤撤销或变更行政行为涉及当事人合法权益的 ⑥为维护自身合法权益向行政机关投诉，具有处理投诉职责的行政机关作出或未作出处理的
利害关系否定列举	①仅具有亲属关系的，原则上亲属不具有原告资格 ②仅具有债权债务关系的，原则上债权人不具有原告资格。但行政机关作出行政行为时依法应予保护或者应予考虑的除外

四、其他案件中原告资格的确认

1.有权提起诉讼的公民死亡的案件。

有权提起行政诉讼的公民死亡的，其近亲属可以自己的名义提起行政诉讼。

【注意】近亲属的范围包括：配偶、父母、子女、兄弟姐妹、祖父母、外祖父母、孙子女、外孙子女和其他具有扶养、赡养关系的亲属。

例1：国家知识产权局授予李某图像识别人工智能专利权证。后经王某请求，国家知识产权局宣告授予李某的专利权无效，并于12月20日向李某送达决定书。12月26日李某因交通意外死亡。李某妻子不服决定书的，有权以自己的名义向法院提起行政诉讼。

例2：海西经济技术开发区是经甲省政府批准设立的经济技术开发区。该开发区市场监督管理局在执法检查中发现李某经营的乐活超市存在无证销售烟草的违法行为，依据《烟草专卖法实施条例》处以李某没收违法所得2000元和罚款6000元的处罚。李某不服，向法院提起行政诉讼。"若案件审理过程中李某死亡的，案件终止审理"，这种说法是否准确？不准确。有权提起诉讼的公民死亡，其近亲属可以提起诉讼。在诉讼过程中，原告死亡，须等待其近亲属表明是否参加诉讼的，法院应当裁定中止诉讼。若有近亲属愿意参加诉讼的，恢复案件审理；若无近亲属愿意参加诉讼的，再裁定终止诉讼。

2.公民被限制人身自由的案件。

公民被限制人身自由的，其近亲属可以依该公民口头或者书面委托以该公民的名义提起行政诉讼；近亲属起诉时无法与该公民取得联系，近亲属可以先行起诉，并在诉讼中补充提交委托证明。

例如： 维多因为嫖娼被县公安局处以行政拘留10日。在被拘留期间，维多可以口头委托自己的妻子利娅以维多的名义向法院提起行政诉讼。

3.非营利法人的案件。

事业单位、社会团体、基金会、社会服务机构等非营利法人的法定代表人、出资人、设立人可以自己的名义提起行政诉讼。

例如： 永恒慈善基金会由于未达到规定的公益事业支出比例，民政部门依法对其作出警告的行政处罚。对该警告处罚不服的，永恒慈善基金会的法定代表人、出资人、设立人可以自己的名义提起行政诉讼。

4.行政行为针对社区作出的案件。

行政行为针对社区作出的，业主委员会对于涉及业主共有利益的行政行为，可以自己的名义提起诉讼。

业主委员会不起诉的，专有部分占建筑物总面积过半数或占总户数过半数的业主可以提起诉讼。

例如： 区城管局针对金桥花园社区作出征收城市生活垃圾处理费6443元的决定。该社区业主委员会对区城管局的决定不服的，可以自己的名义提起诉讼。该社区业主委员会不起诉的，专有部分占建筑物总面积过半数或占总户数过半数的业主不服区城管局的决定的，可以提起诉讼。

5.合伙企业案件。

合伙企业有字号的，应当以核准登记的字号为原告。

合伙企业无字号的，全体合伙人为共同原告（可以推选代表人）。

例如： 孟某和李某合伙成立"多一度网络会所"（核准字号），区综合执法局在执法检查过程中发现该会所接纳未成年人进入营业场所上网，给予警告和责令停业整顿15日的处罚决定。那么，当事人不服处罚决定的，谁是适格的原告？多一度网络会所是适格原告。因为该会所有核准字号，应当以核准登记的字号为原告。

6.个体工商户案件。

个体工商户有字号的，以营业执照上登记的字号为原告，并应当注明该字号经营者的基本信息。

个体工商户无字号的，以营业执照上登记的经营者为原告。

例如： 方林富炒货店系核准经营字号的个体工商户，在店内墙壁张贴有自行设计和打印的广告"本店销售全国最佳、最优品质的燕山栗子"，该广告张贴3天后，被市场监督管理局在执法过程中发现。市场监督管理局根据《广告法》对其作出罚款20万元的处罚决定。对该处罚决定不服提起行政诉讼的，谁是适格的原告？方林富炒货店。本案方林富炒货店系核准经营字号的个体工商户，应当以营业执照上登记的字号为原告。

7.股份制企业案件。

企业法定代表人、股东大会、股东会、董事会可以企业名义提起诉讼。

【注意】 公司股东、监事会原则上没有原告资格。

·知识拓展·

公司股东和公司在法律上是两个独立的法律主体，具有独立的意思表示能力。仅基于作为行政处罚决定相对人股东的身份，就行政处罚决定提起诉讼，并不属于行政法意义上的利害关系人。因此，该股东不具备就行政处罚决定提起诉讼的原告主体资格。

例如：某区市场监督管理局对甲公司作出行政处罚决定，对其违反《医疗器械监督管理条例》的违法行为给予罚款3453万元。乙公司系甲公司的股东，其得知处罚决定后不服，遂向法院提起行政诉讼。那么，乙公司是否有提起本案行政诉讼的原告资格？没有原告资格。某区市场监督管理局作出的被诉处罚决定针对的行政相对人是甲公司，而非乙公司。乙公司与甲公司属于两个独立的法律主体，具有独立的意思表示能力。因此乙公司仅是基于其作为甲公司的股东身份提起本案诉讼，并不属于行政法意义上的利害关系人。因此，乙公司不具备提起本案诉讼的原告主体资格。

8.联营企业、中外合资、合作企业案件。

联营企业、中外合资或合作企业的联营、合资、合作各方可以自己的名义提起诉讼。

例如：市场监督管理局发现，某中外合资游戏软件开发公司生产的一种软件带有暴力和色情内容，决定没收该软件，并对该公司处以3万元罚款。中方投资者接受处罚，但外方投资者认为处罚决定既损害了公司的利益也侵害自己的权益，向法院提起行政诉讼。那么，外方投资者能否以自己的名义起诉？外方投资者能否以损害自己一方的权益起诉？都可以。

9.非国有企业被侵犯经营自由权的案件。

非国有企业被行政机关注销、撤销、合并、强令兼并、出售、分立或者改变企业隶属关系的：

该企业可以提起诉讼。

该企业的法定代表人也可以提起诉讼。

例如：甲厂是某市建筑装潢公司下属的独立核算的集体企业。2007年4月，行政机关下达文件批准某市建筑装潢公司的申请，将甲厂并入另一家集体企业乙厂。对此行为，有权提起行政诉讼的主体有哪些？对此，甲厂、乙厂、甲厂法定代表人和乙厂法定代表人均有权起诉。由于非国有企业被行政机关注销、撤销、合并、强令兼并、出售、分立或者改变企业隶属关系的，该企业或者其法定代表人可以提起诉讼。因此甲厂及其法定代表人均有权以自己的名义起诉。乙厂的经营自主权受到影响，因此乙厂也可以自己的名义起诉；相应的，乙厂的法定代表人虽然不是原告，但是该法定代表人可以乙厂的名义向法院起诉。

归纳总结	★★★特殊类案件原告的确定
有权提起诉讼的公民死亡的	有权提起诉讼的公民死亡，其近亲属可以自己的名义提起诉讼
公民被限制人身自由的案件	【原则】近亲属可以依该公民口头或者书面委托以该公民的名义提起诉讼 【例外】近亲属起诉时无法与该公民取得联系，近亲属可以先行起诉，并在诉讼中补充提交委托证明
非营利法人案件	事业单位、社会团体、基金会、社会服务机构等非营利法人的出资人、设立人、法定代表人可以自己的名义提起诉讼
涉及社区类案件	①业主委员会对于涉及业主共有利益的行政行为，可以自己的名义提起诉讼 ②业主委员会不起诉的，专有部分占建筑物总面积过半数或占总户数过半数的业主可以提起诉讼
合伙企业案件	①有字号的，应当以核准登记的字号为原告 ②无字号的，全体合伙人为共同原告（可以推选代表人）
个体工商户案件	①有字号的，以营业执照上登记的字号为原告，并应当注明该字号经营者的基本信息 ②无字号的，以营业执照上登记的经营者为原告
股份制企业案件	法定代表人、股东大会、股东会、董事会可以企业名义提起诉讼
联营企业、中外合资、合作企业案件	联营企业、中外合资或合作企业的联营、合资、合作各方可以自己的名义提起诉讼
非国有企业被侵犯经营自由权的案件	【非国有企业被行政机关注销、撤销、合并、强令兼并、出售、分立或者改变企业隶属关系的】 ①该企业可以提起诉讼 ②该企业的法定代表人可以提起诉讼

五、行政公益诉讼

1.行政公益诉讼的提起条件。

人民检察院向人民法院提起行政公益诉讼应当同时满足下列条件：

（1）在食品药品监管、生态环境保护、国有土地使用权出让等领域负有监督管理职责的行政机关违法行使职权或不作为。

（2）行政机关违法行使职权或不作为致使国家利益或者社会公共利益受到侵害的。

（3）人民检察院应当向行政机关提出检察建议，督促其依法履行职责。

（4）经人民检察院督促行政机关仍不依法履行职责的，人民检察院依法向人民法院提起行政公益诉讼。

例如：皇朝公司在未依法建设环保设施的情况下，长期违法生产，并将未经沉淀处理的废水直接排入清水江。县生态环境局虽责令该公司限期改正，但该公司在收到《限期改正通知书》后，仍继续违法排污，而县生态环境局一直未作进一步处理。县检察院向县生态环境局发出检察建议，督促其履行监管职责，对排污企业的违法行为进行监管和处罚，但县生态环境局未履行监管职责，相关企业仍然存在违法生产排污行为。县检察院对县生态环境局不依法履行职责，可以向县法院提起行政公益诉讼。

2.管辖法院。

基层人民检察院提起的第一审行政公益诉讼案件，由被诉行政机关所在地基层人民法院管辖。

3.开庭通知。

法院开庭审理公益诉讼案件，应当在开庭3日前向人民检察院送达出庭通知书。

人民检察院应当派员出庭，并应当自收到人民法院出庭通知书之日起3日内向人民法院提交派员出庭通知书。派员出庭通知书应当写明出庭人员的姓名、法律职务以及出庭履行的具体职责。

4.提交材料。

人民检察院向法院提起行政公益诉讼，应当向法院提交下列材料：

（1）行政公益诉讼起诉书，并按照被告人数提出副本。

（2）被告违法行使职权或者不作为，致使国家利益或社会公共利益受到侵害的证明材料。

（3）检察机关已经履行诉前程序，行政机关仍不依法履行职责或纠正违法行为的证明材料。

5.调查取证。

人民检察院可以向有关行政机关以及其他组织、公民调查收集证据材料。

人民检察院有权采取证据保全措施。

6.对诉中履职的处理。

在案件审理过程中，被告纠正违法行为或依法履行职责而使人民检察院的诉讼请求全部实现：（1）人民检察院撤回起诉的，人民法院应当裁定准许；（2）人民检察院变更诉讼请求，请求确认原行政行为违法的，人民法院应当判决确认违法。

7.一审判决。

行政公益诉讼的判决同于普通行政诉讼的一审判决方式。法院可以将判决结果告知被诉行政机关所属的人民政府或者其他相关的职能部门。

8.上诉。

人民检察院不服人民法院第一审判决、裁定的，可以向上一级人民法院提起上诉。

9.二审出庭。

法院审理第二审案件，由提起公益诉讼的人民检察院派员出庭，上一级人民检察院也可以派员参加。

经典考题：某森林公安局对未办理《林木采伐许可证》砍伐林木的某公司罚款3万元，但没有责令其恢复原状。检察院认为应当责令该公司恢复原状，对森林公安局提出检察建议，但森林公安局没有根据建议要求该公司恢复原状，检察院将森林公安局起诉

至法院。下列哪些说法是准确的？（2021年考生回忆版卷一第5题，多选）①

A.环保公益组织不提起诉讼的，检察院才能起诉

B.检察院的起诉期限为6个月

C.检察院在提起诉讼前应先向森林公安局提出检察建议

D.此诉讼为行政公益诉讼

归纳总结　★★行政公益诉讼（官告官：人民检察院诉行政机关）

适用领域	在生态环境和资源保护、食品药品安全、国有财产保护、国有土地使用权出让等领域
适用条件	①在上述领域负有监督管理职责的行政机关违法行使职权或不作为 ②行政机关违法行使职权或不作为致使国家利益或者社会公共利益受到侵害 ③人民检察院应当向行政机关提出检察建议，督促其依法履行职责 【备注】行政机关应当在收到检察建议书之日起2个月内依法履行职责，并书面回复人民检察院。出现国家利益或社会公共利益损害继续扩大等紧急情形的，行政机关应当在15日内书面回复 ④经人民检察院督促，行政机关仍不依法履行职责的，人民检察院依法向人民法院提起诉讼
管辖法院	基层人民检察院提起的第一审行政公益诉讼案件，由被诉行政机关所在地基层人民法院管辖
提交材料	①行政公益诉讼起诉书，并按照被告人数提出副本 ②被告违法行使职权或者不作为，致使国家利益或社会公共利益受到侵害的证明材料 ③检察机关已经履行诉前程序，行政机关仍不依法履行职责或纠正违法行为的证明材料
开庭通知	①法院开庭审理公益诉讼案件，应当在开庭3日前向人民检察院送达出庭通知书 ②人民检察院应当派员出庭，并应当自收到人民法院出庭通知书之日起3日内向人民法院提交派员出庭通知书。派员出庭通知书应当写明出庭人员的姓名、法律职务以及出庭履行的具体职责
调查取证	①人民检察院可以向有关行政机关以及其他组织、公民调查收集证据材料 ②有权采取证据保全措施
对诉中履职的处理	在案件审理过程中，被告纠正违法行为或依法履行职责而使人民检察院的诉讼请求全部实现： ①人民检察院撤回起诉的，人民法院应当裁定准许 ②人民检察院变更诉讼请求，请求确认原行政行为违法的，人民法院应当判决确认违法

① 【答案】BCD。本题，森林公安局应当责令该公司补种树木以恢复生态却没有责令恢复，构成不履行法定职责，检察院在提出检察建议后森林公安局仍不履行已经损害了公共利益，检察院可以提起行政公益诉讼。D选项准确。行政公益诉讼的适格原告只有检察院，环保公益组织不能提起行政公益诉讼。A选项错误。检察院提起行政公益诉讼的起诉期限适用行政诉讼法的规定，即6个月。B选项准确。检察院必须履行诉前程序即提出检察建议，就森林公安局不履行法定职责的行为不得越过诉前程序直接向法院起诉。C选项准确。

续　表

一审判决	行政公益诉讼的判决同于普通行政诉讼的一审判决方式 【备注】法院可以将判决结果告知被诉行政机关所属的人民政府或者其他相关的职能部门
上诉	人民检察院不服人民法院第一审判决、裁定的，可以向上一级人民法院提起上诉
二审出庭	法院审理第二审案件，由提起公益诉讼的人民检察院派员出庭，上一级人民检察院也可以派员参加

第二节　行政诉讼中的被告

·考情分析·

■ 本节知识点要求考生掌握被告资格的判断，尤其是掌握经过复议案件、经上级行政机关批准对外作出行政行为案件、委托实施行政行为案件、派出机构案件、新组建临时机构的案件被告资格的判断。

■ 在客观题考试中，行政诉讼被告的判断每年必考。

■ 本节易错和高频考点是：

（1）申请人申请行政复议，复议机关驳回申请人复议申请的，是复议维持。

（2）申请人申请行政复议，复议机关以复议请求理由不成立驳回申请人复议申请的，属于复议维持。

（3）申请人申请行政复议，复议机关以复议申请不符合受理条件为由驳回复议申请的，属于复议不作为。

（4）申请人申请行政复议，复议机关没有改变原行政行为的处理结果，但是改变了原行政行为所适用的法条或者改变了当事人行为的定性，属于复议维持，不属于复议改变。

（5）复议维持案件，只是以原机关的身份来确定法院的级别管辖而已，考生切记不能记成由原机关所在地的法院管辖。因为复议维持案件，地域管辖是原机关所在地法院和复议机关所在地法院均可以管辖。

（6）复议维持案件，当事人不服起诉的，起诉期限是15日，而不是6个月！因为案件已经经过复议了，如果再给当事人6个月起诉期限的话，这个行政行为合不合法的判断就会很迟才会得到确定结果。

（7）复议维持案件，一审审理对象是两个，即原机关的原行政行为的合法性和复议机关的复议决定的合法性。考生切记不能遗漏了对复议机关的复议决定的合法性也要进行审查。

（8）复议维持案件，一审举证责任的分配是举证两个行为：①原行政行为合法性：由作出原行政行为的行政机关和复议机关共同承担举证责任，可以由其中一个机关实施举证行为；②复议决定的合法性：由复议机关承担举证责任。考生切记原行政行为的合法性是原机关和复议机关共同承担举证责任，而不仅仅是由原机关举证。

（9）复议维持案件，一审判决应当对原行政行为和复议决定一并作出裁判。若原行政行为违法的，不是把原行政行为撤销了，复议决定就自然无效了，应当对复议决定一并作出撤销判决。

（10）原行政行为合法、复议决定违法的，法院可以判决撤销复议决定或者确认复议决定违法，同时判决驳回原告针对原行政行为的诉讼请求。

（11）原行政行为不符合复议或者诉讼受案范围等受理条件，复议机关作出维持决定的，法院应当裁定一并驳回对原行政行为和复议决定的起诉。

（12）解题思路：复议维持案件，两个被告、审两个行为、举证两个行为、判两个行为。

（13）复议改变的案件，地域管辖也是原行政机关所在地法院和复议机关所在地法院均可管辖。

（14）若复议决定改变原行政行为错误且原行政行为违法的，法院判决撤销复议决定时，可以一并责令复议机关重新作出复议决定。

（15）若复议决定改变原行政行为错误且原行政行为合法的，法院判决撤销复议决定时，判决恢复原行政行为的法律效力。

（16）解题思路：若是复议改变案件，一个被告、审一个行为、举证一个行为、判一个行为。

（17）复议不作为的案件，原告对谁不服，谁就是被告。即原告不服原行为的，诉原机关；不服复议不作为的，诉复议机关。

（18）复议不作为的案件，不属于经过复议的案件。经过复议的案件，是指原机关作出的行政行为得经过复议机关的实体审理。

（19）下级行政机关经上级行政机关批准作出行政行为的案件，在行政诉讼中，遵循"谁署名，谁被告"的规则；在行政复议中，遵循"谁有实质的拍板权，谁为被申请人"的规则。

（20）共同作出一个行政行为，为共同被告，原告只诉了其中部分被告的，法院应当先通知原告追加被告；原告拒绝的，遗漏的其他被告列为被告型第三人，而不是列为共同被告。

（21）内部机构或者新组建机构案件，遵循"有授权，自己为被告"，"无授权，以设立机关为被告"。

（22）国务院、省级政府批准设立的开发区管理机构类似于某一级人民政府，具有行政主体资格，若是开发区管理机构实施的行政行为，开发区管理机构是被告；若是开发区管理机构所属职能部门实施的行政行为，以该职能部门为被告。

（23）不是国务院、省级政府批准设立的开发区管理机构，看自己有没有行政主体资格。若有，不管是开发区管理机构还是开发区管理机构的职能部门实施的行政行为，以开发区管理机构为被告；若没有，以设立开发区管理机构的地方政府为被告。

■ 在主观题考试中，需要重点掌握复议维持案件、委托实施行政行为案件、新组建临时机构案件、派出机构案件、政府指导案件、政府职能部门案件、履责申请转送案件被告的确定。

一、被告的概念与判断标准

（一）被告的概念

行政诉讼被告是指由原告指控其行政行为违法，经人民法院通知应诉的行政机关或法律、法规、规章授权的组织。

（二）被告的判断标准

行政诉讼被告的判断标准是看其是否具有行政主体资格。

行政主体是指独立拥有行政职权，能以自己的名义对外行使行政职权，并能独立承担法律责任的组织。

被告的判断包括三个要素：

1.权。自己独立享有并行使行政职权。

2.名：以自己的名义对外实施行政活动。

3.责：必须能够独立承担因行政活动产生的法律责任。

二、经过复议案件的被告确认

（一）复议维持案件被告的确认及相关知识

1.属于复议维持的情形具体包括五种：

（1）复议机关未改变原行政行为的处理结果（包含复议机关未说明具体理由驳回申请人的复议申请）。

例如： 多鑫装卸服务有限公司存在煤炭、矿石露天堆放、未建立围挡及覆盖、未建立车辆冲洗平台等环境违法行为，甲市乙区生态环境局处以该公司33000元罚款。该公司不服，向乙区政府申请行政复议。乙区政府未说明具体理由驳回了该公司的复议申请。该公司不服，向法院起诉。本案，乙区政府未说明具体理由驳回申请人的复议申请，实际上原行政行为的处理结果没有被更改，属于复议维持。复议维持案件，作出原行政行为的行政机关和复议机关是共同被告。本案，被告为乙区政府和乙区生态环境局。

（2）复议机关认为申请人的复议请求不成立，作出驳回复议申请的（实体驳回：复议机关已对原行政行为合法性作出评判）。

例如： 凤凰养殖公司向河道内排放大量未经处理的污水，造成环境污染。区生态环境局对该公司作出50万元罚款的决定。该公司不服，向区政府复议。区政府认为该公司的复议请求不成立，驳回了该公司的复议申请。该公司不服，提起行政诉讼。本案以复议请求不成立驳回的（实体驳回）属于复议维持，区生态环境局和区政府是本案的共同被告。

（3）改变原行政行为所认定的主要事实和证据但未改变原行政行为处理结果的。

例如：县公安局认定维多和保罗构成打架斗殴，给予两人行政拘留10日。维多和保罗不服，向县政府申请行政复议。县政府认定维多和保罗不是打架斗殴，而是构成寻衅滋事，作出给予两人拘留10日的复议决定。维多和保罗不服提起行政诉讼。本案属于复议维持案件，县公安局和县政府是本案的共同被告。

（4）改变原行政行为所适用的规范依据但未改变原行政行为处理结果的。

例1：某药厂以本厂过期药品作为主原料，更改生产日期和批号生产出售。甲市乙县市场监督管理局以该厂违反《药品管理法》第98条第1款关于违法生产药品的规定，决定没收药品并处罚款20万元。药厂不服向县政府申请复议，县政府依《药品管理法》第98条第3款关于生产劣药行为的规定，决定维持处罚决定。药厂起诉。那么，本案的被告如何确定？本案为复议维持案件，因为行政行为的处理结果罚款20万元没有被改变，因此乙县市场监督管理局和乙县政府为共同被告。

例2：孙某游玩某景区时在清代大铜缸上刻下"到此一游"，位于甲市乙区的市公安局依据《治安管理处罚法》第26条有关任意损毁公私财物的规定，决定对其作出拘留10日的处罚，并处罚款300元。孙某不服向位于甲市丙区的市政府申请复议，市政府依据《治安管理处罚法》第63条关于刻划、涂污或者以其他方式故意损坏国家保护的文物或名胜古迹的规定，决定维持处罚决定。孙某不服，提起行政诉讼。那么，本案的被告如何确定？甲市政府改变了甲市公安局的行为依据，但是没有改变市公安局原处罚决定的处理结果，属于复议维持，甲市公安局和甲市政府为共同被告。

（5）行政复议决定既有维持原行政行为的一部分内容，又有改变原行政行为的另外一部分内容或不予受理申请内容的。

【注意】一般而言，申请人提出多个复议事项、多个复议请求，如果复议机关的复议决定既有维持一部分复议事项，又有改变另外一部分复议事项的，就属于复议维持。

例1：甲市市场监督管理局在开展专项整治中发现宋某无工商营业执照，经营服装销售，且部分服装无厂名厂址。区市场监督管理局对宋某以无照经营为由罚款2000元、销售来源不明商品为由罚款6000元，合并处罚8000元。宋某对处罚决定不服，向甲市政府申请复议。甲市政府认为宋某的确存在无照经营的违法行为，但不存在销售来源不明商品的违法行为，作出无照经营罚款2000元的复议决定。宋某向法院起诉。本案，申请人提出2个复议事项：无照经营被罚款2000元、销售来源不明商品被罚款6000元。最终，复议机关维持了原行为无照经营的内容，但是改变了原行为销售来源商品不明的内容，属于复议维持案件。"复议维持共同告"，因此，甲市市场监督管理局和甲市政府为本案的共同被告。

例2：区市场监督管理局以发布虚假广告对德博莱公司处以4500元罚款并处没收违法所得1500元，以未明码标价处以10000元罚款。该公司不服向区政府申请行政复议，区政府认为该公司确实存在发布虚假广告和未明码标价的违法行为，但未明码标价的原处罚过重，改为罚款6000元，维持了其他处罚。该公司不服提起行政诉讼。本案，申请人提出2个复议事项：发布虚假广告被罚款4500元并处没收违法所得1500元、未明码标价被罚款10000元。最终，复议机关维持了原行为发布虚假广告的处罚，但是改变了原行为未明码标价的处罚，属于复议维持案件。因此，原机关区市场监督管理局和复议机关区政府为本案的共同被告。

·知识拓展·

■ 区分复议机关的驳回复议申请究竟属于因理由不成立而驳回，还是因不符合受理条件而驳回，应当适用实质性标准。名为驳回复议申请，甚至名为不予受理决定，但事实上对复议请求作出了实体审查的，也应当定性为驳回复议请求，进而构成对原行政行为的维持。

2.复议维持案件的被告：原行政机关和复议机关是共同被告。若原告只起诉原行政机关或者复议机关的，法院应当先通知原告追加被告。原告不同意追加的，法院应当将另一机关列为共同被告。

·知识拓展·

■ 在2014年《行政诉讼法》修改之前，复议改变的案件，复议机关是被告；复议维持的案件，原机关是被告。旧法的这种制度设计，客观上导致复议机关更倾向于作出维持决定。因为只要复议机关维持原行政行为了，复议机关自己就不用当被告了。为了避免复议程序的空转，2014年新修改的《行政诉讼法》规定，复议维持的案件，复议机关和原机关为共同被告。复议机关维持原行政行为，表面上看仍然是原行政行为对行政相对人权利义务产生影响，但是事实上复议机关也作出了与原行政行为一样的决定。新法的规定有利于防止复议机关怠于履行纠正原机关违法的行政行为，有效解决行政争议，避免复议程序空转。

例如：区卫健委以董某擅自开展诊疗活动为由作出没收其违法诊疗工具并处5万元罚款的处罚。董某向区政府申请复议，区政府维持了原处罚决定。董某向法院起诉。那么，"如董某只起诉区卫健委，法院应追加区政府为第三人"，这种说法是否准确？不准确。本案是复议维持案件，区卫健委和区政府应该作为共同被告。复议维持案件，原告董某只起诉原机关区卫健委的，法院应当告知董某追加区政府为被告。原告不同意追加的，法院应当将区政府列为共同被告，而不是列为第三人。

3.复议维持的管辖法院：

（1）级别管辖：以作出原行政行为的机关确定级别管辖。例如：维多卖淫嫖娼案，某市公安局和某市政府是共同被告。以作出原行政行为的市公安局确定级别管辖，由基层人民法院管辖。

（2）地域管辖：原行政机关所在地法院和复议机关所在地法院均可管辖。例如：维多卖淫嫖娼案，某市公安局和某市政府所在地的基层法院对本案均有管辖权，所以本案既可以由市公安局所在地的甲区人民法院管辖，也可以由市政府所在地的乙区人民法院管辖。

4.复议维持案件的起诉期限：收到复议决定之日起15日内，有例外的从例外。

5.复议维持案件的一审对象有两个：

（1）原行政行为的合法性。

（2）复议决定的合法性。

6.复议维持案件一审举证责任的分配：

（1）原机关和复议机关对原行政行为合法性共同承担举证责任，可以由其中一个机关实施举证行为。

[总结归纳]复议维持案件，举证责任要共担，举证行为可分工。

（2）复议机关对复议决定的合法性承担举证责任。

7.复议维持案件的裁判方式：

（1）复议决定维持原行政行为的，法院应当对复议决定和原行政行为一并作出裁判。

例如：县市场监督管理局认定王某经营加油站系无照经营，予以取缔。王某不服，向县政府申请复议，在县政府作出维持决定后向法院提起行政诉讼，要求撤销取缔决定。法院经过开庭审查，认定取缔决定违法，则应当对取缔决定和维持决定一并作出撤销判决。

（2）法院判决撤销原行政行为和复议决定的，可以判决原行政机关重新作出行政行为。

例如：县生态环境局给予皇朝公司罚款10万元。皇朝公司向县政府申请行政复议，县政府作出维持决定。皇朝公司向法院提起行政诉讼，法院经审查认定县生态环境局的罚款决定适用法律错误，遂撤销了罚款决定和维持决定，同时责令县生态环境局重新作出处罚决定。

（3）原行政行为合法、复议决定违法的，法院可以判决撤销复议决定或确认复议决定违法，同时判决驳回原告针对原行政行为的诉讼请求。

例如：县公安局认定维多和保罗构成打架斗殴，给予两人行政拘留10日。维多和保罗不服，向县政府申请行政复议。县政府认定维多和保罗不是打架斗殴，而是构成寻衅滋事，作出给予两人行政拘留10日的复议决定。维多和保罗不服提起行政诉讼，法院认定县公安局行政处罚决定合法，判决撤销县政府的复议决定，同时驳回原告针对县公安局的诉讼请求。

（4）原行政行为不符合复议或诉讼受案范围等受理条件，复议机关作出维持决定的，法院应当裁定一并驳回对原行为和复议决定的起诉。

例如：李某不服市综合执法局将其信访材料转送市生态环境局处理为由向市政府申请行政复议。市政府受理后，作出维持决定。李某不服政府作出的维持决定，向法院提起行政诉讼。本案系信访办理行为，不属于行政诉讼的受案范围，法院应当裁定一并驳回对原行为和复议决定的起诉。

8.经过复议案件的赔偿义务机关。

（1）原行政行为违法：由作出原行政行为的行政机关对原行政行为造成的损失部分承担赔偿责任。

（2）复议程序违法：由复议机关对复议程序违法部分造成的损失承担赔偿责任。

[总结] 解题思路：复议维持案件，两个被告，审两个行为，举证两个行为，判两个行为。

经典考题： 某区市场监督管理局以某公司生产不符合产品质量标准的运动服为由对其处以6000元罚款并处没收违法所得18000元。该公司不服向区政府申请行政复议，区政府认定没收违法所得18000元有误，变更为没收违法所得15000元，维持了其他处罚。该公司不服，提起行政诉讼，下列哪一选项是准确的？（2020年考生回忆版卷一第5题，单选）①

A.本案被告为区市场监督管理局

B.本案由区市场监督管理局所在地的中级人民法院管辖

C.没收违法所得性质为行为罚

D.该公司履行期限届满后拒绝缴纳罚款的，区市场监督管理局可以加处罚款，但应当将加处罚款的标准告知该公司

归纳总结　★★★复议维持的案件

复议维持的含义	①复议机关未改变原行政行为的处理结果（包含未说明具体理由驳回申请人的复议申请） ②复议机关认为申请人的复议请求不成立，作出驳回复议申请的 （实体驳回：已对原行政行为为合法性作出评判） ③改变原行政行为所认定的主要事实和证据但未改变原行政行为处理结果的 ④改变原行政行为所适用的规范依据但未改变原行政行为处理结果的 ⑤行政复议决定既有维持原行政行为内容，又有改变原行政行为内容或不予受理申请内容的 【备注】第⑤种情形的复议维持，得以申请人提出多个复议事项、多个复议请求为前提

---

① 【答案】D。申请人提出2个复议请求：罚款6000元、没收违法所得18000元。最终，复议机关维持了原行为6000元罚款，但是改变了原行为没收违法所得的金额（由18000元改为15000元），属于复议维持案件。因此，区市场监督管理局和区政府为本案的共同被告。A选项错误。复议维持案件，以原机关的身份定级别管辖。本题原机关为区市场监督管理局，身份级别不高，由基层法院管辖。地域管辖为原机关所在地法院和复议机关所在地法院均可以管辖。原机关和复议机关所在地的基层法院刚好重叠了，都是这个区的区法院。B选项错误。没收违法所得18000元属于财产罚，而不是行为罚。C选项错误。加处罚款为执行罚，性质上属于间接强制执行措施。在法考中，推定所有的行政机关都有间接强制执行权。本题，区市场监督管理局对于逾期不缴纳罚款的，可以按日加处3%的罚金，需要将加处罚款的标准告知当事人。D选项准确。

续　表

被告判断	原行政机关和复议机关是共同被告（复议维持共同告） 【备注】原告只起诉原行政机关或者复议机关的，法院应当先通知原告追加被告。原告不同意追加的，法院应当将另一机关列为共同被告
管辖法院	①级别管辖：以作出原行政行为的机关确定级别管辖（就低不就高） ②地域管辖：原行政机关所在地法院＋复议机关所在地法院均可管辖
起诉期限	收到复议决定之日起15日内，有例外的从例外
一审对象	①原行政行为的合法性 ②复议决定的合法性
举证责任	①原机关和复议机关对原行政行为合法性共同承担举证责任，可以由其中一个机关实施举证行为 ②复议机关对复议决定的合法性承担举证责任 【备注】复议机关作共同被告的案件，复议机关在复议程序中依法收集和补充的证据，可以作为法院认定复议决定和原行政行为合法的依据
判决类型	①复议决定维持原行政行为的，法院应当对复议决定和原行政行为一并作出裁判 ②法院判决撤销原行政行为和复议决定的，可以判决原行政机关重新作出行政行为 ③原行政行为合法、复议决定违法的，法院可以判决撤销复议决定（当复议决定实体违法时）或确认复议决定违法（当复议决定程序违法时），同时判决驳回原告针对原行政行为的诉讼请求 ④原行政行为不符合复议或诉讼受案范围等受理条件，复议机关作出维持决定的，法院应当裁定一并驳回对原行政行为和复议决定的起诉
国家赔偿义务机关	①原行政行为违法：由作出原行政行为的行政机关对原行政行为造成的损失部分承担赔偿责任 ②复议程序违法：由复议机关对复议程序违法部分造成的损失承担赔偿责任

（二）复议改变案件被告的确认及相关知识

1.复议改变的情形有三种：

（1）复议机关改变原行政行为的处理结果（例外：原行政行为一部分维持，一部分改变的，属于复议维持）。

例1： 甲市乙区生态环境局以某公司超标准排放污水为由作出罚款20万元决定。该公司不服向甲市乙区政府申请行政复议，乙区政府在复议时认定该公司确有违法排污但原处罚决定明显过重，决定改为罚款10万元。该公司仍然不服，向法院提起行政诉讼。本案属于复议改变案件，乙区政府为被告。

例2： 陈某在没有获得环保部门许可的情况下，从建峰公司经营的垃圾中转站，将100多吨垃圾转移运至华盈公司经营的回填区进行了倾倒填埋处置。陈某的行为构成擅自跨省转移、处置固体废物的环境违法行为，市生态环境局处以陈某7万元罚款。陈某不服，向市政府复议，市政府认为市生态环境局的处罚决定不合理，作出处以陈某2万元罚款的复议决定。陈某不服，提起行政诉讼。本案属于复议改变案件，市政府为被告。

例3：某区市场监督管理局以某公司生产不符合产品质量标准的运动服为由对其处以6000元罚款并处没收违法所得18000元。该公司不服向区政府申请行政复议，区政府认定没收违法所得18000元有误，变更为没收违法所得15000元，维持了其他处罚。该公司不服，提起行政诉讼。本案属于复议维持案件，区市场监督管理局和区政府是共同被告。本案，申请人提出2个复议请求：罚款6000元、没收违法所得18000元。最终，复议机关维持了原行为6000元罚款，但是改变了原行为没收违法所得的金额（由18000元改为15000元），属于复议维持案件。因此，原机关区市场监督管理局和复议机关区政府为本案的共同被告。

（2）复议机关确认原行政行为无效。

例如： 县生态环境局以皇朝公司超标准排放污水为由给予其30万元罚款。皇朝公司不服，向县政府申请行政复议。县政府经过审查发现，县生态环境局在作出罚款决定之前既没有事先告知皇朝公司事实、理由和依据，没有听取其陈述、申辩，也没有告知其享有要求举行听证的权利，遂作出确认罚款无效的复议决定。本案属于复议改变案件。

（3）复议机关确认原行政行为违法。

例如： 利娅受到前男友维多连续多天的尾随跟踪，向县公安局报案要求出警处理，但县公安局未出警处置。翌日，利娅被前男友维多殴打致轻微伤。利娅向县政府申请行政复议。县政府认定县公安局不履行法定职责错误，作出确认违法的复议决定。本案属于复议改变案件。

【注意】复议机关以违反法定程序为由确认原行政行为违法的，视为复议维持。

例如： 李某向某区公安分局申请公开2020年12月该局作出的所有行政处罚决定书，区公安分局作出不予公开的答复。李某向区政府申请行政复议，区政府以区公安分局逾期答复为由，确认不予公开的决定违法。本案，区政府以区公安分局逾期答复为由，确认不予公开的决定违法，就是复议机关区政府以原机关区公安分局程序违法为由确认原行为违法，属于复议维持案件。"复议维持共同告"，区公安分局和区政府是共同被告。

2.复议改变案件的被告：复议机关是被告。

例如： 县卫健委认定孙某违法生育第四胎，决定对孙某征收社会抚养费40000元[①]。孙某向县政府申请复议，要求撤销该决定。县政府维持该决定，并在征收总额中补充列入遗漏的3000元未婚生育社会抚养费。孙某不服，向法院起诉。那么，本案的被告如何确定？县政府为本案的被告。申请人在申请的行政复议中，提出多个复议事项、多个复议请求，其中一部分复议事项被维持，另外一部分复议事项被改变的，属于复议维持。请注意判断的前提：申请人是否提出多个复议事项、多个复议请求。本题，很明显，原机关县卫健委只实施了一个行政行为：征收社会抚养费40000元，当事人只对这一个复

---

① 2021年9月27日，国务院决定废止《计划生育技术服务管理条例》《社会抚养费征收管理办法》《流动人口计划生育工作条例》三部行政法规，已经取消了社会抚养费。

议事项申请复议，而且复议机关对这一个复议事项全部维持了。3000元未婚生育社会抚养费是复议机关的新增处理，不是对原行政行为"征收社会抚养费40000元"内容的部分改变！本题，属于复议改变案件。复议机关改变原行政行为，是指复议机关改变原行政行为的处理结果。本案，县卫健委决定对孙某征收社会抚养费40000元，县政府维持该决定，但在征收总额中补充列入遗漏的3000元未婚生育社会抚养费，这属于改变原行政行为处理结果，构成复议改变。复议机关改变原行政行为的，复议机关是被告。因此，应当以县政府为被告。

3.复议改变案件的管辖法院：

（1）级别管辖：以复议机关确定级别管辖。

（2）地域管辖：原行政机关所在地法院和复议机关所在地法院均可管辖。

4.复议改变案件的起诉期限：收到复议决定之日起15日内，有例外的从例外。

5.复议改变案件的一审对象：复议决定的合法性。

6.复议改变案件举证责任的分配：复议机关对复议决定的合法性承担举证责任。

7.复议改变的裁判方式：

（1）若复议决定合法的，则法院判决驳回原告的诉讼请求。

（2）若复议决定改变原行政行为错误且原行政行为违法的，法院判决撤销复议决定时，可以一并责令复议机关重新作出复议决定（原行政行为虽然违法，但不能撤销，因为不是一审审理对象）。

例如：区公安局认定赵某存在嫖娼行为，适用《治安管理处罚法》第66条第1款给予其拘留15日。赵某不服，向区政府申请行政复议，复议机关经过审查认为，赵某未实施嫖娼行为，但存在容留他人卖淫的行为，适用《治安管理处罚法》第67条给予拘留10日。赵某提起诉讼，法院经开庭审查认为区政府的复议决定确有错误，对区政府的复议决定作出撤销判决，同时可以责令区政府重新作出复议决定。

（3）若复议决定改变原行政行为错误且原行政行为合法的，法院判决撤销复议决定时，同时判决恢复原行政行为的法律效力（按新法：复议改变的，复议机关是被告，原机关可以作为第三人）。

例如：县公安局认定时某有嫖娼行为，对其处以拘留15日。时某不服处罚，向县政府申请行政复议。县政府认定时某有介绍嫖娼行为，将原处罚决定变更为罚款1000元。时某仍不服，提起行政诉讼。法院经过审理认为县公安局处罚决定合法、县政府的复议决定违法，作出撤销复议决定判决，同时判决恢复县公安局处罚决定的法律效力。

[总结]解题思路：复议改变案件，一个被告，审一个行为，举证一个行为，判一个行为。（判一个行为有例外：复议决定改变原行政行为错误且原行政行为合法的，法院判决撤销复议决定时，为了定纷止争，还应当同时判决恢复原行政行为的法律效力）。

归纳总结　★★复议改变的案件

复议改变的含义	①复议机关改变原行政行为的处理结果（例外：原行为一部分维持，一部分改变的，属于复议维持） ②复议机关确认原行政行为无效 ③复议机关确认原行政行为违法 【注意】复议机关以违反法定程序为由确认原行政行为违法的，视为复议维持
被告判断	复议改变的案件，复议机关是被告（复议改变单独告）
管辖法院	①级别管辖：以复议机关确定级别管辖 ②地域管辖：原行政机关所在地法院＋复议机关所在地法院均可管辖
起诉期限	收到复议决定之日起15日内，有例外的从例外
一审对象	复议决定的合法性
举证责任	复议机关对复议决定承担举证责任
判决类型	①若复议决定合法的，则驳回原告的诉讼请求 ②若复议决定改变原行政行为错误且原行政行为违法的，法院判决撤销复议决定时，可以一并责令复议机关重新作出复议决定（原行政行为虽然违法，但不能撤销，因为不是一审审理对象） ③若复议决定改变原行政行为错误且原行政行为合法的，法院判决撤销复议决定时，判决恢复原行政行为的法律效力（按新法：复议改变的，复议机关是被告，原机关可以作为第三人）

（三）复议不作为案件被告的确认及相关知识

1.复议不作为的情形有三种：

（1）不接收复议申请书、不受理复议申请；

（2）拒绝作出复议决定、不按时作出复议决定；

（3）复议机关以申请人申请的行政复议不符合受理条件为由驳回复议申请的（程序驳回：复议机关未对原行政行为合法性作出评判）。

【注意】复议机关未说明具体理由驳回申请人复议申请的，属于复议维持；若以复议申请不符合受理条件为由驳回的（程序驳回），属于复议不作为；若以复议请求不成立驳回的（实体驳回），属于复议维持。

例1：甲市文体局以北海旅游公司安排未取得导游证的人员提供导游服务违反《旅游法》为由，对其处以罚款1万元。该公司不服，向甲市政府申请行政复议，甲市政府以不符合受理条件为由驳回了该公司的复议申请。本案属于复议不作为的案件，北海旅游公司若不服罚款决定，被告为甲市文体局；若不服甲市政府以不符合受理条件为由驳回复议申请的决定，被告为甲市政府。

例2：2020年4月10日，县政府为李某颁发林地使用权证，同时告知了利害关系人徐某。5月25日，徐某认为县政府颁证行为侵犯了自己已经取得的林地使用权，向市政府申请复议，市政府认为徐某的复议申请超过了复议申请期限，于是驳回了徐某的复议申请。6月25日，徐某就县政府颁发林地使用权证行为向法院提起行政诉讼。法院应当如何处理？法院应当裁定不予立案。县政府将林地使用权证颁发给李某的行为侵犯了徐某已经取得的自然资源使用权，属于复议前置的案件，即应当就颁证行为先申请复议，对复议结果不服的方能提起行政诉讼。本案，徐某就颁证行为申请复议，复议机关以徐某的复议申请超过了复议申请期限驳回了徐某的复议申请，那么，颁证行为是否就可以视为经过了复议呢？结论是否定的。因为只有复议前置案件经过复议程序实体处理，才能视为经过复议。复议机关对复议申请不予答复，或作出程序性驳回复议申请的决定，不能视为已经经过复议。因此，复议不作为案件不属于"经过复议的案件"。对于复议前置案件未经过复议实体审查的，法院应当裁定不予立案；已经立案的，法院可以裁定驳回起诉。本案，颁证行为是否合法未经复议程序实体审查，属于复议不作为案件，不属于"经过复议的案件"，所以，法院应当裁定不予立案。

2.复议不作为案件的被告：原告对谁不服，谁就是被告。即复议不作为的案件，只能选择告：

（1）不服原行政行为的，诉原机关。

（2）不服复议不作为的，诉复议机关。

【注意】复议不作为的案件，原告要么选择诉原机关，要么选择诉复议机关。即复议不作为的案件，仅能选择告，不能同时告。这是因为，直接起诉原行政行为，目的是要求法院对原行政行为的合法性作出认定和处理；起诉复议机关不作为，直接的诉求虽然是要求法院撤销不予受理复议申请的决定，但撤销不予受理复议申请决定的效果，则必然导致复议机关同样要对原行政行为的合法性作出认定和处理。如果同时起诉原行政行为和复议机关不作为，就会违反一事不再理原则，造成法院和复议机关的重复劳动。更为重要的是，这样做还违反了司法最终原则。司法最终原则是指，行政复议活动虽然是行政争议的重要救济方式，但却不是最终裁决，除非法律另有规定，法院作出的终审判决才是最终决定。〔参见陈某与某市某区人民政府、某市某区公安消防大队再审行政裁定书，（2017）最高法行申358号〕

·知识拓展·

■《最高人民法院关于适用行政诉讼法的解释》第56条第1款规定，法律、法规规定应当先申请复议，公民、法人或者其他组织未申请复议直接提起诉讼的，人民法院裁定不予立案。复议前置案件经过复议程序实体处理，才能视为经过复议。复议机关对复议申请不予答复，或作出程序性驳回复议申请的决定，不能视为已经经过复议。因此，复议不作为案件不属于"经过复议的案件"。〔参见吴某与广西壮族自治区某市人民政府土地确权行政裁决纠纷再审案，（2019）最高法行申11288号〕

归纳总结 复议案件被告的确定

案件类型	被告确定
复议维持	原机关和复议机关是共同被告（共同告）
复议改变	复议机关是被告（单独告）
复议不作为	原告不服谁，谁就是被告（选择告）

3.复议不作为案件的管辖法院：

（1）诉原行为的，以原机关的身份定级别管辖，由原机关所在地法院管辖。

（2）诉复议不作为的，以复议机关的身份定级别管辖，由复议机关所在地法院管辖。

归纳总结 ★★★复议不作为的案件

复议不作为 的含义	①不接收申请书、不受理复议申请 ②拒绝作出复议决定、不按时作出复议决定 ③复议机关以申请人申请的行政复议不符合受理条件为由驳回复议申请的 （程序驳回：未对原行政行为合法性作出评判） 【注意】复议机关未说明理由驳回申请人复议申请的，属于复议维持
被告判断	原告对谁不服，谁就是被告（复议不作为选择告）： ①不服原行政行为的，诉原机关 ②不服复议不作为的，诉复议机关
管辖法院	诉原行为的 【级别管辖】以作出原行政行为的机关确定级别管辖 【地域管辖】由原行政行为的机关所在地法院管辖
	诉复议不作为的 【级别管辖】以复议机关确定级别管辖 【地域管辖】由复议机关所在地法院管辖
一审对象	诉原行为的 原行政行为的合法性
	诉复议不作为的 复议不作为的合法性

三、其他案件被告资格的确认

（一）经批准作出行政行为的被告确认

有时候，行政行为是经过上级行政机关批准后，由下级行政机关具体实施的。此时，当事人不服起诉的，应当按照名义标准，以在对外发生法律效力的文书上署名的机关为被告。比如对经过有权机关批准的政府信息公开与否的答复不服，被告的确定规则是"谁署名、谁被告"。但是，在行政复议中，是以享有实质拍板权的机关作为被申请人。

[总结] 经上一级行政机关批准对外作出的行政行为案件，如何确定被告和被申请人，遵循"诉讼看名义，复议看职权"。

例1：市生态环境局对安溪养殖场进行现场检查时发现该养殖场未及时收集、贮存、利用和处置养殖过程中产生的畜禽粪污等固体废物，且拒绝责令改正，在报经市政府批准后，责令该养殖场关闭。在行政诉讼中，该养殖场不服的，应当以市生态环境局为被告。在行政复议中，应当以市政府为被申请人。

例2：某区经典花园小区已建有一家童心幼儿园，区教育委员会拟在该小区内再建一所幼儿园。熊某、时某先后向区教育委员会提出申请办园。经过市教育委员会的批准，区教育委员会准许了熊某的申请，同日，对时某送达了不予批准的决定。那么，时某不服，提请行政诉讼，被告如何确定？区教育委员会为被告。本案属于行政行为是经过上级行政机关批准后，由下级行政机关具体实施的情况。当事人不服起诉的，应当按照名义标准，以在对外发生法律效力的文书上署名的机关为被告。

· 知识拓展 ·

> ■ 通常情况下，一个行政行为会由一个行政机关独立作出，但有时，根据法律、法规的规定，或者根据行政权力运行的实际需要，行政行为的作出需要同级其他行政机关或者上下级行政机关的协力，这就会形成多阶段行政行为。当一个以上行政机关分别作出多阶段行为时，应当如何选择正确的起诉对象，进而如何确定适格被告？通说认为，应当以直接对外发生法律效果、直接对相对人权利义务产生实际影响的行政行为为起诉对象。又根据"谁行为，谁被告"的原则，适格被告也应当是作出这个行政行为的行政机关，除非法律、法规对此另有规定。

根据《最高人民法院关于审理行政许可案件若干问题的规定》，经过批准的行政许可行为，其被告确定有其特殊规则。

在行政许可案件中，对于下级机关根据上级机关批准作出的许可决定，当事人可以单独起诉该决定，也可以一并起诉上级机关的批准行为。如果单独起诉许可决定的，以作出该决定的下级机关为被告；如果一并起诉许可决定和批准行为的，应当以两级机关作为共同被告。

（二）共同行政行为的被告确认

共同行政行为是指多个行政主体以共同名义一起作出的行政行为。按照一般原则，当事人对共同行政行为提起诉讼时，应当以实施这些行为的多个行政主体作为共同被告。

需要注意：

1.遗漏部分被告时的处理（告漏了如何处理）。

对于共同行政行为，如果原告只起诉了其中一部分行政主体，法院应当通知原告追加其他行政主体作为共同被告，如果原告坚持不追加的，只能将其列为第三人。

例1：县生态环境局与县水利局在联合执法过程中，发现某化工厂排污口建在行洪通道上，并对下游河水造成污染，遂联合作出责令该厂限期拆除其排污口的决定。该厂不服，以县水利局为被告向法院提起行政诉讼。那么，法院应当如何处理？法院应当通知该厂追加县生态环境局为共同被告，原告坚持不追加的，将县生态环境局列为第三人。

例2： 区卫健委和区市场监督管理局在执法检查中发现某公司在饮料中添加的冰块菌落总数超标，于是联合作出罚款10万元的处罚。该公司以区市场监督管理局为被告提起诉讼，且拒绝追加区卫健委为被告，法院应当将区卫健委列为第三人。

【注意】 告错了咋处理：原告所起诉的被告不适格，法院应当先告知原告变更被告；原告不同意变更的，裁定驳回起诉。

2.与虚假共同行为的辨析。

实践中存在一些案件，被诉行政行为除行政主体之外，还有一些非行政主体参与署名共同作出这一行为。当事人如果对该行为起诉，只能以其中的行政主体作为被告，那些非行政主体应当被列为第三人。

例如： 甲市市场监督管理局与该市消费者权益保护协会共同查处天天商场销售假烟的行为并共同署名作出处罚。那么，本案被告如何确定？此案的被告只能是具有行政主体资格的市场监督管理局，而没有行政主体资格的消费者权益保护协会则不是被告，只能被列为第三人。

3.与联合行为的辨析。

行政机关为了提高工作效率，可能采取联合办公的方式，如联合进行执法检查，或联合办理、统一办理行政许可。但在作出某一个行政行为时，这些机关并没有共同署名作出，这样的行为仍不能被认定为共同行政行为，这些机关在行政诉讼中也不充当共同被告。此时，应当由对该行为的作出具有实质影响的机关作为被告。如市场监督管理局、卫健委联合对某市场进行联合执法，吊销了一家个体户的营业执照，这一行为的被告只能是市场监督管理局。又如某人申请开办一家KTV，需要办理卫生许可证、消防许可证、税务登记、工商登记等，按照当地规定，此类事项由市场监督管理局受理后告知消防局、卫健委、税务局等其他部门分别提出意见后统一办理。由于消防局认为其消防设施不符合条件，最终不予许可。此时，被告只能是对该许可结果产生实质影响的消防局，而不是牵头受理的市场监督管理局，更不是多个部门充当共同被告。

（三）派出机构作出行政行为被告的确认

1.派出机构获得了法律、法规、规章授权，具有独立职权，在授权范围内可以自己名义对外作出行政行为，具备行政主体资格。

例如： 根据《治安管理处罚法》的授权，派出所有权作出警告、500元以下的罚款。派出所针对维多作出警告处罚的，派出所是被告。

2.派出机构在实施职权时，超越了法定授权的幅度，如派出所作出了1000元的罚款决定，这属于"幅度越权"。"幅度越权"时，仍以作出行政行为的派出机构为被告。

例如： 派出所针对利娅作出1000元罚款决定，派出所是被告。

3.派出机构在实施职权时，"行使"了某类法律、法规、规章根本没有赋予它的职权种类，如派出所作出了行政拘留的决定，这属于"种类越权"。此时，这些机构就没有资格充当行政诉讼被告，而应当以其所在机关作为被告。

例如： 区公安分局派出所突击检查孔某经营的娱乐城，孔某向正在赌博的人员通风报信，派出所突击检查一无所获。派出所工作人员将孔某带回调查，孔某因受到逼供而说出实情。派出所据此决定对孔某拘留10日，孔某不服提起行政诉讼的，区公安分局是被告。派出所的法定权力是500元以下的罚款和警告，没有作出行政拘留的权力。派出所作出拘留处罚，属于种类越权，由派出部门区公安分局作为被告。

（四）新组建机构的被告资格

行政机关可能为了行政管理的需要而组建新的行政机构，这些新组建机构的职权状况是不尽相同的，有三种可能：

1.不具有独立职权。有的时候行政机关新组建一个机构只是为了辅助自己处理某方面的事务，不需要赋予其独立职权，这就是一个纯粹的内部办事机构或议事协调机构，不具有行政主体资格，不能作为被告，以设立机关为被告。

例如：2020年6月，区政府设立后湖指挥部负责后湖片区村庄整合房屋征收安置工作。孙某与后湖指挥部签订《房屋拆迁安置协议》，约定安置房面积为200平方米。后湖指挥部以孙某隐瞒在村庄整合中已享受安置房为由拒绝分配约定的房屋。孙某不服，提起行政诉讼，请求法院判决确认协议有效，并判令被告继续履行协议。那么，本案的被告如何确定？区政府为被告。行政机关组建并赋予行政管理职能但不具有独立承担法律责任能力的机构，以自己的名义作出行政行为，当事人不服提起诉讼的，应当以组建该机构的行政机关为被告。后湖指挥部是区政府设立的临时机构，没有获得法律、法规、规章的授权，应当以设立机关区政府为被告。

2.合法赋予其独立职权。即行政机关在组建新的机构之后，根据法律、法规、规章，赋予该机构独立的行政管理职权，这实际上是一个行政授权的过程，此时授权的依据是合法的、充分的，新组建机构就具备了行政主体资格，可以作为被告。

3.违法"赋予"其独立职权。这种情况下，行政机关也对新组建机构"赋予"了一定的独立职权，但其授权依据却并不合法、充分，如依据规章以下的行政规范性文件进行授权。这种"授权"，属于"假授权，真委托"，遵循"谁委托，谁被告"的规则。即规章以下的行政规范性文件"授权"的新组建机构不能获得行政主体资格，不具有独立承担法律责任的能力，应当以组建该机构的行政机关作为被告。

例1：甲县政府设立的临时机构基础设施建设指挥部，认定有10户居民的小区自建的围墙及附属房系违法建筑，指令乙镇政府具体负责强制拆除。10户居民对此决定不服起诉的，甲县政府是被告。

例2：为严格本地生猪屠宰市场管理，某县政府以文件形式规定，凡本县所有猪类屠宰单位和个人，须在规定期限内到生猪管理办公室申请办理生猪屠宰证，违者予以警告或罚款。个体户张某未按文件规定申请办理生猪屠宰证，生猪管理办公室予以罚款200元。那么，生猪管理办公室是不是本案的被告？不是。县政府是本案的被告。生猪管理办公室是新组建机构，但是没有获得法律、法规、规章的授权，只是获得县政府一般规范性文件的授权，只能算作委托，所以县政府是被告。

（五）委托行政案件被告的确认

委托实施行政行为的案件，谁委托，谁被告，即委托机关是被告。因为受托人不能以自己的名义对外实施行政行为，而是以委托人名义对外实施行政行为，因此，受托人没有独立的行政管理职权又不能以自己的名义对外实施行政行为，只能以委托人为被告。

非经法律、法规、规章直接授权行使行政职权的其他组织，包括内设机构、派出机构、临时机构、事业单位和其他组织等，而是由行政机关以规章以下（不含）的规范性文件的方式予以"授权"的，不属于行政诉讼法意义上的"授权"，只能视为"委托"，这些组织行使职权而产生行政争议的，行政诉讼的被告就是作出委托的行政机关。

例如：蒋某修建砖混结构房屋一栋，该房屋未办理建设工程规划许可证以及乡村建设规划许可证。在蒋某拒不履行拆除违法建筑义务的情况下，县政府责成县住建局强制拆除违法建筑，综合执法队受县住建局委托实施强制拆除行为。蒋某对强拆行为不服，向法院提起行政诉讼，请求确认强拆行为违法，并赔偿损失。那么，本案适格被告如何确定？县住建局是适格被告。本案，综合执法队仅是受县住建局委托行使职权的组织，在发布限期拆除通知、作出强制拆除决定、实施强制拆除行为的过程中，应当以县住建局的名义进行。在蒋某拒不履行拆除违法建筑义务的情况下，县政府责成县住建局强制拆除违法建筑，综合执法队受县住建局委托有权实施强制拆除行为。但是，对外承担法律责任、可以作为行政诉讼中的适格被告的，同样应当是县住建局。综合执法队并非独立的行政主体，不能成为蒋某诉强制拆除行为案件的适格被告。

（六）开发区管理机构案件的被告确认

开发区管理机构实施的行政行为，被告的确认规则取决于该开发区管理机构是否经过国务院或者省级政府批准，或者是否获得法律、法规、规章授权。

1.第一类：经过国务院、省级政府批准设立的开发区管理机构。

（1）开发区管理机构实施的行政行为，以该开发区管理机构为被告。

（2）开发区管理机构所属职能部门实施的行政行为，以该职能部门为被告。

2.第二类：未经国务院、省级政府批准设立的开发区管理机构。

（1）若有获得法律、法规、规章授权的，开发区管理机构及其所属职能部门实施的行政行为，以开发区管理机构为被告。

（2）若没有获得法律、法规、规章授权的，开发区管理机构及其所属职能部门实施的行政行为，以设立该机构的地方政府为被告。

例如：海西经济技术开发区是经甲省政府批准设立的经济技术开发区。该开发区市场监督管理局在执法检查中发现李某经营的乐活超市存在无证销售烟草的违法行为，依据《烟草专卖法实施条例》处以李某没收违法所得2000元和罚款6000元的处罚。李某不服，向法院起诉的，海西经济技术开发区市场监督管理局为本案的被告。

（七）政府信息公开行为的被告确认

信息公开相关行政行为的被告确定，以"谁署名、谁被告"为基本规则。表现在：

1.对国务院部门、地方各级人民政府及县级以上地方人民政府部门依申请公开政府信息行政行为不服提起诉讼的，以作出答复的机关为被告；逾期未作出答复的，以受理申请的机关为被告。

2.公民、法人或者其他组织对主动公开政府信息行政行为不服提起诉讼的，以公开该政府信息的机关为被告。

3.公民、法人或者其他组织对法律、法规授权的具有管理公共事务职能的组织公开政府信息的行为不服提起诉讼的，以该组织为被告。

4.信息公开过程中，经过其他行政机关批准，或者由其他行政机关决定，或者是数个机关沟通确认决定的，均以在对外发生法律效力的文书上署名的机关为被告。

5.政府指定具体机构负责政府信息公开日常工作，对该指定机构以自己名义所作的信息公开行为不服提起诉讼的，以该指定机构为被告。

（八）行为主体被撤销后的被告确认

原行政主体被撤销或者职权改变的案件：

1.有继受职权主体的，继受职权的主体为被告。

2.无继受职权主体的，以其所属的政府为被告。

3.实行垂直领导的，以垂直领导的上一级行政机关为被告。

例如：某市环境保护局针对凤凰公司超标准排放污染物作出20万元罚款决定，1个月后，市环境保护局被撤销，职能由市生态环境保护局继受，凤凰公司不服罚款决定起诉的，应当以市生态环境保护局为被告向法院提起行政诉讼。

（九）政府指导政府职能部门作出行政行为的案件

法律、法规、规章规定属于政府职能部门的行政职权，政府通过听取报告、召开会议、组织研究、下发文件等方式进行指导，不服政府的指导行为提起诉讼的，以具体实施行政行为的职能部门为被告。

（十）行政强制拆除案件

具有行政强制拆除决定书的，以作出强制拆除决定的行政机关为被告；

没有行政强制拆除决定书的，以具体实施强制拆除行为的行政机关为被告。

（十一）房屋征收类案件

房屋征收与补偿工作过程中作出行政行为（补偿决定），以房屋征收部门为被告；

征收实施单位受房屋征收部门委托的行为，应当以房屋征收部门为被告。

（十二）不动产登记案件

对由县级政府作出的不动产登记行为不服提起诉讼的，以继续行使其职权的不动产登记机构为被告（《不动产登记暂行条例》实施后，政府不再履行不动产登记职责）；

对不动产登记机构办理不动产登记行为不服提起诉讼的，以不动产登记机构为被告。

归纳总结　★★★其他案件中被告的确认（官）

行政诉讼被告资格的确定原则	"谁行为，谁被告"： 在不经行政复议直接起诉的情况下，一般应以作出行政行为的行政机关为被告
经上级批准作出行政行为的案件	【诉讼】谁署名，谁被告 【复议】谁有实质的拍板权，谁为被申请人 【记忆规则】诉讼看名义，复议看职权
多个机关案件	多个行政机关共同作出一个行政行为，为共同被告 【备注：告漏了如何处理】共同作出一个行政行为，为共同被告，原告只诉了其中部分被告的，法院应当先通知原告追加被告；原告拒绝的，遗漏的其他被告列为被告型第三人（但行政复议机关共同被告的除外） 【备注：告错了如何处理】原告所起诉的被告不适格，法院应当先告知原告变更被告；原告不同意变更的，裁定驳回起诉

派出机构案件	①幅度越权，派出机构是被告 ②种类越权，派出部门为被告
内部机构/新组建机构案件	①无法律、法规、规章授权的，设立机关为被告 ②有法律、法规、规章授权的，内部机构或新组建机构为被告
委托行政的案件	谁委托，谁被告
原主体被撤销或职权改变的案件	①有继受职权主体的，继受职权的主体为被告 ②无继受职权主体的，以其所属的政府为被告 ③实行垂直领导的，以垂直领导的上一级行政机关为被告
开发区管理机构案件	【若是国务院、省级政府批准设立的开发区管理机构】 ①开发区管理机构作出的行政行为，以该开发区管理机构为被告 ②开发区管理机构所属职能部门作出的行政行为，以该职能部门为被告 【若不是国务院、省级政府批准设立的开发区管理机构】 ①若开发区管理机构获得法律、法规、规章授权的，开发区管理机构或所属职能部门作出的行政行为，以开发区管理机构为被告 ②开发区管理机构没有行政主体资格的，以设立开放区管理机构的地方政府为被告
村委会/居委会案件	①有法律、法规、规章授权的，以村民委员会或者居民委员会为被告 ②受行政机关委托作出的，以委托的行政机关为被告
事业单位/行业组织案件	①有法律、法规、规章授权的，事业单位或者行业组织自己为被告 ②受行政机关委托作出的，以委托的行政机关为被告
政府指导职能部门作出行政行为的案件	法律、法规、规章规定属于政府职能部门的行政职权，政府通过听取报告、召开会议、组织研究、下发文件等方式进行指导，不服政府的指导行为提起诉讼的，以具体实施行政行为的职能部门为被告（谁行为，谁被告）
行政强制拆除案件	①具有行政强制拆除决定书的，以作出强制拆除决定的行政机关为被告 ②没有行政强制拆除决定书的，以具体实施强制拆除行为的行政机关为被告
房屋征收类案件	①房屋征收与补偿工作过程中作出行政行为（补偿决定），以房屋征收部门为被告 ②征收实施单位受房屋征收部门委托的行为，应当以房屋征收部门为被告
履责申请转送案件	向上级政府申请履行法定职责，法律、法规、规章规定该职责属于下级政府或者相应职能部门的行政职权，政府已经转送下级政府或者相应职能部门处理并告知申请人，申请人起诉要求履行法定职责的，以下级政府或者相应职能部门为被告
不动产登记案件	①对由县级政府作出的不动产登记行为不服提起诉讼的，以继续行使其职权的不动产登记机构为被告（《不动产登记暂行条例》实施后，政府不再履行不动产登记职责） ②对不动产登记机构办理不动产登记行为不服提起诉讼的，以不动产登记机构为被告

续　表

政府信息 公开案件	政府指定具体机构负责政府信息公开日常工作，对该指定机构以自己名义所作的信息公开行为不服提起诉讼的，以该指定机构为被告（即政府信息公开工作机构为被告）
备注	①被诉行政行为不是县级以上地方人民政府作出，起诉人以县级以上地方人民政府作为被告的，人民法院应当予以指导和释明，告知其向有管辖权的人民法院起诉 ②起诉人经人民法院释明仍不变更的，人民法院可以裁定不予立案，也可以将案件移送有管辖权的人民法院

第三节　行政诉讼中的第三人

·考情分析·

■ 本节知识点要求考生掌握行政诉讼中第三人的判断，尤其是原告型第三人的判断。

■ 在客观题考试中，行政诉讼第三人的判断每三年考查一次。

■ 本节易错和高频考点是：

（1）与被诉的行政行为有利害关系但未起诉或同案件处理结果具有利害关系的人是行政诉讼的第三人。

（2）与被诉的行政行为有利害关系，本身自己有原告资格，在他人起诉时未起诉的公民、法人是原告型的第三人。

（3）第三人享有当事人的诉讼地位，对第三人作出不利裁判的，第三人享有上诉和申请再审的权利。

■ 在主观题考试中，需要掌握原告型的第三人。

一、第三人的概念

行政诉讼的第三人是指因与被诉的行政行为或者同案件裁判结果有利害关系，通过申请或法院通知形式，参加到诉讼中来的当事人。

例如：维多殴打了利娅致轻微伤，县公安局给予维多行政拘留10日。维多认为处罚决定过重，向法院起诉。利娅作为受害人，与本案裁判结果有利害关系，法院应当通知利娅作为本案的第三人参加到诉讼中来。

二、第三人的类型

行政诉讼第三人，根据其在行政争议中的不同地位，分为类似于原告的第三人、类似于被告的第三人、类似于证人的第三人，简称原告型第三人、被告型第三人、证据型第三人。

如果一个人本来具备原告资格，不过没有起诉，但由于与被诉行政行为有利害关系又参与到诉讼当中去，就是原告型第三人。

如果一个主体本来可以作为被告，只不过因为原告没有起诉他或因为某些特殊规则的限制而未能成为被告，但也参与到诉讼当中去，它就是被告型第三人。

证据型的第三人是指行政行为的受益人，协助法院查明案件事实的人。例如：在行政许可、裁决、确权案件中，行政行为的受益人即为证据型第三人。

1.原告型第三人。

（1）行政处罚案件中的第三人。

如果行政处罚案件中有多个共同被处罚人的，都可以作为原告起诉，如果只有部分被处罚人起诉，法院应当通知其他的被处罚人作为共同原告参加诉讼，如果其他被处罚人不愿意参加诉讼，也不放弃实体权利的，法院将其作为原告型第三人在诉讼中列明；在行政处罚案件中有受害人的，加害人与受害人本来都有资格作为原告起诉，如果其中只有一人起诉，另外一人就可以作为第三人参加诉讼。

例如：维多和利娅两人一起摆摊被县城管局给予罚款200元。维多不服向县法院提起行政诉讼，利娅未起诉的，法院通知利娅作为共同原告参加诉讼，利娅不愿意参加诉讼又不放弃实体权利的，法院将利娅追加为第三人。

例如：维多因为保罗在街上多看了一眼他的女友利娅，就将其殴打致轻微伤。县公安局给予维多拘留10日，维多不服处罚决定，向县法院提起行政诉讼，法院应当通知保罗作为第三人参加诉讼。

（2）行政确权、裁决或许可案件中的第三人

行政确权案件，是多个平等主体就某一权利产生争议，最后由行政机关确定下来；行政裁决案件，是多个平等主体就某一纠纷产生争议，最后由行政机关作出裁断；行政许可案件，是多个申请人共同竞争一个许可证，最后由行政机关根据某一标准将许可证颁发给其中一人。这些案件都有一个共同点，就是多人争夺某项权利或多人发生一个纠纷，最后行政机关只可能将这项权利确定给某一个人，或者它对纠纷的裁断只可能对少数人有利。此时，其他没有获得权利的人或受到不利裁断的人，就有权作为原告提起行政诉讼。如果只有一些人提起诉讼，另一部分人就可以作为第三人参加诉讼。

例如：甲村、乙村针对相邻的一块集体土地所有权产生了争议，县政府将该土地裁决给甲村所有，乙村不服县政府的行政裁决，向法院提起行政诉讼，法院应当通知甲村作为第三人参加诉讼。

（3）房屋登记案件中的第三人

根据《最高人民法院关于审理房屋登记案件若干问题的规定》，法院受理房屋登记行政案件后，应当通知没有起诉的利害关系人作为第三人参加行政诉讼，包括：房屋登记簿上载明的权利人；被诉异议登记、更正登记、预告登记的权利人。

例如：维多和利娅育有一子维利，不久维多因病去世。利娅随后与保罗登记结婚，婚后购买一套450平方的别墅。一年后，利娅遭遇交通事故身亡。保罗将该别墅卖给了小芳，由县房屋交易管理中心作了不动产物权变动登记。维利不服该登记行为，向法院

提起行政诉讼，法院应当通知小芳作为第三人参加诉讼。

（4）其他案件中的第三人

除上述案件类型外，在其他案件中，只要被诉的行政行为与当事人有着法律上的利害关系，该当事人又没有起诉的，都可以作为第三人参加诉讼。

例1：村民甲带领乙、丙等人，与造纸厂协商污染赔偿问题。因对提出的赔偿方案不满，甲、乙、丙等人阻止生产，将工人李某打伤。公安局接该厂厂长举报，经调查后决定对甲拘留15日、乙拘留5日，对其他人未作处罚。甲向法院提起行政诉讼，法院受理。那么，丙、乙、李某、造纸厂厂长、造纸厂，这些主体中哪些不能成为本案的第三人？丙和造纸厂厂长不是本案的第三人。本案，乙作为共同违法行为人进而成为了被处罚的一个相对人，在另外一个被处罚人甲起诉的情况下，相关处罚行为的认定事实、法律适用等均可能发生变化。而这种变化显然可能适用于乙，因此他与被诉行政行为是有利害关系的，因此可以作为第三人参加诉讼。同时，本案，李某是处罚行为的受害人，他本人对被诉处罚决定，如果主张过轻，也是可以提起诉讼的，意味着他就行政机关的处罚决定享有相应的请求权，与本案也是有利害关系，可以作为第三人。丙虽然参与了违法活动，但是没有被处罚，所以，他与行政处罚之间的利害关系不够紧密，也就是说，甲、乙诉讼的裁判结果对丙来说，没有影响。同时，本案的处罚是由于甲、乙对李某实施的致害行为，而非对该厂实施了破坏行为，题干也未交待工厂的设备或者生产经营遭受了损失。因此，无论是该厂，还是该厂厂长都与处罚没有利害关系，不能作为第三人参加诉讼。

例2：维多从保罗处购得一辆轿车，但未办理过户手续。在一次查验过程中，市公安局认定该车系走私车，予以没收。维多不服，向市政府申请行政复议，后者维持了没收决定。维多提起行政诉讼。那么，保罗能否成为本案的第三人？本案，维多从保罗处购得一辆汽车，因为被市公安局认定该车系走私的车予以没收，恰恰是这"走私车"的认定，与保罗有内在的利害关系。一方面，如果法院支持市公安局的认定，维多将因此要求保罗承担相应的违约责任，保罗的权利义务与被诉行政行为有直接的关联；另一方面，针对被诉行政行为，若保罗不能作为第三人参加行政诉讼，极有可能无法获得司法救济。一旦被诉行政行为的合法性被法院认可，保罗将不能再行提起行政诉讼（一事不再理）。如果维多提起民事诉讼要求保罗承担违约责任，保罗只能充当民事诉讼的被告，且须受行政诉讼判决的拘束，不能以所销售汽车不是走私车作为抗辩理由，因而无法主张自己的权利。因此，保罗可以成为本案的第三人。

2.被告型第三人。

（1）作出矛盾行为的其他行政机关。

如果当事人对一个行政行为提起了诉讼，而此时还存在另外一个行政机关，其作出的行政行为正好与被诉行为矛盾，则该机关就应当作为被告型第三人参加诉讼。因为该机关作出的行为与被诉行为存在矛盾，而行政诉讼的结果又将直接判断被诉行为的合法性，这一判决也将必然涉及矛盾行为的合法性，作出矛盾行为的机关自然要参加到诉讼中来。

例如：乡政府批准利娅在堤坝附近建房，县水利局却认为该建筑影响防洪而责令其拆除。如果利娅不服起诉县水利局，乡政府是否作为第三人参加诉讼？应当作为第三人参加诉讼。

（2）在行政决定中署名的非行政主体。

对于行政主体与非行政主体共同署名作出的行为，只能以其中的行政主体作为被告，而那些非行政主体就应被列为第三人。

例如：市场监督管理局与消费者协会共同盖章处罚个体户维多销售伪劣产品，维多不服提起行政诉讼。那么，本案的被告如何确认？市场监督管理局是被告；消费者协会不是行政主体，列为被告型的第三人。

（3）原告起诉时遗漏的行政主体。

如果原告在起诉共同行政行为时，没有将全部参与该行为的行政主体均列为被告，法院应当通知原告追加被告，原告拒绝追加的，这一部分被遗漏的"被告"则转化为第三人。

例如：县生态环境局与县水利局在联合执法过程中，发现某化工厂排污口建在行洪通道上，并对下游河水造成污染，遂联合作出责令该厂限期拆除其排污口的决定。该厂不服，以县水利局为被告向法院提起行政诉讼。本案，法院应当如何处理？法院应当通知该厂追加县生态环境局为共同被告，原告坚持不追加的，将县生态环境局列为第三人。

3.证据型的第三人。

行政确权案件，是多个平等主体就某一权利产生争议，最后由行政机关确定下来；行政裁决案件，是多个平等主体就某一纠纷产生争议，最后由行政机关作出裁断；行政许可案件，是多个申请人共同竞争一个许可证，最后由行政机关根据某一标准将许可证颁发给其中一人。这些案件都有一个共同点，就是多人争夺某项权利或多人发生一个纠纷，最后行政机关只可能将这项权利确定给某一个人，或者它对纠纷的裁断只可能对少数人有利。此时，其他没有获得权利的人或受到不利裁断的人，就有权作为原告提起行政诉讼，如果只有一些人提起诉讼，另一部分人就可以作为原告型第三人参加诉讼，而行政确权的受益人就是证据型的第三人。

例如：甲村、乙村、丙村对相邻的一块土地权属产生争议，找县政府解决。县政府裁决给甲村。乙村不服，向法院提起行政诉讼。丙村在行政诉讼中的地位就是原告型的第三人。而甲村是行政裁决的受益人，与乙村提起的行政诉讼裁判结果有利害关系，属于证据型的第三人。

三、第三人参加诉讼的程序

1.时间。

第三人参加行政诉讼，须在原、被告的诉讼程序已开始，判决未作出以前。

2.途径。

第三人参加诉讼的途径有申请参加和通知参加两种。

申请参加是指第三人向法院提出申请，经法院准许而参加诉讼。法院同意的，书面通知第三人；法院不同意的，裁定驳回申请。申请人不服裁定可在10日以内上诉。

通知参加是指由人民法院通知利害关系人参加到他人已经提起的行政诉讼。通知参加诉讼必须具有根据和理由，第三人有拒绝的权利。

第三人经传票传唤无正当理由拒不到庭，或者未经法庭许可中途退庭的，不发生阻止案件审理的效果。

四、第三人在诉讼中的地位

行政诉讼的第三人均享有当事人的诉讼地位，都有独立请求权，可以提出管辖权异议，不服一审判决均享有上诉权利。

· 知识拓展 ·

■ 第三人参加诉讼是为了保护自己的权益，在这个方面，第三人独立于原告、被告，即使其诉讼主张与原告或者被告可能一致或者部分一致。但是，第三人为了维护自己的合法权益，他既不依附原告也不依附被告，可以提出自己的请求，对第一审判决不服有权提出上诉。

归纳总结　★★第三人

特征	与被诉的行政行为有利害关系但未起诉或同案件处理结果具有利害关系
种类	【原告型第三人】 与被诉的行政行为有利害关系，本身有原告资格，在他人起诉时未起诉的公民、法人 【证据型第三人】 协助法院查明案件事实的第三人，如在行政许可、裁决、确权案件中，行政行为的受益人即为证据型第三人 【被告型第三人】 本来应当成为被告，但是原告没有起诉的行政机关或者法律、法规、规章授权的组织
参加诉讼程序	①参加诉讼的时间：第三人参加行政诉讼，须在原、被告的诉讼程序已开始，判决未作出以前 ②参加的形式：申请参加、法院通知参加 【应当通知】同一个行政行为涉及两个以上利害关系人，一部分利害关系人起诉的，应当通知另外一部分没有起诉的利害关系人作为第三人参加诉讼 【可以通知】同一类行政行为涉及两个以上行政相对人，一部分行政相对人起诉的，可以通知另外一部分没有起诉的行政相对人作为第三人参加诉讼 【备注1：诉讼应通知未通知的处理】一审法院应当通知参加诉讼而没有通知参加诉讼的，属于遗漏了必须参加的诉讼当事人，二审法院应当撤销原判，发回重审 【备注2：复议中第三人的通知形式】行政复议中第三人通知参加的形式仅限于"可以通知" ③诉讼地位：第三人享有当事人的诉讼地位，对第三人作出不利裁判的，第三人享有上诉和申请再审的权利

第四节　共同诉讼中的当事人

·考情分析·

■ 本节知识点要求考生掌握行政诉讼中共同诉讼的判断，能够区分普通共同诉讼和必要共同诉讼。

■ 在客观题考试中，共同诉讼考查的频次并不高。

■ 本节易错和高频考点是：

（1）因同类行政行为发生的行政案件、法院认为可以合并审理并经当事人同意的，为普通共同诉讼。

（2）因同一行政行为发生争议，法院必须合并审理的诉讼，为必要共同诉讼。

（3）当事人一方人数众多的（指10人以上）共同诉讼，可以由当事人推选代表人进行诉讼，可以推选代表人的数量：2~5人（同民诉）。

一、共同诉讼的类型

行政诉讼共同诉讼的类型有两类：

1.必要共同诉讼。

当事人一方或双方为两人以上，因同一行政行为发生争议，法院必须合并审理的诉讼，为必要共同诉讼，又称为"必须共同诉讼"。

必要共同诉讼要求诉讼标的具有同一性，被诉行政行为或是由二个行政机关共同作出，或者是同一个行政行为处理二个以上的公民、法人或者其他组织的权利义务。

所谓同一行政行为，要求必须是一个行政决定书、一个文号，并且内容相同。

·知识拓展·

■ 必要共同诉讼中，因为多个当事人对于引起行政诉讼的同一行政行为均有利害关系，任何一人的诉讼行为都会影响其他当事人的合法权益，所以任何一人都不能代替整体，基于一事不再理的原理，法院不能分案审理，实质就是一个案件，只不过当事人为多人。因此，在必要共同诉讼中，法院须尽到通知所有当事人参加诉讼的义务。

必要共同诉讼主要有以下情形：

（1）二个以上行政机关共同作出一个行政行为，对当事人的权利义务作出安排。

例如：生态环境局和城管局对于露天摆摊的维多共同作出罚款800元。维多不服罚款800元起诉的，生态环境局和城管局为共同被告，本案为必要共同诉讼。

（2）行政机关实施的一个行政行为实际影响二个以上的当事人。

例如： 保罗在酒吧多次偷瞄维多的媳妇利娅，维多将保罗打成了轻微伤，县公安局给予维多10日拘留处罚。维多和保罗均不服县公安局的行政拘留处罚决定向法院起诉的，本案为必要共同诉讼。

（3）二个以上的当事人，因共同违法被一个行政机关在一个行政行为中予以处理。

例如： 维多和利娅违法生育第4胎，被区卫健委征收社会抚养费3万元，维多和利娅不服被征收社会抚养费起诉的，本案为必要共同诉讼。

（4）法人因违法被处罚，该法人的负责人或者直接行为人同时被同一个处罚决定处罚。

例如： 某市证监局针对甲股份公司违规信息披露，在同一个处罚决定书中给予该公司罚款60万、对董事长维多罚款30万元。该公司和董事长维多对罚款均不服提起诉讼的，本案为必要共同诉讼。

2.普通共同诉讼。

当事人一方或双方为二人以上，因同类行政行为发生的行政案件、法院认为可以合并审理并经当事人同意的，为普通共同诉讼。

所谓同类行政行为，是指2个以上的处理同类事实、适用相同法律的行政行为。

例如： 村民利娅带保罗、维多等人，与造纸厂协商污染赔偿问题。因对提出的赔偿方案不满，利娅、保罗、维多等人阻止生产，将工人李可乐打伤。公安局接该厂厂长举报，经调查后决定对利娅拘留15日、保罗拘留5日、维多拘留3日。利娅、保罗、维多均不服处罚决定，向法院提起诉讼，法院决定合并审理的，本案为普通共同诉讼。

> **· 知识拓展 ·**
>
> 在普通共同诉讼中，同类行政行为引起的是几个相互独立的案件，而不是一个案件，共同诉讼的当事人之间在事实上或者法律上并没有不可分割的联系。仅因为诉讼标的属于同一种类，比如数个行政行为均是行政处罚、行政许可等，为了简化诉讼程序，节约司法资源，提高审判效率，经当事人同意的，可以在程序上被合并在一起。

[**总结归纳**] 共同诉讼存在两种情形：一是必要的共同诉讼，被诉行政行为为同一个，当事人一方或者双方为二人以上的，人民法院应当合并一案审理和裁判；二是普通的共同诉讼，被诉行政行为属同类，当事人一方或者双方为二人以上的，人民法院决定合并一案审理的，应当经过当事人同意。

根据《最高人民法院关于适用行政诉讼法的解释》第73条的规定，有下列情形之一的，法院可以决定合并审理：（1）两个以上行政机关分别对同一事实作出行政行为，公民、法人或者其他组织不服向同一人民法院起诉的；（2）行政机关就同一事实对若干公民、法人或者其他组织分别作出行政行为，公民、法人或者其他组织不服分别向同一人民法院起诉的；（3）在诉讼过程中，被告对原告作出新的行政行为，原告不服向同一人民法院起诉的；（4）法院认为可以合并审理的其他情形。

归纳总结　必要共同诉讼与普通共同诉讼

类型	情形	审理	合并
必要共同诉讼	同一个行政行为	不可以分开	必须
普通共同诉讼	同一类行政行为	可以分开	经双方当事人同意

二、参加诉讼的方式

1.法院通知参加。

必须共同进行诉讼的当事人没有参加诉讼的，法院应当依法通知其参加。

2.当事人申请参加。

必须共同进行诉讼的当事人也可以向法院申请参加诉讼。若申请理由不成立的，法院裁定驳回；若申请理由成立的，法院应当书面通知其参加诉讼。

【注意】法院追加共同诉讼的当事人时，应当通知其他当事人；应当追加的原告，已明确表示放弃实体权利的，可不予追加；既不愿意参加诉讼，又不放弃实体权利的，应追加为第三人，其不参加诉讼，不能阻碍法院对案件的审理和裁判。

例如：区城乡建设局批复同意某银行住宅楼选址，并向其颁发许可证。拟建的住宅楼与张某等120户居民居住的住宅楼间距为9.45米。张某等20人认为该批准行为违反了国家有关规定，向法院提起了行政诉讼。本案，已经起诉的张某等20人与未起诉的100户居民与区城乡建设局批准颁证这同一行政行为有利害关系。当事人一方为二人以上，因同一行政行为发生的行政案件，为必要共同诉讼，法院应当追加未起诉的100户居民为共同原告。如果未起诉的100户居民已明确表示放弃实体权利的，可不予追加；如果未起诉的100户居民既不愿意参加诉讼，又不放弃实体权利的，应追加为第三人，其不参加诉讼，不能阻碍人民法院对案件的审理和裁判。

三、诉讼代表人

当事人一方人数众多的（指10人以上）共同诉讼，可以由当事人推选代表人进行诉讼。当事人推选不出的，可以由法院在起诉的当事人中指定代表人。可以推选代表人的数量：2~5人。诉讼代表人可以委托1~2人作为诉讼代理人。

例如：某小区按照开发时间分为两个区域，后某区房屋管理局发出通知，将该小区分为三个物业管理区域，对各区域的物业管理用房作了重新划分。叶某等25户居民不服提起行政诉讼，认为通知违反《物业管理条例》有关规定，要求予以撤销。叶某等25户居民可以推选2～5名诉讼代表人进行诉讼。若叶某等25户居民在指定期限内未选定诉讼代表人，法院有权依职权指定诉讼代表人。

归纳总结	★★共同诉讼中的当事人
共同诉讼类型	【普通共同诉讼】 因同类行政行为发生的行政案件，法院认为可以合并审理并经当事人同意的，为普通共同诉讼 【必要共同诉讼/必须共同诉讼】 因同一行政行为发生争议，法院必须合并审理的诉讼，为必要共同诉讼
参加方式	①必须共同进行诉讼的当事人没有参加诉讼的，法院应当依法通知其参加 ②必须共同进行诉讼的当事人也可以向法院申请参加诉讼。若申请理由不成立的，法院裁定驳回；若申请理由成立的，法院应当书面通知其参加诉讼
法院追加当事人的处理	①法院追加共同诉讼的当事人时，应当通知其他当事人 ②应当追加的原告，已明确表示放弃实体权利的，可不予追加 ③既不参加诉讼，又不放弃实体权利的，应追加为第三人，其不参加诉讼，不能阻碍法院对案件的审理
诉讼代表人	①当事人一方人数众多的（指10人以上）共同诉讼，可以由当事人推选代表人进行诉讼 ②当事人推选不出的，可以由法院在起诉的当事人中指定代表人 ③可以推选代表人的数量：2~5人（同民诉） ④代表人可以委托1~2人作为诉讼代理人

第五节　诉讼代理人

·考情分析·

■ 本节知识点要求考生了解诉讼代理人的概念，掌握可以作为诉讼代理人的人员范围。

■ 本节知识点在客观题考试和主观题考试中考查频率不高。

■ 本节易错和重点知识点包括：

（1）公民在被限制人身自由期间提起行政诉讼的，才可以口头委托近亲属起诉。

（2）当事人的工作人员可以成为其诉讼代理人。

一、诉讼代理人的概念

诉讼代理人是指以当事人的名义，在代理权限范围内，代理当事人进行行政诉讼活动的人。

二、诉讼代理人的人员范围、委托数量和委托方式

1.诉讼代理人的人员范围。

下列人员可以被委托为诉讼代理人：

（1）律师、基层法律服务工作者。

（2）当事人的近亲属或者工作人员。

（3）当事人所在社区、单位以及有关社会团体推荐的公民。

2.诉讼代理人的委托数量。

当事人、法定代理人，可以委托1～2人作为诉讼代理人。

3.诉讼代理人的委托方式。

原则：当事人、法定代理人需要委托诉讼代理人的应当书面委托。

例外：公民被限制人身自由期间提起行政诉讼的，可以口头委托近亲属起诉。

三、诉讼代理人的权限

根据行政诉讼法的规定，代理诉讼的律师，有权按照规定查阅、复制本案有关材料，有权向有关组织和公民调查，收集与本案有关的证据。对涉及国家秘密、商业秘密和个人隐私的材料，应当依照法律规定保密。

而当事人和其他诉讼代理人有权按照规定查阅、复制本案庭审材料，但涉及国家秘密、商业秘密和个人隐私的内容除外。

归纳总结 ★★诉讼代理人

委托人	当事人、法定代理人可以委托1~2人作为诉讼代理人
委托方式	①原则：当事人、法定代理人需要委托诉讼代理人的应当书面委托 ②例外：公民被限制人身自由期间提起行政诉讼的，可以口头委托近亲属起诉
可以被委托为诉讼代理人的范围	①律师、基层法律服务工作者。 ②当事人的近亲属或者工作人员。 ③当事人所在社区、单位以及有关社会团体推荐的公民。
诉讼代理人的权限	①律师作为诉讼代理人：有权按照规定查阅、复制本案有关材料，有权向有关组织和公民调查，收集与本案有关的证据 ②其他诉讼代理人：有权按照规定查阅、复制本案庭审材料

专题十三

行政诉讼的管辖

命题点拨

（一）主要内容

本专题的主要内容包括：（1）级别管辖；（2）地域管辖；（3）管辖权异议与管辖权变通。

（二）命题规律

本专题行政诉讼的管辖与上一专题行政诉讼的当事人，在法考中，经常结合在一起考查。分值为2分，题型以单项选择题、多项选择题为主。主观题偶尔会设有一个小问。

（三）重点难点

本专题的重点难点包括：（1）级别管辖中，中级人民法院管辖的第一审案件范围；（2）地域管辖中，重点掌握限制人身自由的行政强制措施案件、经过行政复议的案件、不动产案件的管辖法院确定规则。复习行政诉讼的管辖，考生应当注意与行政诉讼的当事人结合起来复习，反复做真题、刷练习题，效果更佳。

知识体系图

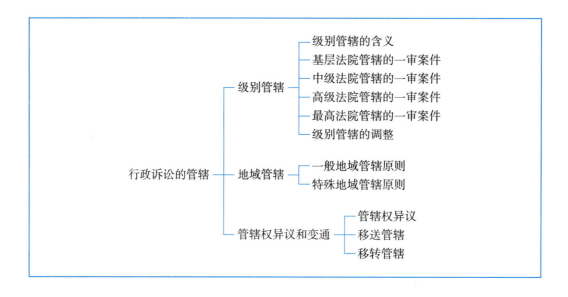

第一节 级别管辖

·考情分析·

■ 本节知识点要求考生掌握行政诉讼的级别管辖，尤其是中级人民法院管辖的第一审案件，特别是被告身份级别高的案件。

■ 在客观题考试中，本节知识点每年必考。

■ 本节易错和高频考点是：

（1）诉县级以上人民政府的，由中院管辖；诉县级以上地方政府工作部门的，由基层法院管辖。

（2）海关处理的案件，由中院管辖。

（3）涉外、涉港澳台行政案件由中院管辖。

■ 在主观题考试中，要求考生掌握中级人民法院管辖的第一审案件。

一、级别管辖的含义

级别管辖解决的是不同级别的法院之间在审理第一审行政诉讼案件时的权限分工。我国行政诉讼的级别管辖，以基层法院管辖第一审行政案件为原则，以其他较高级别的法院管辖为例外。其中学习和考查的重点在于中级法院管辖的第一审行政案件。

二、基层人民法院管辖的第一审案件

第一审行政案件原则上由基层人民法院管辖。

三、中级人民法院管辖的第一审案件

（一）被告身份级别高的案件

1.被告是国务院部门的案件，即国务院下属的各部门为被告的案件。**比如：**农业农村部、国家市场监督管理总局、证监会等作为被告的案件，由中级人民法院管辖。

2.被告是县级以上地方人民政府的案件。**比如：**县政府、区政府、市政府、省政府为被告的案件，由中级人民法院管辖。

例1：某县政府设立的临时机构基础设施建设指挥部，认定有10户居民的小区自建的围墙及附属房系违法建筑，指令镇政府具体负责强制拆除。10户居民对此决定不服起诉。那么，本案由基层人民法院管辖，还是中级人民法院管辖？本案应由中级人民法院管辖。本案实施强制拆除行为的是镇政府，但镇政府是接受委托实施的拆除行为，委托者为基础设施建设指挥部，后者因为没有法律、法规、规章的授权，没有行政主体资格，只能认为是县政府委托基础设施建设指挥部实施的强制拆除行为，因此被告是县政府，身份级别高，由中级人民法院管辖。

例2： 孙某在未取得《营业执照》和《食品生产许可证》的情况下，生产加工标有"雪碧""美年达"商标字样饮料88件，尚未售出，被某市市场监督管理局查获。市场监督管理局处以孙某没收88件上述饮料和罚款5万元的处罚决定。孙某不服处罚决定，向法院起诉。本案被告为市场监督管理局，身份级别不高，由基层人民法院管辖。

例3： 2019年9月30日，市住建局作出行政处罚决定，认定凤凰公司向未取得瓶装燃气经营许可证的吴某违法批发瓶装液化气，对其罚款2万元。经复议，市政府维持处罚决定，凤凰公司不服遂提起诉讼。本案属于"复议维持共同告"，市住建局和市政府是本案的共同被告。复议维持案件，以作出原行政行为的行政机关确定案件的级别管辖。本案，应当以市住建局确定级别管辖，市住建局不是政府，是市政府的工作部门，身份级别不高，由基层人民法院管辖。因此，本案既可以由市住建局所在地基层人民法院管辖，也可以由市政府所在地基层人民法院管辖。

（二）行政争议比较专业的案件

行政争议比较专业的案件主要是指海关行政案件。

根据《海关法》等法律规定，海关主要职能是监管、征税、查私和编制海关统计等。海关在履行上述职能的过程中，会对公民、法人或者其他组织作出相应的行政许可、行政强制、征缴税款、行政处罚等行政行为。这些行政行为专业性、技术性较强，涉案标的较大，不少案件还具有涉外因素，对审理的要求也比较高，为保证案件审理质量，能够更准确适用法律解决行政纠纷，由中级人民法院审理。

例如： 皇朝科技公司向某市海关申报进口一批聚乙烯再生颗粒，经出入境检验检疫局鉴定这些颗粒物为"乙烯聚合物的废碎料及下脚料"，系限制进口固体废物。某市海关对该公司处以6000元罚款。该公司不服，向法院起诉的，由市中级人民法院管辖。

（三）涉案人数众多的案件

社会影响重大的共同诉讼案件。

（四）涉外案件

1.涉及外国人的案件。

2.涉港、澳、台地区的案件。

3.国际贸易案件、反倾销和反补贴案件。（了解即可）

第一审国际贸易行政案件由中级以上法院管辖，第一审反倾销、反补贴行政案件由高级法院指定的中级法院或高级法院管辖。

例1： 威廉是甲国公民，在甲市出差时因为嫖娼被甲市乙区公安局处以1000元罚款、行政拘留10日的处罚。威廉不服，向甲市政府申请行政复议。甲市政府驳回了威廉的复议申请。威廉不服，向法院提起行政诉讼。由于威廉是甲国公民，本案为涉外案件，由甲市中级人民法院管辖。

例2： 乙国人史密斯经某市入境，被市海关以涉嫌走私扣留，并没收其相关财产。史密斯对被扣留及财产被没收均表示不服，决定提起行政诉讼。那么，本案由基层人民法院关管辖，还是中级人民法院管辖？本案既是一个涉外案件，又是一个以海关作为被告的案件，因此，本案均应当由中院管辖。

四、高级人民法院管辖的第一审案件

高级法院管辖本辖区内其他重大、复杂的第一审行政案件。

五、最高人民法院管辖的第一审案件

最高人民法院管辖全国范围内重大、复杂的第一审行政案件。

六、级别管辖的调整

对下列情况，上级法院有权调整下级法院对某些案件的管辖权：

1.有管辖权的人民法院由于特殊原因不能行使管辖权的；

2.上级人民法院有权审理下级人民法院管辖的第一审行政案件；

3.下级法院对其管辖的第一审案件，认为需要由上级法院审理或指定管辖，报请上级法院决定的。

但是，下级人民法院不得审理上级人民法院审理的案件。

归纳总结　★★★级别管辖

基层法院	原则上第一审行政案件由基层法院管辖	
中级法院	被告级别高	①国务院部门
		②县级以上政府 【注意】诉县级以上地方政府工作部门的，由基层法院管辖
	案件专业	海关处理的案件 【注意】海关 vs 中级法院；海事局 vs 海事法院
	人数众多	社会影响重大的共同诉讼案件
	涉外因素	①涉外行政案件 ②涉港澳台的行政案件 ③国际贸易、部分反倾销反补贴案件
复议维持案件的级别管辖	以作出原行政行为的机关确定级别管辖（就低不就高）	

第二节　地域管辖

·考情分析·

■ 本节知识点要求考生掌握行政诉讼的地域管辖，尤其是不动产登记案件、限制人身自由行政强制措施案件、经过复议的案件。

■ 在客观题考试中，本节知识点每年必考。

> ■ 本节易错和高频考点是：
> （1）限制人身自由的行政强制措施案件包括：①限制人身自由的强制措施案件；②既采取限制人身自由强制措施，又采取其他行政强制措施或者行政处罚的案件。
> （2）被限制人身自由的人对采取限制人身自由的行政强制措施不服提起行政诉讼的，可以由被告所在地或者原告所在地的人民法院管辖。
> （3）被限制人身自由的人对采取限制人身自由的行政强制措施和对其作出的其他行政强制措施（例如扣押其财产）一并不服起诉的，可以由被告所在地或者原告所在地的人民法院管辖。
> （4）被限制人身自由的人对采取限制人身自由的行政强制措施和对其作出的行政处罚（例如罚款）一并不服起诉的，可以由被告所在地或者原告所在地的人民法院管辖。
> （5）限制人身自由案件，只有原告是被限制人身自由行政强制措施的对象时，才可以由原告所在地法院和被告所在地法院管辖；若原告没有被限制人身自由的，只能是由被告所在地法院管辖。
> （6）原告向多个有管辖权的法院起诉的，由最先立案的法院管辖，而不是由最先收到起诉状的法院管辖。
> （7）行政诉讼管辖法院的确定规则：先找被告、再定级别、后定地域。
> ■ 在主观题考试中，需要掌握限制人身自由的行政强制措施案件、经过复议案件的地域管辖。

地域管辖解决的是同一级别的不同法院之间在审理第一审行政诉讼案件时的权限分工。我国行政诉讼的地域管辖，以被告所在地法院管辖为原则，其他管辖规则为例外。

一、一般地域管辖原则

原则是由被告所在地法院管辖，即"原告就被告"。

例1： 甲市乙县林业局经调查发现肖某从乙县船湾镇台前村运输枫树、木荷、马尾松等14.999立方米至丙县销售，未到林业部门办理木材运输证，属无证运输木材行为，处以肖某罚款6000元。肖某不服，向法院起诉。本案被告是乙县林业局，是县政府的工作部门，身份级别不高，因此，由基层人民法院管辖。本案地域管辖适用"原告就被告"的规则，由被告所在地基层法院管辖，即乙县法院管辖。

例2： 某市文体局以北海旅游公司安排未取得导游证的人员提供导游服务违反《旅游法》为由，对其处以罚款1万元。该公司不服，向市政府申请行政复议，市政府以不符合受理条件为由驳回了该公司的复议申请。该公司不服市政府的驳回决定，向法院提起行政诉讼。本案属于"复议不作为选择告"，北海旅游公司不服复议决定起诉的，被告是市政府，身份级别高，由中级人民法院管辖。由于复议不作为案件不属于经过复议的案件，因此，本案地域管辖适用"原告就被告"的规则，只能由被告所在地中级人民法院管辖，即市中级人民法院管辖。

二、特殊地域管辖原则

（一）涉及不动产纠纷案件

因不动产提起的行政诉讼，由不动产所在地法院专属管辖。

这里的不动产案件是指因行政行为导致不动产物权变动而提起的诉讼。

不动产已登记的，以不动产登记簿记载所在地为不动产所在地；不动产未登记的，以不动产实际所在地为不动产所在地。

例如：甲、乙两村分别位于某市两县境内，因土地权属纠纷向市政府申请解决，市政府裁决争议土地属于甲村所有。乙村不服，向省政府申请复议，复议机关确认争议的土地属于乙村所有。甲村不服行政复议决定，提起行政诉讼的，由争议土地所在地的中级人民法院管辖。

（二）经过复议的案件

不管是复议维持案件，还是复议改变案件，都可以由最初作出行政行为的机关所在地法院或者复议机关所在地法院管辖。

也就是说，经复议的案件，有权管辖的法院包括最初作出行政行为的机关所在地法院，也包括复议机关所在地法院，原告可以选择任一法院起诉。

【注意】经过复议的案件在级别管辖上，复议维持案件，以作出原行政行为的机关确定级别管辖；复议改变案件，以复议机关确定级别管辖。

例如：某县文体局以徐某违规销售出版物为由处以罚款3000元。徐某不服，向县政府申请行政复议，县政府以徐某复议请求理由不成立为由驳回了该复议申请。徐某不服，向法院提起诉讼。本案，县政府以徐某复议请求理由不成立为由驳回了该复议申请，属于实体驳回，是复议维持案件。"复议维持共同告"，县文体局和县政府是共同被告。复议维持的案件，以作出原行政行为的行政机关确定案件的级别管辖。因此，应当以县文体局确定级别管辖，为基层人民法院管辖。经过复议的案件，原机关所在地法院和复议机关所在地法院均可以管辖。本案原机关所在地基层法院和复议机关所在地基层法院刚好重叠，即县法院。因此，本案由县法院管辖。

（三）限制人身自由的行政强制措施案件

对限制人身自由的行政强制措施不服提起的诉讼，被采取限制人身自由强制措施的对象起诉的，由被告所在地人民法院或者原告所在地人民法院管辖，对此原告可以进行选择。需要注意：

1. "原告所在地"具体可以包括：

（1）原告的户籍所在地；

（2）经常居住地；

（3）被限制人身自由地。

【注意1】行政拘留是否原告所在地法院和被告所在地法院均可管辖，在学理上存在争议。从保护公民诉权的角度来看，对公民采取行政拘留措施应当适用特殊地域管辖，可以由原告所在地法院和被告所在地法院管辖。①

【注意2】多个法院都有管辖权的案件，原告可以选择一个法院起诉；原告向多个有管辖权的法院起诉的，由最先立案的法院管辖；法院之间就管辖权发生争议，双方协商解决；协商不成，报共同上级法院指定管辖。

2.只有起诉人是被采取限制人身自由的行政强制措施的对象，才可以由原告所在法院或者被告所在地法院管辖。如果起诉人是受害人，自身没有被采取限制人身自由的行政强制措施的，只能由被告所在地法院管辖。

3.在涉及限制人身自由的行政强制措施案件中，行政主体同时对人身与财产采取强制措施的，被限制人身自由的公民、被扣押或者没收财产的公民、法人或者其他组织对上述行为均不服的，既可以向被告所在地人民法院提起诉讼，也可以向原告所在地人民法院提起诉讼，受诉人民法院可一并管辖。

4.对行政机关基于同一事实，既采取限制公民人身自由的行政强制措施，又采取行政处罚，仅对其中的行政处罚不服起诉的，只能由被告所在地法院管辖。

例如：保罗因丢失劳力士名表一块，到酒吧饮酒发泄，醉酒后将维多送给女友利娅的一盆仙人球啃坏，还对利娅竖中指，说她是"丑八怪"。甲市乙区公安分局对醉酒的保罗采取约束性措施至酒醒。数日后，保罗不服向法院起诉的，可以由乙区法院、保罗户籍所在地基层人民法院、保罗经常居住地基层人民法院、保罗被限制人身自由所在地基层法院管辖。

经典考题：甲县宋某到乙县访亲，因醉酒被乙县公安局扣留24小时。宋某认为乙县公安局的行为违法，提起行政诉讼。下列哪些说法是正确的？（2012年卷二第79题，多选）②

A.扣留宋某的行为为行政处罚　　　　B.甲县法院对此案有管辖权
C.乙县法院对此案有管辖权　　　　　D.宋某的亲戚为本案的第三人

归纳总结 行政诉讼的特殊地域管辖

不动产案件	【不动产案件：因行政行为导致不动产物权变动而提起的诉讼】 由不动产所在地的法院专属管辖 ①不动产已登记的，以不动产登记簿记载的所在地为不动产所在地 ②不动产未登记的，以不动产实际所在地为不动产所在地

---

① 参见《2021年国家统一法律职业资格考试辅导用书：行政法与行政诉讼法》，法律出版社2021年版，第146页。

② 【答案】BC。对醉酒的人进行约束至酒醒是为了避免危害的发生，属于行政强制措施，而非行政处罚，A选项错误。对限制人身自由的行政强制措施不服提起的诉讼，由被告所在地或者原告所在地人民法院管辖。"原告所在地"具体可以包括原告的户籍所在地、经常居住地和被限制人身自由地。B、C选项正确。是否扣留宋某并不导致宋某亲戚权利义务的变化，因此，宋某亲戚不能成为第三人，D选项错误。

续 表

经过复议的案件	【包含两类案件：不管是复议维持，还是复议改变】 ①可以由复议机关所在地法院管辖 ②也可以由原机关所在地法院管辖	
限制人身自由的 **行政强制措施案件**	①可以由被告所在地法院管辖 ②也可以由原告所在地法院管辖（户籍所在地、经常居住地、被限制人身自由地）	

（四）跨行政区域管辖的案件

经最高人民法院批准，高级人民法院可以根据审判工作的实际情况，确定若干人民法院跨行政区域管辖行政案件。

·知识拓展·

■ 高级人民法院，既可以指定本辖区内基层人民法院管辖其他基层人民法院的第一审案件，也可以指定本辖区内中级人民法院管辖其他中级人民法院的第一审案件；既可以指定本辖区内中级人民法院管辖其他中级人民法院的第一审案件，也可以指定本辖区内中级人民法院管辖其他中级人民法院的二审案件。

【注意】行政诉讼管辖法院的确定遵循"三步走"的思路："先找被告、再定级别、后定地域"。

归纳总结 ★★★地域管辖

一般 地域	原告就被告，即由最初作出行政行为的行政机关所在地法院管辖	
特殊 **地域**	不动产案件	【不动产案件：因行政行为导致不动产物权变动而提起的诉讼】 由不动产所在地的法院专属管辖 ①不动产已登记的，以不动产登记簿记载的所在地为不动产所在地 ②不动产未登记的，以不动产实际所在地为不动产所在地
	经过复议的 案件	【包含两类案件：不管是复议维持，还是复议改变】 ①可以由复议机关所在地法院管辖 ②也可以由原行政机关所在地法院管辖
	限制人身自 由的行政强 制措施案件	【被诉行政行为中至少有一个行为性质为限制人身自由的行政强制措施】 ①可以由被告所在地法院管辖 ②也可以由原告所在地法院管辖（户籍所在地、经常居住地、被限制人身自由地）
备注	解决管辖权 争议的办法	①原告向多个有管辖权的法院起诉的，由最先立案的法院管辖 ②管辖权发生争议，双方协商解决。协商不成，报共同上级法院指定管辖

第三节　管辖权异议和管辖权变通

·考情分析·

■ 本节知识点要求考生掌握行政诉讼的管辖权异议，了解管辖权变通。在客观题考试中，本节知识点考查频次较少。
■ 本节易错和高频考点是：
（1）被告在收到起诉状副本之日起15日内可以书面提出管辖权异议。
（2）第三人也有权提出管辖权异议。

一、管辖权异议

被告在收到起诉状副本之日起15日内可以书面提出管辖权异议。

原则上，法院对于行政机关提出的管辖权异议应当进行审查。异议成立的，裁定将案件移送有管辖权的法院；异议不成立的，裁定驳回。

但是对于下列情形，法院对于行政机关提出的管辖权异议不予审查：（1）发回重审或者按第一审程序再审的案件，提出管辖异议的；（2）在第一审程序中未依法提出管辖异议，在第二审程序中提出的。

【注意】行政诉讼第三人与被诉行政行为有法律上的利害关系的，也可以提出管辖权异议。

归纳总结　★管辖权的异议

被告提出管辖权异议的期限	被告在收到起诉状副本之日起15日内提出
对管辖权异议的处理	【原则上：法院应当进行审查】 ①异议成立的，裁定将案件移送有管辖权的法院 ②异议不成立的，裁定驳回 【有例外：法院不予审查情形】 ①发回重审或者按第一审程序再审的案件，提出管辖异议的 ②在第一审程序中未依法提出管辖异议，在第二审程序中提出的
管辖权恒定原则	法院对管辖异议审查后确定有管辖权的或法院立案后，受诉法院的管辖权不因当事人增加或变更诉讼请求等改变管辖，但违反级别管辖、专属管辖规定的除外

二、移送管辖

法院发现受理的案件不属于本院管辖的，应当移送有管辖权的法院，受移送的法院应当受理。受移送的法院认为受移送的案件按照规定不属于本院管辖的，应当报请上级法院指定管辖，不得再自行移送。

三、移转管辖

上级法院有权审理下级法院管辖的第一审行政案件。下级法院对其管辖的第一审行政案件，认为需要由上级法院审理或者指定管辖的，可以报请上级法院决定。

★管辖权的变通		
事　由	处理期限	处理方式
当事人认为基层法院不宜管辖向中院起诉的	7日内	①上级法院自己管辖 ②指定其他下级法院管辖 ③书面告知当事人向有管辖权的基层法院起诉
上级法院认为下级法院不宜管辖	7日内	①上级法院自己管辖 ②指定其他下级法院管辖
下级法院需要上级法院审理的	7日内	①上级法院自己管辖 ②指定其他下级法院管辖 ③指定原法院管辖
跨行政区域管辖	无	经最高法院批准，高级人民法院可以根据审判工作的实际情况，确定若干人民法院跨行政区域管辖行政案件

行政诉讼的程序

命题点拨

"

（一）主要内容

本专题的主要内容包括：（1）起诉；（2）立案；（3）审理，包括一审程序、二审程序、再审程序、行政机关负责人出庭应诉制度、行政诉讼中对民事争议的处理等。

（二）命题规律

本专题行政诉讼的程序在法考中考查形式主要是以单项选择题、多项选择题为主。主观题一般会有一小问。主要把握知识点细节。结合背诵相关核心法条，效果更佳。

（三）重点难点

本专题的重点难点包括：（1）起诉期限的起算点；（2）立案登记制；（3）一审普通程序中的审理方式、一审审理的对象、一审的审限；（4）一审简易程序的适用范围；（5）行政机关负责人出庭应诉制度；（6）行政诉讼中对民事争议的处理；（7）行政诉讼调解程序的适用范围。

知识体系图

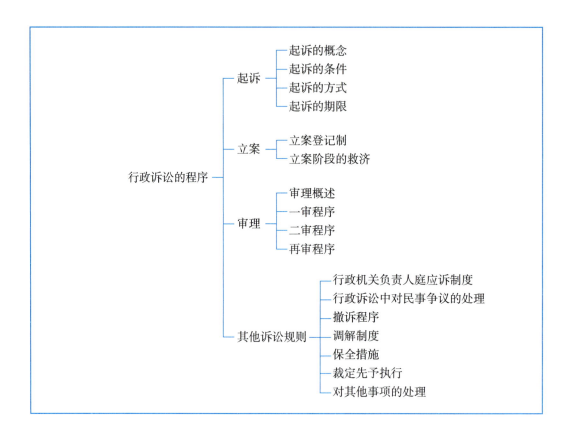

第一节　起　诉

> **·考情分析·**
>
> ■ 本节知识点要求考生掌握行政诉讼的起诉期限，尤其是诉作为的行政行为起诉期限的起算点。
> ■ 在客观题考试中，本节知识点每3年左右考查一个选项。
> ■ 本节易错和高频考点是：
> 　（1）诉作为的行政行为，起诉期限的起算点有三种：
> 　　①全知道，指既告知行政行为内容，也告知起诉期限的。从知道行政行为作出之日起6个月内起诉，法律另有规定除外。
> 　　②全不知，指既不告知行政行为内容，也不知道起诉期限的。自其实际知道或应当知道作出行政行为之日起6个月内起诉；但自行政行为作出之日起不超过5年，涉及不动产的不超过20年。
> 　　③知一半，指告知行政行为内容，但未告知起诉期限的。从知道或者应当知道起诉期限之日起6个月内起诉，但从知道或者应当知道行政行为内容之日起最长不得超过1年。
> 　（2）法院对于原告的起诉状必须一律接收，即使原告的起诉不符合起诉条件的，也要接收起诉状。
> ■ 在主观题考试中，需要掌握起诉期限的起算点。

一、起诉的概念

起诉是指公民、法人或者其他组织认为行政行为侵犯其合法权益，依法请求人民法院行使国家审判权给予其救济的诉讼行为。

二、起诉的条件

根据《行政诉讼法》第49条的规定，原告起诉应当符合如下条件：

1.原告是认为行政行为侵犯其合法权益的公民、法人或者其他组织；

2.有明确的被告；

3.有具体的诉讼请求和事实根据；

4.属于人民法院受案范围和受诉人民法院管辖。

· 知识拓展 ·

■ 确定行政诉讼正确、适格的被告，是原告和法院共同的责任和义务。原告起诉状基于初步证据确定作出被诉行政行为的具体、特定、可识别的行政机关，即可视为"有明确的被告"；至于起诉状载明的被告是否正确、是否适格，则是法院需要进一步审查确定的问题。可见，协助起诉人正确确定被告是法院的义务；法院对起诉人错列被告的，不能迳行驳回起诉，而应加以释明引导，以准确确定被告。同时，按照法院明确的释明引导变更适格被告，则是起诉人的义务；原告拒绝接受释明的，应当承担退回起诉状并记录在案或者被告不适格而被法院裁定不予立案的不利后果。

根据《最高人民法院关于适用行政诉讼法的解释》第68条的规定，所谓"有具体的诉讼请求"是指：

1.请求判决撤销或者变更行政行为；

2.请求判决行政机关履行法定职责或者给付义务；

3.请求判决确认行政行为违法；

4.请求判决确认行政行为无效；

5.请求判决行政机关予以赔偿或者补偿；

6.请求解决行政协议争议；

7.请求一并审查规章以下规范性文件；

8.请求一并解决相关民事争议；

9.其他诉讼请求。

三、起诉的方式

根据《行政诉讼法》的规定，提起行政诉讼应当向人民法院递交起诉状，并按照被告人数提出副本。书写起诉状确有困难的，可以口头起诉，由人民法院记入笔录，出具注明日期的书面凭证，并告知对方当事人。

根据《最高人民法院关于人民法院登记立案若干问题的规定》第2、3条的规定，法院应当提供诉状样本，为当事人书写诉状提供示范和指引。对原告的起诉，人民法院应当一律接收诉状，出具书面凭证并注明收到日期。

四、起诉的期限

行政诉讼的起诉期限，就是原告提起行政诉讼所受到的时间限制。原告只有在该期限之内提起诉讼方能被法院所受理，否则法院应裁定不予立案，已经立案的也应裁定驳回起诉。

起诉期限作为行政诉讼的法定起诉条件之一，人民法院应当依职权进行审查。其不同于民事诉讼时效，不以当事人提出抗辩为前提。超过起诉期限，行政相对人便丧失对该行政行为提起诉讼的权利。行政诉讼起诉期限，其设定的目的是为了稳定行政法律关系，便于法院查清事实，及时解决行政争议。行政诉讼起诉期限的制度目的不是限制公民、法人或者其他组织的诉讼权利，而在于促使其及时行使权利，以尽早解决行政争议，消除行政法律关系的不确定状态。

行政诉讼起诉期限的计算，因当事人起诉的对象与程序不同而有所不同，分为下列四种情况。

（一）起诉行政行为（作为）的案件

如果行政机关作出一个行政行为，当事人不服提起诉讼，起诉期限为一般为6个月。这6个月的起诉期限分为三个起算点：

1.全知道（行政机关既告知行政相对人行政行为内容，又告知其享有起诉权利和期限的）：自知道行政行为作出之日起6个月内，法律另有规定除外。

例如：2022年1月5日，杜某收到治安管理处罚决定书，因为其从事嫖娼活动被县公安局给予行政拘留10日处罚，该处罚决定载明了杜某不服可以申请行政复议或者提起行政诉讼的途径和期限。杜某不服该处罚决定的，起诉期限从其知道处罚决定内容之日开始计算，即从2022年1月5日计算，杜某最迟应当在2022年7月5日之前提起行政诉讼。

2.全不知（当事人既不知道行政行为内容，也不知道起诉权利和期限的）：自实际知道或应当知道行政行为内容之日起6个月内；但自行政行为作出之日起不超过5年，涉及不动产的不超过20年。

例1：2021年6月1日，区生态环境局授予某造纸企业排污许可证。2021年10月10日，该企业开始生产并且向河道内排放污水。10月11日，养殖户发现自己在河道内承包的渔场出现大面积的死鱼，经济损失达300万元，怀疑是企业排污所致，要求该企业赔偿损失。该企业负责人称，企业已经合法获得排污许可证，养殖户的损失不是企业的排污所致，拒绝赔偿。养殖户认为，区生态环境局在该企业没有建设污染防治设施的情况下就授予排污许可证，违反了法律规定，遂提起行政诉讼。那么，本案行政诉讼的起诉期限如何计算？2021年6月1日，行政行为作出之日养殖户并不知道该行政行为，直到2021年10月11日才知道，则从10月11日开始计算6个月，但自行政行为作出之日最长保护期限不超过5年。因此，养殖户应当于2022年4月11日之前提起行政诉讼。

例2：2009年3月15日，严某向某市房管局递交出让方为郭某（严某之母）、受让方为严某的房产交易申请表以及相关材料。4月20日，该局向严某核发房屋所有权证。后因家庭纠纷郭某想出售该房产时发现房产已不在名下，于2013年12月5日以该局为被告提起诉讼，要求撤销向严某核发的房屋所有权证，并给自己核发新证。"本案的起诉期限从2009年4月20日起算"，这种说法是否准确？这种说法是错误的。本案，郭某事先并不知道房管局向严某核发房屋所有权证的行为，起诉期限应当从郭某知道或者应当知道行政行为内容开始起算，而不是从行政行为作出之日即4月20日起算。

3.知一半（行政机关告知了行政相对人行政行为的内容，但是没有告知其起诉的权利和期限的）：自知道或应当知道起诉期限之日起6个月内，但从知道或者应当知道行政行为内容之日起最长不得超过1年。

例如：某中医药学校办学许可证有效期已期满，在没有重新取得办学许可证的情况下，2021年2月，擅自违规招收新生200人。2021年5月1日，市教育局以该学校违反《民办教育促进法》的有关规定为由作出责令停止办学的行政决定，决定书中未告知学校起诉权利和起诉期限。2021年6月5日，市教育局告知该学校不服责令停止办学的行政决定可以提起行政诉讼的途径和期限。那么，本案行政诉讼的起诉期限如何计算？从知道起诉权利和起诉期限之日开始计算，即从2021年6月5日开始计算，该学校最迟应当在2021年12月5日之前提起行政诉讼。

【注意】起诉无效的行政行为，不受行政诉讼起诉期限的限制，利害关系人随时可以向法院起诉一个无效的行政行为。

·知识拓展·

■ 行政诉讼案件的起诉期限以知道或者应当知道行政行为内容之日作为起算时点，而非以知道或应当知道行政行为违法之日作为起算时点。而且，行政诉讼起诉期限不适用中断或者中止，法院有权依法对原告起诉是否超过法定起诉期限主动进行审查。

·知识拓展·

■ 行政诉讼中的起诉期限不同于民事诉讼中的诉讼时效，是法律设定的起诉条件之一，解决的是行政起诉能否进入司法实体审查的问题。行政行为作出后除了关系到行政相对人的权利义务，还影响到社会公众对行政机关的信赖利益。如果允许当事人超过起诉期限提起行政诉讼，则会使行政行为一直处于效力不明的状态，面临随时可能被撤销或变更的可能。一旦行政行为被撤销或变更，行政相对人、利害关系人、相关行政机关的权利义务都随之发生变化，导致社会成本提高，行政机关的社会公信力降低。法律规定起诉期限的目的，就是督促当事人及时提起诉讼，尽早解决行政纠纷，使社会关系达到稳定的状态。因此，即使当事人未提出有关起诉期限问题的抗辩，法院也应主动进行审查，并据以判断是否立案或继续审理。对于行政起诉期限的审查应当贯穿于立案受理和审理阶段，在立案受理阶段发现超过起诉期限应当裁定不予立案，如果进入审理阶段则应裁定驳回起诉。

归纳总结　**行政诉讼起诉期限的起算点**

起算点	含义	起诉期限	最长保护期限
全知道	既告知行为内容，又告知起诉权利和期限的	自知道行政行为作出之日起6个月内	无
全不知	既不告知行政行为内容，也不知道起诉权利和起诉期限的	自实际知道或应当知道行政行为内容之日起6个月内	自行政行为作出之日起不超过5年，涉及不动产的不超过20年
知一半	告知了行为的内容，但是没有告知起诉的权利和期限的	自知道或应当知道起诉期限之日起6个月内	从知道或者应当知道行政行为内容之日起最长不得超过1年

（二）起诉行政不作为的案件

行政不作为案件，即行政主体不履行其法定职责，造成当事人合法权益的损害，因而提起的行政诉讼。起诉行政不作为案件，其起诉期限的计算与起诉行政行为（作为）的案件有所不同，包括三种具体情况：

1.如果法律、法规、规章或其他行政规范性文件规定了行政机关履行职责的期限，则从该期限届满之日起6个月内，当事人可以起诉。

2.如果上述文件没有规定行政机关履行职责的期限，则行政机关在接到申请之日起2个月内仍不履行职责的，当事人可以起诉，期限为6个月。

3.当事人在紧急情况下请求行政机关履行职责，行政机关不履行的，可以立即起诉。

例如：对于路旁发生的一起聚众斗殴事件，路过此处的巡警视而不见，虽有当事人向其呼救，巡警仍置若罔闻，则在斗殴中受到伤害的当事人可以立即起诉公安机关。

归纳总结　**行政诉讼的起诉期限**

诉作为	全知道	自知道行政行为作出之日起6个月内，法律另有规定除外
	全不知	自实际知道或应当知道作出行政行为之日起6个月内；但自行政行为作出之日起不超过5年，涉及不动产的不超过20年
	知一半	自知道或应当知道起诉期限之日起6个月内，但从知道或应当知道行政行为内容之日起最长不得超过1年
诉不作为	有履行期	履行期届满后可以起诉，期限6个月
	无履行期	申请满2个月后可以起诉，期限6个月
	紧急情况	即时可以起诉，期限6个月

（三）经复议后再起诉的案件

当事人对于行政争议，经行政复议之后仍然不服复议决定的，其提起行政诉讼的期限，分为以下两种情况：

1.复议机关作出复议决定的，当事人可以在收到复议决定书之日起15日内起诉。

2.复议机关逾期不作出决定的，当事人可以在复议期满之日起15日内起诉。

在上述两种情况中，如果另有其他法律对起诉期限作出不同规定的，从其规定。

对于行政诉讼的起诉期限，还有一点需要说明，就是起诉期限的扣除问题。如果因不属于起诉人自身的原因而超过起诉期限的，被耽误的时间不计算在起诉期间之内；因起诉人人身自由受到限制而不能提起诉讼的，被限制人身自由的时间也不计算在起诉期间之内。

（四）起诉行政协议的期限

行政协议案件的起诉期限分为如下三种情形：

1.诉行政机关单方变更、解除行政协议的，起诉期限适用行政诉讼法及其司法解释关于起诉期限的规定（6个月）。

2.诉行政机关除单方变更、解除行政协议之外的，仍然是行政诉讼，只不过起诉期限适用民事法律规范关于诉讼时效的规定（3年）。例如：原告诉行政机关不履行行政协议的、要求法院撤销或者解除行政协议的等。

3.诉行政协议无效的，不受起诉期限限制，利害关系人随时可以向法院提起行政诉讼。

归纳总结　★★★起诉

起诉期限	诉作为	全知道	自知道行政行为作出之日起6个月内，法律另有规定除外
		全不知	自实际知道或应当知道行政行为内容之日起6个月内；但自行政行为作出之日起不超过5年，涉及不动产的不超过20年
		知一半	自知道或应当知道起诉期限之日起6个月内，但从知道或者应当知道行政行为内容之日起最长不得超过1年
	诉不作为	有履行期	履行期届满后可以起诉，期限6个月
		无履行期	申请满2个月后可以起诉，期限6个月
		紧急情况	即时可以起诉，期限6个月
起诉方式	【原则】起诉应当递交起诉状，并按照被告人数提出副本 【例外】书写起诉状确有困难的，可以口头起诉，由法院记入笔录，出具注明日期的书面凭证 【样本义务】法院应当提供诉状样本，为当事人书写诉状提供示范和指引 【法院处理】法院应当一律接收起诉状，出具书面凭证并注明收到日期 【注意】起诉状副本送达被告后，原告提出新的诉讼请求的，法院不予准许，但有正当理由的除外		
提交起诉材料清单	①原告的身份证明材料以及有效联系方式 ②被诉行政行为或不作为存在的材料 ③原告与被诉行政行为具有利害关系的材料 ④由法定代理人或委托代理人代为起诉的，还应当在起诉状中写明或口头起诉时向法院说明法定代理人或委托代理人的基本情况，并提交法定代理人或委托代理人的身份证明和代理权限证明等材料		

第二节　立　案

· 考情分析 ·

■ 本节知识点要求考生掌握行政诉讼的立案登记制。

■ 在客观题考试中，本节知识点每2年考查一个选项。

■ 本节易错和高频考点是：

（1）起诉状内容或者材料存在欠缺的，法院应当一次性全面告知需要补正的内容、材料及期限。

（2）当事人拒绝补正或经补正仍不符合起诉条件的，退回诉状并记录在册；只有当事人拒绝补正或经补正仍不符合起诉条件且坚持起诉的，才裁定不予立案，并载明不予立案的理由。

（3）对裁定不予立案的救济：可以向上一级法院提起上诉。

（4）对立案不当行为的救济：当事人可以向上级法院投诉。是上级法院，不仅限于上一级法院！

（5）对不立不裁的救济：向上一级法院起诉。

立案是指人民法院对公民、法人或者其他组织的起诉进行审查，对符合法定条件的起诉决定立案审理，从而引起诉讼程序开始的职权行为。

<u>法院接到当事人递交的起诉状，应当一律接收，出具书面凭证并注明收到日期。</u>

一、立案登记制

对当事人提起的起诉，根据下列情况分别处理：

1. 当场登记立案。

当事人的起诉符合条件的，法院应当当场登记立案。

2. 当场不予立案。

当场能够判断当事人的起诉不符合条件的，法院应当当场作出不予立案的裁定。裁定书应当载明不予立案的理由。对于法院作出的不予立案裁定，当事人不服的可以提起上诉。

3. 7日内决定是否立案。

对当场不能判定是否符合起诉条件的，应当先接收起诉状，出具注明收到日期的书面凭证，并在7日内决定是否立案。7日内仍不能作出判断的，应当先予立案。

4. 告知补正后决定是否立案。

如果当事人的起诉状内容存在欠缺或者有其他错误的，应当给予指导和释明，并一次性告知当事人需要补正的内容。不得未经指导和释明即以起诉不符合条件为由不接收起诉状。

后续处理：

（1）当事人在指定期限内补正并符合起诉条件的，应当登记立案。

（2）当事人拒绝补正或经补正仍不符合起诉条件的，退回诉状并记录在册。

（3）当事人拒绝补正或经补正仍不符合起诉条件<u>且坚持起诉</u>的，裁定不予立案，并载明不予立案的理由。

归纳总结　★★★立案登记制

当场能够判断符合起诉条件的	应当当场登记立案
当场能够判断不符合起诉条件的	作出不予立案的裁定书且载明不予立案的理由
当场不能够判断是否符合起诉条件的	①先接收起诉状，7日内决定是否立案 ②7日内仍不能作出判断的，应当先予立案
起诉状内容或者材料存在欠缺的	【如下处理】 ①法院应当给予指导和释明 ②一次性全面告知需要补正的内容、材料及期限 【后续处理】 ①在指定期限内补正并符合起诉条件的，应当登记立案 ②当事人拒绝补正或经补正仍不符合起诉条件的，退回诉状并记录在册 ③当事人拒绝补正或经补正仍不符合起诉条件且坚持起诉的，裁定不予立案，并载明不予立案的理由

二、立案阶段的救济

行政诉讼法对于法院的立案工作加强了监督。对于裁定不予立案、不当行为、不立不裁的行为为起诉人提供了救济途径。

1.立案阶段对人民法院裁定不予立案的救济。

人民法院对于原告的起诉作出裁定不予立案的，原告可以10日内向上一级人民法院<u>上诉</u>。

2.立案阶段对人民法院不当行为的救济。

对于立案阶段下列不当行为，当事人可以向<u>上级法院</u>投诉，上级法院应当责令改正，并对直接负责的主管人员和其他直接责任人员依法给予处分：

（1）不接收起诉状。

（2）接收起诉状后不出具书面凭证。

（3）不一次性告知当事人需要补正的起诉状内容的。

3.立案阶段对人民法院不立不裁的救济。

人民法院既不立案，又不作出不予立案裁定的，当事人可以向上一级人民法院起诉。上一级人民法院认为符合起诉条件的，应当立案、审理，也可以指定其他下级人民法院立案、审理。

归纳总结　★★★立案救济

对裁定不予立案的救济	可以向上一级法院提起上诉
对立案不当行为的救济	【不当行为】 ①不接收起诉状 ②接收起诉状后不出具书面凭证 ③不一次性告知当事人需要补正的起诉状内容 【救济途径】 当事人可以向上级法院投诉 【救济措施】 上级法院应当责令改正，并对直接负责的主管人员和其他直接责任人员依法给予处分
对不立不裁的救济	【不立不裁】 法院既不立案，又不出具不予立案的裁定 【救济途径】 向上一级法院起诉 【救济措施】 ①上一级法院认为符合起诉条件的，应当立案、审理 ②上一级法院也可以指定其他下级法院立案、审理

第三节　审　理

·考情分析·

- 本节知识点要求考生掌握行政诉讼的一审程序和二审程序，了解再审程序。
- 在客观题考试中，本节知识点每年必考。主要考查一审简易程序、一审普通程序中审理方式、审理对象、审理期限、回避事项以及二审开庭方式和审理对象。
- 本节易错和高频考点是：
  （1）涉及商业秘密的案件，也是以公开审理为原则，不公开审理为例外。只有当事人申请不公开审理的，可以不公开审理。
  （2）通知当事人到庭的，用传票。通知证人、鉴定人、勘验人、翻译人员等诉讼参与人到庭的，用通知书。
  （3）当事人申请回避的，法院在3日内以口头或书面形式作出决定；明显不属于回避事由的申请，可以当庭驳回。
  （4）对驳回回避申请决定不服的，可以向作出决定的法院申请复议一次。
  （5）复议维持案件，一审审理的对象有两个：被诉的原行政行为合法性和行政复议程序合法性。

（6）罚款、司法拘留这两种排除妨害强制措施可以单独适用，也可以合并适用。要经院长批准才可以作出。

（7）原告、被告等当事人各方同意适用简易程序的案件，即使不是行政诉讼法定的三种简易程序案件，也可以适用简易程序审理。

■ 在主观题考试中，需要掌握行政诉讼一审简易程序的适用。

一、行政诉讼的审理概述

行政诉讼的审理，包括一审程序、简易程序、二审程序和再审程序以及行政机关负责人出庭应诉制度、行政诉讼附带解决民事争议、撤诉、行政诉讼过程中被告改变被诉行政行为的处理等。

二、一审程序

行政诉讼第一审程序，是指人民法院自立案至作出第一审判决的诉讼程序。由于我国行政审判制度实行两审终审原则，因此，第一审程序是所有行政案件必经的基本程序，第一审程序也成为行政审判的基础程序。第一审程序包括普通程序与简易程序。

（一）普通程序

1.审理准备。

（1）组成合议庭。

人民法院审理第一审行政案件，由审判员或审判员、陪审员组成合议庭。合议庭成员应是3人以上的单数。

（2）交换诉状。

人民法院应在立案之日起5日内，将起诉状副本和应诉通知书发送被告，通知被告应诉；人民法院应在收到被告答辩状之日起5日内，将答辩状副本发送原告。被告应当在收到起诉状副本之日起15日内提交答辩状，并提供作出行政行为的证据和依据。不过，提交答辩状是被告的一项权利。被告不提交答辩状不影响人民法院的审理。但被告在法定时间内，不提交或者没有正当理由逾期提供作出行政行为的证据和依据的，应当认定该行政行为没有证据和依据，判决被告败诉。

（3）处理管辖异议。

当事人提出管辖异议，应在收到人民法院应诉通知书之日起15日内以书面形式提出。对当事人提出的管辖异议，人民法院应当进行审查。异议成立的，受诉人民法院应裁定将案件移送有管辖权的人民法院；异议不成立的，则应裁定驳回。

（4）审查诉讼文书和调查收集证据。

对于案情比较复杂或者证据数量较多的案件，人民法院可以组织当事人庭前交换证据，并将交换证据的情况记录在卷。

（5）审查其他内容。

在了解案情的基础上，人民法院还要根据具体情况审查和决定下列事项：更换和追加当事人；决定或通知第三人参加诉讼；决定诉的合并与分离；确定审理的形式；决定开庭审理的时间、地点等。

2.庭审程序。

（1）庭审方式。

行政诉讼第一审程序必须进行开庭审理。而且，除涉及国家秘密、个人隐私和法律另有规定外，一律公开进行。

涉及商业秘密的案件，当事人申请不公开审理的，可以不公开审理。

（2）庭审程序。

包括开庭准备、开庭审理、法庭调查、法庭辩论、合议庭评议、宣读判决等环节。

对于合议庭人员的回避，院长担任审判长时的回避，由审判委员会决定；审判人员的回避，由院长决定；其他人员的回避，由审判长决定。关于行政诉讼的回避制度，《最高人民法院关于适用行政诉讼法的解释》作出了如下细化规定：

①提出时间：当事人申请回避，应当在案件开始审理时提出；回避事由在案件开始审理后知道的，应当在法庭辩论终结前提出。

②法院处理：3日内以口头或书面形式作出决定；明显不属于回避事由的申请，可以当庭驳回。

③救济途径：对驳回回避申请决定不服的，可以向作出决定的法院申请复议一次；法院应当在3日内作出复议决定；复议期间，被申请回避的人员不停止参与本案的工作。

（3）对干扰、阻碍法庭秩序行为的处理。

诉讼参与人或者其他人有下列行为之一的，人民法院可以根据情节轻重，予以训诫、责令具结悔过或者处10000元以下的罚款、15日以下的拘留；构成犯罪的，依法追究刑事责任：

①有义务协助调查、执行的人，对人民法院的协助调查决定、协助执行通知书，无故推拖、拒绝或者妨碍调查、执行的。

②伪造、隐藏、毁灭证据或者提供虚假证明材料，妨碍人民法院审理案件的。

③指使、贿买、胁迫他人作伪证或者威胁、阻止证人作证的。

④隐藏、转移、变卖、毁损已被查封、扣押、冻结的财产的。

⑤以欺骗、胁迫等非法手段使原告撤诉的。

⑥以暴力、威胁或者其他方法阻碍人民法院工作人员执行职务，或者以哄闹、冲击法庭等方法扰乱人民法院工作秩序的。

⑦对人民法院审判人员或者其他工作人员、诉讼参与人、协助调查和执行的人员恐吓、侮辱、诽谤、诬陷、殴打、围攻或者打击报复的。

人民法院对有实施上述扰乱法庭秩序行为之一的单位，可以对其主要负责人或者直接责任人员依照上述规定予以罚款、拘留；构成犯罪的，依法追究刑事责任。

罚款、拘留须经人民法院院长批准。

罚款、拘留可以单独适用，也可以合并适用。

当事人不服罚款、拘留这两种措施的，可以申请复议一次。复议期间不停止执行。

（4）一审对象。

一般情况，一审法院审理的对象是被诉的行政行为。

例1：某药厂以本厂过期药品作为主原料，更改生产日期和批号生产出售。甲市乙县药监局以该厂违反《药品管理法》第98条第1款关于违法生产药品的规定，决定没收药品并处罚款20万元。药厂不服向县政府申请复议，县政府依《药品管理法》第98条第3款关于生产劣药行为的规定，决定维持处罚决定。药厂起诉。关于本案的举证与审理裁判，郭某认为，法院应对被诉行政行为和药厂的行为是否合法一并审理和裁判。问题：郭某的说法正确与否？答案：错误。人民法院审理行政案件，对被诉的行政行为是否合法进行审查。可知，对于药厂的行为法院不审理。

例2：市政府决定，将牛某所在村的集体土地征收转为建设用地。因对补偿款数额不满，牛某对现场施工进行阻挠。市公安局接警后派警察到现场处理。经口头传唤和调查后，该局对牛某处以10日拘留。牛某不服处罚起诉，法院受理。那么，市政府征收土地决定的合法性属不属于本案的审查范围？不属于。法院只审查行政拘留的合法性。

例3：甲市乙区市场监督管理局将天和公司列入经营异常名录并通过市场主体信用信息公示系统对外公示。天和公司不服申请行政复议，甲市乙区政府作出维持决定。天和公司向法院提起行政诉讼。复议维持案件，法院应当在审查原行政行为合法性的同时，一并审查复议决定的合法性。本案为复议维持案件，法院的审理对象是原行政行为的合法性（即乙区市场监督管理局将天和公司列入经营异常名录）和复议决定的合法性（即甲市市场监督管理局的维持决定）。

（5）审理期限。

人民法院审理第一审行政案件应当自立案之日起6个月内作出判决。有特殊情况需要延长的，由高级人民法院批准；高级人民法院审理第一审行政案件需要延长的，由最高人民法院批准。基层人民法院申请延长审理期限，应当直接报请高级人民法院批准，同时报中级人民法院备案。

（二）简易程序

1.简易程序的适用范围。

行政诉讼第一审行政案件适用简易程序的案件有两种类型：

（1）法定案件。

法院审理下列第一审行政案件，认为事实清楚、权利义务关系明确、争议不大的，可以适用简易程序：

①被诉行政行为是依法当场作出的；

②案件涉及款额2000元以下的；

③属于政府信息公开案件的。

（2）合意案件。

当事人各方同意适用简易程序的，可以适用简易程序审理。

例如：皇朝公司以不合格产品冒充合格产品进行销售，区市场监督管理局在报请区政府批准后以自己的名义对该公司罚款2万元。该公司不服，提起行政诉讼。"本案不适用简易程序审理"，这种说法是否准确？这种说法是错误的。本案如果当事人约定适用简易程序审理的，也可以适用简易程序审理。

2.不得适用简易程序的范围。

行政诉讼的二审、发回重审、按照审判监督程序再审的案件不适用简易程序。

3.通知方式。

法院可以用口头通知、电话、短信、传真、电子邮件等简便方式传唤当事人、通知证人、送达裁判文书以外的诉讼文书。

4.举证期限。

原则上由法院确定，也可以由当事人协商一致并经法院准许，但不得超过15日。

5.简易程序的审判人员与审限。

适用简易程序审理的行政案件，由审判员一人独任审理，并应当在立案之日起45日内审结。

6.简易程序转化为普通程序。

人民法院在审理过程中，发现案件不宜适用简易程序的，裁定转为普通程序。

归纳总结　行政诉讼的简易程序

一审 简易 程序	适用范围	【第一类：法定案件】事实清楚、权利义务关系明确、争议不大的下列案件可以适用简易程序： ①被诉行政行为是依法当场作出的 ②案件涉及款额2000元以下的 ③属于政府信息公开案件的 【第二类：合意案件】当事人各方同意适用简易程序的，可以适用简易程序
	排除适用	二审案件、发回重审案件、再审案件均不得适用简易程序
	通知方式	法院可以用口头通知、电话、短信、传真、电子邮件等简便方式传唤当事人、通知证人、送达裁判文书以外的诉讼文书
	举证期限	①由法院确定 ②也可以由当事人协商一致并经法院准许，但不得超过15日
	审理方式	由审判员1人独任审理
	审理期限	应当在立案之日起45日内审结
	程序转化	①法院在审理过程中，发现案件不宜适用简易程序的，裁定转为普通程序 ②需要转为普通程序审理的，应在审理期限届满前作出裁定并将合议庭组成人员及相关事项书面通知双方当事人

经典考题：县政府征用丽朵公司名下的酒店作为传染性病毒密切接触者的隔离酒店，丽朵公司不服，申请行政复议。市政府认为丽朵公司的复议申请超过了法定期限，不予

受理。丽朵公司不服，提起行政诉讼，下列选项哪些是准确的？（2020年考生回忆版卷一第27题，多选）[①]

A. 丽朵公司不服征用决定提起行政诉讼的，被告是县政府

B. 本案为复议前置案件，丽朵公司对征用决定不服提起行政诉讼的，法院不予立案

C. 本案县政府和市政府为共同被告

D. 当事人各方同意适用简易程序的，法院可以适用简易程序审理

归纳总结 ★★★行政诉讼一审程序

一审普通程序	审理方式	【原则】公开审理 【例外】涉及国家秘密、个人隐私的不公开审理 【注意】涉及商业秘密的案件，当事人申请不公开审理的，可以不公开审理
	通知开庭	①在开庭3日前用传票传唤当事人 ②对证人、鉴定人、勘验人、翻译人员，应当用通知书通知其到庭
	可以延期审理	①应当到庭的当事人和其他诉讼参与人有正当理由没有到庭的 ②当事人临时提出回避申请且无法及时作出决定的 ③需要通知新的证人到庭，调取新的证据，重新鉴定、勘验，或需要补充调查的
	可以合并审理	①两个以上行政机关分别对同一事实作出行政行为，向同一法院起诉的 ②行政机关就同一事实对若干公民、法人或其他组织分别作出行政行为，向同一法院起诉的 ③在诉讼过程中，被告对原告作出新的行政行为，原告不服向同一法院起诉的
	回避事项	①提出时间：当事人申请回避，应当在案件开始审理时提出；回避事由在案件开始审理后知道的，应当在法庭辩论终结前提出 ②法院处理：3日内以口头或书面形式作出决定；明显不属于回避事由的申请，可以当庭驳回 ③救济途径：对驳回回避申请决定不服的，可以向作出决定的法院申请复议一次；法院应当在3日内作出复议决定；复议期间，被申请回避的人员不停止参与本案的工作 【备注：审判人员的回避规则】 ①在一个审判程序中参与过本案审判工作的审判人员，不得再参与该案其他程序的审判 ②发回重审的案件，在一审法院作出裁判后又进入第二审程序的，原第二审程序中合议庭组成人员可以审理该案，无需回避

[①]【答案】AD。本题，市政府以复议申请超过复议申请期限为由不予受理，属于复议不作为案件。复议不作为案件"选择告"，即原告不服哪个行为，哪个机关作为被告。假如丽朵公司不服县政府作出的征用决定，县政府是被告；假如丽朵公司不服市政府作出的不予受理决定，市政府是被告。A选项准确，C选项错误。行政征用案件不属于复议前置案件。B选项错误。行政诉讼适用简易程序审理的案件有两类：法定案件和合意案件。（1）法定案件有三种情形：①被诉行政行为是依法当场作出的；②案件涉及款额2000元以下的；③属于政府信息公开案件的。（2）合意案件：当事人各方均同意适用简易程序的案件。D选项准确，当选。

续　表

一审普通程序	审理对象	【一般行政案件】被诉的行政行为合法性 【复议维持案件】①被诉的原行政行为合法性；②行政复议决定合法性
	排除妨害强制措施	①训诫；②责令具结悔过；③10000元以下的罚款；④15日以下拘留 【备注】采取③④措施须经法院院长批准。罚款、拘留可以单独适用，也可以合并适用；对罚款、拘留决定不服的，可以申请复议一次
	审理期限	①自立案之日起6个月内作出判决 ②需延长的，由高级法院批准；高级法院审理案件需延长的，由最高法院批准
一审简易程序	适用范围	【第一类：法定案件】事实清楚、权利义务关系明确、争议不大的下列案件可以适用简易程序： ①被诉行政行为是依法当场作出的 ②案件涉及款额2000元以下的 ③属于政府信息公开案件的 【第二类：合意案件】当事人各方同意适用简易程序的，可以适用简易程序
	排除适用	二审案件、发回重审案件、再审案件均不得适用简易程序
	通知方式	法院可以用口头通知、电话、短信、传真、电子邮件等简便方式传唤当事人、通知证人、送达裁判文书以外的诉讼文书
	举证期限	①由法院确定 ②也可以由当事人协商一致并经法院准许，但不得超过15日
	审理方式	由审判员1人独任审理
	审理期限	应当在立案之日起45日内审结
	程序转化	①法院在审理过程中，发现案件不宜适用简易程序的，裁定转为普通程序 ②需要转为普通程序审理的，应当在审理期限届满前作出裁定并将合议庭组成人员及相关事项书面通知双方当事人

三、二审程序

我国行政诉讼实行两审终审制度。除最高人民法院所作出的一审裁判外，当事人不服各级法院作出的一审裁判，依法有权向上一级法院提出上诉。

（一）上诉的提起

凡第一审程序中的原告、被告和第三人及其法定代理人、经授权的委托代理人，都有权提起上诉。

能够提出上诉的判决和裁定包括地方各级人民法院第一审尚未发生法律效力的判决和对驳回起诉、不予受理、管辖权异议所作出的裁定。

当事人不服人民法院第一审判决的，有权在判决书送达之日起15日内向上一级人民法院提起上诉。

当事人不服人民法院第一审裁定的，有权在裁定书送达之日起10日内向上一级人民法院提起上诉。逾期不提起上诉的，人民法院的第一审判决或者裁定发生法律效力。

（二）上诉案件的审理

1.审理方式。

原则：人民法院对上诉案件，应当组成合议庭，开庭审理。

例外：经过阅卷、调查和询问当事人，对没有提出新的事实、证据或者理由，合议庭认为不需要开庭审理的，可以不开庭审理，即可以实行书面审理，也可以开庭审理。

所谓书面审理，是指人民法院不需要当事人和其他诉讼参与人到庭，不进行法庭调查和辩论，只根据上诉状、原审案卷材料和其他书面材料进行审理，就作出判决或裁定的审理方式。

当然，适用书面审理方式的前提，必须是案件事实清楚。如果案件事实不清楚或存有争议，人民法院应开庭审理。人民法院实行书面审理，不允许独任审判，而必须由合议庭审理。

2.审理对象。

第二审人民法院审理上诉案件，应当对原审人民法院的裁判和被诉行政行为是否合法进行全面审查。

3.审理期限。

人民法院第二审行政案件，应当自收到上诉状之日起3个月内作出终审判决，有特殊情况需要延长的，由高级人民法院批准。高级人民法院审理上诉案件需要延长的，由最高人民法院批准。

归纳总结	★行政诉讼二审程序	

上诉期限	判决书送达15日内；裁定书送达10日内 【备注】提出上诉，可以通过原审法院提出，也可以直接向二审法院提出
审理方式	【原则：开庭审理】对上诉案件，应当组成合议庭，开庭审理 【例外：书面审理】经过阅卷、调查和询问当事人，对没有提出新的事实、证据或者理由，合议庭认为不需要开庭审理的，也可以不开庭审理
审理对象	①原审法院的裁判、裁定 ②被诉行政行为是否合法
审理期限	①在收到上诉状3个月内作出终审判决 ②需延长的，由高级法院批准；高级法院审理上诉案件需延长的，由最高法院批准

四、再审程序

再审程序，又称审判监督程序，是指人民法院发现已经发生法律效力的判决、裁定违反法律、法规规定，依法对案件再次进行审理的程序。

（一）审判监督程序的提起

1.提起审判监督程序的对象。

提起审判监督程序的对象，即人民法院的判决、裁定，必须已经发生法律效力。特定情况下，行政赔偿调解书也可以成为提起审判监督程序的对象。

2.提起审判监督程序的法定理由。

提起审判监督程序的法定理由即人民法院已经发生法律效力的判决、裁定确有错误。属于判决、裁定确有错误的包括：原判决、裁定认定的事实主要证据不足；原判决、裁定适用法律、法规确有错误；违反法定程序，可能影响案件正确裁判；其他违反法律、法规的情形。

3.提起审判监督程序的主体。

提起审判监督程序的主体只能是具有审判监督权的法定机关，即人民法院和人民检察院。

（1）人民法院。

各级人民法院院长对本院已经发生法律效力的判决、裁定，发现违反法律、法规规定认为需要再审的，有权提请审判委员会决定是否再审。

最高人民法院对地方各级人民法院、上级人民法院对下级人民法院已经发生法律效力的判决、裁定，发现确有错误的，有权提起审判监督程序。

下列行政申请再审案件中，原判决、裁定适用法律、法规确有错误的，最高人民法院应当裁定再审：

①在全国具有普遍法律适用指导意义的案件；

②在全国范围内或者省、自治区、直辖市有重大影响的案件；

③跨省、自治区、直辖市的案件；

④重大涉外或者涉及香港特别行政区、澳门特别行政区、台湾地区的案件；

⑤涉及重大国家利益、社会公共利益的案件；

⑥经高级人民法院审判委员会讨论决定的案件。

行政申请再审案件有下列情形之一的，最高人民法院可以决定由作出生效判决、裁定的高级人民法院审查：

①案件基本事实不清、诉讼程序违法、遗漏诉讼请求的；

②再审申请人或者第三人人数众多的；

③由高级人民法院审查更适宜实质性化解行政争议的；

④最高人民法院认为可以由高级人民法院审查的其他情形。

（2）人民检察院。

人民检察院对人民法院已经发生法律效力的判决、裁定，发现违反法律、法规规定的，有权按照法定程序提出抗诉。对于人民检察院的抗诉，人民法院必须予以再审。

【注意】各级人民检察院对审判监督程序以外的其他审判程序中审判人员的违法行为，有权向同级人民法院提出检察建议。

（3）当事人申请再审。

当事人并无审判监督权，因而其不能直接启动审判监督程序，但可以申请再审。

当事人的申请符合下列情形之一的，人民法院应当再审：

①不予立案或者驳回起诉确有错误的；

②有新的证据，足以推翻原判决、裁定的；

③原判决、裁定认定事实的主要证据不足、未经质证或者系伪造的；

④原判决、裁定适用法律、法规确有错误的；

⑤违反法律规定的诉讼程序，可能影响公正审判的；

⑥原判决、裁定遗漏诉讼请求的；

⑦据以作出原判决、裁定的法律文书被撤销或者变更的；

⑧审判人员在审理该案件时有贪污受贿、徇私舞弊、枉法裁判行为的。

当事人申请再审，应当在判决、裁定发生法律效力后6个月内提出。

当事人对已经发生法律效力的行政赔偿调解书，提出证据证明调解违反自愿原则或者调解协议的内容违反法律规定的，也可以在6个月内申请再审。

人民法院接到当事人的再审申请后，经审查，符合再审条件的，应当立案并及时通知各方当事人；不符合再审条件的，应予以驳回。

（二）再审案件的审理

1.再审案件的审理程序。

再审案件的审理程序和裁判效力主要依据案件的原审来确定。

人民法院按照审判监督程序再审的案件，发生法律效力的判决、裁定是由第一审人民法院作出的，按照第一审程序审理，所作的判决、裁定，当事人可以上诉。

发生法律效力的判决、裁定是由第二审人民法院作出的，按照第二审程序审理，所作的判决、裁定是发生法律效力的判决、裁定。

上级人民法院按照审判监督程序提审的，按照第二审程序审理，所作的判决、裁定是发生法律效力的判决、裁定。

凡原审人民法院审理再审案件，必须另行组成合议庭。

2.再审案件中原判决、裁定的执行问题。

按照审判监督程序决定再审的案件，应当裁定中止原判决、裁定的执行，裁定由院长署名，加盖人民法院印章。

3.再审期限。

再审案件按照第一审程序审理的，须在6个月内作出裁判；再审案件按照第二审程序审理的，须在3个月内作出裁判。

归纳总结　★行政诉讼的再审

申请期限	【原则】当事人向上一级法院申请再审，应当在判决、裁定或者调解书发生法律效力后6个月内提出
审查期限	法院应当自再审申请案件立案之日起6个月内审查，有特殊情况需要延长的，由本院院长批准
法院处理	①再审事由成立，符合行申请再审条件的，裁定再审 ②再审事由不成立，不符合申请再审条件的，法院应当裁定驳回再审申请

第四节　其他诉讼规则

·考情分析·

■ 本节知识点要求考生重点掌握行政诉讼中行政机关负责人出庭应诉制度、行政诉讼中一并解决民事争议、行政调解，了解原告被告拒不到庭或者中途退庭的处理、被诉行政行为在诉讼中的改变、裁定先予执行、保全措施等。

■ 在客观题考试中，本节知识点每年必考。主要考查行政诉讼中行政机关负责人出庭应诉制度、行政诉讼中一并解决民事争议、行政调解。

■ 本节易错和高频考点是：

（1）被诉行政机关负责人应当出庭应诉是指被诉行政机关负责人依法应当在第一审、第二审、再审等诉讼程序中出庭参加诉讼，行使诉讼权利，履行诉讼义务。

（2）被诉行政机关委托的组织或者下级行政机关的负责人，不能作为被诉行政机关负责人出庭。

（3）行政机关委托行使行政职权的组织或下级行政机关的工作人员，可以视为被诉行政机关相应的工作人员。

（4）有共同被告的行政案件，可以由共同被告协商确定行政机关负责人出庭应诉；也可以由法院确定。

（5）对于同一审级需要多次开庭的同一案件，行政机关负责人到庭参加一次庭审的，一般可以认定其已经履行出庭应诉义务，但法院通知行政机关负责人再次出庭的除外。

（6）行政机关在庭审前申请更换出庭应诉负责人且不影响正常开庭的，法院应当准许。

（7）行政机关负责人出庭应诉的，应当就实质性解决行政争议发表意见。

（8）原告以行政机关未履行出庭义务为由拒不到庭、未经法庭许可中途退庭的，法院可以按照撤诉处理。

（9）只有在行政许可、行政登记、行政征收、行政征用、行政裁决这5类行政行为诉讼中可以一并解决民事争议。

（10）民事争议与行政争议原则上应当分别立案；但行政裁决一并解决民事争议的，不单独立案。

（11）民事争议与行政争议应当分别裁判；但行政裁决一并解决民事争议的，合并裁判。也就是说，行政裁决案件中一并解决民事争议的，合并立案、合并审理、合并裁判。

（12）第一审法院应将全部案卷一并移送第二审法院，而不是把上诉那部分卷宗移送给第二审法院。

（13）行政诉讼一并审理相关民事争议，按行政案件、民事案件的标准分别收取诉讼费用。

（14）下列4类案件可以调解结案：①行政赔偿案件；②行政补偿案件；③行政自由裁量权的案件；④行政协议案件。

■ 在主观题考试中，需要考生掌握行政机关负责人出庭应诉制度、行政诉讼一并解决民事争议、行政诉讼中调解、行政诉讼中撤诉制度。

一、行政机关负责人出庭应诉制度

为了提高行政诉讼的效率，实质有效解决纠纷，《行政诉讼法》及其司法解释规定了行政诉讼行政机关负责人应诉出庭制度。

1.含义。

被诉行政机关负责人应当出庭应诉，是指被诉行政机关负责人依法应当在第一审、第二审、再审等诉讼程序中出庭参加诉讼，行使诉讼权利，履行诉讼义务。

行政机关负责人出庭应诉，仅限于一审、二审、再审等诉讼程序，不包括调查等程序。

2.总体要求。

被诉行政机关负责人应当出庭；不能出庭的，应当委托行政机关相应的工作人员出庭，不得仅委托诉讼代理人出庭。

被诉行政机关负责人出庭的，可以委托1~2名诉讼代理人。

【注意】行政诉讼中被告负责人出庭应诉制度，不仅限于行政机关，还包括如下主体：

（1）法律、法规、规章授权的行政机关内设机构、派出机构或者其他组织的负责人也应当出庭应诉。

（2）应当追加为被告而原告不同意追加，法院通知以第三人身份参加诉讼的行政机关，其负责人也应当出庭应诉。

3.行政机关负责人的范围。

行政诉讼中，行政机关负责人的范围包括：

（1）正职负责人；

（2）副职负责人；

（3）参与分管被诉行政行为实施工作的副职级别的负责人；

（4）其他参与分管的负责人。

【注意1】被诉行政机关委托的组织或者下级行政机关的负责人，不能作为被诉行政机关负责人出庭。

例如：甲市城乡建设局作出将百林公司城市园林绿化企业一级资质调整为三级资质的决定。百林公司不服向法院起诉。本案甲市乙县城乡建设局负责人是否可以作为甲市城乡建设局负责人出庭应诉？不可以。

【注意2】行政机关负责人出庭应诉的，应当于开庭前向法院提交出庭应诉负责人的身份证明。身份证明应当载明该负责人的姓名、职务等基本信息，并加盖行政机关印章。法院应当对出庭应诉负责人的身份证明进行审查，经审查认为不符合条件，可以补正的，应当告知行政机关予以补正；不能补正或者补正可能影响正常开庭的，视为行政机关负责人未出庭应诉。

4.行政机关相应的工作人员的范围。

行政诉讼中，行政机关相应的工作人员范围包括：

（1）行政机关相应的工作人员，是指被诉行政机关中具体行使行政职权的工作人员。

（2）行政机关委托行使行政职权的组织或下级行政机关的工作人员，可以视为行政机关相应的工作人员。

（3）被诉行政行为是地方政府作出的，地方政府所属法制工作机构的工作人员，以及被诉行政行为具体承办机关的工作人员，也可以视为被诉地方政府相应的工作人员。

【注意】行政机关委托相应的工作人员出庭应诉的，应当向法院提交加盖行政机关印章的授权委托书（即身份证明材料），并载明工作人员的姓名、职务和代理权限；法院应当进行审查，经审查认为不符合条件，可以补正的，告知补正；不能补正或者补正可能影响正常开庭的，视为未委托相应的工作人员出庭。

5.行政机关负责人应当出庭应诉，法院应当通知负责人出庭应诉的情形。

下列案件，法院应当通知负责人出庭应诉：

（1）涉及食品药品安全、生态环境和资源保护、公共卫生安全等重大公共利益的案件；

（2）社会高度关注的案件；

（3）可能引发群体性事件的案件。

6.法院可以通知行政机关负责人出庭的情形。

下列案件，法院可以通知负责人出庭应诉：

（1）被诉行政行为涉及公民、法人或者其他组织重大人身、财产权益的；

（2）行政公益诉讼；

（3）被诉行政机关的上级机关规范性文件要求行政机关负责人出庭应诉的；

（4）法院认为需要通知行政机关负责人出庭应诉的其他情形。

7.负责人不能出庭的合法情形及其审查。

下列案件，行政诉讼中行政机关的负责人可以不出庭：

（1）不可抗力；

（2）意外事件；

（3）需要履行他人不能代替的公务；

（4）无法出庭的其他正当事由。

法院对行政诉讼中行政机关负责人不能出庭的审查：

（1）行政机关负责人有正当理由不能出庭的，应当提交证明材料，并加盖行政机关印章或者由该机关主要负责人签字认可；

（2）法院应当对行政机关负责人不能出庭的理由以及证明材料进行审查。

【注意】行政机关负责人有正当理由不能出庭，行政机关申请延期开庭审理的，法院可以准许；法院也可以依职权决定延期开庭审理。

8.减轻行政机关负责人出庭负担的制度。

（1）协商出庭制度：有共同被告的行政案件，可以由共同被告协商确定行政机关负责人出庭应诉；也可以由法院确定（例如：复议维持的案件，原机关和复议机关是共同被告，可以由共同被告协商确定负责人出庭应诉，无须共同被告负责人全部出庭）。

例如：鑫石房地产开发公司擅自违规建设二层房屋，市自然资源与规划局给予该公司罚款10000元。该公司不服，向市政府申请行政复议，市政府以该公司的复议请求不成立为由，驳回了该公司的复议申请。该公司不服，提起行政诉讼。本案属于复议维持案件，市自然资源与规划局和市政府是共同被告，可以协商确定负责人出庭应诉，而不是两个机关的负责人都应当出庭应诉。

（2）一次出庭制度：对于同一审级需要多次开庭的同一案件，行政机关负责人到庭参加一次庭审的，一般可以认定其已经履行出庭应诉义务，但法院通知行政机关负责人再次出庭的除外。

例如：律师张某会见在押犯罪嫌疑人时，将通讯工具提供给在押犯罪嫌疑人使用，市司法局给予张某停止执业7个月的处理决定。张某不服，提起行政诉讼。若本案第一审须开两次庭的，市司法局负责人参加其中一次庭审就可以认定其经履行出庭应诉义务。若本案一审判决后，张某上诉的，二审程序中，市司法局负责人仍需要出庭应诉。

9.行政机关负责人出庭应诉的程序。

法院在向行政机关送达的权利义务告知书中，应当一并告知行政机关负责人出庭应诉的法定义务及相关法律后果等事项。

法院通知行政机关负责人出庭的，应当在开庭3日前送达出庭通知书，并告知行政机关负责人不出庭可能承担的不利法律后果。

【注意】行政机关在庭审前申请更换出庭应诉负责人且不影响正常开庭的，法院应当准许。

10.行政机关负责人出庭应诉的内容。

（1）行政机关负责人或者行政机关委托的相应工作人员在庭审过程中应当就案件情况进行陈述、答辩、提交证据、辩论、发表最后意见，对所依据的规范性文件进行解释说明。

（2）行政机关负责人出庭应诉的，应当就实质性解决行政争议发表意见。

（3）应当依法行使诉讼权利，履行诉讼义务，遵守法庭规则，自觉维护诉讼秩序。

11.行政机关负责人违反出庭制度的处理。

对于行政机关负责人下列不履行或不准确履行出庭义务的情形，法院应当记录在案并在裁判文书中载明，并应当向监察机关、被诉行政机关的上一级行政机关提出司法建议：

（1）行政机关负责人未出庭应诉，且未说明理由或者理由不成立的；

（2）行政机关有正当理由申请延期开庭审理，法院准许后再次开庭审理时行政机关负责人仍未能出庭应诉，且无正当理由的；

（3）行政机关负责人和行政机关相应的工作人员均不出庭应诉的；

（4）行政机关负责人未经法庭许可中途退庭的；

（5）法院在庭审中要求行政机关负责人就有关问题进行解释或者说明，行政机关负责人拒绝解释或者说明，导致庭审无法进行的。

此外，针对行政机关负责人实施的上述违反出庭应诉制度的情形，法院还可以通过适当形式将行政机关负责人出庭应诉情况向社会公开；法院可以定期将辖区内行政机关负责人出庭应诉情况进行统计、分析、评价，向同级人民代表大会常务委员会报告，向同级人民政府进行通报。

12.原告以行政机关负责人未履行出庭义务为由实施相应行为的处置。

（1）原告对行政机关未履行负责人出庭义务提出异议的，法院可以在庭审笔录中载明，不影响案件的正常审理。

（2）原告以行政机关未履行出庭义务为由拒不到庭、未经法庭许可中途退庭的，法院可以按照撤诉处理。

（3）原告以行政机关未履行出庭义务为由在庭审中明确拒绝陈述，导致庭审无法进行，经法庭释明法律后果后仍不陈述意见的，法院可以视为放弃陈述权利，由其承担相应的法律后果。

归纳总结　★★★被诉行政机关负责人出庭应诉制度

含义	被诉行政机关负责人应当出庭应诉，是指被诉行政机关负责人依法应当在第一审、第二审、再审等诉讼程序中出庭参加诉讼，行使诉讼权利，履行诉讼义务 【注意】负责人出庭应诉制度，不仅限于行政机关，还包括如下主体： ①法律、法规、规章授权的行政机关内设机构、派出机构或者其他组织的负责人也应当出庭应诉 ②应当追加为被告而原告不同意追加，法院通知以第三人身份参加诉讼的行政机关，其负责人也应当出庭应诉 【备注】行政机关负责人出庭应诉，仅限于诉讼程序，不包括调查等程序
总体规定	①被诉行政机关负责人应当出庭；不能出庭的，应当委托行政机关相应的工作人员出庭，不得仅委托诉讼代理人出庭 ②被诉行政机关负责人出庭的，可以委托1~2名诉讼代理人
行政机关负责人的范围	①正职负责人 ②副职负责人 ③参与分管被诉行政行为实施工作的副职级别的负责人 ④其他参与分管的负责人 【备注】被诉行政机关委托的组织或者下级行政机关的负责人，不能作为被诉行政机关负责人出庭
行政机关相应的工作人员的范围	①行政机关相应的工作人员，是指被诉行政机关中具体行使行政职权的工作人员 ②行政机关委托行使行政职权的组织或下级行政机关的工作人员，可以视为行政机关相应的工作人员 ③被诉行政行为是地方政府作出的，地方政府所属法制工作机构的工作人员，以及被诉行政行为具体承办机关的工作人员，也可以视为被诉地方政府相应的工作人员 【备注】行政机关委托相应的工作人员出庭应诉的，应当向法院提交加盖行政机关印章的授权委托书（即身份证明材料），并载明工作人员的姓名、职务和代理权限

续　表

法院应当通知行政机关负责人出庭的情形	【下列案件，法院应当通知负责人出庭应诉】 ①涉及食品药品安全、生态环境和资源保护、公共卫生安全等重大公共利益的案件 ②社会高度关注的案件 ③可能引发群体性事件的案件
法院可以通知行政机关负责人出庭的情形	【下列案件，法院可以通知负责人出庭应诉】 ①被诉行政行为涉及公民、法人或者其他组织重大人身、财产权益的 ②行政公益诉讼 ③被诉行政机关的上级机关规范性文件要求行政机关负责人出庭应诉的 ④法院认为需要通知行政机关负责人出庭应诉的其他情形
减轻负责人出庭负担的制度	①协商出庭制度：有共同被告的行政案件，可以由共同被告协商确定行政机关负责人出庭应诉；也可以由法院确定（例如：复议维持的案件，原机关和复议机关是共同被告，可以由共同被告协商确定负责人出庭应诉，无须共同被告负责人全部出庭） ②一次出庭制度：对于同一审级需要多次开庭的同一案件，行政机关负责人到庭参加一次庭审的，一般可以认定其已经履行出庭应诉义务，但法院通知行政机关负责人再次出庭的除外
负责人不能出庭的合法情形	①不可抗力 ②意外事件 ③需要履行他人不能代替的公务 ④无法出庭的其他正当事由
法院对负责人不能出庭的审查	①行政机关负责人有正当理由不能出庭的，应当提交证明材料，并加盖行政机关印章或者由该机关主要负责人签字认可 ②法院应当对行政机关负责人不能出庭的理由以及证明材料进行审查 【备注】行政机关负责人有正当理由不能出庭，行政机关申请延期开庭审理的，法院可以准许；法院也可以依职权决定延期开庭审理
程序	①法院在向行政机关送达的权利义务告知书中，应当一并告知行政机关负责人出庭应诉的法定义务及相关法律后果等事项 ②法院通知行政机关负责人出庭的，应当在开庭3日前送达出庭通知书，并告知行政机关负责人不出庭可能承担的不利法律后果 【备注】行政机关在庭审前申请更换出庭应诉负责人且不影响正常开庭的，法院应当准许
身份证明与身份审查	①行政机关负责人出庭应诉的，应当于开庭前向法院提交出庭应诉负责人的身份证明 ②身份证明应当载明该负责人的姓名、职务等基本信息，并加盖行政机关印章 ③法院应当对出庭应诉负责人的身份证明进行审查，经审查认为不符合条件，可以补正的，应当告知行政机关予以补正；不能补正或者补正可能影响正常开庭的，视为行政机关负责人未出庭应诉
参加庭审的内容	①行政机关负责人或者行政机关委托的相应工作人员在庭审过程中应当就案件情况进行陈述、答辩、提交证据、辩论、发表最后意见，对所依据的规范性文件进行解释说明

续　表

参加庭审的内容	②行政机关负责人出庭应诉的，应当就实质性解决行政争议发表意见
	③应当依法行使诉讼权利，履行诉讼义务，遵守法庭规则，自觉维护诉讼秩序
违反出庭制度的处理	（1）【对于不履行或不准确履行出庭义务的，法院应当记录在案并在裁判文书中载明，并应当向监察机关、被诉行政机关的上一级行政机关提出司法建议】
	①行政机关负责人未出庭应诉，且未说明理由或者理由不成立的
	②行政机关有正当理由申请延期开庭审理，法院准许后再次开庭审理时行政机关负责人仍未能出庭应诉，且无正当理由的
	③行政机关负责人和行政机关相应的工作人员均不出庭应诉的
	④行政机关负责人未经法庭许可中途退庭的
	⑤法院在庭审中要求行政机关负责人就有关问题进行解释或者说明，行政机关负责人拒绝解释或者说明，导致庭审无法进行的
	（2）法院可以通过适当形式将行政机关负责人出庭应诉情况向社会公开
	（3）法院可以定期将辖区内行政机关负责人出庭应诉情况进行统计、分析、评价，向同级人民代表大会常务委员会报告，向同级人民政府进行通报
原告以负责人未履行出庭义务为由实施相应行为的处置	①当事人对行政机关未履行负责人出庭义务提出异议的，法院可以在庭审笔录中载明，不影响案件的正常审理
	②原告以行政机关未履行出庭义务为由拒不到庭、未经法庭许可中途退庭的，法院可以按照撤诉处理
	③原告以行政机关未履行出庭义务为由在庭审中明确拒绝陈述，导致庭审无法进行，经法庭释明法律后果后仍不陈述意见的，法院可以视为放弃陈述权利，由其承担相应的法律后果

二、行政诉讼中对民事争议的处理

在行政诉讼程序中，法院的主要工作是处理行政争议，特殊情况下也可能涉及对其他纠纷的处理。这包括三种情况：

1.原则：告知另行起诉。

法院在审理行政纠纷的过程中，如果涉及与该行政纠纷关系密切的民事纠纷，一般无权对该民事纠纷一并处理，只能告知当事人另行起诉，作为民事诉讼处理。

2.例外：一并审理民事争议。

（1）行政诉讼一并审理民事争议的适用范围。

在涉及行政许可、登记、征收、征用、裁决的行政诉讼中，当事人申请一并解决相关民事争议的，人民法院可以一并审理。

例如：县政府对于甲乙两村之间就一块土地的争议作出了裁决，认定其归甲村所有，乙村不服提起行政诉讼，经审理法院认定该裁决违反程序，乙村遂要求法院对两村之间的土地争议一并解决。在本案中，法院是否可以在行政诉讼中一并审理相关民事争议？在行政裁决案件中，法院可以一并处理相关民事争议。

（2）行政诉讼一并审理民事争议的排除适用范围。

有下列情形之一的，人民法院应当作出不予准许一并审理民事争议的决定，并告知当事人可以依法通过其他渠道主张权利：

①法律规定该民事争议需要行政机关先行处理的。

②受理违反民事诉讼专属管辖或协议管辖的。

③已经申请仲裁或者提起民事诉讼的。

④其他不宜一并审理的民事争议。

对法院不予准许一并审理的决定，当事人可以申请复议一次。

（3）提出一并解决民事争议的时间。

①原则：一审开庭审理前。

②例外：有正当理由的，在法庭调查中提出。

（4）审理方式。

①原则：民事争议应当单独立案，由同一审判组织审理。

②例外：审理行政机关对民事争议所作裁决的案件，一并审理民事争议的，不另行立案。

（5）适用法律。

一并审理相关民事争议，适用民事法律规范的相关规定，法律另有规定的除外。

（6）裁判方式。

①原则：行政争议和民事争议应当分别裁判。

②例外：行政裁决案件一并解决民事争议的，法院针对行政裁决和民事权利一并作出裁判。即行政裁决案件，合并立案、合并审理、合并裁判。

· 知识拓展 ·

■ 行政裁决案件中，当事人争议的核心是相关民事权利的归属。原告不服被诉行政裁决行为提起行政诉讼，实际上是对争议的民事权利归属提出主张，请求将争议的民事权利判归己方。在此情形下，原告对被诉行政裁决行为提起行政诉讼，其实已经包括一并解决民事争议的诉讼请求，受理行政裁决案件的人民法院，应当对相关民事争议一并作出判决。民事争议原本属于人民法院传统裁判领域，法院享有包括变更权在内的完整司法裁判权。因此，人民法院审理行政裁决案件，依法享有司法变更权，有权直接对争议的民事权利归属作出判决。[参考广西壮族自治区某自治县某镇某村民委员会江管农业经济合作社诉广西壮族自治区某自治县人民政府、某市人民政府及某自治县某镇某村民委员会南林农业经济合作社山林确权行政裁决及行政复议纠纷案，（2019）最高法行再134号]

（7）对上诉的处理。

当事人仅对行政裁判或者民事裁判提出上诉的，未上诉的裁判在上诉期满后即发生法律效力。第一审人民法院应当将全部案卷一并移送第二审人民法院，由行政审判庭审理。第二审人民法院发现未上诉的生效裁判确有错误的，应当按照审判监督程序再审。

【注意】当事人在调解中对民事权益的处分，不能作为审查被诉行政行为合法性的根据；法院认为行政案件的审理需以民事诉讼的裁判为依据的，可以裁定中止行政诉讼。

例如：张某通过房产经纪公司购买王某一套住房并办理了转让登记手续，后王某以房屋买卖合同无效为由，向法院起诉要求撤销登记行为。行政诉讼过程中，王某又以张某为被告就房屋买卖合同的效力提起民事诉讼。那么，本案行政诉讼是否应当先中止审理？应当中止。本题，王某向法院请求撤销房屋转让登记的理由是买卖合同无效。同时，王某提起民事诉讼的诉讼请求是确认房屋买卖合同的效力。据此可见，行政案件的审判须以民事诉讼的裁判结果为依据，在民事诉讼审结之前，行政诉讼应当中止。

（8）诉讼费用收取。

一并审理相关民事争议，按行政案件、民事案件的标准分别收取诉讼费用。

经典考题：甲、乙两村因土地使用权发生争议，县政府裁决使用权归甲村。乙村不服向法院起诉撤销县政府的裁决，并请求法院判定使用权归乙村。关于乙村提出的土地使用权归属请求，下列哪些说法是正确的？（2016年卷二第85题，多选）①

A.除非有正当理由的，乙村应于第一审开庭审理前提出

B.法院作出不予准许决定的，乙村可申请复议一次

C.法院应单独立案

D.法院应另行组成合议庭审理

归纳总结

原则	告知另行提起民事诉讼		
例外	一并审理【可以】	适用前提	①仅限于5个行政行为的诉讼：行政许可、登记、征收、征用、裁决 ②当事人提出一并审理相关民事争议的申请，否则不告不理
		排除适用	①法律规定该民事争议需要行政机关先行处理的 ②受理违反民事诉讼专属管辖或协议管辖的 ③已经申请仲裁或者提起民事诉讼的 ④其他不宜一并审理的民事争议 【备注】对法院不予准许一并审理的决定，当事人可以申请复议一次

① 【答案】AB。公民、法人或者其他组织请求一并审理相关民事争议的，应当在第一审开庭审理前提出；有正当理由的，也可以在法庭调查中提出。A选项正确。法院决定不予一并审理相关民事争议的，当事人对不予准许的决定可以申请复议一次。B选项正确。行政诉讼附带解决民事争议需要单独立案，但行政裁决一并解决民事争议不单独立案。因为行政裁决本身就是针对民事争议作出的有强制力的处理，两者有紧密关系，不需要单独立案。本题属于行政裁决案件，不需要单独立案。C选项错误。法院在行政诉讼中一并审理民事争议的，由同一审判组织审理。D选项错误。

续　表

		提出时间	①原则：一审开庭审理前 ②例外：有正当理由的，在法庭调查中提出
例外	**一并审理** **【可以】**	审理方式	①原则：民事争议应当单独立案，由同一审判组织审理 ②例外：行政裁决案件中一并审理民事争议的，不另行立案
		适用法律	一并审理相关民事争议，适用民事法律规范的相关规定，法律另有规定除外
		裁判方式	行政争议和民事争议应当分别裁判
		撤诉处理	①行政诉讼原告在宣判前申请撤诉的，是否准许由法院裁定 ②法院裁定准许行政诉讼原告撤诉，但其对已经提起的一并审理相关民事争议不撤诉的，法院应当继续审理 【备注】若行政案件已经超过起诉期限，民事案件尚未立案的，告知当事人另行提起民事诉讼；民事案件已经立案的，由原审判组织继续审理
		对上诉的处理	①仅对行政裁判或民事裁判上诉的，未上诉的裁判在上诉期满后即发生法律效力 ②第一审法院应将全部案卷一并移送第二审法院，由行政审判庭全面审理 ③第二审法院发现未上诉的生效裁判确有错误的，按照再审程序审理
		诉讼费用	一并审理相关民事争议，按行政案件、民事案件的标准分别收取诉讼费用
备注			①当事人在调解中对民事权益的处分，不能作为审查被诉行政行为合法性的根据 ②在审理行政案件中发现民事争议为解决行政争议的基础，当事人没有请求法院一并审理相关民事争议的，法院应当告知当事人依法申请一并解决民事争议。当事人就民事争议另行提起民事诉讼并已立案的，法院应当中止行政诉讼的审理

三、撤诉程序

（一）概念

行政诉讼中的撤诉，是指原告或上诉人（或再审原告或原审上诉人）自立案至人民法院作出裁判前，向法院撤回自己的诉讼请求，不再要求人民法院对案件进行审理的行为。

（二）具体制度

行政诉讼的撤诉制度，包括自愿撤诉、不愿撤诉和视为撤诉三个方面。

1.自愿撤诉。

自愿撤诉指的是在被告改变被诉行政行为的基础上，原告自愿撤回起诉，法院裁定准予撤诉，从而息讼结案的制度。2007年底出台的最高人民法院《关于行政诉讼撤诉若干问题的规定》确立了这一制度。其主要过程可以被概括为三个步骤：

（1）改。

被告改变被诉的行政行为，其时间是在法院宣告判决或裁定之前，其方式包括：①被告自愿改变被诉行为；②法院经审查认为被诉行为违法或不当，建议被告改变其行为。

被诉行为的改变，包括以下几种表现形式：

①行政作为的改变，包括：改变被诉行为所认定的主要事实和证据；改变被诉行为所适用的规范依据且对定性产生影响；撤销、部分撤销或变更被诉行为的处理结果。

②行政不作为的改变，包括：被告根据原告的请求依法履行法定职责；履行职责已经没有现实意义时，被告采取了相应的补救、补偿等措施。

③行政裁决行为的改变，包括：直接改变裁决方案；被告书面认可原告与第三人就所裁决民事争议所达成的和解。

（2）撤。

在被告改变被诉行为的情况下，原告基于真实的意思表示自愿撤回了起诉。

（3）裁。

法院裁定准予撤诉。应注意：

①裁定的条件。法院裁定准予撤诉还需要满足以下条件：

第一，被告改变被诉行为不违反法律、法规的禁止性规定，不超越或放弃职权，不损害公共利益和他人合法权益。

第二，被告已经改变或决定改变被诉行为，并书面告知法院。

第三，第三人无异议。

②裁定的时机：被告改变被诉行为，原告申请撤诉，有履行内容且履行完毕的，法院可以裁定准许撤诉；不能即时履行或一次性履行的，法院可以裁定准许撤诉，也可以裁定中止审理。

③裁定的内容：准许撤诉裁定可以载明被告改变被诉行为的主要内容及履行情况，并可以根据具体情况，在裁定理由中明确被诉行为全部或部分不再执行。

上述有关自愿撤诉的规定，既适用于一审，也适用于二审和再审。

2.不愿撤诉。

在行政诉讼审理期间，允许被告改变被诉行政行为。被告改变被诉行政行为的，应当书面告知法院。

在行政诉讼中，被告改变了被诉行为，原告仍不愿撤诉的，应分别按照如下几种情况处理：

（1）原告不撤诉，但也没有对改变后的行为提起诉讼。既然原告没有撤诉，法院就应继续审理。如果经审查发现被诉行为是合法的，应当判决驳回原告的诉讼请求。如果经审查发现被诉行为是违法的，不能判决撤销，因为被诉行为已经被撤销了，再次撤销没有意义，应当判决确认该行为违法。

（2）原告撤回了原来的起诉，却起诉了改变后的行为。此时，只要法院同意原告撤诉，原来的诉讼就不复存在，而代之以一个新的诉讼，法院应当审理改变后的行为并作出判决。

（3）原告既没有撤回原来的起诉，又起诉了改变后的行为。此时，原告先后提起的两个诉讼同时存在，法院应当对这两个诉讼都进行审理并作出判决。

（4）原告起诉行政机关不履行法定职责，而在其起诉后被告已经履行了职责。此时如果原告不撤诉，法院应当继续审查被告行政不作为的合法性并作出判决。

如果经审查发现被告的不作为本来是合法的，应当判决驳回原告诉讼请求；如果经审查发现被告的不作为是违法的，法院应确认被告的不作为违法。

例如：某市某区公安分局认定赵某有嫖娼行为，对其处以拘留15天，罚款3000元。赵某不服申请复议，区政府维持了原处罚决定。赵某提起行政诉讼。在第一审程序中，原处罚机关认定赵某有介绍嫖娼行为，将原处罚决定变更为罚款1000元。赵某对改变后的处罚决定仍不服提起诉讼，且对原处罚决定不予撤诉。本案法院如何处理？原告对原处罚决定不申请撤诉的，法院应当对原处罚决定作出相应判决；同时，法院也要审理改变后的处罚决定并作出相应判决。

归纳总结　★★被告在行政诉讼中改变被诉行政行为的处理

通知义务	被告在一审期间改变被诉行政行为的，应当书面告知法院
不服可诉	原告对改变后的行政行为不服提起诉讼的，法院应当就改变后的行政行为进行审理
对原行为的处理	被告改变原违法行政行为，原告仍要求确认原行政行为违法的，法院作出确认违法判决
先不作为后作为的处理	原告起诉被告不作为，在诉讼中被告作出行政行为，原告不撤诉的，法院应当就不作为作出确认违法判决

3.视为撤诉与缺席判决。

将视为撤诉与缺席判决放在一起介绍，是因为两者的适用条件存在某些相似之处。

（1）视为撤诉。

对于以下情况，法院可按撤诉处理：

①原告或上诉人经合法传唤，无正当理由拒不到庭或未经法庭许可中途退庭的。

②原告或上诉人未按规定期限预交受理费，又不提出缓交、减交、免交申请，或提出申请未获批准的，按自动撤诉处理。

视为撤诉与自愿撤诉的法律效果是相同的，撤诉之后就不得以同一事实和理由重新起诉，如果准予撤诉的裁定确有错误，原告申请再审的，法院应当通过审判监督程序撤销原准予撤诉的裁定，重新对案件进行审理。

下列两种情况，原告在撤诉后仍可以同一事实和理由重新起诉或上诉：

①因诉讼费问题被视为撤诉后，原告或上诉人在法定期限内再次起诉或上诉，并依法解决诉讼费预交问题的。

②上诉人自愿撤诉后，在上诉期限之内又重新上诉的。

例如：甲公司不服市场监督管理局处罚决定向法院提起行政诉讼，法院受理后通知乙公司作为第三人参加诉讼。本案若甲公司经合法传唤无正当理由不到庭，法院是否可以按撤诉处理？可以。

（2）缺席判决。

缺席判决，是与对席判决相对的范畴。指人民法院在开庭审理时，在一方当事人或双方当事人未到庭陈述、辩论的情况下，合议庭经审理所作的判决。

行政诉讼的缺席判决包括两种情况：

①对原告或上诉人的缺席判决。原告或上诉人申请撤诉不被准许后，经合法传唤无正当理由拒不到庭，或未经法庭许可而中途退庭的，法院可以缺席判决。

②对被告的缺席判决。被告无正当理由拒不到庭的，法院可以缺席判决。

缺席判决所产生的法律效果与正常判决完全相同。注意：

①无论是撤诉还是缺席判决，都是针对原告、被告或上诉人来讲的，与第三人无关，第三人经合法传唤无正当理由拒不到庭，或未经法庭许可中途退庭的，不影响案件的审理。

例如：维多在西餐厅用餐期间多次偷瞄保罗的老婆利娅，保罗殴打维多致轻微伤。区公安分局给予保罗拘留7日和罚款300元的处罚。保罗不服，提起行政诉讼。"法院通知维多作为第三人参加诉讼，维多庭审中退庭不影响案件继续审理"，这种说法是否准确？这种说法准确。维多属于人身侵权关系中的受害人，与被诉行政行为有利害关系，享有原告资格。现在保罗起诉，享有原告资格的维多没有起诉，而维多与保罗案件的裁判结果具有利害关系，属于原告型的第三人。在行政诉讼中，第三人出庭往往有利于案件事实的查明，但并不是说第三人出庭是案件事实得以查明的充分且必要条件，案件主要还是由原告和被告推进。因此，第三人经传票传唤无正当理由拒不到庭，或者未经法庭许可中途退庭的，不发生阻止案件审理的效果。

②原告或上诉人申请撤诉不被准许后，经合法传唤无正当理由拒不到庭或未经法庭许可而中途退庭的情况，从字面上看既符合按撤诉处理的条件，又符合缺席判决的条件。但此时法院决不能按撤诉处理，因为当事人已经申请过撤诉而被法院否定了，如果法院最后又将其按撤诉处理，在逻辑上就是前后矛盾的，此时只能缺席判决。

【注意】法院对被告经传票传唤无正当理由拒不到庭，或者未经法庭许可中途退庭的，可以将被告拒不到庭或者中途退庭的情况予以公告，并可以向监察机关或者被告的上一级行政机关提出依法给予其主要负责人或者直接责任人员处分的司法建议。

归纳总结

★★针对原告缺席和中途退庭的处理
①经法院传票传唤，原告无正当理由拒不到庭，可以按照撤诉处理
②原告未经法庭许可中途退庭的，可以按照撤诉处理
③原告申请撤诉，法院裁定不予准许的，原告经传票传唤无正当理由拒不到庭，或未经法庭许可中途退庭的，法院可以缺席判决
④原告未预交案件受理费，又不提出缓交、减交、免交申请，或提出申请未获批准的，按自动撤诉处理

续　表

【备注1】在按撤诉处理后，原告在法定期限内再次起诉或上诉，预交了诉讼费的，法院应予立案
【备注2】法庭辩论终结后原告申请撤诉，法院可以准许，但涉及国家利益和社会公共利益的除外

★针对被告缺席和中途退庭的处理

①经法院合法传唤，被告无正当理由拒不到庭，可以缺席判决

②可以将被告拒不到庭或者中途退庭的情况予以公告

③可以向监察机关或被告的上一级行政机关提出依法给予其主要负责人或直接责任人员处分的司法建议

【备注】第三人经传票传唤无正当理由拒不到庭，或未经法庭许可中途退庭的，不发生阻止案件审理的效果

四、调解制度

1.调解案件范围。

根据《行政诉讼法》的规定，法院审理行政案件，不适用调解。但是，行政赔偿、行政补偿、行政协议以及行政机关行使法律、法规规定的自由裁量权的案件可以调解。

调解应当遵循自愿、合法原则，不得损害国家利益、社会公共利益和他人合法权益。

例如：区卫健委以李某诊疗活动超出登记范围为由，作出罚款3万元的决定。李某不服向法院提起行政诉讼。由于本案属于裁量行政行为案件，法院可以调解结案。

2.调解过程。

原则：调解过程不公开。

例外：当事人同意公开的，调解过程可以公开。

3.调解结果。

调解达成协议的，法院应当制作调解书。

不愿调解、调解未达成协议的，法院应当及时判决。

4.调解书的内容。

调解书应当写明诉讼请求、案件的事实和调解结果。

5.调解书的形式。

调解书由审判人员、书记员署名，加盖法院印章，送达双方当事人。

6.调解书的生效。

调解书经双方当事人签收后，即具有法律效力。

调解书生效日期根据最后收到调解书的当事人签收的日期确定。

7.调解协议是否公开。

原则：调解协议内容不公开。

例外：为保护国家利益、社会公共利益、他人合法权益，法院认为确有必要公开的可公开。

归纳总结 ★★行政诉讼中的调解

可以调解的案件	①行政赔偿案件 ②行政补偿案件 ③行政自由裁量权的案件 ④行政协议案件
调解过程公开与否	【原则】调解过程不公开 【例外】当事人同意公开的，调解过程可以公开
调解结果	①调解达成协议，法院应当制作调解书 ②不愿调解、调解未达成协议的，法院应当及时判决
调解书的内容	调解书应当写明诉讼请求、案件的事实和调解结果
调解书的形式	调解书由审判人员、书记员署名，加盖法院印章，送达双方当事人
调解书的生效	①调解书经双方当事人签收后，即具有法律效力 ②调解书生效日期根据最后收到调解书的当事人签收的日期确定
调解协议是否公开	【原则】调解协议内容不公开 【例外】为保护国家利益、社会公共利益、他人合法权益，法院认为确有必要公开的可公开

五、保全措施

（一）诉中保全措施

1.启动方式。

当事人申请启动：因一方当事人的行为或其他原因，可能使行政行为或法院生效裁判不能或者难以执行的案件，对方当事人向法院提出申请采取保全措施。

法院主动启动：法院在必要时也可以裁定采取保全措施。

2.法院处理。

符合条件的，法院可以裁定对其财产进行保全、责令其作出一定行为或禁止其作出一定行为。

对情况紧急的，法院必须在48小时内作出裁定。

3.救济途径。

当事人对保全的裁定不服的，可以申请复议；复议期间不停止裁定的执行。

4.是否提供担保。

法院采取保全措施，可以责令申请人提供担保。

若法院责令提供担保而申请人不提供担保的，裁定驳回申请。

（二）诉前保全措施

1.适用前提。

因情况紧急，不立即申请保全将会使其合法权益受到难以弥补的损害的。

2.管辖法院。

一般向被保全财产所在地的法院、被申请人住所地的法院或其他对案件有管辖权的法院提交采取诉前保全措施的申请。

3.是否提供担保。

申请人应当提供担保；不提供担保的，裁定驳回申请。

4.法院处理。

（1）法院接受申请后，必须在48小时内作出裁定。

（2）裁定采取保全措施的，应当立即开始执行。

【注意】申请人在法院采取保全措施后30日内不依法提起诉讼的，法院应当解除保全。

5.救济途径。

对保全的裁定不服的，可以申请复议。

复议期间不停止裁定的执行。

6.程序要求。

法院保全财产后，应当立即通知被保全人。

涉及财产的案件，被申请人提供担保的，法院应当裁定解除保全。

归纳总结

★诉中的保全措施	
启动方式	【当事人申请启动】因一方当事人的行为或其他原因，可能使行政行为或法院生效裁判不能或者难以执行的案件，对方当事人向法院提出申请采取保全措施 【法院主动启动】法院在必要时也可以裁定采取保全措施
法院处理	①符合条件的，法院可以裁定对其财产进行保全、责令其作出一定行为或禁止其作出一定行为 ②对情况紧急的，法院必须在48小时内作出裁定
救济途径	①当事人对保全的裁定不服的，可以申请复议 ②复议期间不停止裁定的执行
担保与否	①法院采取保全措施，可以责令申请人提供担保 ②若法院责令提供担保而申请人不提供担保的，裁定驳回申请
★诉前的保全措施	
前提	因情况紧急，不立即申请保全将会使其合法权益受到难以弥补的损害的
管辖法院	①被保全财产所在地的法院 ②被申请人住所地的法院 ③其他对案件有管辖权的法院
担保与否	申请人应当提供担保；不提供担保的，裁定驳回申请
法院处理	①法院接受申请后，必须在48小时内作出裁定 ②裁定采取保全措施的，应当立即开始执行 【注意】申请人在法院采取保全措施后30日内不依法提起诉讼的，法院应当解除保全
救济途径	①对保全的裁定不服的，可以申请复议 ②复议期间不停止裁定的执行
程序要求	①法院保全财产后，应当立即通知被保全人 ②涉及财产的案件，被申请人提供担保的，法院应当裁定解除保全

六、裁定先予执行

（一）适用条件

申请法院裁定先予执行需要同时满足下列条件：

1.诉行政机关没有依法支付抚恤金、最低生活保障金和工伤、医疗社会保险金。

2.权利义务关系明确。

3.不先予执行将严重影响原告生活的。

4.根据原告的申请，法院可以裁定先予执行。

【注意】在行政诉讼中，原告向法院申请裁定先予执行的，不需要提供担保。

（二）救济途径

当事人对先予执行裁定不服的，可以申请复议一次。

复议期间不停止裁定的执行。

经典考题：李某失业后向民政局申领最低生活保障金，民政局经过审查发现李某不符合最低生活保障金的申领条件，作出不予核准的决定。李某不服，提起行政诉讼。在诉讼过程中，李某申请先予执行。下列哪一说法是正确的？（2020年考生回忆版卷一第10题，单选）[①]

A.李某申请先予执行，应当提供担保

B.李某经行政复议后方可申请先予执行

C.如果法院作出先予执行裁定，民政局不服可以申请复议

D.法院应当适用确认判决

[①]【答案】C。法院对起诉行政机关没有依法支付抚恤金、最低生活保障金和工伤、医疗社会保险金的案件，权利义务关系明确、不先予执行将严重影响原告生活的，可以根据原告的申请，裁定先予执行。由于申请先予执行的主体往往是陷入经济困境的人群，基于"法律不强人所难"的精神，《行政诉讼法》没有要求先予执行的申请人必须提供担保。A选项错误。行政给付案件并不属于应当复议前置的案件，李某无须先复议再提起诉讼，可以直接提起行政诉讼。考生需要注意的是，目前，法考涉及复议前置的案件只有三种情况：（1）部分涉及纳税争议的行政行为案件（交不交、谁来交、交多少、怎么算）；（2）行政确权案件中侵犯他人已经取得的自然资源所有权或者使用权的案件；（3）反垄断中禁止或限制经营者集中的行为。B选项错误。本题C选项错误率很高。部分考生没有准确区分司法复议和行政复议，从而丢分。先予执行的案件，当事人对先予执行裁定不服的，可以申请复议一次。复议期间不停止裁定的执行。注意，此处的复议，不是指行政复议，而是司法复议。行政复议，申请主体是行政相对人；司法复议，申请主体既可以是原告，也可以是被告。司法复议是诉讼参与人对法院的决定不服，而寻求法院予以纠正的救济制度。C选项准确。行政诉讼中，法院作出何种判决首先需要判断被诉行政行为是否合法。本题，题干并没有交代民政局拒绝向李某提供最低生活保障金的行为是否合法的信息，故法院应当作出何种判决不能妄下结论。若民政局的行为合法，则判决驳回原告的诉讼请求；若民政局的行为违法，履行还有意义的，作出给付判决；履行没有意义的（若李某死亡），则作出确认违法判决。D选项错误。

归纳总结　★★**行政诉讼中的裁定先予执行**

条件	①诉行政机关没有依法支付抚恤金、最低生活保障金和工伤、医疗社会保险金 ②权利义务关系明确 ③不先予执行将严重影响原告生活的 ④根据原告的申请，可以裁定先予执行
救济	当事人对先予执行裁定不服的，可以申请复议一次。复议期间不停止裁定的执行

七、对其他事项的处理

（一）对刑事犯罪的处理

法院在审理行政案件时，认为其中存在犯罪行为的，应当（立即）将有关材料移送公安机关、监察机关、检察机关处理。

【注意】不是等到行政诉讼案件审结了再移送有关犯罪材料给公安机关、监察机关、检察机关，因为这样的话犯罪嫌疑人可能会毁灭证据、逃跑、串供、自杀。

例如：区市场监督管理局以涉嫌虚假宣传为由扣押了王某财产，王某不服诉至法院。在此案的审理过程中，法院发现王某涉嫌受贿犯罪需追究刑事责任。法院应如何处理？法院应当继续审理，同时将有关材料移送有管辖权的司法机关处理。

（二）对行政违纪行为的处理

人民法院在审理行政案件中，认为行政机关的主管人员、直接责任人员违法违纪的，应当将有关材料移送监察机关、该行政机关或者其上一级行政机关。

（三）诉讼期间对行政行为的处理

原则：诉讼期间，不停止行政行为的执行。

例外：有下列情形之一的，裁定停止执行：（1）被告认为需要停止执行的；（2）原告或者利害关系人申请停止执行，法院认为该行政行为的执行会造成难以弥补的损失，并且停止执行不损害国家利益、社会公共利益的；（3）法院认为该行政行为的执行会给国家利益、社会公共利益造成重大损害的。法律、法规规定停止执行的当事人对停止执行或者不停止执行的裁定不服的，可以申请复议一次。

归纳总结　★**行政诉讼中对其他事项的处理**

违法违纪	将有关材料，移送监察机关、该行政机关或其上一级行政机关
刑事犯罪	将有关材料，（立即）移送公安机关、检察机关处理。 【注意】移送行为不影响行政案件审理
诉讼期间对行政行为的处理	【原则】诉讼期间，不停止行政行为的执行 【例外】有下列情形之一的，裁定停止执行： ①被告认为需要停止执行的 ②原告或者利害关系人申请停止执行，法院认为该行政行为的执行会造成难以弥补的损失，并且停止执行不损害国家利益、社会公共利益的 ③法院认为该行政行为的执行会给国家利益、社会公共利益造成重大损害的 ④法律、法规规定停止执行的 【备注】当事人对停止执行或者不停止执行的裁定不服的，可以申请复议一次

专题十五

行政诉讼的证据与法律适用

命题点拨

"

（一）主要内容

本专题的主要内容包括：（1）行政诉讼的证据：证据种类；举证、取证、质证、认证；当事人或者执法人员到庭制度；原告或者第三人申请法院责令被告提交证据制度；（2）法律适用。

（二）命题规律

本专题的内容在法考客观题中并不作重点考查。所占分值在1分左右。复习方法上，重点把握历年真题即可。在主观题中，则可能有一小问。

（三）重点难点

本专题的重点难点包括：（1）书证、物证、电子数据、证人证言、勘验笔录、现场笔录的区别；（2）被告的举证责任；（3）原告的举证责任；（4）被告的举证期限。

知识体系图

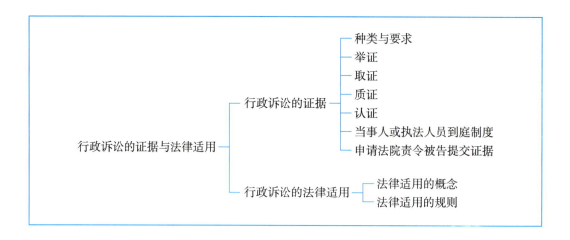

第一节　行政诉讼的证据

·考情分析·

■ 本节知识点要求考生重点掌握行政诉讼的证据形式、举证责任、举证期限，了解行政诉讼的取证、质证、认证。在客观题考试中，本节知识点每年必考一个选项。主要考查书证、电子数据、勘验笔录、现场笔录等证据形式的识别，举证责任的分配，被告的举证期限。

■ 本节易错和高频考点是：

（1）电子数据证据是指经电子计算机或类电脑等信息化设备以电子形式生成，并且可存在于硬盘、磁盘、光盘、闪存等存储载体或介质，能够证明案件事实的电子数据资料。电子数据证据形式多样，常见的主要有：①网页、博客、微博客、朋友圈、贴吧、网盘等网络平台发布的信息；②手机短信、电子邮件、即时通信（微信、QQ、钉钉群等聊天记录）、通讯群组等网络应用服务的通信信息；③电子监控设备记录、用户注册信息、身份认证信息、电子交易记录、通信记录、登录日志等信息；④文档、图片、音视频、数字证书、计算机程序等电子文件。

（2）被告的举证期限：在收到起诉状副本15日内，提供证据和所依据的规范性文件。

（3）对于案情比较复杂或者证据数量较多的案件，法院可以组织当事人在开庭前向对方出示或者交换证据。注意：对于案情比较复杂或者证据数量较多的案件，法院是"可以"，不是"应当"组织庭前交换证据！

（4）涉及国家秘密、商业秘密、个人隐私或其他应保密的证据，不得在开庭时公开质证，而不是不质证。

（5）法院依职权调取的证据不质证，可由法庭进行说明并听取当事人意见。

（6）证人的交通、住宿、就餐等必要费用以及误工损失，由败诉一方当事人承担。

■ 在主观题考试中，需要掌握行政诉讼证据种类中的书证、电子数据、勘验笔录、现场笔录，举证责任的分配以及举证期限。

一、行政诉讼证据种类与要求

（一）书证

书证是指以文字、符号、图案等形式记载的，能够表达人的思想和行为的，能证明案件事实的物品。

当事人向人民法院提供书证的，应当符合下列要求：

1.提供书证的原件，原本、正本和副本均属于书证的原件。提供原件确有困难的，可以提供与原件核对无误的复印件、照片、节录本。

2.提供由有关部门保管的书证原件的复制件、影印件或者抄录件的，应当注明出处，经该部门核对无异后加盖其印章。

3.提供报表、图纸、会计账册、专业技术资料、科技文献等书证的，应当附有说明材料。

4.被告提供的被诉行政行为所依据的询问、陈述、谈话类笔录，应当有行政执法人员、被询问人、陈述人、谈话人签名或者盖章。

【注意】行政机关执法人员对现场进行拍照的照片属于书证，不是物证。对现场进行拍照的目的在于保留案发现场的状况，通过照片记载呈现的现场状况来证明案件事实，属于书证。

（二）物证

物证是指以其物质属性、外部特征、存在状况、空间方位等来证明案件事实的物品和痕迹。

物证和书证的区别在于，物证以其物质属性和外观特征来证明案件事实，书证以其内容来证明案件事实。

当事人向法院提供物证的，应当符合下列要求：

1.提供原物。提供原物确有困难的，可以提供与原物核对无误的复制件或者证明该物证的照片、录像等其他证据。

2.原物为数量较多的种类物的，提供其中的一部分。

（三）视听资料

视听资料是指以录音、录像等设备所存储的信息证明案件真实情况的资料。

当事人向人民法院提供视听资料的，应当符合下列要求：

1.提供有关资料的原始载体。提供原始载体确有困难的，可以提供复制件。

2.注明制作方法、制作时间、制作人和证明对象等。

3.声音资料应当附有该声音内容的文字记录。

（四）电子数据

电子数据是指经电子计算机或类电脑等信息化设备以电子形式生成，并且可存在于硬盘、磁盘、光盘、闪存等存储载体或介质，能够证明案件事实的电子数据资料。

电子数据形式多样，常见的主要有：

1.网页、博客、微博客、朋友圈、贴吧、网盘等网络平台发布的信息。

2.手机短信、电子邮件、即时通信（微信、QQ、钉钉、微博等聊天记录）、通讯群组等网络应用服务的通信信息。

3.电子监控设备记录信息、用户注册信息、身份认证信息、电子交易记录、电子邮件通信记录、登录日志等信息。

例如：2021年4月，某省市场监督管理局认定某公司构成"没有正当理由，限定交易相对人只能与其进行交易"的滥用市场支配地位行为，作出责令停止违法行为和罚款

1000万元的决定，同时，制作《行政指导书》，劝诫其从严落实平台企业主体责任、加强内控合规管理，依法合规经营。该公司不服，提起行政诉讼。某省市场监督管理局向法院提交了该公司内部钉钉群聊天记录、电子邮件等证据。本案钉钉群聊天记录、电子邮件属于证据种类中的电子数据。

（五）证人证言

证人证言是指了解案件有关情况的非本案诉讼当事人对待证案件事实的陈述。

当事人向人民法院提供证人证言的，应当符合下列要求：

1.写明证人的姓名、年龄、性别、职业、住址等基本情况。

2.有证人的签名；不能签名的，应当以盖章等方式证明。

3.注明出具日期。

4.附有居民身份证复印件等证明证人身份的文件。

（六）当事人的陈述

当事人陈述是指原告、被告、第三人就自己所经历的案件事实，向法院所作的叙述、承认和陈词。

（七）鉴定意见

鉴定意见是指接受法院的指派或者聘请或者当事人聘请的鉴定人运用自己的专业知识和技能，根据案件事实材料，对需要鉴定的专门性问题进行分析、鉴别和判断之后得出的专业意见。

被告向法院提供的在行政程序中采用的鉴定意见，应当载明委托人和委托鉴定的事项、向鉴定部门提交的相关材料、鉴定的依据和使用的科学技术手段、鉴定部门和鉴定人鉴定资格的说明，并应有鉴定人的签名和鉴定部门的盖章。通过分析获得的鉴定意见，应当说明分析过程。

（八）勘验笔录

勘验笔录是指行政机关或者法院对有关案件事实的现场或者物品进行就地检验、测量、勘查和分析所作的书面记录。

法院可以依当事人申请或者依职权勘验现场。勘验现场时，勘验人必须出示法院的证件，并邀请当地基层组织或者当事人所在单位派人参加。当事人或其成年亲属应当到场，拒不到场的，不影响勘验的进行，但应当在勘验笔录中说明情况。审判人员应当制作勘验笔录，记载勘验的时间、地点、勘验人、在场人、勘验的经过和结果，由勘验人、当事人、在场人签名。勘验现场时绘制的现场图，应当注明绘制的时间、方位、绘制人姓名和身份等内容。

（九）现场笔录

现场笔录是指行政机关工作人员在执行职务过程中对有关执法活动的现场情况所作的书面记录。

勘验笔录和现场笔录的区别有：（1）制作主体不同。勘验笔录由行政机关或者法院制作；现场笔录是由行政机关制作。（2）内容不同。勘验笔录是对一些物品和场所进行勘测后所作的记录，不包括当事人和证人的询问情况，反映的更多是静态的客观情况；现场笔录是对现场当时的情况所作的记录，反映的更多是动态的事实情况。

被告向法院提供的现场笔录，应当载明时间、地点和事件等内容，并由执法人员和当事人签名。当事人拒绝签名或者不能签名的，应当注明原因。有其他人在现场的，可由其他人签名。法律、法规和规章对现场笔录的制作形式另有规定的，从其规定。

归纳总结 现场笔录与勘验笔录的区别

区别标准	勘验笔录	现场笔录
制作主体	由行政机关或者法院制作	由行政机关制作
制作内容	对一些物品和场所进行勘测后所作的记录，反映的更多是静态的客观情况	对执法活动现场当时的情况所作的记录，反映的更多是动态的事实情况

经典考题：县生态环境局现场检查发现某公司涉嫌超标排放废水，取样后委托市环境监测中心站检测。县生态环境局随后依据检测报告、现场拍摄的视频以及证人证言对该公司罚款30万元。该公司不服，提起行政诉讼。县生态环境局提交了上述证据。下列选项哪些是正确的？（2020年考生回忆版卷一第14题，多选）①

A. 如果依法应当对该公司进行行政处罚，县生态环境局不给予处罚的，市生态环境局可以直接作出处罚决定

B. 证人证言应附有证明证人身份的文件

C. 提交的视频资料应注明制作方法、制作人、制作时间和证明对象等

D. 检测报告是现场笔录

---

① 【答案】BC。合法行政原则要求"法有授权才可为，法无授权即禁止"。行政案件由哪一个行政机关调查和作出处罚，需要遵循地域管辖和级别管辖的规则。地域管辖规则解决横向行政机关之间的职权分配；级别管辖规则解决纵向行政机关之间的职权分配。从级别管辖规则来看，下级行政机关不得超越上级行政机关的职权作出处罚决定，上级行政机关也不可以直接越过下级行政机关作出处罚决定。否则，行政案件的管辖秩序就会一片混乱，导致"一事不再罚"的规则被破坏。A选项错误。证人证言需要附有居民身份证复印件等证明证人身份的文件，是为了锁定具体是"谁"提供了证人证言，因为在中国同名同姓的情况并不罕见。法院只有在明确了"谁"提供了证人证言之后才能有效认定该份证人证言的效力以及作伪证时法律后果的承担主体。B选项准确。当事人向法院提供视听资料的，应当注明制作方法、制作时间、制作人和证明对象等。从法理上解释，为了保证录音录像等视听资料的真实性和关联性，需要向法院交代清楚制作方法、制作时间和证明对象等问题。例如：当事人向法院提供的视听资料中讲的是闽南话，一个东北的法官恐怕很难听得懂，因此要向法院注明制作方法、制作时间、证明对象、文字记录等。C选项正确。现场笔录是指行政机关工作人员在履行行政职权过程中对有关执法活动的现场情况所作的书面记录。现场笔录应当遵循法定程序，应当是"现场"制作的，不能事后补作。本题，市环境监测中心站出具检测报告，一不是行政机关制作的，二不是现场执法时制作的，故不属于现场笔录。D选项错误。

归纳总结

★★行政诉讼的证据种类（9种）	
书证	是指以文字、符号、图案等形式记载的，能够表达人的思想和行为，能证明案件事实的物品
物证	是指以其物质属性、外部特征、存在状况、空间方位等来证明案件事实的物品和痕迹
视听资料	是指以录音、录像等设备存储的信息证明案件真实情况的资料
电子数据	是指以电子形态储存在U盘、光盘、硬盘、云盘等电子介质中能够证明案件事实的数据信息
证人证言	是指了解案件有关情况的非本案诉讼参加人关于案件事实的陈述
当事人的陈述	是指原告、被告、第三人就自己所经历的案件事实，向法院所作的叙述、承认和陈词
鉴定意见	是指接受法院指派、聘请或者当事人聘请的鉴定人运用自己的专业知识和技能，根据案件事实材料，对需要鉴定的专门性问题进行分析、鉴别和判断之后得出的专业意见
勘验笔录	是指行政机关或法院对有关案件事实的现场、物品进行就地检验、测量、勘查和分析所作的书面记录
现场笔录	是指行政机关工作人员在执行职务过程中对有关执法活动的现场情况所作的书面记录

★★行政诉讼中向法院提供证据的要求	
书证	①提供书证的原件，原本、正本和副本均属于书证的原件。提供原件确有困难的，可以提供与原件核对无误的复印件、照片、节录本 ②提供由有关部门保管的书证原件的复制件、影印件或者抄录件的，应当注明出处，经该部门核对无异后加盖其印章 ③提供报表、图纸、会计账册、专业技术资料、科技文献等书证的，应当附有说明材料
物证	①提供原物。提供原物确有困难的，可以提供与原物核对无误的复制件或者证明该物证的照片、录像等其他证据 ②原物为数量较多的种类物的，提供其中的一部分
视听资料	①提供有关资料的原始载体。提供原始载体确有困难的，可以提供复制件 ②注明制作方法、制作时间、制作人和证明对象等 ③声音资料应当附有该声音内容的文字记录
证人证言	①写明证人的姓名、年龄、性别、职业、住址等基本情况 ②有证人的签名；不能签名的，应当以盖章等方式证明 ③注明出具日期 ④附有居民身份证复印件等证明证人身份的文件

续　表

★★行政诉讼中向法院提供证据的要求	
鉴定意见	①应当载明委托人和委托鉴定的事项、向鉴定部门提交的相关材料、鉴定的依据和使用的科学技术手段、鉴定部门和鉴定人鉴定资格的说明 ②应有鉴定人的签名和鉴定部门的盖章 ③通过分析获得的鉴定意见，应当说明分析过程
现场笔录	①应当载明时间、地点和事件等内容，并由执法人员和当事人签名 ②当事人拒绝签名或者不能签名的，应当注明原因 ③有其他人在现场的，可由其他人签名

二、举证

（一）举证责任的分配

举证责任是指承担举证责任的当事人应当举出证据证明自己的主张是成立的，否则将承担败诉的不利后果。举证责任的分配是法律按照一定的标准，规定应当由哪一方当事人对诉讼中的相关事实提供证据加以证明，否则就应承担败诉后果的问题。行政诉讼因其性质的特殊性，在举证责任的分配方面也体现出独特性。

1.被告的举证责任。

被告对其作出的行政行为负有举证责任，应当提供作出该行为的证据和所依据的规范性文件。

被告不提供或者无正当理由逾期提供证据，视为没有相应证据。但是，被诉行政行为涉及第三人合法权益，第三人提供证据的除外。

【注意】《行政诉讼法》第34条规定"被诉行政行为涉及第三人合法权益，第三人提供证据的除外"，是因为在行政行为涉及第三人合法权益的情况下，简单地适用被告单方举证规则，则有可能将不利后果转嫁于第三人，而第三人的合法权益则可能因行政机关怠于举证遭至不利影响。有鉴于此，《行政诉讼法》第39条规定："人民法院有权要求当事人提供或者补充证据。"该规定肯定了人民法院对于涉及国家利益、公共利益或者他人合法权益的事实，有权责令当事人提供或者补充有关证据；而对于当事人主动提供或补充的涉及国家利益、公共利益或者他人合法权益的事实的证据，人民法院根据证据"三性"原则予以审查认定，应在上述职权的合理范围之内。［参见余某诉被申请人江西省某市人民政府行政复议决定纠纷案，（2019）最高法行申8620号］

2.原告的举证责任。

（1）原告起诉时的初步证明责任。

公民、法人或其他组织向法院起诉的，应当提供其符合起诉条件的相应证据材料。

行政诉讼的起诉条件包括：

①原告是认为行政行为侵犯其合法权益的公民、法人或其他组织；

②有明确的被告；

③有具体的诉讼请求和事实根据；

④属于法院受案范围和受诉法院管辖。

例如：市城管执法局委托镇政府负责对一风景区域进行城管执法。镇政府接到举报并经现场勘验，认定刘某擅自建房并组织强制拆除。刘某父亲和嫂子称房屋系二人共建，拆除行为侵犯合法权益，向法院起诉，法院予以受理。关于此案，举证责任如何分配？被告应当提供证据和依据证明有拆除房屋的决定权和强制执行的权力；原告刘某父亲和嫂子应当提供证据证明房屋为二人共建或与拆除行为有利害关系。

（2）原告起诉不履行法定职责的申请证明责任。

在起诉被告没有履行法定职责的案件中，原则上，原告应提供其在行政程序中曾经提出申请的证据。如此规定是由人们认识事物、证明事物的基本规律所决定的，法律不可能要求被告去证明原告没有向自己申请过履行职责。但是，被告应当依职权主动履行法定职责的，或原告因被告受理申请的登记制度不完备等正当事由不能提供证据的情形例外。

例1：当事人向市场监督管理局申请营业执照，市场监督管理局不予办理。问题：当事人起诉市场监督管理局不予办理营业执照的行为，是否需要承担申请证明责任？答案：原告必须证明其曾向市场监督管理局提出过申请。此时，原告赖以证明其申请行为的证据主要就是市场监督管理局的申请登记册，但如果市场监督管理局并未设立此类登记制度导致原告无法举证，就免除原告的举证责任。

例2：因交通建设公共利益需要，甲区政府在某铁路联络线工程甲区段范围内实施征收工作，未将征收决定及征收补偿方案进行公告，即组织实施了对案涉国有的土地征收、拆除等行为。某服装厂所属房屋系国有土地上房屋，位于征收红线范围内，不服区政府未依法公告征收决定及征收补偿方案的行为，向法院提起行政诉讼。该服装厂是否需要承担其已向区政府提出履行公告法定职责申请的证明责任？不需要。《国有土地上房屋征收与补偿条例》第13条第1款规定，市、县级人民政府作出房屋征收决定后应当及时公告，公告应当载明征收补偿方案和行政复议、行政诉讼等事项。根据上述规定，市、县级人民政府在国有土地上房屋征收过程中，具有依法主动公告征收决定及补偿方案的法定职责。被征收人就市、县级人民政府不履行征收公告法定职责提起诉讼，无须承担其已向市、县级人民政府提出履行法定职责申请的证明责任，可以直接起诉。[参见某服装厂诉被申请人广东省某市某区人民政府不履行征收公告法定职责纠纷案，（2019）最高法行申3804号。]

（3）提出赔偿请求的损害证明责任。

当原告提出行政赔偿的诉讼请求时，应当对被诉行政行为造成损害的事实提供证据。但是，因被告的原因导致原告无法举证的，由被告承担举证责任。对于各方主张损失的价值无法认定的，由负有举证责任的一方当事人申请鉴定，但依法规定行政机关在作出行政行为时依法应当评估或者鉴定的除外。负有举证责任的当事人拒绝申请鉴定的，由其承担不利的法律后果。当事人的损失因客观原因无法鉴定的，法院应当结合当事人的主张和在案证据，遵循法官职业道德，运用逻辑推理和生活经验、生活常识等，酌情确定赔偿数额。

· 知识拓展 ·

■ 行政机关在违法强制拆除过程中没有对当事人被拆除房屋内的物品进行清点登记造册，也未妥善保管和依法处理，导致当事人对屋内物品损失的具体数额无法举证，其仅能提供现场照片及物品损失清单，但也属已穷尽举证手段证明损失的存在，举证不能的法律后果应由行政机关承担。也即被告违反法定程序、越权强制拆除原告的房屋，导致原告无法举证证明屋内物品损失，为此，依法应当免除原告对行政赔偿损失事实的举证责任。但是，对于超出正常生活消费水平的贵重稀有物品，原告仍负有举证责任。此种情况下人民法院应根据案件实际情况，运用逻辑推理和生活经验，结合当事人的诉讼请求，合理酌定其实际损失，判决行政机关承担相应的赔偿责任。

（4）对新主张事实的证明责任。

如果原告在诉讼程序中，提出了被告在行政程序中并未作为行政行为的依据、但与被诉行政行为密切相关的事实，也应当由自己提供证据。原告提出这种事实是完全可能的，这些事实是被告在作出行政行为时并不知晓或虽然知晓但未予考虑的，而如果被告当时就知晓或考虑了这些事实，就可能影响其行政行为作出的结果。因此，这些事实到了诉讼中就可能对行政行为的合法性产生影响，由于被告对这些事实原先并不知情，就应当由提出这个事实的原告来证明。

例如：某出租车司机对超速行驶被交警处以罚款不服提起了行政诉讼。在诉讼中原告说自己超速是因为车上有一个临产的孕妇，为了将孕妇尽快送到医院才超速。那么，对于"将孕妇尽快送到医院"这个事实原告是否负有举证责任？"为了将孕妇尽快送到医院才超速"这个事实就是新事实，因为在行政处罚程序中，交警并不知晓这一事实，出租车司机也没有告诉交警这一事实。如果当事交警知道这一情况，就很可能不会对其加以处罚了。因此，原告在诉讼中提出这样的事实，当然应由自己来证明它的存在，而不是由被告来证明的它的不存在。

上述事项均属原告应当举证的事项，对此原告不能举证的，将承担相应的不利后果，如案件被驳回起诉，或者其主张的事实不被认可等。除承担上述举证责任之外，原告还可以提供证据，用于证明被诉行政行为的违法性，这是其行使举证权利的表现。当然，原告对此提供的证据不成立的，并不免除被告对被诉行政行为合法性的举证责任。

3.第三人的举证责任。

原则上，第三人不承担举证责任，但有权举证和申请法院取证。

归纳总结　**行政诉讼举证责任的分配**

被告	应当提供作出该行政行为的证据和所依据的规范性文件
原告	①初步证明责任：应当提供其符合起诉条件的相应的证据材料 ②申请证明责任：诉不履行法定职责的案件，应当提供其曾经提出申请的证据材料 例外：被告应主动履行或原告因正当理由不能提供的 ③损害证明责任：原则上原告对造成的损害提供证据 例外：因被告的原因导致原告无法举证的，由被告承担举证责任
第三人	原则上不承担举证责任，但有权举证和申请法院取证

（二）举证期限

举证期限要求当事人在一定时限之内提出证据，否则将承担不利后果。举证期限总的来讲有一个原则，就是对被告的要求更严格。对此主要掌握几点：

1.举证期限的一般要求。

（1）被告的举证期限。

原则上，被告应当在收到起诉状副本之日起15日内，提供据以作出被诉行政行为的全部证据和所依据的规范性文件。被告不提供，或者无正当理由逾期提供的，视为被诉行政行为没有相应的证据。此时被告很可能将遭遇败诉的不利后果。但是，根据《行政诉讼法》的规定，被诉行政行为涉及第三人合法权益，第三人提供证据的除外。

被告在作出行政行为时已经收集了证据，但因不可抗力或者客观上不能控制的其他正当事由不能提供的，经人民法院准许，可以延期提供。

·知识拓展·

■ 并非只要被告超过举证期限，就必然产生视为被诉行政行为没有证据的法律后果。对于被告因不可抗力或者客观上不能控制的其他正当事由，不能在规定的期限内提供证据的，人民法院应当依法准许被告逾期举证；对于案件涉及国家利益、公共利益或者他人合法权益的事实认定，或者涉及依职权追加当事人、中止诉讼、终结诉讼、回避等程序性事项的，即便被告逾期举证不存在"不可抗力或者客观上不能控制的其他正当事由"，人民法院为了查清事实，仍然可以依职权向包括被告行政机关在内的人员调查取证。设定被告举证期限，目的是为了督促被告及时履行举证义务，防止被告在法庭上搞证据突袭，影响原告质证和辩论权利的公平行使，从而更加有利于查明案件的事实真相。行政诉讼中，对于被告逾期举证的，人民法院必须查明是否存在被告因不可抗力或者客观上不能控制的其他正当事由逾期举证的情形。即便是因行政机关工作人员的故意或重大过失导致被告逾期举证，如果案件涉及国家利益、公共利益或者他人合法权益的事实认定，或者涉及依职权追加当事人、中止诉讼、终结诉讼、回避等程序性事项，人民法院也应当依法向被告行政机关或者其他知情人员调取证据，从而查明案件事实。[参见海南某实业开发有限公司诉某市人民政府、某省人民政府土地行政处罚及行政复议纠纷案，（2019）最高法行申7705号]

（2）原告和第三人的举证期限。

原告和第三人原则上应当在开庭审理前或法院指定的交换证据之日提供证据。原告和第三人逾期提供证据的，视为放弃举证权利。但视为放弃举证权利并不当然导致原告或第三人败诉，因为在原告或第三人不能证明被诉行政行为违法时，也不免除被告证明其行政行为合法性的责任。如果原告和第三人不能证明被诉行政行为违法，而被告同时也不能证明其合法的话，由于这一部分的举证责任已经分配给了被告，法院仍应认定被诉行政行为是违法的。

需要进一步把握的是，行政诉讼中的举证期限，不仅仅是提供证据的时间要求，同时也是许多其他诉讼活动的时间要求。当事人申请法院调取证据、保全证据、申请证人出庭、申请重新鉴定、申请重新勘验，都应当在举证期限之内提出。

2.补充举证问题。

对于被告而言，其因不可抗力或客观上不能控制的其他正当事由，不能在收到起诉状副本之日起15日内提供证据的，应当在此举证期限内向法院提出延期举证的书面申请。如法院准许其延期举证的，被告应当在正当事由消除后15日内提供证据。对于原告和第三人而言，因正当事由申请延期举证的，经法院准许可以在法庭调查阶段中提供。

当原告或第三人提出其在行政程序中没有提出的反驳理由或证据时，被告经法院准许可以在一审补充相应的证据。因为此时原告或第三人补充的这些证据是被告在行政程序中并不知道的，现在原告或第三人提出了这些事情，法院也准许了，就必须也给被告一个补充证据的机会，才能平衡。如果被告没有这种补充举证的权利，就给原告在诉讼中搞"突然袭击"创造了条件，原告很可能在行政程序中已经掌握了对自己有利的事实，就是不提出来，等着行政诉讼的时候再抛出来，搞得被告手足无措。这样做对被告很不公平，必须给被告一个补充举证的机会。

3.二审补充举证问题。

在二审阶段再补充举证，原则上是不被准许的，但也存在例外。

被告在二审中向法庭提交在一审中所没有提交的证据，原则上不能作为二审法院撤销或变更一审裁判的根据。但如果被告在二审中提出的证据是它在一审中应当被准予延期提供而未获准许的证据，则法庭经过质证之后仍可能将其采纳。

原告或第三人，尽管其在一审中无正当事由未提供而在二审中提供的证据，法院原则上也是不予采纳，但其例外要多一些。如果这些证据是原告或第三人在一审中应当准予延期提供而未获准许的证据；或是他们在一审中依法申请调取而未获准许或者未取得，但法院在二审中调取的证据；甚至是他们在举证期限届满后新发现的证据，经过法庭质证之后仍可以被采用。

行政诉讼中的补充举证，原则上都是当事人自愿、主动补充的。只有在极其特殊的情况下，法院才有权要求当事人提供或补充证据。这些证据所证明的，主要是当事人之间虽无争议，但涉及国家利益、公共利益或他人合法权益的事实。

（三）延期举证

1.被告延期举证。

被告申请延期提供证据的，应当在收到起诉状副本之日起15日内以书面方式提出。

法院准许延期提供的，被告应当在正当事由消除后15日内提供证据。逾期提供的，视为没有相应的证据。

2.原告或者第三人延期举证。

因正当事由申请延期提供证据的，经法院准许，可以在法庭调查中提供。

逾期提供证据的，法院应当责令其说明理由；拒不说明理由或者理由不成立的，视为放弃举证权利。

（四）延长举证期限

申请延长举证期限，应当在举证期限届满前向法院书面提出申请。

申请理由成立的，应当准许，适当延长举证期限，并通知其他当事人；申请理由不成立的，法院不予准许，并通知申请人。

归纳总结

		★★★举证
举证责任	被告	应当提供作出该行政行为的证据和所依据的规范性文件
	原告	①初步证明责任：应当提供其符合起诉条件的相应的证据材料 ②申请证明责任：诉不履行法定职责的案件，应当提供其曾经提出申请的证据材料 例外：被告应主动履行或原告因正当理由不能提供的 ③损害证明责任：原则上原告对造成的损害提供证据 例外：因被告的原因导致原告无法举证的，由被告承担举证责任
	第三人	不承担举证责任，但有权举证和申请法院取证
举证期限	被告	原则：在收到起诉状副本15日内，提供证据和所依据的规范性文件，否则败诉 例外：被诉行政行为涉及第三人合法权益，第三人提供证据的除外 【备注】 ①在诉讼过程中，被告及其诉讼代理人不得自行向原告、第三人和证人收集证据 ②原告或者第三人提出了其在行政处理程序中没有提出的理由或者证据的，经法院准许，被告可以补充证据
	原告、第三人	①在开庭审理前或者交换证据之日提供证据，否则视为放弃举证但未必导致败诉 ②原告或者第三人在第一审程序中无正当事由未提供而在第二程序中提供的证据，法院不予接纳

续　表

★★★举证		
延期举证	被告	①被告申请延期提供证据的，应当在举证期限内以书面方式提出 ②法院准许延期提供的，被告应当在正当事由消除后15日内提供证据。逾期提供的，视为没有相应的证据
	原告、第三人	①因正当事由申请延期提供证据的，经法院准许，可以在法庭调查中提供 ②逾期提供证据的，法院应当责令其说明理由；拒不说明理由或者理由不成立的，视为放弃举证权利
延长举证	申请时间	申请延长举证期限，应当在举证期限届满前向法院提出
	申请方式	书面申请
	申请处理	申请理由成立的，应当准许，适当延长举证期限，并通知其他当事人；申请理由不成立的，法院不予准许，并通知申请人
庭前交换证据	前提	对于案情比较复杂或者证据数量较多的案件，法院可以组织当事人在开庭前向对方出示或者交换证据，并将交换证据清单的情况记录在卷
	效力	当事人在庭前证据交换过程中没有争议并记录在卷的证据，经审判人员在庭审中说明后，可以作为认定案件事实的依据

★★★行政赔偿、行政补偿案件中损害事实的举证责任分配	
原则	在行政赔偿、行政补偿诉讼中，原告应当对造成的损害提供证据
例外	因被告的原因导致原告就损害情况无法举证的，由被告承担举证责任
备注	①对于各方主张损失的价值无法认定的，由负有举证责任的一方当事人申请鉴定，但依法规定行政机关在作出行政行为时依法应当评估或者鉴定的除外 ②负有举证责任的当事人拒绝申请鉴定的，由其承担不利的法律后果 ③当事人的损失因客观原因无法鉴定的，法院应当结合当事人的主张和在案证据，遵循法官职业道德，运用逻辑推理和生活经验、生活常识等，酌情确定赔偿数额

三、取证

行政诉讼证据在一般情况下，应当由当事人自己提供，法院调取证据的权限应当受到严格限制。法院对证据的调取，分为依职权取证与依申请取证。

（一）依职权取证

人民法院有权向有关行政机关以及其他组织、公民调取证据。但是，不得为证明行政行为的合法性调取被告作出行政行为时未收集的证据。人民法院依职权调取证据，主要适用于两种情况：

1.被调取的证据所证明的事实涉及国家利益、公共利益或他人合法权益的。

2.被调取的证据所证明的是程序性事项的。

所谓程序性事项，是指依职权追加当事人、中止诉讼、终结诉讼、回避等问题，这些事项本身并不直接决定被诉行政行为的合法性，但关系到诉讼进程本身。

《最高人民法院关于行政诉讼证据若干问题的规定》严格限制了法院依职权调取证据的范围，总的来讲，对于直接影响诉讼当事人之间权利义务关系的证据，法院是不能依职权调取的。特别是：法院不得为证明行政行为的合法性调取被告作出行政行为时未收集的证据。

（二）依申请取证

在行政诉讼中，法院可以依原告或第三人的申请取证。原告或者第三人不能自行收集的，可以申请人民法院调取的证据包括：

1.由国家机关保存而须由人民法院调取的证据。

2.涉及国家秘密、商业秘密和个人隐私的证据。

3.确因客观原因不能自行收集的其他证据。

归纳总结　★取证

主动调取	有权向有关行政机关以及其他组织、公民调取证据。但是，不得为证明行政行为的合法性调取被告作出行政行为时未收集的证据
申请调取	【前提】原告或第三人不能自行收集、提供确切线索时，可以向法院调取如下证据： ①由国家有关部门保存须由法院调取的证据 ②涉及国家秘密、商业秘密、个人隐私的证据

四、质证

质证是当事人在法官的主持下，围绕证据的真实性、关联性、合法性与证明力的有无、证明力的大小等问题展开的对质、辨认活动，是对行政诉讼证据加以全面审查的关键环节。

（一）质证的对象

质证对象的确定分三种情况：

1.一般情况下的质证对象。

原则上所有证据都应当在法庭上出示并经庭审质证。未经庭审质证的证据不能作为定案的依据，但当事人在庭前证据交换过程中没有争议并记录在卷的证据，经审判人员在庭审中说明后，可以直接作为定案的依据，无须再行质证。对经过庭审质证的证据，除确有必要外，一般不再进行质证。

2.二审中的质证对象。

在二审程序中，法庭对当事人提供的新证据应当进行质证，当事人对一审认定的证据仍有争议的，法庭也应当进行质证。

3.再审中的质证对象。

在再审程序中，法庭对当事人提供的新证据应当进行质证，因原生效裁判认定事实的证据不足而提起再审所涉及的主要证据，也应当进行质证。

（二）对几类特殊证据的质证

对于以下几类证据，适用特殊的质证规则：

1.缺席证据。

对于被告经合法传唤无正当理由拒不到庭，法院决定实行缺席判决的案件，被告所提供的证据原则上不能作为定案依据，但当事人在庭前交换证据中没有争议的证据除外。

2.涉密证据。

对涉及国家秘密、商业秘密和个人隐私的证据，不得在开庭时公开质证。

3.调取证据。

对于法院依申请调取的证据，应当由申请调取证据的当事人在庭审中出示，并由当事人质证，法庭不参与质证；对于法院依职权调取的证据，无须进行质证，而是由法庭出示该证据并就调取该证据的情况进行说明，听取当事人的意见即可。

归纳总结　★质证

一般质证规则	未经质证的证据不能作为定案根据，但当事人在庭前证据交换过程中没有争议的证据除外
涉密证据质证	涉及国家秘密、商业秘密、个人隐私或其他应保密的证据，不得在开庭时公开质证
调取证据质证	依申请调取的证据由当事人质证；依职权调取的证据可由法庭进行说明并听取当事人意见

五、认证

认证就是法官对证据证明力进行判断的活动，判断的内容包括证据证明力的有无以及证明力的大小两个方面。

（一）对证据有无证明力的认定

判断证据证明力的有无，主要是掌握无效证据的种类。行政诉讼的无效证据包括三种：

第一，完全无效的证据，这样的证据不得用于证明任何当事人的诉讼主张，既不能证明被诉行为的合法性，也不能证明其违法性；

第二，部分无效的证据，这些证据只是不能被用于证明被告的诉讼主张，但可以证明原告的诉讼主张，即它们可以证明被诉行政行为的违法性，但不能证明其合法性；

第三，没有独立证明力的证据，这些证据不能被用于单独定案，但可以与其他证据结合用于证明事实。

1.完全无效的证据。

这类证据包括：

（1）严重违反法定程序收集的证据；

（2）以偷拍、偷录、窃听等手段获取侵害他人合法权益的证据；

（3）以利诱、欺诈、胁迫、暴力等不正当手段获取的证据；

（4）当事人无正当事由超出举证期限提供的证据；

（5）在我国领域外或者在港澳台地区形成的未办理法定证明手续的证据；

（6）当事人无正当理由拒不提供原件、原物，又无其他证据印证，且对方当事人不予认可的证据的复制件或者复制品；

（7）被当事人或他人进行技术处理而无法辨明真伪的证据；

（8）不能正确表达意志的证人提供的证言；

（9）以违反法律禁止性规定或者侵犯他人合法权益的方法取得的证据；

（10）不具备合法性和真实性的其他证据材料。

2014年修订的《行政诉讼法》已经确立了非法证据排除规则。即以非法手段取得的证据，不得作为认定案件事实的根据。

2.部分无效的证据。

以下几类证据不得用于证明被诉行政行为的合法性，但可以用于证明其违法性：

（1）被告及其诉讼代理人在作出行政行为之后或在诉讼程序中自行收集的证据；

（2）被告在行政程序中非法剥夺公民、法人或其他组织依法享有的陈述、申辩或听证权利所采用的证据；

（3）由原告或第三人在诉讼程序中提供的、被告在行政程序中并未作为行政行为依据的证据。

·知识拓展·

为什么行政诉讼中存在部分有效的证据呢？其他诉讼并不存在这样的问题。归根结底还是由行政诉讼证据与行政程序证据的关系所决定的。被告在诉讼中提出的证据大多是由行政程序中的证据转化而来的，而行政机关在行政程序中收集证据是受到一定限制的，需要符合一些合法条件，如果这些证据不能满足作为行政程序证据的合法条件，那它在诉讼程序中也就不得被用于证明被诉行政行为的合法性。不过，如果原告和第三人反过来利用这些证据来证明被诉行政行为违法，却是可以的。行政程序证据的形成起码要符合两个条件：一是程序正当；二是有证在先。对上述三种部分无效证据略加分析便可发现，第（1）、（3）种证据都是违反了行政有证在先，第（2）种证据则是违反了正当程序，因此失去了证明被诉行政行为合法性的效力。

3.没有独立证明力的证据。

下列证据不能单独作为定案依据：

（1）未成年人所作的与其年龄和智力状况不相适应的证言；

（2）与一方当事人有亲属关系或者其他密切关系的证人所作的对该当事人有利的证言，或者与一方当事人有不利关系的证人所作的对该当事人不利的证言；

（3）应当出庭作证而无正当理由不出庭作证的证人证言；

（4）难以识别是否经过修改的视听资料；

（5）无法与原件、原物核对的复制件或者复制品；

（6）经一方当事人或者他人改动，对方当事人不予认可的证据材料；

（7）其他不能单独作为定案依据的证据材料。

（二）对证据证明力大小的认定

对于证明同一事实的数个证据，其证明力的大小强弱也有所不同，法院应当按照下列规则认定其证明力的大小：

（1）国家机关以及其他职能部门依职权制作的公文文书优于其他书证；

（2）鉴定意见、现场笔录、勘验笔录、档案材料以及经过公证或者登记的书证优于其他书证、视听资料和证人证言；

（3）原件、原物优于复制件、复制品；

（4）法定鉴定部门的鉴定意见优于其他鉴定部门的鉴定意见；

（5）法庭主持勘验所制作的勘验笔录优于其他部门主持勘验所制作的勘验笔录；

（6）原始证据优于传来证据；

（7）其他证人证言优于与当事人有亲属关系或者其他密切关系的证人提供的对该当事人有利的证言；

（8）出庭作证的证人证言优于未出庭作证的证人证言；

（9）数个种类不同、内容一致的证据优于一个孤立的证据。

（三）认证的程序

法院在认定证据证明力时，应当按照下列程序操作：

1.认定的时间，法庭对于庭审中经过质证的证据，能够当庭认定的应当当庭认定，不能当庭认定的应当在合议庭合议时认定。

2.法庭发现当庭认定的证据有误，可以按照下列方式纠正：

（1）庭审结束前发现错误的，应当重新进行认定。

（2）庭审结束后宣判前发现错误的，可以在裁判文书中予以更正并说明理由，也可以再次开庭予以认定。

（3）有新的证据材料可能推翻已认定的证据的，应当再次开庭予以认定。

归纳总结　★认证

完全无效证据	以非法手段取得的证据，不得作为认定案件事实的根据： ①严重违反法定程序收集的证据材料 ②以违反法律强制性规定的手段获取且侵害他人合法权益的证据材料 ③以利诱、欺诈、胁迫、暴力等手段获取的证据材料
部分无效证据	①被告及其代理人在作出行政行为后或在诉讼程序中自行收集的证据 ②被告在行政程序中非法剥夺公民、法人依法享有的陈述、申辩或听证权利所获得的证据 ③原告或者第三人在诉讼程序中提供的、被告在行政程序中未作为行政行为依据的证据
备注	法院对未采纳的证据应当在裁判文书中说明理由

六、当事人或者行政机关执法人员到庭制度

1.适用情形。

（1）第一种情形：法院要求。

法院认为有必要的，可以要求当事人本人或行政机关执法人员到庭，就案件有关事实接受询问。

（2）第二种情形：原告或者第三人申请执法人员到庭。

①对现场笔录的合法性或者真实性有异议的；

②对扣押财产的品种或者数量有异议的；

③对检验的物品取样或者保管有异议的；

④对行政执法人员身份的合法性有异议的。

2.具体程序。

法院在询问之前，可以要求其签署保证书。

保证书应当载明据实陈述、如有虚假陈述愿意接受处罚等内容。

当事人或者行政机关执法人员应当在保证书上签名或者捺印。

负有举证责任的当事人拒绝到庭、拒绝接受询问或拒绝签署保证书，待证事实又欠缺其他证据加以佐证的，法院对其主张的事实不予认定。

【注意】证人出庭作证的，法院在证人出庭作证前应当告知其如实作证的义务以及作伪证的法律后果；证人的交通、住宿、就餐等必要费用以及误工损失，由败诉一方当事人承担。

例如：保罗酒后将邻居维多家的门、窗等物品砸坏。县公安局接警后，对现场进行拍照、制作现场笔录，并请县价格认证中心作价格鉴定意见，对保罗作出行政拘留8日处罚。保罗向法院起诉，县公安局向法院提交照片、现场笔录和鉴定意见。"保罗对现场笔录的合法性有异议的，可要求县公安局的相关执法人员作为证人出庭作证"，这种说法是否准确？这种说法错误。行政执法人员出庭说明情况，在证据种类上属于当事人的陈述。从法理上解释，行政执法人员是代表行政机关实施行政管理，其自身并无独立的行为主体资格，行政执法人员的法律人格已经被行政机关所吸收。行政执法人员不是以自然人身份作出行政行为，行政行为的法律后果也不是由行政执法人员自身承担，而是由其所在的单位行政机关承担。所以，行政机关执法人员出庭说明情况不是以证人的身份出现的，而是代表行政机关进行当事人陈述。

| 归纳总结 | ★当事人或者行政机关执法人员到庭义务 |

| 适用情形 | 【第一种情形：法院要求】
法院认为有必要的，可以要求当事人本人或行政机关执法人员到庭，就案件有关事实接受询问
【第二种：原告或者第三人申请】
①对现场笔录的合法性或者真实性有异议的
②对扣押财产的品种或者数量有异议的
③对检验的物品取样或者保管有异议的
④对行政执法人员身份的合法性有异议的 |

程序	①在询问之前，可以要求其签署保证书 ②保证书应当载明据实陈述、如有虚假陈述愿意接受处罚等内容 ③当事人或者行政机关执法人员应当在保证书上签名或者捺印
拒绝到庭或拒绝签署保证书后果	负有举证责任的当事人拒绝到庭、拒绝接受询问或拒绝签署保证书，待证事实又欠缺其他证据加以佐证的，法院对其主张的事实不予认定
备注	①证人出庭作证的，法院在证人出庭作证前应当告知其如实作证的义务以及作伪证的法律后果 ②证人的交通、住宿、就餐等必要费用以及误工损失，由败诉一方当事人承担

七、原告或者第三人申请法院责令被告提交证据

（一）适用情形

原告或第三人确有证据证明被告持有的证据对原告或第三人有利的，可以在开庭审理前书面申请法院责令行政机关提交。

（二）法院处理

申请理由成立的，法院应当责令行政机关提交，因提交证据所产生的费用，由申请人预付。

（三）拒绝提交证据的后果

行政机关无正当理由拒不提交的，法院可以推定原告或第三人基于该证据主张的事实成立。

（四）毁灭证据的后果

持有证据的当事人以妨碍对方当事人使用为目的，毁灭有关证据或实施其他致使证据不能使用行为的，法院可以推定对方当事人基于该证据主张的事实成立。

归纳总结 ★原告或者第三人申请法院责令被告提交证据制度

适用情形	原告或第三人确有证据证明被告持有的证据对原告或第三人有利的，可以在开庭审理前书面申请法院责令行政机关提交
法院处理	申请理由成立的，法院应当责令行政机关提交，因提交证据所产生的费用，由申请人预付
拒绝提交后果	行政机关无正当理由拒不提交的，法院可以推定原告或第三人基于该证据主张的事实成立
毁灭证据后果	持有证据的当事人以妨碍对方当事人使用为目的，毁灭有关证据或实施其他致使证据不能使用行为的，法院可以推定对方当事人基于该证据主张的事实成立

第二节　行政诉讼的法律适用

·考情分析·

■ 本节知识点要求考生了解行政诉讼的法律适用。

■ 在客观题考试中，本节知识点考查频次较少。

■ 在主观题考试中，本节知识点一般不予考查。

一、法律适用的概念

行政诉讼的法律适用，是指人民法院按照法定程序将法律、法规以及法院决定参照的规章和参考的其他规范性文件具体运用于各种行政案件，对被诉行政行为的合法性进行审查的活动。

二、法律适用的规则

根据我国《行政诉讼法》和相关司法解释，以及最高法院《关于审理行政案件适用法律规范问题的座谈会纪要》，人民法院在行政诉讼中适用法律的规则如下：

（一）法律和法规作为法院裁判的依据

法律指的是全国人大及其常委会制定的立法文件，法规包括国务院的行政法规、地方性法规、经济特区法规、自治条例与单行条例。法律与法规在行政诉讼中，是作为法院审理行政案件的依据，其中地方性法规仅适用于审理本区域内发生的行政案件，而自治条例和单行条例适用于审理民族自治地方的行政案件。

法律与法规是法院审理行政案件的依据，即法院在审判时所必须遵循的、不得拒绝适用的根据。法院在审理行政案件时，如果法律和法规已经对与该案件有关的某个问题作出了规定，就必须适用它。

【注意】经济特区法规与民族自治地方的单行条例、自治条例可以根据法律的规定或根据有关授权对上位法作出某些变通规定，并在本区域内优先适用这些变通规定。

·知识拓展·

■ 行政相对人的行为发生在新法实施前，行政机关处理期间新法实施的，行政机关一般应当按照新法的程序要求作出行政行为。行政相对人的行为发生在新法施行前，行政机关处理期间新法施行的，行政机关对实体问题一般应当以旧法为判断依据，但新法对相对人更有利的除外。即新旧法律规范不一致时应按照程序从新、实体从旧兼从轻等原则选择适用法律规范。[参见青岛某橡胶制品有限公司诉某海关行政处罚案，（2010）鲁行终字第157号]

（二）规章与其他行政规范性文件的引用

人民法院审理行政案件，可以在裁判文书中引用合法有效的规章及其他规范性文件。规章包括部门规章与地方政府规章。"引用"的地位自然与作为"依据"的法律、法规不同，"引用"一词意味着法院对行政规章并不是无条件地适用，而是有其判断选择的余地，法院可以对行政规章的内容加以审查鉴定。经审查鉴定认为内容合法的规章，法院自然引用；经审查鉴定认为不合法的规章，法院有权"灵活处理"，不予引用。

·知识拓展·

■ 人民法院审理行政案件，可以引用规章。"引用规章"，是指人民法院在审理行政案件的过程中，对于行政机关据以作出被诉行政行为的规章具有选择适用权。经审查认为合法有效的规章，可以作为判断被诉行政行为合法与否的根据，并在裁判文书中予以引用；认为与上位法相抵触的规章不能作为判断被诉行政行为合法与否的根据，人民法院应当根据上位法规定对被诉行政行为的合法性作出判断。但是，人民法院在行政诉讼中无权宣布规章无效。[参见史某诉被申请人本溪市某区人民政府房屋征收补偿决定案，（2016）最高法行申 32 号]

（三）司法解释的援引

人民法院审理行政案件，适用最高人民法院司法解释的，应当在裁判文书中援引。从实际角度来看，司法解释在行政诉讼中的作用接近于法律，事实上已成为法院审理行政案件的重要依据。

经典考题：2019 年 2 月 16 日，国务院发布《关于在市场监管领域全面推行部门联合"双随机　一公开"监管的意见》（以下简称《意见》），决定在监管过程中随机抽取检查对象，随机选派执法检查人员，抽查情况及查处结果及时向社会公开，并且提出要打造综合监督平台，减轻企业负担，提高执法效率。关于该《意见》的下列说法哪些是准确的？（2019 年考生回忆版卷一第 9 题，多选）①

A.该《意见》可以作为部门规章制定的依据

B.该《意见》属于行政法规

---

① 【答案】AD。《意见》虽然是国务院制定的，但是从名称上判断，不属于行政法规，适用排除法的方法，就只能是国务院发布的具有普遍约束力的决定、命令。B选项错误。作为部门规章的制定依据有三个：①法律；②国务院的行政法规；③国务院的决定、命令。《意见》属于国务院的决定、命令，可以作为部门规章的制定依据。A选项准确。作为法官裁判的依据有：①法律；②行政法规；③地方性法规；④民族自治地方的自治条例和单行条例。《意见》属于其他规范性文件中的国务院的决定、命令，不能作为法官审理行政案件的依据使用。C选项错误。《意见》属于国务院的决定、命令，不能在行政诉讼中附带提起审查。D选项准确。

C.该《意见》可以作为法官审理案件的依据

D.该《意见》不能成为法院在行政诉讼中附带审查的对象

归纳总结　★法律适用

依据	引用	援引
法律、行政法规、地方性法规、自治条例和单行条例	规章（合法的）	司法解释

行政诉讼的裁判与执行

命题点拨

（一）主要内容

本专题的主要内容包括：（1）行政诉讼的判决，包括一审判决、二审判决、再审判决；（2）行政诉讼的裁定与决定；（3）行政诉讼裁判的执行。

（二）命题规律

本专题的内容在法考中占据重要地位，属于每年必考内容，考生要相当注意。考查分值6分，题型以单项选择题、多项选择题为主，主观题必考行政行为合法性判断与法院最终如何判决的问题。

（三）重点难点

本专题的重点难点包括：（1）一审判决中，被告胜诉判决之驳回判决的适用；（2）一审判决中，原告胜诉判决种类的适用，尤其是履行判决、变更判决、确认违法判决；（3）要注意区分履行判决与给付判决、撤销判决与确认违法判决的适用；（4）被告败诉时行政判决书的执行。考生复习上述内容，可以反复演练历年真题、多刷练习题，重在理解。

知识体系图

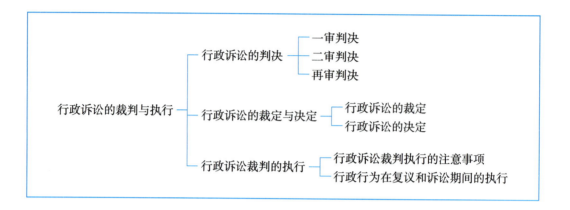

第一节　行政诉讼的判决

■ 本节知识点要求考生重点掌握行政诉讼一审各种判决形式的适用，了解行政诉讼的二审判决。

■ 在客观题考试中，本节知识点每年必考一个选项。主要考查撤销判决、履行判决、变更判决、确认违法判决的适用。

■ 本节易错和高频考点是：

（1）驳回判决是指人民法院经过审理，认定被诉的行政行为合法，原告的诉讼请求不能成立，直接作出否定原告诉讼请求的一种判决。

（2）撤销判决是指人民法院经过审理，认定被诉行政行为违法，从而撤销被诉行政行为的判决。

（3）履行判决是指人民法院经过审理，认定被告负有法定职责无正当理由而不履行，责令被告限期履行法定职责的判决。

（4）给付判决是指人民法院经过审理，认定被告依法负有给付义务无正当理由而不给付的，判决被告履行给付义务的判决。

（5）变更判决是指人民法院经过审理，认定被诉的行政处罚明显不当或者其他行政行为涉及对款额的确定、认定确有错误的，直接作出变更的判决。

（6）确认判决是指人民法院经过审理，确认被诉行政行为违法或者无效的一种判决形式。

（7）被告胜诉只有一种判决：驳回原告诉讼请求的判决。过去被告胜诉适用维持判决的情况已经废除。

（8）不是每件被告不履行法定职责违法、履行还有意义的案件都适用履行判决，尚需被告进一步调查、裁量的，是判决被告在一定期限内针对原告的请求重新作出处理。

（9）行政给付判决针对行政机关该给救命钱没有给，比如抚恤金、最低生活保障金和工伤、医疗社会保险金。这些救命钱无正当理由该给不给、少给或者不按时给的，判决在一定期限内给付。

（10）原告向法院提起给付之诉的，应当履行诉前程序：先向具有给付义务的行政机关要求给付，若行政机关拒绝给付或者不按时、不按标准给付的，方可以提起给付之诉。

（11）变更判决针对的诉讼标的只能是两个：被诉行政处罚显失公正和行政行为涉及对款额的确定、认定确有错误的。

（12）原告认为行政行为一般违法，提起撤销之诉，而法院经审查认为是明显且重大违法的，直接作出确认无效判决。

（13）原告认为行政行为明显重大违法，提起确认无效之诉，而法院经审查认为是一般违法的，先建议原告变更诉讼请求，由确认无效之诉变更为撤销之诉。若愿意变更的，且起诉期限没有超过的，作出撤销判决；若愿意变更的，但起诉期限已经超过了，裁定驳回起诉；若不愿意变更的，判决驳回原告诉讼请求。

（14）提起确认无效之诉，不受起诉期限的限制，利害关系人随时可以向法院提起行政诉讼。

■ 在主观题考试中，需要掌握撤销判决与确认违法判决的区别适用、履行判决的适用、变更判决的适用。

一、行政诉讼的一审判决

行政诉讼第一审判决，是人民法院在第一审程序中所作出的判决，是人民法院对案件初次作出的判定，当事人对其不服，有权向上一级人民法院提出上诉。

根据行政诉讼判决的性质，行政诉讼一审判决分为驳回判决、撤销判决、履行判决、给付判决、变更判决、确认违法判决、确认无效判决等。

（一）驳回判决

驳回判决即判决驳回原告的诉讼请求，是指人民法院经过审理，认定被诉行政行为合法，原告的诉讼请求不能成立，直接作出否定原告诉讼请求的一种判决。

驳回判决适用于行政行为证据确凿，适用法律、法规正确，符合法定程序，或者原告申请被告履行法定职责或者给付义务理由不成立的情况。

【注意】被告胜诉一律适用驳回原告诉讼请求的判决，不再有维持判决的类型。

例如：孟某的妻子刘某在某清洁公司担任保洁员，2020年9月16日，刘某骑电瓶车上班途中遭遇交通事故死亡，经交通事故认定，肇事人孙某承担主要交通事故责任。2020年9月28日，孟某申请工伤认定，区人社局予以认定为工伤。某清洁公司不服，认为刘某向公司出具过"自动放弃缴纳社保声明"并每月从公司领取200元"社保补助"，诉至法院，要求撤销区人社局作出的工伤认定。本案法院应当如何判决？根据《社会保险法》的相关规定，职工应当参加工伤保险，由用人单位缴纳工伤保险费。这是保障公民在工伤情况下，依法从国家和社会获得物质帮助的权利，也是法律明确规定的用人单位的义务，并不是由职工和用人单位自由协商处分的权利。故本题，某清洁公司不服，认为刘某向公司出具过"自动放弃缴纳社保声明"并每月从公司领取200元"社保补助"，要求法院撤销区人社局作出的工伤认定，该诉讼请求不成立，法院应当判决驳回原告的诉讼请求。

（二）撤销判决

撤销判决是指人民法院经过对案件的审查，认定被诉行政行为部分或者全部违法，从而部分或全部撤销被诉行政行为，并可以责令被告重新作出行政行为的判决。

【注意】原告起诉请求撤销行政行为，法院经审查认为行政行为无效的，应当作出确认无效判决。

撤销判决是人民法院对被诉行政行为效力的部分或全部的否定，是对原告权益的保护，因而撤销判决在行政诉讼中占有重要地位。

撤销判决适用于原告起诉被告作出行政行为的案件。撤销判决包含几种子类型：根据是否撤销被诉行为的全部内容，分为全部撤销与部分撤销；根据撤销的同时是否责令被告重作行为，分为简单撤销与撤销并责令重作。

被诉行政行为有下列情形之一的，法院应当判决撤销或部分撤销该行为，并可以判决被告重新作出行政行为：（1）主要证据不足的；（2）适用法律、法规错误的；（3）违反法定程序的；（4）超越职权的；（5）滥用职权的；（6）明显不当的。

例如：某房地产公司建设的工程项目新新置业广场A楼存在未按照《建设工程规划许可证》进行建设的行为，市自然资源与规划局于2018年9月3日以违反《城乡规划法》为由，按该项目违法部分建设工程造价750373.1元的9%处以罚款67533.6元，该处罚决定未告知该公司不服处罚决定提起行政诉讼的起诉期限。该公司不服，提起行政诉讼。法院经审理认为罚款违法的，作出撤销判决。

滥用职权是指行政主体作出的行政行为虽然在其权限范围以内，但是行政主体不正当地行使职权，在主观上任性、无所谓甚至存在恶意，不符合法律赋予这种职权的目的。

明显不当是指行政主体实施的行政行为严重违反合理行政原则，当事人的违法行为与行政机关对其的处理结果明显不匹配。

在行政审判实践中，滥用职权和明显不当都是用来监督裁量行政行为的。一般而言，滥用职权是从主观上来观察，属于主观标准，如行政机关实施行政行为时主观上任性、不理性甚至存在恶意等；明显不当是从客观上和结果上来观察，属于客观标准，如行政行为比例分寸没把握好、没有遵循先例或者违反过罚相当等。

撤销判决是一种十分重要而又相对复杂的判决类型，需要注意三个问题：

1.撤销并责令重作判决。

法院在判决撤销被诉行政行为的同时，可以同时判令被告作出新的行为，但是不能直接替代被告作出新的行政行为。

例如：法院审理拒绝公开政府信息的诉讼时，法院一般判决撤销或者部分撤销被诉不予公开决定，并判决被告在一定期限内重新答复。

对于责令重作判决，还需要注意：

（1）重作行为不雷同。法院判决被告重新作出行为，被告不得以同一事实和理由作出与原行为基本相同的行为，即被告作出的新行为，在行为结果、行为主要事实、行为主要理由这三个要素中，起码要有一个与原来的行政行为明显不同。如果被告以同一事实和理由重新作出与原行政行为基本相同的行为，法院应当重新判决将该行为撤销或部分撤销，并依法对被告采取强制执行措施。当然，重作行为不得雷同的原则存在例外，如果法院以违反法定程序为由判决撤销被诉行政行为的，行政机关可以根据合法的程序，以同一事实和理由重新作出与原行为基本相同的新行为。

例如：法院因主要证据不足判决撤销被诉处罚决定并判令县公安局重新作出行政行为后，被告县公安局以同一事实与理由作出与原处罚决定相同的行政行为。原告张某不服，再次向法院提起诉讼的，法院应当如何处理？法院应当判决撤销或者部分撤销，可以向该行政机关的上一级行政机关或者监察机关、人事机关提出司法建议。

（2）责令重作可设期限。法院责令被告重新作出行政行为，一般情况下不对被告做期限上的限制，但特殊情况下例外。如果被告不及时重新作出行政行为，将会给国家利益、公共利益或当事人利益造成损失的，也可以限定被告重新作出行为的时间。

（3）不服重作行为可诉讼。对于被告重新作出的行政行为，原告仍然不服的仍然可以起诉，该行为的其他利害关系人对此不服的也可以起诉。

2.撤销判决中的附带措施。

如果法院撤销被诉的行政行为，将会给国家利益、公共利益或他人合法权益造成损失的，在判决撤销的同时可以分别采取以下附带措施：

（1）判决被告重新作出行政行为。

（2）责令被诉行政机关采取相应的补救措施。

对于这些附带措施，法院既可全部采用，也可采用其中一个或几个。

注意这里所谓"给国家利益、公共利益或者他人合法权益造成损失"，指的是造成一般损失，如果是造成重大损失，就不能适用撤销判决，而应当转而适用确认违法判决。

例如：秦某租住江某房屋，后伪造江某的身份证和房屋所有权证，将房屋卖给不知情的吴某。房屋登记部门办理过户时未发现材料有假，便向吴某发放了房屋所有权证。江某发现房屋被卖时秦某已去向不明。江某以登记错误为由，提起行政诉讼要求撤销登记。本案法院是作出撤销判决，还是确认违法判决？法院应判决撤销房屋登记部门颁发给吴某的房屋所有权证。本案，有考生根据"秦某伪造江某的身份证和房屋所有权证，将房屋卖给不知情的吴某"且"房屋登记部门办理过户时未发现材料有假"，所以认为吴某符合不动产善意取得的构成要件，是善意第三人，根据《最高人民法院关于审理房屋登记案件若干问题的规定》第11条第3款的规定，被诉房屋登记行为违法，但判决撤销将给公共利益造成重大损失或者房屋已为第三人善意取得的，判决确认被诉行为违法，不撤销登记行为。所以，本案法院应当确认房屋登记行为违法，而不是判决撤销房屋变更登记。这种观点是错误的。实际上，本案，经过认真的思考，吴某不符合不动产善意取得的构成要件。不动产善意取得需要同时满足以下四个要件：①无权处分人以自己的名义实施了不动产处分行为；②第三人受让不动产时存在善意；③第三人支付合理的价格；④不动产已经完成登记。本案，秦某伪造江某的身份证和房屋所有权证，以江某的名义将房屋卖给不知情的吴某，不符合第一个要件。为什么说秦某肯定是以江某的名义将房屋卖给吴某，而不是秦某以自己的名义将房屋卖给吴某？道理很简单，因为不动产登记簿上写的房屋所有权人为江某，如果秦某以自己的名义把江某名下的房子卖给吴某，在房屋登记部门材料审核时通不过的！秦某凭什么以自己的名义卖江某名下的房子？他又不是产权人！所以，只有秦某以江某的名义把房子卖给吴某，房屋登记部门审核材料时才有可能审核通过。既然秦某是以江某的名义卖房子，吴某就不可能构成善意取得，因为善意取得的第一个要件必须是无权处分人以自己的名义实施了无权处分，而不是以所有权人的名义实施了无权处分。综上，吴某不可能是善意第三人。本案，秦某伪造江某的身份证和房屋所有权证到房屋登记部门办理过户，房屋登记管理部门并未发现材料有假，基于虚假的材料便向吴某发放了房屋所有权证，这属于行政行为所依据的主要证据不足。根据《行政诉讼法》第70条规定，行政行为主要证据不足的，法院判决撤销。

（三）履行判决

履行判决是指人民法院经过审理，认定被告负有法定职责无正当理由而不履行，履行还有意义且还能够继续履行的，责令被告限期履行法定职责的判决。

履行判决也是一种原告胜诉的判决，适用于原告起诉被告不履行法定职责的案件。作出履行判决的前提是履行职责仍有现实意义。

履行判决的类型有两种：

1.判决被告在一定期限内依法履行原告请求的法定职责（适用前提：被告行政裁量权被压缩为零）。

2.尚需被告调查或者裁量的，应当判决被告针对原告的请求重新作出处理（适用前提：被告就如何作出行政决定享有行政裁量权）。

例1： 2015年8月，高某在医院产下一子，医院出具了《〈出生医学证明〉首次签发登记表》，记载了高某的基本信息及新生儿性别等分娩信息，同时记载新生儿父亲朱某的基本信息。2016年8月，高某与朱某经法院判决离婚，婚生子随高某共同生活，该判决载有朱某的身份信息。2018年1月，高某向医院申请为其子办理《出生医学证明》，并提交了《分娩证明》、民事判决书等材料。医院要求高某提供朱某的居民身份证原件，否则不予签发。高某不服，提起行政诉讼。本案法院应当如何判决？为新生儿命名是其监护人的义务，不得随意抛弃和滥用；当新生儿父母无法就新生儿姓名形成一致意见时，需要考虑新生儿的成长条件、受抚养及教育情况，以"最有利于被监护人"的原则，综合选择确定为新生儿命名的主体；在新生儿母亲因客观原因无法提供新生儿父亲身份证原件的情形下，如能提供载有其身份信息的法院裁判文书，应当视为具有与身份证原件同等的法律效力，医疗机构不能以未提供身份证原件为由拒绝签发《出生医学证明》。故医院以未提供身份证原件为由拒绝签发《出生医学证明》行为违法。法院应当判决"责令医院在一定期限内为高某之子出具母亲为高某、父亲为朱某的《出生医学证明》"。

例2： 刘某在租赁吴某的大型拖拉机施工过程中，毁坏了孙某的林地。孙某阻止刘某继续施工，要求赔偿损失，并将施工车辆扣留。刘某报警，派出所立案调查后，认定该案是由施工毁损林地引起的纠纷，以应提起民事诉讼为由，终止案件调查。吴某不服，向县政府申请行政复议。县政府以复议请求不成立，驳回了复议申请。吴某不服，提起行政诉讼。县政府以复议请求不成立驳回的（实体驳回）属于复议维持。"复议维持共同告"，派出所和县政府是本案的共同被告。本案属于"形式上作为，实质上不作为"的典型案例，民事纷争不构成公安机关履行法定职责的阻却事由。当事人之间存在民事纷争与公民要求公安机关履行保护财产权的法定职责，分属不同的法律关系，不影响公安机关依法对侵犯财产权的行为进行查处。所有人吴某、租赁人刘某在合法财产被他人强行扣留的情况下，可以向公安机关寻求保护，也可以要求他人返还财产。当刘某选择向公安机关寻求保护的情形下，公安机关对非法侵犯财产的行为不予处理，显属不当。当事人可以通过私力救济来保护自己的合法权益，但不应超过必要的限度。孙某为防止损失扩大，可以将施工车辆开出承包地，商谈赔偿，协商不成，应依法通过民事诉讼解决。但孙某以私力强占的方式擅自将车辆长期扣留，明显超出私力救济范畴。据此，法院应当判决撤销派出所作出的终止案件调查决定及县政府作出的复议决定，责令派出所于判决生效后一定期限内对刘某的报案依法处理。

例3：罗某向某县地方海事处邮寄书面政府信息公开申请书，具体申请的内容为：兴运2号船舶、鑫源306号、鑫源308号、高谷6号、荣华号等船舶的海事调查报告等所有事故材料。县地方海事处签收后，未在法定期限内对罗某进行答复，罗某向县法院提起行政诉讼。法院经过审查认为，被告主张政府信息不存在但是没有提供印证证据证明其尽到了查询、翻阅和搜索的义务，县地方海事处作出的《政府信息告知书》违法，应当判决予以撤销，责令被告在一定期限内对原告的申请重新答复。

（四）给付判决

对于起诉行政机关没有依法支付抚恤金、最低生活保障金和工伤、医疗社会保险金的案件，法院经过审理，查明被告依法负有给付义务的，判决被告履行给付义务。

【注意】若原告未先向行政机关申请给付直接向法院起诉的，法院裁定驳回起诉。法院经审理认为给付义务明显不属于行政机关权限范围的，裁定驳回起诉。

例1：某公司库房存有危险化学物品，不幸失火。区消防局消防员张某、吴某、刘某在救援灭火过程中，危险化学物品发生爆炸，三人牺牲。三人的近亲属向区民政局申请支付抚恤金。区民政局对张某和吴某家属支付抚恤金230万元，但迟迟未对刘某家属支付抚恤金。刘某家属不服区民政局未予支付抚恤金的行为提起行政诉讼。法院经开庭审查，区民政局未支付抚恤金确无正当理由。法院应当作出给付判决。

例2：维多，82周岁，系丰华村村民，无法定抚养义务人。维多没有向县民政局申请五保金，直接向县法院起诉，要求县法院判决县民政局向其支付五保金。法院经开庭审查发现维多属于未先向行政机关申请给付直接向法院起诉的情形，有权裁定驳回起诉。

[总结归纳] 履行判决针对行为给付义务；给付判决针对金钱给付义务。

（五）变更判决

变更判决是指人民法院经过审理，认定被诉的行政处罚明显不当或者其他行政行为涉及对款额的确定、认定确有错误的，直接作出变更的判决。

变更判决适用的对象是：

1.行政处罚显失公正。

2.其他行政行为涉及对款额的确定、认定确有错误的案件。

例1：方林富炒货店系核准经营字号的个体工商户，在店内墙壁张贴有自行设计和打印的广告"本店销售全国最佳、最优品质的燕山栗子"，该广告张贴3天后，被市场监督管理局在执法过程中发现。市场监督管理局根据《广告法》对其作出罚款20万元的处罚决定。方林富炒货店不服，提起行政诉讼。法院经审理认为方林富炒货店虽有违法行为，但罚款20万元明显不当，变更为罚款10万元。

例2：某商店销售过期瓜子1袋，货值金额12.8元，被区市场监督管理局给予罚款50000元。法院经审理认定该商店销售的涉案过期瓜子1袋，货值金额12.8元，未造成实际危害后果，且现场检查过程中未发现该店销售被投诉的同类过期食品，符合《行政处罚法》规定的应当依法减轻行政处罚的情形。行政机关仅依据《食品安全法》第124条第1款第5项规定作出被诉处罚决定，对相对人处以罚款50000元的处罚，与违法行为的事实、性质、情节以及社会危害程度不符，构成行政处罚明显不当。法院最终作出变更判决，将罚款50000元变更为罚款10000元。

例3：乡政府对程某征收农民负担费用500元，县政府经复议将费用减为400元。程某不服遂向法院提起诉讼。法院经审理认为征收400元的费用违反了国家规定的不得超过上年度农民人均纯收入5%的标准。法院可以如何判决？法院既可以变更县政府的决定，确定应交纳费用的具体标准，也可以撤销县政府的决定，责令县政府重新作出决定。

例4：市海洋与渔业局以某合作社未经批准填海1.8公顷的行为违法为由，罚款3313万元。该合作社不服罚款决定，向法院起诉。法院审理认为：该处罚在认定违法填海面积时，没有扣除经市水务局同意该合作社对受台风袭击海堤崩坏进行回填加固的面积1公顷，确属不当。本案，被告市海洋与渔业局在作出处罚时，没有将回填加固涉及的1公顷面积予以扣除，并以填海面积1.8公顷作出行政处罚，处罚决定确属明显不当，法院可以作出变更判决。

适用变更判决，需要注意如下四点：

1.变更判决与合法性审查的关系。

法院在行政诉讼中只审查被诉行政行为的合法性而不审查其合理性，但在变更判决中，法院却直接变更显失公正的行政处罚决定，这种做法是不是与合法性审查原则相矛盾呢？对此，本书认为并不矛盾。因为行政行为的合法性问题与合理性问题之间的区别并不是绝对的，如果合理性问题达到了十分严重的程度，严重到了违背合理行政基本原则的地步时，就构成一个合法性问题了。一个严重不合理、不适当、不公正的行政行为，等同于一个不合法的行为。显失公正的行政处罚，就是十分不公正的行政处罚，就是一个严重的合理性问题，法律上可以将这种问题作为合法性问题来对待。因此允许法院审查并变更这种行为，这并不违背合法性审查的原则。

2.有限变更原则。

有限变更原则是指法院在审理行政案件的过程中，对行政机关的行政行为应予尊重，原则上不予改变，只有符合一定条件下，才享有部分或者全部改变行政机关的行政行为的权力。之所以如此，是根据我国宪法确立的国家机关分工合作的原则，行政权和审判权分别属于行政机关和法院，行政机关和法院各司其职。如果法院享有广泛的司法变更权，那么，越来越多的行政行为，最终不是由行政机关作出，而是由法院作出，这会冲击行政机关和司法机关职能合理分工的宪法原则。所以，法院的变更判决仅适用于行政处罚显失公正或者其他行政行为涉及对款额的确定、认定确有错误的案件。

3.不得加罚原则。

法院在变更判决中不得加重对原告的处罚，但利害关系人同为原告的案件除外。即如果只有被处罚人作为原告起诉，要求减轻处罚甚至免除处罚，法院经过审理之后却发现应当加重处罚，此时不得加重对原告的处罚。如果加害人与受害人同时起诉，两人就都是原告，如果法院经过审理认为对加害人这个原告的处罚确实轻了，仍然可以判决加重对他的处罚，否则作为受害人的原告，其诉求便没有被满足的可能，使得诉权失去了意义。

4.不得直接判罚原则。

法院在变更显失公正的行政处罚时，不得对行政机关未予处罚的人直接判决给予行政处罚。这是一条绝对的原则，不存在任何例外。如此规定的根本原因在于司法机关与行政机关间的角色划分，法院的职权在于审查行政行为而非作出行政行为，如果允许法院对没有受到行政处罚的人给予直接处罚，就等于赋予了法院行政处罚权，违背了司法机关的角色。因此，即使法院认为行政案件中的某些当事人应当受到行政处罚，而行政机关未予处罚的，也只能撤销被诉的行政行为，判令被告作出新的行为。

> **· 知识拓展 ·**
>
> ■ 行政诉讼法规定行政处罚明显不当的，法院可以判决变更，并不意味着在行政审判中一定采用变更判决的方式来结案，也可以采用撤销判决+责令重新作出行政行为的方式来处理。采用何种方式，由法院根据案件的具体情况来决定。

归纳总结 变更判决的适用

含义	变更判决是指法院经过审理，认定被诉的行政处罚显失公正或者其他行政行为涉及对款额的确定、认定确有错误的，直接作出变更的判决
适用情形	①被诉行政处罚显失公正 ②其他行政行为涉及对款额的确定、认定确有错误的 【备注】变更判决，原则上只能减轻不能加重。但利害关系人同为原告且诉讼请求相反的除外

（六）确认违法判决

确认违法判决是指人民法院经过审理，发现被诉行政行为违法但不宜适用其他判决类型，最终确认被诉行政行为违法的一种判决形式。

下列情况应当适用确认违法判决：

1.被诉行政行为违法，但撤销该行为将给国家利益或公共利益、他人善意信赖利益造成重大损失的。

对于这种情形，法院不应判决撤销，而应当转而作出确认违法判决，并责令被诉行政机关采取相应的补救措施，造成损害的应当依法判决被告承担赔偿责任。另外，《最高人民法院关于审理房屋登记案件若干问题的规定》第11条第3款还明确规定，被诉房屋登记行为违法，但判决撤销给公共利益造成重大损失，或者房屋已被第三人善意取得的，判决确认被诉行政行为违法，不撤销登记行为。

例1：市自然资源与规划局批准建设的居住小区整体结构设计违反了国家的有关法律规定，给原告甲村的利益造成严重损害，但是房屋及其配套设施等已经建成交付使用，撤销批准建设的行政行为将会给公共利益造成重大损失，法院应当如何处理？判决确认被诉行政行为违法，责令市自然资源与规划局采取相应的补救措施。

例2：县政府与甲开发公司签订《某地区改造项目协议书》，对某地区旧城改造范围、拆迁补偿费及支付方式和期限等事宜加以约定。乙公司持有经某市政府批准取得的国有土地使用证的第15号地块，位于某地区改造范围。甲开发公司获得改造范围内新建的房屋预售许可证，并向社会公开预售。乙公司认为县政府以协议形式规划、管理和利用项目改造的行为违法，向法院起诉，法院受理。问题：若法院经审理查明，县政府以协议形式规划、管理和利用项目改造的行为违法，法院应当如何判决？答案：本案属于撤销违法行为将造成公共利益重大损失的情况。因为房屋已经向社会公开预售，撤销将给善意购房人造成信赖损害，土地再恢复原状也不符合比例原则，因此法院应当判决确认违法，应当判决确认县政府的行为违法，并责令采取补救措施。

例3：贺某系邓某与贺某强的婚生子。邓某与贺某强离婚后，于2013年5月31日与李某登记结婚。2013年12月23日，李某与某公司签订商品房买卖合同，购买房屋一套。2015年7月5日，邓某去世。2016年9月18日，县房管局向李某颁发了房屋属其单独所有的房屋所有权证。2016年9月26日，李某将该房屋出卖于王某。2016年9月28日，县房管局向王某颁发了房屋所有权证。贺某认为，案涉房屋是邓某和李某的共同共有财产，县房管局未尽到审查义务，致使该房屋所有权转移登记给王某，请求依法撤销。本案，县房管局向李某颁发房屋所有权证（单独所有）的行为是否合法？法院应当如何判决？县房管局向李某颁发房屋所有权证（单独所有）的行为违法，法院最终应当作出确认违法判决。本案，案涉房屋系邓某与李某在夫妻关系存续期间购买的房屋，如无其他约定，该房屋系夫妻共同共有财产。邓某死亡并不会导致该房屋系夫妻共同共有财产这一性质发生改变。县房管局未经合理审慎的审查义务，将夫妻共同共有的房屋错误地登记为李某单独所有的房屋，故县房管局向李某颁发房屋所有权证（单独所有）的行为构成违法。本案，尽管县房管局在对涉案房屋进行首次转移登记时构成违法，但如果撤销该转移登记行为，将会影响到善意第三人王某的合法权益，法院应当判决确认转移登记行为违法，而不是作出撤销判决。

2.行政行为程序轻微违法，但对原告权利不产生实际影响的。

例如：区生态环境局在42个工作日内向政府信息公开申请人李某作出《答复》，告知了李某所申请的政府信息内容。李某不服，向法院提起行政诉讼。问题：法院如何判决？答案：确认违法判决。本案区生态环境局的《答复》程序有轻微违法，因为根据《政府信息公开条例》的规定，依申请公开应该是40个工作日答复，而不是42个工作日。但本案李某所申请的政府信息，区生态环境局已在《答复》中予以了公开，因此，李某的知情权并没有发生实质减损。故本案法院不适用撤销判决，而是适用确认违法判决。

3.被诉行政行为违法，但不具有可撤销内容的。

这种情况指的是被诉行政行为已经不存在，或已经被执行完毕并且无法恢复原状的情况。比如《最高人民法院关于审理房屋登记案件若干问题的规定》第11条第2款明确规定，被诉房屋登记行为违法，但该行为已被登记机构改变的，判决确认被诉行政行为违法。再如，行政机关公开政府信息涉及原告商业秘密、个人隐私且不存在公共利益等法定事由的，由于该政府信息已在社会传播开来，对其判决撤销已无意义，此时应当判决确认公开政府信息的行为违法，并可以责令被告采取相应的补救措施。但是，如果该政府信息尚未公开的，法院则不得判决确认违法，而应判决被告不得公开该政府信息。

例1：镇政府以一公司所建钢架大棚未取得乡村建设规划许可证为由责令限期拆除。该公司逾期不拆除，镇政府现场向其送达强拆通知书，组织人员拆除了大棚。该公司向法院起诉要求撤销强拆行为。如一审法院审理认为强拆行为违反法定程序，应作出何种判决？法院作出确认违法判决。本案，强拆行为违反法定程序，房屋已经被拆除，强拆决定已经实施完毕，无法撤销了，且违法程序已经实施，也无法变更了，故只能作出确认违法判决。

例2：省教育厅举办工程造价基本技能选拔赛时明确指定在"工程造价基本技能"赛项中独家使用甲公司的相关软件。软件供应商乙公司认为侵犯自己的公平竞争权，向法院起诉，要求撤销省教育厅的指定。诉讼中，选拔赛已顺利结束。本案法院应当如何判决？本案，省教育厅未经竞争性程序即指定经营者提供商品，系滥用行政权力，排除或限制竞争的违法行政行为，法院本应当作出撤销判决，但本案在行政诉讼中，选拔赛已经结束，已经不具有可撤销的内容，撤销也没有实际意义，法院应当作出确认违法判决。

例3：房地产开发公司未经有关部门批准在河道边建造起价值5000万的商品房。市防洪指挥部领导小组认为该片住宅违反了《防洪法》的有关规定，作出予以拆除的处罚决定并于第二天强行爆破拆除，但没有下达任何书面决定。房地产开发公司认为该处罚决定主体和程序均不合法，遂向法院提起行政诉讼。法院经审理发现行政行为确实违法。本案法院应当如何判决？法院应当确认处罚决定违法，责令被告采取相应补救措施的判决。因为被诉行政行为经审查虽然是违法行为，但房地产开发公司5000万的商品房已经被强行爆破拆除，该违法行为已经没有可撤销的内容，因此，法院只能依法确认该行政行为违法，并且，根据国家赔偿的基本原则，为最大程度保护相对人利益，对于违法行为造成的损失法院应责令被告及时采取相应的补救措施。

例4：2009年12月18日，百盛公司经县执法局许可，在机场高速30米以外设置户外广告牌1块，批准设置期限为15年，并缴纳设置费用。后因高速公路扩建，该广告牌位置进入高速公路30米以内。2016年5月13日，市路政处认定该广告牌未经公路部门审批，属于违法设置，责令限期拆除，因百盛公司未自行拆除，市路政处在履行公告、催告程序后，作出强制执行决定。2017年4月4日，市路政处对该广告牌强制拆除。百盛公司不服，提起诉讼，要求确认强制拆除行为违法、恢复原状。本案法院应当如何判决？本案，百盛公司经县执法局审批同意设置广告牌，许可期限为15年。县执法局进行审批时，高速公路尚未扩建，广告牌的设置亦在公路两侧控制区 30 米范围以外，因此，县执法局就该广告牌的设置向百盛公司给予行政许可后，百盛公司即对此许可产生信赖，百盛公司因该信赖而产生或获得的利益是基于行政行为的确定力和执行力，应当受到法律的保护。尽管随着高速公路的扩建，该广告牌位置现位于距离高速公路 30 米范围以内，但百盛公司获得的该许可在未被依法变更或者撤回之前，仍然具有法律效力。市路政处未区分具体情况，在未对相对人给予相应补偿的情形下，作出责令限期拆除决定，属认定事实错误，作出的行政强制执行决定亦具有不合法性，此后的行政强制执行行为亦不具有合法的依据。因强制拆除行为不具有可撤销的内容，故应依法判决确认该行为违法。关于原告请求恢复原状的请求。市路政处的强制拆除行为虽然违法，但是因高速公路扩建，广告牌确实进入到高速公路 30 米内，行政机关对公路沿线的广告牌进行整治，有利于改善公路沿线通行环境，其目的是为了维护社会和公共利益，如判令被告恢复原状，则与此公益目的相悖，故百盛公司请求判令被告恢复原状的诉求，法院难以支持。法院可以判决确认路政处强制拆除行为违法，责令路政处采取补救措施（给予合理补偿）。

4.被告改变原违法行政行为，原告仍要求确认原行政行为违法的。

例如：县生态环境局以某企业超标准排放污染物为由给予罚款 10000 元，该企业不服向法院提起行政诉讼。在行政诉讼审理期间，县生态环境局将罚款 10000 元变更为 2000 元。法院经审理，原罚款 10000 元事实认定有误，构成违法。法院应当作出确认违法判决。

5.被告不履行法定职责，但判决责令其履行法定职责已无实际意义的。

被告不履行法定职责这一事实给原告带来的损失已经形成，被告此时再履行职责已无济于事，难以挽回损失。

例1：李某以自己与佘某之间存在经济纠纷为由，将佘某的宝马汽车拖走扣留。期间，佘某曾报警救助并要求追究违法责任。县公安局以当事人之间存在民事争议为由，不予立案查处。佘某以县公安局不履行法定职责为由，向法院起诉。诉讼过程中，李某将宝马汽车返还佘某。本案县公安局不予立案查处是否违法？法院应当如何判决？县公安局不予立案查处构成违法，法院应当确认县公安局不履行法定职责违法。案涉车辆为佘某的合法财产，不应受非法侵犯。存在民事纷争，不是案外人强行侵占佘某重大财产的合法理由。公安机关依法制止、查处以非法侵占他人财产的手段进行私力救济的行为，系维护正常社会治安秩序的职责要求，不属于违法介入民事争议的处理。公安机关对佘某事后的报案未予立案查处并作出行政决定的行为，构成行政不作为。本案，县公安局不履行法定职责违法，法院本应作出履行判决，但是诉讼中李某将宝马汽车已经返还给佘某，故履行判决已经没有意义，法院应当确认县公安局不履行法定职责违法。

例2：郑某（女）发现自己连日来受到黄某（男）的尾随跟踪，向高新区公安分局报案，高新区公安分局值班工作人员未予理会。三天后，郑某被黄某尾随抢劫和强奸，自此之后，精神时常抑郁，多次自杀未遂。黄某因涉嫌抢劫罪和强奸罪被批捕。法院如果查明高新区公安分局不作为确实违法，应当如何作出判决？确认高新区公安分局违法。

为什么不用撤销判决？因为高新区公安分局是不作为，没有行为可以被撤销。为什么不用履行判决？因为受害人已经被侵害，履行已经没有实际意义。所以只能确认高新区公安分局违法，受害人可以据此提出赔偿。

归纳总结	确认违法判决的适用	
含义	确认违法判决是指法院经过审理，发现被诉行政行为违法但不宜适用其他判决类型，最终确认被诉行政行为违法的一种判决形式	
适用情形	①被告行政行为违法，但撤销将会给国家利益和公共利益带来重大损失 ②被告行政行为程序轻微违法，但对原告权利不产生实际影响的 ③被告行政行为违法，但不具有可撤销内容的 ④被告改变原违法行政行为，原告仍要求确认原行政行为违法的 ⑤被告不履行或者拖延履行法定职责，判决履行没有意义的	

（七）确认无效判决

确认无效判决是指人民法院经过审理，行政行为存在明显且重大违法之情形，作出的确认被诉行政行为无效的一种判决形式。

行政行为存在明显且重大违法的情形有：

1.行政行为实施主体没有行政主体资格的。（主体无资格）

2.行政行为明显没有依据的。（行为无依据）

3.行政行为的内容客观上没法实现的。（内容不可能）

例如： 甲与乙系堂姐妹关系。2016年1月，朱某与乙在县民政局办理结婚登记。结婚登记时乙提交了甲的身份证件，结婚证上登记的女方姓名、出生日期均系甲，但结婚证上粘贴的照片系朱某与乙。2019年1月，甲提起行政诉讼，请求确认其与朱某的婚姻登记无效。本案法院应当如何判决？甲没有与朱某缔结婚姻的意思表示，结婚登记中的女方当事人（乙）张冠李戴，登记行为明显违反我国婚姻登记的法律规定，严重侵犯了甲的婚姻自由，属于无效的行政行为。针对无效的行政行为，法院应当作出确认无效判决。

【注意1】确认无效判决与撤销判决的转换：（1）原告起诉请求确认行政行为无效，法院审查认为行政行为不属于无效而属于一般违法的情形，经释明，原告请求撤销行政行为的，应当继续审理并依法作出撤销判决。（2）原告请求撤销行政行为但超过法定起诉期限的，裁定驳回起诉。（3）原告拒绝变更诉讼请求坚持要求确认无效的，判决驳回其诉讼请求。

【注意2】在行政诉讼的一审中，经审理认为被诉行政行为违法或者无效，可能给原告造成损失，经释明，原告请求一并解决行政赔偿争议的，法院可以就赔偿事项进行调解；调解不成的，应当一并判决。法院也可以告知其就赔偿事项另行提起行政赔偿诉讼。

归纳总结　★★★一审判决

判决类型		适用情况
被告胜诉	驳回	被告行政行为合法
原告胜诉	撤销	被告行政行为违法 【备注】 法院判决被告重新作出行政行为的，被告不得以同一事实和理由作出与原行政行为基本相同的行政行为（以行政行为程序违法为由撤销的除外） 【备注：原告提起撤销之诉但行政行为属于无效情形的处理】 原告起诉请求撤销行政行为，法院经审查认为行政行为无效的，应当作出确认无效判决
	履行	被告不履行法定职责违法： ①履行职责仍有现实意义，判决被告在一定期限内依法履行原告请求的法定职责 ②尚需被告调查或者裁量的，应当判决被告针对原告的请求重新作出处理
	给付	被告无正当理由拒绝、拖延、不按标准支付抚恤金、最低生活保障金和工伤、医疗社会保险金，判决在一定期限内履行相应的给付义务 【备注】 ①若原告未先向行政机关申请给付直接向法院起诉的，法院裁定驳回起诉（诉前程序不能少） ②法院经审理认为给付义务明显不属于行政机关权限范围的，法院裁定驳回起诉
	变更	①被告行政处罚显失公正 ②其他行政行为涉及对款额的确定、认定确有错误的 【备注】变更判决，原则上只能减轻不能加重。但利害关系人同为原告且诉讼请求相反的除外
	确认	【确认违法判决】被告行政行为违法，但不适宜适用撤销、履行、变更、给付判决的情形： ①被告行政行为违法，但撤销将会给国家利益和公共利益带来重大损失 ②被告行政行为程序轻微违法，但对原告权利不产生实际影响的（如通知、送达、处理期限等） ③被告行政行为违法，但不具有可撤销内容的 ④被告改变原违法行政行为，原告仍要求确认原行政行为违法的 ⑤被告不履行或者拖延履行法定职责，判决履行没有意义的 【确认无效判决】被告的行政行为重大且明显违法，原告申请确认行政行为无效的： ①行政行为实施主体没有行政主体资格的 ②减损权利或者增加义务的行政行为没有法律规范依据的 ③行政行为的内容客观上不可能实施 【备注】 ①原告起诉请求确认行政行为无效，法院审查认为行政行为不属于无效情形，经释明，原告请求撤销行政行为的，应当继续审理并依法作出相应判决

续　表

判决类型		适用情况
原告胜诉	确认	②原告请求撤销行政行为但超过法定起诉期限的，裁定驳回起诉 ③原告拒绝变更诉讼请求坚持要求确认无效的，判决驳回其诉讼请求
	赔偿问题	【行政行为违法或者无效的损失赔偿】 ①经审理认为被诉行政行为违法或者无效，可能给原告造成损失，经释明，原告请求一并解决行政赔偿争议的，法院可以就赔偿事项进行调解；调解不成的，应当一并判决 ②法院也可以告知其就赔偿事项另行提起行政赔偿诉讼

二、行政诉讼的二审判决

行政诉讼的二审判决，即法院对上诉行政案件的判决，也是生效的终审判决。二审判决应当对两个问题作出结论：一是一审裁判；二是被诉的行政行为。

（一）维持原判

原判决、裁定认定事实清楚，适用法律、法规正确的，判决或者裁定驳回上诉，维持原判决、裁定。

（二）撤销原判，发回重审

原判决遗漏诉讼请求、遗漏必须参加的诉讼当事人、存在违法缺席判决等严重违反法定程序的，裁定撤销原判决，发回原审人民法院重审，不得直接改判。因为二审判决是终审判决，如果二审法院直接改判的话，一审中被遗漏的当事人就将无法上诉，或当事人对于一审中被遗漏的诉讼请求将无法上诉，必然损害有关当事人的上诉权。对于二审法院发回重审的案件，当事人对一审法院重审的判决、裁定仍可上诉。

例如：某公司提起行政诉讼，要求撤销区教育局作出的《关于不同意申办花蕾幼儿园的批复》，并要求法院判令该局在20日内向花蕾幼儿园颁发独立的《办学许可证》。一审法院经审理后作出确认区教育局批复违法的判决，但未就颁发《办学许可证》的诉讼请求作出判决。该公司不服一审判决，提起上诉。那么，二审法院应当如何处理？本案中，一审法院并未对颁发《办学许可证》的诉讼请求作出判决，构成漏判必须判决的诉讼请求，漏判的诉讼请求又不是行政赔偿请求。因此，二审法院应当发回重审，一审法院应当另行组成合议庭进行审理。

不过，上述所谓"遗漏诉讼请求"只是对一般的诉讼请求而言，不包括对赔偿请求的处理。对于二审中的行政赔偿请求，有其独特的处理规则：

1.一审判决遗漏行政赔偿请求的，二审法院经审理认为依法不应当予以赔偿的，应当直接判决驳回行政赔偿请求。

2.一审判决遗漏行政赔偿请求，二审法院经审理认为依法应当予以赔偿的，在确认被诉行政行为违法的同时，可以就行政赔偿问题进行调解，调解不成的，应当就行政赔偿部分发回重审。

3.当事人在二审期间提出行政赔偿请求的，二审法院可以进行调解，调解不成的，应当告知当事人另行提起行政赔偿诉讼。

例1： 某区公安分局以蔡某殴打孙某为由对蔡某拘留10日并处罚款500元。蔡某向法院起诉，要求撤销处罚决定并赔偿损失。一审法院经审理认定处罚决定违法，依法判决撤销了处罚决定，但遗漏了蔡某的赔偿请求。那么，二审法院应当如何处理？一审法院漏判赔偿请求，二审法院应当先调解；调解不成的，就赔偿部分发回重审。应注意比较：如蔡某在一审中未提赔偿请求而在二审中提出赔偿请求的，二审法院也应先调解，调解不成的告知蔡某另行提起行政赔偿诉讼。

例2： 某奶粉有限公司的生产车间、生产设备、账簿被河东区市场监督管理局查封和扣押，另有50万元资金被冻结。该公司法定代表人张某向河东区法院起诉并要求赔偿，区法院一审判决确认查封、扣押违法，对冻结和赔偿问题未作判决。张某上诉至市中级人民法院，请问市中级人民法院应当如何处理？全案撤销原判，发回重审。因为一审遗漏了必须审查的诉讼请求冻结行为的合法性，所以全案发回重审。

（三）撤销原判，直接改判

对于一审判决认定事实清楚，但是适用法律、法规错误的，二审法院应当依法改判，不再发回原审法院重审。因为一审对案件事实的认定是清楚的，只是适用法律错误而已，如果二审法院将其发回原审法院重审的话，就会造成不必要的时间拖延，降低诉讼效率。

二审法院对于直接改判的上诉案件，在撤销一审判决的同时，还应当对被诉行政行为作出判决。二审法院对被诉行为的判决，直接参照一审判决的适用规则作出。

法院审理上诉案件，需要改变原审判决的，应当同时对被诉行政行为作出判决。

（四）撤销原判，发回重审或者直接改判

对于一审判决有误的其他情况，如认定事实不清、证据不足，二审法院在裁定撤销原判之后，既可发回一审法院重审，也可直接改判。

【注意】原审人民法院对发回重审的案件作出判决后，当事人提起上诉的，第二审人民法院不得再次发回重审。

（五）二审法院对一审裁定的处理

以上内容是二审法院对一审判决的处理，而行政诉讼的上诉案件除了对判决的上诉之外，还包括对一审不予受理、驳回起诉、管辖异议三种裁定的上诉。对此，二审法院也应作出处理。

对于一审的管辖异议裁定，当事人可以上诉，二审法院认为异议不成立的，应当维持原裁定；认为异议成立的，应当撤销原裁定，并确定相关管辖法院，已经受理案件的法院应当将案件移送到被确定的管辖法院。对管辖异议的二审裁定是终审裁定，当事人应当按照其确定的管辖法院参加诉讼，否则将视为撤诉或视为不应诉。

对于一审法院不予受理或驳回起诉的裁定，二审法院经审理认为该裁定确有错误，且起诉符合法定条件的，应当裁定撤销一审法院的裁定，指令一审法院依法立案受理或继续审理。在一审法院作出实体判决之后，二审法院认为该案件不应当受理的，应当撤销一审法院判决，并将案件发回重审，或迳行驳回起诉。

归纳总结   ★二审判决

判决类型	适用情况
维持原判	一审判决认定事实清楚，适用法律法规正确
依法改判	一审认定事情清楚，但适用法律依据错误
发回重审	①一审程序严重违法 ②一审遗漏了必须参加诉讼的当事人 ③一审漏判了必须判决的诉讼请求 【备注：对遗漏赔偿请求的处理】 ①一审判决遗漏赔偿请求，二审法院经审查认为不予赔偿的，应判决驳回行政赔偿请求 ②一审判决遗漏赔偿请求，二审法院认为应赔偿的则先行调解，调解不成的就赔偿部分发回重审 ③如二审当事人新提赔偿请求，应先行调解，调解不成的告知另行起诉
改判或发回	一审事实不清
备注	原审法院对发回重审的案件作出判决后，当事人提起上诉的，二审法院不得再次发回重审

三、行政诉讼的再审判决

（一）再审判决的概述

当法院对某个已经作出生效判决的案件决定再审时，首先应当裁定中止原判决的执行。中止执行的裁定应当由法院院长署名，加盖本院印章。上级法院决定提审或者指令下级法院再审的案件，上级法院应当作出中止执行的裁定。在紧急情况下还可以将中止执行的裁定口头通知负责执行的法院或作出生效裁判的法院，但应当在口头通知后10日内发出裁定书。

（二）再审判决的类型

在裁定中止执行并对案件重新加以审理之后，再审法院应按以下规则作出处理：

1.裁定执行原审生效判决。

再审法院经过审理，认为原生效判决正确的，应当裁定撤销此前作出的、关于中止原判决的裁定，继续执行原判决。

2.撤销原审判决，发回重审。

再审法院对于以下案件，应当裁定撤销原审判决，发回原审法院重审：

（1）审理本案的审判人员、书记员应当回避而未回避的；

（2）依法应当开庭审理而未经开庭即作出判决的；

（3）未经合法传唤当事人而缺席判决的；

（4）遗漏必须参加诉讼的当事人的；

（5）对与本案有关的诉讼请求未予裁判的；

（6）其他违反法定程序可能影响案件正确裁判的。

3.撤销原审判决，发回重审或者直接改判。

再审法院认为原审判决有误的其他情况，在撤销原生效裁判的同时，既可以发回原审法院重审，也可以直接加以改判。

4.再审法院对原审裁定的处理。

当事人对于不予受理、驳回起诉、管辖异议三种生效裁定申请再审的，再审法院应当按照以下规则处理：

（1）再审法院认为二审法院维持一审不予受理裁定错误的，应当同时撤销一审、二审裁定，指令一审法院受理案件。

（2）再审法院认为二审法院维持一审驳回起诉裁定错误的，应当同时撤销一审、二审裁定，指令一审法院继续审理案件。

（3）当事人对生效管辖异议裁定的申诉不影响受案法院的管辖和审理，如果法院已经作出了生效判决，当事人对驳回管辖异议的裁定和判决一并申诉的，法院经查发现管辖错误但生效判决正确的，不再改变管辖；如果发现管辖裁定与生效判决均错误的，应当按照审判监督程序决定再审。

第二节　行政诉讼的裁定和决定

·考情分析·

■ 本节知识点要求考生了解裁定和决定各自的适用对象，掌握对于哪些裁定不服的可以上诉以及对哪些决定不服的可以申请复议。

■ 在客观题考试中，本节知识点每3年左右考查一次。

■ 本节易错和高频考点是：

（1）对人民法院作出的不予受理、驳回起诉、管辖异议这三种裁定，当事人不服的可以在该裁定作出之日起10日内提起上诉。

（2）对人民法院作出的停止执行行政行为或者不停止执行行政行为的裁定、保全裁定、不予受理行政机关强制执行的裁定、不准予执行的裁定，当事人不服的可以申请复议。

（3）对于人民法院作出的回避决定、排除妨碍诉讼措施中的罚款与拘留、不予准许一并审理民事争议的决定，当事人不服的可以申请复议一次，但复议期间不停止决定的执行。

在行政诉讼中，法院除了针对案件的实体问题作出判决，还针对程序问题作出裁定，针对某些特殊事项作出决定。

一、行政诉讼的裁定

裁定适用于下列事项：不予受理；驳回起诉；管辖异议；终结诉讼；中止诉讼；移送或者指定管辖；诉讼期间停止行政行为的执行或者驳回停止执行的申请；财产保全；先予执行；准许或者不准许撤诉；补正裁判文书中的笔误；中止或者终结执行；提审、指令再审或者发回重审；受理或者不受理行政机关强制执行的申请；准许或者不准许执行行政机关的行政行为；其他需要裁定的事项。

对不予受理、驳回起诉、管辖异议的裁定，当事人不服的可以在该裁定作出之日起10日内提起上诉，上一级法院对上诉作出的二审裁定是生效裁定；逾期没有上诉的，一审裁定生效。对于其他种类的裁定，一经宣布或送达立即生效，不得上诉。

二、行政诉讼的决定

行政诉讼的决定适用于下列事项：审判人员的回避；排除妨碍诉讼的强制措施（包括训诫、责令具结悔过、罚款、拘留四种）；不予准许一并审理民事争议；再审决定；延长审限的决定；减免诉讼费的决定；采取强制执行措施的决定；其他需要决定的事项。

当事人对于所有决定均不得上诉，决定一经宣布或送达立即生效。但对于人民法院作出的回避决定、排除妨碍诉讼措施中的罚款与拘留、不予准许一并审理民事争议的决定，当事人不服的，可以申请复议一次，复议期间不停止决定的执行；对于其他决定，当事人不得申请复议。

第三节　行政诉讼裁判的执行

·考情分析·

■ 本节知识点要求考生了解行政诉讼裁判的执行，尤其是被告败诉后不履行判决书的执行。

■ 在客观题考试中，本节知识点考查频次较少。

■ 本节易错和高频考点是：

（1）行政诉讼裁判的执行，申请执行的期限为2年。

（2）行政诉讼裁判的执行，原则上由第一审法院执行；第一审法院认为情况特殊，需要由第二审法院执行的，可以报请第二审法院执行。

（3）被告不履行裁判文书的，对该行政机关负责人按日处50元~100元的罚款。注意：罚的是行政机关负责人，而不是行政机关。

（4）社会影响恶劣的，才可以对该机关直接负责的主管人员和其他直接责任人员予以司法拘留。

行政诉讼中有关执行的制度，既包括行政诉讼裁判文书的执行，也包括行政行为的执行。其共性在于，均为对于权利义务已最终确定的法律文书的执行。

一、行政诉讼裁判执行的注意事项

关于行政诉讼裁判的执行，应注意：

1.执行根据。

执行根据是法院在行政诉讼中作出的所有生效法律文书，包括行政判决书、行政裁定书、行政赔偿判决书和行政赔偿调解书。

2.被执行人。

被执行人是行政诉讼中的所有当事人，包括行政主体与一般公民、法人或其他组织。掌握法院的强制执行措施，必须注意区分被执行人，因为对行政机关的执行与对普通公民、法人、其他组织的执行措施是有所不同的。

3.执行机关。

被执行人是行政主体的，执行机关只能是法院。

被执行人是普通公民、法人或其他组织的，执行机关可以是法院，也可以是作为被告的行政机关自己。如果被告是拥有直接强制执行权的机关，如公安、国安、税务、海关等，既可自己执行，也可申请法院执行。

如果被告并不具有直接强制执行权，只能申请法院执行。

由法院强制执行的案件，一般由一审法院负责执行工作。一审法院认为情况特殊需要由二审法院执行的，可以报请二审法院执行，二审法院可以决定自己执行，也可决定仍由一审法院执行。

4.申请执行的期限。

当事人申请法院强制执行的，受到申请期限的限制，逾期申请的，除有正当理由外法院不予受理。申请期限为2年。

5.执行阶段的财产保全。

行政机关申请人民法院强制执行前，有充分理由认为被执行人可能逃避执行的，可以申请人民法院采取财产保全措施。

行政行为确定的权利人申请人民法院强制执行前，有充分理由认为被执行人可能逃避执行的，可以申请人民法院采取财产保全措施。行政行为确定的权利人申请强制执行的，应当提供相应的财产担保。

6.强制执行的措施。

由有权的行政机关对公民、法人或其他组织强制执行的，采用行政强制执行的一般措施。

由法院对公民、法人或其他组织强制执行的，采用《民事诉讼法》中的强制执行措施。

由法院对行政主体强制执行的，其执行措施包括：

（1）划拨：对应当归还的罚款或应当给付的款项，通知银行从该行政机关的账户内划拨。

（2）罚款：被告在规定期限内不执行的，从期满之日起对行政机关负责人按日处50元至100元的罚款。

（3）公告：将行政机关拒绝履行的情况予以公告。

（4）提出司法建议：法院可以向被告的上一级行政机关或者监察机关提出司法建议，接受司法建议的机关应根据有关规定进行处理，并将处理情况告知法院。

（5）司法拘留：拒不履行判决、裁定、调解书，社会影响恶劣的，可以对该行政机关直接负责的主管人员和其他直接责任人员予以拘留。

（6）追究刑事责任：有关人员拒不执行判决、裁定，情节严重构成犯罪的，法院依法追究被告行政机关主管人员和直接责任人员的刑事责任。

二、行政行为在行政复议与行政诉讼期间的执行

行政行为在行政诉讼与行政复议期间，以不停止执行为原则，以停止执行为例外。

（一）在行政诉讼期间

诉讼期间，不停止行政行为的执行。但有下列情形之一的，裁定停止执行：

1.被告认为需要停止执行的；

2.原告或者利害关系人申请停止执行，人民法院认为该行政行为的执行会造成难以弥补的损失，并且停止执行不损害国家利益、社会公共利益的；

3.人民法院认为该行政行为的执行会给国家利益、社会公共利益造成重大损害的；

4.法律、法规规定停止执行的。

当事人对停止执行或者不停止执行的裁定不服的，可以申请复议一次。

（二）在行政复议期间

原则上行政行为也不停止执行，但下列情况例外：

1.被申请人认为需要停止执行的；

2.行政复议机关认为需要停止执行的；

3.申请人申请停止执行，行政复议机关认为其要求合理，决定停止执行的；

4.法律规定停止执行的。

归纳总结　★★行政诉讼的执行

申请期限	申请执行的期限为2年。申请执行时效的中止、中断，适用法律有关规定 【备注：行政裁决的执行申请】 行政机关作出行政裁决后，当事人在法定期限内不起诉又不履行，作出裁决的行政机关在申请执行的期限内未申请法院强制执行的，生效行政裁决确定的权利人或其继承人、权利承受人在6个月内可以申请法院强制执行
执行主体	①由第一审法院执行 ②第一审法院认为情况特殊，需要由第二审法院执行的，可以报请第二审法院执行；第二审法院可以决定由其执行，也可以决定由第一审法院执行 ③由行政机关依法强制执行（原告败诉时）

执行阶段财产保全	①申请主体：行政机关或者行政行为确定的权利人 ②适用情形：申请法院强制执行前，有充分理由认为被执行人可能逃避执行的 ③附带条件：行政行为确定的权利人申请强制执行的，应当提供相应的财产担保
针对被告不履行裁判文书的执行措施	①通知银行从行政机关的账户内划拨 ②从期满之日起，对该行政机关负责人按日处50元~100元的罚款 ③将行政机关拒绝履行的情况予以公告 ④向该行政机关的上一级行政机关或监察机关提出司法建议 【注意】接受司法建议的机关，根据有关规定进行处理，并将处理情况告知法院 ⑤社会影响恶劣的，可以对该机关直接负责的主管人员和其他直接责任人员予以司法拘留 ⑥情节严重构成犯罪的，依法追究主管人员和直接责任人员的刑事责任

专题十七

行政复议

命题点拨

（一）主要内容

本专题的主要内容包括：（1）行政复议的受案范围；（2）行政复议的当事人；（3）行政复议的复议机关；（4）行政复议的程序；（5）行政复议的结案与执行。

（二）命题规律

本专题的内容是法考必考的内容，分值3分。考试题型以单项选择题、多项选择题为主。主要考查复议机关如何确定、行政复议的审理程序。注意掌握行政复议审理程序的一些知识点细节。在主观题考试中，需要掌握复议机关的确定。

（三）重点难点

本专题的重点难点包括：（1）行政复议机关的确定；（2）行政复议的审理程序；（3）行政复议的决定。

知识体系图

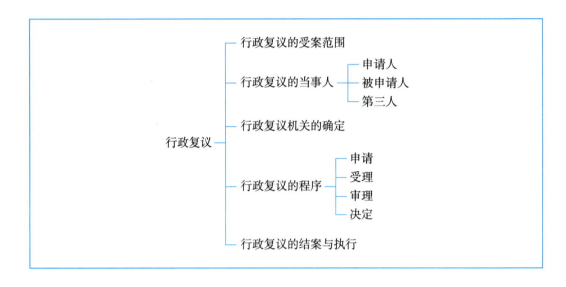

第一节 行政复议的受案范围

·考情分析·

- 本节知识点要求考生了解行政复议的受案范围。
- 在客观题考试中，本节知识点考查频次较少。
- 本节易错和高频考点是：行政复议既可以审查行政行为的合法性，也可以审查行政行为的合理性（适当性）。

一、行政复议的概念

行政复议，是指行政机关根据上级行政机关对下级行政机关的监督权，在当事人的申请和参加下，按照行政复议程序对行政行为进行合法性和适当性审查，并作出裁决，解决行政侵权争议的活动。

行政复议是行政机关行使行政管理权的单方职权行为，可以直接规定公民、法人或者其他组织的权利义务。因此，行政机关的复议行为应当具备行政行为的成立条件和合法条件。

例如：大学生王某说，行政复议实行对行政行为进行合法性审查原则。王某的判断是否准确？不准确。行政复议是对行政行为进行合法性和适当性的双重审查。

二、行政复议的范围

（一）行政行为标准

公民、法人或者其他组织认为行政行为侵犯其合法权益，可以向法定的行政机关提出行政复议申请。因此，只有对行政行为不服的，才属于行政复议的受案范围。

（二）肯定列举标准

对下列行政行为不服的，可以申请行政复议：（1）行政许可；（2）行政处罚；（3）行政强制措施；（4）行政强制执行；（5）部分行政确认；（6）行政征收及其补偿决定；（7）行政征用及其补偿决定；（8）不履行法定职责；（9）行政裁决；（10）行政给付；（11）行政命令；（12）政府信息公开决定。

（三）否定列举标准

对下列行为不服的，不可以申请行政复议：（1）个人行为；（2）民事行为；（3）国家行为；（4）刑事司法行为；（5）行政指导；（6）行政调解；（7）过程性行为；（8）重复处理行为；（9）部分行政确认案件；（10）行政规范性文件；（11）内部行为。

（四）行政复议中规范性文件的附带审查

行政复议既可以直接审查行政行为，还可以附带审查规章以下（不含规章）的行政规范性文件。

1.何为附带审查?

附带审查是相对直接审查而言的，如果申请人直接就一个行政规范性文件要求审查，复议机关不应受理；但如果申请人对一个行政行为要求审查，同时，要求附带审查作为行政行为依据的行政规范性文件，复议机关就应当受理，这就是附带审查。这个关系，是行政规范性文件"依附"于行政行为，由行政行为"带领"着行政规范性文件进入复议。

2.哪些行政规范性文件可以被附带审查?

行政规章以下（不含行政规章）的其他行政规范性文件可以被附带审查，行政规章或效力高于规章的其他行政规范性文件不在行政复议的审查之列。

可以在行政复议中附带提请审查的行政规范性文件具体包括：

（1）国务院部门的规定；

（2）县级以上人民政府及其工作部门的规定；

（3）乡镇政府的规定。

3.何时可以申请附带审查?

申请附带审查，申请人可以在对行政行为申请复议时一并提出；申请人在提出复议申请时尚不知道该行政行为所依据的规定的，也可以在复议申请被受理之后、行政复议决定作出之前再行提出。

例如：刘某对市自然资源与规划局依据省自然资源与规划厅的规定作出的一项行政处罚决定不服，向市政府申请行政复议，同时要求审查该规定的合法性。那么，市政府应如何处理? 省自然资源与规划厅的规定作为处罚决定的依据，可以予以附带审查。本案，市政府作为复议机关无权处理该规范性文件，应当在7日内按照法定程序转送有权处理的行政机关省政府依法处理，省政府应当在60日内依法处理；处理期间，中止对该处罚决定的审查。

另外，行政诉讼只受理当事人认为违法的行政行为，行政复议则还可以受理当事人认为不合理(不适当)的行为。即行政复议既审查行政行为的合法性，也审查行政行为的合理性（适当性）。原因在于法院与复议机关性质上的差别，法院与行政机关之间的关系是监督关系而非领导关系，因此只能对行政行为进行合法性审查；复议机关一般是被申请人的领导机关，特殊情况下还可能是被申请人自己，当然可以对被申请人的行为进行合法性与合理性上的全面审查。

归纳总结	**★行政复议的受案范围**

行为标准	【**审查强度**】审查被诉行政行为的合法性＋合理性
肯定列举	①行政许可；②行政处罚；③行政强制；④部分行政确认；⑤行政征收征用及补偿决定；⑥不履行法定职责；⑦行政裁决；⑧行政给付；⑨行政命令（注意：行政协议案件暂时没有纳入行政复议受案范围）

续　表

否定列举	无行政性	①个人行为；②民事行为；③国家行为；④刑事司法行为
	无处分性	①行政指导；②行政调解；③过程性行为；④重复处理行为；⑤部分行政确认案件
	无特定性	行政规范性文件【规章（不含）以下的规范性文件可以附带提请行政复议】
	无外部性	①对公务员的奖惩、任免等人事处理决定；②行政机关系统内部职责权限划分

第二节　行政复议的当事人

· 考情分析 ·

■ 本节知识点要求考生了解行政复议的当事人。

■ 在客观题考试中，本节知识点考查频次较少。

■ 本节易错和高频考点是：经批准的案件，谁有实质的拍板权，谁为被申请人。

一、行政复议申请人

行政复议申请人的确定规则，与行政诉讼原告的确定规则是相同的。与被申请行政行为有法律上直接利害关系的公民、法人或其他组织，都可以申请行政复议。

除此以外，行政复议第三人、代表人、代理人的确定，与行政诉讼也并无不同。

二、行政复议被申请人

1.一般规则。

行政复议被申请人的确定规则，与行政诉讼被告的确定规则大体相似，只是稍有不同。确认行政复议的被申请人，一般也是看两点：一看是否具备行政主体资格；二看申请人是否针对其提出了申请，但特殊情况下存在例外。

2.特殊情形。

对于被申请人的确定，应着重掌握以下几种特殊情况：

（1）内设机构与派出机构的案件。

内设机构与派出机构在自己的授权范围内作出行政行为的，以内设机构或派出机构自己作为被申请人。

内设机构与派出机构超越了法定授权的幅度作出行政行为的（如派出所作出1000元的罚款决定），属于"幅度越权"，仍以作出行政行为的内设机构或派出机构为被申请人。

内设机构与派出机构作出了完全没有获得授权的行为（如派出所作出了行政拘留决

定），属于"种类越权"，此时应当以其所在机关作为被申请人。需要指出的是，这和其行政诉讼被告资格的确定并无不同。

例如：某区公安分局派出所突击检查孔某经营的娱乐城，孔某向正在赌博的人员通风报信，派出所突击检查一无所获。派出所民警将孔某带回调查，孔某因受到逼供而说出实情。据此，派出所决定对孔某拘留10日。孔某不服该拘留处罚决定，准备申请行政复议，谁为被申请人？由于派出所行政拘留的决定构成"种类越权"，被申请人是该派出所所属的区公安分局。

（2）共同行政行为案件。

当事人对共同行政行为申请复议时，应当以实施这些行为的多个行政主体作为共同被申请人。如果申请人没有将共同行政行为的所有实施者全部列为被申请人，复议机关应当直接将遗漏的行政主体追加为共同被申请人。需要指出的是，同样情况下行政诉讼的处理并不相同，法院将这一部分行政主体列为第三人。

行政主体与非行政主体共同署名作出行为，当事人申请复议的，只以其中的行政主体作为被申请人，非行政主体只能作为复议的第三人。

（3）行为经批准的案件。

下级行政机关经上级行政机关批准作出行政行为的，当事人申请复议，应当按照实质标准，以具有实质拍板权的机关作为被申请人。这与行政诉讼也是不同的，行政诉讼在这种情况下，主要按照名义标准，以署名的行政机关作为被告。

总结：下级行政机关经上级行政机关批准作出行政行为的，在行政诉讼中遵循"谁署名，谁被告"；在行政复议中遵循"谁有实质拍板权，谁为被申请人"。即"诉讼看名义，复议看职权"。

例如：经典花园小区已建有一家童心幼儿园，区教育委员会拟在该小区内再建一所幼儿园。熊某、时某先后向区教育委员会提出申请办园。经过市教育委员会的批准，区教育委员会准许了熊某的申请，同日，对时某送达了不予批准的决定。时某不服，提请行政复议，被申请人如何确定？如果提请行政复议，时某应当以市教育委员会为被申请人。本案属于下级行政机关经上级行政机关批准作出行政行为，当事人申请复议，应当按照实质标准，以具有实质拍板权的机关作为被申请人。

三、行政复议第三人

行政复议第三人，是同被申请的行政行为有利害关系，参加行政复议的其他公民、法人或者其他组织。

行政复议期间，行政复议机构认为申请人以外的公民、法人或者其他组织与被审查的行政行为有利害关系的，可以通知其作为第三人参加行政复议；申请人以外的公民、法人或者其他组织与被审查的行政行为有利害关系的，可以向行政复议机构申请作为第三人参加行政复议。第三人可以委托1~2名代理人代为参加行政复议，委托的要求与申请人相同。第三人不参加行政复议，不影响行政复议案件的审理。

例如：方某因为与白某发生冲突，用砖头砸向白某儿子小白（9周岁），致其脚部受伤。经法医鉴定构成轻微伤。县公安局决定对方某处以行政拘留 10 日的处罚。方某申请行政复议，白某能否作为行政复议中的第三人？不可以。与方某行政复议案件的结果有利害关系的是受害人小白，小白是行政复议的第三人。由于小白只有 9 周岁系未成年人，需要小白的法定代理人白某代为参加复议。因此，小白是行政复议案件的第三人，而不是白某，白某是第三人小白的法定代理人。

【注意】在行政复议中，只有申请人、第三人才可以委托代理人参加行政复议，被申请人则不可以委托代理人。这是因为如果被申请人自己不来参加复议，让代理人代为参加复议，不利于案件事实的查明，不利于复议机关与作为被申请人的原机关的有效沟通。

归纳总结　当事人委托代理人权限

主体	行政复议	行政诉讼	行政赔偿诉讼	司法赔偿
民	可以	可以	可以	可以
官	禁止	可以	可以	禁止
备注	民：指行政相对人或行政相关人 官：指行政机关或者法律、法规、规章授权的组织			

归纳总结　★行政复议的当事人

申请人	①行政相对人：行政行为直接针对的对象 ②行政相关人：并非行政行为直接针对的对象，但其权利义务会受到行政行为影响的人
被申请人	①谁有行政主体资格，谁为被申请人 ②经批准的案件，谁有实质的拍板权，谁为被申请人
第三人	同申请行政复议的行政行为有利害关系的其他公民、法人或者其他组织

第三节　行政复议机关的确定

·考情分析·

■ 本节知识点要求考生掌握行政复议案件中复议机关的确定。

■ 在客观题考试中，本节知识点每年必考。

■ 本节易错和高频考点是：

（1）对县级以上地方各级人民政府工作部门的行政行为不服的，由申请人选择，可以向该部门的本级人民政府申请行政复议，也可以向上一级主管部门申请行政复议。

（2）对国务院部门或者省、自治区、直辖市人民政府的行政行为不服的，向作出该行政行为的国务院部门或者省、自治区、直辖市人民政府申请行政复议。对行政复议决定不服的，可以向人民法院提起行政诉讼；也可以向国务院申请裁决，国务院依法作出最终裁决。

（3）对政府工作部门依法设立的派出机构依照法律、法规或者规章规定，以自己的名义作出的具体行政行为不服的，向设立该派出机构的部门或者该部门的本级地方人民政府申请行政复议。

■ 在主观题考试中，需要掌握行政复议机关的确定。

复议机关的确定又称复议管辖。行政复议机关一般是复议被申请人的上级行政机关或其他直接主管机关，特殊情况下由被申请人自己充当。

确定复议机关的关键在于，首先应确定行政复议的被申请人，在此基础上再确定复议机关。

复议机关的确定主要有三种规则：

1.条块管辖。

人们常将行政机关之间垂直领导的关系称为"条条"关系，而将地方政府对其下属部门的领导称为"块块"关系，行政复议机关的确定规则，就以行政管理体制上的这种"条块"划分为基础。

条块管辖，是确定复议机关的一般原则，也是最常见的情况，是指由被申请人的同级政府或上一级主管部门作为复议机关的情况。条块管辖适用于县级以上地方政府的一般工作部门作为复议被申请人的情况。具体而言，这些作为被申请人的机关包括县、市、省三级政府的一般工作部门，它们在体制上既受同级政府领导，又受其上一级主管部门领导，这两个领导机关都可以充当其复议机关。

例如：对某市水利局行政行为不服的案件，其复议机关是市政府或者省水利厅。

2.条条管辖。

条条管辖是指只由被申请人的上一级领导机关充当复议机关，而排除其同级政府作为复议机关的情况。条条管辖的情况相对特殊，适用于两种情况：

（1）地方各级政府作为复议被申请人的情况。此时，被申请人自己就是一级政府，它的直接领导机关自然只有一个，就是上一级政府。在某些地区没有地级市的建制，只有省级政府设立的派出机关（地区行政公署），在这些地区对某个县级政府行政行为不服的复议案件，就由该地区行政公署管辖。

例1：若以成都市政府作为被申请人的案件，复议机关是四川省政府。

例2：若对大兴安岭地区行政公署下辖塔河县人民政府行政行为不服的，复议机关是大兴安岭地区行政公署。

（2）垂直领导部门作为被申请人的情况。主要指的是中央垂直领导，即从中央到基层均实行垂直领导的部门，具体包括金融、外汇、海关、税务、国安五个部门。以上述五个部门为被申请人的复议案件，只能由被申请人的上一级主管部门作为复议机关。

例如：以杭州市税务局为被申请人的案件，其复议机关只能是浙江省税务局。

3.自我管辖。

自我管辖，是指复议被申请人自己作为复议机关的情况。其情形只有一种，即省部级行政机关管辖自己作为被申请人的复议案件。省部级行政机关，包括国务院的组成部门、直属机构、直属事业单位以及各省、自治区、直辖市人民政府。

例如：若对国家市场监督管理总局作出的罚款决定不服申请行政复议的，复议机关为国家市场监督管理总局自己。

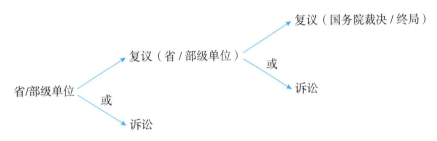

省部级单位实施的行政行为救济图

注意对于省部级行政机关作出的行政行为适用自我管辖规则，并不意味着对这些行为不能直接提起诉讼。当事人对这些行为不服，既可以提起行政诉讼，也可以申请行政复议；对于复议结果不服，仍可再提起行政诉讼，或申请国务院作出裁决（相当于二次复议）。

（1）申请人对多个国务院部门共同作出的行政行为不服的，可以向其中任何部门提出复议申请，但由这些部门作为共同复议机关来审理。

（2）为了改善自我管辖情况下复议机关和被申请人重合可能导致的不公正，在此类案件中，由省部级行政机关内部原承办行政行为的部门或机构扮演被申请人的角色，提出书面答复，并提交作出行为的证据、依据和其他有关材料；由省部级单位内部的复议机构（司法厅）扮演复议机关的角色，实际审理案件，从而实现复议机关和被申请人的相对"分离"。

4.复议转送。

除了上述条块管辖、条条管辖、自我管辖三类规则，还存在着其他更为特殊的复议案件，包括：（1）地方政府派出机关作为被申请人的案件；（2）行政机关的派出机构作为被申请人的案件；（3）被授权的社会组织作为被申请人的案件；（4）多个行政机关作为共同被申请人的案件；（5）作出行政行为的机关被撤销的案件。

这些案件的特殊之处表现在：这些案件复议机关的确定与以上三种规则并不完全相同；这些案件可以由案件发生地的县级政府转送复议申请。

（1）地方政府派出机关作为被申请人的案件。地方政府的派出机关主要是行政公署、区公所、街道办事处三种，地位类似于一级政府，其作为被申请人的案件，由设立它的地方政府作为复议机关。

例如： 若对和田地区行政公署的行政行为不服的，复议机关是新疆维吾尔自治区人民政府。

（2）行政机关的派出机构作为被申请人的案件。行政机关的派出机构常见的如派出所、税务所等，当其作为复议被申请人时，复议机关是派出它的行政机关及该机关的同级政府两家，但如果派出它的机关是垂直领导部门，则复议机关中不包括其同级政府。

例如： 若对县公安局派出所的行政行为不服的，复议机关是县公安局或县政府。

（3）被授权的社会组织作为被申请人的案件。复议机关是直接管理该组织的行政机关。

例如： 若对中国农业大学的行政行为不服的，其复议机关是教育部。

（4）多个行政机关作为共同被申请人的情况。复议机关是这些机关的共同上一级行政机关。

例如： 某市甲县公安局和乙县公安局的共同上一级机关就是市公安局；而该市文化局与该市公安局的共同上一级机关就是该市政府。

（5）作出行政行为的机关被撤销的情况。此时首先要找到另外一个机关替代原机关作为复议被申请人，再根据后者的具体情况确定其相应的复议机关。一般来讲，一个行政机关被撤销时，应当有另外一个机关继续行使其职权，此时后者就代替前者作为被申请人。

例如： 某市新闻出版局被合并于市文化与旅游局，则当事人对原新闻出版局的行为不服申请复议的，应以市文化与旅游局为被申请人，相应地，复议机关就是该市政府或省文化与旅游厅。但有时候，一个行政机关被撤销是因为其职权已经无需行使了，不存在另外一个机关来继续行使它的职权，此时应当以撤销它的机关代替它作为复议被申请人。

由于以上五类案件复议机关的确定规则不同寻常、较为复杂，一般当事人很难准确识别，这无疑提高了当事人申请行政复议的"门槛"。为了便利当事人申请行政复议，对于这些案件，申请人除了向复议机关申请之外，也可以向行政行为发生地的县级政府提出复议申请。接受复议申请的县级政府可能并非真正的复议机关，其扮演的是一个传递、转送的角色。县级政府对于其接受的复议申请应当作出判断，对于自己有权管辖的案件应当受理，对于自己无权管辖的案件应当在接到申请之日起7日内转送有权的复议机关，并告知申请人。

例如： 某市曾设立一个专业市场管理局，其职权为管理该市若干大型专业贸易市场，后来因该市各大专业贸易市场相继倒闭，市政府决定将该局撤销，其职权不再行使。某公司对该局原来作出的行政行为不服的，应当以市政府为复议被申请人，复议机关是省政府。这种情况下，该公司也可以向行政行为作出地的县级政府申请行政复议。县级政府应该在接到复议申请之日起7日内转送省政府，并告知申请人。

归纳总结

类型	被申请人	复议机关
条块管辖	政府工作部门	①同级政府 ②上一级主管部门
条条管辖	省级以下政府	上一级人民政府
	垂直领导机关	上一级主管部门（金融、外汇、海关、税务、国安）
自我管辖	省部级政府	原机关自己
特殊情形	派出机关	设立该派出机关的政府
	派出机构	①派出部门 ②派出部门的同级政府
	被授权组织	直接管理该组织的行政机关
	多个行政机关	其共同上一级机关
	被撤销的机关	继续行使职权机关/撤销机关的上级机关
	【备注】此5种特殊情形，可以由县级政府接收复议材料，有权审则审，无权审就转（7日内）	

第四节　行政复议的程序

·考情分析·

■ 本节知识点要求考生掌握行政复议案件的审理程序。

■ 在客观题考试中，本节知识点每年必考。

■ 本节易错和高频考点是：

（1）申请行政复议的方式，既可以书面，也可以口头。

（2）复议申请材料不齐全或者表述不清楚的，自收到该复议申请之日起5日内书面通知申请人补正，而不是5日内一次性通知补正。

（3）申请人向多个有权受理的行政机关申请复议的，由最先收到复议申请的行政机关受理，而不是最先立案的行政机关受理。

（4）申请人/第三人可以委托1~2名代理人参加行政复议；被申请人不允许委托代理人参加复议。

（5）行政复议案件由2名以上行政复议人员参加审理。

行政复议程序分为申请、受理、审理、决定四个阶段。

一、申请

申请环节是行政复议程序的开始，主要掌握：

（一）申请期限

1.期限。

当事人应当在知道行政行为之日起60日内提出复议申请，但法律规定的申请期限超过60日的除外。即申请复议的一般期限为60日，如法律另有规定超过60日的，从其规定；如另有规定少于60日的，以60日为准。

| 归纳总结 | 当事人寻求救济的期限 |

救济类型	申请救济的期限
申请复议	自知道行为之日起60日内申请复议。法律规定的申请期限超过60日的除外
提起诉讼	①一般案件，知道行政行为作出之日起6月内，法律另有规定除外 ②经过复议的案件，收到复议决定之日起15日内，有例外的从例外 ③行政协议案件，诉行政机关不履行协议、撤销或解除行政协议的，参照民事法律规范关于诉讼时效的规定
申请行政/司法赔偿	请求国家赔偿的时效为2年，自其（应）知道侵权之日起计算。但被羁押等限制人身自由期间不计算在内。

2.起算。

（1）如果被申请的行政行为是作为的，其申请期限按以下规则起算：

①当场作出行为的，自其作出之日起计算。

②载明行为的法律文书直接送达的，自签收之日起计算。

③载明行为的法律文书邮寄送达的，自在邮件签收单上签收之日起计算；没有邮件签收单的，自在送达回执上签名之日起计算。

④行为通过公告形式告知受送达人的，自公告规定的期限届满之日起计算。

⑤行政机关作出行为时未告知当事人，事后补充告知的，自当事人收到补充告知之日起计算。

⑥被申请人能够证明当事人知道其行为的，自证明之日起计算。

行政机关作出行政行为，依法应当送达法律文书而未送达的，视为当事人不知道该行为。

（2）如果被申请的行政行为是不作为的，其申请期限按以下规则起算：

①有规定履行期限的，自履行期限届满之日起计算。

②没有规定履行期限的，自行政机关收到申请满60日起计算。

③当事人在紧急情况下请求行政机关履行法定职责，行政机关不履行的，可以立即申请复议。

（二）申请方式

1.书面申请。

申请人书面申请行政复议的，可以采取当面递交、邮寄或传真等方式提出，有条件的行政复议机构可以接受以电子邮件形式提出的申请。

2.口头申请。

申请人口头申请行政复议的，复议机构应当当场制作行政复议申请笔录交申请人核对或者向申请人宣读，并由申请人签字确认。

· 知识拓展 ·

■《行政诉讼法》第44条规定："对属于人民法院受案范围的行政案件，公民、法人或者其他组织可以先向行政机关申请复议，对复议决定不服的，再向人民法院提起诉讼；也可以直接向人民法院提起诉讼。法律、法规规定应当先向行政机关申请复议，对复议决定不服再向人民法院提起诉讼的，依照法律、法规的规定。"依据上述规定并结合《行政复议法》的相关规定，我国行政复议系一级复议制度，即针对行政机关的复议决定，在非复议终局裁决的情况下，当事人可以依法提起诉讼，而不能再次申请复议。

二、受理

（一）受理条件

行政复议申请符合下列条件的，应当受理：

1.有明确的申请人和符合规定的被申请人。

2.申请人与行政行为有利害关系。

3.有具体的行政复议请求和理由。

4.在法定申请期限内提出。

5.属于行政复议法规定的行政复议范围。

6.属于收到行政复议申请的行政复议机构的职责范围。

7.其他行政复议机关尚未受理同一行政复议申请，法院尚未受理同一主体就同一事实提起的行政诉讼。

（二）受理期限

复议机关收到行政复议申请后，应当在5日内进行审查，视情况作出如下处理：

1.对符合条件的复议申请，决定受理。

2.对不符合法定的行政复议申请，决定不予受理，并书面告知申请人。

3.对符合法律规定，但是不属于本机关受理的行政复议申请，应当告知申请人向有关行政复议机关提出。

4.行政复议申请材料不齐全或表述不清楚的，可以自收到该行政复议申请之日起5日内书面通知申请人补正，申请人无正当理由逾期不补正的，视为申请人放弃复议申请。

（三）"受""理"分离

申请人对派出机关的复议、对派出机构的复议、对被授权组织的复议、对共同行为的复议和对被撤销机关的复议5种特殊情况，除了可以向法定的复议机关申请复议之外，还可以向行政行为发生地的县级政府提交复议申请。对属于其他复议机关管辖的申请，县级政府应当接受，并在7日内转送有关复议机关。

（四）管辖竞合

申请人就同一事项向两个或两个以上有权受理的机关申请行政复议的，由最先收到申请的机关受理；同时收到申请的，由这些机关在10日内协商确定；协商不成的，由其共同上一级机关在10日内指定受理机关。协商确定或指定受理机关所用时间不计入复议审理期限。

（五）督促受理

当事人依法提出复议申请，复议机关无正当理由不予受理的，上级行政机关认为不予受理的理由不成立的，可以先督促其受理；经督促仍不受理的，应当责令其限期受理，必要时也可以直接受理；上级行政机关认为复议申请不符合法定受理条件的，应当告知申请人。

三、审理

（一）审理机构

行政复议机构审理行政复议案件，应当由2名以上行政复议人员参加。

（二）审理方式

行政复议原则上采取书面审查的办法，但是申请人提出要求或行政复议机构认为有必要时，可以实地调查核实证据；对重大、复杂的案件，申请人提出要求或行政复议机构认为必要时，可以采取听证的方式审理。

· 知识拓展 ·

■ 所谓听证，是行政机关在作出影响行政相对人权益的行政决定时，应当听取当事人的陈述、申辩和质证，并根据经双方质证、核实的材料作出行政决定的一种制度。《行政复议法》第22条规定，行政复议原则上采取书面审查的办法，但是申请人提出要求或者行政复议机关负责法制工作的机构认为有必要时，可以向有关组织和人员调查情况，听取申请人、被申请人和第三人的意见。《行政复议法实施条例》第33条规定，行政复议机构认为必要时，可以实地调查核实证据；对重大、复杂的案件，申请人提出要求或者行政复议机构认为必要时，可以采取听证的方式审理。上述法律及行政法规的规定，在确立行政复议书面审理主导地位的同时，也肯定了言词审理的地位，同时也规定了听证的适用条件，即案件重大、复杂，申请人提出要求或者行政复议机构认为必要时，才可以采取听证的方式审理。此外，本条规定的是"可以"采取听证，而非"应当"，可见最终是否采取听证的裁量权仍在于行政机关，由其根据案件具体情况综合衡量后决定。一般而言，行政机关在作出对当事人权益有重大不利影响的拒绝性处理时，应当以适当方式听取当事人的陈述、申辩。

（三）审理过程

行政复议审理的一般过程包括：

1.送达申请书。行政复议机构应当自行政复议申请受理之日起7日内，将申请书副本或者申请笔录复印件发送被申请人。

2.提供证据和答辩。被申请人应当自收到申请书副本或者申请笔录复印件之日起10日内，提出书面答复，并提交当初作出行政行为的证据、依据和其他有关材料。

3.自愿撤回复议的申请。申请人在行政复议决定作出前自愿撤回行政复议申请的，经行政复议机构同意，可以撤回。申请人撤回行政复议申请的，不得再以同一事实和理由提出行政复议申请。但是，申请人能够证明撤回行政复议申请违背其真实意思表示的除外。

复议期间被申请人改变原行政行为的，不影响行政复议案件的审理，但申请人因此撤回复议申请的除外。

归纳总结 行政诉讼与复议的审理方式

救济程序	审理方式
行政诉讼一审程序	开庭审理
行政诉讼二审程序	①原则上开庭审理 ②没有提出新的事实、证据或理由，也可以不开庭审理
行政复议	①原则上书面审理 ②对重大、复杂的案件，依申请或依职权采取听证的方式审理

四、决定

（一）决定期限

复议机关应当自受理申请之日起60日内作出复议决定；但是法律规定的行政复议期限少于60日的除外。情况复杂，不能在规定期限内结案的，经复议机关负责人批准可以适当延长，并告知申请人和被申请人，但延长期限最多不超过30日。

（二）决定原则

行政机关不得作出对申请人更为不利的复议决定，如加重罚款数额或增加拘留日期等。

经典考题：某银行业金融机构不按照规定提交报表材料，某银保监局依据《银行业监督管理法》第47条对其作出罚款20万元的处罚决定。该机构不服，申请行政复议。下列说法哪些是错误的？（2020年考生回忆版卷一第19题，多选）[1]

---

[1]【答案】ABC。20万元罚款当事人逾期拒绝缴纳的，银保监局并无划拨的直接强制执行权，应当申请法院强制执行。A选项错误。行政复议期间被申请人改变原具体行政行为的，不影响行政复议案件的审理。B选项错误。若该机构与银保监局达成和解协议，则纠纷得以解决，案件审理程序得以终结，故应当是行政复议终止，而不是中止。C选项错误。D选项考查复议机关作出行政复议决定的期限60日，考生不能与行政诉讼一审的审限6个月相混淆。D选项准确。

A.若该机构到期不缴纳罚款，银保监局可以通知该机构的开户行直接划拨

B.若复议期间银保监局变更罚款为10万元，行政复议应当中止

C.若复议期间，该机构与银保监局达成和解协议，行政复议应当中止

D.行政复议期限为60日

归纳总结	★★★行政复议的程序

申请	期限	作为	【原则】自知道行为之日起60日内提出行政复议申请 【例外】法律规定的申请期限超过60日的除外
		不作为	①有履行期限规定的，自履行期限届满之日起计算 ②没有履行期限规定的，自行政机关收到申请满60日起计算 ③在紧急情况下请求履行法定职责，不履行的，不受上述规定的期限限制
	方式		书面+口头
	委托		申请人/第三人可以委托1~2名代理人参加行政复议；被申请人不允许委托代理人参加复议
	费用		不得向申请人收取任何费用
受理	期限		收到复议申请后，应当在5日内进行审查
	材料补正		①前提：复议申请材料不齐全或者表述不清楚的 ②补正时间：自收到该复议申请之日起5日内书面通知申请人补正
	管辖竞合		①申请人向多个有权受理的行政机关申请复议的，由最先收到复议申请的行政机关受理 ②同时收到的，由收到行政复议申请的行政机关在10日内协商确定 ③协商不成的，由其共同上一级行政机关在10日内指定受理机关
	督促受理		①上级行政机关认为行政复议机关不予受理的理由不成立的，可先行督促其受理 ②经督促仍不受理的，应当责令其限期受理，必要时可以直接受理
审查	组织		由2名以上行政复议人员参加
	形式		【原则】实行书面审查方式 【例外】根据需要选择书面方式以外的其他适当方式进行审理，重大复杂案件可听证审理
	撤回申请		【撤回条件】①提出撤回的申请并说明理由；②经行政复议机构同意 【撤回后果】申请人撤回行政复议申请的，不得再以同一事实和理由提出行政复议申请；但是，申请人能够证明撤回行政复议申请违背其真实意思表示的除外
决定	原则		不得作出对申请人更为不利的复议决定
	期限		【原则】60日+30日即≤90日 【例外】法律规定的行政复议期限少于60日的除外

第五节　行政复议的结案与执行

·考情分析·

■ 本节知识点要求考生掌握行政复议的结案。
■ 在客观题考试中，本节知识点每3年考查一个选项。

一、行政复议的结案方式

（一）不作出复议决定的结案

行政复议结案的主要形式是作出复议决定。在例外情况下，可以不作出复议决定结案，包括：

1.和解结案。

当事人对裁量行政行为不服申请行政复议，申请人与被申请人在复议决定作出前自愿达成和解的，应当向复议机构提交书面和解协议；和解内容不损害社会公共利益和他人合法权益的，复议机构应当准许。

2.调解结案。

对于以下三种情况，复议机关可以按照自愿、合法的原则进行调解：

（1）裁量行政行为案件；

（2）行政赔偿案件；

（3）行政补偿案件。

当事人经调解达成协议的，复议机关应当制作行政复议调解书，载明行政复议请求、事实、理由和调解结果，并加盖行政复议机关印章。行政复议调解书经双方当事人签字，即具有法律效力。调解未达成协议或调解书生效前一方反悔的，复议机关应当及时作出行政复议决定。

（二）作出复议决定的结案方式

1.被申请人获胜的决定。

被申请人在行政复议中获胜，即被申请的行政行为认定事实清楚，证据确凿，适用依据正确，程序合法，内容适当的，复议机关应当决定维持。

特殊情形下，被申请人在行政复议中获胜，不能作出维持决定，而应当决定驳回申请人的复议申请。包括：

（1）申请人认为行政机关不履行法定职责而申请复议，复议机关受理后发现该机关没有相应法定职责或已经履行法定职责的；

（2）复议机关受理申请后，发现该申请不符合受理条件的。

2.申请人获胜的决定。

申请人申请复议而获胜的，原则上适用撤销、变更、确认违法的复议决定。

被申请行政行为有下列情形之一的，复议机关应当决定撤销、变更或确认该行政行为违法：

（1）主要事实不清、证据不足的；

（2）适用依据错误的；

（3）违反法定程序的；

（4）超越职权的；

（5）滥用职权的；

（6）行政行为明显不当的。

一般情况下，对于违法或不当的行政行为，撤销决定、变更决定、确认违法决定三者可以通用，但下列两种情况除外：

（1）只有一般合理性问题的行为，可以撤销或变更，但不能确认违法；

（2）只有程序违法的行为，可以撤销或确认违法，但不得变更。

申请人针对不作为申请复议而获胜的，复议机关应当作出履行决定，责令被申请人在一定期限内履行职责；不作为已经造成不可挽回的损失，履行职责失去现实意义的，复议机关应当确认不作为违法。

二、行政复议中附带审查国家赔偿的处理

行政复议的赔偿决定包括两种类型：一是依申请作出的；二是依职权作出的。

1.依申请作出的赔偿决定。

如果申请人在申请复议时一并提出行政赔偿请求的，对于其中符合国家赔偿要件的情况，复议机关在对行政行为违法决定撤销、变更或确认违法的同时，应当决定被申请人对申请人给予赔偿。

2.依职权作出的赔偿决定。

如果申请人在申请复议时虽然没有提出行政赔偿请求，但被申请的行政行为是直接针对财物作出的，如罚款、违法集资、没收财物、征收财物、摊派费用、查封财产、扣押财产、冻结财产等，且该行为依法应当被撤销或变更的，复议机关应当同时依职权责令被申请人给予赔偿。

三、对行政行为依据的附带处理决定

行政复议与行政诉讼的显著不同之一，就是复议机关在对被申请行政行为进行审查的同时，还可以对作为该行政行为依据的有关文件进行附带审查，并作出相应处理。复议机关对行政行为依据的附带处理，同样包括依申请的处理与依职权的处理两种情况：

1.依申请的处理。

如果申请人在对某一行政行为申请复议时，一并提出对作为该行政行为依据的、效力在规章以下（不含规章）的行政规范性文件的审查申请，复议机关应当对该行政规范

性文件加以审查。复议机关有权处理的应在30日内处理完毕；无权处理的应在7日内依法转送有权处理的其他行政机关，后者应在60日内处理完毕。处理期间中止对行政行为的审查。

2.依职权的处理。

如果申请人在对某一行政行为申请行政复议时，并未对该行为的依据申请审查，但复议机关在案件的审查过程中主动发现其依据不合法的，也应加以处理。复议机关有权处理的应当在30日内处理完毕；无权处理的应当在7日内依法转送有权处理的国家机关。处理期间同样中止对行政行为的审查。注意依职权审查的对象并不限于规章以下的行政规范性文件，复议机关无权处理时转送的对象也不限于行政机关，而受转送机关的处理也无期限上的限制。

四、行政复议指导和监督

（一）概述

加强对行政复议工作的指导监督，是提高行政复议质量的重要措施。《行政复议法实施条例》要求县级以上各级人民政府加强对所属工作部门和下级人民政府履行行政复议职责的监督，行政复议机关加强对其行政复议机构履行行政复议职责的监督，行政复议机构在本级行政复议机关的领导下按照职责权限对行政复议工作进行督促、指导。

（二）主要措施

行政复议指导和监督的主要措施包括：

1.县级以上地方各级人民政府应当建立健全行政复议工作责任制，将行政复议工作纳入本级政府目标责任制。

2.县级以上地方各级人民政府应当按照职责权限，通过定期组织检查、抽查等方式，对所属工作部门和下级人民政府行政复议工作进行检查，并及时向有关方面反馈检查结果。

3.行政复议意见书与行政复议建议书。

（1）行政复议意见书。在复议期间，复议机关发现被申请人或其他下级行政机关的相关行政行为违法或需要做好善后工作的，可以制作行政复议意见书。有关机关应当自收到行政复议意见书之日起60日内，将纠正相关行政违法行为或做好善后工作的情况通报行政复议机构。

（2）行政复议建议书。在复议期间，行政复议机构发现法律、法规、规章实施中带有普遍性的问题，可以制作行政复议建议书，向有关机关提出完善制度和改进行政执法的建议。

4.县级以上各级人民政府行政复议机构应当定期向本级人民政府提交行政复议工作状况分析报告。

5.重大复议决定的备案。下级行政复议机关应当及时将重大行政复议决定报上级行政复议机关备案。

归纳总结 行政复议建议书/意见书

制度名称	制作主体	针对事项	针对对象	制度效力
行政复议意见书	行政复议机关	行政行为违法或者需要做好善后工作的	被申请人或者其他下级行政机关	自收到之日起60日内将纠正违法行政行为或者做好善后工作的情况通报行政复议机构
行政复议建议书	行政复议机构	发现法律、法规、规章实施中带有普遍性的问题	有关机关	提出完善制度和改进行政执法的建议，不具有强制性

经典考题：某公司员工孙某在下班途中醉驾引发交通事故身亡，公司向市人力资源与社会保障局申请工伤认定，人力资源与社会保障局认为孙某属于酒后驾驶引发交通意外事故，驳回了该公司的工伤认定请求。孙某的妻子杨某不服，向市政府申请行政复议，下列选项哪些是准确的？（2019年考生回忆版卷一第12题，多选）①

A.工伤认定的性质属于行政裁决

B.杨某不具有复议申请人资格

C.市政府认为人力资源与社会保障局决定违法，可以向其制作复议意见书

D.公司可以委托代理人参加杨某申请的行政复议案件

五、行政复议决定的执行

行政复议决定的执行措施，包括了三种性质完全不同的行为方式，有的是一种内部行政行为，有的是行政强制执行，还有的属于法院的非诉执行。

（一）属于内部行为的执行措施

复议被申请人不履行或无正当理由拖延履行复议决定的，复议机关或有关上级行政机关应当责令其限期履行。其实质是一种内部行为。

（二）属于行政强制执行的措施

申请人、第三人逾期不起诉又不履行行政复议决定的，或不履行属于终局裁决的复议决定时，如果作出原行政行为的机关或复议机关具有直接强制执行权的，在复议维持的情况下由作出原行为的机关负责执行，在复议改变的情况下由复议机关负责执行。这种执行措施，其性质是行政强制执行。

---

① 【答案】CD。工伤认定是人力资源与社会保障局依据法律的授权对职工因事故伤害（或者患职业病）是否属于工伤或者视同工伤给予定性的行政确认行为。A选项错误。有权申请行政复议的公民死亡的，其近亲属可以申请行政复议。本题，孙某死亡，其妻子继承申请人资格，有权申请行政复议。B选项错误。市政府认为市人力资源与社会保障局在个案中存在违法，市政府可以提出意见书。C选项准确。孙某为公司员工，是否构成工伤，涉及公司是否需要承担丧葬补助金、一次性伤亡补助金、供养亲属抚恤金等费用支出问题，与市人力资源与社会保障局的工伤认定结果具有利害关系，可以作为第三人参加行政复议案件，而第三人是可以委托代理人参加行政复议的。D选项准确。

（三）属于法院非诉执行的措施

申请人、第三人逾期不起诉又不履行行政复议决定的，或不履行属于终局裁决的复议决定时，如果作出原行政行为的机关与复议机关不具备直接强制执行权的，在复议维持的情况下由作出原行为的机关申请法院执行，在复议改变的情况下由复议机关申请法院执行。这种执行措施，则属于法院的非诉执行。

归纳总结 ★行政复议的决定

结案方式		适用情况	
和谐结案	调解结案	①复议机关主持调解 ②达成协议的应当制作行政复议调解书	①行政赔偿纠纷 ②行政补偿纠纷 ③裁量行为引起的争议
	和解结案	①当事人自愿、合法达成和解 ②应向行政复议机构提交书面和解协议	裁量行政行为引起的争议
申请人获胜	撤销决定	被申请人行为违法	
	确认决定		
	变更决定		
	履行决定	被申请人不作为错误，但履行仍有现实意义	
被申请人获胜	维持决定	被申请人行为合法	
	驳回决定	①不应受理 ②对不作为的申请不成立	
处理附带问题	附带作出赔偿决定	①申请作出：必须决定赔偿与否 ②主动作出：撤销变更直接针对财物的行为	
	附带审查行政行为的依据	①依申请审查：针对规章以下文件，有权处理的，限30日内处理；无权处理的在7日内转送有权机关，后者在60日内处理 ②依职权审查：范围不限于规章以下文件	
备注	复议意见书	在复议期间，复议机关发现被申请人或其他下级机关的行为违法或需做好善后工作的，可以制作行政复议意见书。有关机关应当将纠正情况通报行政复议机构【针对个案】	
	复议建议书	在复议期间，行政复议机构发现法律、法规、规章实施中带有普遍性的问题，可以制作行政复议建议书，向有关机关提出完善制度和改进行政执法的建议【针对普遍性问题】	

★行政复议决定的执行	
被申请人不履行	行政复议机关或者有关上级行政机关应当责令其限期履行
申请人不履行	①复议维持的，由作出行政行为的行政机关依法强制执行，或者申请法院强制执行 ②复议变更的，由行政复议机关依法强制执行，或者申请法院强制执行

专题十八

国家赔偿

命题点拨

(一) 主要内容

本专题的主要内容包括: (1) 国家赔偿的概述; (2) 行政赔偿; (3) 司法赔偿; (4) 国家赔偿的内容。

(二) 命题规律

本专题的内容在法考中分值3分。考查题型以单项选择题、多项选择题为主。在主观题中亦有可能考查行政赔偿的程序、行政赔偿的内容与计算方式等。

(三) 重点难点

本专题的重点难点包括: (1) 归责原则; (2) 行政赔偿义务机关的确定; (3) 行政赔偿程序; (4) 限制人身自由的刑事司法赔偿范围; (5) 刑事司法赔偿义务机关的确定; (6) 刑事司法赔偿程序; (7) 国家赔偿的方式和计算标准。

知识体系图

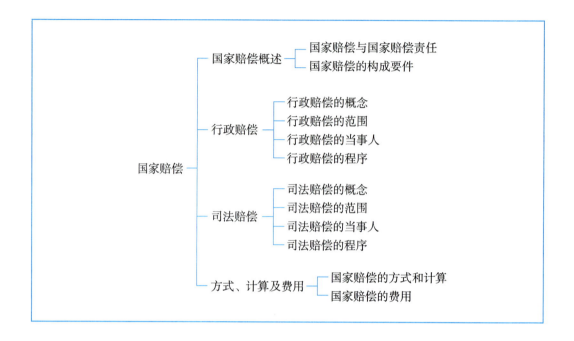

第一节　国家赔偿概述

一、国家赔偿与国家赔偿责任

（一）国家赔偿的概念和特征

1.国家赔偿的概念。

国家赔偿是指国家对国家机关及其工作人员行使职权造成的损害给予受害人赔偿的活动。

（1）国家赔偿与国家补偿不同。

国家赔偿是国家机关及其工作人员违法或错误地行使职权给当事人造成损害承担的赔偿责任；国家补偿是国家对国家机关及其工作人员的合法履职行为给当事人造成的损失给予的补偿。

例1：张某租用农贸市场一门面从事经营。因赵某提出该门面属于他而引起争议，市场监督管理局扣缴张某的营业执照，致使张某停业2个月之久。张某在市场监督管理局返还营业执照后，提出赔偿请求。国家应当赔偿张某停产停业期间必要的经常性费用开支，例如门面租赁费、停业期间依法缴纳的税费等。

例2：李某租用一商店经营服装。区公安分局公安人员驾驶警车追捕时，为躲闪其他车辆，不慎将李某服装厅的橱窗玻璃及模特衣物撞坏。事后，区公安分局与李某协商赔偿不成，李某请求国家赔偿。本案，区公安分局不应作为赔偿义务机关，因为该公安人员的行为不是违法行使职权，应按行政补偿解决。

例3：两刑警在追击某犯罪嫌疑人的过程中，租了一辆出租车。出租车不幸被犯罪嫌疑人炸毁，司机被炸伤，犯罪嫌疑人被刑警击毙。该司机准确的救济途径是请求两刑警所在的公安局给予国家补偿。

（2）国家赔偿与民事赔偿不同。

国家赔偿是因国家机关及其工作人员行使职权行为引起的国家责任；而民事赔偿是由发生在平等民事主体之间的侵权行为引起的民事责任。如果国家机关以民事主体的身份实施的侵权行为属于民事侵权，国家机关应当承担与其他民事主体相同的民事赔偿责任。

2.国家赔偿的特征。

（1）国家赔偿是由国家承担的法律责任。

虽然侵权行为是由不同的国家机关及其工作人员实施的，但是承担责任的主体不是这些机关及其工作人员，而是国家。国家对受害人给予的赔偿来自国库。

（2）国家赔偿是对国家机关及其工作人员的行为承担的责任。

在这里，国家机关包括依照宪法和组织法设置的行政机关、审判机关、检察机关、监察机关。国家机关工作人员是指上述机关的履行职务的公务人员。此外，还包括法律、法规授权的组织，行政机关委托的组织和人员。凡上述机关、组织及人员行使职权造成的损害，国家应当依法给予赔偿。

（3）国家赔偿是对前述机关及其人员行使职权的行为承担的责任。

行使职权的行为不同于国家机关的民事行为，也不同于国家机关工作人员的个人行为。对国家机关及其工作人员的民事和个人行为，国家不承担赔偿责任。

（4）国家赔偿是对违法行使职权或存在过错等原因造成损失承担的赔偿。

国家赔偿采用多元归责原则，即国家机关及其工作人员的职权行为违法，或虽未违法但存在过错或者从结果上看已经造成损害的，国家就需承担赔偿责任。

（5）国家赔偿本质是一种救济制度。

（二）国家赔偿责任的概念和特征

国家赔偿是对国家机关及其工作人员行使职权的行为造成的损害承担的责任。

国家赔偿的一个显著特点就是由国家承担法律责任，最终支付赔偿费用，由法律规定的赔偿义务机关履行具体赔偿义务，实施侵权行为的公务人员并不直接对受害人承担责任和履行赔偿义务。国家是抽象主体，不可能履行具体的赔偿义务，一般由具体的国家机关承担赔偿义务，因此，形成了"国家责任、机关赔偿"的特殊形式。

二、国家赔偿的构成要件

（一）主体要件

国家赔偿，必须是因国家侵权行为所引起的赔偿责任，而国家的行为必须通过一定的机关来实施。国家机关包括国家权力机关（各级人大及其常委会）、行政机关、司法机关、监察机关、军事机关等，这些机关所实施的行为都有可能侵犯公民、法人或其他组织的合法权益。但并非所有国家机关实施的行为都能够获得国家赔偿，按照《国家赔偿法》《监察法》的规定，只有行使国家行政权、司法权、监察权的机关和组织所实施的行为，才有可能引起国家赔偿。行使国家行政权的主体就是行政主体，包括行政机关与获得授权的机构、组织；行使国家司法权的主体包括法院、检察院以及实施刑事侦查活动的公安、国安、监狱管理等机关；行使国家监察权的主体主要是指各级监察委员会。

（二）行为要件

引起国家赔偿的行为，称为国家侵权行为。确定某一行为是否为国家侵权行为，首先要看它是否具备职权性这个特征，其次还要看是否符合归责原则。

1.职权性。

职权性特征，意味着只有国家机关及其工作人员实施与其职权有关的行为，方能引起国家赔偿。如公务人员实施与其职权无关的行为，作为个人行为只能引起民事侵权，导致民事赔偿。对职权性的判断，可以通过行为实施的时间、空间、名义、目的等因素来综合考虑。

2.归责原则。

（1）违法归责的内涵与适用领域。

尽管修订后的《国家赔偿法》在归责原则的表述上删去了"违法"二字，但实际上，绝大多数国家侵权行为仍适用这一原则。违法归责意味着国家机关及其工作人员实施的违法行为方能引起国家赔偿。对违法归责原则的内涵应作适当广义理解，其含义包括违反法律规范、违反法律原则、行为明显不当、未尽合理注意。

如果是国家机关工作人员合法履行职责过程中给当事人造成人身权或者财产权损失的，由国家给予补偿，而不是国家赔偿。即合法侵权，有损失的，国家补偿；违法侵权，有损失的，国家赔偿。

例如：两刑警在追击某犯罪嫌疑人的过程中，租了一辆出租车。出租车不幸被犯罪嫌疑人炸毁，司机被炸伤，犯罪嫌疑人被刑警击毙。"该司机应当请求两刑警所在的公安局给予国家赔偿"，这种说法是否准确？我国国家赔偿的归责原则以违法归责为主，以结果归责为辅。违法归责即以职务违法作为国家赔偿的前提。这一标准，将国家赔偿与国家补偿、民事赔偿区别开来。国家赔偿与国家补偿的不同在于前者是违法行为导致的，而后者是合法行为导致的；国家赔偿与民事赔偿的不同在于前者是因为行使国家职权引起的国家责任，后者是国家作为平等民事主体所引起的民事责任。本题，刑警在追击刑事犯罪嫌疑人时租（征用）了一辆出租车，是在合法履职，但最终车辆发生毁损造成损失的，由国家补偿，而不是国家赔偿。

（2）结果归责的内涵与适用领域。

结果归责原则，意指国家机关行使职权，无论是否违反法律规范，是否存在过错，只要侵犯公民、法人和其他组织的合法权益，造成损害结果的，均应当由国家承担赔偿责任。

在我国，结果归责主要适用于刑事赔偿中的错捕、错判。前者指的是对公民采取逮捕措施后，决定撤销案件、不起诉或判决宣告无罪终止追究刑事责任的情况；后者指的是再审改判无罪，原判刑罚已经执行的情况。在这些情况下，只要出现当事人"无罪"这一结果，不管此前的刑事诉讼活动有无违法，国家原则上应承担赔偿责任。

（三）结果要件

结果要件指国家机关及其工作人员的行为已经造成了公民、法人或其他组织合法权益上的损害。国家赔偿的权利范围是十分有限的，能够获得国家赔偿的权益应当符合以下条件：

1.属于合法权益。

公民、法人或其他组织所遭受的必须是合法权益的损失，对于不法权益的损失国家不予赔偿。也就是说，国家赔偿的前提条件是，公民、法人或者其他组织的合法权益受到国家公权力的侵害。没有合法权益受到损害，或者损害并非国家公权力行为造成的，均不符合国家赔偿的法定条件。例如：赃款、赃物等违法权益即不属于法律保护的范围，其损失不属于国家赔偿的范围。

2.属于人身权或财产权。

其中，人身权主要是人身自由权、生命权和健康权。

3.属于直接损失。

因国家侵权行为而引起的必然的、现实的损失属于国家赔偿范围。

可得利益、预期利益的损失不属于国家赔偿的范围。

4.精神损害赔偿。

侵犯人身权造成精神损害的，国家应当给予精神损害赔偿。

（四）因果要件

1.一般要求。

国家侵权行为与当事人所遭受的损害之间必须具有因果联系，国家才对此承担赔偿责任。

不作为与损害结果之间存在因果关系，一般要求受害人向国家机关曾经提出履行法定职责的申请，该国家机关应当履行且能够履行的情况下无正当理由拒不履行法定职责导致损害发生，国家应当承担赔偿责任。若受害人没有向国家机关提出履责申请，一般不作为与损害结果之间不存在因果关系。例外情形是，受害人虽然没有提出过履责申请，但是其他主体向国家机关提出了履责申请，国家机关无正当理由拒不履行导致受害人损害发生的，国家应当承担赔偿责任。

例如：2015年8月20日，县交通局接到上报，获知某路段出现塌方，安排王某和黎某去查看，发现塌方约有4000立方米。王某用手机拍了照片并向领导汇报了情况，未设置警示标志和绕行标志。8月22日19时，田某在通过该路段时，发生大面积山体滑坡，被掩埋死亡。田某之父向法院起诉，要求确认县交通局在事故路段没有及时设置警示标志和绕行标志的行为违法并要求国家赔偿。依照《公路法》第43条第2款规定："县级以上地方人民政府交通主管部门应当认真履行职责，依法做好公路保护工作，并努力采用科学的管理方法和先进的技术手段，提高公路管理水平，逐步完善公路服务设施，保障公路的完好、安全和畅通。"《公路安全保护条例》第47条第1款规定："公路管理机构、公路经营企业应当按照国务院交通运输主管部门的规定对公路进行巡查，并制作巡查记录；发现公路坍塌、坑槽、隆起等损毁的，应当及时设置警示标志，并采取措施修复。"第53条第1款规定："发生公路突发事件影响通行的，公路管理机构、公路经营企业应当及时修复公路、恢复通行。设区的市级以上人民政府交通运输主管部门应当根据修复公路、恢复通行的需要，及时调集抢修力量，统筹安排有关作业计划，下达路网调度指令，配合有关部门组织绕行、分流。"从上述规定来看，交通局及其下属公路管理机构具有对公路进行巡查，并制作巡查记录的职责；发现公路坍塌、坑槽、隆起等损毁的，及时设置警示标志，并采取措施修复；加强对公路的保护，保障公路的完好、安全和畅通等。本案，事故发生前，县交通局在8月20日接到上报公路塌方消息后，就派出工作人员到塌方路段进行查勘，但工作人员确实存在未及时设置警示标志和绕行标志的行为，构成不履行法定职责。需要注意：不完全履行法定职责亦构成不履行法定职责。县交通局不履行法定职责与田某的死亡有因果关系，国家对于田某的死亡应当承担国家赔偿责任。

2.因果关系推定。

公民被限制人身自由期间（包括行政拘留、行政强制措施、刑事拘留、逮捕、自由刑）死亡或丧失行为能力时，国家就应对其承担赔偿责任。但是，赔偿义务机关可以通过证明其行为与当事人的死亡或丧失行为能力不存在因果关系而免责。

例如：区公安分局对黄某作出行政拘留10日并处罚款500元的处罚。黄某不服申请复议，市公安局反而将其处罚加重为拘留15日。黄某被送往拘留所执行，在拘留期间，黄某被牢头段某殴打，拘留所看管人员不予制止。经鉴定，黄某伤残等级为三级，属于全部丧失行为能力。黄某申请国家赔偿的，应当由赔偿义务机关就其行为与损害结果是否存在因果关系承担举证责任。

3.缺乏因果关系的情形。

有些特殊的致害原因与损害结果之间缺乏因果联系，国家对此不负赔偿责任。主要包括：

（1）受害人自己的过错。受害人的行为促使损害的发生成为不可避免或加重时，国家完全不负赔偿责任或者部分免除赔偿责任。如果损害完全是由于受害人过错引起的，那么国家不负赔偿责任。

（2）不可抗力。因不可抗力如战争、天灾等引起的损害，国家不负赔偿责任。因不可抗力是不能预见、不可抗拒的，属于当事人意志之外的力量，因此造成的损害与国家机关的行为无任何因果关系，国家对此不承担责任。

（3）第三者介入。当国家机关的行为通过第三者介入产生损害时，这种损害是间接损害，国家不负赔偿责任。

（五）法律要件

如果一个案件完全符合上述的主体要件、行为要件、结果要件、因果要件，但无法找到有效的法律依据的话，仍然不能引起国家赔偿。国家赔偿责任的构成，还需要以现实中存在明确的法律依据作为条件，这就是国家赔偿责任的法律要件。

归纳总结	★★国家赔偿的构成要件	

主体	行政赔偿	①国家行政机关及其工作人员 ②法律、法规授权组织及其工作人员 ③行政机关委托的机关、机构和组织及其工作人员
	司法赔偿	①公安机关；②检察机关；③法院；④国家安全机关；⑤军队保卫部门； ⑥看守所
	监察赔偿	监察机关及其工作人员行使职权（《监察法》第67条规定了监察赔偿）
行为	职权性	行使职权的行为导致的损害由国家赔偿；若是个人行为则国家不赔
	可归责性	①违法归责：违反法律规范；未尽合理义务 ②结果归责：错捕/错判/羁押场所死亡或者丧失行为能力的
结果	人身权	①人身自由权【人身自由赔偿仅限于受到实际羁押，被管制、监视居住、取保 候审的则不赔】 ②生命健康权【包括刑讯逼供和殴打等暴力行为以及虐待导致的损害】
	财产权	只赔偿直接损失，不赔偿可期待的利润、利益
	精神损害	侵害人身权伴随产生精神损害的，予以精神损害赔偿【前提：侵犯了人身权】
因果	判断	①针对作为：行为与损害具有直接相关性 ②针对不作为：违反对特定当事人的义务
	证明	①原则上：谁主张，谁举证 ②有例外：被限制人身自由人死亡或者丧失行为能力的
法律	前提	法有规定才赔

第二节　行政赔偿

·考情分析·

■ 本节知识点要求考生了解行政赔偿的范围、行政赔偿义务机关，重点掌握行政赔偿的程序。

■ 在客观题考试中，本节知识点每2年考查一次。

■ 本节易错和高频考点是：

（1）当事人在提起行政诉讼的同时一并提出行政赔偿请求，或者因行政行为与行使行政职权有关的其他行为侵权造成损害一并提出行政赔偿请求的，人民法院应当分别立案，根据具体情况可以合并审理，也可以单独审理。

（2）事实行为是不以建立、变更或者消灭当事人法律上权利义务为目的的行政活动。事实行为不发生法律效果，或者虽然发生法律效果但效果的发生并非基于行政机关的意思表示。行政机关实施事实行为造成损失的，属于国家赔偿范围。

（3）单独提起行政赔偿诉讼不是行政诉讼，而属于国家赔偿程序。

（4）单独提起行政赔偿诉讼的起诉期限是3个月，而不是6个月。

■ 在主观题考试中，需要掌握行政赔偿程序。

一、行政赔偿的概念

行政赔偿是指行政机关及其工作人员在行使职权过程中违法侵犯公民、法人或其他组织的合法权益并造成损害，国家对此承担的赔偿责任。

例如： 某公司因为生产、销售劣药饮片"红花"的行为，被区市场监督管理局责令停产1年。该公司不服提起行政诉讼，后法院认为区市场监督管理局认定事实有误，撤销了区市场监督管理局责令停产1年的行政行为。该公司申请国家赔偿，区市场监督管理局需要承担行政赔偿责任，赔偿停产期间必要的经常性费用开支，包括留守职工工资、必须缴纳的税费、水电费、房屋场地租金、设备租金、设备折旧费等必要的经常性费用。

二、行政赔偿的范围

《国家赔偿法》第3~4条罗列了行政赔偿的具体事项。概括起来，即只有在造成人身自由权、生命权、健康权、财产权损害的情况下，才能获得国家赔偿。同时，人身权受到侵害时导致精神损害的，也属于行政赔偿的范围，应当为受害人消除影响，恢复名誉，赔礼道歉；造成严重后果的，应当支付相应的精神损害抚慰金。

行政机关工作人员个人行为造成的侵权损害、当事人自己行为导致的损害、第三人行为导致的损害、不可抗力导致的损害，国家均不承担赔偿责任。

归纳总结 ★**行政赔偿范围**

应赔	人身权	①侵犯人身自由权的行为 ②侵犯生命健康权的行为
	财产权	①侵犯财产权的行政处罚 ②侵犯财产权的行政强制措施 ③违法征收征用财产 ④其他违法行为
	精神赔偿	侵犯公民人身权，致人精神损害的
不赔	不具有因果关系	①行政机关工作人员与行使职权无关的个人行为 ②因公民、法人和其他组织自己的行为致使损害发生的 ③法律规定的其他情形：不可抗力、第三人过错

三、行政赔偿的当事人

（一）行政赔偿请求人

行政赔偿请求人是行政赔偿法律关系中的权利人一方，其规则包括：

1.请求人资格的确定。

行政赔偿请求人资格，包括本来的请求人资格与经转移的请求人资格。

（1）本来的请求人资格。

谁受到了国家侵权行为的侵害，谁就有资格要求国家赔偿。

（2）经转移的请求人资格。

受害的公民死亡的，其继承人、其他有扶养关系的亲属以及死者生前抚养的无劳动能力人有权替代死者要求国家赔偿。注意在公民死亡时，其国家赔偿请求人资格的转移与行政诉讼原告资格的转移有所不同。在行政诉讼中，当本来具有原告资格的公民死亡时，有权替代死者提起诉讼的是其近亲属及其他具有扶养、赡养关系的亲属。

受害的法人或其他组织终止，其权利承受人替代其要求国家赔偿。但是，企业法人或其他组织被行政机关撤销、变更、兼并、注销，即从形式上消灭主体资格之后，认为其经营自主权受到侵害的，原企业法人或其他组织、或对其享有权利的法人和其他组织仍然是国家赔偿请求人，可以依法提起行政赔偿诉讼，此时请求人资格没有发生转移。

2.请求权行使的时效。

国家赔偿请求人请求国家赔偿的时间有期限上的限制，这就是国家赔偿的请求时效。

（1）一般时效。

一般为2年，自受害人知道或应当知道国家机关及其工作人员的行为侵犯其权利之日起计算，但被限制人身自由的期间应扣除。赔偿请求人在请求时效的最后6个月内，因不可抗力或其他障碍不能行使请求权的，时效中止。从中止时效的原因消除之日起恢复计算。

（2）特殊时效。

受害人如果通过行政复议或行政诉讼一并提出赔偿请求的，适用行政复议、行政诉讼的有关时效。行政复议即为复议申请期限，一般是60日；行政诉讼即为起诉时限，一般是6个月。

（二）行政赔偿义务机关

1.单独的赔偿义务机关。

根据确定行政主体的一般原理可知，一个独立的行政机关或一个获得行政授权的组织都具有行政主体资格，对于自己实施的行政侵权行为应当承担赔偿责任。

例如：区自然资源与规划局以某公司未经批准擅自搭建地面工棚为由，责令限期拆除违建工棚。该公司逾期未拆除。根据区自然资源与规划局的请求，区政府组织人员将违法建筑拆除，并将拆下的钢板作为建筑垃圾运走。如该公司申请国家赔偿，行政赔偿义务机关如何确定？区政府是行政赔偿义务机关。因为区自然资源与规划局合法作出基础决定"责令限期拆除违建工棚"，并无侵权行为。区政府虽然有权实施强制执行，但是无权将拆下的钢板作为建筑垃圾运走。该公司是对"区政府将拆下的钢板作为建筑垃垃圾运走"有异议，认为该行为侵犯其合法权益，因此，区政府作为行政赔偿义务机关。

2.共同行政侵权的赔偿义务机关。

两个以上行政主体共同行使行政职权侵权时，共同作为赔偿义务机关，承担连带责任。请求人可以向共同赔偿义务机关中的一个或几个要求支付赔偿金额的全部或部分，接到要求的赔偿义务机关应当按其要求支付，支付后再与其他赔偿义务机关分割份额。

在共同行政侵权的情况下，赔偿请求人提起行政赔偿诉讼的，共同赔偿义务机关原则上应当作为共同被告。但如果请求人仅将其中一个或数个侵权机关列为被告的，法院就必须按照其诉讼请求的性质来确定被告。如果原告的诉讼请求属于可分之诉，如要求支付赔偿金，则只将原告所列的一个或数个侵权机关作为被告即可；如果原告的诉讼请求是不可分之诉，如要求返还原物、恢复原状等，则法院应当依法追加其他侵权机关作为共同被告。

3.法律、法规授权组织实施侵权行为的赔偿义务机关。

法律、法规授权的组织在行使行政职权时侵犯公民、法人或者其他组织的合法权益造成损害的，法律、法规授权的组织是赔偿义务机关。

4.委托实施侵权行为的赔偿义务机关。

在行政委托关系中，接受行政委托的行政机关、行政机构、社会组织以及公民个人都不具备行政主体资格，对于它们实施的行政侵权行为，应当由委托的行政主体承担赔偿责任。在赔偿损失后，赔偿义务机关有权责令有故意或者重大过失的受委托组织或者个人承担部分或者全部费用。

5.侵权机关被撤销时的赔偿义务机关。

实施侵权行为的机关被撤销的，继续行使其职权的行政机关替代其作为赔偿义务机关；如果没有继续行使其职权的行政机关，由撤销原侵权机关的行政机关替代其作为赔偿义务机关。这与实施行政行为的机关被撤销时，行政诉讼被告与行政复议被申请人的确定完全一致。

6.复议加重时的赔偿义务机关。

尽管《行政复议法实施条例》规定，复议机关在申请人的请求范围内，不得作出对申请人更为不利的复议决定，即一般复议不得加重损害。但在实践中，复议加重当事人损害的情况亦有发生。这种情况下复议机关与作出原行政行为的机关应当就其侵权行为造成的损害分别负责，并不承担连带责任。作出原行为的机关对其造成的损害负责，复议机关就其加重的损害负责。

7.非诉执行案件的赔偿义务机关。

行政机关申请法院强制执行其行政行为，最终造成被执行人合法权益损害时，其赔偿义务机关的确定也值得注意。此时，首先必须辨别侵权行为的性质，如果是法院及其工作人员在执行过程中违法造成侵权的，属于民事、行政司法赔偿的范畴，应当由负责执行的法院作为赔偿义务机关。如果法院的执行行为没有错误，但是其据以执行的根据，即被执行的行政行为存在错误的，则以申请执行的行政机关，也就是该行政行为的作出者作为赔偿义务机关。

归纳总结	★行政赔偿义务机关
原则	①有行政主体资格 ②谁致害，谁赔偿 ③内设机构、派出机构不作赔偿义务机关
原行政机关赔偿♣	复议维持案件，原行政行为被撤销、确认违法或无效，造成损失的，应当由作出原行政行为的行政机关承担赔偿责任
复议机关赔偿♣	①复议维持案件，因复议程序违法给原告造成损失的，由复议机关承担赔偿责任 ②复议决定加重损害的，复议机关对加重部分履行赔偿义务
申请机关赔偿	申请法院强制执行行政行为，由于执行根据错误的，由申请机关赔偿

四、行政赔偿的程序

行政赔偿的程序，是指行政赔偿请求人依法获取赔偿，赔偿义务机关或其他法定机关办理行政赔偿案件所遵循的方式、步骤与顺序。行政赔偿程序根据侵权行为性质的不同（行政行为侵权或事实行为侵权）而有所不同。

（一）行政行为侵权的赔偿程序

如果侵权行为是行政行为，受害人请求赔偿有三种途径：

1.普通行政诉讼与行政复议程序一并提出赔偿请求。

受害人如果不服行政行为提起普通的行政诉讼或行政复议，如果认为该行为造成了侵权，就可以一并提出行政赔偿的请求，由法院作出赔偿判决，或由复议机关作出赔偿决定。

通过普通行政诉讼与行政复议程序一并解决行政赔偿问题，是最为便捷的一种方式。这种程序只能解决行政行为所导致的侵权赔偿问题，而对于事实行为侵权则无能为力。事实行为由于不属于行政诉讼或行政复议的受案范围，无法适用该程序。

当事人在提起行政诉讼的同时一并提出行政赔偿请求，人民法院应当分别立案，根据具体情况可以合并审理，也可以单独审理。

例如：县政府认为甲违法设置广告牌，向甲送达《责令限期拆除违法广告牌通知书》。甲逾期未拆除，镇政府组织人员拆除了广告牌。甲将县政府起诉至法院，要求确认强制拆除行为违法并赔偿经济损失50万元。那么，"法院应当就确认强制拆除行为违法和赔偿经济损失分别立案，合并审理"，这种说法是否准确？确认强制拆除行为违法和赔偿经济损失，两者是独立的诉求，分别立案是准确的，但合并审理则不是绝对的。行政诉讼和行政赔偿诉讼制度是相互独立的救济程序。行政诉讼的主要目的是审查被诉行政行为的合法性问题；行政赔偿诉讼的主要目的是审查"赔不赔、谁来赔、赔多少、怎么算"的问题。因此，行政诉讼与行政赔偿诉讼是两个独立的诉讼类型，是相互并列关系，而不是隶属关系。因此，行为合法性问题与赔偿问题可以分别审理，不是应当合并审理，分别审理并不会出现相互矛盾的判决。当然，为了节省司法资源，法院对于行为合法性问题与赔偿问题也可以合并审理。

2.赔偿义务机关先行处理程序。

即赔偿义务机关自己对赔偿事务进行处理的程序。对于一个侵权的行政行为，如果受害人未曾提起行政诉讼或申请行政复议，或者在行政诉讼或行政复议中没有提出赔偿请求，都可以直接向赔偿义务机关提出申请，由其自己处理。其具体程序为：

（1）申请。

受害人要求赔偿应当递交申请书，书写申请书确有困难的可以委托他人代书，也可以口头申请，由赔偿义务机关记入笔录。

（2）受理。

赔偿请求人当面递交申请书的，赔偿义务机关应当场出具加盖本行政机关专用印章并注明收讫日期的书面凭证。申请材料不齐全的，赔偿义务机关应当当场或在5日内一次性告知赔偿请求人需要补正的全部内容。

（3）审理和决定。

赔偿义务机关应当自收到申请之日起2个月内作出是否赔偿的决定。赔偿义务机关作出赔偿决定，可以与赔偿请求人就赔偿方式、赔偿项目和赔偿数额进行协商。

（4）送达。

赔偿义务机关决定（不予）赔偿，均应制作书面决定并在10日内送达赔偿请求人。

3.单独提起的行政赔偿诉讼程序。

单独提起的行政赔偿诉讼之所以称为"单独"，是因为在这种诉讼中，法院只就行政赔偿问题作出判决，而不对侵权行为的合法性作出判决，这是它与普通行政诉讼的根本区别。

受害人通过先行处理程序向赔偿义务机关请求赔偿后，如果赔偿义务机关在规定期限内没有作出决定，或者受害人对其赔偿决定不服，都可以再向法院单独提起行政赔偿诉讼。

关于单独提起的行政赔偿诉讼，其基本制度与普通行政诉讼类似，但某些问题存在区别，对此需要掌握：

（1）受案范围。

单独提起的行政赔偿诉讼，除了可以受理行政行为所造成的侵权赔偿案件之外，还可以受理因侵犯生命权、健康权、财产权的事实行为所引起的赔偿案件，也可以受理行政终局裁决行为中的赔偿问题。

（2）管辖法院。

单独提起的行政赔偿诉讼，在级别管辖上与普通行政诉讼相同，在地域管辖上也类似。但有一点不同，就是对于行政机关基于同一事实对同一当事人，既限制其人身自由，又对其财产采取强制措施的案件，单独提起行政赔偿诉讼的，可以由被告住所地、原告住所地或不动产所在地法院（如果涉案财产是不动产的话）管辖；而在普通行政诉讼中，这种案件应当由被告所在地或原告所在地法院管辖。

（3）起诉时限。

如果赔偿义务机关在先行处理程序中作出了赔偿决定，受害人不服的，应当在其决定作出之日起3个月内，提起单独的行政赔偿诉讼。如果赔偿义务机关在先行处理程序中没有作出赔偿决定，受害人应当从赔偿义务机关处理期限（2个月）届满之日起3个月内，提起单独的行政赔偿诉讼。

【注意】这里的3个月起诉期限，适用于赔偿请求人在行政行为已被确认违法的情况下，向赔偿义务机关单独提出赔偿申请，赔偿请求人对赔偿义务机关的处理决定或者未予答复不服提起行政赔偿诉讼的情形。对于提起行政诉讼时一并提出赔偿请求的，根据《国家赔偿法》第39条第1款的规定，应当适用行政诉讼法有关期限的规定（一般是6个月）。

（4）审理程序。

法院审理行政赔偿案件，包括一并提起的与单独提起的行政赔偿诉讼，都可以在合法、自愿的前提下就赔偿范围、赔偿方式和赔偿数额进行调解。

（5）举证责任。

无论是在一并提起的还是单独提起的行政赔偿诉讼中，原告都应当对自己的主张承担举证责任，但被告有权提供不予赔偿或减少赔偿数额方面的证据。赔偿义务机关采取行政拘留或限制人身自由的强制措施期间，当事人死亡或丧失行为能力的，赔偿义务机关的行为与被限制人身自由的人的死亡或丧失行为能力是否存在因果关系，由赔偿义务机关证明。

（6）执行问题。

当事人申请法院强制执行生效的行政赔偿判决、裁定或调解协议，其申请期限公民为1年，法人或其他组织为6个月。而在普通行政诉讼中，当事人申请法院强制执行生效裁判，其申请期限为2年。

（二）事实行为侵权的赔偿程序

行政侵权行为，除行政行为之外，还包括事实行为（又称为"行政事实行为"）。当然，并非所有的事实行为都纳入了赔偿范围。根据《国家赔偿法》的规定，只有违法侵犯生命权、健康权、自由权、财产权的事实行为可以获得行政赔偿。对此类行为造成的损害，受害人可以通过以下途径寻求赔偿：

1.赔偿义务机关先行处理程序。

事实行为不属于行政诉讼或行政复议的受案范围，无法通过这些程序一并提出赔偿请求，只能直接向赔偿义务机关申请赔偿，由其先行自己处理。事实行为的自己先行处理程序，与行政行为侵权的行政机关先行处理程序并无不同。

2.单独提起的行政赔偿诉讼程序。

受害人通过先行处理程序向赔偿义务机关请求赔偿后，如果赔偿义务机关在规定期限内没有作出决定，或者受害人对其赔偿决定不服，都可以向法院单独提起行政赔偿诉讼。单独提起的行政赔偿诉讼，在审理行政行为侵权和审理事实行为侵权方面，也是完全相同的。

对事实行为造成损失，受害人在单独提起行政赔偿诉讼之前都必须经过赔偿义务机关的先行处理程序。如果赔偿义务机关在先行处理程序中拒不承认其行为侵权的，应当在单独提起的行政赔偿诉讼中，由法院在判决理由中一并确认其侵权。

例如：某市城管局执法队员在酒后执法过程中双脚跳起猛踩倒地商户刘某，导致刘某受伤住院。刘某欲寻求救济。下列说法中，哪些是错误的？①刘某不服城管局殴打行为，可以提起行政诉讼或者行政复议；②刘某可以在提起行政诉讼时一并提出行政赔偿请求；③赔偿义务机关为城管局；④刘某可以申请国家赔偿，并且可以要求精神损害赔偿。

①错误。殴打行为是典型的事实行为，不能提起行政诉讼和申请行政复议。②错误。由于殴打行为是典型的事实行为，不能提起行政诉讼，因此不能一并提出行政赔偿请求。③正确。城管局有行政主体资格，可以成为赔偿义务机关。④正确。人身受到损害，可以要求精神损害赔偿。

· 知识拓展 ·

■ 赔偿请求人提起行政赔偿诉讼的加害行为可以分为行政行为和事实行为，如果加害行为属于行政行为，则该行为必须已经行政诉讼或者行政复议等法定程序确认违法；如果该加害行为是事实行为，则应当在赔偿请求人提起的行政赔偿诉讼程序中对行为的违法性予以确认，然后决定是否予以赔偿。

归纳总结

★★★行政赔偿程序	
行政行为侵权	【方案一】在行政诉讼或者行政复议程序中一并解决赔偿 【方案二】先向赔偿义务机关申请赔偿+单独提起行政赔偿诉讼
事实行为侵权	先向赔偿义务机关申请赔偿+单独提起行政赔偿诉讼

★★赔偿义务机关先行处理程序（先向赔偿义务机关申请赔偿）		
申请	方式	①书面申请：递交赔偿申请书 ②口头申请：书写有困难，可委托他人代书；也可口头申请
	请求时效	请求期限为2年，自其（应）知道侵权行为之日起计算，但被羁押等限制人身自由期间不计算在内。最后6个月内，因不可抗力不能行使请求权，时效中止
受理		①当面递交申请书的，应当当场出具加盖本机关专用印章并注明收讫日期的书面凭证 ②申请材料不齐全的，应当当场或者在5日内一次性告知赔偿请求人需要补正的全部内容
决定	期限	自收到申请2个月内，作出是否赔偿的决定
	决定	①决定赔偿的，应制作赔偿决定书，并自作出决定10日内送达赔偿请求人 ②决定不予赔偿的，应自作出决定10日内书面通知赔偿请求人，并说明理由
	救济途径	①未作赔偿决定，自期限届满3个月内向法院起诉 ②已作赔偿决定，如不服的，可在决定之日起3个月内向法院起诉

第三节　司法赔偿

> **·考情分析·**
>
> ■ 本节知识点要求考生重点掌握侵犯人身自由权的刑事司法赔偿的范围、司法赔偿义务机关以及刑事司法赔偿的程序。
>
> ■ 在客观题考试中，本节知识点每年考查一个选择题。
>
> ■ 本节易错和高频考点是：
>
> （1）对公民采取逮捕措施后，检察院未说明具体理由不起诉的，给予国家赔偿；对公民采取逮捕措施后，检察院说明了具体理由不起诉的，只有存疑不起诉/证据不足不起诉的才给予国家赔偿，而法定不起诉和酌定不起诉的，不予国家赔偿。
>
> （2）数罪并罚的案件经再审改判部分罪名不成立，监禁期限超出再审判决确定的刑期，公民对超期监禁申请国家赔偿的，应当决定予以赔偿。即在数罪并罚的案件中，若其中有一个罪名无罪错判成有罪且受到实际羁押的，国家应当给予赔偿。
>
> （3）刑事司法赔偿义务机关的确定规则：最后一个作出错误的法律文书的机关即为赔偿义务机关，即谁最后一个错了，谁赔。
>
> （4）赔偿义务机关是法院的，在向上一级法院赔偿委员会申请国家赔偿前，没有复议前置程序。
>
> （5）赔偿义务机关不是法院的，对赔偿义务机关赔偿决定不服的，应当先找赔偿义务机关的上一级机关复议，对复议决定不服的，向复议机关所在的同级人民法院赔偿委员会申请国家赔偿。
>
> （6）县法院和区法院没有设置赔偿委员会，在中院、高院、最高院设置有赔偿委员会。
>
> （7）法院赔偿委员会原则上实行书面审理，必要时可以听取双方陈述申辩、进行质证。
>
> （8）赔偿请求人或者赔偿义务机关对赔偿委员会作出的决定，认为确有错误的，可以向上一级人民法院赔偿委员会提出申诉。
>
> ■ 在主观题考试中，需要掌握侵犯人身自由权的刑事司法赔偿的范围、刑事司法赔偿义务机关、刑事司法赔偿程序。

一、司法赔偿的概念

司法赔偿是指司法机关及其工作人员在行使侦查权、检察权、审判权和监狱管理职权时给公民、法人或者其他组织的生命、健康、自由和财产造成损害的，国家应当承担的赔偿责任。

在我国，公安机关具有治安行政管理与刑事侦查两种职能，分别体现为行政权行使主体与司法权行使主体，其在履行治安管理过程中违法侵害他人合法权益的，产生行政赔偿的问题；在履行刑事侦查职能时侵害他人合法权益的，产生司法赔偿的问题。

例如：李某涉嫌盗窃，被刑事拘留40日后公安机关撤销案件，因无罪超期羁押，国家应当给予司法赔偿。

二、司法赔偿的范围

（一）刑事司法赔偿的范围

1.人身损害赔偿。

刑事赔偿中的人身损害赔偿包括三类：

（1）人身自由权损害。

在刑事诉讼活动中，造成公民人身自由权损害的司法行为主要是刑事强制措施与人身自由刑。

刑事强制措施包括拘传、拘留、逮捕、取保候审、监视居住等，人身自由刑主要包括管制、拘役、有期徒刑、无期徒刑等。

尽管刑事诉讼过程中可能限制人身自由的司法行为种类众多，但在司法机关违法实施这些行为的情况下，受害人却并不必然都能够获得国家赔偿。对于刑事赔偿中的人身自由赔偿，我国的做法是以当事人有无受到实际羁押为标准，如果对当事人人身自由的限制不是通过实际羁押的方式来进行的，国家不承担赔偿责任。

首先，刑事拘留的赔偿范围。

应当赔偿的情形：①违反刑事诉讼法刑事拘留的；②按照刑事诉讼法刑事拘留，但超期羁押，最后作了无罪处理的。

例如：维多涉嫌盗窃被刑事拘留66日，最终公安局作出无罪处理。由于对犯罪嫌疑人的羁押期限一般为14天，涉及流窜作案、结伙作案、多次作案的可以延长到37天，维多属于无罪被超期羁押，国家应当给予赔偿。

不予赔偿的情形：①按照刑事诉讼法刑事拘留，没有超期羁押，最终作出无罪处理的；②按照刑事诉讼法刑事拘留，超期羁押，最终作出有罪处理的。

例如：利娅涉嫌组织卖淫被刑事拘留50日，检察院提起公诉后，法院作出的生效判决认定利娅构成组织卖淫罪，判处有期徒刑6年。本案虽然利娅在刑事拘留阶段存在超期羁押，但是利娅最终被法院判决有罪，且根据我国刑法的规定，羁押一日可以折抵有期徒刑一日，因此，国家对利娅在判决前超期羁押部分不予赔偿。

其次，逮捕的赔偿范围。

应当赔偿的情形：①对公民采取逮捕措施后，决定撤销案件；②对公民采取逮捕措施后，存疑不起诉/证据不足不起诉的；③对公民采取逮捕措施后，判决宣告无罪终止追究刑事责任的。

例如：区公安分局以郭某涉嫌盗窃为由，于2017年4月1日拘留了郭某。2017年4月10日，区检察院批准逮捕。2017年8月13日，区检察院认为该案证据不足，最终作了不起诉处理。当日，郭某被释放，申请国家赔偿。根据《刑事诉讼法》第81条规定，检察院批准逮捕的前提条件是有证据证明犯罪事实，本案中检察院证据不足就作出批捕决定，最后又作了不起诉处理，应当给予国家赔偿。

不予赔偿的情形：①对公民采取逮捕措施后，法定不起诉的；②对公民采取逮捕措施后，酌定不起诉的。

例如：县公安局以沈某涉嫌销售伪劣商品为由将其刑事拘留，并经县检察院批准逮捕。后检察院认为沈某的行为属于情节显著轻微、危害不大，不认为是犯罪，最终作了不起诉处理。沈某申请国家赔偿，赔偿义务机关拒绝。本案，检察院认为沈某的行为属于情节显著轻微、危害不大，不认为是犯罪，最终作了不起诉处理，这是法定不起诉之情形，不属于国家赔偿范围。

【注意】若检察院批准逮捕后，未说明什么具体原因决定不起诉的，适用结果归责原则，应当给予赔偿。即什么理由都没说，检察院决定不起诉的，赔！

例如：某县公安局以沈某涉嫌销售伪劣商品为由将其刑事拘留，并经县检察院批准逮捕。后检察院决定不起诉。沈某申请国家赔偿，国家应当给予沈某赔偿。赔偿义务机关为县检察院。

最后，刑事裁判的赔偿范围。

对于错判，国家只对无罪错判承担赔偿责任，对于轻罪重判不承担赔偿责任。

法院判处管制、缓刑、剥夺政治权利等刑罚被改判无罪的，由于没有实际的羁押，国家不承担赔偿责任。但是，赔偿请求人在判决生效前被羁押的，依法有权取得赔偿。

【总结：赔前不赔后】

例如：2009年2月10日，王某因涉嫌诈骗被县公安局刑事拘留。同年3月28日，县检察院批准逮捕王某。同年4月10日，县法院以诈骗罪判处王某3年有期徒刑，缓期2年执行。同年5月10日，县公安局根据县法院变更强制措施的决定，对王某采取取保候审措施。王某上诉，同年6月1日，市中级法院维持原判。王某申诉，同年12月10日，市中级法院再审认定王某行为不构成诈骗，撤销原判。对此，国家是否应当承担赔偿责任？因王某被判无罪，国家应当对王某在2009年2月10日至5月10日期间的损失承担赔偿责任。2009年5月10日之后，由于没有受到实际羁押，对于2009年5月10日之后的部分不予赔偿。

如果司法机关对于一个没有刑事责任能力或免于追究刑事责任的人进行了拘留、逮捕，而后又经过法院判处了人身自由刑甚至死刑的，当事人只能就刑罚部分获得赔偿，对于判决前受到的人身自由限制不能获得赔偿。【总结：赔后不赔前】

例如：2006年12月5日，王某因涉嫌盗窃被某县公安局刑事拘留。同月11日被县检察院批准逮捕。2008年3月4日王某被一审法院判处有期徒刑2年。王某不服提出上诉。2008年6月5日，二审法院维持原判，判决交付执行。2009年3月2日，法院经再审以王某犯罪时不满16周岁为由撤销生效判决，改判其无罪并当庭释放。王某申请国家赔偿，赔偿范围如何？本案中，法院经再审以王某犯罪时不满16周岁为由撤销生效判决，根据《最高人民法院关于人民法院执行〈国家赔偿法〉几个问题的解释》第1条的规定，依照《刑法》第17、18条规定不负刑事责任的人和依照《刑事诉讼法》第16条规定不追究刑事责任的人被羁押，国家不承担赔偿责任。但是对起诉后经人民法院判处拘役、有期徒刑、无期徒刑和死刑并已执行的上列人员，有权依法取得赔偿。判决生效并实际执行前被羁押的日期依法不予赔偿。本案中，判决确定的时间是2008年6月5日，因此，国家应当对王某从2008年6月5日到2009年3月2日被羁押的损失承担赔偿责任。

【注意】《最高人民法院、最高人民检察院关于办理刑事赔偿案件适用法律若干问题的解释》第6条规定，数罪并罚的案件经再审改判部分罪名不成立，监禁期限超出再审判决确定的刑期，公民对超期监禁申请国家赔偿的，应当决定予以赔偿。

例如：2010年1月1日，黄某因涉嫌盗窃罪和抢劫罪被甲市乙区公安分局依法刑事拘留。1月4日，被批准逮捕。2月1日，乙区检察院移送审查起诉。3月5日，乙区人民法院判处黄某盗窃罪和抢劫罪均成立，分别处以有期徒刑1年和3年，判处有期徒刑4年。黄某不服，向甲市中级人民法院上诉。4月25日，甲市中级人民法院维持原判。黄某刑满后申诉，2016年9月8日，甲市中级人民法院启动再审，判决黄某构成抢劫罪，但不构成盗窃罪。黄某申请国家赔偿的，国家是否要承担赔偿责任？数罪并罚经再审改判部分罪名不成立，监禁期限超出再审判决确定的刑期，国家需要承担赔偿责任。本案，黄某盗窃罪不成立，国家应对盗窃罪刑期1年这段有期徒刑执行部分承担赔偿责任。

归纳总结

★刑事司法赔偿范围	
侵犯人身权	①人身自由权：违法拘留、错误逮捕、无罪错判 ②生命健康权：刑讯逼供、殴打、违法使用武器警械等暴力行为以及虐待
侵犯财产权	①违法对财产采取查封、扣押、冻结、追缴等措施的 ②依照审判监督程序再审改判无罪，原判罚金、没收财产已经执行的
精神损害	侵犯公民人身权，致人精神损害的

★★★侵犯人身自由权的刑事司法赔偿范围	
前提	①当事人错误地被实际羁押的才有可能赔 ②当事人错误地作了有罪处理才有可能赔
违法刑拘	【应赔】 ①违反刑事诉讼法的规定对公民采取拘留措施＝赔 ②合法拘留＋超期羁押＋被拘留人作了无罪处理＝赔 【不赔】 ①拘留合法＋没有超期羁押＋被拘留人作了无罪处理＝不赔 ②拘留合法＋超期羁押＋被拘留人作了有罪处理＝不赔
无罪逮捕	【应赔】 ①对公民采取逮捕措施后，决定撤销案件的 ②对公民采取逮捕措施后，存疑不起诉/证据不足不起诉的 ③对公民采取逮捕措施后，判决宣告无罪终止追究刑事责任的

续　表

	★★★侵犯人身自由权的刑事司法赔偿范围
无罪逮捕	【不赔】 ①对公民采取逮捕措施后，法定不起诉的 ②对公民采取逮捕措施后，酌定不起诉的
无罪错判	①对于错判，国家只对无罪错判承担赔偿责任，对于轻罪重判，不承担赔偿责任 ②法院判处管制、缓刑、剥夺政治权利等刑罚被改判无罪的，由于没有实际的羁押，国家不承担赔偿责任。但是，赔偿请求人在判决生效前被羁押的，依法有权取得赔偿【赔前不赔后】 ③如果司法机关对于一个没有刑事责任能力或免于追究刑事责任的人进行了拘留、逮捕，而后又经过法院判处了人身自由刑甚至死刑的，当事人只能就刑罚部分获得赔偿，对于判决前受到的人身自由限制不能获得赔偿【赔后不赔前】

（2）生命权与健康权损害。

在刑事诉讼活动中，司法机关及其工作人员给公民造成生命权与健康权损害的，包括三种情况：

①对无罪的人判处死刑并实际执行的；

②刑讯逼供或以殴打、虐待等行为或唆使、放纵他人以殴打、虐待等行为造成公民身体伤害或者死亡的；

③违法使用武器、警械造成公民身体伤害或死亡的。

（3）精神损害。

司法机关在刑事诉讼活动中对公民造成人身损害，由此引起精神损失的，应当在侵权行为影响的范围内为受害人消除影响，恢复名誉，赔礼道歉，造成严重后果的应支付相应的精神损害抚慰金。

2.财产损害赔偿。

财产损害赔偿主要包括两种情况：

（1）因针对财产的刑事强制措施引起的赔偿，包括违法对财产采取的查封、扣押、冻结、追缴等措施；

（2）因错误判处并执行财产刑而引起的赔偿，即当事人被判处罚金、没收财产等财产刑，后来经再审改判无罪，但财产刑已经执行的。

（二）民事与行政司法赔偿的范围

除了刑事司法活动外，对于司法机关及其工作人员在民事或行政司法活动中造成的侵权损害，国家也应当承担赔偿责任。有关民事、行政司法赔偿的问题，主要规定于《最高人民法院关于民事、行政诉讼中司法赔偿若干问题的解释》当中。根据该司法解释，国家承担的民事、行政司法赔偿责任主要包括以下情况：

1.违法采取排除妨害诉讼的强制措施。

法院采取的排除妨害诉讼强制措施，包括训诫、责令具结悔过、司法拘留、司法罚款。这些强制措施都有被违法实施的可能，但国家只对法院违法采取的拘留和罚款两种措施给予赔偿。

2.违法采取保全措施。

法院违法采取的保全措施，包括财产保全措施与证据保全措施，国家对此主要赔偿在保全措施实施过程中，因司法机关及其工作人员实施违法行为而给当事人造成的财产损害。但对于在保全过程中，因申请人的行为、司法机关工作人员的个人行为、被保全人的行为、被执行人的行为、保管人员的行为，以及不可抗力等原因造成的损害，不予赔偿。

3.错误执行生效法律文书。

错误执行生效法律文书，是指司法机关及其工作人员对生效的判决书、裁定书、民事制裁决定书、调解书、支付令、仲裁裁决书、具有强制执行效力的公证债权文书、行政处罚决定、行政处理决定等，执行错误的行为，对此国家承担赔偿责任。注意判断国家是否在司法执行问题上承担赔偿责任，是看执行行为本身是否存在错误，而不是看作为执行根据的生效法律文书是否存在错误。如果司法机关正确地执行了错误的生效法律文书，不予赔偿，但应当责令取得财产的人予以返还，拒不返还的予以强制执行。对于执行过程中因司法机关工作人员的个人行为、被执行人的行为、保管人员的行为，以及不可抗力等原因造成的损害，同样不予赔偿。

4.不法行为造成死亡或伤害。

对于司法机关及其工作人员在民事、行政诉讼或者执行过程中，以殴打、虐待等行为或唆使、放纵他人以殴打、虐待等行为造成公民身体伤害或者死亡的，国家应当承担赔偿责任，这与刑事诉讼活动中司法机关及其工作人员不法行为致人伤亡的情况完全相同。

5.违法使用武器、警械造成死亡或伤害。

对于司法机关及其工作人员在民事、行政诉讼或者执行过程中，违法使用武器、警械造成公民身体伤害或者死亡的，国家也应承担赔偿责任，这与刑事诉讼活动中司法机关及其工作人员违法使用武器、警械致人伤亡的情况也是相同的。

6.精神损害。

司法机关在民事、行政诉讼或者执行过程中，对公民造成人身损害，由此引起精神损失的，应当在侵权行为影响的范围内为受害人消除影响，恢复名誉，赔礼道歉；造成严重后果的应支付相应的精神损害抚慰金。

三、司法赔偿的当事人

（一）赔偿请求人

司法赔偿的请求人，与行政赔偿的请求人适用完全相同的规定。

（二）刑事司法赔偿的义务机关

刑事司法赔偿义务机关的确定是司法赔偿当事人的核心内容。

1.刑事拘留的赔偿义务机关。

刑事拘留的，作出拘留决定的机关为赔偿义务机关。拘留决定一般由刑事侦查机关作出，以公安部门最为常见，也包括国家安全部门、检察机关、看守所等。

属于赔偿范围的刑事拘留的表现形式有：违反《刑事诉讼法》的规定对公民采取拘留措施的，或者依照《刑事诉讼法》规定的条件和程序对公民采取拘留措施，但是拘留时间超过《刑事诉讼法》规定的时限，其后决定撤销案件、不起诉或者判决宣告无罪终止追究刑事责任的。

例如： 利娅涉嫌组织卖淫被刑事拘留40日，最终县公安局作了无罪处理。本案无罪超期羁押，国家应当赔偿，县公安局是赔偿义务机关。

2.错误逮捕的赔偿义务机关。

逮捕之后没有被判决有罪的，作出逮捕决定的机关为赔偿义务机关。作出逮捕决定的机关以检察院最为常见，当然法院也有可能成为决定机关。注意两点：

（1）执行逮捕的机关不承担赔偿责任。对犯罪嫌疑人的逮捕决定一般是公安机关提请检察院作出的，一般也是由公安机关执行的，但它自己并非决定机关，对此不承担赔偿责任。

（2）提起公诉的机关未必承担赔偿责任。决定逮捕的机关与提起公诉的机关一般是同一检察院，但特殊情况下可能由其他检察院提起公诉，此时批捕检察院与公诉检察院是不同的。此类案件经法院一审判决无罪，或检察院撤回起诉并作出不起诉决定或撤案决定，即依法确认逮捕决定违法的，仍由批捕检察院作为赔偿义务机关，公诉检察院不承担赔偿责任。

例如： 2016年4月1日，郭某因盗窃被区公安分局刑事拘留。4月10日，区检察院批准逮捕。4月13日，区检察院认为该案证据不足，最终作了不起诉处理。当日，郭某释放，随后申请国家赔偿。本案是因为证据不足不起诉的，所以国家应当赔偿。由于区检察院不该批捕但批捕了，区检察院是最后一个作出错误的法律文书的机关，因此，区检察院是赔偿义务机关。

3.未生效判决错误的赔偿义务机关。

未生效判决错误，即法院对无罪的人一审判处刑罚，但该判决没有生效即被推翻的情况。此时，应当由作出一审判决的法院作为赔偿义务机关，承担赔偿责任。

未生效判决错误，具体包括几种情况：

（1）一审法院判决有罪，二审法院改判无罪的。

例如： 孙某因涉嫌寻衅滋事被区公安分局刑事拘留，后区检察院批准逮捕，而后区法院以张某构成寻衅滋事罪判处其有期徒刑两年。孙某不服提起上诉，市中院以证据不足为由判决无罪。孙某申请国家赔偿，哪一机关是赔偿义务机关？区法院是赔偿义务机关。本案，公安机关先作出错误拘留决定，而后检察院又错误决定逮捕，又经一审法院错误判决有罪，但后来经二审改判无罪，属于未生效的一审判决错误的情况，由一审法院作为赔偿义务机关。（区法院是最后一个作出错误法律文书的机关）

（2）一审法院判决有罪，二审法院裁定发回重审，经一审重审后改判无罪的。

例如： 区公安分局以涉嫌故意伤害罪为由将方某刑事拘留，区检察院批准对方某的逮捕。区法院判处方某有期徒刑3年，方某上诉。市中级法院以事实不清为由发回区法院重审。区法院重审后，判决方某无罪。判决生效后，方某请求国家赔偿。本案，区法院是赔偿义务机关，因为区法院是最后一个作出错误法律文书的机关。

（3）一审法院判决有罪，二审法院裁定发回重审，在重审期间退回检察院补充侦查，检察院最后作出不起诉决定或撤案决定的。

　　例如： 甲市乙区公安分局以孙某涉嫌诈骗罪为由将其刑事拘留，并经乙区检察院批准逮捕。后因案情特殊由丙区检察院提起公诉。2006年，丙区法院判处孙某有期徒刑3年，孙某不服上诉，甲市中级人民法院裁定发回丙区法院重新审理。重审期间，案件被退回丙区检察院补充侦查，丙区检察院最终作出不起诉决定。孙某申请国家赔偿。丙区法院是本案的赔偿义务机关，因为丙区法院不应该判决孙某有罪却错误地判决孙某有罪，它是最后一个作出错误法律文书的机关。

　　（4）一审法院判决有罪，二审法院裁定发回重审，在重审期间检察院要求撤回起诉，法院裁定准许撤诉后，检察院最后作出不起诉决定或撤案决定的。

　　例如： 甲市乙区公安分局以孙某涉嫌诈骗罪为由将其刑事拘留，并经乙区检察院批准逮捕。后因案情特殊由丙区检察院提起公诉。2006年，丙区法院判处孙某有期徒刑3年，孙某不服上诉，甲市中级人民法院裁定发回丙区法院重新审理。重审期间，丙区检察院经准许撤回起诉，并最终作出不起诉决定。孙某申请国家赔偿，赔偿义务机关如何确定？本案属于典型的一审未生效错判案件，因此赔偿义务机关为一审法院，即丙区法院。（丙区法院是最后一个作出错误法律文书的机关）

　　上述这四种情况从外表上看各不相同，但不同的只是确认一审判决违法的方式而已，共同点都是确定了一审判决的违法性。这种案件的错误最终都归结到一审判决上，因此它们的赔偿义务机关都是一审法院。

　　4.生效判决错误的赔偿义务机关。

　　生效判决错误，就是对无罪的人判处刑罚，但该判决生效后经再审又改判无罪的情况。这种情况应当由作出生效判决的法院作为赔偿义务机关。所谓作出生效判决的法院，包括两种情况：

　　（1）原一审人民法院作出判决后，被告人没有上诉，人民检察院没有抗诉，判决发生法律效力的，原一审人民法院为赔偿义务机关。

　　（2）被告人上诉或者人民检察院抗诉，原二审人民法院维持一审判决或者对一审人民法院判决予以改判的，原二审人民法院为赔偿义务机关。

　　例如： 2010年，柴某因涉嫌贪污犯罪被某县检察院逮捕，某县法院以柴某犯贪污罪判处有期徒刑4年。柴某不服提起上诉，市中院改判柴某有期徒刑3年，缓刑4年。后经省高院再审，柴某被改判无罪，遂请求国家赔偿。本案市中院是最后一个作出错误法律文书的机关，因此市中院是赔偿义务机关。

　　5.违法拘留、错误逮捕、错误判决连续发生情况下的赔偿义务机关后置原则。

　　多个司法机关就同一案件事实，相继作出了错误的拘留、逮捕和判决，应当由最后一个作出错误的法律文书的机关承担全部赔偿责任，此前其他司法机关均免予承担赔偿责任。结合刑事诉讼活动中可能出现的各种情况，赔偿义务机关后置原则，表现在：

　　（1）公安机关先作出错误的拘留决定，而后检察院又错误决定逮捕，后来经一审无罪判决或检察院决定不起诉、决定撤案，由批捕检察院承担拘留、逮捕期间的全部赔偿责任，作出错误拘留决定的公安机关不负赔偿责任。

　　例如： 区公安分局以涉嫌故意伤害罪为由将柏某刑事拘留，区检察院批准对柏某的逮捕。区检察院在审查起诉阶段决定撤销案件。柏某请求国家赔偿的，区检察院为赔偿义务机关，因为区检察院不该批捕却错误地批准逮捕了。

（2）公安机关先作出错误拘留决定，而后检察院又错误决定逮捕，又经一审法院错误判决有罪，但后来经二审改判无罪，或一审重审之后改判无罪，总之是未生效的一审判决错误的情况，均由一审法院作为赔偿义务机关，作出错误拘留决定的公安机关以及作出批捕决定的检察机关均不负赔偿责任。由于一审法院没有在三机关的相互监督与制约中发挥自己的作用，导致当事人的羁押期间被延长了，因此一审法院应承担赔偿责任。

例1：区公安分局以涉嫌故意伤害罪为由将方某刑事拘留，区检察院批准对方某的逮捕。区法院判处方某有期徒刑3年，方某上诉。市中级法院以事实不清为由发回区法院重审。区法院重审后，判决方某无罪。判决生效后，方某请求国家赔偿。本案，区法院是赔偿义务机关，因为区法院是最后一个作出错误法律文书的机关。

例2：区公安分局以涉嫌诈骗罪为由将李某拘留，区检察院批准逮捕后以职务侵占罪移送起诉，区法院判处李某职务侵占罪，免于刑事处罚。李某上诉，市中级法院改判李某无罪。李某请求国家赔偿，赔偿义务机关以李某没有受到刑事处罚为由作出不予赔偿决定。本案赔偿义务机关如何确定？本案，一审区法院最后一个作出错误的法律文书：判决李某职务侵占罪，因此，区法院是赔偿义务机关。

例3：孙某因涉嫌寻衅滋事被区公安分局刑事拘留，后区检察院批准逮捕，而后区法院以张某构成寻衅滋事罪判处其有期徒刑两年。孙某不服提起上诉，市中院以证据不足为由判决无罪。孙某申请国家赔偿，请问哪一机关是赔偿义务机关？区法院是本案的赔偿义务机关，因为区法院不应该判决张某有罪却错误地判决张某有罪。

（3）公安机关先作出错误拘留决定，而后检察院又错误决定逮捕，又经一审法院或二审法院错误判决有罪，且该判决生效，最后经再审改判无罪，从而认定原生效判决违法的，应当由作出原生效判决的法院承担全部赔偿责任，而此前作出错误拘留决定的公安机关以及作出错误逮捕决定的检察院，均不承担赔偿责任。

例如：2009年2月10日，王某因涉嫌诈骗被县公安局刑事拘留。3月24日，县检察院批准逮捕王某。4月10日，县法院以诈骗罪判处王某3年有期徒刑，缓期2年执行。5月10日，县公安局根据县法院变更强制措施的决定，对王某采取取保候审措施。王某上诉，6月1日，市中级人民法院维持原判。王某申诉，12月10日，市中级人民法院再审认定王某行为不构成诈骗，撤销原判。本案市中级人民法院是赔偿义务机关，因为市中级人民法院不应该维持原判却错误地维持了原判，市中级人民法院是最后一个作出错误法律文书的机关。

确立刑事赔偿义务机关后置的原则，是因为在刑事诉讼的拘留、逮捕、审判的一般过程中，作出后一司法行为的机关同时负有监督和审查前一司法行为的职责。如果后一司法行为的作出是错误的，必定意味着后一机关已经认同了前一司法行为的错误，如检察院决定逮捕意味着它对公安局拘留决定的认同，法院判决当事人有罪意味着它对检察院逮捕决定与公安局的拘留决定的认同。既然后一司法行为的作出意味着对前一司法行为的认同，那么，后一司法机关对于前一司法机关的错误也就应当一并承受。

刑事赔偿义务机关后置的原则仅仅针对限制公民人身自由的行为而言，如果不同的司法机关在刑事诉讼中分别损害了公民的人身自由与其他权利，不适用赔偿义务机关后置的原则。

例如：公安局民警对被拘留的犯罪嫌疑人马某进行了刑讯逼供，而后马某又被检察院批捕，但一审法院以证据不足判决马某无罪。此时应当由检察院赔偿马某被拘留、逮捕期间的损失，而由公安局赔偿对马某刑讯逼供造成的损失，检察院并不吸收公安局对刑讯逼供所承担的国家赔偿责任。

归纳总结 ★★★刑事司法赔偿义务机关

错拘	作出拘留决定的机关为赔偿义务机关
错捕	作出逮捕决定的机关为赔偿义务机关
错判	①未生效判决错误：由一审法院作为赔偿义务机关 ②生效判决错误：再审改判无罪的，作出原生效判决的法院为赔偿义务机关
确定方法	后置原则：最后一个作出错误的法律文书的机关即为赔偿义务机关

（三）民事与行政司法赔偿义务机关

人民法院在民事诉讼、行政诉讼的过程中，违法采取对妨害诉讼的强制措施、保全措施或者对判决、裁定以及其他生效法律文书执行错误造成损害的，作出该行为的人民法院为赔偿义务机关。在委托执行的情况下，被委托的人民法院对判决、裁定或其他生效法律文书执行造成损害的，如何确定赔偿义务机关？《国家赔偿法》和最高人民法院的有关司法解释没有规定。对此情况须具体分析，如果生效法律文书存在错误，被委托执行的人民法院严格按照被委托执行的判决、裁定和其他法律文书执行而发生损害的，委托执行的人民法院为赔偿义务机关；若被委托执行的人民法院所采取的执行措施违法造成损害的，被委托执行的人民法院为赔偿义务机关。简言之，"谁违法、谁赔偿"。

（四）其他情形

行使侦查、检察、审判职权的机关以及看守所、监狱管理机关等司法机关的工作人员在行使职权时实施侵权行为的，应当由该工作人员所在的司法机关承担赔偿责任。即侵权行为是通过司法机关工作人员实施的，如通过刑讯逼供或者以殴打等暴力方式以及虐待等非暴力的方式或者唆使、放纵他人以暴力或非暴力的行为造成公民身体伤害或者死亡的，或违法对财产采取查封、扣押、冻结、追缴的，只要这些行为与该工作人员行使职权有关，就由其所在机关承担赔偿责任。

四、司法赔偿的程序

（一）概述

司法赔偿程序与行政赔偿程序性质不同，属于非讼处理程序。司法赔偿程序的法律依据除 2010 年修改的《国家赔偿法》之外，还有《最高人民法院关于适用〈国家赔偿法〉若干问题的解释（一）》《最高人民法院关于人民法院赔偿委员会审理国家赔偿案件程序的规定》等法律文件和司法解释。司法赔偿程序包括四个环节：自我处理程序、复议程序、赔偿委员会处理程序、赔偿委员会重审程序。

（二）具体步骤

司法赔偿程序应当遵守下列步骤：

1.赔偿义务机关自我处理程序。

自我处理程序，是指赔偿义务机关自己对赔偿事务的处理。请求权人提出国家赔偿请求，应当由赔偿义务机关自我处理。

司法赔偿的请求时效与行政赔偿一样，原则上为2年，自请求人知道或应当知道国家机关及其工作人员行使职权侵害到自己的人身权或财产权之日起计算，其中被羁押等限制人身自由期间不计算在内。其赔偿处理的程序也与行政赔偿相同。

根据《最高人民法院关于适用〈国家赔偿法〉若干问题的解释（一）》，刑事司法赔偿中，错拘、错捕、错判和侵犯财产权的，一般应在刑事诉讼程序终结后提出赔偿请求。但赔偿请求人有证据证明其与尚未终结的刑事案件无关的，以及刑事案件被害人以财产未返还或者返还的财产受到损害要求赔偿的除外。民事、行政司法赔偿的，一般也应在民事、行政诉讼程序或执行程序终结后提出赔偿请求。但法院已依法撤销对妨害诉讼采取的强制措施的除外。

处理期限是自收到受害人申请之日起2个月。赔偿义务机关作出赔偿决定，应当充分听取赔偿请求人的意见，并可以与赔偿请求人就赔偿方式、赔偿项目和赔偿数额进行协商。

赔偿义务机关无论是否予以国家赔偿，都应当制作书面决定，并在10日内送达赔偿请求人。

2.复议程序。

司法赔偿复议程序仅适用于公安机关、国家安全机关、检察机关、监狱管理机关、看守所等人民法院之外的国家机关作为赔偿义务机关的情况。人民法院为赔偿义务机关的，在经过先行处理程序之后，受害人应当直接向上一级人民法院的赔偿委员会申请，由赔偿委员会作出决定。

赔偿义务机关作出赔偿或者不赔偿决定的，赔偿请求人应自决定之日起30日内提起复议；赔偿义务机关逾期未作任何决定的，赔偿请求人可以自2个月期间届满之日起30日内申请复议，2个月的期间自赔偿义务机关收到申请之日起算。复议机关应当在2个月内作出复议决定。

例如：甲市某县公安局以李某涉嫌盗窃罪为由将其刑事拘留，经县检察院批准逮捕，县法院判处李某有期徒刑6年，李某上诉，甲市中级法院改判无罪。李某被释放后申请国家赔偿，赔偿义务机关拒绝赔偿，李某向甲市中级法院赔偿委员会申请作出赔偿决定。李某向甲市中级法院赔偿委员会申请作出赔偿决定前，是否应当先向甲市检察院申请复议？不需要。因为本案赔偿义务机关是县法院，县法院拒绝赔偿的，李某可以直接向甲市中级法院赔偿委员会申请作出赔偿决定。

3.法院赔偿委员会处理程序。

中级以上（含中级）法院设立赔偿委员会，该委员会由本院3名以上的单数审判员组成，赔偿委员会作赔偿决定时实行少数服从多数的原则。

赔偿委员会处理的司法赔偿案件共有两种来源：

（1）如果赔偿义务机关是法院的，当赔偿义务机关逾期未作是否赔偿的决定或者作出不予赔偿的决定，或者赔偿请求人对赔偿的方式、项目、数额有异议的，请求人可以在赔偿义务机关处理期限届满之日起30日内（未作决定），或者决定之日起30日内，直接向该法院的上一级法院赔偿委员会申请作出赔偿决定。

（2）如果赔偿义务机关不是法院的，赔偿请求人经过复议之后仍然不服复议决定的，可以在复议决定之日起30日内，向复议机关所在地的同级法院赔偿委员会申请作出赔偿决定；复议机关逾期不作决定的，赔偿请求人可以自期间届满之日起30日内，向复议机关所在地的同级法院赔偿委员会申请作出赔偿决定。

归纳总结　司法赔偿程序

赔偿义务机关	程序	第一步	第二步	第三步
法院	两步	向赔偿义务机关申请赔偿	向上一级法院赔偿委员会申请赔偿	无
公安局/检察院	三步	向赔偿义务机关申请赔偿	向上一级机关申请复议	向复议机关同级法院赔委会申请赔偿

例如： 2016年12月，市公安局以念某涉嫌故意杀人罪为由将其刑事拘留。2017年3月，市检察院批准逮捕。2018年2月，市中院判处念某死刑，念某上诉。2018年4月，省高院作出驳回上诉，维持原判。案件依法报请最高人民法院进行死刑复核。2018年5月，最高人民法院以"第一审判决、第二审裁定认定事实不清、证据不足"，裁定不核准省高院维持死刑的裁定，并撤销省高院维持死刑的裁定，将案件发回省高院重新审判。2018年8月，省高院以事实不清为由发回重审。2019年1月，市中院重审后改判念某无罪。2019年3月，念某申请国家赔偿。本案省高院是赔偿义务机关。刑事赔偿义务机关是法院的，司法赔偿程序遵循"两步走"的规则。本案，刑事赔偿义务机关是省高院，先向省高院申请国家赔偿（第一步）；对省高院赔偿决定不服的，直接向最高人民法院赔偿委员会申请国家赔偿（第二步）。只有刑事赔偿义务机关不是法院的，司法赔偿程序遵循"三步走"的规则。例如，赔偿义务机关如果是区检察院的，赔偿请求人应当先向区检察院申请赔偿（第一步）；对区检察院的赔偿决定不服的，再向市检察院申请复议（第二步）；对市检察院复议决定不服的，再向市中院赔偿委员会申请赔偿（第三步）。

赔偿请求人向赔偿委员会申请作出赔偿决定，应当递交赔偿申请书一式四份。赔偿请求人书写申请书确有困难的，可以口头申请。口头提出申请的，人民法院应当填写《申请赔偿登记表》，由赔偿请求人签名或者盖章。

赔偿委员会收到赔偿申请，经审查认为符合申请条件的，应当在7日内决定是否立案受理，并通知赔偿请求人、赔偿义务机关和复议机关。申请材料不齐全的，赔偿委员会应当在5日内一次性告知赔偿请求人需要补正的全部内容。

赔偿委员会审理赔偿案件，应当指定1名审判员负责具体承办。负责具体承办赔偿案件的审判员应当查清事实并写出审理报告，提请赔偿委员会讨论决定。赔偿委员会作赔偿决定，必须有3名以上审判员参加，按照少数服从多数的原则作出决定。赔偿委员会认为重大、疑难的案件，应报请院长提交审判委员会讨论决定。审判委员会的决定，赔偿委员会应当执行。

赔偿委员会处理赔偿请求，原则上采取书面审查的办法。经书面审理不能解决的，赔偿委员会可以组织赔偿请求人和赔偿义务机关进行质证。

除涉及国家秘密、个人隐私或者法律另有规定的以外，质证应当公开进行。赔偿请求人或者赔偿义务机关申请不公开质证，对方同意的，赔偿委员会可以不公开质证。

赔偿委员会应当自收到赔偿申请之日起3个月内作出决定；属于疑难、复杂、重大案件的，经本院院长批准，可以延长3个月。

赔偿委员会审理赔偿案件作出决定，应当制作国家赔偿决定书。国家赔偿决定书应加盖人民法院印章，分别送达赔偿请求人、赔偿义务机关和复议机关。

4.赔偿委员会重新处理程序。

赔偿委员会作出的赔偿决定存在错误的，可能由本院或上级法院赔偿委员会重新审理。

（1）本院赔偿委员会重审的情形有：

①本院院长决定。

②上级法院指令。此时，赔偿委员会应当在2个月内重新审查并作出决定。

（2）上级法院赔偿委员会重审的情形有：

①赔偿请求人向上一级法院赔偿委员会提出申诉。

②最高人民检察院或上级检察院发现下级法院赔偿委员会的赔偿决定违法，向同级法院赔偿委员会提出意见，后者应当在2个月内重新审查并作出决定。

在此应注意重新处理程序的启动和原赔偿决定执行的关系。根据最高人民法院《关于适用〈国家赔偿法〉若干问题的解释（一）》，赔偿请求人、赔偿义务机关认为法院赔委会作出的赔偿决定存在错误，而依法向上一级法院赔偿委会提出申诉的，不停止赔偿决定的执行；法院赔偿委员会自己决定重新审查的，可以决定中止原赔偿决定的执行；最高人民检察院或上级检察院发现下级法院赔偿委员会的赔偿决定违法，向同级法院赔偿委员会提出意见，同级法院赔委会应当决定重新审查，并可以决定中止原赔偿决定的执行。

经典考题：区公安分局以涉嫌诈骗罪为由将李某拘留，区检察院批准逮捕后以职务侵占罪移送起诉，区法院判处李某职务侵占罪，免于刑事处罚。李某上诉，市中级法院改判李某无罪。李某请求国家赔偿，赔偿义务机关以李某没有受到刑事处罚为由作出不予赔偿决定。下列哪些说法是正确的？（2018年考生回忆版卷一第12题，多选）①

A.区法院为赔偿义务机关

B.李某可以向市检察院申请复议

---

① 【答案】AC。区法院最后一个作出错误的法律文书，判决李某构成职务侵占罪，因此，区法院是赔偿义务机关。A选项准确。本题，刑事赔偿义务机关是区法院，赔偿请求人先向区法院申请国家赔偿（第一步），对区法院赔偿决定不服的，可再向市中级法院赔偿委员会申请国家赔偿（第二步）。B选项错误，C选项准确。李某无罪被错判成有罪，虽然免予刑事处罚，但判决生效前受到刑事拘留和逮捕，对于判决前这段羁押时间，李某有权要求国家赔偿。D选项错误。

C.李某可以向市中级法院赔偿委员会申请作出赔偿决定

D.因李某没有受到刑事处罚，不予赔偿决定合法

归纳总结 ★★★司法赔偿程序

一步到位：赔偿义务机关处理	①先行程序：应当先向赔偿义务机关提出 ②请求时效：请求国家赔偿的时效为2年，自其（应）知道侵权之日起计算 ③决定期限：应当自收到申请之日起2个月内，作出是否赔偿的决定
二步到位：复议机关处理	①适用前提：赔偿义务机关是公安局、检察院、看守所、监狱，不包括法院 ②申请期限：应告知赔偿请求人在30日内向赔偿义务机关的上一级机关申请复议；未依法告知，收到赔偿决定之日起2年内可以申请复议 ③复议期限：应自收到申请之日起2个月内作出决定 ④救济途径：在收到复议决定之日起或复议机关处理期限届满之日起30日内向复议机关所在地的同级法院赔偿委员会申请作出赔偿决定
三步到位：赔偿委员会处理	①赔偿义务机关是法院的，可不经复议直接向该法院的上一级法院赔偿委员会申请 ②赔偿委员会原则上实行书面审理，必要时可以听取双方陈述申辩、进行质证 ③自收到赔偿申请之日起3个月内作出决定，疑难复杂重大案件，经院长批准，可延长3个月 ④赔偿委员会作出的赔偿决定，是发生法律效力的决定，必须执行
四步到位：赔偿委员会重新处理	①本院院长决定或者上级法院指令重新处理 ②最高检 vs 各级法院赔偿委员会；上级检察院 vs 下级法院赔偿委员会 ③赔偿委员会应当在2个月内重新审查并依法作出决定 ④上一级法院赔偿委员会也可以直接审查并作出决定

第四节　国家赔偿的方式、计算及费用

·考情分析·

■ 本节知识点要求考生重点掌握国家赔偿的方式和计算。

■ 在客观题考试中，本节知识点几乎每年考查一个选项。

■ 本节易错和高频考点是：

（1）精神损害赔偿的内容有两部分：①消除影响、恢复名誉、赔礼道歉；②精神损害抚慰金。侵害人身权，后果严重的，支付精神损害抚慰金。

（2）造成全部丧失劳动能力的，对其扶养的无劳动能力的人，应当支付生活费；对于造成部分丧失劳动能力的，对其扶养的无劳动能力的人，不支付生活费。

（3）财物能恢复原状的恢复原状；不能恢复的，按照损失发生时的市场价格或者其他合理方式计算。

（4）必要的经常性费用开支：留守职工工资、必须缴纳的税费、水电费、房

屋场地租金、设备租金、设备折旧费。

（5）返还的财产系国家批准的金融机构贷款的，除贷款本金外，还应当支付该贷款借贷状态下的贷款利息。

（6）公民因财产权受到侵犯请求精神损害赔偿的，法院不予受理。

（7）法人或者非法人组织请求精神损害赔偿的，法院不予受理。

（8）赔偿义务机关有错误实施侵犯公民人身权的行为，可以同时认定该侵权行为致人精神损害。

■ 在主观题考试中，需要掌握侵犯财产权的国家赔偿内容和计算方式。

一、国家赔偿的方式和计算

（一）侵害人身自由权的赔偿

侵害人身自由权的行为包括行政拘留、行政强制措施、非法拘禁、刑事拘留、逮捕、人身自由刑等。侵犯公民人身自由的，应赔偿受害人国家赔偿金，每日的赔偿金按照国家上年度职工日平均工资计算。

注意"国家上年度职工日平均工资"的计算基准：

1."上年度"是指有权机关作出最终确定不变的赔偿决定当年的上一年，如果前一赔偿决定被后一决定机关所维持的，则以被维持的赔偿决定作出的时间为准。总之，哪一个赔偿决定作出后再也没有变动过，就以它作出当年的上一年为计算基准。

2."日平均"是指按照国家统计局公布的职工年平均工资除以全年工作日的总数所得。

例如：县公安局于2012年5月25日以方某涉嫌合同诈骗罪将其刑事拘留，同年6月26日取保候审，8月11日检察院决定批准逮捕方某。2013年5月11日，法院以指控依据不足为由判决方某无罪，方某被释放。2014年3月2日方某申请国家赔偿。"对方某的赔偿金标准应按照2012年度国家职工日平均工资计算"，这种说法是否准确？侵犯公民人身自由的，每日赔偿金按照国家上年度职工日平均工资计算。上年度，是指赔偿义务机关作出赔偿决定时的上一年度；若复议机关或者人民法院赔偿委员会改变原赔偿决定，则按照新作出决定时的上一年度国家职工平均工资标准计算人身自由赔偿金。据此可见，人身自由的每日赔偿金应按照国家上年度职工日平均工资计算，这个"上年度"是指"哪一个机关作出赔偿决定后，该赔偿决定内容未被实质更改的上一年度"计算。本题，方某于2014年申请国家赔偿，赔偿决定的作出至少不会晚于2014年，假如2014年作出赔偿决定后内容没有被更改的，则按照2013年度职工日平均工资计算，因此，不可能按照2012年度计算赔偿金标准。

（二）侵害生命健康权的赔偿

侵害公民生命健康权的行为，即造成公民死亡或伤害的国家赔偿案件，按照下列方式计算赔偿金：

1.造成公民身体伤害的，应当支付医疗费、护理费与误工费。每日的误工费按照国家上年度职工日平均工资计算，同时受到最高额的限制，最高额为国家上年度职工年平均工资的5倍。

2.造成公民部分或者全部丧失劳动能力的，应当支付医疗费、护理费、残疾生活辅助具费、康复费、继续治疗费与残疾赔偿金。残疾赔偿金根据丧失劳动能力的程度，按照国家规定的伤残等级确定，最高不超过国家上年度职工年平均工资的20倍。造成全部丧失劳动能力的，对其扶养的无劳动能力的人还应当支付生活费。生活费的发放标准，参照当地最低生活保障标准执行。被扶养的人是未成年人的，其生活费给付至18周岁止；被扶养人是其他无劳动能力的人，其生活费给付至死亡时止。

3.造成公民死亡的，应当支付死亡赔偿金与丧葬费。死亡赔偿金与丧葬费的总额为国家上年度职工年平均工资的20倍。对死者生前扶养的无劳动能力的人，也应当支付生活费，生活费的计算标准与造成公民完全丧失劳动能力的情况相同。

例如：维多在监狱服刑，因监狱管理人员放纵被同室服刑人员殴打，致一条腿伤残。维多经6个月治疗，丧失部分劳动能力，申请国家赔偿。那么，维多扶养的无劳动能力人的生活费是否属于国家赔偿范围？不属于国家赔偿范围。只有在被侵害人全部丧失劳动能力或者视为全部丧失劳动能力时才对扶养的无劳动能力的人给付生活费，而本案中的维多属于部分丧失劳动能力，所以，不应给付维多扶养的无劳动能力人的生活费。

（三）侵害财产权的赔偿

国家侵权行为造成公民、法人和其他组织财产权损害的，按照以下方式赔偿：

1.能够返还财产的应当返还财产。财产能够返还的必须返还，如因财物灭失而不能返还的，按照损失发生时的市场价格或者其他合理方式计算应当给付赔偿金。

2.能够恢复原状的应当恢复原状。所谓"恢复原状"，包括恢复物理原状与恢复法律原状，恢复物理原状指的是将形状、功能已经发生变化的财物修复还原；恢复法律原状是指将被查封、扣押、冻结的财产，解除查封、扣押、冻结。如果财产的原状无法恢复的，按照损失发生时的市场价格或者其他合理方式计算应当给付的赔偿金。解除冻结的，应当支付银行同期存款利息。

3.财产已经拍卖或者变卖的，给付拍卖或者变卖所得的价款；变卖的价款明显低于财产价值的，应当支付相应的赔偿金。

4.处以行为罚的应当赔偿停业期间必要的经常性费用开支。即行政机关违法吊销许可证和执照、责令停产停业的，应当赔偿其停产停业期间必要的经常性费用开支。必要的经常性费用开支，指的是当事人被迫停止营业后，为了维持生存或为了维持企业正常存在而必须付出的费用，如留守职工工资、必须缴纳的税费、水电费、房屋场地租金、设备租金、设备折旧费等。对于受害人因停业造成的经营利润损失，不予赔偿。

5.返还罚款或没收的金钱，解除冻结的存款、汇款的，应当支付银行同期存款利息；应当返还的财产属于金融机构合法存款的，对存款合同存续期间的利息按照合同约定利率计算；返还的财产系国家批准的金融机构贷款的，除贷款本金外，还应当支付该贷款借贷状态下的贷款利息。

此外，国家侵权行为对财产权造成其他损害的，应当按照直接损失给予赔偿。所谓直接损失，是指当事人因受国家侵权行为的影响，所不可避免的、必然遭受的损失，不包括其可得利益、期待利益的损失。

例1： 某法院以杜某逾期未履行偿债判决为由，先将其房屋查封，后裁定将房屋过户以抵债。杜某认为强制执行超过申请数额而申请国家赔偿，要求赔偿房屋过户损失30万元，查封造成屋内财产毁损和丢失5000元，误工损失2000元，以及精神损失费1万元。那么，这些事项属于国家赔偿范围的有哪些？ 5000元属于国家赔偿范围的事项。侵犯人身权导致的误工损失予以赔偿，未规定侵犯财产权而误工的损失也予以赔偿。因此，误工损失2000元不属于国家赔偿的范围。侵犯财产权，只有直接损失才予以赔偿，房屋过户损失不属于直接损失，不赔。《国家赔偿法》第35条规定，只有侵犯人身权致人精神损害的，应当在侵权行为影响的范围内，为受害人消除影响，恢复名誉，赔礼道歉；造成严重后果的，应当支付相应的精神损害抚慰金。可知，侵犯财产权的行为致人精神损害的，不赔。

例2： 张某租用农贸市场一门面从事经营。因赵某提出该门面属于他而引起争议，市监局扣缴张某的营业执照，致使张某停业2个月之久。张某在市监局返还营业执照后，提出赔偿请求。张某无法经营的经济损失是否属于国家赔偿的范围？不属于国家赔偿的范围。张某无法经营的经济损失属于可期待的利益，不属于直接损失。吊销许可证和执照、责令停产停业的，赔偿停产停业期间必要的经常性费用开支；对财产权造成其他损害的，按照直接损失给予赔偿。

例3： 某县市场监督管理局以某厂擅自使用专利申请号用于产品包装广告进行宣传、销售为由，向某厂发出扣押封存该厂胶片带成品通知书。该厂不服，向法院起诉要求撤销某县市场监督管理局的扣押财物通知书，并提出下列赔偿要求：返还扣押财物、赔偿该厂不能履行合同的损失100万元、该厂名誉损失50万元，以及因扣押财物造成该厂停产而损失的水电费和职工工资30万元。法院认定某县市场监督管理局的扣押通知书违法，该厂提出的赔偿要求，哪些属于国家赔偿的范围？因为扣押决定被认定违法，显然扣押财物应当返还；不能履行合同的损失100万元属于可得利益的损失，不属于国家赔偿的范围；企业的名誉损失50万元，因为并非伴随在生命、自由、健康三种人身权利之后的精神损害，不属于国家赔偿的范围，更谈不上支付精神损害抚慰金。最后的问题是，因扣押财物导致该厂停产，停产期间的水电费和职工工资30万元是否属于国家赔偿范围？《国家赔偿法》第36条规定，只有吊销许可证和执照、责令停产停业的，才赔偿停产停业期间必要的经常性费用开支。本案该厂由于市场监督管理局的扣押决定间接导致其停产，并未吊销许可证、执照或责令其停产停业。因此，对于停产期间发生的水电费、职工工资等必要的经常性费用开支，国家并不承担赔偿责任。

归纳总结 ★★★国家赔偿的方式、计算标准和赔偿金的支付		
方式	①返还财产；②恢复原状；③金钱赔偿；④消除影响、恢复名誉、赔礼道歉，精神损害抚慰金	
计算标准	侵害人身权利	限制人身自由	支付国家赔偿金，每日赔偿金按照国家上年度职工日平均工资计算 【备注】"上年度"是指哪一个机关作出的赔偿决定内容没有被更改的，作出该赔偿决定的上一年度

续　表

计算标准	侵害人身权利	造成身体伤害	医疗费+护理费+误工费 【备注】误工的每日赔偿金按照国家上年度职工日平均工资计算，最高额为国家上年度职工年平均工资的5倍
		劳动能力丧失	①医疗费+护理费+残疾生活辅助具费+继续治疗费+康复费+残疾赔偿金 ②一级至四级伤残的，视为全部丧失劳动能力；五级至十级伤残的，视为部分丧失劳动能力 ③一级至四级伤残的，残疾赔偿金幅度为国家上年度职工年平均工资的10倍至20倍；五至六级的，残疾赔偿金幅度为国家上年度职工年平均工资的5倍至10倍；七至十级的，残疾赔偿金幅度为国家上年度职工年平均工资的5倍以下 ④造成全部丧失劳动能力的，对其扶养的无劳动能力的人，应当支付生活费
		造成公民死亡	①死亡赔偿金、丧葬费，总额为国家上年度职工年平均工资的20倍 ②对死者生前扶养的无劳动能力的人，还应当支付生活费
		伴随精神损害	消除影响恢复名誉、赔礼道歉；后果严重的同时支付精神损害抚慰金
	侵害财产权利		①能恢复原状的恢复原状；不能恢复的，按照损失发生时/侵权行为发生时的市场价格或者其他合理方式计算 ②应当返还的财产灭失的，按照损失发生时/侵权行为发生时的市场价格或者其他合理方式计算 ③已经拍卖或者变卖的，给付拍卖或者变卖所得的价款 ④吊销许可证和执照、责令停产停业，赔偿停产停业期间必要的经常性费用开支 【备注】必要的经常性费用开支：留守职工工资、必须缴纳的税费、水电费、房屋场地租金、设备租金、设备折旧费 ⑤返还罚款或没收的金钱，解除冻结的存款汇款的，应当支付银行同期存款利息；应当返还的财产属于金融机构合法存款的，对存款合同存续期间的利息按照合同约定利率计算；返还的财产系国家批准的金融机构贷款的，除贷款本金外，还应当支付该贷款借贷状态下的贷款利息 ⑥对财产权造成其他损害的，按照直接损失给予赔偿
赔偿金的支付			【申请支付】赔偿请求人向赔偿义务机关申请支付赔偿金 【提出支付】赔偿义务机关自收到支付赔偿金申请之日起7日内，向有关的财政部门提出支付申请 【实际支付】财政部门应当自收到支付申请之日起15日内支付赔偿金

（四）精神损害的赔偿

1.精神损害赔偿的请求人。

人身权受到侵犯的公民（自然人），可以请求精神损害赔偿。

法人或者非法人组织请求精神损害赔偿的，法院不予受理。

公民（自然人）以财产权受到侵犯请求精神损害赔偿的，法院不予受理。

2.不告不理。

人身权受到侵犯的公民（自然人），可以请求精神损害赔偿。公民以人身权受到侵犯为由提出国家赔偿申请，未请求精神损害赔偿，或者未同时请求消除影响、恢复名誉、赔礼道歉以及精神损害抚慰金的，法院应当向其释明。经释明后不变更请求，案件审结后又基于同一侵权事实另行提出申请的，法院不予受理。

3.推定赔偿。

赔偿义务机关有侵犯人身权，依法应当承担国家赔偿责任的，可以同时认定该侵权行为致人精神损害。但是赔偿义务机关有证据证明该公民不存在精神损害，或者认定精神损害违背公序良俗的除外。

4.精神损害赔偿的方式。

侵权行为致人精神损害，应当为受害人消除影响、恢复名誉或者赔礼道歉。

侵权行为致人精神损害并造成严重后果，应当在支付精神损害抚慰金的同时，视案件具体情形，为受害人消除影响、恢复名誉或者赔礼道歉。

消除影响、恢复名誉与赔礼道歉，可以单独适用，也可以合并适用，并应当与侵权行为的具体方式和造成的影响范围相当。

法院可以根据案件具体情况，组织赔偿请求人与赔偿义务机关就消除影响、恢复名誉或者赔礼道歉的具体方式进行协商。

协商不成作出决定的，应当采用下列方式：

（1）在受害人住所地或者所在单位发布相关信息；

（2）在侵权行为直接影响范围内的媒体上予以报道；

（3）赔偿义务机关有关负责人向赔偿请求人赔礼道歉。

决定为受害人消除影响、恢复名誉或者赔礼道歉的，应当载入决定主文。

赔偿义务机关在决定作出前已为受害人消除影响、恢复名誉或者赔礼道歉，或者原侵权案件的纠正被媒体广泛报道，客观上已经起到消除影响、恢复名誉作用，且符合法律规定的，可以在决定书中予以说明。

5.侵权行为致人精神损害并造成严重后果的情形。

有下列情形之一的，可以认定为致人精神损害并"造成严重后果"：

（1）无罪或者终止追究刑事责任的人被羁押6个月以上；

（2）受害人经鉴定为轻伤以上或者残疾；

（3）受害人经诊断、鉴定为精神障碍或者精神残疾，且与侵权行为存在关联；

（4）受害人名誉、荣誉、家庭、职业、教育等方面遭受严重损害，且与侵权行为存在关联。

6.侵权行为致人精神损害并造成特别严重后果的情形。

有下列情形之一的，可以认定为致人精神损害并"造成特别严重后果"：

（1）受害人无罪被羁押10年以上；

（2）受害人死亡；

（3）受害人经鉴定为重伤或者残疾一至四级，且生活不能自理；

（4）受害人经诊断、鉴定为严重精神障碍或者精神残疾一至二级，生活不能自理，且与侵权行为存在关联的。

7.精神损害抚慰金的计算。

致人精神损害，造成严重后果的，精神损害抚慰金一般应当在人身自由赔偿金、生命健康赔偿金总额的50%以下（包括本数）酌定；后果特别严重，可以在50%以上酌定。

精神损害抚慰金的具体数额，应当在兼顾社会发展整体水平的同时，参考下列因素合理确定：

（1）精神受到损害以及造成严重后果的情况；

（2）侵权行为的目的、手段、方式等具体情节；

（3）侵权机关及其工作人员的违法、过错程度、原因力比例；

（4）原错判罪名、刑罚轻重、羁押时间；

（5）受害人的职业、影响范围；

（6）纠错的事由以及过程；

（7）其他应当考虑的因素。

精神损害抚慰金的数额一般不少于1000元；数额在1000元以上的，以千为计数单位。赔偿请求人请求的精神损害抚慰金少于一千元，且其请求事由符合造成严重后果情形，经释明不予变更的，按照其请求数额支付。

8.国家减少或者不予赔偿的事由。

受害人对损害事实和后果的发生或者扩大有过错的，可以根据其过错程度减少或者不予支付精神损害抚慰金。

例如：郭某系某证券公司总经理，因涉嫌盗窃于2016年4月1日被县公安局刑事拘留。2016年4月16日，县检察院批捕。2017年2月13日，县法院认定郭某构成盗窃罪，判处有期徒刑4年。郭某上诉，2017年12月8日，市中级人民法院维持原判。郭某申诉，2019年12月10日，市中级人民法院再审认定郭某不构成盗窃罪，撤销原判。当日，郭某释放。郭某申请国家赔偿。郭某是否可以向国家主张支付精神损害抚慰金？本案郭某无罪被羁押6个月以上10年以下的，属于精神损害"后果严重"，可以向国家主张支付精神损害抚慰金。

经典考题：县公安局以故意伤害罪为由将杨某刑事拘留，县检察院批准逮捕。县检察院在提起公诉后以证据不足为由作了不起诉处理。杨某申请国家赔偿。下列说法准确的是：（2021年考生回忆版卷一第22题，任选）①

---

① 【答案】ABD。县检察院是最后一个作出错误法律文书的机关，不该批准逮捕的却错误地作出批捕决定了，因此，县检察院是赔偿义务机关。A选项准确。本题，赔偿义务机关是县检察院的，赔偿请求人应当先向县检察院申请赔偿（第一步），对县检察院的赔偿决定不服的，再向市检察院申请复议（第二步），对市检察院复议决定不服的再向市中级人民法院赔偿委员会申请赔偿（第三步）。B选项准确。本题，杨某无罪被错误批准逮捕，但是题干并没有交代杨某被羁押的期限，若无罪被羁押6个月以下的，侵犯了人身自由，应当给予精神损害赔偿，但是不需要支付精神损害抚慰金，只需要给杨某赔礼道歉、消除影响或者恢复名誉就可以了。如果杨某无罪被羁押6个月以上10年以下的，精神损害抚慰金一般应当在人身自由赔偿金、生命健康赔偿金总额的50%以下（包括本数）酌定；杨某无罪被羁押10年以上，精神损害抚慰金一般应当在人身自由赔偿金、生命健康赔偿金总额的50%以上酌定。C选项错误。赔偿义务机关作出赔偿决定，应当充分听取赔偿请求人的意见，并可以与赔偿请求人就赔偿方式、赔偿项目和赔偿数额依法进行协商。D选项准确。

A.赔偿义务机关为县检察院

B.对赔偿决定不服的，杨某可以向赔偿义务机关的上一级机关申请复议

C.对杨某的精神损害赔偿金不低于人身自由赔偿金的二倍

D.赔偿义务机关就赔偿项目可以与杨某进行协商

归纳总结 ★★★精神损害赔偿♣

赔偿请求人	√	人身权受到侵犯的公民（自然人）
	×	①公民因财产权受到侵犯请求精神损害赔偿的，法院不予受理 ②法人或者非法人组织请求精神损害赔偿的，法院不予受理
不告不理		①赔偿请求人请求国家赔偿但未请求精神损害赔偿的，法院应当向其释明 ②经释明后不变更请求，案件审结后又基于同一侵权事实另行提出申请的，法院不予受理
推定赔偿		①赔偿义务机关有错误实施侵犯人身权的行为，可以同时认定该侵权行为致人精神损害 ②但是赔偿义务机关有证据证明该公民不存在精神损害，或认定精神损害违背公序良俗的除外
赔偿方式		①消除影响、恢复名誉（作为一种责任承担方式，而不是两种责任承担方式） ②赔礼道歉 ③精神损害抚慰金（前提：侵权行为致人精神损害造成严重后果、特别严重后果）
精神损害后果程度认定	一般后果	侵犯人身权但并未造成严重或者特别严重后果
	严重后果	①无罪或者终止追究刑事责任的人被羁押6个月以上 ②受害人经鉴定为轻伤以上或者残疾 ③受害人经诊断、鉴定为精神障碍或精神残疾，且与侵权行为存在关联 ④受害人名誉、荣誉、家庭、职业、教育等方面遭受严重损害，且与侵权行为存在关联
	特别严重后果	①受害人无罪被羁押10年以上 ②受害人死亡 ③受害人经鉴定为重伤或者残疾一至四级，且生活不能自理 ④受害人经诊断、鉴定为严重精神障碍或者精神残疾一至二级，生活不能自理，且与侵权行为存在关联的
赔偿内容	一般后果	消除影响、恢复名誉或赔礼道歉（可单独适用，可合并适用）
	严重后果	精神损害抚慰金+消除影响、恢复名誉或赔礼道歉 【精神损害抚慰金的标准】按人身自由赔偿金、生命健康赔偿金总额的50%以下（包括本数）酌定
	特别严重后果	精神损害抚慰金+消除影响、恢复名誉或赔礼道歉 【精神损害抚慰金的标准】按人身自由赔偿金、生命健康赔偿金总额的50%以上酌定

赔偿方式的确定程序（消除影响、恢复名誉或赔礼道歉）	可以协商	赔偿请求人与赔偿义务机关就消除影响、恢复名誉或赔礼道歉的具体方式可以进行协商
	协商不成作出决定	协商不成作出决定的，应当采用下列方式： ①在受害人住所地或者所在单位发布相关信息 ②在侵权行为直接影响范围内的媒体上予以报道 ③赔偿义务机关有关负责人向赔偿请求人赔礼道歉
	备注	①决定为受害人消除影响、恢复名誉或者赔礼道歉的，应当载入决定主文 ②赔偿义务机关在决定作出前已为受害人消除影响、恢复名誉或者赔礼道歉，或者原侵权案件的纠正被媒体广泛报道，客观上已经起到消除影响、恢复名誉作用，且符合法律规定的，可以在决定书中予以说明
精神损害抚慰金具体数额的计算	参考因素	精神损害抚慰金的具体数额，应当在兼顾社会发展整体水平的同时，参考下列因素合理确定： ①精神受到损害以及造成严重后果的情况 ②侵权行为的目的、手段、方式等具体情节 ③侵权机关及其工作人员的违法、过错程度、原因力比例 ④原错判罪名、刑罚轻重、羁押时间 ⑤受害人的职业、影响范围 ⑥纠错的事由以及过程 ⑦其他应当考虑的因素
	少赔或者不赔的情况	受害人对损害事实和后果的发生或者扩大有过错的，可以根据其过错程度减少或者不予支付精神损害抚慰金
	计数单位	①精神损害抚慰金的数额一般不少于1000元；数额在1000元以上的，以千为计数单位 ②赔偿请求人请求的精神损害抚慰金少于1000元，且其请求事由符合造成严重后果情形，经释明不予变更的，按照其请求数额支付

（五）国家赔偿金的支付程序

赔偿请求人凭生效的判决书、复议决定书、赔偿决定书或者调解书，向赔偿义务机关申请支付赔偿金。赔偿义务机关应当自收到支付赔偿金申请之日起7日内向财政部门提出支付申请，财政部门应当自收到支付申请之日起15日内支付赔偿金。

其程序要点如下：

1.赔偿请求人向赔偿义务机关请求支付。

当赔偿方案确定并生效后，赔偿请求人应当向赔偿义务机关提出书面申请请求支付。请求支付应当提交生效的判决书、复议决定书、赔偿决定书或者调解书以及赔偿请求人的身份证明。

赔偿请求人书写申请书确有困难的，可以委托他人代书；也可以口头申请，由赔偿义务机关如实记录，交赔偿请求人和向其宣读，由赔偿请求人签字确认。

2.赔偿义务机关向财政部门提出支付申请。

赔偿义务机关应当自受理支付赔偿金申请之日起7日内，依照预算管理权限向有关的财政部门提出书面支付申请，并提交以下材料：（1）赔偿请求人请求支付国家赔偿费用的申请；（2）生效的判决书、复议决定书、赔偿决定书或者调解书；（3）赔偿请求人的身份证明。

3.财政部门支付。

财政部门应当自收到赔偿义务机关支付申请材料后，应当根据情况作出处理决定：

（1）申请的国家赔偿费用依照预算管理权限不属于本财政部门支付的，应当在3个工作日内退回申请材料并书面通知赔偿义务机关向有管理权限的财政部门申请。

（2）申请材料符合要求的，收到申请即为受理，并书面通知赔偿义务机关。

（3）申请材料不符合要求的，应当在3个工作日内一次告知赔偿义务机关需要补正的全部材料。赔偿义务机关应当在5个工作日内按照要求提交全部补正材料，财政部门收到补正材料即为受理。

财政部门应当自受理申请之日起15日内，按照预算和财政国库管理的有关规定向赔偿请求人支付国家赔偿费用。财政部门自支付国家赔偿费用之日起3个工作日内告知赔偿义务机关、赔偿请求人。

财政部门发现赔偿项目、计算标准违反国家赔偿法规定的，应当提交作出赔偿决定的机关或者其上级机关依法处理、追究有关人员的责任。

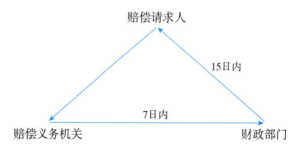

图：国家赔偿金支付程序

二、国家赔偿的费用

（一）国家赔偿费用的来源和管理

1.概述。

国家赔偿费用是指依照国家赔偿法的规定，向赔偿请求人赔偿的费用。由于国家赔偿是以金钱赔偿为主，其他赔偿方式为辅，因而需要相当的费用。

2.来源。

世界上很多国家以立法形式规定国家赔偿的经费来源。一般来说，赔偿经费均由国家拨款支出；在具体做法上，各国又有所不同。

我国的国家赔偿费用，列入各级财政预算，由各级人民政府按照财政管理体制分级负担。各级人民政府应当根据实际情况，安排一定数额的国家赔偿费用，列入本级年度财政预算。当年需要支付的国家赔偿费用超过本级年度财政预算安排的，应当按照规定及时安排资金。

3.管理。

国家赔偿费用由各级人民政府财政部门统一管理，其管理应当依法接受监督。

赔偿义务机关、财政部门及其工作人员以虚报、冒领等手段骗取国家赔偿费用的，违法实施国家赔偿造成财政资金损失的，不依法支付国家赔偿费用的，截留、滞留、挪用、侵占国家赔偿费用的，以及在追偿过程中的违法行为，应当依据《国家赔偿法》《国家赔偿费用管理条例》《财政违法行为处罚处分条例》等法律法规，给予处理、处分；构成犯罪的，依法追究刑事责任。

（二）追偿

追偿，是指向赔偿请求人支付了赔偿费用之后，赔偿义务机关依法责令在国家侵权行为中具有故意或重大过失或具有其他违法情形的工作人员、受委托组织和个人承担全部或部分赔偿费用的制度。

1.追偿前提。

只有在赔偿义务机关承担了赔偿责任，赔偿损失之后，才可以向有关责任者追偿。

2.追偿双方主体。

（1）追偿人。

由赔偿义务机关代表国家行使追偿权；多个行政主体作为共同赔偿义务机关的，不能共同行使追偿权，应当各自向自己所属的工作人员追偿。

（2）被追偿人。

被追偿人是在侵权行为中主观上具有故意或重大过失的工作人员或受委托的组织与个人，一般性的过失构成的损害不用承担责任。

司法追偿的范围相对较小，仅限于三种情况：

①刑讯逼供或者以殴打、虐待等行为或者唆使、放纵他人以殴打、虐待等行为造成公民身体伤害或者死亡的工作人员；

②违法使用武器、警械造成公民身体伤害或死亡的工作人员；

③在处理案件中有贪污受贿、徇私舞弊、枉法裁判行为的工作人员。

限制司法追偿的范围的理由在于，考虑到司法机关工作人员的工作性质较之一般行政机关工作人员更为复杂，更易发生侵权，如果对于一般过错的工作人员也进行追偿的话，可能使其不能顺利履行职责。

3.追偿额度。

赔偿义务机关可以根据有关工作人员、受委托的组织或个人的过错程度，决定追偿部分或全部赔偿费用，但追偿额度不得超过赔偿费用的总额。

4.追偿程序。

赔偿义务机关作出追偿决定后，应当书面通知有关财政部门。

有关工作人员、受委托的组织或个人应当依照财政收入上缴的规定，上缴应当承担或被追偿的国家赔偿费用。

（三）附带处理

对于具有故意或重大过失的责任人员，在进行行政追偿的同时，有关机关应当依法给予处分，构成犯罪的应当依法追究刑事责任。

被追偿人在追偿过程中可以陈述和申辩自己的意见，不服追偿决定的可以向上级机关或有关的监察、人事机关申诉。

归纳总结　★国家赔偿之追偿制度

追偿概念	追偿，是指向赔偿请求人支付了赔偿费用之后，赔偿义务机关依法责令在国家侵权行为中具有故意或重大过失或具有其他违法情形的工作人员、受委托组织和个人承担全部或部分赔偿费用的制度
追偿人	①由赔偿义务机关代表国家行使追偿权 ②多个行政主体作为共同赔偿义务机关的，不能共同行使追偿权，各自向自己所属的工作人员追偿
被追偿人	在侵权行为中主观上具有故意或重大过失的工作人员或受委托的组织与个人
追偿额度	根据有关工作人员、受委托的组织或个人的过错程度，决定追偿部分或全部赔偿费用，但追偿额度不得超过赔偿费用的总额
追偿程序	①赔偿义务机关作出追偿决定后，应当书面通知有关财政部门 ②有关工作人员、受委托的组织或个人应当依照财政收入上缴的规定，上缴应当承担或被追偿的国家赔偿费用